Cofondateurs
Philippe GLOAGUEN et Michel DUVAL

Directeur de collection
Philippe GLOAGUEN

Rédacteur en chef
Pierre JOSSE

avec la collaboration de
Benoît LUCCHINI et Florence BOUFFET

Coordination
Isabelle VIVARES

LE GUIDE DU ROUTARD

1989/90

ESPAGNE

Hachette

Hors-d'œuvre

Le G.D.R., ce n'est pas comme le bon vin, il vieillit mal. On ne veut pas pousser à la consommation mais évitez de partir avec une édition ancienne. D'une année sur l'autre, les modifications atteignent et dépassent souvent les 40 %.

Chaque année, en juin ou juillet, de nombreux lecteurs se plaignent de voir certains de nos titres épuisés. A cette époque, en effet, nous n'effectuons aucune réimpression. Ces ouvrages risqueraient d'être encore en vente au moment de la publication de la nouvelle édition. Donc si vous voulez nos guides, achetez-les dès leur parution. Voilà.

Spécial copinage :
– *Restaurant Perraudin* : 157, rue Saint-Jacques, 75005 Paris. Tél. : 46-33-15-75. Fermé le samedi et le dimanche. A deux pas du Panthéon et du jardin du Luxembourg, il existe un petit restaurant de cuisine traditionnelle. Lieu de rencontre des éditeurs et des étudiants de la Sorbonne où les recettes d'autrefois sont remises à l'honneur. Soupe à l'oignon, gigot au gratin dauphinois, pintade aux lardons, pruneaux à l'armagnac. Sans prétention ni coup de bâton. D'ailleurs, c'est notre cantine, à midi.

C'est directement en cabotant, de mouillage en mouillage, dans les petits ports et les îles de Bretagne-Sud que Jacques Riguidel apprend aux débutants à barrer, envoyer un foc ou un spi et même avitailler. Ou pour les plus avisés à devenir chef de bord. Pas de monos bénévoles : Riguidel est un pro qui a couru les mers sous toutes les latitudes. De février à novembre, à partir de 2 000 F la semaine. Un téléphone à Paris pour infos : 42-72-35-54, le matin.

La société de locations de voitures LOCAR propose 10 % de réduction pour nos lecteurs sur ses tarifs « week-end », « journée », « semaine » et « mois ».
– *LOCAR* : 34, rue des Fossés-Saint-Bernard, 75005 Paris. Tél. : 46-33-13-13. Métro : Jussieu.

IMPORTANT : les Routards ont enfin leur banque de données sur Minitel : 3616 (code ROUTARD).

NOUVEAUTÉ : après 6 mois de mise au point, nous sortons « Le jeu du Routard » chez Dujardin International. C'est un jeu de hasard avec plus de 5 000 questions sur les pays. Ceux qui ont eu l'occasion de voyager sont avantagés. En vente dans les grands magasins et hypermarchés.

ÉPATANT : LA « LETTRE DU ROUTARD »

Bon nombre de renseignements sont trop fragiles ou éphémères pour être mentionnés dans nos guides dont la périodicité est annuelle.

Quels sont nos meilleures techniques, nos propres tuyaux, ceux que nous utilisons pour rédiger les GUIDES DU ROUTARD ? Comment découvrir des tarifs imbattables ? Quels sont les pays où il faut voyager cette année ? Quels sont les renseignements que seuls connaissent les journalistes et les professionnels du voyage ?

Quelles sont les agences qui offrent à nos adhérents des réductions spéciales sur des vols, des séjours ou des locations ? Enfin, quels sont nos projets, nos nouvelles parutions ? Qui sont ceux qui font les GUIDES DU ROUTARD ?

Tout ceci compose désormais « LA LETTRE DU ROUTARD » qui paraîtra tous les 3 mois. Cotisation : 90 F par an payable à l'ordre de CLAD CONSEIL : 5, rue de l'Arrivée, 92190 Meudon.

Bulletin d'inscription à l'intérieur de ce guide.

© **Hachette, 1989**
© **TCI Milan et Guides Bleus Hachette pour les cartes**

Tous droits de traduction, de reproduction
et d'adaptation réservés pour tous pays.

TABLE DES MATIÈRES

Comment aller en Espagne ?

- En train 10
- En bus 10
- Les organismes de voyages ... 11

L'Espagne

- Adresses utiles en France, Belgique, Suisse, Canada 24
- Formalités 26
- Change 26
- Les transports intérieurs 26
  - ● Les trains ● Les autobus
  - ● La voiture ● La moto
  - ● Téléphoner en France 27
  - ● L'auto-stop
- Où dormir ? 27
  - ● Les auberges de jeunesse
  - ● Les campings ● Les hôtels
  - ● Les paradors
- La nourriture, la boisson 28
  - ● Spécialités culinaires
  - ● Spécialités régionales ● Les boissons antisoif ● Les bars
- Un peu d'histoire 29
  - ● La mort de Franco : une nouvelle Espagne ● La Constitution ● Juan Carlos
- Le climat 30
- Les achats 30
- C'est la fête ! 31
- Les sports populaires 31
  - ● Les courses de taureaux
  - ● Les rites de la corrida ● Les différentes phases de la corrida ● La pelote basque
- Vocabulaire 32
- Distances entre les grandes villes 36

Le Pays basque

- Les Basques 37
- SAN SEBASTIÁN 38
- Aux environs : ● IRÚN ● FUENTERRABIA
- De SAN SEBASTIÁN à BILBAO par la côte 40
  - ● GUETARIA ● ZUMAYA
  - ● MOTRICO ● LEIQUEITO
  - ● BERMEO ● GUERNICA
  - ● BILBAO
- LE CIRCUIT DES VALLÉES... 41
  - ● OYARZUN ● LESACA
  - ● Vallée de la BIDASSOA
  - ● NAVARTE ● ALMANDOZ
  - ● RONCEVAUX ● Vallées du SALAZAR et du RONCAL
  - ● IZALZU ● ISABA
- PAMPELUNE 43
- Aux environs : ● Sangüesa ● Château de Javier ● Monastère de Leyre ● Olite ● Tafalla ● Ujué ● Artajona ● Puente la reina ● Eunate ● Estella...
- VITORIA-GASTEIZ 49

La côte Cantabrique

- SANTANDER 51
- SANTILLANA DEL MAR 51
- LES GROTTES D'ALTAMIRA. 52
  - ● LA CÔTE DE SANTANDER A RIBADESELLA
- COMILLAS 53
- SAN VICENTE DE LA BARQUERA 53
- LOS PICOS DE EUROPA 53
- POSADA DE VALDEON 53
  - ● DE POSADA DE VALDEON À FUENTE DÉ
- POTES 54
- COSGAYA 55
- ESPINAMA 55
- FUENTE DÉ 55
- SANCTUAIRE DE COVADONGA 56
  - ● DE RIBADESELLA A OVIEDO
- OVIEDO 56
- GIJÓN 59
- LUARCA 59
- LEÓN 60

La Galice

- SAINT-JACQUES-DE-COMPOSTELLE 61
- LA ROUTE DE SAINT-JACQUES-DE-COMPOSTELLE AU CAP FINISTERRE
  - ● Noya ● Muros ● Carnota
  - ● El Pindo ● Finisterre 65
- LA RIA DE AROSA 65
- L'ILE D'AROSA 66
- CAMBADOS 66
- O'GROVE 66
- PONTEVEDRA 67
- VIGO 69
- BAYONA 70
- INTÉRIEUR DE LA GALICE ... 71
- RIBADAVIA 71
- ORENSE 71
- LUGO 72
- VIVEIRO 73
- LA CORUÑA 73

La Rioja

- LOGROÑO 74
- HARO 75
- SANTO DOMINGO DE LA CALZADA 75
- LE MONASTÈRE DE SAN MILLÁN DE LA COGOLLA 76
- NAJERA 76

La Castille

- Les Castillans 77
- BURGOS 77
- VALLADOLID 83
- SALAMANQUE 85
- SÉGOVIE 91
  - ● DE SÉGOVIE À SAN LORENZO DEL ESCORIAL 93
- SAN LORENZO DEL ESCORIAL 93
- LA VALLÉE DE LOS CAIDOS. 94
- MADRID 95
- ARANJUEZ 121
- TOLÈDE 122
- ÁVILA 128

La Costa Brava et la Catalogne

- Les Catalans 130
  - ● DE PORT-BOU À CADAQUES 130
- CADAQUES 131
- FIGUÉRES (Figueras) 132
- ALBONS 133
- BELLCAIRE D'EMPORDÁ 133
- ULLASTRET 134
- PERATALLADA 134
- PALS 134
  - ● LA CÔTE 134
- BEGUR (Bagur) 134
- SA TUNA 135
- CALELLA DE PALAFRUGELL
  - ● DE PALAFRUGELL À BLANÈS 135
- TOSSA DE MAR 135
- GÉRONE 136
- BARCELONE 137
- MONTSERRAT 165
  - ● DE BARCELONE À VALENCE 167
- TARRAGONE 167
- MONASTÈRE DE POBLET .. 167
- PEÑISCOLA 167

Le pays valencien

- VALENCE 168
- JAVITA (Xativa) 175
- BOCAIRENTE 176
- CASTILLO DE GUADALEST. 176

La Costa Blanca

- BENIDORM 177
- ALICANTE 177
- ELCHE 179

L'Andalousie

- Un peu d'histoire 181
- Les Andalous 182
- Les gitans et le flamenco ... 182
- La gastronomie 183
- Les patios 183
- MOJÁCAR 184
- LIJAR 184
- ALMERIA 184
- LAS ALPUJARRAS 189
  - ● Yegen ● Berchules ● Trevelez ● Portugos ● Capileira
- PAR LA CÔTE 190
- SALOBREÑA 190
- NERJA 191
- MALAGA 191
- TORREMOLINOS 195
- MIJAS 196
- MARBELLA 196
- RONDA 199
- CASARES 203
- GIBRALTAR 203
- ALGÉSIRAS (Algeciras) ... 205
- TARIFA 208
- VEJER DE LA FRONTERA .. 209
- CADIX (Cádiz) 209
- JEREZ DE LA FRONTERA ... 211
- ARCOS DE LA FRONTERA . 217
- SÉVILLE 217
- ARACENA 230
- CARMONA 231
- CORDOUE (Córdoba) 231
- JAÉN 242
- LES SIERRAS DE CAZORLA ET SEGURA 242
  - ● DE CORDOUE A GRENADE 242
- GRENADE 242
- LA SIERRA NEVADA 253
  - ● DE GRENADE A GUADIX 254
- PURULLENA 254
- GUADIX 254
- MURCIA 255

Les Baléares

- Comment aller aux Baléares ? 255
  - ● Par bateau ● Par avion

- ● *Majorque* (Mallorca) 256

- Les Majorquins 256
- Visite de l'île 256
- PALMA DE MAJORQUE ... 256
- PORTAL NOUS 261
- PUERTO DE ANDRAITX ... 261
- SAN TELMO 261
- ESTALLENCS 262
- BAÑALBUFAR 262
- SA GRANJA 262
- VALLDEMOSA 263
- SON MARROIG 263
- DEYA 263
- LLUCH ALCARI 264

TABLE DES MATIÈRES / 5

- SÓLLER 264
- PUERTO DE SÓLLER 264
- SA CALOBRA 265
- MONASTÈRE DE LLUCH 265
- CALA SAN VICENTE 265
- PUERTO DE ALCUDIA 265
- CALA RATJADA 266
- CALA FIGUERA 267
- CALA LLOMBARTS 267

● *Ibiza*

- Visite de l'île 267
- IBIZA (la ville) 267
- PLAYA ES CANAR (ou Es Cana) 270
- CALA BOIX 270
- POU DES LLEO 271
- PLAYA ES FIGUERRAL 271
- AGUAS BLANCAS 271
- CALA PORTINATX 271
- SAN MIGUEL 272
- CALA BASSA 272
- CALA D'HORR 272
- ES CUBELLS 272

● *Formentera*

- LA SABINA 273
- PLAYA DE LEVANTE 273
- SAN FRANCISCO JAVIER .. 273
- PLAYA ES PUJOLS 273
- PLAYA ES CALÓ 273
- PLAYA MITJORN 274
- PLAYA EL ARENAL 274
- PHARE DE LA MOLA 274
- CALA SAHONA 274

● *Minorque*

- MAHÓN (ou Máo) 275
- VILLACARLOS 278
- CALA SAN ESTEBAN 278
- CALA D'ALCAUFAR 278
- CALA DE BINIBECA 279
- CALA EN PORTER 279
- CIUDADELLA 279
- MONTE TORO 280
- FORNELLS 280
- ES GRAU 280

Et pour cette chouette collection, plein d'amis nous ont aidés :

Catherine Allier
Chantal Barre
René Baudoin
Jean-Louis de Beauchamp
Lofti Belhassine
Cécile Bigeon
Jacques Bisceglia
Francine Boura
Kirsten Branum-Burn
Sylvie Brod
Pierre Brouwers
Justo Eduardo Caballero
Daniel Célerier
Jean-Paul Chantraine
Bénédicte Charmetant
Nicole Chartier
Daniel Cordisco
Bernard Couët
Marjatta Crouzet
Roger Darmon
Anne-France Dautheville
Eric David
Marie-Clothilde Debieuvre
Jean-Pierre Delgado
Philippe Demoulin
Sophie Duval
François Eldin
Guy François
Leonor Fry
Bruno Gallois
Carl Gardner
Jean-Jacques Gaté
Philippe Georget
Michel Gesquière
Michel Girault
Florence Gisserot
Hubert Gloaguen
Jean-Pierre Godeaut
Vincenzo Gruosso
Jean-Marc Guermont
Florence Guibert
François Jouffa
Michel Lacroix
Gérard et Monique Ladant
Alexandre Lazareff
Denis et Sophie Lebègue
Ingrid Lecander
Christine et Joël Le Diraison
Raymond et Carine Lehideux
Martine Levens
Doris Lokke
F.X. Magny et Pascale
Corinne Merle
Maria Helena Mora
Rodolphe J. Nadeau
Helena Nahon
Jean-Paul Nail
Béatrice Napoléon
Jean-Pascal Naudet
Olivier Page
Patrick de Panthou
Jorge Partida
Jean-Pierre Picon
Jean-Alexis Pougatch
Antoine Quitard
Nathalie Reznikoff
Catherine Ronchi
Claude Rouget
Claude Rouquier
Marc Rousseau
Tahar Saihi
Patrick Ségal
Ozer Sezgin
Julie Shepard
Charles Silberman
José Antonio da Silva
Isabelle Sparer
William M. Tappé
Claire Thollot
Claude Vaché
Yvonne Vassart
Marc Verwhilgen
Solange Vivier
François Weill

Direction : Adélaïde Barbey

Édition : Marie-Pierre Levallois et Armelle de Moucheron

Secrétariat d'édition : Yankel Mandel

Cartographie : René Pineau et Alain Mirande

Fabrication : Gérard Piassale et Françoise Jolivot

Directeur de réseau : Jérôme Denoix

Directeur commercial : Olivier des Garets

Relations presse : Catherine Broders, Anne-Sophie Naudin et Martine Leroy

Directeur financier : Christian Robin

IMPORTANT : les Routards ont enfin leur banque de données sur Minitel : 3616 (code ROUTARD).

LA LETTRE DU ROUTARD

5, rue de l'Arrivée   92190 Meudon

Abonnez-vous à "La Lettre du Routard" le complément indispensable des "Guides du Routard"
Philippe Gloaguen

Bon nombre de renseignements sont trop fragiles ou éphémères pour être mentionnés dans nos guides dont la périodicité est annuelle.

Quels sont les meilleures techniques, nos propres tuyaux, ceux que nous utilisons pour rédiger les GUIDES DU ROUTARD ? Comment découvrir des tarifs imbattables ? Quels sont les pays où il faut voyager cette année ? Quels sont les renseignements que seuls connaissent les professionnels du voyage ?

De plus, de nombreuses agences offrent à nos abonnés des réductions spéciales sur des vols, des séjours ou des locations. Quelques exemples tirés du 1er numéro :
– Un tour du monde sur lignes régulières pour 7400 F.
– Une semaine de ski tout compris pour 1900 F.
– Les rapides du Colorado pour 220 dollars.
– Une semaine de location de moto en Crète pour 1160 F.
– Des réductions sur les matériels de camping, compagnie d'assurances, de 5 à 25 %...

Enfin, quels sont nos projets, nos nouvelles parutions ? Qui sont ceux qui font les GUIDES DU ROUTARD ?

Tout ceci compose désormais "LA LETTRE DU ROUTARD" qui paraîtra tous les 3 mois. Cotisation : 90 F par an payable à l'ordre de CLAD CONSEIL : 5, rue de l'Arrivée, 92190 MEUDON.

BULLETIN D'INSCRIPTION A RETOURNER
à CLAD CONSEIL : 5, rue de l'Arrivée
92190 Meudon.

Nom de l'abonné : _____

Adresse : _____

LA LETTRE DU ROUTARD
Nom : R. de la Porterie
Membre n° : 1.834.52A
Carte valable jusqu'au 5.3.85

← *carte gratuite et à votre nom*

(Joindre à ce bulletin, un chèque bancaire ou postal de 90 F, à l'ordre de CLAD CONSEIL).

le JEU du ROUTARD
EUROPE · AMERIQUE · ASIE · AFRIQUE

Le Jeu du Routard a été élaboré à partir des informations contenues dans les Guides du Routard pour vous faire vivre les aventures de ceux qui les rédigent.
Convivial et divertissant, ce jeu répond à l'attente des nombreux fans de voyages qui seront heureux de se dépayser, de partager leurs souvenirs et de se documenter sur les pays qu'ils ont soif de découvrir.
4400 questions/réponses sur des pays du monde entier pour rapporter des souvenirs qui vous feront gagner.

DUJARDIN

En vente dans tous les magasins de jeux et jouets, librairies, grands magasins et la grande distribution.

NOUVEAU :
L'AGENDA DU ROUTARD 1989

Pratique et illustré de superbes photos, l'AGENDA DU ROUTARD informe tout au long de l'année l'amateur de voyages.
Sa présentation rationnelle permet de noter ses rendez-vous et d'organiser au mieux ses week-ends ainsi que ses vacances.
L'utilisateur de cet agenda pourra chaque semaine faire coïncider ses projets de voyage avec ses obligations professionnelles.
Ses diverses indications permettent de choisir une date judicieuse en fonction de ses congés (renseignements sur le climat en annexe).
L'AGENDA DU ROUTARD présente enfin une sélection de plus de 100 fêtes et manifestations en France et à l'étranger.
Judicieuse synthèse du carnet de voyage et de l'agenda traditionnel, il deviendra, grâce à ses fiches exclusives en fin de volume, indispensable à tous les mordus du voyage !

COMMENT ALLER EN ESPAGNE ?

EN TRAIN

En raison de la différence de gabarit entre les voies du réseau français et du réseau espagnol, on change de train à la frontière, sauf les voyageurs des wagons-lits et des wagons-couchettes du train *Puerta del Sol* (et *Talgo*) entre Paris et Madrid et du *Catalán Talgo*, entre Genève et Barcelone.
— Renseignements : *RENFE*, 1, av. Marceau, 75008 Paris. Tél. : 47-23-52-01. M. : Alma-Marceau. Ouvert de 9 h à 18 h.

● *AU DÉPART DE PARIS POUR MADRID*
— Le *« Puerta del Sol »* : tous les jours depuis la gare d'Austerlitz. Couchettes. Départ à 17 h 45. Arrivée à Madrid à 10 h le lendemain.
— Le *« Talgo »* : tous les jours depuis la gare d'Austerlitz. Wagons-lits. Départ à 20 h. Arrivée à Madrid à 9 h. Plus confortable mais plus cher.
— Train normal : départ d'Austerlitz tous les jours à 23 h. Arrivée à Irún à 7 h 40. Départ à 8 h 55. Arrivée à Madrid à 17 h 33.

● *AU DÉPART DE PARIS POUR BARCELONE*
— Le *« Talgo »* : tous les jours depuis la gare d'Austerlitz. Wagons-lits. Départ à 21 h. Arrivée à 8 h 38.
— Train normal : plus long car pas direct mais moins cher. Départ d'Austerlitz tous les jours à 21 h 25. Arrivée à Port-Bou à 8 h 30. Départ à 10 h 45. Arrivée à Barcelone à 13 h 03.

● *AU DÉPART DE GENÈVE POUR BARCELONE*
— Le *« Catalán Talgo »* : départ à 11 h 27 du matin. Arrivée à 21 h 26.

EN BUS

Plusieurs compagnies assurent des liaisons pour l'Espagne.

EUROLINES
— *Paris* : 3, av. de la Porte-de-la-Villette, 75019. Tél. : 40-38-93-93. M. : Porte-de-la-Villette.
— *Bordeaux* : 32, rue Charles-Domercq, 33000. Tél. : 56-92-50-42.
— *Lyon* : rue Gustave-Nadaud, 69000. Tél. : 78-58-04-38.
— *Montpellier* : gare routière, guichet 2, 34000. Tél. : 67-92-70-53.
— *Perpignan* : 2, bd Saint-Assiscle, 66000. Tél. : 68-34-11-46.
— *Toulouse* : 68, bd P.-Sémard, 31000. Tél. : 61-58-14-53.
La compagnie la plus importante. Trois lignes sur l'Espagne : Paris-Barcelone-Valence-Murcie (tous les jours sauf mardi) ; Paris-Madrid-Algésiras (2 à 3 fois par semaine ; tarif moins de 26 ans pour Madrid) ; Paris-Oviédo (tous les jours en saison). Pour toutes les destinations, départs de Paris, Bordeaux, Lyon et Avignon.

IBERBUS
— *Lyon* : 29, quai Victor-Augagneur, 69003. Tél. : 78-60-18-12.
Propose également des tickets pour l'Espagne, au départ de Lyon avec embarquement possible à Avignon, Nîmes, Béziers.

SEAFEP Intercars
— *Paris* : avenue de la Porte-de-Charenton, 75012. Tél. : 43-44-54-44.
— *Lyon* : rue Gustave-Nadaud, 69007. Tél. : 78-58-04-38.
Est essentiellement axé vers l'Espagne et le Portugal.

● **PAR LIGNE RÉGULIÈRE**
AIR FRANCE ainsi qu'*IBÉRIA* assurent plusieurs vols quotidiens à destination des villes d'Espagne : Barcelone, Madrid, Alicante, Palma, Malaga et Séville. Il existe aussi des vols à partir de Lyon, Marseille, Nice, Toulouse, Bordeaux et Nantes. « Vols-Vacances » sur toutes les destinations.
INTÉRESSANT : possibilité d' « open-jaw ». Ce terme barbare signifie que vous pouvez arriver par une des villes desservies et repartir par une autre, au tarif « Vols-Vacances ». Pensez au tarif « couple » : le conjoint paie 50 % du tarif plein.

LES ORGANISMES DE VOYAGES / 11

AIR FRANCE propose des billets « jeunes » aux moins de 26 ans à condition de réserver moins de 24 h avant le départ (mais à partir du vendredi si le vol est le lundi). Ne pas hésiter à insister auprès des agences qui préfèrent vendre des billets plus chers. Prix très intéressants.
– *Air France :* 119, av. des Champs-Élysées, 75008 Paris. Tél. : 47-20-70-50. M. : George-V. Réservations : 45-35-61-61. Et dans les agences de voyages.
– *Iberia :* 31, av. Montaigne, 75008 Paris. Tél. : 47-23-01-23. M. : Alma-Marceau.

LES ORGANISMES DE VOYAGES

– Encore une fois, un billet « charter » ne signifie pas toujours que vous allez voler sur une compagnie charter. Bien souvent, même sur des destinations extra-européennes, vous prendrez le vol régulier d'une grande compagnie. Vous aurez simplement payé moins cher que les ignares pour le même service, en vous adressant à des organismes spécialisés.

– Ne pas croire que les vols à tarif réduit sont tous au même prix pour une même destination à une même époque : loin de là. On a déjà vu, dans un même avion partagé par deux organismes, des passagers qui avaient payé 40 % plus cher que les autres... Authentique ! Donc, contactez tous les organismes et jugez vous-mêmes.

– Les organisateurs cités sont désormais classés par ordre alphabétique, pour éviter les jalousies et les grincements de dents.

● **AIR HAVAS :** 26, av. de l'Opéra, 75001 Paris. Tél. : 42-61-80-56. M. : Opéra. Et dans toutes les agences Havas-Voyages. La puissante dame se met au goût du jour en équipant ses 305 agences d'un Minitel avec réservation informatisée. Sur les écrans, Air Havas propose 120 destinations à des prix très compétitifs (d'autant plus qu'il n'y a pas de frais de brochure !). On y trouve aussi bien des Vols Vacances que des tarifs très abordables sur vols réguliers. Une idée intéressante.
Bien entendu ce système a tous les avantages de l'informatique : dès qu'un tarif diminue, la baisse est aussitôt répercutée au bénéfice des clients. Enfin, le prix annoncé est le prix réel (ce qui est très rarement le cas pour les brochures traditionnelles). Contrat d'assurance annulation et d'assistance facultative.

● **AIR SYSTEME :**
– *Paris :* 50, rue Fabert, 75007. Tél. : 43-23-23-23. M. : La Tour-Maubourg.
– *Paris :* 102, rue de Rennes, 75006. Tél. : 42-22-07-41. M. : Saint-Sulpice.
– *Paris :* 81, bd St-Michel, 75006. Tél. : 43-25-80-58. M. : Odéon.
– *Paris :* 12, rue Lafayette, 75009. Tél. : 42-47-09-77. M. : Le Pelletier.
– *Bordeaux :* 304, bd du Président-Wilson, 33076. Tél. : 56-44-06-75.
– *Caen :* 96, rue St-Jean, 14000. Tél. : 31-85-10-08.
– *Grenoble :* 15-17, rue Paul-Claudel, 38100. Tél. : 76-25-12-53.
– *Lille :* 61, rue Nationale, 59800. Tél. : 20-57-77-48.
– *Lyon :* 10, rue du Président-Carnot, 69002. Tél. : 78-92-86-00.
– *Nancy :* 99, rue Saint-Dizier, 54000. Tél. : 83-36-50-12.
– *Nantes :* 20, rue Contrescarpe, 44000. Tél. : 40-35-25-25.
– *Reims :* 14, cours J.-B. Langlet – B.P. 2063, 51100. Tél. : 26-47-54-22.
– *Rennes :* Centre commercial « Colombia », 35000. Tél. : 99-31-54-32.
– *Toulouse :* 23, place Saint-Georges, 31000. Tél. : 61-21-58-18.
– *Tours :* 28, avenue de Grammont, 37000. Tél. : 47-64-08-30.
– Et dans les agences Voyage Conseil et du Crédit Agricole.

Nouveau produit de Voyage conseil (filiale du Crédit Agricole), Air Système présente une formule économique pour ceux qui désirent partir à l'aventure ou chez des amis et qui sont à la recherche d'un billet d'avion à prix doux.
En se spécialisant dans le « vol sec », Air Système propose des vols au départ de Paris, assurés par des compagnies régulières ou des charters. Plusieurs formules de séjours intéressantes sur les Baléares.

● **B.V.J.** (Bureau de Voyages de la Jeunesse) : 20, rue Jean-Jacques-Rousseau, 75001 Paris. Tél. : 42-36-88-18. M. : Louvre. D'abord le B.V.J. gère cinq hôtels abordables en plein centre de Paris (60 F par personne, petit déjeuner compris).

12 / COMMENT ALLER EN ESPAGNE

Chambres de 2 à 6 lits, douches à l'étage. Hôtel à Calvi. Fait aussi agence de voyages. Leur brochure propose des circuits et séjours sur les destinations suivantes : Autriche, Norvège, Espagne, Baléares, Canada, Italie, Sardaigne, Corse, Yougoslavie, Grèce, Turquie, Pays de l'Est, Maroc, Tunisie, Égypte, Sénégal, Inde, Ceylan, Thaïlande, Birmanie, Chine, Canada, États-Unis et Mexique. Le tout à des prix très étudiés pour une clientèle jeune.

● **CLUB AQUARIUS** (ex-Loin Voyages)
– *Paris* : 108, rue Montmartre, 75002. Tél : 42-33-51-28. M. : Montmartre.
– *Paris* : 26, rue Soufflot, 75006. Tél : 43-25-43-99. M. : Odéon.
– *Paris* : 24, av. de l'Opéra, 75001. Tél. : 42-96-14-12. M. : Palais-Royal.
– *Paris* : 109, rue Lecourbe, 75015. Tél. : 48-28-32-28. M. : Vaugirard.
– *Brest* : 7, rue Boussingault, 29200. Tél : 98-43-44-88.
– *Grenoble* : 12, pl. Victor-Hugo, 38000. Tél. : 76-46-01-37.
– *Lyon* : 56, rue de la République, 69002. Tél. : 78-92-90-22.
– *Marseille* : 14, place Félix-Barret, 13006. Tél : 91-54-11-10.
– *Montpellier* : 33, cours Gambetta, 34000. Tél. : 67-58-84-84.
– *Nantes* : 4, place des Jacobins, 44000. Tél. : 40-35-28-72.
– *Nice* : 85, bd Gambetta, 06000. Tél : 93-86-33-13.
– *Reims* : 61, pl. Drouet-d'Erlon, 51100. Tél : 26-40-56-10.
– *Rennes* : 2, quai Émile-Zola, 35100. Tél : 99-65-47-47.
– *Rouen* : 130, rue Jeanne-d'Arc, 76000. Tél. : 35-71-81-05.

Créé en 1979, Loin Voyages connaît l'une des plus fortes progressions du marché. Plusieurs points forts : les *Clubs Aquarius* de Grèce, du Sénégal, des Canaries et Tunisie directement gérés par Loin, ce qui leur permet d'être 30 à 50 % moins chers. Un excellent rapport qualité-prix. Et également les cinq Clubs neige en France.
Nouveau, *Air Liberté*, leur propre compagnie charter, possède aujourd'hui ses propres avions. Ses principales destinations étant : Tunisie, Grèce, Espagne, Maroc, Égypte, Turquie et Sénégal.
Intéressant : le plan « *Épargne-Vacances* » qui permet de choisir ses vacances à l'avance, de les payer sans douleur et, surtout, d'économiser 8 à 13 % de leur prix.

● **JEUNES SANS FRONTIÈRE (J.S.F.) – WASTEELS**
– *Paris* : 46, rue Berger, 75001. Tél : 45-08-00-81. M. : Louvre.
– *Paris* : 5, rue de la Banque, 75002. Tél : 42-61-53-21. M. : Bourse.
– *Paris* : 6, rue Monsieur-le-Prince, 75006. Tél. : 43-25-58-35. M. : Odéon.
– *Paris* : 3, rue des Mathurins, 75009. Tél : 47-42-35-29. M. : Chaussée-d'Antin.
– *Paris* : 2, rue M.-Chasles, 75012. Tél : 43-43-46-10. M. : Gare-de-Lyon.
– *Paris* : 6, rue Chaussée-de-La-Muette, 75016. Tél. : 42-24-07-93. M. : Muette.
– *Paris* : 58, rue de la Pompe, 75116. Tél : 45-04-71-54. M. : Pompe.
– *Paris* : 150, av. de Wagram, 75017. Tél. : 42-27-29-91. M. : Wagram.
– *Aix-en-Provence* : 5 bis, cours Sextius, 13100. Tél. : 42-26-26-28.
– *Bordeaux* : 65, cours d'Alsace-Lorraine, 33000. Tél : 56-48-29-39.
– *Dijon* : 16, av. du Maréchal-Foch, 21000. Tél : 80-43-65-34.
– *Grenoble* : 20, av. Félix-Viallet, 38000. Tél : 76-46-36-39.
– *Lille* : 25, pl. des Reignaux, 59000. Tél : 20-06-24-24.
– *Lyon* : 5, pl. Ampère, 69000. Tél : 78-42-65-37.
– *Marseille* : 87, la Canebière, 13001. Tél : 91-95-90-12.
– *Montpellier* : 6, rue de la Saunerie, 34000. Tél : 67-58-74-26.
– *Mulhouse* : 14, av. Auguste-Wicky, 68100. Tél : 89-46-18-43.
– *Nantes* : 6, rue Guépin, 44000. Tél. : 40-89-70-13.
– *Nice* : 32, rue de L'Hôtel-des-Postes, 06000. Tél : 93-92-08-10.
– *Reims* : 24, rue des Capucins, 51100. Tél : 26-40-22-08.
– *Rouen* : 111 *bis*, rue Jeanne-d'Arc, 76000. Tél : 35-71-92-56.
– *Toulon* : 3, rue Garibaldi, 83000. Tél : 94-62-03-81.
– *Toulouse* : 23, av. de l'U.R.S.S., 31400. Tél : 61-55-59-89.
– *Versailles* : 4 *bis*, rue de la Paroisse, 78000. Tél : 39-50-29-30.

Repris récemment par le puissant réseau *Wasteels* (160 agences en Europe dont 70 en France !), J.S.F. est le leader des voyages pour les jeunes. Vols secs sur le monde entier, vacances organisées, billets BIGE. Réduction pour les détenteurs de la « Carte Jeunes ». Assistance assurée dans certaines gares et aéroports.

Pour voyager tranquille:
ASSUREZ AVEC TREKKING®

Utilisée par de nombreux concurrents du Rallye Paris-Dakar, la ceinture MULTI-POCHES est l'indispensable protection contre la perte et le vol. 5 poches intégrées pour : passeport, booknotes, chéquier, porte-feuille etc... Imperméabilisée, très résistante. 3 tailles réglables.
A partir de 250 F.*

idée cadeaux

Jusqu'à présent le Holster était exclusivement utilisé pour porter une arme. Désormais nous vous proposons un usage plus pacifique : le HOLSTER PORTEFEUILLE*. En toute discrétion il protègera vos papiers et argent. Réglable en 4 positions pour un confort maxi., absolument invisible sous une veste ou un blouson. A partir de 190 F.

Pour ne pas perdre le Nord : la MONTRE-BOUSSOLE :
- Dessus c'est une superbe montre de plongée étanche à 100 m, mouvement à quartz.
- Dessous découvrez une boussole d'explorateur très précise !
Fabrication SUISSE. Garantie 1 an. A partir de 2200 F.*

*Brevetés. Modèles déposés.

Cette superbe ceinture a un secret : elle est équipée d'une ouverture interne pour ranger à l'abri des voleurs des billets de banque ! La ceinture PORTE-BILLETS est indispensable en voyages, week-end, lorsque les banques sont fermées... A partir de 95 F.

150 articles inédits et exclusifs pour votre sécurité, des idées cadeaux à tous les prix à découvrir d'urgence dans ce nouveau CATALOGUE DU GLOBE TROTTER 88

MINITEL
3615 code TREK

TREKKING®
La griffe des grands migrateurs

le catalogue
globe-trotter

SANS ENGAGEMENT veuillez m'envoyer le CATALOGUE DU GLOBE-TROTTER 88 ainsi que la liste complète de vos dépositaires agréés (maroquiniers, grands magasins, sport...)

NOM : .... PRÉNOM : ....

ADRESSE : ....

LOCALITÉ : .... C.P. ☐☐☐☐☐
Retournez ce coupon aujourd'hui même à : **TREKKING B.P. 41 - 13410 LAMBESC**
(Joindre 3 timbres 2,20 F pour frais d'envoi.)

14 / COMMENT ALLER EN ESPAGNE

- **JUMBO**
  - *Paris* : 62, rue Monsieur-le-Prince, 75006. Tél : 46-34-19-79. M. : Odéon.
  - *Paris* : 19, av. de Tourville, 75007. Tél. : 47-05-01-95. M. : École Militaire.
  - *Paris* : 16, av. Matignon, 75008. Tél. : 45-62-13-13. M. : F.D.-Roosevelt.
  - *Paris* : 112, av. du Général-Leclerc, 75014. Tél. : 45-42-03-87. M. : Alésia.
  - *Aix-en-Provence* : 7, rue de la Masse, 13100. Tél. : 42-26-04-11.
  - *Besançon* : 15, rue Proudhon, 25000. Tél. : 81-81-30-31.
  - *Brest* : 5, rue Boussingault, 29200. Tél. : 98-80-30-59.
  - *Caen* : 6, rue des Carmélites, 14000. Tél. : 31-85-56-75.
  - *Dijon* : 5, pl. Darcy, 21500. Tél. : 80-30-27-88.
  - *Grenoble* : 6, pl. Grenette, 38000. Tél. : 76-54-64-09.
  - *Le Havre* : 119, rue Louis-Brindeau, 76600. Tél : 35-21-31-33.
  - *Lille* : 40, rue de Paris, 59000. Tél. : 20-57-58-62.
  - *Lyon* : 16, rue de la République, 69002. Tél. : 78-37-15-89.
  - *Marseille* : 276, av. du Prado, 13008. Tél. : 91-22-19-19.
  - *Montpellier* : 34, rue Saint-Guilhem, 34000. Tél. : 67-60-60-22.
  - *Mulhouse* : 13, av. Foch, 68000. Tél. : 89-66-20-02.
  - *Nantes* : 2, rue Crébillon, 44000. Tél. : 40-48-64-18.
  - *Nice* : 3, rue François-Ier, 06000. Tél. : 93-82-11-75.
  - *Orléans* : 50, rue Jeanne-d'Arc, 45000. Tél. : 38-54-09-62.
  - *Pau* : 30, Palais-des-Pyrénées, 64000. Tél. : 59-27-11-12.
  - *Perpignan* : 51 bis, av. du Général-de-Gaulle, 66000. Tél. : 68-34-82-16.
  - *Rennes* : 30, rue du Pré-Botté, 35000. Tél. : 99-79-58-68.
  - *Rodez* : 2, rue Camille-Douls, 12000. Tél. : 65-42-63-47.
  - *Rouen* : 130, rue Martainville, 76000. Tél : 35-98-59-00.
  - *Saint-Étienne* : 26, rue de la Résistance, 42000. Tél. : 77-32-39-81.
  - *Strasbourg* : 1, place Broglie, 67000. Tél. : 88-32-00-17.
  - *Toulouse* : 62, bd Carnot, 31000. Tél. : 61-62-15-01.
  - *Toulon* : 552, av. de la République, 83000. Tél : 94-41-40-14.
  - *Tours* : 13, rue des Déportés, 37000. Tél. : 47-66-52-58.

Et aussi dans les agences Air France et agences agréées.

Filiale tourisme d'Air France, spécialisée dans le voyage individuel sous toutes ses formes, à des prix très compétitifs. Grand choix d'hôtels de toutes catégories, location de voitures, séjours-plage ou dans des hôtels « de charme », location d'appartements et de villas, circuits en voiture avec étapes dans des châteaux-hôtels... La liberté du voyage individuel sans les soucis d'organisation.

Autre point fort : les *relais Jumbo* qui accueillent les voyageurs sur place et leur procurent des réservations complémentaires (hôtels, voitures, excursions).

Jumbo propose plusieurs formules sur l'Andalousie : séjour, Jumbotel (hôtels réservés et une auto) ou hôtel Jumbo Soleil (prix particulièrement attractif). Formules identiques aux Baléares avec la possibilité d'effectuer un séjour combiné d'île en île. Studios à louer.

Désormais, *Jumbo* propose des charters très compétitifs, sans aucune prestation sur place.

Autre produit, Jumbo-Charter « Spécial Dernière », 15 jours avant le départ, des tarifs exceptionnels sont désormais disponibles sur diverses destinations charter.

- **MARSANS INTERNATIONAL** : 7, rue Arsène-Houssaye, 75008 Paris. Tél. : 43-59-72-36. M. : Étoile. Agence assez sélecte, spécialisée sur l'Espagne et le Portugal. Intéressant surtout pour ceux qui veulent réserver des paradors ou des pousadas. Formule très souple car on peut choisir les villes et le nombre de nuits. Une petite folie bien agréable.

- **NOUVELLES FRONTIÈRES**
  - *Paris* : 87, bd de Grenelle, 75015. Tél. : 42-73-25-25. M. : La Motte-Picquet.
  - *Aix-en-Provence* : 13, rue Aumône-Vieille, 13100. Tél : 42-26-47-22.
  - *Bastia* : 33, bis rue César-Campinchi, 20200. Tél : 95-32-01-62.
  - *Bordeaux* : 31, allée de Tourny, 33000. Tél. : 56-44-60-38.
  - *Brest* : 8, rue J.-B.-Boussingault, 29200. Tél : 98-44-30-51.
  - *Clermont-Ferrand* : 8, rue Saint-Genès, 63000. Tél : 73-90-29-29.
  - *Dijon* : 7, pl. des Cordeliers, 21000. Tél. : 80-30-19-51.
  - *Grenoble* : 5, rue Billerey, 38000. Tél : 76-87-16-53 et 54.
  - *Lille* : 1, rue des Sept-Agaches, 59000. Tél : 20-74-00-12.
  - *Limoges* : 16, rue Elie-Berthet, 87000. Tél. : 55-32-28-48.

VOYAGES WASTEELS... DÉJÀ 92

SON EXIGENCE :
- **La qualité du service**
- **Les meilleurs prix**

*J'ai moins de 26 ans.
Je voyage moins cher.
Je voyage en B.I.G.E. WASTEELS...*

EN FRANCE, EN EUROPE, JE BOUGE EN BIGE WASTEELS

VOYAGEZ MIEUX, VOYAGEZ WASTEELS

Nos avantages en avion
Pour vous,
2000 vols à tarif réduit
pour le monde entier

jsf *Vous donne des ailes*

Toujours plus loin...   Toujours moins cher

VOYAGES WASTEELS
LE LEADER DES VOYAGES POUR LES JEUNES
Tél. : (1) 43 64 40 00

61 Agences en France - 175 en Europe

* JSF est une Production de VOYAGES WASTEELS

Lic A 568

16 / COMMENT ALLER EN ESPAGNE

- *Lyon :* 34, rue Franklin, 69002. Tél : 78-37-16-47.
- *Marseille :* 83, rue Sainte, 13007. Tél : 91-54-18-48.
- *Metz :* 33, En-Fournirue, 57000. Tél : 87-36-16-90.
- *Montpellier :* 4, rue Jeanne-d'Arc, 34000. Tél : 67-64-64-15.
- *Mulhouse :* rue des Halles, 68100. Tél : 89-46-25-00.
- *Nancy :* 4, rue des Ponts, 54000. Tél : 83-36-76-27.
- *Nantes :* 2, rue Auguste-Brizeux, 44000. Tél : 40-20-24-61.
- *Nice :* 24, av. Georges-Clemenceau, 06000. Tél : 93-88-32-84.
- *Reims :* 51, rue Cérès, 51100. Tél : 26-88-69-81.
- *Rennes :* 10, quai Émile-Zola, 35000. Tél : 99-79-61-13.
- *Rodez :* 26, rue Béteille, 12000. Tél : 65-68-01-99.
- *Rouen :* 15, rue du Grand-Pont, 76000. Tél : 35-71-14-44.
- *Saint-Étienne :* 9, rue de la Résistance, 42000. Tél : 77-33-88-35.
- *Strasbourg :* 4, rue du Faisan, 67000. Tél : 88-25-68-50.
- *Toulon :* 503, av. de la République, 83000. Tél : 94-46-37-02.
- *Toulouse :* 2, place Saint-Sernin, 31000. Tél : 61-21-03-53.

● **OCCAJ Voyages Vacances**
- *Paris :* 95, rue d'Amsterdam, 75008. Tél : 45-26-21-21. M. : Place Clichy ou Liège. Agence spécialisée dans les vacances à caractère sportif. Dix-huit destinations pour le ski, quatre pour la campagne, trente-trois pour la mer, des semaines à des prix très intéressants à vivre en famille aussi bien qu'en solitaire. Randonnées pédestres en France et à l'étranger. Mais aussi 10 destinations soleil...

● **O.T.U.** (Organisation de Tourisme Universitaire)
- *Paris :* 137, bd Saint-Michel, 75005. Tél : 43-29-12-88. M. : Luxembourg.
- *Paris :* 9, rue Brantôme, 75003. Tél : 48-04-70-30. M. : Rambuteau.

● **CROUS :**
Aix-en-Provence : cité universitaire les Gazelles, av. Jules-Ferry, 13621. Tél : 42-27-76-85.
Amiens : 25, rue Saint-Leu, 80038 Amiens Cedex. Tél : 22-97-95-44.
Besançon : case postale F 3, 38, av. de l'Observatoire, 25030. Tél : 81-50-26-88.
Bordeaux : domaine universitaire, Restaurant n° 2, 33405 Talence Cedex. Tél : 56-80-71-87.
Caen : 23, av. de Bruxelles, 14034 Caen Cedex. Tél : 31-94-73-37.
Clermont-Ferrand : 25, rue Étienne-Dolet, 63037 Clermont-Ferrand Cedex. Tél : 73-93-26-46.
Dijon : campus Montmuzard, rue de Mirande, 21000. Tél : 80-39-69-33.
Grenoble : 5, rue d'Arsonval, B.P. 387, 38019 Grenoble Cedex. Tél. : 76-87-07-62.
Lille : 74, rue de Cambrai, 59043 Lille Cedex. Tél : 20-52-84-00.
Limoges : ensemble universitaire de Limoges-Naugeat, 21, av. Alexis-Carrel, 87006 Limoges Cedex. Tél : 55-01-46-12.
Lyon : 59, rue de la Madeleine, 69365 Lyon Cedex 2. Tél : 78-72-55-47.
Marseille : 38, rue du 141ᵉ-R.I.A., 13331 Marseille Cedex 3. Tél : 91-50-41-52.
Montpellier : 2, rue Monteil, B.P. 5053, 34033 Montpellier Cedex. Tél : 67-41-10-29.
Nancy : 75, rue de Laxou, 54042 Nancy Cedex. Tél : 83-40-02-32.
Nantes : 2, bd Guy-Mollet, 44072 Nantes Cedex. Tél : 40-74-71-90.
Nice : 18, av. des Fleurs, 06000. Tél : 93-96-73-73.
Orléans : résidence « les Dahlias », rue de Blois, 45100 Orléans-La Source. Tél : 38-63-28-09.
Poitiers : 15, rue Guillaume-VII-le-Troubadour, B.P. 629, 86022 Poitiers Cedex. Tél : 49-01-83-69.
Reims : 34, bd Henri-Vasnier, 51100 Reims Cedex. Tél : 26-85-50-16.
Rennes : 7, pl. Hoche, B.P. 115, 35002 Rennes Cedex. Tél : 99-36-46-11.
Rouen : Cité Universitaire du Panorama, B.P. 218, Pavillon Corneille, 76136 Mont-Saint-Aignan.
Strasbourg : 1, quai du Maire-Diétrich, 67084 Strasbourg Cedex. Tél : 88-36-16-91.
- *Toulouse :* 7, rue des Salenques, 31070 Toulouse Cedex. Tél : 61-21-13-61.
- *Versailles :* lycée Marcel-Roby, B.P. 109, 78103 Saint-Germain-en-Laye Cedex. Tél : 39-73-42-80.

uniclam

☎ (1) 43 29 12 36

LIC. A 1205

L'Amérique est notre terre, l'Afrique notre passion.

Fondé il y a plus de quinze ans, **uniclam** est une agence spécialisée sur l'Amérique du Sud et l'Afrique de l'Ouest.

A PARTIR DE 1988, DEUX NOUVEAUTES :

1. Une brochure «Expédition, raid, trekking» sur l'Amérique latine et l'Afrique noire.

2. Une brochure complète sur l'Asie.

uniclam, c'est aussi neuf formules de voyage :
• le vol sec • le forfait «arrivée» • le circuit organisé • le circuit aventure • les groupes • le département sport/aventures • un pays à la carte • un pays en liberté • les séjours balnéaires.

QUELQUES EXEMPLES DE VOLS :

Mexique . à partir de **3 100 F**
Pérou ... à partir de **5 680 F**
Argentine à partir de **6 450 F**
Equateur . à partir de **5 780 F**
Etats-Unis à partir de **2 465 F**

Sénégal/Gambie, quatre vols au départ de Paris, Mulhouse, Marseille et Toulouse.
Vol à partir de ..... **2 180 F**
Togo/Bénin à partir de **2 900 F**

Mais nous faisons aussi des réunions d'informations sur chaque pays.

uniclam
voyages

- **63, rue Monsieur-le-Prince**
  75006 Paris. ☎ (1) 43 29 12 36
- **11, rue du 4-Septembre**
  75002 Paris. ☎ (1) 40 15 07 07
- **16, rue du Docteur-Mazet**
  38000 Grenoble. ☎ 76 46 00 08
- **157, rue Nationale**
  59800 Lille. ☎ 20 30 98 20
- **19, quai Romain-Rolland**
  69005 Lyon. ☎ 78 42 75 85
- **103, La Canebière**
  13001 Marseille. ☎ 91 64 33 03
- **21, rue Antonin-Mercié**
  31000 Toulouse. ☎ 61 22 88 80
- **52, rue du Palais-Gallien**
  33000 Bordeaux. ☎ 56 44 44 91
- **6, rue des Pucelles**
  67000 Strasbourg. ☎ 88 35 30 67
- **13, rue des Fleurs**
  68100 Mulhouse. ☎ 89 56 10 21

Empreinte 5 ☎ (1) 48 91 00 06

uniclam
AFRIQUE 89

18 / COMMENT ALLER EN ESPAGNE

● **CLOUS :**
– *Angers :* jardin des Beaux-Arts, 35, bd du Roi-René, 49100. Tél : 41-87-11-35.
– *Antony :* résidence Jean-Zay, rte de Versailles, 92160. Tél : 46-61-33-04.
– *Bourges :* résidence universitaire, chemin de Turly, 18021 Bourges Cedex. Tél. : 48-24-40-37.
– *Brest :* av. Le-Gorgeu, 29287 Brest Cedex. Tél : 98-03-38-78.
– *Compiègne :* résidence Roberval, 6 *bis*, rue Winston-Churchill, 60200. Tél : 44-20-36-28.
– *La Rochelle :* résidence universitaire Antinéa, rue de Roux, 17000. Tél : 46-44-30-16.
– *Le Havre :* cité universitaire du Havre-Caucriauville, pl. Robert-Schuman, 76610. Tél : 35-47-25-86.
– *Le Mans :* rte de Laval 41 X, 72040 Le Mans Cedex. Tél : 43-28-60-70.
– *Metz :* cité universitaire, Ile-de-Saulcy, 57000. Tél : 87-31-34-99.
– *Mulhouse :* cité universitaire, 20, bd Stoessel, 68093 Mulhouse Cedex. Tél : 89-42-70-11.
– *Pau :* cité universitaire, av. Poplawski, 64000. Tél : 59-02-73-35.
– *Saint-Étienne :* 17, bd Raoul Duval, 42023 Saint-Étienne Cedex. Tél : 77-57-30-14.
– *Tours :* bd de Lattre-de-Tassigny, 37000. Tél : 47-05-17-55.
– *Valence :* C.A.I.D.E., 2, rue André-Lacroix, B.P. 612, 26000. Tél : 75-42-17-96.
– *Valenciennes :* résidence universitaire Jules-Mousseron, rue du Chemin-Vert, 59300. Tél : 27-42-56-56.
L'*O.T.U.* est l'association française de voyages étudiants.

● **UNICLAM**
– *Paris :* 63, rue Monsieur-le-Prince, 75006. Tél. : 43-29-12-36. M. : Odéon.
– *Paris :* 11, rue du 4 Septembre, 75002. Tél. : 40-15-07-07. M. : Opéra.
– *Bordeaux :* 52, rue du Palais-Gallien, 33000. Tél. : 56-44-44-91.
– *Grenoble :* 16, rue du Dr-Mazet, 38000. Tél. : 76-46-00-08.
– *Lille :* 157, route Nationale, 59000. Tél. : 20-30-98-20.
– *Lyon :* 19, quai Romain-Rolland, 69005. Tél. : 78-42-75-85.
– *Marseille :* 103, la Canebière, 13001. Tél. : 91-50-53-03.
– *Mulhouse :* 13, rue des Fleurs, 68100. Tél. : 89-56-10-21.
– *Nice :* 30, av. Georges-Clemenceau, 06000. Tél. : 93-87-34-69.
– *Strasbourg :* 6, rue Pucelles, 67000. Tél. : 88-35-30-67.
– *Toulouse :* 21, rue Antonin-Mercié, 31000. Tél. : 61-22-88-80.
UNICLAM s'est d'abord fait connaître pour ses charters sur l'Amérique latine et tout particulièrement le Pérou. Système très appréciable dans ces pays : la possibilité de réserver, avant de partir, des nuits d'hôtel. Excellents circuits guidés par des autochtones, irremplaçables quand on s'intéresse un peu à la culture. Projet de charter sur le Brésil.
Une brochure spéciale « Toros » pour les aficionados de corridas aussi bien en Espagne qu'en Amérique du Sud.

● **VOYAGES ET DÉCOUVERTES**
– *Paris :* 21, rue Cambon, 75001. Tél : 42-61-00-01. M. : Concorde.
– *Paris :* 58, rue Richer, 75009. Tél : 47-70-28-28. M. : Cadet.
Nouveau voyagiste proposant d'excellents tarifs sur lignes régulières à condition d'être étudiant ou jeune de moins de 26 ans. Difficile de trouver des vols moins chers.

EN BELGIQUE

● **ACOTRA** (Asbl) : rue de la Madeleine, 51, Bruxelles 1000. Tél : (02) 512-55-40 et 512-86-07. Ouvert de 10 h à 17 h 30 et le samedi de 9 h à 12 h. Cette association de coopération avec l'étranger s'adresse particulièrement aux jeunes, étudiants et enseignants de moins de 31 ans. Elle facilite principalement le transport aérien au départ de Bruxelles vers le monde entier.
Son central logement-transit permet, tant aux individuels qu'aux groupes, d'être hébergés à des prix abordables et ce, en Belgique comme à l'étranger.
Un bureau d'information « Acotra Welcome Desk » est à la disposition de tous à l'aéroport de Bruxelles national (dans le hall d'arrivée). Ouvert toute l'année, de 7 h à 16 h. Tél. : (02) 720-35-47.

VOYAGEZ COMME UN ROI AU PAYS DES CHATEAUX

avec

extraordinaire Espagne

Paradors

L'Espagne en toute liberté avec
le Spécialiste du Voyage sur mesure :

Marsans International

7, rue Arsène Houssaye - 75008 PARIS
Tél. : (1) 43.59.72.36
et dans les Agences de Voyage.

et n'oubliez pas notre catalogue
"PORTUGAL EXTRAORDINAIRE"
POUSADAS - HOTELS DE PRESTIGE

- **C.J.B.** (Caravanes de Jeunesse Belge Asbl) rue Mercelis, 6, Bruxelles 1050. Tél : (02) 511-64-07, rue Carlier 2, 4000 Liège. Tél : (041) 23-32-69. Prinses Clementinalaan, 205, 9000 Gent. Tél : (091)-21-08-05. Voyages pour jeunes, transports à prix réduits, service jeunesse. Randonnées, expéditions, circuits, séjours, vacances familiales, vacances vertes, voyages lointains originaux constituent une réussite internationale ; le Tibet par la voie népalaise, *une nouveauté*. Stages et séjours actifs dans les A.J. de plusieurs pays. Groupe à la carte, voyages accompagnés, individuels, transports terrestres et aériens pour toutes destinations. Ouvert du lundi au vendredi de 9 h à 18 h et le samedi de 10 h à 12 h (14 h en été).

- **NOUVELLES FRONTIÈRES**
  - *Bruxelles* : Bd M.-Lemonnier, 2, 1000. Tél : (02) 513-77-48.
  - *Anvers* : Nationalestraat, 14, 2000. Tél : (03) 232-98-75.
  - *Liège* : bd de la Sauvenière, 32, 4000. Tél : (041) 23-67-67.
  - *Gand* : Nederkouter, 77, 9000. Tél : (091) 24-01-06

- **PÉRI** : rue de la Sablonnière, 1, Bruxelles 1000. Tél : 217-27-44. Mouvement associatif qui s'efforce de relancer le voyage étudiant. On y trouve bien entendu des vols, des trains vers tous les pays.

- **T.E.J.** (Tourisme des Étudiants et de la Jeunesse) : chaussée de Haecht, 35, Bruxelles 1030. Tél : 219-47-50 et 02-44. Le *T.E.J.* est une association sans but lucratif, issue du syndicalisme étudiant et du *Y.M.C.A.* Racheté par Transalpino, vend surtout des billets de train BIGE.

- **UNICLAM** : rue de la Sablonnière, 1, Bruxelles 1000. Tél : 218-55-62. Voir texte plus haut.

EN SUISSE

- **JERRYCAN EXPÉDITION** : 23, rue Sautter, 1205 Genève. Tél : (22) 46-92-82. Organisation suisse spécialisée dans le voyage insolite. Cette jeune équipe pratique la religion de la piste oubliée. Choix très varié d'expéditions, ouvert sans aucune limite d'âge. D'abord en été : Turquie, Sri Lanka, Basse Californie, Mexique, États-Unis, treks au Maroc et Cappadoce, Égypte par les pistes, Kenya, Éthiopie, Grèce. L'hiver : les régions sahariennes surtout.

- **S.S.R.**
  - *Genève* : 3, rue Vignier, 1205. Tél : 22-29-97-33.
  - *Lausanne* : 22, bd de Grancy. Tél : 21-27-56-27.
  - *Neuchâtel* : 1, rue Fosses-Brayes. Tél : 38-24-48-08.
  - *Bienne* : 5, rue Hugi, 2500. Tél : 32-22-58-88.

Le *S.S.R.* est une société coopérative sans but lucratif dont font partie les employés S.S.R. et les associations d'étudiants. De ce fait, il vous offre des voyages, des vacances et des transferts très avantageux et tout particulièrement des vols secs.

Ses meilleures destinations sont : l'Extrême-Orient, les États-Unis, l'Amérique du Sud, l'Angleterre, la Yougoslavie, la Grèce, la Turquie, le Maroc, la Sardaigne et le Canada. Et aussi le Transsibérien de Moscou à la mer du Japon, la descente de la rivière Kwaï... Billets *Euro-Train* (jusqu'à 26 ans non compris). Le *S.S.R.* vend aussi la carte internationale d'étudiant.

- **NOUVELLES FRONTIÈRES**
  - *Genève* : 19, rue de Berne, 1201. Tél : (22) 32-04-03.

7 club aquarius
RAISONS POUR PARTIR AU SOLEIL A DES PRIX EXTRAORDINAIRES

NABEUL
SAN AGOSTINO
SICILE
ERMIONI
RHODES
SÉNÉGAL
TENERIFE

Forfait semaine tout compris : vols, pension complète, animations, sports, mini-club.

RENSEIGNEMENTS
43.25.43.99

l'autre club

22 / COMMENT ALLER EN ESPAGNE

AU QUÉBEC
- **TOURBEC**
- *Montréal* : 535 Est, rue Ontario, H2L 1N8. Tél : (514) 288-4455.
- *Montréal* : 3506, av. Lacombe, H3T 1M1. Tél : (514) 342-2961.
- *Montréal* : 595, Ouest de Maisonneuve, H3A-1L8. Tél : (514) 842-1400.
- *Montréal* : 1454, rue Drummond, H3G-1V9. Tél. : (514) 499-9930.
- *Montréal* : 1187 Est, rue Beaubien, H2G-1L8. Tél. : (514) 593-1010.
- *Laval* : 155, boulevard des Laurentides, J48-1H1. Tél. : (514) 662-7555.
- *Québec* : 1178, av. Cartier, G1R-297. Tél. : (418) 522-2791.
- *Saint-Lambert* : 2001, rue Victoria, J4S-1H1. Tél. : (514) 466-4777.
- *Sherbrooke* : 1578 Ouest, rue King, J1J-2C3. Tél. : (819) 563-4474.

Cette association bien connue au Québec organise des charters en Europe. Sa spécialité : la formule avion + auto.

AIR SYSTEME

C'est du vol tout ce qu'il y a de plus régulier

PLUS DE 100 DESTINATIONS AUX CONDITIONS LES PLUS AVANTAGEUSES DU MARCHÉ

Les meilleures Compagnies régulières

Au départ de **PARIS** et de **GRANDES VILLES DE PROVINCE**

OÙ DORMIR A L'ARRIVÉE ?

AIR SYSTÈME vous propose une large sélection d'hôtels pour une ou plusieurs nuits

VOYAGE CONSEIL

LIC A676

Poussez la porte d'une agence du Crédit Agricole ou d'une boutique VOYAGE CONSEIL

A PARIS : 50, rue Fabert 75007 PARIS - Tél. : 43.23.23.23
39, bd de Vaugirard 75015 PARIS - Tél. : 43.23.55.35
12, rue La Fayette 75009 PARIS - Tél. : 42.47.09.77
102, rue de Rennes 75006 PARIS - Tél. : 45.44.55.33
81, bd Saint-Michel 75006 PARIS - Tél. : 43.25.80.58

L'ESPAGNE

« De même que les Portugais sont toujours gais,
les Espagnols sont toujours gnols. »

Alphonse Allais

L'Espagne, ce sont d'abord des chiffres énormes : 50 millions de visiteurs annuels, le pays est devenu la première puissance touristique mondiale. Le secteur du tourisme représente 10 % du P.I.B. Dans les années 50 et 60, l'Espagne s'ouvrit au tourisme et se dota d'une importante infrastructure touristique. Il fallait qu'elle ait quand même quelque chose à vendre... Eh oui ! Elle possédait le soleil, la mer, de belles côtes, des plages idylliques et surtout... un coût de la vie beaucoup moins élevé que chez nous. Cela a suffi ! D'où la ruée et... un certain gâchis : concentrations insupportables de population, beaucoup de côtes défigurées, bouleversement des modes de vie locaux, etc. Bref, pour un certain nombre de gens, l'Espagne dégagea finalement une image assez négative d'où n'étaient pas absentes également de (bonnes) raisons idéologiques et politiques. A raison, beaucoup de Français lui préférèrent longtemps d'autres pays, d'autres continents.
Et puis, la soif de découverte des lointains horizons satisfaite, le renchérissement des coûts de voyage, la crise économique aidant, on se rabattit à nouveau sur l'Europe. L'Espagne est l'une de ces heureuses redécouvertes. Une histoire riche, à laquelle chaque envahisseur, chaque civilisation apporta sa pierre. Des contrastes géographiques, de peuples, de cultures, propres à satisfaire tous les goûts, tous les fantasmes...
Certes, les côtes défigurées et les concentrations humaines subsistent. Mais on s'est aperçu qu'il suffisait de quelques dizaines de kilomètres pour les voir disparaître. Il existe encore une Espagne superbe, naturelle, prodigue en paysages saisissants, en monuments splendides, en modes de vie passionnants... C'est cette Espagne que l'on vous invite à rencontrer.

Adresses utiles en France

— *Office national espagnol du tourisme* : 43 ter, avenue Pierre-Ier-de-Serbie, 75381 Paris cedex 08. Tél. : (1) 47-20-90-54. M. : George-V. Ouvert du lundi au vendredi de 9 h à 17 h 30. Compétent. Nombreuses brochures très bien faites.
— *Consulat d'Espagne* : 165, bd Malesherbes, 75017 Paris. Tél. : (1) 47-66-03-32. M. : Wagram. Autres consulats à Bayonne, Bordeaux, Hendaye, Lille, Villeurbanne, Marseille, Metz, Montpellier, Nîmes, Pau, Perpignan, Strasbourg et Toulouse.
— *Ambassade d'Espagne* : 13, av. George-V, 75008 Paris. M. : George-V. Tél. : (1) 47-23-61-83.

Adresses utiles en Belgique

— *Office du tourisme* : rue de la Montagne, 18, Bruxelles 1001. Tél. : 512-57-35 et 513-15-87.
— *Ambassade d'Espagne* : rue de la Science, 19, Bruxelles 1040. Tél. : 230-03-40.

Adresses utiles en Suisse

— *Office du tourisme* : 40, bd Helvétique, 1207 Genève. Tél. : 35-95-94 et 95.
— *Consulat d'Espagne* : 7, rue Pestalozzi, 1202 Genève. Tél. : (22) 34-46-04.
— *Ambassade d'Espagne* : Brunnadernstrasse, 43, Berne 3006. Tél. : 44-04-12 et 13.

Adresses utiles au Canada

— *Office du tourisme* : 60, Bloor Street West, 201 Toronto M4W3B8. Tél. : 961-31-31.
— *Ambassade d'Espagne* : 350, Sparks Street, Suite 802, Ottawa KIR7S8 (Ontario). Tél. : (613) 237-21-93 et 94.

AIR HAVAS: PRIX BAS SUR TOUTE LA LIGNE.

Des petits prix pour 250 Destinations

Les voyages forment la jeunesse. Mais les prix, souvent, la rebutent. C'est pourquoi Air Havas se bat continuellement pour leur obtenir les meilleurs tarifs sur vols charters. Et cela, tout au long de l'année, sur quelque 250 destinations internationales.
Air Havas, c'est des prix qui volent loin, mais bas !

En vente à la boutique Air Havas
15, avenue de l'Opéra. 75001 Paris
Tél. : 42.96.97.34

et dans les 311 agences Havas Voyages

LIC A. 596

Formalités

Pour les Français, seule une carte nationale d'identité en cours de validité (ou un passeport, même périmé depuis moins de cinq ans) est exigée. Pour les mineurs accompagnés de leurs parents, une carte nationale d'identité est nécessaire, à moins qu'ils ne soient inscrits sur le passeport de leurs parents. Les mineurs qui ne sont pas accompagnés de leurs parents doivent avoir un passeport en cours de validité, sinon une carte d'identité, et une autorisation parentale de sortie du territoire.

Quant aux automobilistes, ils doivent être en possession du permis de conduire français rose ou du permis de conduire international et de la carte verte d'assurance. Si le propriétaire n'est pas dans la voiture, le conducteur doit être muni de la carte grise et de l'autorisation du propriétaire.

La carte d'étudiant (même française) permet des réductions importantes sur beaucoup de services (principalement les musées et les expositions).

Change

Les banques espagnoles prélèvent de bonnes commissions, sur les chèques de voyage surtout. La *Banque d'Espagne* change l'argent sans commission, mais elle ne change pas les chèques de voyage. Les commissions sont très variables d'une banque à l'autre. Il faut éviter la *Banco de Viscaya* et lui préférer la *Banco de Banesto*. En fait, les commissions étant très élevées dans toutes les banques espagnoles, il est préférable d'établir les chèques de voyage en pesetas. Aucune commission ne sera alors prise en Espagne.

Les transports intérieurs

● Les trains

Les trains espagnols partent souvent à l'heure, mais perdent beaucoup de temps, notamment la nuit, où les trains de voyageurs laissent parfois la priorité aux trains de marchandises. Les trains sont donc en retard dans les gares de passage et d'arrivée ; prévoir pour les correspondances... En été, les trains espagnols sont peuplés de touristes et de routards, en particulier les trains de nuit pour les grandes distances ; il est cependant possible de réserver une place gratuitement en se présentant au guichet un quart d'heure avant le départ.

Les trains sont parfois bondés sur les grandes lignes (Madrid-Paris, Madrid-Barcelone), l'été et pendant les week-ends.

Le meilleur train est le *Talgo* ; viennent ensuite l'*Intercity*, l'*Électro* et le *Ter* ; et enfin l'*Expreso* et le *Rapido*, dont les noms sont loin de correspondre à la réalité.

La *RENFE* offre des réductions sur des tarifs déjà assez bon marché. Il existe des jours « bleus » (comme à la S.N.C.F.) au cours desquels les réductions peuvent atteindre 50 %, suivant des critères tels que l'âge, la famille, le trajet. Attention aux suppléments dans les *Talgos, Rapidos, Electroteur, Expreso*. Même les Inter-Rail paient le supplément.

– *RENFE* : 1, av. Marceau, 75008. Tél. : 47-23-52-01.

● Les autobus

Un grand nombre de petites compagnies desservent les routes secondaires ; en effet, en Espagne, les bus vont presque partout. Souvent, deux ou trois compagnies assurent les mêmes liaisons. Comparez les prix et les heures. Les bus coûtent à peu près aussi cher que le train. Ils sont parfaits, avec vidéo et climatisation.

● La voiture

Les routes sont refaites à neuf à peu près partout du nord au sud de l'Espagne. En général, d'ailleurs, le réseau est bon, même au fin fond de l'Euskadi ou de l'Ampurdan. Voir aussi la rubrique « Formalités ».

Les stations-service n'acceptent pas, en général, les cartes de crédit.

Attention : beaucoup de vols dans les voitures en Espagne. Choisissez de préférence des parkings gardés et, surtout, ne laissez rien traîner sur les sièges ou la plage arrière. Les bris de glace, même pour voler quelques livres, sont fréquents. Voilà, on vous a avertis.

● La moto

C'est un moyen de transport génial pour visiter l'Espagne. Partout, on peut s'arrêter facilement et admirer les points de vue, surtout sur la côte. Faites attention quand même quand il pleut : les revêtements ne sont pas terribles. Ne roulez pas avec un sac à dos et portez toujours un casque.

● *L'auto-stop*

Du fait des tensions politiques et de la psychose du terrorisme, les Espagnols hésitent parfois à prendre des auto-stoppeurs. Toutefois, sur les petites routes de montagne où les transports en commun se font plus rares, vous serez peut-être pris par des habitants curieux, mais le plus souvent pour quelques kilomètres seulement... A part ça c'est vraiment dur, surtout au fur et à mesure que vous descendrez vers le sud. Sortir de Madrid en stop, dans n'importe quelle direction, est presque impossible... Seule la côte méditerranéenne avec ses millions de touristes étrangers est plus facile. Bon courage quand même.

Téléphoner en France

07 (tonalité), 33 + n° de l'abonné.

Où dormir ?

● *Les auberges de jeunesse*

La *Red Española de Albergues Juveniles* compte presque 50 auberges de jeunesse ouvertes toute l'année. Environ une centaine « fonctionnent » l'été. Les tarifs sont bon marché mais il y a quelques inconvénients : vols, situation excentrée dans les villes et heures de couvre-feu assez réglementées. Malgré tout réserver en juillet-août.
– *R.E.A.J. :* José Ortega y Gasset 71, Aparta do 208 Madrid.

● *Les campings*

Le camping sauvage sur les plages est en principe autorisé car il n'y a pas de plages privées en Espagne. Néanmoins, si vous vous installez devant un hôtel vous serez peut-être invité à déguerpir. Si vous désirez camper dans une propriété privée, ayez la correction de demander l'autorisation avant.
Quant aux campings officiels, ils offrent le double avantage de prix relativement modérés (comme en France) et d'absence de règlement draconien comme pour les A.J. Les prix et les catégories des campings sont fixés par le gouvernement ; les tarifs doivent figurer bien en évidence à l'entrée.
Les campings espagnols (sur la Costa Brava surtout) ne ressemblent pas ou peu à leurs homologues français : ils sont en général beaucoup plus vastes, disposent de supermarchés, salons de coiffure (!) et de beauté. On vient s'y reposer ou s'y divertir : piscines, courts de tennis ou terrains de football sont souvent là, mais rassurez-vous, bien isolés. L'animation y a bonne place : grâce aux discothèques et aux restaurants. Enfin les sanitaires ne ressemblent guère à nos blocs de béton : ici, miroirs, marbre, patios intérieurs sont de rigueur.
Pensez à vous équiper de « sardines » très robustes. Le terrain est partout sec, parfois d'une dureté incroyable (Séville en particulier). Un marteau est alors indispensable.

● *Les hôtels*

Dans l'ensemble, ils sont bien situés (dans les villes) et assez bon marché. Les moins chers sont les *fondas* (avec restaurant). Puis viennent les *casas de huéspedes*, les *hospedajes*, les *pensiones* (qui font parfois pension complète). Plus chic, les *hostales* (équivalents de nos 3 étoiles) et les *residencias*. Et enfin, les hôtels, classés de 1 à 5 étoiles. Essayez d'arriver assez tôt pour être sûr d'avoir une chambre, et demandez à la visiter avant de déposer votre carte d'identité à la réception. Les prix affichés à la réception et dans les chambres peuvent varier selon les divisions de l'année touristique : haute, moyenne et basse saisons.
Pour une chambre simple, demandez une *habitación individual*, pour une chambre double, une *habitación doble*, et si vous voulez un grand lit, précisez une *cama de matrimonio*.
Attention : en principe les prix ne sont pas nets. Il faut ajouter une taxe de 6 % sur le prix indiqué.
Il existe un guide des hôtels (classés par région et catégorie, prix indiqués, ainsi que les caractéristiques) : *Guia de Hotels Oficial España*, édité par « Ministerio de Transportes, Turismo y Communicaciones ». Dans toutes les librairies.

28 / L'ESPAGNE

● **Les paradors**

Réseau important d'établissements hôteliers exceptionnels. Leur principale originalité réside dans le cadre qu'ils proposent : châteaux-forts, manoirs, anciens palais, couvents, monastères superbement restaurés et aménagés. Service impeccable et personnel très qualifié. Certains d'entre eux sont de construction récente et d'architecture moderne, mais ils sont toujours situés dans des sites uniques. Les prix varient bien sûr suivant la catégorie de l'établissement mais ils sont de toute façon chers (de 300 à 400 F la double). Certains pratiquent des prix basse-saison intéressants. A défaut d'y dormir, on peut toujours se restaurer dans les paradors et profiter du cadre. Menu proposé à prix très raisonnables pour le standing du lieu. Procurez-vous à l'Office du tourisme leur belle brochure détaillée. En été, impératif de réserver :
– *Marsans International :* 7, rue Arsène-Houssaye, 75008 Paris. Tél. : 43-59-72-36. Possibilité de réserver un circuit complet ou seulement quelques paradors.

La nourriture, la boisson

Attention : à l'exception de certaines stations balnéaires, les horaires des repas sont différents de ceux pratiqués en France. Pour le déjeuner, 13 h 30 à 16 h, pour le dîner de 21 à 23 h (il fait moins chaud). Petit déjeuner : de 8 à 11 h. Même chose que pour les hôtels : il faut souvent ajouter à la note une taxe (I.V.A.) qui peut atteindre 20 % dans certains restos chics. Les restaurants sont aussi obligés de proposer un « menu del dia », ou s'ils ne l'affichent pas, de le proposer.

● **Spécialités culinaires nationales**

– *La paella :* à base de riz cuit dans l'huile en même temps que le poulet, porc maigre avec jambon, langoustines, petits pois, ail, oignons, épices, safran.
– *Le gazpacho :* soupe de légumes crus (tomates, concombres, piments doux).
– *La tortilla :* omelette servie froide ou chaude, avec pommes de terre, aux fines herbes, aux queues d'écrevisse, au chorizo avec tomates, lardons, petits pois, etc.
– *Le cocido* (pot-au-feu) : plat de résistance servi partout avec variantes.

● **Spécialités régionales**

– Pays basque : poissons et crustacés, *bacalao* (morue), *chipirones* (calamars). Vins : *chacoli* et *blanco de Alava*.
– Asturies : *callos* (tripes).
– Galice : *pote Gallego* (potée galicienne). Vins : *monterrey* (blanc), *oriberro de avia* (rouge).
– Catalogne et Levant : *escudella icarn d'olla* (pot-au-feu catalan), poisson et fruits de mer, *zarzuela de mariscos* (matelote de fruits de mer). Vins : *priorato, alella, villafranca del Panadés*.
– Région de Valence : *arroz a banda* (sorte de paella), *tortilla de habas* (omelette aux fèves). Vins : *moscatel, villena, turia*.
– Baléares : *sopa mallorquina* (soupe à la majorquine), *tortilla de sardinas* (omelette aux sardines), *langosto a la ibienca* (langouste à la mode d'Ibiza).
– Andalousie : *gazpacho, pescado frito* (poisson frit), *sopa de pescado* (soupe de poissons), etc. Vins : *xérès, montilla, malaga*.
– Castille et Aragon : *callos a la madrileña* (tripes).

● **Les boissons antisoif**

– *La horchata :* à base d'orgeat.
– *Granizada de café :* café avec des glaçons.
– *Granizada de limón :* jus de fruits, sucre et glace pilée.

● **Les bars**

On y trouve de quoi boire et fréquemment aussi de quoi manger sur le pouce. On peut rarement s'y asseoir : les sièges sont comptés et les tables encore davantage.
Pour manger dans les bars, il faut savoir que *bocadillo* signifie sandwich, *sandwitch* (en espagnol) signifie toast ou croque-monsieur, et que *tostada* signifie pain grillé.

Un peu d'histoire

Néolithique : des peuplades d'Ibères, sans doute venues d'Afrique, s'établissent au sud et à l'est de l'Espagne.
202 av. J.-C. : occupation romaine.
484 apr. J.-C. : le royaume des Wisigoths s'étend sur toute l'Espagne.
672 : premières invasions des Arabes venus d'Afrique du Nord.
756 : le calife de Damas s'établit à Cordoue et sera l'artisan du rayonnement de la civilisation arabe en Espagne.
1000-1500 : les États chrétiens reprennent progressivement possession des territoires perdus : c'est la « Reconquête » sur l'islam.
1391 : la communauté juive d'Espagne est décimée par les chrétiens (Inquisition).
1468 : mariage de Ferdinand d'Aragon et d'Isabelle de Castille. Réunion des deux royaumes longtemps rivaux.
1492 : chute du royaume de Grenade le 2 janvier.
Découverte de l'Amérique par Christophe Colomb pour le compte des « Rois Catholiques » (Ferdinand V et Isabelle Ire).
Expulsion des juifs « pour protéger l'unité religieuse de l'Espagne » (200 000 environ partiront pour l'Afrique du Nord, l'Italie et l'Empire ottoman).
1512 : la Navarre est absorbée par la Castille.
1516-1556 : règne de Charles Quint, petit-fils d'Isabelle la Catholique. Domination d'un immense empire, tant en Europe qu'en Amérique, « où jamais le soleil ne se couche ».
1588 : désastre de l'Invincible Armada, ruine de la marine espagnole.
1656 : Velázquez peint les Ménines et la famille de Philippe IV.
1700 : avènement au trône d'Espagne de Philippe V, petit-fils de Louis XIV, à l'origine de la guerre de Succession d'Espagne (1701-1714), qui se termine par la perte des Pays-Bas et du royaume de Naples.
1808 : Napoléon nomme son frère Joseph roi d'Espagne. Madrid, occupé par les troupes françaises, se soulève. Début de la guerre d'Indépendance.
1813 : victoire de l'armée anglo-portugaise de Wellington, jointe aux Espagnols. Ferdinand VII retrouve le trône d'Espagne.
1814-1833 : morcellement de l'Empire espagnol en Amérique en États indépendants.
1902-1931 : règne d'Alphonse XIII, marqué par un renouveau économique.
1931 : aux élections municipales, la gauche l'emporte dans les grandes villes et réclame la république. Abdication du roi.
1935 : constitution du *Frente Popular*, groupant syndicats et partis de gauche.
1936 : les élections de février sont un succès pour le *Frente Popular*. Très vite se dessine une réaction ; à l'assassinat du chef de l'opposition monarchiste Primo de Rivera, l'armée du Maroc donne le signal du soulèvement. Dirigé par le général Franco, ce soulèvement s'étend très rapidement. C'est le début de la Guerre civile, qui durera trois ans. L'Espagne va devenir un banc d'essai des grandes puissances qui offrent une aide importante aux deux parties.
1939 : Barcelone, où le gouvernement républicain était replié, est prise par les nationalistes. Le gouvernement républicain se réfugie en France. Le 28 février, chute de Madrid, dernier point de la résistance républicaine.
1969 : le général Franco désigne officiellement son successeur en la personne du prince Juan Carlos, petit-fils d'Alphonse XIII.
1975 : mort de Franco, le 20 novembre. Le 22 novembre, Juan Carlos devient roi d'Espagne.
1977 : reconnaissance officielle du parti communiste espagnol.
1978 : la nouvelle constitution d'un État espagnol, « social et démocratique », entre en vigueur.
1982 : victoire de Felipe González, socialiste, qui devient Premier ministre.
1986 : entrée de l'Espagne dans le Marché commun ; élections législatives. Felipe González conserve la majorité absolue, mais perd un million de voix.
1987 : aux élections européennes, régionales et communales, le P.S.O.E. de Felipe González se voit amoindri et perd la majorité absolue dans les conseils municipaux d'un certain nombre de grandes villes (dont Madrid).

● *La mort de Franco : une nouvelle Espagne*

Le général Franco est mort le 20 novembre 1975, presque 40 ans après le soulèvement militaire de 1936. Sa mort était à la fois crainte et espérée : les plus

pessimistes allaient jusqu'à annoncer une nouvelle guerre civile... C'était ne pas prendre en compte l'habileté du roi Juan Carlos, successeur désigné de Franco, qui sut ménager les transitions : d'abord en prêtant serment devant les Cortès dès le 22 novembre, ensuite en faisant appel à un homme nouveau, Adolfo Suarez, comme Premier ministre. Et Suarez réussit à faire approuver à une forte majorité par référendum un projet libéral de réforme des institutions. En 1977, le parti communiste espagnol est reconnu légal, toujours grâce à l'autorité et à la souplesse de Juan Carlos.
Aux élections de juin 77, le premier vainqueur est l'U.C.D. qui soutient l'action du gouvernement, suivi du parti socialiste et du P.C. La droite franquiste ne vient qu'après. Quant aux partis autonomistes, ils connaissent un net succès.
La démocratisation ne concerne pas seulement la politique mais s'exerce dans tous les domaines. Par le pacte de la Moncloa, qui tend à bloquer le pouvoir d'achat pour limiter l'inflation, les quatre principaux partis politiques font preuve d'un grand sens civique.
Progressivement, tous les monuments (ou presque) à la gloire de Franco qui jalonnaient l'Espagne ont été déboulonnés. Les nouvelles autorités ont débaptisé des milliers de rues, ponts, hôpitaux, etc. Madrid ne compte plus qu'une seule et modeste statue du « Caudillo », au ministère du Travail, sans nom...

● *La Constitution*

La nouvelle Constitution d'un État espagnol « social et démocratique », qui en fait une monarchie parlementaire, est soumise au peuple espagnol par référendum. 88 % des voix exprimées l'approuvent mais le taux d'abstention est élevé (32 % dont 56 % au Pays basque). Elle entre en vigueur le 29 décembre 1978, mettant définitivement fin au régime franquiste. Les élections de 1982 consacrent la victoire du parti socialiste et de son leader, Felipe González.

● *Juan Carlos*

S'il existe un homme aimé de tous les Espagnols, c'est bien Juan Carlos. Jeune et sympathique, les Madrilènes l'aperçoivent de temps à autre se promenant à moto ou au volant de sa Mercedes sur les larges avenues de la capitale. Juan Carlos jouit d'une grande popularité. Et pourtant l'héritage du petit-fils d'Alphonse XIII n'était pas facile à assumer. Élevé à l'étranger, le roi fut mis sur le trône par Franco lui-même. A la mort du dictateur, Juan Carlos fit preuve d'un grand courage, d'une volonté de fer et de beaucoup de diplomatie en soutenant le Premier ministre dans sa tâche de démocratisation et de libéralisation. Il comprit rapidement l'intérêt que son pays pourrait avoir à s'ouvrir sur l'Europe, puis à s'y intégrer. L'Espagne a trouvé en lui un vrai chef de file.
Mais c'est lors de la tentative de putsch du 23 février 1981 qu'il entra vraiment dans le cœur du peuple. Durant toute une nuit restée historique, Juan Carlos réussit à dissuader un à un les militaires de participer à l'aventure putschiste. En dénonçant le complot, il témoigna d'un sang-froid et d'un courage que les Espagnols ne sont pas près d'oublier. Depuis, le roi est un peu la vedette permanente du pays, et sa photo paraît régulièrement dans les journaux. Les vieux nationalistes ont peu à peu appris à le respecter, les jeunes l'apprécient pour sa décontraction et son ouverture d'esprit et les adolescentes l'adorent.

Le climat

En règle générale, tempéré et sec. Mais les particularismes existent : la partie méditerranéenne se caractérise par des hivers doux, des étés secs et prolongés. Dans le Sud-Est les pluies sont rares.
La côte atlantique subit l'influence du Gulf Stream qui lui apporte une température assez douce. Le climat de la Meseta (au centre) est de type continental (air très sec, étés très chauds et hivers assez froids).
L'époque de voyage la plus favorable pour l'ensemble de la péninsule est le printemps ou l'automne. On y a des températures agréables et la foule en moins. Au printemps, toutefois, tous les sommets au-delà de 1 500 m sont enneigés et il peut faire frais.

Les achats

L'époque n'est plus où l'on pouvait acheter des tas de choses pour une bouchée de pain... *O tempora, O mores*... L'Espagne aussi a connu sa petite inflation, un développement économique important, et se rapproche par son niveau de vie des autres pays de la C.E.E.

Il reste cependant des articles à des prix intéressants. Les chaussures sont assez bon marché si on les prend de qualité ; les chaussures pour enfants, par exemple, sont à qualité égale beaucoup moins chères qu'en France. Les articles en peau, les tissus de soie offrent un bon rapport qualité-prix.
Il y a de belles antiquités à Madrid, Barcelone, Valence et Séville avec des marchés aux puces sympa. Le *Rastro* de Madrid est renommé, mais il faut quand même y mettre le prix.
Enfin les productions régionales méritent plus qu'un simple coup d'œil.
Les magasins ferment pour la pause du milieu de la journée à 14 h 30 dans le Sud et 13 h 30 au nord, dans le Pays basque.

C'est la fête !

Entre les fêtes nationales, les cérémonies religieuses ou folkloriques, les Espagnols ont deux fois plus de jours fériés et de ponts que les Anglais ou les Hollandais. Ce qui fait râler les autres pays de la C.E.E. qui demandent à l'Espagne de faire un effort...

Les sports populaires

D'abord le *fútbol*. On trouve en Espagne les plus grands stades européens (rappelez-vous le Mundial). Les grands clubs sont l'orgueil de la ville. Ensuite le cyclisme, nombreuses courses provinciales et locales.
Au Pays basque, les jeux sont assez particuliers : concours de bûcherons *(aizkolari)*, levers de pierre, etc.

● **Les courses de taureaux**

Les origines des courses de taureaux sont sans doute très anciennes : dès le XIII° s. on en a le témoignage historique. Au XVIII° s. ce noble sport se popularise et bientôt se professionnalise. Les règles actuelles sont dès lors fixées.
Les courses, *corridas de toros*, ont lieu pendant les jours de feria et lors d'autres fêtes, ainsi que tous les dimanches en saison dans les grandes villes. La plupart sont des *novilladas* où les taureaux *(novillos)* ont moins de trois ans, où les *toreros* (et non toréadors) n'ont pas reçu la consécration de l'alternative, où il n'y a pas souvent de *picadores*. Les toreros désireux de faire carrière y donnent souvent le meilleur d'eux-mêmes. Les *capeas* des villages, improvisées sur la place publique, sont très pittoresques.
La plaza de toros peut contenir jusqu'à 25 000 spectateurs. Le prix des places est fonction du rang et de la situation : à l'ombre *(sombra)* ou au soleil *(sol)*.
Les places du premier rang *(delanteros)* ainsi que les loges du 1ᵉʳ étage *(pacos)* sont les plus appréciées. Mais des gradins *(gradas)* on a une très bonne vue d'ensemble.

● **Les rites de la corrida**

Si vous désirez assister à une corrida, il est utile d'en connaître tous les rites.
Après le signal de l'entrée donné par le président de la corrida, commence le *paseo* ou entrée des *cuadrillas* dans l'arène. Les *espadas*, ou matadors, suivent deux *alguaziles* à cheval. Derrière eux viennent les *peones*, puis les *picadores* à cheval, les *monosabios* ou serviteurs de la plaza et enfin les attelages de mules pour l'enlèvement des taureaux et des chevaux tués.
Les *toreros*, vêtus de costumes brodés de paillettes saluent la présidence, tandis qu'un *alguazil* reçoit la clef du *toril*, jetée par le président. Les *toreros* troquent alors leurs manteaux contre les *capas* rouges.
Le taureau sort du *toril*, portant la *divisa*, flot de rubans dont les couleurs indiquent le parc d'élevage et son propriétaire.

● **Les différentes phases de la corrida**

– *Le premier tercio*
Au cours de cette période, le torero toree avec la cape en de nombreuses figures *(suertes)* ; parmi elles, citons les *largas*, passes faites avec l'extrémité de la cape en donnant au taureau une longue sortie (les largas sont à mi-chemin entre la course de taureaux et le jeu de la cape) ; la *véronique*, passe que le torero exécute en se plaçant en face du taureau avec la cape. Ensuite vient la *suerte de varas* (phase des piques). Il s'agit de diminuer les capacités physiques de l'animal. Le coup de pique doit être donné en haut du garrot, dans la « cruz ». Les matadors sont chargés de faire la *quite*, qui a pour but de laisser un peu de répit au taureau après la phase des piques.

– *Le deuxième tercio* : *les banderilles*
Ici le torero va affronter la bête à corps découvert, avec seulement dans les mains deux bâtons, les deux banderilles, ornés de papier aux couleurs vives et au bout desquels il y a un crochet. Il existe de nombreuses manières d'exécuter cette phase, tout étant fonction du taureau et de la position dans laquelle il se trouve. Les différentes figures ont pour noms : *suerte de banderilles al quebro, de frente* (de face), *al relance, a toro corrido, al siesgo* (de biais), *a la media vuelta* (au demi-tour), *al cuarteo* (en décrivant un quart de cercle), etc.

– *Le toreo de muleta*
La *muleta* (étoffe rouge repliée sur un bâton) doit aider le torero à tuer le taureau. Pour le public, c'est souvent la phase la plus attrayante, le spectateur attendant avec impatience que le clairon en donne le signal pour voir entrer en action les matadors.
Les *suertes de muletas* sont nombreuses : *redondos* (en rond), *altos* (hautes), *de telón* (en rideau), *ayudados* (aidées), *de frente* (de face), *molinetes* (moulinets), *afarolados* (en flamme), *por la espalda* (dans le dos).

– *La mise à mort*
Selon la façon dont l'épée est enfoncée dans le taureau, l'estocade porte un nom différent : il y a l'estocade profonde, courte, contraire (l'épée reste sur le côté gauche du taureau), reculée, basse, etc. Quand le torero appelle le taureau et attend sans bouger sa charge, c'est la *suerte de recibir*. En revanche, si le taureau reste immobile et que le torero s'élance sur lui, la figure s'appelle *volapié*. Enfin, si chacun des « participants » s'avance en même temps, on parle d'une estocade *a un tiempo*.

– *Descabello :* on exécute cette « suerte » quand le taureau est blessé à mort, mais ne tombe pas. On s'efforce alors de faire baisser la tête de l'animal pour laisser à découvert l'endroit où doit être donné le coup d'épée, ou *descabello*. La pointe de l'épée est lancée dans les premières vertèbres cervicales, tuant instantanément le taureau. « Descabello » signifie : à la force du poignet.

– *El Arrastre*
C'est la fin de la corrida. Des chevaux de trait traînent le cadavre du taureau hors de l'arène.

● **La pelote basque**

C'est une des distractions favorites des Espagnols. La pelote est une petite balle très dure que l'on lance contre des murs appelés frontons. Jouer au *blaid* consiste à lancer la pelote contre le mur, à mains nues ou avec la *chistera*, sorte de grand gant creux en cuir ou en osier que l'on attache à la main droite.
Il y a deux camps et l'on joue deux contre deux ou trois contre trois, les adversaires devant renvoyer la balle. A chaque coup manqué on compte un point dans le camp adverse. Dans une partie, il y a en principe 70 points.
Jouer au *rebot* est moins fréquent mais plus spectaculaire. Au lieu de taper la pelote contre un seul mur on se la renvoie de mur à mur. La balle, lancée avec force, décrit en l'air de grandes courbes. Les joueurs sont cinq contre cinq et il y a un buteur par camp. Ce dernier tape d'abord la balle sur le butoir, sorte de tremplin situé à 30 m de l'un des murs, et le camp adverse doit la renvoyer de l'autre côté du butoir, dans le camp ennemi. La partie est constituée de 13 jeux de 5 points chacun.
Les joueurs ou *pelotaris* sont des professionnels ayant souvent fait leurs preuves en Argentine ou en Uruguay, où ce jeu, importé par les Basques qui y avaient émigré en grand nombre, est aussi très populaire.

Vocabulaire

oui	*si*
non	*no*
bonjour	*buenos dias*
bonsoir	*buenas tardes*
bonne nuit	*buenas noches*
aujourd'hui	*hoy*
hier	*ayer*
demain	*mañana*
ce matin	*esta mañana*
ce soir	*esta tarde*

au revoir	*adios*
à bientôt	*hasta luego*
s'il vous plaît	*por favor*
merci	*gracias*
excusez-moi	*dispenseme*
Parlez-vous français ?	*¿ Habla usted francés ?*
Comment vous appelez-vous ?	*¿ Como se llama usted ?*
je ne comprends pas	*no entiendo*
je ne sais pas	*no sé*
Comment dit-on en espagnol ?	*¿ Como se dice en castellano ?*
Quelle heure est-il ?	*¿ Qué hora es ?*
jour	*día*
semaine	*semana*
lundi	*lunes*
mardi	*martes*
mercredi	*miércoles*
jeudi	*jueves*
vendredi	*viernes*
samedi	*sàbadó*
dimanche	*domingo*
Est-ce la route de ... ?	*¿ Is esta la carretera de ... ?*
pompe à essence	*surtidor*
à droite	*a la derecha*
à gauche	*a la izquierda*
je suis en panne (dur dur !)	*tengo una averia (¡ duro duro !)*
hôtel	*hotel*
auberge	*albergue*
chambre	*cuarto, habitación*
lit à deux places	*cama de matrimonio*
les toilettes	*las servicios*
Combien par jour ?	*¿ Cuánto por día ?*
cher	*caro*
pas cher	*barato*
repas	*comida*
petit déjeuner	*desayuno*
menu	*menú*
carte	*lista*
beurre	*mantequilla*
vin rouge	*vino tinto*
eau	*agua*
bière, panaché	*cerveza, clara*
l'addition	*la cuenta*
poste restante	*lista de correos*
bureau de tabac	arrêtez plutôt de fumer !
chemin de fer	*ferrocarril*
gare	*estación*
A quelle heure le train arrive-t-il à ... ?	*¿ A que hora llega el tren a ... ?*
billet	*billete*
Où faut-il changer de train ?	*¿ Donde hay que cambiar de tren ?*

Quelques termes importants pour comprendre l'architecture

– *Art musulman* : art propre aux différentes dynasties arabes : Ommeyades (IX⁰ au XI⁰ siècle), Almoravides (XI⁰), Almohade (XII⁰), Nasride (XIII⁰ et XIV⁰ siècles).
– *Art mozarabe* : art chrétien influencé par l'art musulman pendant l'occupation arabe, à partir du X⁰ siècle.
– *Art mudéjar* : art musulman développé par les Arabes après la reconquête par les rois Catholiques. On y retrouve l'ornementation florale et l'ordonnancement de l'espace. Le plus bel exemple est l'Alcazar de Séville, construit par des Arabes sous les ordres de Pierre le Cruel.
– *L'art du Califat de Cordoue* : bien entendu on retrouve cet art dans la Mezquita. L'influence syrienne y est très grande. Mise à part la Mezquita, peu de monuments ont subsisté.

34 / L'ESPAGNE

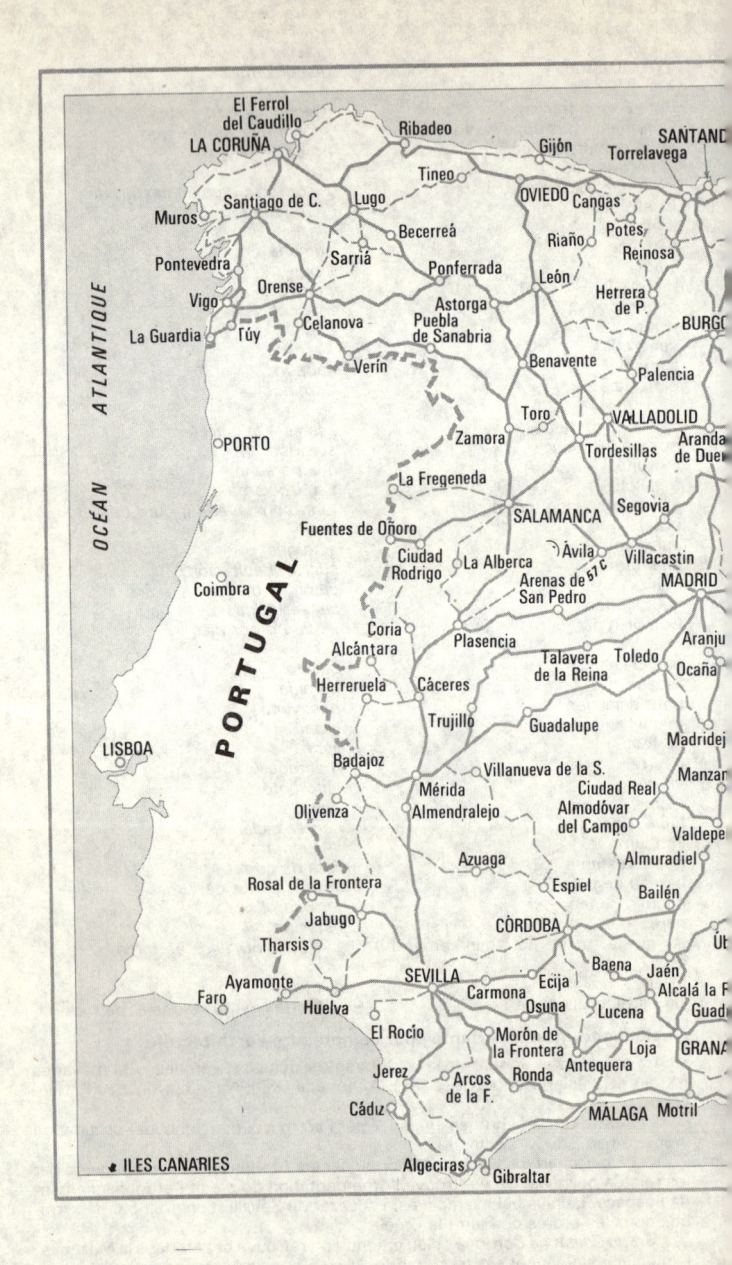

Map of the Iberian Peninsula showing cities and transportation routes in Spain and Portugal.

L'ESPAGNE / 35

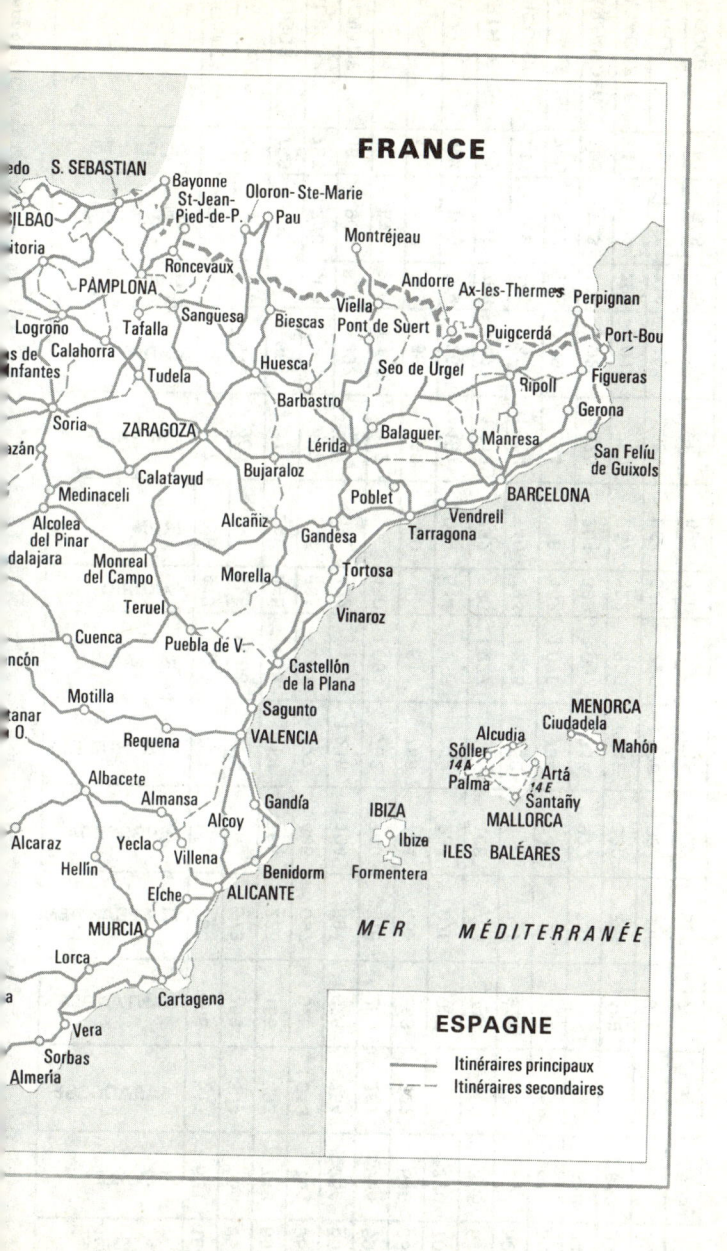

FRANCE

S. SEBASTIAN
Bayonne
St-Jean-Pied-de-P.
Oloron-Ste-Marie
Pau
BILBAO
Vitoria
Montréjean
Roncevaux
PAMPLONA
Andorre Ax-les-Thermes Perpignan
Viella
Logroño Tafalla Sanguesa Biescas Pont de Suert Puigcerdá Port-Bou
Calahorra
s de Huesca Seo de Urgel
Infantes Tudela Ripoll Figueras
Barbastro Gerona
Soria ZARAGOZA Lérida Balaguer Manresa
azán San Felíu
Calatayud Bujaraloz de Guixols
Medinaceli Poblet BARCELONA
Alcolea Alcañiz Vendrell
del Pinar Gandesa Tarragona
dalajara Monreal
del Campo Morella Tortosa
Teruel
Cuenca Vinaroz
ncón Puebla de V.
Castellón
de la Plana
Motilla Sagunto
tanar MENORCA
O. VALENCIA Alcudia Ciudadela
Requena Sóller Mahón
14A Artá
Albacete Palma 14E
Almansa Gandía IBIZA Santañy
Alcoy MALLORCA
Alcaraz Yecla Ibize
Hellín Villena Benidorm Formentera ILES BALÉARES
Elche ALICANTE
MURCIA
Lorca MER MÉDITERRANÉE
Cartagena
a
Vera
Sorbas **ESPAGNE**
Almería
——— Itinéraires principaux
– – – Itinéraires secondaires

L'ESPAGNE

Distances entre les grandes villes

DE → / ← A	ALICANTE	BARCELONE	BURGOS	CADIX	GRENADE	IRÚN	MADRID	MÁLAGA	PERTHUS (LE)	PUIGCERDÁ	ST-SÉBASTIEN	SANTANDER	SARAGOSSE	SÉVILLE	VALENCE
ALICANTE		542	758	785	367	798	413	524	703	711	780	806	511	621	184
BARCELONE	542		597	1316	909	571	625	1066	161	169	573	753	304	1165	358
BURGOS	758	597		869	677	246	245	859	758	766	228	156	293	718	595
CADIX	785	1316	869		392	1115	691	261	1477	1485	1097	1025	1013	151	969
GRENADE	367	909	677	392		912	432	131	1218	1104	894	825	754	254	551
IRÚN	798	571	246	1115	912		480	1094	732	740	18	251	267	964	594
MADRID	413	625	245	691	432	480		614	786	794	462	393	322	540	350
MÁLAGA	524	1066	859	261	131	1094	614		1227	1235	1076	1007	936	220	708
PERTHUS (LE)	703	161	758	1477	1218	732	786	1227		168	734	714	465	1326	519
PUIGCERDÁ	711	169	766	1485	1104	740	794	1235	168		742	922	330	1334	527
ST-SÉBASTIEN	780	573	228	1097	894	18	462	1076	734	742		233	269	946	596
SANTANDER	806	753	156	1025	825	251	393	1007	714	922	233		449	874	743
SARAGOSSE	511	304	293	1013	754	267	322	936	465	330	269	449		862	327
SÉVILLE	621	1165	718	151	254	964	540	220	1326	1334	946	874	862		805
VALENCE	184	358	595	969	551	594	350	708	519	527	596	743	327	805	

LE PAYS BASQUE

À cheval sur deux États, la France et l'Espagne, le Pays basque (ou *Euskadi*) occupe en Europe une place bien particulière. Culturellement d'abord : alors que les langues autochtones de l'Europe primitive ont presque toutes disparu, que le latin fut supplanté par les langues des États modernes en cours de constitution, le Pays basque conserva toujours la sienne : l'*euskara*. Les linguistes n'arrivent d'ailleurs pas à s'accorder sur l'origine de cette langue qui remonte à la nuit des temps. En outre, les nombreux vestiges préhistoriques présents sur cette terre (dolmens, monuments funéraires), les peintures rupestres (certains animaux reproduits sur les grottes existent toujours, comme la chèvre sauvage et le cheval « pottoca ») démontrent clairement que les Basques ne viennent de nulle part, ils ont toujours été là !

Les Basques ont donc toujours eu conscience de cette identité et de cette différence linguistique vis-à-vis des peuples auxquels ils ont été confrontés. Ils n'ont jamais été asservis par qui que se soit. Même si la chanson de Roland décrit l'histoire en mettant en scène les troupes de Charlemagne et les Sarrasins, ce sont bel et bien les Basques qui mirent la pilée à Roland, à Roncevaux. Napoléon regretta cruellement d'avoir effectué du tourisme guerrier par ici. Quant à Franco qui voulut hispaniser la région et supprima après sa victoire tous droits (politiques et culturels) au peuple basque, il ne réussit qu'à resserrer ses rangs, à l'homogénéiser encore plus dans la résistance à la dictature. Le peuple basque a toujours possédé des liens communautaires très forts. Au long des siècles, les assemblées de villages résolvaient les problèmes collectivement et les traditions d'autogouvernement ne se perdirent jamais. Symbole de la fraternité des villages : l' « Arbre de Guernica » à l'ombre duquel se réunissaient les *Junteros* (membres de l'Assemblée générale du Pays basque).

Aujourd'hui, le Pays basque constitué en communauté autonome possède son propre parlement et certaines prérogatives comme l'instauration d'une police authentiquement basque, la gestion d'une partie de son budget, l'organisation de la scolarité, etc. Les tensions actuelles avec le pouvoir central résultent évidemment du degré d'autonomie financière et politique que celui-ci veut bien concéder. Pour les plus fervents nationalistes, cette autonomie est largement insuffisante et Madrid empiète trop sur les affaires d'Euskadi.

Les plus ultra d'entre eux, l'E.T.A., réclament même l'indépendance et mènent une stratégie d'affrontement armé contre le pouvoir central en réclamant le départ de la Guardia civile et de la Police nationale, symboles de l'oppression séculaire. Minoritaire, l'E.T.A. possède cependant une influence significative, puisque son front électoral, *Herri Batasuna*, possède des députés au parlement provincial (mais ils n'y siègent pas) et participe à l'administration de nombreux quartiers et municipalités. Le P.N.V., parti nationaliste modéré et majoritaire, même s'il critique durement la politique de l'E.T.A., se refuse pourtant à la considérer comme une organisation terroriste et à suivre ainsi les schémas simplistes de certains médias. On dit souvent ici : « Dans une famille basque, le père appartient au P.N.V., mais le fils est à l'E.T.A. ! » Le nationalisme basque, qui a survécu à travers tant de siècles, se révèle donc en fait profondément ancré dans les mentalités. La paix ne pourra régner un jour que si un consensus se réalise véritablement entre les légitimes aspirations des Basques à vivre pleinement leur identité... et les nécessités pour le pouvoir central de préserver l'unité nationale.

La géographie est, elle aussi, différente. Situé sur la côte atlantique, montagneux et boisé, bénéficiant d'un climat assez humide, le Pays basque offre des sites superbes où l'on ne peut plus compter toutes les variétés de verts. Bien que la région soit la plus industrialisée du pays (mais de façon concentrée), vous retrouverez ici tout le charme d'une société rurale quasiment intacte. Routes au faible trafic automobile, villages adorables et homogènes, paysages sereins et idylliques, etc. Nous avons bien sûr établi quelques itinéraires très agréables, mais il reste tous ceux que vous inventerez, suivant vos rencontres, vos coups de cœur...

Les Basques

Si les origines du peuple basque restent assez mystérieuses, elles sont en tout cas fort anciennes. Sa littérature est très particulière et s'est transmise de géné-

ration en génération de manière orale, par la chanson (il existe quelque 2 000 mélodies répertoriées).
Contrairement aux idées reçues, les Basques n'ont été opprimés qu'avec l'avènement du franquisme ; auparavant ils étaient réputés nobles *(hidalgos)* et jouissaient de nombreux avantages (fiscalité réduite, gouvernement local). Ils participèrent à la conquête de l'Amérique et les grands propriétaires terriens d'origine basque sont nombreux dans les pays d'Amérique latine. Les Basques d'Espagne se sont toujours montrés très doués dans des domaines variés, allant de l'agriculture à l'industrie, en passant par la banque et le grand commerce. Depuis le XIX° siècle, la Banque Basque a installé des succursales dans toute l'Espagne et à l'étranger.
En attendant, découvrez tout ce qui fait leur originalité : musiques, chansons, fêtes de villages, sports. Les Basques se révèlent exceptionnellement chaleureux et ouverts. Dans un café, il suffit souvent que deux, trois amis entament une belle chanson pour que naisse un chœur improvisé où l'on sentira toute la force de ce peuple. N'oubliez pas non plus d'assister à une partie de pelote, jeu qui demande beaucoup d'habileté et de santé physique. On joue à la main ou avec une *chistera*. Ou à un de ces innombrables jeux de villages liés au travail de la terre, et qui font comprendre bien des choses : le *sokatira* (deux équipes tirent sur une corde), les concours de levage ou traînage de pierres, les « régates de traînières » (courses de bateaux), l'*aizkolari*, compétition de coupeurs de bois, etc. Pour finir, vous n'y comprendrez sans doute pas grand-chose, mais assistez quand même à une joute de *bertsolari*, entre gens qui se mesurent en improvisant en vers sur l'actualité ou dialoguent par strophes le plus habilement possible. La foule sera juge. Sa ferveur et son attention sont étonnantes.

SAN SEBASTIÁN

Indicatif téléphonique : 943.
A une vingtaine de kilomètres de la frontière française, grande station balnéaire rivalisant avec Biarritz. Très célèbre à la Belle Époque, San Sebastián a conservé un côté un peu démodé. De nombreux immeubles et bâtiments civils vieillots rappellent le souvenir de ce passé. La ville ne possède pas un grand charme en soi, mais est située dans une baie magnifique avec une plage immense (la Concha). Elle vaut surtout par l'atmosphère de sa vieille ville, l'animation dans les cafés, sa jeunesse remuante, sa gastronomie légendaire.

Adresses utiles

— *Office du tourisme* : Andia, 13. Tél. : 42-17-74. Situé à l'opposé de l'ayuntamiento, près de la plage. Ouvert de 9 h à 13 h 30 et de 16 h à 19 h ; le samedi de 10 h 30 à 13 h. Fermé le dimanche.
— *Grande poste* : Urdaneta, 11. Derrière la cathédrale du Buen Pastor.
— *Téléphone* : av. de la Libertad, 26. Dans la grande avenue centrale.
— *Consulat de France* : calle Prim. n° 9. Apartado 66. Tél. : 42-36-37.
— *Consulat de Belgique* : Ayete. Tél. : 21-49-51.
— *Consulat de Suisse* : av. de Zarauz, 44. Tél. : 21-64-00.

Où dormir ?

En haute saison, les hôtels sont le plus souvent archi-pleins. Si vous en avez l'occasion, ne manquez pas de réserver.

● **Bon marché**

— *Albergue de la Juventud* : Ciudad Deportiva, Anoeta. Tél. : (943) 54-29-70. Prendre le bus marqué Ammarr-Anoeta, sur Urbieta (en face du marché). Attention, ambiance assez spartiate.
— *La Estrella* : plaza Sarriegui, 1. Tél. : 42-09-97. Dans la vieille ville. Grandes chambres dans un style un peu vieillot, mais fort bien tenues. Bon accueil. Chambres doubles avec lavabo ou douche. Une bonne adresse mais un peu chère.
— *Hostal Ozcariz* : Fuenterrabia, 8. Tél. : 42-53-06. Charmant accueil. La patronne parle français. Toutes les chambres, avec lavabo, joliment décorées. Trois salles de bains à l'extérieur, impeccables.
— *Pension La Perla* : Loyola, 10. Tél. : 42-81-23. Au premier étage. Atmosphère très familiale et accueil chaleureux. Chambres avec lavabo (les « matrimoniales »

sont plus grandes). Possibilité d'y prendre ses repas (bonne petite cuisine de la maison) ou d'être en pension complète.
– *Hostal Marina* : Marina, 4. Tél. : 46-18-92. A deux pas de la plage. Toujours complet en juillet, août et septembre. Décoré de façon agréable.
– *Hostal Fernando* : plaza de Guipuzcoa, 2. Tél. : 42-55-75. Au premier étage. Correct sans plus. Les chambres sont spacieuses. Doubles avec douche.
– *Hostal Comercio* : Urdaneta, 24. Tél. : 46-44-14. Une belle entrée d'immeuble avec azulejos, mais les chambres sont un peu tristounettes. Un des moins chers de la ville cependant. Doubles avec lavabo seulement.

● *Plus chic*

– *Hostal Bahia* : San Martin, 54 *bis*. Tél. : 46-10-83 et 46-39-14. A deux pas de la plage. Un petit luxe croquignolet pour le prix d'un 2 étoiles. Toutes les catégories de chambres.

● *Camping*

– *Monte Igueldo* : prendre le bus « barrio de Igueldo » (pas de numéro) depuis la Alameda del Boulevard. Camping de 1re classe. Tél. : 21-45-02. Ouvert du 1er mai au 30 septembre.

Où manger ?

– Dans la vieille ville, des restos par dizaines, le plus souvent très touristiques, bruyants, colorés, se ressemblant beaucoup. Suivre ses intuitions, bien sûr.
– *Barranquesa* : C. Larramendi, 21. Derrière la grande poste. Fermé le dimanche. Resto populaire en sous-sol. Menu très bon marché comprenant soupe, plat, fruit, pain et vin (chipirones, côtes de mouton, morue en salade, etc.). Idéal pour les petits budgets.
– *Casa Anastasio* : Easo, 19. Tél. : 42-63-20. Ouvert de 13 h à 16 h et de 19 h 30 à 23 h 30. Fermé le lundi. Bon petit resto de quartier. Nourriture correcte et pas chère (anchois grillés, morue à la tomate, truite à la navarraise).
– *Herria* : J. Van Bilbao, 14 (Ikatzkalea). Au cœur de la vieille ville. Ouvert le dimanche. Menu pas cher à midi, à la carte le soir. Bourré de jeunes qui préfèrent d'ailleurs déguster les succulentes *tapas* au comptoir.
– *Beti-Jai* : Fermín Calbeton, 22. Tél. : (943) 42-77-37. Dans la vieille ville. Ouvert à midi et le soir jusqu'à minuit. Fermé le lundi soir, le mardi et du 1er au 15 juin. Poissons et fruits de mer. Salle agréable en sous-sol. Un peu plus chic que les restos précédents et les prix ont tendance à augmenter un peu trop. Goûter aux *kokotxas de merluza*, au *pudding de craborroca* (pâté de poisson) et au *solomillo à la parilla* (steak au gril).

Loisirs et festivités

– Outre la vieille ville, un autre pôle de rassemblement de la jeunesse est le quadrilatère Sanchez Toca, Larramendi et Reys Catolicos (entre la cathédrale et le río Urumea). Nombreux bars animés de tous genres et toutes tendances.
– *Udaberri-Beri* : angle Reys Catolicos et Larramendi. Café décoré d'affiches rétro. Bondé, mais musique disco assez insipide.
– *Festival de jazz* : dans la deuxième quinzaine de juillet. Toujours un superbe programme.
– *Fêtes locales* : le 16 juillet, fête de la Virgen de Carmen, le 30, traditionnelle « tamborrada de San Ignacio », le 31, festival de San Ignacio, patron du Guipuzcoa. En août, concours de rock, festival de fanfares, musique classique, etc. Tous renseignements à l'Office du tourisme pour les dates.

A voir

– D'abord quelques promenades obligatoires : le *paseo de la Concha*, le long de la plage, quand vous aurez perdu vos derniers sous au casino. Puis lorsque vous vous serez lassé d'observer les différentes variétés d'estivant(e)s, grimpez au mont Urgell pour bénéficier d'un intéressant panorama sur la cité. Chemin qui part de l'église Santa Maria dans la vieille ville. La colline est surmontée d'un château du XVIe siècle. Tout en bas, sur le paseo Nuevo, un *aquarium* (ouvert tous les jours en été de 10 h à 13 h 30 et de 15 h 30 à 17 h 30). Belle vue également du mont Igueldo à l'autre bout de la baie, funiculaire fonctionnant de 10 h à 20 h 30 depuis la playa de Ondarreta (derrière les tennis).
– Dans la vieille ville, au bout de la calle Mayor, *église Santa Maria* du XVIIIe (avec une belle façade de style baroque) et *San Vicente*, du XVIe s. Ruelles pittoresques

vers le port de pêche. La place de la Constitution est le cœur de l'agitation nationaliste. Les affiches politiques n'ont jamais le temps de sécher (aussitôt recouvertes).
— *Le musée San Telmo* : pl. de Zuluaga. Ouvert de 10 h à 13 h 30 et de 15 h 30 à 19 h. Fermé le lundi matin et le dimanche après-midi. Installé dans un ancien monastère. Un peu fourre-tout, mais très intéressant. Tout autour du cloître de style Renaissance, pierres tombales et blasons sculptés. Superbes meubles basques, belle ferronnerie d'art, outils et instruments de pêche. Reconstitution d'une maison basque.
Section peinture importante : une salle consacrée à *Ignacio Zuloaga*, l'un des plus grands peintres basques. Noter le remarquable « Segovia ». *Ortiz Echagüe* a laissé, quant à lui, de vigoureux témoignages colorés de la vie locale.
Au 2e étage, dans la section moderne, parmi de nombreuses croûtes, émergent quelques « pièces » comme la très réaliste « Refectorio de la Beneficencia », l' « Accident ferroviaire » ou « Bravo Toro », révélant le parti pris de l'artiste.

Aux environs

● **Irún** : ville frontière sans grand intérêt. Cependant le 30 juin, pour la Saint-Martial, fête superbe. La population, dans une grande liesse, célèbre une cuisante défaite de Napoléon. A ne pas rater, si vous êtes dans le coin.

● **Fuenterrabia** (ou Hondarribia) : charmant petit port à 3 km d'Irún sur l'estuaire de la Bidassoa. La vieille ville possède encore ses remparts, souvenir des visées permanentes des p'tits voisins français. Ruelles tortueuses. Calle Mayor bordée de demeures pittoresques. Au n° 3, une maison Renaissance. Belle église paroissiale de style gothique à laquelle fut rajoutée une tour baroque au XVIIe siècle. Louis XIV et l'Infante Marie-Thérèse y furent mariés par procuration avant les cérémonies officielles en France.
L'ancien château de Charles Quint a été transformé en parador national.
Superbe plage à l'estuaire de la Bidassoa.

Pour dormir :
— *Albergue Juvenil* : ctra Faro. « Juan Sebastián Elcano ». Tél. : (941) 64-15-50.
— *Camping Jaiz Kibel* : ctra Guadalupe. Tél. : (943) 64-16-79. Ouvert toute l'année. Bon confort.
— *Parador Nacional El Emperador* : à Fuenterrabia, à 3 km d'Irún et 21 km de San Sebastián. Tél. : (943) 64-21-40. Très chic. Pour nos lecteurs fortunés, le château de Charles Quint a conservé tout son charme médiéval. Blason sculpté au-dessus de la porte d'entrée, grandes salles aux murs tendus de tapisseries, très belles chambres. Bon début de voyage de noces en Espagne !

DE SAN SEBASTIÁN A BILBAO PAR LA CÔTE

Pour ceux désirant se rendre à Bilbao, l'occasion de suivre de jolies portions de routes, traverser de pittoresques petits ports de pêche et s'arrêter dans d'intéressants petits musées.

● **Guetaria** : port de pêche dominé par une jolie église du XIIIe siècle.

● **Zumaya** : petit port de pêche tranquille. *Musée Zuloaga* à 1 km, vers San Sebastian. Dans la casa Santiago Etxea, un superbe cadre, le grand peintre basque Ignacio Zuloaga a réuni un certain nombre d'œuvres exceptionnelles : Greco, Goya, Morales le Divin, Zurbarán et bien sûr ses propres œuvres. Plus de superbes primitifs religieux, des retables, statues, beaux objets, etc. Ouvert en juin, juillet, août et septembre, le jeudi de 10 h à 12 h et de 14 h à 17 h et le dimanche de 13 h à 14 h et de 17 h à 20 h. Entrée gratuite.

● **Motrico** : superbe plage de Saturraran.

● **Leiqueito** : port de pêche dans une belle baie. Plages de sable agréables. Église du XVe s. intéressante avec un clocher baroque. A l'intérieur, retable de style gothique flamboyant.

● **Bermeo** : premier port de pêche de la côte cantabrique. Vieux quartier des pêcheurs, pittoresque. *Musée de la Pêche* : place Torrontero. Ouvert de 11 h à 14 h et de 16 h 30 à 19 h ; sauf le lundi. Entrée gratuite. Maquettes, ex-voto, peintures, instruments et outils, tout sur la vie des travailleurs de la mer. Très belle route côtière de Bermeo à Plencia, par Baquio.

LE CIRCUIT DES VALLÉES / 41

- **Guernica :** c'est ici dans ce petit bourg, que, en 1937, la légion Condor allemande, au service de Franco, terrorisa et massacra sous les bombes plus de 2 000 personnes. Gœring devait avouer, au procès de Nuremberg, que Guernica avait servi de terrain d'expérience à son aviation. Guernica, symbole des libertés où s'élève toujours le vieux chêne historique sous lequel les seigneurs de Biscaye juraient de respecter les privilèges des communes (les « *Fueros* »). L'arbre que l'on voit aujourd'hui derrière la Casa de Junta a été planté vers 1850. Une coupole abrite le tronc du véritable arbre millénaire.

- **Bilbao :** grande ville industrielle peu séduisante. Strictement pour amateurs de poésie urbaine. Vieille ville animée autour de la plaza Miguel de Unamuno et de la calle Iturribide (au n° 18, le *Etori-Bi*, bon petit resto servant de délicieux anchois blancs, chipirones et bacalao al pil-pil).
  - *Musée des Beaux-Arts* proposant de belles toiles de l'école flamande, des primitifs religieux, les « Changeurs » de Quentin Metsys, des Greco, Zurbarán, Ribera. Une bonne section d'art contemporain. Ouvert de 10 h à 13 h 30 et de 16 h à 19 h 30 (le dimanche 10 h à 14 h). Fermé le lundi et 15 jours en août. Situé dans le parc D.C. Iturriza.
  - *Musée ethnographique* intéressant, installé dans un ancien couvent, calle Maria Muñoz et calle de la Cruz (dans la vieille ville). Ouvert de 10 h 30 à 13 h 30 et de 16 h à 19 h (dimanche après-midi seulement). Fermé lundi et jours fériés. Immeuble « la Borsa », angle Santa-Maria et Pelote, caractéristique du vieux Bilbao.

LE CIRCUIT DES VALLÉES

Pour les motorisés, voici un splendide circuit à travers les montagnes et vallées d'Euzkadi. Routes étroites et désertes traversant des sites d'un charme et d'une douceur inoubliables. Petits villages alignant leurs maisons typiques sans agressions architecturales de mauvais goût. Symbiose totale de l'habitat et de la nature, sourires des habitants, un rythme de vie contre le stress.
Possibilité de remonter les vallées très haut. D'autres routes relient ces vallées entre elles, permettant d'inventer de chouettes itinéraires et de découvrir de nouveaux types d'habitat, de nouvelles couleurs, d'autres façons de rire.
Depuis Irún, en suivant certains tronçons des vallées de la Bidassoa, de Baztan, de Roncevaux, de Salazar et de Roncal, vous pouvez même vous concocter un superbe parcours pour rejoindre Pampelune en une journée par le chemin des écoliers.

- **Oyarzun** (Elizalde) : point de départ de la vallée d'Oyarzun, l'une des plus attrayantes du Pays basque. Voir *San Stephen*, une belle église paroissiale. On y trouve aussi un bon camping. La route longe de nombreuses fermes de montagne aux intéressants détails architecturaux. Notamment dans les villages de **Iturriotz, Altizibar, Carrica** et **Ergoyen.** Pittoresque col de Aritxulegui. Route d'une beauté exceptionnelle.

- **Lesaca** présente de nombreux types d'architecture. Chaque maison fait montre d'originalité par ses balcons ouvragés, ses portes sculptées. Voir la *tour Zabaleta* (Kaxerna), unique vestige subsistant des défenses militaires de la région. La ville fut le quartier général de la résistance aux troupes de Napoléon. Marcher dans les ruelles pavées, alternance de petits galets et grandes pierres. Le bourg est le point de départ de l'ascension aux **Perlas de Aya**. Assez facile. Pendant les fêtes, on danse ici l'*Ezpata-dautza* (danse des épées).
De Lesaca, prendre la direction de **Yanci** et **Aranaz.** A travers une délicieuse montagne aux verts veloutés. De notre point de vue, Aranaz est l'un des plus beaux villages de la région basco-navarraise. Toutes les habitations se révèlent être de charmantes maisons de poupée toutes pimpantes. Beaucoup sont tachetées de pierres en grès ou de granit tranchant sur le blanc des façades. Imposante mairie à arcades avec blason polychrome. Fête le 15 août.

- D'Aranaz, rejoindre maintenant la **vallée de la Bidassoa**. La route (la C 133), axe principal vers Pampelune, est évidemment assez chargée. Cependant, jalonnée là aussi de pittoresques villages : **Sumbilla** (joli point de vue depuis la route) et **Santesteban.** Coup de cœur pour ce dernier village. Franchir la Bidassoa pour admirer les grosses demeures blanches avec leurs coins de granit. Grande homogénéité architecturale présentant néanmoins une grande variété de styles. Bien sûr, belle église. Fête de San Pedro le 29 juin. Foire annuelle les 15 et 16 novembre.

- **Navarte** présente les mêmes caractéristiques dans un site superbe. Fronton de pelote basque à côté de l'église. Fête le 23 août.

- **Almandoz** est aussi le point de départ de la jolie vallée du Baztán pour ceux qui veulent boucler leur circuit vers le nord, par **Ciga, Irurita, Elizondo** (capitale de la vallée).
La route mène ensuite droit sur Pampelune. Ceux qui souhaitent cependant prolonger la magie du circuit des vallées peuvent rejoindre Roncevaux par une route adorable traversant **Egozcue** et **Iragui**.
A travers un paysage d'une douceur exquise, Egozcue est un village de rêve où le temps semble s'être arrêté. Avec vous, les moutons placides voient leur première voiture de la semaine. Puis on rejoint la C 135 vers Roncevaux (Roncesvalles).
Burguete nous charme avec ses maisons d'opérette. Toutes blanches, avec volets rouges et verts, ou empreintes d'une austère noblesse avec des blasons de pierre. Pour dormir, quelques hostales bon marché. C'est ici qu'étaient accueillis les pèlerins du chemin de Saint-Jacques-de-Compostelle. Fêtes locales le 24 juin et le 6 décembre. Foire aux chevaux et au bétail le 1er dimanche de mai et le 3e de septembre.

- **Roncevaux :** situé à 50 km de Pampelune et à 20 km de la frontière française. Un nom qui évoque avec « la Chanson de Roland », les meilleures années scolaires. Roland, fidèle lieutenant de Charlemagne, commandait l'arrière-garde de son armée lorsqu'il fut attaqué par les troupes navarraises désireuses de se venger du sac de Pampelune. La résistance héroïque de Roland fut l'occasion de la création de la première et plus célèbre chanson de geste du Moyen Age. Les tours de passe-passe historiques ayant toujours été à la mode, les hardis Navarrais furent remplacés dans la chanson par de fanatiques Sarrasins !
Roncevaux est depuis devenu un haut lieu du tourisme pyrénéen. Voir le *monastère*, bâtiments massifs aux larges toits de zinc et la *Collégiale*, église de style gothique le plus pur, élevée au XIIIe siècle. Le cloître s'effondra sous le poids de la neige en 1600 et fut reconstruit dans le style trapu que l'on peut noter aujourd'hui.
Salle capitulaire aux beaux vitraux. Mausolée gothique du roi Sancho le Fort et de sa femme. A ses pieds, la masse d'armes de Roland (dit-on).
Musée intéressant, présentant de superbes pièces d'orfèvrerie religieuse et un triptyque flamand du XVe siècle (ouvert tous les jours de 11 h à 13 h 30 et de 16 h à 18 h).
La route au-delà du col mène à **Saint-Jean-Pied-de-Port**, *via* Valcarlos (danses typiques de « bolantes » le 10 février et fête le 25 juillet).
A la sortie du village, vers Burguete, sur la gauche, croix des pèlerins très ancienne (à droite en montant C.Q.F.D.)

- Si la fascination des vallées vous tient toujours, plein cap sur **les vallées du Salazar et du Roncal**, par **Ochagavia**, en suivant une route parallèle à la chaîne des Pyrénées.
Arive possède un vénérable pont médiéval et de nombreuses maisons à blason.
La route ne grimpe presque plus, on a l'impression de rouler en plaine. A **Garayoa**, un hostal dans le village.
A **Escarroz**, jonction avec la vallée du Salazar dont nous allons suivre la partie supérieure.
Voici **Ochagavia**, le plus beau village de la Haute-Navarre. Architecture remarquable s'intégrant dans un magnifique paysage. L'*église paroissiale* possède un beau retable du XVIe siècle. En principe, un bus par jour depuis Pampelune jusqu'à Jaurrieta, ensuite faire du stop. Ochagavia se souvient qu'elle eut à lutter en 1793 contre les armées de la Convention et que les exportateurs de révolution brûlèrent beaucoup de maisons. Cela dit, c'est loin tout cela, un « pacte d'Hermandad » a été depuis longtemps signé avec la commune de Tardets, de l'autre côté des Pyrénées. Occasion de renouveler l'amitié par des festivités en août et septembre.
Notre-Dame-de-Musquilda, belle église romane, trônant sur une haute colline, possède une Vierge du XIIe siècle vénérée de toute la vallée. Nombreuses excursions possibles dans le coin. Quelques hostales bien tenus dans le village.
Fêtes populaires les 23 avril, 3 mai, 26 juillet et 17 septembre.

- **Izalzu**, bourg tout mignon, avant de franchir le col de Laza à 1 200 m. Prodigieux panorama sur les deux versants. **Uztarroz** surgit ensuite, pur joyau enchâssé dans un paysage accidenté, avec ses maisons pelotonnées les unes sur les autres.

● A *Isaba,* jonction avec la vallée du Roncal. Près de ce village se tient le 13 juillet une spectaculaire manifestation : le « Tribut des trois vaches ». En vertu d'un « traité de paix » datant de 1375 et qui mit fin aux querelles opposant dans le passé les habitants de la vallée à ceux de la vallée de Baretous en Béarn, les représentants français remettent chaque année trois vaches à leurs homologues navarrais. Les plus anciens textes stipulent même qu'elles doivent être « de même denture, pelage et cornage ». La cérémonie se déroule au lieu-dit « Piedra de San Martin » après que les paroles de bienvenue « Pax avant » sont prononcées. C'est, bien entendu, l'occasion de grandes réjouissances populaires. Isaba dispose de facilités hôtelières et de chambres chez l'habitant. *Église paroissiale* à l'architecture très militaire avec un beau retable.

● En descendant la vallée, d'autres villages charmants : **Urzainqui, Roncal** avec ses maisons blanches et vertes aux balcons en fer forgé. Patrie d'un fromage célèbre et d'un des plus célèbres chanteurs d'opéra espagnols : *Julian Gayarre* (mausolée assez dément au cimetière). Fête le 15 août.
A *Burgui,* très vieux pont sur la rivière. Possibilité de rejoindre Pampelune par Navascuès et la vallée inférieure du río Salazar (panorama sur les gorges spectaculaires d'Arbayon depuis le belvédère au nord d'Iso).

PAMPELUNE

Capitale de la Navarre, une des villes les plus chargées d'histoire du Pays basque. Bien que la Navarre ne soit pas administrativement liée aux trois autres provinces basques, son rattachement représente évidemment un point de discorde supplémentaire entre les nationalistes et le pouvoir central à Madrid. Vous aimerez cette ville qui n'est pas belle à proprement parler, mais jeune et très vivante. Les célèbres fêtes de la Saint-Firmin sont, bien entendu, l'événement le plus caractéristique de la ville, surtout depuis qu'elles furent immortalisées par Hemingway dans « Pour qui sonne le glas ? ». Pour finir, Pampelune se révèle un excellent camp de base pour découvrir une région très riche en cités médiévales et monuments religieux. Notamment toutes les étapes du chemin de Compostelle.

Un peu d'histoire

Ville fondée par les Romains. Elle ne fut pas longtemps occupée par les Maures, chassés par Charlemagne. Le royaume de Navarre eut fort à faire face aux ambitions de la Castille et de l'Aragon. Néanmoins du XIIe au XVe siècle, la Navarre se mit sous la tutelle de la couronne française. En 1512, elle passa cependant définitivement sous domination castillane. Une dernière tentative de reconquête par les Français échoua à Pampelune. C'est là que fut blessé un certain *Lopez de Recalde,* jeune officier castillan. A la lueur de cette douloureuse expérience, il décida qu'il était moins dangereux de combattre en soutane et devint célèbre par la suite sous le nom d'Ignace de Loyola. Le célèbre « roi de France et de Navarre » Henri IV fait évidemment référence à la petite partie de Navarre restée de l'autre côté des Pyrénées (Saint-Jean-Pied-de-Port).

Adresses utiles

– *Office du tourisme :* Duque de Ahumada, 3. Tél. : 21-12-87 et 12-44-24. Ouvert du lundi au vendredi de 9 h à 14 h et de 16 h à 19 h ; le samedi de 9 h à 14 h.
– *Poste centrale :* paseo Sarasate, 9. Ouverte du lundi au samedi de 8 h à 14 h. – *Téléphone :* Amaya 2. Ouvert du lundi au samedi de 9 h à 13 h et de 17 h 30 à 21 h. Fermé le dimanche.

Où dormir à Pampelune ?

Pas d'établissements de charme et il est exclu que vous trouviez une chambre si vous arrivez la veille de la Saint-Firmin. Réservez de longs mois à l'avance ou essayez de trouver une chambre chez l'habitant par l'intermédiaire de l'Office du tourisme.

44 / LE PAYS BASQUE

● **Bon marché**

– *Hostal Bearan :* San Nicolas, 25. Tél. : 22-50-67. Dans l'une des rues les plus animées de la ville. Petite pension toute simple, mais fort bien tenue. Bon accueil.
– *Hostal Valerio :* av. Zaragoza, 5. Tél. : 24-54-66 et 24-50-35. Dans le quartier moderne, mais néanmoins près du centre. Grandes chambres avec lavabo, très claires et possédant un côté vieillot charmant. Salle de bains sur le palier. Le patron parle français. Pour la Saint-Firmin, réserver longtemps, longtemps à l'avance. Un peu plus cher que le précédent, mais prix toujours modérés. Là aussi une bonne adresse.
– *Residencia Artazcoz :* Tudela, 9. Au 2ᵉ étage. Tél. : 22-51-64. A côté et même prix que le précédent. Très belles chambres avec lavabo.
– *Casa Garcia :* San Gregorio, 12. Tél. : 22-20-11 et 21-36-38. Au cœur de la vieille ville. Chambres pas chères, mais assez tristounettes.
– *Ibarra :* Estafeta, 85. Tél. : 22-21-72 et 21-20-00. Pension correcte sans plus et accueil froid. Seul avantage : si vous obtenez une chambre sur rue, vous serez aux premières loges pour la course de la Saint-Firmin.

● **Plus chic**

– *Nuevo Hotel Maisonnave :* Nueva, 20. Tél. : 22-26-00. Très central. Grand hôtel moderne. Chambres agréables. Un peu plus cher qu'un 2 étoiles de chez nous, surtout au mois de juillet où les prix s'envolent (pour cause de Saint-Firmin).
– *Europa :* Espoz Y Mina, 11. Tél. : 22-18-00. A deux pas de la plaza del Castillo. Décor un peu tape-à-l'œil. Prix d'un 2 étoiles, sauf la semaine de la Saint-Firmin où les prix doublent.
– *La Perla :* plaza del Castillo, 1. Tél. : 22-77-04. Pour les amateurs d'hôtels décadents. Chambres propres avec ameublement rétro souvent dépareillé et de style lourdingue. Atmosphère très « Mort à Venise » de Visconti, pouvant même apparaître un peu stressante. Toute gamme de prix. On trouve même quelques chambres avec lavabo à prix modérés.

● **Camping**

– *Camping Ezcaba :* situé à Oricain, à 7 km sur la route d'Irún. Tél. : 33-03-15. Ouvert de juin à septembre. A éviter lors des fêtes de la Saint-Firmin, car très, très bruyant à cette occasion. Bon confort et piscine gratuite. On y parle français. Pour s'y rendre, bus de la calle Arrieta.

Où manger ?
● **Bon marché**

– *Marceliano :* Mercado, 7. Tél. : 22-14-26. Petite rue située derrière le marché et la mairie. Fermé le dimanche. Service le soir jusqu'à 23 h. Bon resto populaire à prix moyens. On vient ici en famille manger une copieuse cuisine maison. Goûter la soupe de poisson et la *zarzuela*.
– *Vista Bella :* dans les jardins du parc Taconera. Au bout de la calle Mayor. Fermé le lundi. Cadre évidemment calme et reposant quand on peut manger dehors sur la terrasse. Cuisine traditionnelle à prix raisonnables.
– Les *calles San Nicolas* et *San Gregorio* près de la plaza del Castillo regorgent de petits restos tous plus ou moins touristiques, mais furieusement animés et très fréquentés par les autochtones.
– *La Bocatta :* traversia de Bayona. Petit resto de nuit dans le quartier moderne de San Juan. Pour y aller, traverser le parc Taconera jusqu'à la plaza Juan XXIII. Pour manger tard sur le pouce et surtout pour l'atmosphère du coin. Ouvert jusqu'à 2 h du matin. Décoration originale (village andalou reconstitué à l'intérieur). Bonnes pizzas pas chères, poulet au jambon et piments, hamburgers, etc. Grosse animation le week-end.
– *Iruna :* plaza del Castillo. Grande brasserie du début du siècle ayant conservé son fabuleux décor : colonnes sculptées, lampes ouvragées, stucs au plafond et ce curieux assemblage de milliers de petits bouts de glaces brisées sur les murs. Petite restauration sans originalité, mais vous êtes là, bien sûr, pour le cadre. Service à midi seulement dans la grande salle, celle-ci se transformant en bingo le soir.

● **Plus chic**

– *Hostal Rey Noble :* paseo Sarasate, 6. Possède une bonne réputation dans la ville. Grande salle à la décoration rustique un peu tape-à-l'œil. Atmosphère chic et feutrée. Excellent service. Sélection étendue de viandes et de poissons. Possibilité de surfer sur la carte si l'on veut. Prix pas trop excessifs.

Où boire un verre ? Où sortir ?

La plaza del Castillo et les ruelles environnantes concentrent bien sûr une bonne part de la vie sociale. Les étudiants se retrouvent plutôt calle Estafeta. Nombreux bars pour tous les goûts avec ambiance d'enfer. Attention, pendant les vacances scolaires, beaucoup plus calme !
- *La Granja* : Estafeta, 71. Longue salle à colonnes et éclairages meurtriers. Gradins où s'entasse une clientèle plutôt jeune et margeo. Bonne musique.
- *Sarazi* : Caldéreria, 36. La rue à côté. Dans les tons pastel avec une salle en rotonde. Musique rock et ambiance sympa.
- *Malembe* : calle Nueva, 95. Bourré à craquer le week-end. Rock à tue-tête. Fresques marrantes sur les murs.
- *Café Roch* : calle de las Comedias, 6. A 10 m de la plaza del Castillo. Ouvert tous les jours jusqu'à 23 h. Pourquoi ce tout petit troquet ? Pour rien, comme ça, parce qu'il sert du bon café depuis 1898, pour son plancher ripoux, son vieux poêle, son côté relax et apaisant.
- *Les boîtes* se situent pour la plupart dans le quartier de San Juan. Pour s'y rendre depuis le centre, suivre la calle Mayor ou le paseo de Sarasate jusqu'à l'avenida Navas de Tolosa, pour rejoindre la plaza Juan XXIII. Compter une bonne dizaine de minutes de marche. L'avenida de Bayona, axe d'un nouveau quartier moderne, abrite un certain nombre de cafés branchés. A gauche, dans la traversia de Bayona, grand choix de boîtes suivant vos fantasmes : le *Beverly*, le *Glory's*, le *Casablanca*, etc. Le week-end, grosse concentration de jeunes et atmosphère hyper-animée.

Les fêtes de la Saint-Firmin

L'événement cher au cœur des Navarrais qui se déroule chaque année du 6 au 14 juillet. La ville retient son souffle, semble calme jusqu'au 6 juillet à midi. Une fusée éclate alors et tout change. La ville va appartenir aux hommes, à la musique, basculer dans la folie, parfois le sang.
Dès lors, pendant une semaine, Navarrais habillés en blanc avec un foulard rouge et touristes à nombre égal vont tenter de faire le plus de bruit possible, de se défoncer plus que jamais. Les petits orchestres de quartier et villages environnants jouent partout. Tambours, grosses caisses, trompettes, trombones rythment les rues qui dansent. Le vin coule à flots. Le mot civilisation se dissout avec délectation dans l'alcool...
La ville devient un festival éclaté. Cela exigerait presque de posséder le don d'ubiquité pour ne rien rater. Concerts de musique folklorique, de jazz, de « txistu », feux d'artifices, défilés des grosses têtes et des géants, bals populaires, théâtre, expos, etc. Les enfants ne sont pas oubliés. Beaucoup d'attractions et activités prévues : défilés, parades, concours, marionnettes, manifestations sportives, « encierros infantiles » avec des veaux, comme les grands, etc.
Voici en gros, les phases les plus importantes de la fête. Pour les horaires, se procurer bien entendu le remarquable programme édité par l'Office du tourisme.
- *L'encierro* : chaque matin à 8 h précises, c'est le lâcher des six taureaux de la corrida de l'après-midi dans les rues de la ville. Itinéraire de 840 m empruntant les calles Santo-Domingo, plaza Consistorial, Mercaderes, Estafeta jusqu'à la plaza de toros. Une fusée annonce le départ des premières bêtes, une seconde, des dernières.
Une troisième enfin signalera qu'elles ont toutes gagné la plaza de toros. Les taureaux sont accompagnés de bœufs (pas forcément moins dangereux). Voici venu le moment le plus fou, le plus irrationnel, le plus délirant de la Saint-Firmin. Le jeu consiste à courir devant ces tonnes de chair lancées à pleine vitesse en brandissant un journal roulé, dérisoire parade contres les cornes acérées. Chacun a peur, chacun nourrit, entretient son angoisse avec une jouissance démesurée. Normal, on accompagne les taureaux vers la mort comme de vieux compagnons de toujours, dans un rapport affectif et physique total. Une sorte de rite initiatique. Le risque d'être encorné, piétiné est la réponse à sa mesure de la bête. Chaque jour dans les bousculades, les chutes, les retournements inattendus des taureaux, des dizaines de blessés. Pour beaucoup, il se passe plus de choses en deux minutes qu'en toute une vie !

Si vous désirez une bonne place, arrivez au moins une heure et demie avant. On peut aussi choisir d'attendre à la plaza l'arrivée de taureaux. L'atmosphère est indescriptible. Les premiers encierros sont toujours les plus palpitants, mais aussi les plus surchargés. Si vous voulez tenter un brin de conduite avec les bêtes, choisir plutôt le troisième ou quatrième jour, plus d'espace pour se dégager.

– Le matin du 2ᵉ jour, à 10 h, procession de la statue de Saint-Firmin dans la ville, caution religieuse obligatoire des fêtes païennes. Départ de l'église San Lorenzo. Bal dément tous les soirs de minuit à l'aube, plaza del Castillo.

– Tous les jours, à 18 h 30 précises, début de la corrida. Possibilité de rendre visite aux taureaux aux *Corrales del Gas*. Pour l'achat des tickets, pour les défilés des géants et des grosses têtes, les encierros pour enfants, les concerts, feux d'artifice, manifestations gratuites de toutes sortes, impossible de donner les horaires et les lieux. Tous les renseignements sont à l'Office du tourisme. En principe, les arènes de Pampelune affichent complet pendant la Feria. La plupart des places sont retenues par abonnement. Il y a d'ailleurs un marché noir. Une fois dans les arènes de Pampelune, vous pourrez voir la corrida si vous êtes « à l'ombre », ou même « à l'ombre et soleil ». En revanche, si vous avez des places « au soleil », vous ne verrez probablement rien du tout et vous serez fraternellement chahuté et bombardé de vin, « champagne », etc., par les membres des peñas locales. Prévoyez ciré et vieux vêtements...

– *Quelques conseils* : pensez à réserver longtemps à l'avance, si vous désirez trouver une chambre. Cela dit, beaucoup de gens dorment dans les parcs ou passent généralement des nuits blanches. Bien sûr, ne rien transporter de valeur sur vous. Les premières nuits sont toujours les meilleures, après, ça dégénère un peu et perd de la spontanéité du début. Enfin, pensez à vous faire envoyer le programme un peu avant pour bien préparer votre affaire.

A voir

Pampelune a conservé une vieille ville assez homogène. Mais surtout, on a su ménager des promenades et des espaces verts qui lui donnent de l'oxygène. La survivance des remparts et contrescarpes sur un long pourtour de la cité y est bien sûr pour beaucoup.

– *La cathédrale* : ouverte de 8 h à 12 h 30 et de 16 h 30 à 20 h. L'une des plus curieuses du pays pour sa façade XVIIIᵉ, très classique, dont le style assez lourd masque une élégante architecture gothique. Noter la belle porte San José sur le flanc gauche. Nef centrale d'une grande sobriété. Devant l'autel, un splendide tombeau en albâtre du roi Carlos III et de son épouse. Admirer également le travail en fer forgé de la grille du chœur (du XVIᵉ siècle).

Sur le maître autel, la « Virgen del Sagrario », devant laquelle étaient sacrés les rois de Navarre.

Sur les côtés, nombreuses chapelles présentent des œuvres remarquables, retables, gisants, tombeaux, notamment le « retable de Cristo de Caparroso » dans la chapelle Santa Cristina (la 3ᵉ à droite le dos au chœur).

A l'entrée de la sacristia de los Canónigos, on reste pantois devant l'autel de Caparroso, merveilleuse fusion de peinture et sculpture. Les grands panneaux peints de part et d'autre racontent la vie de la Vierge.

Juste à côté, belle pietà du XVIᵉ siècle.

L'intérieur de la sacristie de los Canónigos présente une curieuse décoration rococo qui fait plus penser à un boudoir Pompadour qu'à un endroit sacré.

Cloître du XIVᵉ siècle, joyau architectural aux baies gothiques d'une grande finesse de sculpture. Porte d'entrée du cloître (*puerta Nuestra Señora del Amparo*) surmontée d'une « Vierge dormante » avec restes de polychromie.

Le plafond à nervures de la chapelle Barbazana atteint la perfection. Chapiteaux très travaillés. A l'entrée, statues de « Saint-Pierre » et « Saint-Paul ».

Nombreuses sépultures tout autour du cloître dont le beau gisant de Sancho Sánchiz de Oteiza. Juste à côté s'attarder surtout sur la *puerta Preciosa* (la porte Précieuse) : extraordinaire sculpture relatant la vie et la mort de la Vierge.

Accès au musée par le cloître (ouvert du 15 mai au 15 octobre de 10 h 30 à 13 h 30 et de 16 h à 19 h). Il est installé dans l'ancien réfectoire, vaste salle voûtée, dominée par la superbe chaire sculptée du lecteur. Remarquer la cuisine monumentale avec ses cheminées géantes qui en font probablement l'une des plus imposantes d'Europe. Nombreuses vierges polychromes gothiques et baroques, orfèvrerie religieuse, précieux reliquaires (superbe *Lignum Crucis*), évangéliaires, retables et triptyques (« la Escena del Juico final », entre autres).

— En sortant de la cathédrale, profiter de l'agréable promenade sur le *paseo de Ronda* (chemin de ronde) et dans les *jardins des fortifications*. Beaux points de vue depuis les divers bastions et redoutes. Petit café avec terrasse, *El Mesón del Caballo Blanco*. Ancienne maison du centre ville remontée ici pierre par pierre. A deux pas, en descendant la rampe, porte de France avec pont-levis toujours en état de fonctionner.

— *Le musée de Navarre :* calle Domingo. Installé dans l'ancien hôpital, il présente de nombreux vestiges archéologiques, des chapiteaux de l'ancienne cathédrale romane, ainsi que des salles de peintures gothique et Renaissance. Depuis de nombreuses années en rénovation, se renseigner à l'Office du tourisme.

— Dans le même coin, vos pas vous mèneront vers le vieux marché. Hôtel de ville avec façade baroque. Calle Campana, on trouve l'ancienne cour des comptes du royaume de Navarre, la « *Camara de Comptos Reales* », petite maison à la belle architecture gothique et au pavement pittoresque. A côté, l'austère *église San Saturnino* (tour romane, porche gothique). En arpentant la calle Mayor, on découvre de curieuses choses. Ainsi au n° 4, cette antique *droguería Ardanaz*, véritable marchand de couleurs, petit musée avec ses étagères usées, ses gros tiroirs effondrés livrant encore les vieux produits d'antan : pierres ponce, bleu en vrac pour blanchir le linge, résine, etc.

— Quelques palais avec façades à armoiries. Entrées d'immeubles avec sol en petits galets ronds serrés dessinant des motifs. Au n° 65, entrée d'un ancien couvent. Au débouché de la calle Mayor, *église San Lorenzo* avec la statue de Saint-Firmin portée dans les processions.

— En face, le *parc Taconera*, une autre belle promenade.

Aux environs

Entre les vertes Pyrénées au climat tempéré et les hautes plaines brûlées de Castille, la Navarre propose de grandes variétés de paysages, d'architectures et de sites qui mériteraient presque un bouquin à eux seuls.

VERS LE NORD

Se reporter au chapitre précédent, le « Circuit des vallées ».

VERS L'EST

La route des Pyrénées aragonaises, Huesca, Le val d'Aran, Andorre...

● *Sangüesa :* à 45 km de Pampelune. Voir l'*église Santa Maria la Real* pour son magnifique portail roman. C'est un foisonnement de scènes et de figures. Au tympan, un remarquable Jugement dernier. A l'intérieur, beau retable Renaissance. Petite visite de la ville à pied révélant dans une rue transversale à la calle Mayor, le *palais de Vallesantoro* et son splendide portail baroque. Voir aussi le *château du prince de Viane*, dont il subsiste deux tours.

● *Le château de Javier :* à 7 km de Sangüesa. Lieu de naissance de saint François-Xavier. Château du XVIe siècle très restauré. Visite guidée de 9 h à 13 h et de 16 h à 19 h. Pas d'un intérêt excessif.

● *Le monastère de Leyre :* sur la route de Huesca, à 55 km de Pampelune. Petit détour très intéressant. A Yesa, tourner à gauche et emprunter une route sinueuse sur 4 km. Les moines savaient décidément choisir leurs sites. Le coin est délicieux et livre un superbe panorama sur le lac, la vallée et les collines alentour.
Ouvert de 10 h à 13 h et de 16 h à 19 h. Dimanche et fêtes de 10 h à 12 h. Construit au XIe siècle, ça en fait le plus ancien monument roman de Navarre, mais aussi de Castille, Aragon, Léon et Galice. L'église présente un curieux mélange de styles, puisque aux rudes voûtes en berceau des travées de côté fut rajoutée au XIIIe siècle l'élégante voûte gothique de la nef centrale. Portail d'une fascinante richesse.
Crypte d'origine, très pitoresque avec ses arches massives se terminant par d'énormes chapiteaux presque au ras du sol. La tour et les absides rondes composent un superbe ensemble.
Les moines assurent le logement des visiteurs dans de fort belles chambres à un prix très modéré. Possibilité même de pension complète. Petite cafétéria.

- Le lac artificiel de **Yesa** (long de 11 km) procure toures les joies nautiques imaginables.
- *Camping « Mar del Pirineo »* à Tiermas. Tél. : (948) 88-70-09. Au bord de l'eau, bien sûr. Agréable et ombragé. Très bien équipé, piscine, ski nautique, planche à voile, initiation à la voile, pédalos, etc.
- Une curiosité : en suivant la rive du lac, vers **Esco**, vous remarquerez sur la gauche, accroché sur sa colline, le « village fantôme ». Leurs meilleures terres noyées par le lac, les habitants ont dû partir sous d'autres cieux pour survivre. Balade pathétique dans les ruelles silencieuses.

VERS LE SUD

Pour les motorisés, beaucoup de merveilles concentrées dans le même coin.

- **Olite :** à 40 km de Pampelune. Dominant la plaine de loin, l'un des plus beaux châteaux de Navarre. On croirait débarquer dans un film. Construit par Charles III le Noble, l'un des rois d'origine française de Navarre. Silhouette impressionnante, majestueuse, il fait irrésistiblement penser au *palais des Papes* d'Avignon et occupe tant de place qu'on le prend de loin pour le village tout entier. Visite de 11 h à 13 h et de 17 h à 19 h (15 h à 17 h en basse saison).
Admirable portail de l'*église Santa Maria la Real*, ancienne chapelle royale. Précédée d'une sorte de galerie de cloître aux arcades finement sculptées. A l'intérieur, beau retable du XVI⁰ s. et Vierge à l'enfant du XIII⁰ s. L'*église San Pedro* offre aussi portail et cloître romans intéressants.

Où dormir ?

- *Hostal Castillo :* bon marché.
- Pour les plus riches de nos lecteurs, possibilité de dormir au parador « *Principe de Viana* » qui occupe une aile du château. Tél. : (948) 74-00-00. Décoration médiévale évidemment superbe. Certaines chambres possèdent une cheminée immense. Étonnant ! Chambres à des prix 2 étoiles en basse saison. Profitez-en. Menu à prix assez raisonnable dans la grande salle à manger rustique.

- **Tafalla :** peu après Olite, sur la route de Pampelune. Les deux églises y proposent des retables exceptionnels. Laisser la voiture et grimper à pied à travers les étroites ruelles. A *Santa Maria*, un retable du XVI⁰ s. « La vie de la Vierge » et la « Passion du Christ » figurés en une vingtaine de panneaux sculptés. L'*église du couvent de la Conception* propose, quant à elle, une œuvre réalisée par des artistes flamands.

- **Ujué :** à 19 km à l'est de Tafalla. Adorable village médiéval perché dans la sierra. Superbe église-forteresse avec un portail richement sculpté. Des tours, panorama prodigieux portant très loin. Fête traditionnelle des pénitents depuis six siècles chaque dimanche suivant l'*église Saint-Marc*.

- **Artajona :** à 10 km au nord-ouest de Tafalla. Village toujours ceint d'imposantes murailles et d'une dizaine de tours crenelées. Visiter San Saturnino, église carrée aux solides contreforts. Façade sculptée. Nef impressionnante et beau retable du XV⁰ siècle. Fête patronale le 8 septembre.

VERS LE SUD-EST

Pour ceux qui veulent achever en beauté leur voyage navarrais et se diriger vers la superbe Rioja.

- **Puente la Reina :** une des plus importantes étapes du pèlerinage de Compostelle, point de jonction du chemin navarrais (Roncevaux) et du chemin aragonais. Le vieux pont du XI⁰ siècle qu'empruntaient les pèlerins tient toujours.
- Pittoresque architecture de l'*église del Crucifjo*, de style roman primitif, à laquelle on rajouta au XIV⁰ siècle une nef gothique. On peut y voir la célèbre croix en Y et son christ en bois à l'expression tourmentée.
- L'*église de Santiago*, de style romano-gothique, voit s'effacer peu à peu les sculptures de son portail. La calle Mayor, qui mène au pont, est bordée tout du long de belles vieilles demeures.

- **Eunate :** à 5 km de Puente la Reina, sur la route de Campanas, une visite à ne pas manquer. Une église romane à la forme très originale, perdue en pleine campagne. Construite sur un plan octogonal et entourée d'une galerie à arcades. On suppose qu'elle servait à l'enterrement des pèlerins.

- **Estella :** à 45 km de Pampelune. Nombreux bus chaque jour. Les amoureux de villes médiévales aimeront Estella. Voir en particulier le *palacio de los Reyes de Navarra* du XIIe siècle et sa galerie à chapiteaux sculptés (noter celui où Roland livre combat à un Sarrasin). A côté, tout le *quartier San Pedro de la Ruà* a été déclaré monument national. Calle San Nicolas bordée de vieilles maisons avec armoiries.
- *Église san Pedro de la Ruà* dominée par une haute tour. Beau portail roman et cloître charmant avec chapiteaux historiés.
- *Calle de la Ruà*, on trouve l'ancien Ayuntamiento ainsi que d'autres palais et demeures Renaissance. Tout au bout, *église du Saint-Sepulcre*, avec un magnifique portail gothique richement orné de statues.
- De l'autre côté de la rivière, l'*église San Miguel Arcàngel*, (portail nord de style roman avec un christ en majesté) et de prodigieux hauts reliefs de chaque côté.
- Sur la plaza de Los Fueros, nous sommes heureux d'annoncer pour une fois à nos lecteurs que l'*église San Juan Bautista* est moche, mais qu'elle renferme néanmoins un remarquable retable Renaissance.
- *Fêtes locales intéressantes :* le vendredi précédent le premier dimanche d'août, concerts de musique folk et, comme à Pampelune, des « encierros » (lâcher de taureaux). Le 25 mai, fête de la Vierge du Puy. Marché le jeudi.
- Pour dormir, deux pensions correctes et à prix modérés : *Tatan*, calle Sancho el Fuerte, 6. Tél. : (483) 55-02-50 et *San Andrés*, calle José Antonio, 1. Tél. : 55-07-72.
- Enfin, sur la route de Logroño, avant de quitter la Navarre, signalons deux bourgades pittoresques, **Los Arcos** (église de la Asunción avec retable gothique) et surtout **Viana** (église Santa Maria du XIVe s. avec porche monumental en forme de retable). Pour Logroño et la Rioja, voir p. 74.

VITORIA-GASTEIZ

Capitale de la province d'Alava et de la communauté autonome du Pays basque. Grande ville industrielle située sur la route du Portugal et au carrefour de nombreuses routes intérieures, Vitoria vaut une petite halte. D'abord pour son superbe musée régional des Beaux-Arts et dans une certaine mesure pour la cathédrale et les rues animées de sa vieille ville. Pour dormir, quelques pensions correctes sur Florida et Prudencio Maria de Verastegui.

Où manger ?

- *Arrartzaleak :* call Cuesta de San Francisco, 8. Dans le centre, face à l'église du même nom. Menu complet excellent avec spécialités. Vin inclus dans le prix. Très bon marché.

A voir

- *Le Musée provincial des beaux-arts :* paseo Fray Francisco. A 500 m de la estación del Norte. Dans les nouveaux quartiers. Il occupe un petit palais contemporain, au milieu de beaux jardins. Ouvert de 11 h à 14 h et de 17 h à 19 h. Samedi et jours fériés, le matin seulement. Fermé le lundi.
Au pied du superbe escalier d'honneur, seul dans une salle, le retable de Ribera de Valderejo, une œuvre exceptionnelle.
Le musée concentre les plus belles toiles des meilleurs peintres basques. Hymnes à la nature. C'est un régal ! Notamment de Zubiaurre Aguirrezabal, des groupes de paysans et une « Procession de la Fête-Dieu ». De Ignacio Diaz Olana, des scènes champêtres et une toile remarquable : « le Restaurant » où il exprime avec une triste ironie le contraste entre les bourgeoises éblouissantes et les pauvres, ternes et effacés. De Juan Echevarria et Arteta Errasti, nombreux beaux paysages et personnages populaires.
Au 1er étage, un Picasso, un mural en céramique de Miró, un Tápies, etc. Du grand peintre Fernando Amarica Medina, natif de la ville, de splendides paysages peints dans les années 20.
Au 1er étage toujours, par l'escalier d'honneur, une section d'art primitif fabuleuse : triptyques flamboyants du XVIe siècle, notamment une « Nativité » vraiment peu historique de l'école de Enrique Bes.
Deux « Descente de croix », bustes-reliquaires, trois Ribera majeurs, un Greco et

un document exceptionnel sur la colonisation espagnole : « Allégorie de la défense des îles Philippines ».
Au sous-sol, toujours des expos temporaires intéressantes de jeunes peintres contemporains.

— *Musée des Armes :* paseo Fray Francisco. Presque en face de l'autre musée. Mêmes horaires. Entrée gratuite. Pour les amateurs, une collection d'armes anciennes remarquablement présentée. Notamment une armure milanaise ciselée de 1575 et une épée gigantesque que l'adversaire devait bien aider aussi à porter. Nombreux souvenirs de la guerre contre les Français, dont une affiche honteuse, bilingue, issue de l'état-major de Napoléon. Rappelant l'affiche rouge de Manouchian, elle permet de mieux comprendre la haine que la France dut susciter à l'époque et les traces qu'elle laissa dans l'inconscient populaire !

— *La vieille ville :* une bonne heure de promenade très agréable. Départ plaza de España, de style néo-classique austère. Cuesta San Francisco, rue à arcades avec de belles maisons à « miradors ». Un escalier mène alors à la plaza del Machete, jolie place bordée de demeures pittoresques, d'églises et d'un palais Renaissance. Petit troquet où les marginaux du coin prennent le frais : le *Txato*. Par les escaliers Villasuso, on atteint un superbe portail avec blason entouré de lions.

— Douceur et calme de la *calle Santa Maria* menant à la *cathédrale* du même nom. Beau gros clocher à cadran solaire. Côté place, portail immense avec riche statuaire. A l'intérieur, intérêt limité à une « Descente de Croix » de Van Dyck (transept gauche), à un Rubens bien sombre et à une « Mise au Tombeau » du Caravage à l'entrée des fonts baptismaux.

— Derrière la cathédrale, on rejoint la *calle de Correia*. Au n° 141, beau palais et à partir du n° 147, remarquable ensemble médiéval à briques et colombages du XVe siècle. La *casa Portalón* possède un superbe balcon à double encorbellement. Au coin de la calle Chiquita, petit *musée provincial d'Archéologie* dans une maison du XVIe siècle.

— Au-delà, la ville moderne reprend ses droits.
Un verre rapide au bar *Los Amigos*, siège local des supporters du club de foot, avant d'enfiler les populaires calles Santo Domingo et Cuchilleria. En cours de route, quelques palais dégradés. Particularité du quartier : les « *cantons* », larges voies pavées montant à la cathédrale. La Cuchilleria aligne un nombre invraisemblable de bars pour tous les goûts. Pratiquement un tous les 5 mètres. Au n° 70 le p'tit blanc le moins cher de la ville. Au n° 24, pénétrer dans la *casa del Cordon*, une belle maison seigneuriale du XVe siècle abritant des expos temporaires.

LA CÔTE CANTABRIQUE

Elle va du Pays basque à la Galice. Ces deux régions étant déjà traitées à part, restent la Cantabrie (Santander) et les Asturies (Oviedo). Bien qu'entre elles, historiquement, les différences soient assez sensibles, géographiquement elles sont très proches, et, touristiquement, on ne peut les séparer. Située au nord du massif des Picos de Europa auquel elle est organiquement rattachée, la région de Cantabrie et des Asturies possède un climat atlantique assez humide qui lui donne des allures de Normandie. Sur cette mince bande de terre, coincée entre mer et montagne, on passe très vite des buissons de myrtilles en altitude, au maquis, puis aux champs de pommiers.
On peut dire que la Cantabrie est castillane. En revanche, la région des Asturies, quant à elle, ne se rapproche ni de la Castille ni de la Galice. Dernier point de résistance contre les Maures, elle a longuement vécu repliée sur elle-même, développant une personnalité bien à part. Si la région des Asturies est agricole, elle possède également de nombreuses industries et, surtout, produit plus de 60 % du charbon espagnol.

SANTANDER

Historiquement rattachée à la Vieille-Castille, Santander est la capitale de la province du même nom (ou Montaña). Un incendie a ravagé une grande partie de la vieille ville en 1941 mais la cité garde de nombreux atouts. Surtout en été où s'y déroule un festival de jazz (fin juillet) et un grand festival de musique international en août, ce qui assure à la ville un caractère cosmopolite fort agréable. Les plages y sont aussi belles que l'eau y est froide. Celle de *Sardinero* accueille depuis le XIXe siècle toute la jet-set espagnole. C'est de Santander que se développa le commerce entre l'Espagne et l'Amérique, surtout lorsque naquirent les grands chantiers de constructions navales.

Adresses utiles

– *Office du tourisme :* Jardines de Pereda. Tél. : 21-61-20. Et pl. de Velarde. Tél. : 21-14-17. Ouvert du lundi au vendredi, de 9 h à 13 h 30 et de 16 h 30 à 19 h 30. Samedi de 9 h à 12 h.
– *Poste :* Alfonso XIII. Ouverte du lundi au vendredi, de 10 h à 13 h et de 15 h à 16 h. Samedi de 10 h à 13 h.
– *Gare :* calle Rodriguez, pl. de las Estaciones. Informations : tél. : 21-16-87.
– *Bus :* Bar Norte, calle Calderon de la Barca. Tél. : 22-10-41.
– *Police :* police municipale dans l'Ayuntamiento, pl. de Generalisimo. Tél. : 22-04-46.

Où dormir ?

Comme à Saint-Jacques-de-Compostelle, les touristes arrivant par le bus sont assaillis par une nuée de bonnes mères espagnoles qui vous proposeront des chambres assez bon marché. Ne pas dédaigner...
– *Casa de Huespedes Puerto Rico :* calle Isabel, 1 (3e étage). Tout près du port, en plein centre ville.
– *Youth Hostel :* calle Gomez Orena, 5. Tél. : 22-70-31. Couvre-feu à 22 h.
– *Pension Los Angeles :* calle Daoiz y Velarde, 1. Tél. : 22-30-72. Les chambres sont un peu sombres mais les draps sont propres !
– *Pension Isabell II :* calle Goicochea, 1.
– *Fonda Maria Luisa :* calle Rodriguez, 9. Sur la droite de la gare.
– *Camping municipal Bella Vista :* carretera al Farodel Cabo Mayor. Tél. : 27-48-43.

Où manger ?

– Le quartier des pêcheurs – *barrio pesquero* – est parsemé de petits restaurants. On y grille les sardines au barbecue sur le trottoir et on y trouve de bonnes langoustes.
– *La Flor de Potes :* calle San Simon, 10. Dans le centre. Accueil peu chaleureux mais que cela ne vous rebute pas, la bouffe est bonne.
– *El Pajar de Güelo :* calle Peña Herbosa, 11. Le menu n'est pas excellent, mais leurs spécialités de fruits de mer sont bonnes.
– *El Sol :* calle Santa Lucia, 32. L'endroit « in » pour boire un coup ou pour combler un petit creux.

A voir

Force est de reconnaître que Santander est avant tout synonyme de ciel bleu. Sans lui, on s'y ennuie vite. Bon allez, on a quand même un ou deux musées, rien que pour vous.

– *Museo Provincial de Prehistoria :* Casimiro Sainz, 4. Une des plus importantes collections archéologiques d'Europe. Ouvert du lundi au samedi de 10 h à 14 h et de 17 h à 19 h.

– *Museo Maritimo :* Promontorio de San Martin, ouvert du lundi au samedi de 11 h à 14 h. Gratuit avec une carte d'étudiant.

– Le quartier qui bouge se trouve aux alentours de la calle Cortés.

SANTILLANA DEL MAR

Dans « la Nausée », Jean-Paul Sartre la désigne comme la plus jolie ville espagnole. On ne sait pas s'il a raison, mais, pour nous, elle se situe en tout cas dans les dix premières et mérite vraiment le détour.

La ville se révèle effectivement d'une homogénéité totale. Les édifices religieux datent à partir du XII° s., les maisons et bâtiments civils du XV° au XVII° s. Si on supprimait voitures et antennes de télé, c'est le décor idéal pour film de cape et d'épée. Sans avoir à retoucher quoi que ce soit. Tout est parfait et d'un charme absolu. Et pourtant, ce n'est pas un village d'opérette. De nombreux paysans y habitent : matin et soir, on peut voir sortir les vaches de magnifiques demeures blasonnées pour aller à l'abreuvoir médiéval.

Où dormir ? Où manger ?

Région éminemment touristique, le logement y est assez cher. Cependant, la balade romantique du soir dans les vieilles ruelles mérite la petite dépense.
– *Hostal Castillo* : Ramón Pelayo, 6. Tél. : 81-80-33. Sur une place adorable. L'un des moins chers de la ville, mais il n'y a que quatre chambres. S'y prendre donc de bonne heure. Simple, propreté acceptable. Resto offrant de bons fruits de mer à prix raisonnables.
– *Fonda San Andrès* : à 500 m de Santillana, sur la route des grottes d'Altamira. Prix modérés et fort bien tenu.
– *Los Hidalgos* : Revolgo. Tél. : 81-81-01. Correct.

● *Plus chic*

– *Altamira* : Canton, 1. Tél. : 81-80-25. Superbe hôtel dans une ancienne demeure seigneuriale. Décoré en médiéval de bon goût. Chambres très confortables.
– *Taberna de Chus* : pas loin de l'*Altamira*. Décor assez conformiste, mais bon accueil et prix raisonnables. Service le soir jusqu'à 22 h (et plus tôt en basse saison).

● *Camping*

A 300 m, sur la route de Comillas. Situé sur une colline. Grand et moderne. Supermarché, resto, tennis, etc.

A voir

Toute la ville se fait bien sûr entièrement à pied. Impossible de décrire toutes les belles demeures à façades blasonnées. Élégante plaza Mayor où s'élève le *Parador Gil Blas*. La calle del Rio mène à la Collégiale. En son milieu, très vieux lavoir.
La *Collégiale*, plus beau monument roman de Cantabrie, date du XII° s. A l'intérieur, sarcophage sculpté de sainte Julienne et intéressant retable polychrome. Superbe cloître roman. Du 15 juin au 15 septembre, ouverte de 9 h à 13 h et de 16 h à 19 h 30. En basse saison horaires très réduits et fermée le mercredi. Nombreux chapiteaux sculptés.
Musée diocésain installé dans un couvent à l'autre bout du village.

LES GROTTES D'ALTAMIRA

Elles comptent parmi les plus célèbres grottes à peintures préhistoriques d'Europe. Elles furent découvertes accidentellement en 1869 par un chasseur. Les peintures, quant à elles, ne le furent que dix ans plus tard. « La chapelle Sixtine de l'art rupestre » – ainsi sont surnommées ces grottes – renferme des fresques polychromes qui constituent un des témoignages les plus expressifs de l'art préhistorique. On estime l'exécution de ces peintures entre 14000 et 9500 avant J.-C. environ. (Ça ne nous rajeunit pas tout ça.) Ouvertes du lundi au samedi de 10 h à 14 h et de 15 h à 19 h, et le dimanche de 10 h à 13 h. Gratuit.
Dans les grottes d'Altamira, le nombre de visiteurs a été limité à 25 par jour. Les gens écrivent et réservent de longs mois à l'avance, autant dire que vous n'avez aucune chance d'y accéder sans réservation préalable. Il faut écrire au *Centro de Investigacion y Museo de Altamira*, Santillana del Mar, Cantabria. Cependant, en basse saison, vous pouvez toujours essayer de vous inscrire sur une espèce de liste d'attente et espérer que quelques personnes se seront désistées ou ne se présenteront pas ce jour-là. Vous augmentez vos chances en vous inscrivant la veille ou dès l'ouverture le jour même (mais toujours avec l'idée que ces chances sont infimes). Être présent sur place à partir de 11 h. Ce n'est qu'à la dernière minute (vers midi et demi) que les « heureux élus » éventuels sont appelés...
Sinon, un fort intéressant *musée* présente de façon didactique l'histoire des

grottes et des fresques, avec section archéologique et projection de photos. Le musée est ouvert tous les jours de 9 h 30 à 14 h 30 (dimanche de 10 h à 13 h).

– Une bonne alternative pour admirer les fresques rupestres de la région consiste à aller aux « Cuevas de Puente Viesgo », à environ 25 km au sud de Santander. Assez pittoresque là aussi, avec des fresques parfois plus anciennes que celles d'Altamira. La grotte de Castillo est la plus intéressante. Ouvert du 1er avril au 31 octobre de 10 h à 13 h et de 15 h à 19 h (hiver de 10 h à 15 h). Fermé le lundi.

LA CÔTE DE SANTANDER A RIBADESELLA

C'est la Côte d'Azur locale, donc très touristique. Cela n'a pas provoqué chez nous un enthousiasme délirant, mais encore une fois, peut-être avons-nous été victimes de notre subjectivité (en plus, les jours où nous passâmes, il pleuvait !). Il faut nécessairement quitter la voie à grande circulation qui longe la côte pour les petites routes rejoignant de temps à autre la mer et livrant parfois d'heureuses surprises.

COMILLAS

Célèbre station de villégiature de l'aristocratie provinciale. Un genre de Cabourg dominé par la masse étrange de l'université pontificale édifiée en néo-gothique. Possibilité de visiter « El Capricho », l'une des rares œuvres réalisées par Gaudi hors de Barcelone.
Pour dormir, nombreux *hostales* et un grand *camping* en bord de mer. En haute saison, tout est cher. Possibilité, bien sûr, de louer des chambres chez l'habitant.
Vers San Vicente de la Barquera, à 5 km environ, superbe plage de la Jerra s'étendant jusqu'au cap Oyambre. *Camping* (assez rustique il faut dire).

SAN VICENTE DE LA BARQUERA

Ce port dont on fait grand cas pour sa gastronomie s'est considérablement bétonné et a « avalé » ses dernières vraies maisons de pêcheurs. Vraiment peu de charme.

LOS PICOS DE EUROPA

Bien plus enthousiasmants dans la région que la côte, « los Picos de Europa » est une chaîne de montagnes s'élevant rapidement en hauteur, à moins de 40 km de la mer, et à cheval sur la Cantabrie, les Asturies et le León. Finalement, ce qui étonne le plus, c'est leur relative concentration capable d'offrir cependant, sur une « petite » étendue, tant de pics, gorges, défilés et possibilités de balades géniales. Le Torre Cerredo, le point culminant, s'élève à 2 640 m.
Notre itinéraire part du sud, car nous venions de León. L'une des plus belles excursions se fait d'ailleurs dans le sens « sud-nord ». De León ou d'Oviedo, rejoindre la petite bourgade de Riaño pour le village de Posada de Valdeon, à notre avis, l'un des sites les plus intéressants des Picos.

POSADA DE VALDEON

Charmant bourg des Picos. Camp de base pour de belles balades alentour, notamment au petit village de Cain, point de départ d'une randonnée super. En visitant Posada, vous découvrirez ces beaux greniers à grain de montagne, avec tous les outils de la ferme accrochés dessus. En principe, un bus quotidien depuis León.

Où dormir ? Où manger ?

● **Bon marché**

– *Fonda Begoña :* sur la place du village. Tél. : 16. Un adorable petit hôtel remarquablement bien tenu. Chambres petites, mais très propres et agréables. Salle de bains à l'extérieur. Dîner excellent et petit déjeuner copieux.

54 / LA CÔTE CANTABRIQUE

– *Fonda El Asturiano* : de l'autre côté de la rue. Tél. : 9. Moins bien que le précédent. Nourriture assez banale. Quelques coupures d'eau parfois. Seulement si l'autre est complet.
– *Hostal Casa Abascal* : à l'entrée du village. Tél. : 7. Chambres très correctes avec lavabo ou douche. Proprio cependant triste comme un jour sans pain.

● *Aux environs*
– *Fonda « El Tombo »* : à 2 km de Posada, en direction de Cain. Tél. : 26. Dans le village de Cordiñanes. Un hôtel neuf proposant lui aussi de belles chambres.
– *Camping* au village de Soto de Valdeon, un peu avant d'arriver à Posada. Un autre à Santa Marina de Valdeon (en venant de Potes).

A voir. A faire

– Le truc à faire ici, c'est la balade à *Cain*, tout petit village à 8 km de Posada. Route étroite à souhait (une voiture et un vélo ne peuvent se croiser), mais fort bonne. On traverse de paisibles paysages de prairies et bergeries coupées de bosquets, paradis des moutons, avant de se glisser dans un défilé abrupt et pittoresque.
Cain s'éveille avec surprise au tourisme. On a l'impression de déranger un mode de vie qu'on croyait ne plus exister. Sur place, une *fonda* propose quelques chambres.
Ici, débute une superbe randonnée à pied, garantissant quelques émotions : les gorges de Cares. Il est évidemment recommander de démarrer de Posada, car ça descend. A déconseiller à ceux qui ont le vertige. Bien que ne présentant pas de réel danger, le chemin taillé dans la falaise est parfois au-dessus d'à-pics de 200 m. Pour cette raison il vaut mieux éviter d'y emmener des enfants à cause de leurs réactions parfois difficilement contrôlables. Fin de parcours nettement plus cool.
Balade tout à fait faisable en une journée. Deux fondas au bout, à *Poncebos*, où vous retrouverez la route.
Il vous restera 6 km pour atteindre *Arenas de Cabrales*. Se renseigner auprès des fondas si une Land Rover s'y rend (course payante). A Arenas, quelques bus chaque jour pour la côte.

DE POSADA DE VALDEON A FUENTE DÉ

De Posada, possibilité de rejoindre Potes, puis Fuente Dé, là aussi une des plus belles vallées des Picos. Aller en direction de Portilla de la Reina. Passé Santa Marina de Valdeon (croquignolet village avec un camping), la route s'élève rapidement et livre un merveilleux panorama de toute la vallée de Posada. A partir de Portilla de la Reina, route très sinueuse se faufilant dans des paysages de plus en plus doux, au fur et à mesure qu'on se dirige vers la mer. Vallées verdoyantes, villages rieurs, etc.

POTES

La petite capitale de la région. En été, très touristique. Bien que n'étant pas encore trop urbanisé, le bourg présente cependant peu d'intérêt pour séjourner. Il vaut mieux s'arrêter dans l'un des jolis villages qui parsèment la route de Fuente Dé.
– Une grosse tour du XVe s. abrite la mairie. Office du tourisme près de l'église et de la place du marché. Ouvert seulement en haute saison. Renseignements sur les balades à effectuer dans le coin.
– Deux banques assurent le *change*. Dans la rue principale, avant de passer le pont, vous trouverez *Bustamante*, un photographe qui vend aussi de nombreux bouquins, cartes et brochures sur la région.
– Pour ceux qui sont motorisés ou qui ont du temps, *monastère de Santo Toribio de Liébana*, à 2 km. Récemment restauré. Intérêt limité.

Où dormir ?

– Nombreux hôtels, pensions, hostales et chambres chez l'habitant.
– *Pension Gomez* : à l'entrée du village, quand on vient de Santander ou de León. Tél. : 73-02-18. C'est aussi le terminal des bus pour Santander. Assez propre et bon marché. Resto correct au rez-de-chaussée.

– *La Serna* : vers la sortie du village, à gauche, en direction de Fuente Dé. Tél. : 73-01-52. Mieux que le précédent.
– *Camping* confortable à La Vega, à une quinzaine de kilomètres, vers León.
– *Camping San Pelayo* : à 5 km, vers Fuente Dé. Dans un coin plutôt agréable au bord du ruisseau. Gazon, mais pas trop d'ombrage.

Transports

Bus pour León et Santander.
– Pour Santander, depuis la pension Gomez, à 7 h tous les matins, du lundi au samedi. Dimanche et jours fériés à 8 h 30.
Dans le sens Santander-Potes, de juin à septembre, bus à 17 h du lundi au vendredi de la estación Feve (à 16 h, samedi, dimanche et fêtes).
– Pour Fuente Dé : à 8 h, 13 h et 20 h. Retour : 8 h 50, 16 h 45 et 21 h.
– Renseignements : 88-06-11 et 89-31-94.

COSGAYA

Indicatif téléphonique : 942.
S'étageant sur une colline, un des plus charmants villages de la vallée de Fuente Dé. Superbe architecture de montagne. Idéal pour passer la nuit.

Où dormir ? Où manger ?

– *Posada La Casona* : au milieu du village. Grimper une cinquantaine de mètres pour atteindre cette superbe auberge installée dans une maison du XVIIe s. Téléphone par la cabine publique : 73-01-47. Ouvert toute l'année. Hôtesse adorable. Décoration absolument exquise : vieux meubles paysans, tissus aux tons chaleureux, atmosphère intime et paisible. Belles chambres à prix très raisonnables. Quelques-unes avec lavabo encore moins chères. Possibilité d'y prendre son repas du soir. Une de nos meilleures adresses en Cantabrie.

● *Plus chic*

– *Hôtel del Oso* : sur la route principale. Tél. : 73-04-18. Récent, mais construit (un peu lourdement) dans le style du pays. Bien sûr, impeccable. L'annexe, de l'autre côté de la route, est plus sympathique et meilleur marché. Piscine.

ESPINAMA

Là aussi, un gentil village pour séjourner. Possède beaucoup de charme et de caractère. Nombreux « horreos » pittoresques.

Où dormir ? Où manger ?

– *Meson Máximo* : à l'entrée du village. Téléphone par la cabine publique : 73-01-19. Chambres très propres, avec salle de bains à l'extérieur. Bon resto.
– *Hostal Remoña* : au milieu du bourg. En face de l'ancienne église. Tél. : 73-04-95. Petit hôtel fort bien tenu. Accueil sympathique. Prix raisonnables. Resto. Réservation obligatoire en juillet-août.
– *Fonda Vicente Campos* : à la sortie, vers Fuente Dé. N'était pas encore ouverte lors de notre passage, mais on nous a dit qu'elle était correcte et pas chère.
– Bien sûr, toujours une possibilité de trouver une chambre chez l'habitant.

FUENTE DÉ

Le terminus de la route au fond d'un magnifique cirque de montagnes. Même pas un hameau. Juste le point de départ du téléphérique qui, en 4 mn, vous projette 900 m plus haut. Ouvert du 1er juillet au 20 septembre de 9 h à 20 h. Du 1er mai au 30 juin de 10 h à 18 h (samedi et dimanche à 20 h). En hiver, ouvert de 10 h à 13 h et de 15 h à 18 h. Noter l'architecture désastreuse du parador moderne (probablement, l'un des plus laids d'Espagne !).
En haut de la plate-forme du téléphérique, panorama évidemment extra sur toute la région.

Balades dans le coin

— Depuis le téléphérique, possibilité d'effectuer une chouette balade de 4 km, à travers un plateau rocailleux, jusqu'au refuge d'Aliva. Les courageux redescendront à pied pour Espinama depuis le refuge. Là aussi, superbe randonnée de 12 km.
— Nos riches lecteurs, quant à eux, peuvent louer un 4 × 4 pour revenir à Espinama ou se rendre, à travers de sauvages paysages, à Sotres et retour sur Espinama. De Sotres, possibilité de continuer sur La Hermida, toujours en 4 × 4. Tous renseignements au terminus du téléphérique.
— Bien entendu, les hardis marcheurs autonomes peuvent se concocter un super parcours Aliva-Sotres à pied. Une petite journée de marche. Emporter de l'eau. Puis rejoindre Puente Poncebos (à 11 km) et, de là, gagner Arenas de Cabrales. Avec, toujours en fond, le magnifique « Naranja de Buines », l'un des plus pittoresques pics de la chaîne.

SANCTUAIRE DE COVADONGA

Un autre haut-lieu des Picos de Europa. Accessible depuis Cangas de Onís (au nord-ouest de la chaîne). C'est à Covadonga, en 718, quand les Maures eurent achever la conquête de l'Espagne que se réfugia le dernier carré de chrétiens avec, à leur tête, don Pelayo. Quelques années plus tard, une petite armée de Maures voulut réduire ce dernier noyau de résistance, mais fut battue. Cette victoire fut autant morale que militaire. De ce jour, le petit royaume des Asturies se développa et fut le point de départ de la « Reconquista ». Covadonga, « symbole » de la résistance espagnole, est, de fait, très touristique au mauvais sens du terme. Ça tient de Lourdes et de Rocamadour. Visite pas vraiment indispensable.

DE RIBADESELLA A OVIEDO

Itinéraire moins bétonné que le reste de la côte. La route étroite et sinueuse traverse de jolis paysages. Au début de la ria de Villaviciosa, belle plage de Rodiles. De Villaviciosa à Oviedo, possibilité de visiter le monastère de San Salvador de Valdedios et surtout son église, l'une des plus anciennes des Asturies. Située, bien sûr, dans une superbe vallée. Petite basilique à trois nefs, aux remarquables proportions. Dans la décoration, on perçoit de nettes influences maures (notamment dans les petits arcs en fer à cheval des fenêtres et dans la frise qui le borde).

OVIEDO

Capitale des Asturies. Grande ville moderne, pas à première vue une destination très touristique. Cependant, Oviedo mérite une petite visite. D'abord, les distances y sont courtes (faisable à pied pour les marcheurs urbains). Habitants ouverts et sympathiques, la cuisine est remarquable, l'ambiance animée dans les sidrerias. Le vieux quartier autour de la cathédrale possède encore beaucoup de charme... Surtout, Oviedo propose deux des plus belles églises préromanes des Asturies et d'intéressants musées !

Un peu d'histoire

Oviedo succéda en 810 à Cangas de Onis comme siège du royaume des Asturies et fut le véritable berceau de la Reconquête. Celle-ci se développant rapidement, León devint un siècle plus tard, à son tour, capitale du royaume. Au XIIIe siècle, les Asturies furent définitivement rattachées à la Castille, mais en leur hommage, le prince héritier espagnol recevra toujours le titre de prince des Asturies.
En octobre 1934, la ville connut une grande insurrection ouvrière. Les mineurs s'emparèrent de la ville, et installèrent un commandement révolutionnaire provincial. La reprise d'Oviedo par les troupes gouvernementales et la farouche résistance des insurgés occasionnèrent, bien sûr, d'importantes destructions. En 1936, alors que la garnison d'Oviedo soutint Franco, l'ensemble des Asturies resta fidèle à la république. Durant deux ans, la ville fut l'enjeu des deux camps et subit à nouveau de terribles dégâts. La nouvelle ville en est le résultat direct.

Adresses utiles

– *Office du tourisme :* 6, place de la Cathédrale. Tél. : 21-33-85. Ouvert de 10 h à 13 h et de 16 h à 18 h 30.
– *Poste :* Alonso Quintanilla. A deux pas de la grande plaza de Escandelera (côté calle de Uria).

Où dormir ?

– *Hostal Belmonte :* Uria, 31. Tél. : 24-10-20. Dans la plus grande avenue de la ville. A courte distance de la gare. Au 3e étage d'un bel immeuble, une pension fort bien tenue. Bon accueil. Clé pour la nuit.
– *Pension La Armonia :* Nueve de Mayo, 14. Au 3e étage. Tél. : 22-03-01. Petite pension propre et agréable.
– *Pension Riesgo :* Nueve de Mayo, 16. Au 1er étage. Tél. : 21-89-45. Bien tenue, sanitaires impeccables. Même genre que l'adresse précédente.
– Pas de camping.

● *Plus chic*

– *Pension Romero :* Uria, 36. Tél. : 29-97-67. Située dans la partie moderne, mais à deux pas de la vieille ville. Superbes chambres avec bains.
– *Hostal Asturias :* Uria, 16. Au 1er étage. Tél. : 21-46-95. Le charme discret des pensions rétro à l'atmosphère un peu surannée. Grandes chambres agréables avec bains.

Où manger ? Où boire ?

Pour se restaurer pas cher et dans une chouette ambiance, une seule solution, les sidrerias. Populaires, animées, vous en trouverez aux quatre coins de la ville. Délicieuses cochonnailles, fruits de mer parfois à prix raisonnables et, bien sûr, bon cidre local. A propos, ne jamais se resservir soi-même. C'est au barman de le faire. Dans les Asturies, ils possèdent un rite immuable et le savoir-faire : ils penchent le verre à 45° et versent le cidre à 1 m de haut pour l'oxygéner et le faire mousser un peu. Dernier conseil : les dernières gouttes dans le verre ne se boivent pas, on les jette à terre. Voici, en tout cas, quelques adresses de sidrerias.

– *Astur :* calle de Caveda, 16. Grande cidrerie populaire. Bacalao, chorizo au cidre, jambon, moules. Et le fameux « cabrales », fromage typique des Asturies qu'on mélange avec quelques gouttes de cidre.
– *Sidreria Marcelino :* calle Santa Clara, 6. Pas loin de la vieille ville. Animée, surtout le midi.
– Dans la calle Gascona, au choix : *Asturias, Ferroviaro Sidreria* et *Avelino.*
– *Bar San Barnabe :* calle S. Barnabe, 17. Grand, populaire, chaleureux. Bonnes grosses barriques au fond. Le vin coule généreusement pour arroser le *paté artesano truffado.*
– *Bar Marchica :* calle del Doctor Casal, 8. Ne pas confondre avec le resto chicos du même nom, juste à côté. Salle de resto au fond, mais comme d'habitude quasiment vide. Tout le monde mange dans celle du bar, bruyante et enfumée. Fruits de mer plutôt moins chers qu'ailleurs. Bonnes viandes, *mollejas* (ris de veau), poulpe, etc.

● *Un peu plus chic*

– *Cabo Penas :* Melquiades Alvarez, 24. Tél. : 22-03-20. Ouvert tous les jours, midi et soir jusqu'à minuit. Des centaines de bouteilles et de jambons pendus au plafond composent le décor de cette immense taverne, très populaire à Oviedo. Clientèle de tous les genres et super atmosphère. Se préparer, au moment du coup de feu, à attendre pour obtenir une table. Salle du fond la plus agréable. Sinon, possibilité de manger au comptoir d'excellents tapas et tous les bons petits plats de la maison : *callos cabo penas* (tripes maison), *anchoas* (hummm !!) *cazuela de pimientos, lomo adobado del Bierzo* (le meilleur du bœuf), jambon fumé bien sûr, et tant d'autres...

● *Très chic*

– *Marchica :* San Barnabe, 5. Tél. : 21-30-27. Ouvert tous les jours et le soir jusqu'à 23 h 30. Assez chicos, décor conformiste, clientèle hommes d'affaires, mais aussi l'un des meilleurs restos de la ville. Spécialité d'excellents poissons : *mero à la parilla* (mérou grillé), *angulas al pil-pil* (anguilles), *lenguado relleno de verduras y gambas* (sole), etc.

A voir

● *Dans la vieille ville*

Malgré tous les coups reçus lors des guerres civiles de ce siècle, le cœur ancien présente encore une certaine homogénéité architecturale et un peu de charme. Parcourir les calles de la Rua (menant plaza Mayor), Canoniga, Santo Domingo (ou Oscura) et leurs ruelles adjacentes. Surtout la nuit, pour voir le théâtre d'ombres des palais anciens et des vénérables demeures et pour entendre battre le cœur de cette vieille cité...

— *La cathédrale* : édifiée du XIVe au XVIe s. dans le style gothique flamboyant. Façade irrégulière à une seule tour, présentant cependant de remarquables portails sculptés. A l'intérieur, ne pas manquer la « chapelle du Roi chaste », avec une coupole octogonale richement sculptée et un splendide portail intérieur avec Vierge peinte. Immense et admirable retable du maître-autel en bois sculpté doré et polychrome. Cloître gothique.
Dans le transept droit, accès à la Cámara Santa, l'église primitive du IXe s. détruite lors de l'insurrection de 1934 et partiellement restaurée. Ouverte de 10 h à 13 h et de 16 h à 18 h. On peut y admirer de remarquables colonnes sculptées figurant les apôtres conversant et, tout en hauteur, une expressive tête du Christ. Dans l'abside, riche trésor comportant, entre autres, la Croix de la Victoire, symbole de la « Reconquista », fabriquée à partir de celle qui présida à la victoire de Covadonga. En sortant, vers le musée archéologique, on aperçoit la belle « Torre romanica » (transito de Santa Barbara).

— *Musée archéologique* : calle de S. Vicente, 5 (plaza Feijóo). Ouvert de 10 h à 13 h 30 et de 14 h à 16 h (dimanche et jours fériés de 11 h à 13 h). Fermé le lundi. Installé dans un beau monastère rénové. Salles préhistoriques, romaines et galerie ethnographique. Collection d'armes. Autour du cloître, intéressantes salles pré-romanes, romanes et gothiques. En face du musée, la Faculté des lettres et de philosophie.

— *Musée des Beaux-Arts* : calle Santa Ana, 8. Petite rue partant de la cathédrale. Au passage, on notera la façade de l'église San Tirso du VIIIe s., intégrée dans un mur. Installé dans l'élégant palais de Velarde du XVIIIe s. Entrée gratuite. Ouvert de 11 h 30 à 13 h 30 et de 17 h à 20 h (dimanche et jours fériés de 12 h à 14 h). Fermé le lundi.
Au rez-de-chaussée, expos temporaires d'artistes asturiens contemporains. Quelques admirables œuvres médiévales comme la « Piedad » du Maestro de la Medias Figuras (XVIe s.) et, de la même époque, l'« Adoration des rois mages » du Maestro de la Leyenda de la Magdanela et les superbes apôtres de Segismundo Laire.
Quelques peintres flamands et de l'école hollandaise, une « Sainte Face » de Zurbarán, une intéressante Immaculée Conception de Miguel Jacinto Menendez et un Couronnement de la Vierge de Ribera. Belles tapisseries de Bruxelles d'après des cartons de Rubens.
Ne pas rater les salles consacrées aux deux plus grands peintres asturiens de ce siècle : Nicanor Piñole, chantre de la vie paysanne et de la couleur, ainsi que Evaristo Valle dont on notera la remarquable « Procession de la semaine sainte » (1903).

— *Plaza de Porlier*, deux très beaux palais.

● *Aux environs*

Oviedo, ce sont aussi, tout proches, deux exemples uniques de l'art préroman asturien. Cette architecture, mélange d'influences romaine, wisigothique et musulmane, est unique en Europe. A ne pas manquer.

— *L'église Santa Maria de Naranco* : sur le mont Naranco, à la périphérie de la ville. Accès difficile. Prendre un taxi. Ouverte du 1er mai au 15 octobre, de 9 h 30 à 13 h et de 15 h à 19 h. Le reste de l'année de 10 h à 13 h et de 15 h à 17 h. Fermée le dimanche après-midi. Visite guidée. S'il n'y a personne, attendre, car la responsable des lieux assure aussi la visite de San Miguel de Lillo, un peu plus haut. Tout d'abord palais d'été d'un roi asturien, avec salle de bains et salon de réception. Puis transformée peu après sa construction en église. Déclarée aujourd'hui monument national. Dominant la ville en sa colline, elle symbolise toute l'harmonieuse conception de l'architecture préromane. Clés de voûte en T, rythme des arcades différent, colonnes torsadées, médaillons d'une seule pièce qui soutiennent aussi les arches. Chapiteaux extérieurs superbement travaillés. Pour l'histoire, s'en remettre à la très prolixe et charmante guide...

– *L'église San Miguel de Lillo* : au-dessus, à 5 mn de Santa Maria. C'était l'église correspondant au palais royal avant qu'il ne soit transformé. L'abside fut rabiotée quelque peu au XVII° s. et l'on peut noter que dans sa reconstruction on réutilisa des matériaux antérieurs. Très belles fenêtres sculptées et intéressants montants de portes (lions et saltimbanques), ainsi que les arches du Coro (au 1er étage).

Quitter Oviedo

La compagnie de bus *Alsa*, entre autres, assure de nombreuses destinations. Terminal plaza Primo de Rivera, 1. Tél. : (985) 28-12-00.
– *Pour Bilbao* : à 17 h 30 et 22 h 30. Trajet en 6 h 30 environ.
– *Pour Cudillero* : de 7 h à 20 h 30 environ. 8 bus quotidiens.
– *Pour Gijón* : 1 bus tous les quarts d'heure de 7 h à 22 h 30.
– *Pour Irún* (par Villaviciosa) : à 22 h 30. Arrivée le lendemain à 7 h.
– *Pour La Coruña* : à 6 h 45 et 15 h. 7 h de trajet.
– *Pour León* : 4 bus tous les matins à partir de 7 h 30. 2 h de trajet.
– *Pour Luarca* : à partir de 7 h, environ 6 bus par jour.
– *Pour Lugo* : à 6 h 45, 9 h 30 et 15 h.
– *Pour Madrid* : à 7 h 30, 10 h, 14 h 30, 17 h 30 et 24 h. Environ 7 h de trajet.
– *Pour Pontevedra* : à 6 h 45. Arrivée 16 h 30.
– *Pour Santander* : à 17 h 30 et 22 h 30.
– *Pour Santiago de Compostelle* : à 6 h 45 et 15 h. Environ 9 h de trajet.

GIJÓN

Ville industrielle et l'un des plus importants ports espagnols. Ne mérite pas un grand détour. Cependant, ceux qui possèdent une voiture et rôdent dans la région début septembre, ne doivent pas manquer la fête de la Soledad, surtout dans le vieux quartier de pêcheurs de la Cimavella.

– *Office du tourisme* : Marques de San Esteban, 1. Dans la vieille ville, près du port.

Où dormir ? Où manger ?

– Dormir à la *pension Manjón*, plaza del Marquès. A 50 m du vieux port. Tél. : 35-23-78. Dans un immeuble moderne. Bien tenu. Prix raisonnables.
– Manger dans les petits restos de la Cimavella, notamment *la Tortilleria* (calle de las Remedios, 10). Bonnes tortillas de toutes sortes.

– A voir

Gijón, c'est surtout son pittoresque barrio de pescadores, la « Cimavella ». Dominant le port, le palais de Revillagigedo. Maisons basses, ruelles étroites s'essoufflant sur une colline. Bouges et bars à matelots calle Vicaria. Plaza Jovellanos, maison natale de Jovellanos transformée en musée, grand homme politique asturien, promoteur actif, au XVIII° s., de l'éducation populaire et grand résistant à l'invasion napoléonienne.

LUARCA

Charmant petit port encaissé dans de hautes falaises et curieusement bâti en S autour d'une petite rivière. Vue pittoresque depuis la corniche surplombant le cimetière. Grande fête le 15 août.

Où dormir ?

– *Pensión Moderna* : Crucero, 2. Tél. : 64-00-57. Dans une petite ruelle, à deux pas de la place principale. Au 1er étage. Bon accueil. Grandes chambres à la décoration un peu vieillotte, mais bien tenues. Sanitaires impeccables. Une des adresses les moins chères de la ville.
– *Pensión Rico* : plaza de Alfonso X El Sabio, 4. Tél. : (985) 64-17-69. Petit immeuble moderne. Parfait.

– *Pensión Oria* : Crucero, 7. Tél. : 64-03-85. Même genre, mêmes prix que le précédent.
– *Hostal La Colmena* : calle de Uria, 2. Tél. : 64-02-78. Correct. Un poil moins cher.
– *Camping Playa de Tauron* : à 3 km de Luarca, vers Ribadeo, tourner à droite (c'est indiqué). Effectuer encore 3 km dans les terres. Pas pratique pour les stoppeurs. Tél. : 64-12-72. Ouvert de juin à septembre. Site superbe. Sur une colline dominant la mer. Calme total. Bien ombragé. Playa à 300 m.

Où manger ?

– *Leonés* : El Parque. Sur la place principale, côté rivière. Tél. : 64-09-95. Ouvert tous les jours midi et soir jusqu'à 23 h. Peut-être le meilleur resto de Luarca. Cadre sympa et chaleureux. Accueil et service impeccables. Excellentes spécialités locales comme les délicieuses *fabes con almejas* (fèves aux palourdes), les *pimientos rellenos de mariscos* et les *angulas al pil-pil* (petites anguilles très fines). Menu pas cher (avec *fabada* en entrée).
– *Sport* : après la grande place (où se trouve *Leonés*), traverser le pont et suivre à gauche le cours de la rivière. C'est à 150 m. Fermé le mercredi. Là aussi, un bon petit resto. Cadre plus quelconque. Fruits de mer à prix raisonnables. *Pulpo à la gallega, angulasol pil-pil,* etc.

LEÓN

Enfin une ville qui a su allier la conservation de ses joyaux historiques de l'art roman et gothique à la modernité industrielle, sans dégrader aucunement l'unité du site. Déjà le « Codex Calixtimus » (voir Saint-Jacques-de-Compostelle, la rubrique « Où dormir ? »), l'ancêtre du routard rédigé par un moine, le disait tout net : « La cité royale de León possède toutes sortes de félicités. » De la superbe cathédrale gothique aux fontaines modernes, León possède tous les charmes de la grande beauté espagnole. On en regrette que plus amèrement les ravages touristiques qui sont à déplorer sur certains sites, tant la réussite de León est la preuve que modernisme et respect de l'histoire peuvent faire bon ménage.

Adresses utiles

– *Office du tourisme* : plaza de Regla, 3. Tél. : 23-70-92. En face de la cathédrale. Ouvert du lundi au vendredi de 9 h à 14 h et de 15 h à 18 h, le samedi de 9 h à 14 h. Fermé le dimanche.
– *Poste* : plaza de Regla, 1. Tél. : 23-42-90. Mêmes horaires que l'Office du tourisme.
– *Téléphone* : calle de la Torre, 13. Près de l'Ave del Padre Isla. Ouvert du lundi au samedi de 9 h à 13 h et de 17 h à 19 h. Fermé le dimanche.
– *Gare* : av. de Astorga, 2.
– *Bus* : compagnie Empresas Fernandez. Tél. : 22-62-00. Dessert tous les environs et même Madrid.

Où dormir ?

León est une belle ville et en plus on peut s'y loger pas cher.
– *Fonda Los Alamos* : Maestro Nicolas, 5, 2e izqda (près de la plaza de Toros). Tél. : 20-40-15. Bien tenue, pas chère. Calme.
– *Hostal Residencia Guzman el Bueno* : calle Lopez Castrillon, 6. Tél. : 23-64-12. Très central.

Où manger ?

Grâce à la richesse de la province, León possède une nourriture très saine. De plus les restaurants ne vous assommeront pas le porte-monnaie. Autour de la plaza Mayor et de la plaza San Martin vous n'aurez que l'embarras du choix.
– *La Cepedana* : calle Mariano D. Berrueta, 11. Proche de la cathédrale.
– *Fornos* : calle del Cid, 8. Bonne cuisine.
– *Meson San Martin* : plaza San Martin, 8. Spécialités régionales.

A voir

Pas grand-chose en quantité, mais il s'agit ici de qualité.

– *La cathédrale :* chef-d'œuvre de l'art gothique. Bâtie sur les mêmes plans (en modèle réduit) que la cathédrale de Reims, son élévation rappelle celle de la cathédrale d'Amiens.
Certains disent qu'elle serait d'influence française. Allez savoir pourquoi ! Sa construction débuta en 1205. Elle fut restaurée au XIXe s. Admirez l'énorme rosace de la façade. La cathédrale abrite d'ailleurs la 2e plus importante surface de vitraux au monde, juste après Chartres. Le cloître et le musée valent le coup d'œil.
– *La basilique San Isidoro.* Érigée par Ferdinand Ier (1063) et ses successeurs. On y trouve un mélange de roman, gothique et Renaissance.
– *Le Panthéon royal* abrite les dépouilles de nombreuses personnalités de la famille royale de León. On y remarque de superbes fresques qui lui valent l'appellation de « Chapelle sixtine de l'art roman ». C'est tout dire ! En réfection récemment.
– Entre le paseo de la Condesa de Sagasta et la rivière Bernesga se trouvent de petits jardins, fort agréables et très relaxants après les visites religieuses.
– Fêtes de saint Jean et de saint Pierre. Respectivement les 24 et 29 juin.

LA GALICE

La Galice, une des régions les plus sauvages d'Espagne, sort à peine de l'isolement dans lequel l'histoire l'avait laissée. Peut-être à cause des vieux massifs qui entourent ce vaste plateau ondulé et du manque d'infrastructures routières. Sûrement à cause de son peuple qui possède de puissantes racines celtiques et qui fait de la Galice une région à part. Aujourd'hui encore on peut entendre les cornemuses résonner dans les plaines verdoyantes. Ne vous étonnez pas, vous êtes bien en Espagne, même si le dialecte ici se rapproche du portugais.
Le peuple galicien est avant tout paysan. La terre est ingrate mais paradoxalement relativement peuplée (2 700 000 hab.). Pour le touriste, la Galice c'est la beauté des paysages alliée à une forte tradition culinaire : il vous faudra goûter le *lacon con grelos* (lard au choux de Bruxelles, *sic*) et le *caldo gallego* (pot-au-feu avec veau, chorizo et légumes).

SAINT-JACQUES-DE-COMPOSTELLE

Indicatif téléphonique : 981.
Surtout connu pour sa cathédrale et son pèlerinage, Saint-Jacques-de-Compostelle est l'une des villes les plus attachantes de l'Espagne, avec ses vieux palais, ses rues étroites et ses places chaleureuses. La cité a bénéficié à la fin du XVIe s. et tout au long du XVIIe s. du pouvoir des religieux qui prirent les moyens d'entreprendre de gigantesques programmes de construction et d'aménagements. Aujourd'hui on distingue la vieille ville, d'architecture baroque et néoclassique, faite de granit, et les nouveaux quartiers, de l'autre côté de la grande avenue, dont la laideur moderne n'a d'égale que la beauté des anciens quartiers. D'ailleurs c'est là que réside le cœur et l'âme de la ville : alors si vous manquez de temps, nul besoin de vous éloigner du centre. Restos, petits cafés et terrasses sympa s'étalent allégrement dans l'étroitesse des rues pavées.

Un peu d'histoire

Saint-Jacques-de-Compostelle, on connaît because le pèlerinage. Mais pour qui ce pèlerinage ? Allez, on vous aide ! D'après la tradition *saint Jacques le Majeur* se rendit en Espagne après l'évangélisation de la Judée. Il ne serait retourné en Judée que 7 ans plus tard. Devenu un martyr (on ne choisit pas toujours son boulot) ses disciples le ramenèrent vers la péninsule Ibérique et inhumèrent sa dépouille à l'emplacement de l'actuelle cathédrale. Au IXe s. l'apparition d'une étoile aurait indiqué de manière précise le lieu de repos du célèbre apôtre. *Campus Stellae* (le champ de l'étoile) devint Compostelle, par altération de langage.

Alphonse II y fit construire une basilique qui devint le point de ralliement du pèlerinage. Voilà ! Vous êtes paré pour les questions du Jeu des mille francs, rubrique histoire religieuse.
Aujourd'hui, les pèlerins sont toujours très nombreux à suivre les traces de saint Jacques. Certains apportent à leur démarche une ferveur chrétienne des plus exaltées alors que d'autres cherchent à transformer cette foi ambulatoire en une marche lucrative (bondieuseries et articles de messes divers). Il y a aussi tous ceux qui ont transformé les sentiers de saint Jacques en une simple randonnée pédestre, alliant l'effort physique à la découverte de l'art roman. Il existe des refuges de place en place pour ces randonneurs.

Adresses utiles

– *Office du tourisme :* rua del Villar, 43. Tél. : 58-40-81. Ouvert du lundi au vendredi de 10 h à 14 h et de 16 h à 19 h 30. Le samedi de 10 h à midi.
– *Poste :* Traversia de Fonseca. Tél. : 58-12-52. Ouverte du lundi au vendredi de 9 h à 14 h et samedi de 9 h à 12 h.
– *Gare :* calle del Général Franco (beurk !). Tél. : 58-19-08. Pour se rendre de la gare à la vieille ville, grimpez les marches, puis légèrement à droite. Suivez tout droit calle del Général Franco.
– *Estacion central de Autobuses :* calle San Cagetano. Tél. : 59-77-00.
– *Police :* Bajos de Palacio de Rojoy. Tél. : 58-16-78.

Où dormir ?

Dès 1130, un moine routard avait répertorié dans un « Codex Calixtinus » la liste des routes les moins dangereuses, les points d'eau potable ainsi que les meilleurs refuges. L'humble hôtel des pèlerins qu'il indiquait à l'époque, en face de la cathédrale, est aujourd'hui devenu un 5 étoiles de luxe qui présente aux seuls regards des fortunés quelques pièces sculptées d'une grande valeur. Mais on s'en fiche car la vieille ville regorge de pensiones et fondas. Une Galicienne entre deux âges vous abordera peut-être pour vous proposer une chambre à louer. Si vous avez le feeling, allez jeter un œil, ça ne coûte rien. Si l'endroit vous convient, marchandez avec le sourire. Mais ne comptez pas sur une super-ristourne les veilles de fêtes.

● *Bon marché*

– *Casa de Huespedes Barbantes II :* rua Raiña, 9. Tél. : 58-17-93. Petite pension proprette. Chambres assez petites, avec ou sans salle de bains, mais bien tenues. S'adresser au bar à côté.
– *O Papa Upa :* rua Raiña, 18. Tél. : 58-18-59. Correct. Pendant l'année universitaire, cependant, souvent plein à cause des étudiants.
– Sinon, *nombreuses pensions* dans les ruas del Franco et Villar à côté. Beaucoup de restos louent des chambres, comme le *El Rapido*, rua del Franco, et on en trouve également chez les particuliers.
– *Hostal Residencia Suso :* rua del Villar, 65. Tél. : 58-66-11 et 58-11-59. Dans l'une des plus belles rues de la ville, un petit hôtel charmant. Un peu plus cher que les précédents.

● *Plus chic*

– *Hôtel Universal :* plaza de Galicia, 2. Tél. : 58-58-00. Dans la partie moderne de la ville, mais à 100 m du vieux centre, donc très pratique. Parking en face (gros problèmes pour se garer à Santiago). Hôtel classique, proposant des chambres impeccables pour le prix d'un 2 étoiles de chez nous.
– *Hostal Maycar :* Doctor Teijeiro, 15. Tél. : 56-34-44. Rue qui prolonge la plaza de Galicia. Pas loin donc de la vieille ville. Moderne et propre.

● *Campings*

– *Camping Las Cancelas :* rua de 25 de Xulio, 35. Tél. : 58-02-66. Situé au nord de la ville à 1,5 km du centre, sur la route de Lugo. Arrêt des autobus à 300 m (n° 6 chaque 15 mn et n° 9 chaque heure). Ouvert toute l'année. Petit supermarché, resto, douches chaudes, etc.
– *Camping Santiago :* à 5 km, sur la route de La Coruña. Tél. : 88-80-02. Camping de 1re classe. Tout confort. Liaisons par bus également avec la ville.

Où manger ? Où boire ?

● **Bon marché**

Choix immense de bistrots étudiants, de petites tavernes où l'on mange de délicieux tapas sur le comptoir en de copieuses « raciones ». Nombreux restos proposant des menus très bon marché. Vous trouverez votre bonheur dans les rua del Franco et Raiña.
– *Casa Manolo* : rua Traviesa, 27. Tél. : 58-29-50. Sans doute le resto le moins cher de Saint-Jacques-de-Compostelle (voir la file d'attente à l'extérieur). Copieux et bon. Arriver tôt.
– *Taverne sans nom* : rua del Franco, 45. Clientèle populaire. Bon jambon fumé, moules pimentées, *ribeiro* pas cher au tonneau.
– *Bar Coruña* : rua Raiña. En face la pension « O Papa Upa ». Fermé le mardi. Bonnes « raciones », *empañadas, tuna empanadilla*, anchois savoureux, etc.
– *Cabalo Blanco* : Pescaderia Vieja, 5. Tél. : 56-40-98. Près du marché Saint-Augustin. Ouvert de 13 h à 15 h 30 et le soir jusqu'à 22 h 30. Fermé le dimanche. Salle toute simple au sous-sol. Clientèle populaire et de quartier. Menu bon marché. Mariscos à prix raisonnables.
– *Restaurante El Franco* : Franco, 28. Tél. : 58-12-34. Ouvert tous les jours midi et soir jusqu'à 23 h 30. Touristique, cependant ne se moquant pas de la clientèle. Grande salle au décor classique, mais agréable. Service irréprochable. Menu bon marché, très correct, servi à toute heure. A la carte, *solomillo* « Franco » tendre à souhait, délicieux jambon cru à prix modéré et servi copieusement, *salpicon de mariscos*, etc.
– *El Estanco del Horno* : General Franco, 26. Tél. : 56-38-08. Spécialités de poissons et fruits de mer. Nourriture galicienne. Prix raisonnables.

● **Plus chic**

– *Don Gaiferos* : rua Nova, 23. Tél. : 58-38-94. Ouvert de 13 h à 16 h et de 21 h à minuit. Fermé le dimanche et le lundi midi. Décor clean, un peu froid, un peu chic. Service impeccable. L'un des meilleurs restaurants de la ville à prix raisonnables. Bonnes viandes et spécialités de poissons : délicieuse *lenguado de mormaltan* (sole en sauce), onctueuse *sopa de pescado, mero al gril* (mérou grillé). La *zarzuela de pescado*, est un grand moment culinaire, mais qui revient cher.
– Éviter absolument le *Fornos* (plaza Galicia). Mauvais rapport qualité-prix et accueil exécrable.

A voir

– *La cathédrale* : elle fut construite du XIe au XIIIe s., sur l'emplacement d'une ancienne église consacrée à l'apôtre. Curieusement, derrière l'extraordinaire façade baroque rajoutée au XVIIIe (et conçue comme un retable) on retrouve l'architecture romane. A peine franchi le portail apparaît le portique de la gloire, chef-d'œuvre de sculpture de l'art roman. Reste de décoration polychrome. Toucher la colonne du milieu était le but ultime du pèlerinage. Les millions de doigts tremblants qui l'étreignirent y creusèrent profondément le marbre et y laissèrent leur forme.
A droite de la nef, entrée du *musée* et du *cloître*. A la croisée de la nef et du transept, noter le jeu de cordes et de grosses poulies : lors des grandes cérémonies, un énorme « botafumeiro » (encensoir) est balancé à travers le transept. Riche dais sculpté au-dessus de l'autel. En dessous, crypte où reposeraient dans un coffre d'argent, les restes de saint Jacques. Cloître et musée ouverts de 11 h à 13 h 30 et de 16 h à 18 h tous les jours. Fermés les après-midi des jours fériés. Entrée payante. Attention, il y a deux lieux. D'abord, une salle dans la nef à droite proposant de l'orfèvrerie religieuse (belle custode or et argent), puis dans le transept droit accès par le cloître au restant du musée, installé dans l'église inférieure (catedral Vieja). Au sous-sol, belle collection de manuscrits, grimoires et « privilèges » du XIIe au XIVe s. Au rez-de-chaussée, nombreuses enluminures et missels. Au premier étage, petit musée de la tapisserie, dont de superbes pièces réalisées d'après des cartons de Goya. Quelques salles d'archéologie aussi.
En sortant par le transept droit, admirer le remarquable portail roman des Platerias. Donnant sur la place de la Quintana, belle Porte sainte.

– *Autour de la place de la cathédrale*, d'autres monuments dignes d'intérêt : l'*hôpital des Rois Catholiques* (Hostal de Los Reyes Católicos), édifié par Ferdinand d'Aragon et Isabelle de Castille. Magnifique façade platéresque.

Aujourd'hui, transformé en hôtel de luxe. Possibilité de visiter les cours intérieures (de 10 h à 13 h et de 16 h à 19 h). Face à la cathédrale, le *palais de Rajoy*, architecture classique du XVIIIe s. Il abrite aujourd'hui la mairie. Dans le prolongement de la cathédrale, *palais Gelmirez*, l'archevêché. Visite de certaines salles, dont l'une de plus de 30 m de long ornée de belles voûtes sculptées.

— Le *monastère de San Pelayo de Ante-Alteres* (près de la plaza de la Quintana) se visite également. Beaux retables baroques. Chapelle ouverte toute la journée. Petit musée ouvert de juin à septembre de 10 h à 13 h et de 16 h à 19 h.

— *La vieille ville* livre son pesant de merveilles : les superbes places de la Quintana, Fonseca, les rues Villar et Nueva, bordées d'élégantes demeures et d'arcades, Plaza de las Platerias, casa del Calbido, l'un des chefs-d'œuvre baroques de la ville. Plaza Immaculada, magnifique façade de l'église San Martin Pinario.

— *Marché :* plaza de San Felix. Près du couvent Saint-Augustin. Belles halles en granit. Coloré et animé. Délicieux fromages.

— *Petit musée du Peuple galicien* (Pobo Galego) : installé dans l'ancien monastère Santo Domingo. Sections ethnographiques, objets domestiques, outils, costumes paysans, etc.

— *L'université :* plaza Universidad (ça va de soi !). Créée en 1501. Bel édifice du XVIIIe s. Facultés de lettres, philosophie et droit.

Fêtes et loisirs

— *Fêtes de Saint-Jacques :* elles se déroulent du 15 juillet à la fin du mois. Atmosphère indescriptible dans la ville. Le 25 juillet est le jour de la « Patria Galega ». La place de l'Obradoiro ne suffit pas à contenir toute la foule. Immense feu d'artifice la veille, sur la façade de la cathédrale.
— *Plaza Immaculada :* récitals de « tuna ». Ce sont des groupes de musiciens chantant des mélodies et chansons d'amour. Ils portent de grandes capes ornées de rubans de toutes les couleurs. Les belles peuvent marquer leur inclination en offrant à l'élu un ruban aux couleurs de son école.
— *Autour de l'Ascension,* grande foire aux bestiaux qui est aussi l'occasion d'une grande orgie de poulpe.

Quitter Saint-Jacques-de-Compostelle

● *En train*

— *Gare RENFE :* General Franco. Tél. : 59-60-50. Lignes régulières pour Madrid, La Coruña, Orense, Villagarcia de Arosa, Pontevedra, Vigo, San Sebastian, etc. Possibilité de correspondance avec Oviedo, Santander, Salamanque, etc.

● *En bus*

— *Estación Central de Autobuses :* San Cayetano. Tél. : 58-77-00. Pratiquement toutes les destinations assurées par différentes compagnies.
● *Compagnie Castromil :* pour La Coruña, Orense, Pontevedra, Vigo, Muros, Villagarcia de Arosa et Cambados. Tél. : 58-97-00.
● *Cie Freire :* pour Lugo et l'aéroport. Tél. : 58-81-11.
● *Cie Finisterre :* pour Finisterre, Camariñas et Malpica. Tél. : 58-73-16.
● *Cie Intercar :* pour Oviedo, Santander, Bilbao et San Sebastian. Tél. : 58-64-53.
● *Cie Ampian SEAFED :* bus pour Paris le mardi et le vendredi.

● *En avion*

— *L'aéroport* est à 11 km de Saint-Jacques-de-Compostelle, sur la route de Lugo. Tél. : 59-74-00. Liaisons avec Madrid, Bilbao, Santander, San Sebastian, Séville. Liaison quotidienne avec Paris (avec correspondance de 45 mn à Bilbao).

LA ROUTE DE SAINT-JACQUES-DE-COMPOSTELLE AU CAP FINISTERRE

D'abord relier Saint-Jacques-de-Compostelle à Noya. De Noya au cabo Finisterre, jolie route de côte longeant la « ria de Muros y Noya ». Malheureusement beaucoup de maisons modernes détruisent l'homogénéité architecturale de pas mal de villages traversés.

- *Noya* : bourg de passage. Peu d'intérêt en soi. Voir cependant la très belle église San Martin : porche sculpté et magnifique rosace.

- *Muros* : port de pêche assez important dont le site est désormais classé. Son front de mer propose une série de maisons à galeries. D'autres, très anciennes, sur de grosses arches médiévales.

Pour dormir, *Camping A Bouga*, à 3 km de Muros, vers l'ouest. Tél. : 82-60-25. Ouvert toute l'année. Plage de San Francisco toute proche. Balade sympa au phare de Punta Carreiro.
Peu après le petit village de Louro, derrière le cap, plage dans un site sauvage de dunes et de lagune. Une des plus belles du coin. La plage de Lariño qui lui succède, n'est pas mal non plus.

- *Carnota* : un des villages les plus pittoresques du coin. Surtout le quartier autour de l'église. On y trouve le plus long « horreo » (grenier à grain) de la Galice (indiqué depuis la route). Belle plage.

- *El Pindo* : petit bourg au fond d'une baie profonde. Pas trop urbanisé. Un certain charme peut-être.
– Hôtel *La Morada* : petit hôtel au milieu du village, sympa et bien tenu. Tél. : 85-80-70. Belles chambres. Sanitaires à l'extérieur impeccables.

- Si les points de vue sont parfois intéressants, en revanche, jusqu'à Finisterre les agglomérations ne présentent pas de charme particulier. Cec-Brens est même une ville industrielle très laide. A Corcubión, port actif, belle rangée de maisons à galeries.
– *Camping Ruta de Finisterre* : peu après Sardineiro de Abajo (vers Finisterre). Tél. : 74-55-85. Grand *camping* assez confortable. Plage toute proche.

- *Finisterre* (Fisterra) : port important, 3 km avant le cabo Finisterre. Population laborieuse. Son vieux centre a conservé un certain caractère. Jolie église romane, à la sortie du bourg, vers le phare.

Où dormir ? Où manger ?

– *Hostal Rivas* : à la sortie, à gauche, vers le phare. Tél. : 74-00-27. Petit établissement propret. Chambres correctes et bon marché avec lavabo.
– *Hostal Cabo Finisterre* : à 100 m du port. Tél. : 74-00-00. Chambres propres et agréables. Resto très recherché par les familles pour son excellent rapport qualité-prix. Poissons tout à fait abordables.
– *O'Centolo* : resto un peu plus chic, plus cher, sur le port. Au premier étage. Tél. : 74-03-30. Vue sur la rade. Grande salle très claire. Ouvert tous les jours à midi et de 20 h à 23 h. Bonne *sopa de mariscos*. *Parrillada* de poissons assez copieuse. Crustacés assez chers, comme partout.

LA RIA DE AROSA

Route côtière ne possédant pas un grand charme en soi, mais sympathique et pas trop bétonnée sur la majeure partie du parcours. Quelques petits ports pittoresques.

Si vous venez de Saint-Jacques-de-Compostelle, peu avant Padrón, sur la gauche, belle église de la Esclavitud. C'est à Padrón qu'aurait débarqué saint Jacques. Emprunter ensuite la 550 par Carril, petit port sympa, vers Villagarcia de Arosa. On y trouve le *pazo de Vista Allegre*, palais du XVIe s., transformé aujourd'hui en couvent. Port très actif. A Villanueva de Arosa on trouve les plus belles plages de la région, parsemées de gros rochers ronds.

Où dormir ? Où manger dans le coin ?

– *Albergue Xuvenil « as Sinas »* : sur la plage de Sinas, à Villanueva de Arosa. Tél. : 55-40-81. C'est l'auberge de jeunesse locale. Ouverte de juin à septembre. En bord de mer, bungalows modernes, sous les pins et les eucalyptus.

– *Hostal Leal* : playa de Las Sinas, Villanueva de Arosa. Tél. : 55-41-12. Le coin possède toujours pas mal de simplicité et de naturel. Hôtel assez moderne proposant des chambres très propres. Dans la partie ancienne, elles sont un peu moins chères.

– *Camping El Terron* : plage d'El Terron. Tél. : (986) 55-43-94. Un peu au sud de Villanueva de Arosa. Avant le pont menant à l'île d'Arosa, emprunter un petit chemin à droite (c'est fléché). Sous les eucalyptus. Correct sans plus. Belle plage à 200 m, mais horizon désormais barré par le nouveau pont.

– *Restaurant Nova Sirena* : sur la plage de l'Hostal Leal. Tél. : 55-45-94. Ouvert toute l'année. Grande salle sympathique. Atmosphère populaire et animée. Bon marché. Poissons à prix très abordables (*raya à la callega, lenguado à la plancha,* etc.).

● *Plus chic*

– *Pazo O'Rial* : à Villagarcia de Arosa. Tél. : 50-70-11 et 50-70-76. A l'écart de la route, un superbe palais du XVIIe s. Beaucoup, beaucoup de charme. Pas si cher que ça vu le standing. Réduction en basse saison (du 30/9 au 15/6). Piscine. Dans la belle salle à manger, aux murs de gros blocs de granit, bons plats de poissons à prix raisonnables (*parrillada de pescado, paella de mariscos,* etc.).

– *Chocolate* : avenida de Cambados. Tél. : 50-11-99. A Vilaoxan (Villajuan), peu après Villagarcia. Petite maison au bord de la route principale. Fermée le dimanche soir et les jours fériés. Resto très réputé. Prix raisonnables pour d'excellentes spécialités. Goûter à la *caldeirada do pescados*, à la *marmita de salmon*, etc. Bonnes viandes.

L'ILE D'AROSA

Un tout nouveau pont, de plus de 2 km de long, relie désormais l'île à la terre ferme. Bien sûr, de ce fait, elle n'a pas eu le temps encore de s'urbaniser outrageusement. Arosa est un petit port actif aux maisons basses et colorées, proposant quelques hôtels et pensions. Belle plage à droite, en arrivant sur l'île.

CAMBADOS

Petite ville possédant un certain charme. En arrivant depuis Villanueva de Arosa, on découvre la séduisante plaza de Fefiñanes, bordée du superbe pazo de Fefiñanes, de demeures à arcades et d'une église du XVIIe s. Le jour de la Saint-Roch, grande fête du vin albariño (en général, première semaine d'août).

Où dormir ? Où manger ?

– *Hostal Casa Rosita* : Isabel II, 11. Tél. : 54-20-29. Dans le vieux centre, dans une rue au calme. Quelques chambres, avec lavabo, propres et très bon marché. Resto au premier étage possédant une bonne réputation. Fermé le dimanche soir.

O'GROVE

Région hyper touristique, il vaut mieux le savoir. La ville d'O'Grove s'est considérablement urbanisée et a bien perdu de son charme. Cependant, ceux qui possèdent un véhicule découvriront, à partir d'O'Grove, de nombreuses plages peu fréquentées sur la côte nord-ouest.

A Toxa, se révèle un complexe touristique assez chicos présentant peu d'intérêt. Seule la croquignolette église entièrement recouverte de coquilles Saint-Jacques mérite une diapo.

Où dormir ? Où manger ?

O'Grove recèle quantité d'hôtels et pensions à tous les prix.
- *Taberna Lavandeiro* : sur le port, à 100 m du *Crisol*. Populaire et animé. Pas de menu. Cuisine de la patronne. Moules, poulpes, crevettes, etc. Atmosphère sympa.
- *Restaurant El Crisol* : Hospital, 12. Sur le port. Tél. : 73-00-29. Grande salle aérée à la jolie déco rustique. Bon accueil. Menu très correct et assez copieux. En revanche, les fruits de mer sont très chers.
- *Camping Moreiras* : situé à Reboredo, à 3 km d'O'Grove, vers San Vicente. Tél. : 73-20-26. Propre, calme et ombragé. Dans un site plutôt sympa : petite baie, colline couverte de pins. Plage toute proche. Au fond, un village de pêcheurs. Ouvert toute l'année.

D'O'GROVE A PONTEVEDRA

D'abord, d'O'Grove à San Vicente, la côte propose de belles échappées sauvages. Faiblement urbanisée, d'étroites routes mènent à de jolies petites criques au sable fin, bien abritées sous les pins. Gros amoncellements de rochers ronds en granit. A la praia de Mexilloeira, les cultures descendent jusqu'à la mer. San Vicente commence à se bâtir et pas toujours du meilleur goût, c'est le moment de rallier Pontevedra. Immense plage de la Lanzada.

Où dormir ?

- *Hostal Mar del Norte* : un peu avant d'arriver à San Vicente (venant d'O'Grove). Fléché depuis la route. A 300 m de la plage, dans un coin sympa. Tél. : (986) 73-24-52. Petit hôtel moderne proposant d'agréables chambres à prix modérés. La patronne parle français.
- *Deux campings* quasiment pareils à San Vicente : le *Miami* et le *O'Espino*. A 100 m de la plage. Belle vue sur la baie.
- *Camping sur la plage de Montalvo*, peu avant Sanxenxo. Ouvert de juin à septembre.

● *Combarro*

A notre avis, entre San Vicente et Pontevedra, la seule petite ville présentant quelque intérêt. Toutes les autres se sont bétonnées et devenues hypertouristiques. Combarro est célèbre pour son petit port et ses greniers à grain situés juste en bord de mer.

PONTEVEDRA

Capitale de la province du même nom. Ancien port aujourd'hui complètement ensablé. Étape intéressante avec sa vieille ville adorable et ses nombreuses tavernes où l'on peut déguster de bons petits vins dans une atmosphère authentique.

Adresses utiles

- *Office du tourisme* : General Mola, 1. Tél. : 85-08-14. Pour des informations plus particulières sur la région, aller à la « Sección Turismo », au 1er étage. Bon accueil.
- *Poste* : rua Oliva.
- *Téléphone* : Joaquin Costa, 17 et José Casal, 10.

Où dormir ?

● *Bon marché*

- *Albergue Xuvenil* (l'A.J. « Atlantico ») : Fernando Olmedo, 3. Tél. : 85-77-58. Bien située, à moins de 10 mn du centre.
- *Pension Penelas* : rua Alta, 17. Tél. : 85-57-05. Dans la vieille ville, dans une rue calme, à deux pas de l'admirable Santa Maria la Mayor. Petites chambrettes bien tenues. Salle de bains à l'extérieur.
- *Habitaciones La Cueva* : Andrès Mellado, 7. A 50 m de la plaza de Galicia. Tél. : 85-12-71. Dans la partie moderne de la ville, mais à 5 mn du vieux centre historique. S'adresser au bar. Vraiment bon marché et chambres très propres.

– *Hôtel Madrid :* Andrès Mellado, 11. Tél. : 85-10-06. Petit hôtel pas cher, mais un peu négligé. Qualité des chambres inégale. Demander à en voir plusieurs.
– *Hospedaje La Lanzada :* Charino, 9. Tél. : 85-18-93. Au cœur de la vieille ville. Une des pensions les moins chères, mais chambres dans l'ensemble tout juste acceptables. Pour budgets très serrés. Sinon, accueil sympa et bonne animation dans le bar-resto.
Une autre *fonda* au 23 Charino. Peu de chambres, mais plus propres et aux mêmes prix. Sanitaires corrects.
– *Residencia Los Toldos :* Peregrina, 61. Tél. : 85-11-36. Pas loin du centre. Très correct. Chambres sur rue peut-être un peu bruyantes. Souvent complet.

● *Plus chic*

– *Hôtel Comercio :* Gonzalez Besada, 3. Tél. : 85-12-17. Construction récente. A deux pas du centre. Chambres impeccables.

Où manger ? Où boire ?

– *Taberna de Juan :* San Sebastian, 18. Tél. : 84-67-20. Dans la vieille ville. Salle à manger très agréable. Colonnes et cheminée en granit, décor de vichy rose, etc. Bon accueil et service irréprochable. Le cadre ne laisse d'ailleurs pas supposer qu'on peut y trouver un bon « plato del dia » pas cher. Spécialités de tapas et carte bien fournie.
– Dans la calle San Nicolas, le *O'Noso Bar* offre un menu complet correct et bon marché. A côté, vous trouverez la *taverne O Pulpeiro,* avec une atmosphère quasi familiale et de bons mariscos.
– *Bar Os 5 Calles :* à l'angle de Isabel II et de Charino. A un pas et demi de la calle San Nicolas. Très populaire chez les jeunes et les étudiants. « Raciones » de fruits de mer pas chères.
– Au 17, calle Reale, *la plus vieille taverne de la ville.* 2 cm de poussière sur les barriques ! Murs et plafonds n'ont pas été repeints depuis Cervantès. Tenu par un vieux couple extra. Petits vins gouleyants au tonneau pour quelques pesètes. Vraiment, une taverne comme on les aime !
– *O'Cortello :* Isabel II, 36. Juste à côté de l'église Santa Maria. Tout le contraire de l'adresse précédente. Taverne assez chic dans l'ancien quartier de pêcheurs. Le décorateur en a même un peu trop rajouté dans le genre rustique. Vieil alambic à l'entrée. Excellents tapas.
– *Restaurant Santa Maria :* en face du sanatorium du même nom (à 50 m de l'église). Excellente *terrera hassada.* Le patron parle français. Bon rapport qualité-prix.

A voir

– *Église Santa Maria la Mayor :* construite au XVIe s., elle présente une admirable façade Renaissance de type platéresque mangée par la mousse et la végétation. Financée en grande partie par la puissante corporation des pêcheurs de l'époque. On peut d'ailleurs distinguer en haut de la façade, à côté de la crucifixion, des sculptures de pêcheurs tirant leurs filets. A l'intérieur, belles colonnes torsadées.

– *Musée provincial :* plaza de la Leña. Sur l'une des plus charmantes places de la ville, installé dans deux anciennes demeures seigneuriales. Ouvert de 11 h à 13 h 30 (dimanche de 11 h à 13 h). Fermé le lundi. Dans le premier bâtiment, intéressant matériel archéologique et joyaux préhistoriques. Au 1er étage, beaux primitifs, deux figures de Quintin Massys et le « Maestro de Torralba », orfèvrerie religieuse, une superbe « Adoration des Rois mages », ameublement médiéval, des œuvres de Ribera, Murillo, Zurbarán (Sainte-Trinité avec Vierge, saint Joachim et sainte Anne), Brueghel le Vieux (paysage de ria), Rubens, coffres et meubles en marqueterie d'ivoire, etc. Traverser ensuite la petite cour pour rejoindre l'autre maison. Grandes pièces meublées d'époque, souvenirs divers de l'amiral Mendez Nunez.
Au 2e étage, cuisine traditionnelle. Dessins du grand caricaturiste Castelao. Prolonger cette visite par celle du Musée lapidaire installé dans les ruines de l'église Santo Domingo. Mêmes horaires.

– *Église de la Peregrina :* sur la place du même nom. Architecture originale du XVIIIe baroque. Façade très étroite et de forme convexe. A côté, l'église San Francisco.

— Balade super dans les ruelles et placettes de la vieille ville. Rua Sarmiento, belle façade baroque de l'église San Bartolomé. La plaza Mugartegui et ses arcades mène au mercado, en bas de la rua Don Gonzalo. En remontant la rua Real, traversée de la noble plaza Teucro (façades blasonnées).

Quitter Pontevedra

— *RENFE* : 10 trains quotidiens pour Vigo. Presque autant pour Villagarcia et Saint-Jacques-de-Compostelle. 4 trains pour La Coruña et l'express pour Madrid. Bureau en ville : Conde de Gondomar, 2. Renseignements : 85-13-13.
— *Bus* : Alfereces Provisionales. Terminal près de la RENFE. Renseignements : 85-19-61 et 85-16-64. Services réguliers pour Bueu, Cambados, O'Grove, La Coruña, Orense, Saint-Jacques-de-Compostelle, Lugo. Pour Vigo, un bus toutes les demi-heures.

● *La Ria de Pontevedra*

Balade assez sympa jusqu'à Hio. Côte encore peu abîmée par le béton. Jolies petites plages. Ensuite, on peut rallier Vigo par Cangas et Moaña.

● *Hio* : arrivé dans ce petit village, suivre la pancarte « Cruceiro de Hio ». Sur une colline, s'élève une robuste église romane. Devant, un calvaire, que l'on considère comme l'un des plus beaux de Galice, taillé d'une seule pièce dans le granit. De l'église, panorama extra sur la baie, sa plage et le bourg ceinturés de montagnes.

VIGO

Indicatif téléphonique : 986.
Le plus grand port de pêche d'Espagne, situé dans une immense baie. Ville moderne sans charme, mais cependant halte intéressante pour son vieux quartier de pêcheurs, hyper animé le soir.

Adresses utiles

— *Office du tourisme* : Las Avenidas. Tél. : 43-05-77.
— *Poste* : plaza de Compostela.
— *Téléphone* : Urzáiz, 3.
— *Consulat de France* : Garcia Olloqui, 4. Tél. : 22-75-96.
— *American Express* : Viajes Amado, Carrall, 17. Tél. : 43-95-00 et 43-16-56.

Où dormir ?

● *Bon marché*

— *Pension Mendez* : Real, 4. Dans El Berbès, le vieux quartier de pêcheurs. Très bien situé. Tél. : 21-54-52. Chambres avec lavabo, de style un peu vieillot, mais très correctes.
— *Hostal Peninsular* : Victoria, 4. Tél. : 43-32-08. Très central. A deux pas du quartier des pêcheurs. Fort bien tenu. Accueil aimable. Chambres avec ou sans bains.
— *Hôtel La Chata* : Carral, 28. Tél. : 21-73-45. Hôtel assez quelconque, mais chambres avec lavabo acceptables et très bon marché.

● *Plus chic*

— *Nilo* : Marquès de Valladares, 26. Tél. : 43-28-99. Pas loin du centre. Hôtel sans charme offrant chambres sans reproche.

● *Camping*

— *Camping Samil* : sur la plage de Samil, à Vigo-Canido, à 6 km au sud. Tél. : 23-21-98. Ouvert toute l'année.

Où manger ? Où boire ?

On mange fort bien et pas cher à Vigo. Surtout dans le Barrio El Berbès. Parcourir la *rua Real* : plein de petits restos et tavernes agréables.
— *El Mosquito* : plaza de J. Villavicencio, 4. Tél. : 43-35-70. Service à midi et le soir jusqu'à 21 h 30. Fermé le dimanche. L'un des plus réputés de la ville, mais assez cher. Spécialités de poissons.

— La rua *Pescaderia*, dans le quartier « A Pedra », a été littéralement annexée par les jeunes de la ville. Appelée également rua de Los Viños, tant les rades sont serrés les uns à côté des autres. Le *Geppetto* est pas mal animé, mais les bistrots de jeunes les plus intéressants sont situés le long d'une espèce de rampe accessible par des escaliers. Par une grille en fer forgé, on accède à trois ou quatre établissements autour d'une cour. Le *Bohemia*, le premier à gauche, dans une maison particulière, sert de super cocktails *(coco loco, pina colada, caipirinha)*. Musique extra. Dehors, une terrasse où l'on boit sur de grosses pierres de horreos (greniers à grain).

A voir

— Finalement, ça se résume à la balade dans les vieux quartiers de A Pedra et El Berbès, un mélange de l'Alfama de Lisbonne et du Panier à Marseille. Ruelles escarpées en escaliers, maisons basses très anciennes, vie populaire authentique. Sur le front de mer, les tavernes abritées sous de massives arches médiévales composent un pittoresque tableau.
— Si vous avez le temps, grimpez au *Castillo del Castro*. De là-haut, vue superbe sur toute la baie de Vigo.

Aux environs

● **Les îles Cies :** un véritable paradis, ces trois îles. L'une est une réserve naturelle de mouettes sur son versant ouest. Le versant est sur lequel on accède par la navette qui part de Vigo (environ 3 à 4 par jour) offre une immense plage de sable fin blanc et impeccable.
— Sur cette île principale, *camping* bien équipé, dans une forêt d'eucalyptus.

BAYONA

Lieu de villégiature très prisé des Galiciens. Hypertouristique donc. Ancien village de pêcheurs, largement étouffé aujourd'hui par les grands hôtels modernes. Le bourg est dominé par une immense forteresse sur la colline de Monte Real. Elle abrite aujourd'hui un parador, mais possibilité d'accéder aux remparts moyennant un petit droit d'entrée. Superbe « playa de America », quelques kilomètres au nord.
Dans la partie ancienne de Bayona, quelques ruelles pittoresques et une église du XIIe s.

Où dormir ? Où manger ?

— *Asturias* : Alférez Barreiro, 17. Tél. : 35-55-91. Sur la route du front de mer. Chambres du devant avec, bien sûr, une super vue sur la baie. Très propre. Tenue par une famille accueillante.
— Dans la ruelle parallèle au front de mer, d'autres *fondas* bon marché.
— *El Tunel* : première rue derrière le front de mer. Très populaire. Bons plats de poissons et paëlla renommée.
— *Jacquirva* : dans la même rue. Une taverne-bar à vin, où l'on peut déguster de délicieux fromages locaux et du jambon fumé accompagné des petits crus maison.
— *Moscon* : sur le front de mer, pas loin de l'*hôtel Asturias*. Plus chic que les précédents, beaucoup plus cher, mais superbes fruits de mer.
— *Camping Bayona* : plage de Ladeira-Sabaris. Tél. : 35-00-35. Ouvert de juin à septembre.
— A **Nigrán,** au nord de Bayona, *camping* à 1 km de l'immence playa America. Tél. : 36-71-61. Bondé en été. *Camping* également à la playa de Patos.

L'INTÉRIEUR DE LA GALICE

RIBADAVIA

Petite ville sur la route de Vigo à Orense qui mérite, si l'on n'est pas trop pressé, un petit arrêt. A l'entrée du bourg, église Santo Domingo, édifice du XIIIe s. de style ogival. En face, belles ruines de l'ancien château des Sarmientos du XIVe s. Dans la vieille ville, jolie église romane San Juan avec portail ouvragé, fenêtres, frises, sculptures extérieures intéressantes. A quelques centaines de mètres, une adorable place bordée de nobles demeures à portiques et d'une autre église romane, marque l'entrée du « barrio Judéo », l'ancien quartier juif médiéval. A Ribadavia vécut l'une des plus importantes communautés juives d'Espagne. Autour de l'église, quelques très anciennes maisons de cette époque.

ORENSE

Capitale de la province du même nom. Grande ville moderne dont le vieux centre ne s'atteint qu'à travers de longues séries d'immeubles sans grâce sur de flippantes voies à grande circulation. Petite visite de deux ou trois heures maximum.

A voir

— *La cathédrale* : entrée par le portail sud. Elle date du XIIe s., mais représente, comme beaucoup, un mélange harmonieux de roman et de gothique. Intéressante dans ses détails : les portails romans sculptés, celui du sud et surtout celui du nord. Très riche ornementation. A l'intérieur, voir le retable en gothique fleuri de l'autel central. Dans le transept gauche, ne pas manquer également une remarquable pietá sculptée et, à côté, la petite chapelle du Santo Cristo présentant une profusion de bois sculpté doré. La pièce centrale restant le « Portique du Paradis », triple portail intérieur s'élevant dans le narthex. Très proche du style de celui de Saint-Jacques-de-Compostelle. Petit *musée de la Cathédrale* proposant quelques belles pièces.

— Tout autour de la cathédrale, une courte balade à pied vous fera découvrir de gentilles placettes, comme la *plaza del Trigo* (vieilles maisons à encorbellement), la *plaza de la Magdalena* (avec la belle et classique façade de l'église Santa Maria). En bas de ses escaliers s'étale la *plaza Mayor*, la plus importante de la ville (très harmonieuse architecturalement). Face à la cathédrale, *église Santa Eufémia* présentent une élégante façade baroque.

— *Musée archéologique* : plaza Mayor. Ouvert de 10 h à 13 h et de 17 h à 20 h (dimanche de 11 h à 13 h 30). Fermé le lundi. Installé dans un ancien palais. Grandes salles spacieuses et claires offrant de riches collections dans un cadre idéal.

— A 5 mn du musée, *fontaine des Burgas* livrant de l'eau à près de 70 °C dans un grand nuage de vapeur.

Aux environs

— *Monastère de San Esteban de Sil* : à la sortie d'Orense, prendre la direction de Monforte de Lemos. L'itinéraire suit le río Mino, livrant de beaux points de vue sur une vallée paisible. Peu avant Torron, emprunter à droite la petite route qui va vers Luintra et suit la crête de la montagne. Adorable balade, tout en lacets, traversant de paisibles paysages et de charmants hameaux. Architecture paysanne typique. Nombreux horreos. De temps à autre, superbes échappées sur le cañon du río Cabe et la Ribera Sagrada del Sil. Le monastère de San Esteban, d'origine romane, s'enrichit au XVIe s. de magnifiques cloîtres ainsi que d'une admirable façade Renaissance. Actuellement en cours de rénovation.

— *Monastère de Celanova* : à 27 km au sud. Là aussi, pour les « monastères-addicts » un détour ne manquant pas d'intérêt. A partir d'une petite chapelle mozarabe s'est élevée cette belle architecture baroque (façade principale, cloître, hauts-reliefs, etc.).

— A une vingtaine de kilomètres à l'est, *Allariz,* joli bourg très ancien d'une totale homogénéité : pont médiéval, rues à arcades, maisons blasonnées, vestiges d'anciennes murailles.

LUGO

Charmante petite cité provinciale qui a su conserver quasiment intact tout le charme de sa vieille ville. Entourée de très belles murailles romaines avec un chemin de ronde de près de 3 km permettant une promenade des plus plaisantes.

Adresses utiles

— *Office du tourisme :* plaza de España, 27 (Galerias). Tél. : 23-13-61.
— *Poste et télégraphe :* San Pedro, 5.
— *Téléphone :* Quiroga Ballesteros, 4.

Où dormir ?

● **Bon marché**

— *Hostal 511 :* ronda Castilla, 30. Tél. : 22-77-63. Sur l'avenue circulaire entourant la muraille. Assez propre. Bon accueil. Chambres correctes avec lavabo, parmi les moins chères de la ville.
— Pour les très petits budgets, quelques *fondas* encore moins chères mais très rustiques autour de la plaza de Asturias (au bout de la rua Franco, à une porte de ville).
— *Hostal Paramès :* rua do Progreso, 28. Tél. : 22-62-51. Dans la vieille ville, dans une rue calme, petit hôtel fort bien tenu et prix très modérés. Chambres avec ou sans lavabo.
— *Hôtel Rivera :* General Sanjurjo, 94. Tél. : 22-10-37. Hôtel moderne hors-les-murs, à la porte San Pedro. Accueil très impersonnel. Chambres correctes un poil plus chères que l'adresse précédente.
— *Camping La Parada :* situé à 3 km de la ville. Ouvert de juin à septembre. Assez simple, mais propreté acceptable.

Où manger ?

— Les rues Nova et de la Cruz, hyper animées, sont les deux principales rues à restos de la vieille ville. Le *Meson da Rua,* rua Nova, 13, est correct, pas cher et distille une bonne atmosphère. Ouvert tous les jours jusqu'à minuit. Beaucoup dans le même genre dans la rue ; suivre avant tout son intuition.
— *Portón da Cinza :* rua Nova, 3. Tél. : 22-60-59. Resto assez chic, mais aux prix encore raisonnables. Beaucoup de monde pour les tapas au comptoir, mais salle au 1er étage où vous serez très tranquille. En entrée, l'un des meilleurs *jamón serrano* de la région, bonnes viandes. A deux, payez-vous la *zarzuela de pescados y mariscos.* Délicieuse !

A voir

— *La cathédrale :* pour une fois, pas d'enthousiasme délirant. Bien, sans plus. Une moitié gothique, l'autre romane, avec une façade classico-Renaissance du XVIIIe s. A l'intérieur, en revanche, au fond des transepts, fort beaux retables de bois sculpté du XVIIe s.
— *Balade des remparts :* devant la cathédrale démarre le chemin de ronde des vieilles murailles romaines. Douce balade au soleil couchant pour saisir les rumeurs sourdes montant de la vieille ville et entrer dans l'intimité des soupentes et des toits fatigués.
— Depuis l'adorable *plaza del Campo,* petite place triangulaire avec arcades et fontaine, voici une promenade nocturne sympathique. De la place, descendre la *rua del Miño,* puis suivre sur la droite, les ruelles qui longent la muraille. Vous pénétrez le quartier le plus ancien de la ville. Au n° 6 de la *travessa del Miño,* belle demeure seigneuriale. En face, une pittoresque maison en avancée. La *rinconada del Miño* est le centre du quartier « chaud », véritable tableau réaliste inchangé depuis le XIXe s. Maisons basses, décrépites, bistrots borgnes, gros pavés disjoints, matrones visage défait et démarche usée, tout cela dans le halo des vieux

réverbères. Tonalité très expressionniste. On s'échappe ensuite par la *rua Tineria*...

– *Musée provincial* : plaza de Soledad (donnant dans la rua Nova). Dans un petit palais avec façade à blasons. Attenant à une église. Ouvert de 10 h 30 à 14 h et de 16 h à 19 h (samedi de 10 h 30 à 14 h). Récemment en travaux.

VIVEIRO

Petite bourgade sympathique au nord de la Galice. Vieille ville enserrée dans des bouts de remparts et de grandes façades vitrées côté front de mer. Imposante porte de Charles Quint à blason. Grande fête fin août.

Où dormir ?

– Grande plage, sur la route d'Ortigueira, après le pont. C'est là que l'on trouve tous les hostals et un *camping* assez simple.
– Possibilité de dormir dans la vieille ville dans une pension charmante : *Hospedaje Nuevo Mundo*, calle Teodoro de Quiros, 14. Tél. : 56-00-25. C'est la rue qui monte depuis la porte Charles-Quint. Chambres doubles avec lavabo propres, agréables et bon marché. Certaines donnent sur la jolie place de l'église. Ambiance familiale. Possibilité d'y prendre ses repas.
– *Auberge de jeunesse* : à 2 km avant Viveiro (venant de Ribadeo). C'est fléché depuis la route. Bâtiment moderne sans charme au bord d'une plage de sable fin, au fond d'une petite baie. Coin peu bétonné, plutôt agréable.

De Viveiro à La Coruña

Dans l'ensemble, côte assez pittoresque, à part El Ferrol (lieu de naissance de Franco), sans intérêt, et la route depuis cette dernière jusqu'à La Coruña, très urbanisée.
En chemin, Porto do Barqueiro, croquignolet petit port de pêche, au fond d'une belle baie. Malheureusement, pas de resto, ni hôtel en bord de mer, seulement, en haut, en bordure de la nationale.
On pourrait fort bien fantasmer sur *Cariño*, tout petit point là-haut, vers le cabo Ortegal. Làs ! c'est un gros port de pêche avec même quelques usines. C'est là qu'on mesure l'incroyable densité humaine de la Galice. Cependant, superbes plages dans le coin. Un peu avant Cariño, emprunter sur la droite une petite route indiquée « Fornos et Figueroa ». Super panorama sur la ria. La plage de Fornos est la plus intéressante.
De Cariño, itinéraire très plaisant jusqu'à Cedeira, à travers landes sauvages et montagne, livrant de nombreux points de vue.

LA CORUÑA

La plus grande ville de la Galice, active et industrielle, ne doit pourtant pas être boudée. Vieille ville pittoresque et centre commerçant hyper animé.
En route pour attaquer l'Angleterre, c'est ici, en 1588, que l'Invincible Armada, la plus importante flotte du monde à l'époque, dut mouiller près d'un mois à cause des mauvaises conditions de navigation. Ce délai permit à l'Angleterre de se préparer militairement. L'Invincible Armada perdit plus de la moitié de ses bateaux, à cause de nouvelles tempêtes et lors de la confrontation finale.

Où dormir ? Où manger ?

– *Hospedaje Tala* : Olmos, 8. Au 3e étage. Tél. : 22-80-07. Dans une des rues piétonnes les plus animées du centre ville. Propre et bon marché. Accueil aimable. Chambres avec ou sans douche.
– *Casa Andrès* : Barrera, 12. Très central, là aussi. Tél. : 22-10-67. Fermé le mercredi. Resto et bar populaires, louant parmi les chambres les moins chères de la ville. Simples et propreté acceptable. Bonne petite cuisine familiale pas chère le midi et soir jusqu'à 23 h.
– *Hostal-Residencia Continental* : Olmos, 28. Tél. : 22-24-60. Un peu vieillot, mais chambres bien tenues et à prix modérés.
– Pour se restaurer, la calle Olmos propose un maximum de petits restos bon marché.

● *Prix moyens*

— *Hostal-Residencia Nordeste* : Riego de Agua, 14. Tél. : 22-25-62. Bien situé. Pas loin de la plaza de Maria Pita. Impeccable. Prix raisonnables. Chambre avec douche ou bains.

A voir

— *La vieille ville* : elle domine la Darsena et offre un sympathique lacis de ruelles, bordées, de-ci de-là, de jolies églises de quartier. Au 9 calle Tinajas, *Pub 77*, rendo des jeunes du coin.
● *Plazuela Santa Barbara* : ne pas rater cette adorable place. La nuit, si vous vous y retrouvez seul, délicieux et romantique bien-être assuré. Au fond, un monastère avec, au-dessus de la porte, un splendide linteau sculpté. Pas loin, l'église du couvent Santo Domingo avec une belle façade baroque.
● *L'église Santa Maria del Campo* : à deux pas de Santa Barbara aussi, croquignolet édifice roman sur une petite esplanade avec calvaire. Très harmonieuse façade avec un admirable tympan.
● *L'église Santiago* : du XIIe s., la plus ancienne de la ville. Abside romane tandis que la nef s'ouvre sur de grandes voûtes en ogive. Derrière le chevet, très agréable *place de Azcárraga* avec fontaine et bosquets touffus.

— *Le centre commerçant* s'ouvre sur l'avenida de la Marina qui aligne une fantastique série d'immeubles à galeries, la « ciudad de cristal », étincelantes verrières au soleil, depuis longtemps image de marque de La Coruña. *Calle Real* et *Riego de Agua* et aux alentours grosse animation. Même si le quartier est plus récent que celui de *Santa Barbara*, il n'en a pas moins un certain charme, une atmosphère bien particulière. Calle Riego de Agua, vieille pâtisserie aux gâteaux savoureux : la *Gran Antilla*.

— *Musée des Beaux-Arts* : plaza Pintor Sotomayor. Dans l'ancien bâtiment du « Real Consulado del Mar ». Nombreuses œuvres intéressantes : Velazquez, Goya, Rubens, le Tintoret, Véronèse, Murillo, etc., plus les peintres galiciens les plus représentatifs et de belles collections de céramique.

— Sur les *quais el Muro*, plus au sud, voir l'arrivée des pêcheurs avec leurs prises et les ventes à la criée.

— Enfin, à deux pas du centre, *immenses plages du Riazor et de Orzán*, sur fond d'immeubles modernes du quartier des affaires. Heureux employés et cadres du coin qui peuvent délaisser cravate et attaché-case pour piquer une tête entre midi et deux heures !

LA RIOJA

De Haro à Alfaro, baignée par l'Ebre, c'est une région très fertile où poussent les plus célèbres vignobles d'Espagne. Ses vins, fins et légers, font penser aux bordeaux. La partie haute, Rioja Alta, assez montagneuse, point de passage du pèlerinage de Saint-Jacques-de-Compostelle, se révèle également très riche en églises et monastères. Elle est logiquement la prolongation de la visite de la Navarre du Sud et de celle de la région de Burgos.

LOGROÑO

Capitale de la Rioja, moderne et active, Logroño ne présente guère d'intérêt. L'axe de la ville, Gran Via, bordée de gratte-ciel d'affaires et de banques, symbolise la prospérité découlant du commerce des vins. Comme toujours, son bout de vieille ville et ses églises, toutes différentes, méritent une petite visite.

Adresses utiles

– *Office du tourisme* : Miguel Villanueva, 10.
– *Poste* : calle del General Mola.

Où dormir ? Où manger ?

– *Residencia Juvenil* : Caballero de la Rosa, 38. Tél. : (941) 23-13-33. C'est l'A.J. locale.
– *Moderno* : Zaporta, 7. Tél. : 22-00-42. Un des plus vieux cafés de la ville. Clientèle populaire et joueurs tapant le carton. Décor de photos anciennes, percolateur classé monument historique. Au fond, la salle de resto avec un bon menu pas cher.
– *Casa Salvador* : calle de la Caballeria, 7. Rue longeant la cathédrale. Gargote sympa et pas chère des familles du coin. Bons petits plats : saucisse au lard et aux haricots rouges, bacalao, calamares en beignets, le tout arrosé d'un 13,5° chaleureux. Mais souvent il n'y a pas les plats annoncés sur la carte...
– *Hostal Residencia Marques de Vallejo* : calle Marques de Vallejo. Tél. : 25-10-11 ou 21-10-03. Bien situé dans la vieille ville, mais pas terrible.

A voir

Les principaux points d'intérêt se trouvent les uns à côté des autres, dans la vieille ville.
– *Cathédrale Santa Maria la Redonda* : pl. del Alcazar de Toledo. Construction gothique qu'on a habillée au XVIIIe s. d'une façade baroque avec un grand porche concave. Dans le chœur, stalles sculptées Renaissance.

– *Église San Bartolomé* : par la calle Herreras, on tombe sur le mariage harmonieux d'un superbe portail gothique richement sculpté et d'un élégant clocher roman en briques.

– *Église Santa Maria de Palacio* : à deux pas, vous ne manquerez pas sa curieuse tour-lanterne en pointe. A l'intérieur, grand retable Renaissance. Tout autour, s'étend un vieux quartier surtout habité par des familles tziganes. Vieux pont en pierre sur l'Ebre, que traversaient les pèlerins.

– *Église Santiago el Real* : si vous l'abordez par la calle des Marques de San Nicolas, vous serez surpris par la monumentale statue équestre au-dessus du porche.

HARO

Capitale du vin de la haute Rioja. Les belles demeures à mirador du centre en témoignent.
Voir l'*église Santo Tomas*, pour son admirable portail de style platéresque. Tout autour, un vieux quartier avec maisons seigneuriales à blason. Fête patronale le 29 juin.

SANTO DOMINGO DE LA CALZADA

Charmante bourgade sur le chemin du pèlerinage. Elle propose une merveilleuse *cathédrale*, alliance de tous les styles possibles. Ouverte de 9 h à 14 h et de 16 h à 20 h. Le superbe chevet et les absides révèlent les origines romanes, les élévations sont gothiques, le clocher baroque et le portail d'entrée d'un néo-classicisme peu inspiré.
Intérieur d'une extrême richesse. Dès l'entrée, mausolée de saint Dominique avec baldaquin en style gothique fleuri. En face, un truc peu habituel dans une église... un poulailler finement sculpté où vivent un coq et une poule (héritage d'une vieille légende médiévale).
Dans le chœur, immense retable doré et polychrome, et sur le côté, un autre de style churriguresque.
A droite, le dos à l'autel, belle grille en fer forgé platéresque et tombeau. Dans la chapelle San Juan Bautista en face, un admirable retable de l'école hispano-flamande avec panneaux peints et sculptures, pourtant fort peu mis en valeur.
Tout autour de la cathédrale, allez à la recherche des belles maisons à blason.
Harmonieuse place de l'Hôtel de Ville. Fêtes patronales du 10 au 15 mai.

Où dormir ?

– *Camping de la Rioja* : à Castanarès, entre Haro et Santo Domingo de la Calzada. Tél. : (941) 32-41-84. Idéal pour rayonner dans toute la Rioja. Très bien équipé : supermarché, buanderie, bar, cafétéria, piscine, etc.

● *Plus chic*

– *Parador de Santo Domingo de la Rioja :* face à la cathédrale, installé dans l'ancien hospice des pèlerins. Tél. : (941) 34-03-00. Chambres décorées en style rustique castillan. Superbe salon aux voûtes gothiques.

LE MONASTÈRE DE SAN MILLÁN DE LA COGOLLA

Une magnifique balade sur les petites routes partant à l'assaut de la sierra de la Demanda. Paysages rappelant la campagne toscane. Au printemps, les villages ocre tranchent sur les verts vifs et intenses des jeunes cultures. A l'automne, leurs tonalités mélancoliques rouges et dorées se fondent. Dans cette superbe vallée, deux sanctuaires à visiter :

– *Le monastère de Yuso :* il se détache majestueusement à mesure que les virages nous le livrent. Surnommé « l'Escorial de la Rioja » à cause de la sévérité de son architecture herrerienne, adoucie cependant par les tons chauds de la pierre. Ouvert de 10 h 30 à 12 h 30 et de 16 h 15 à 19 h, sauf le lundi. Photos interdites à l'exception du mardi. Visites guidées toutes les demi-heures.
La construction du monastère s'étendit en fait sur trois siècles, ce qui explique la diversité des styles. Bel escalier d'entrée. Fresques retraçant la vie de San Millán.
Dans le musée, livre de messe pesant 36 kg et surtout un chef-d'œuvre : le reliquaire de San Millán. Coffret à figures d'ivoire ciselé du XIIe s. Expression des personnages d'une qualité exceptionnelle.
Sacristie monumentale dans le genre baroque chargé.
Cloître avec superbe portail plateresque. Noter les centaines de médaillons du plafond. Tous différents : saints, apôtres, prophètes, martyrs, etc. Dans l'église, débauche d'ors.

– *Le monastère de Suso :* reprendre la route dans un site de plus en plus beau. Les moines avaient décidément bon goût. Ouvert de 10 h à 14 h et de 16 h à 19 h, sauf le lundi. Église en partie creusée dans la roche. On distingue très nettement les trois périodes de construction : visigothique, mozarabe (arches en fer à cheval) et romane. Gisant de San Millán et nombreux sarcophages.

NAJERA

Bourgade au pied d'une rouge falaise. Arrêt intéressant pour le *monastère de Santa Maria*. Les tours du chevet de l'église lui donnent l'aspect d'une forteresse. Son cloître se classe parmi les plus beaux de la Renaissance espagnole. Ouvert de 9 h 30 à 12 h 30 et de 16 h à 19 h 30. Dans l'église, panthéon des rois de Navarre, Castille et Léon. Nombreux tombeaux et gisants, notamment celui de Doña Blanca, sculpté de gracieux personnages.
Dans le chœur, admirer les stalles de style isabellin. Par la Puerta Real, on accède au cloître. Fascinantes arcades à claire-voie, véritable dentelle de pierre.

Dormir à la pension *El Moro*, dans la vieille ville, tout près du monastère. Accueil très aimable, propreté parfaite et prix plus que raisonnables.

– En sortant, le long du río Najerilla, remarquer une rangée de pittoresques vieilles maisons à miradors.

– Aux alentours, vers **Salas de los Infantes**, le petit village d'**Anguiano**, offre, les 21 et 22 juillet, la curieuse « danse des Zancos ».

LA CASTILLE

Vaste plateau soumis aux extrêmes des rigueurs climatiques. Glacial l'hiver, la fournaise l'été. Un proverbe ne dit-il pas : « Neuf mois d'hiver, trois mois d'enfer ! » Une barrière montagneuse, la sierra de Guadarrama, coupe le plateau en deux et livre au nord la Vieille-Castille, au sud la Nouvelle-Castille. Berceau de la Reconquête, la Castille dut, pour s'assurer le terrain regagné, édifier une ligne de châteaux (castillos) qui furent à l'origine de son nom. C'est ici bien entendu que l'on parle le véritable espagnol : le « castellano ».
Les Castillans en sont tellement fiers que beaucoup ne parleront que dans cette langue, même si certains d'entre eux connaissent aussi l'anglais et le français. S'ils ne sourient pas souvent, c'est à cause du froid évidemment, qui fige les visages bien au-delà du printemps. Reste qu'en Castille, on découvre parmi les plus belles villes d'Espagne, de merveilleuses cathédrales, d'extraordinaires musées...

Les Castillans

Ils ne constituent pas une race (à la différence des Basques). Tout au long de leur histoire, ils ont été au contact des Asturiens, des Basques, très nombreux encore, mais aussi des juifs et des Maures.
On ne peut parler de Castille sans ajouter aussitôt le sens de l'honneur et un fort individualisme. On retrouve les valeurs chères à notre bon vieux Corneille, telles que courage physique et moral, fidélité à la cause, etc. Il reste que la fierté des Castillans peut devenir un peu oppressante lorsqu'ils refusent par principe de parler une autre langue que l'espagnol, et qu'ils manifestent parfois un machisme et un manque d'humour manifeste dans certaines situations. Complexe d'une ancienne grande nation coloniale qui n'a plus de colonies peut-être ?

BURGOS

Indicatif téléphonique : 947.
Symbole de l'Espagne éternelle, voici Burgos, hautaine, fière, repliée sur ses valeurs traditionnelles, conservatrice jusqu'à la moelle. Il n'en reste pas moins que c'est une étape incontournable, une des villes de Castille les plus intéressantes. Elle possède une merveilleuse cathédrale, à notre avis bien plus fascinante que celle de Ségovie, à égalité avec celle de Tolède. Et tant d'autres choses...

Un peu d'histoire

Plusieurs fois « capitale » d'Espagne. D'abord pendant près de cinq siècles jusqu'à la chute de Grenade, en 1492 (Valladolid fut alors choisie comme capitale). Le nom de Burgos reste aussi associé à celui du *Cid*, ce chef de guerre du XIe s., dont de nombreux récits et poèmes enjolivèrent quelque peu l'existence (Corneille s'inspira de l'un d'eux pour sa célèbre pièce).
Rodrigo Diaz de son vrai nom, appelé « le Cid » par les Maures en signe de déférence et d'admiration (de *Sidi*, monseigneur en arabe), n'hésita pas à changer quelquefois de camp en ces temps troublés et ne fut aucunement le héros mystique, le *campéador* (champion) de la légende. Exilé par Alphonse VI, il prit ainsi du service quelque temps pour le roi maure de Saragosse, avant de revenir à celui du roi de Castille. Avec Chimène son épouse, il repose aujourd'hui dans la cathédrale.
De 1936 à 1939, Burgos eut le titre peu envié de capitale provisoire de l'Espagne fasciste. Franco y installa son gouvernement contre le gouvernement légal de Madrid. C'est vrai que la ville avait eu le bon goût d'offrir peu de résistance au *pronunciamiento* !

Adresses utiles

– *Office du tourisme* : plaza Alonzo Martinez, 7. Ouvert de 9 h à 14 h et de 16 h à 18 h. Le samedi, seulement le matin.

BURGOS

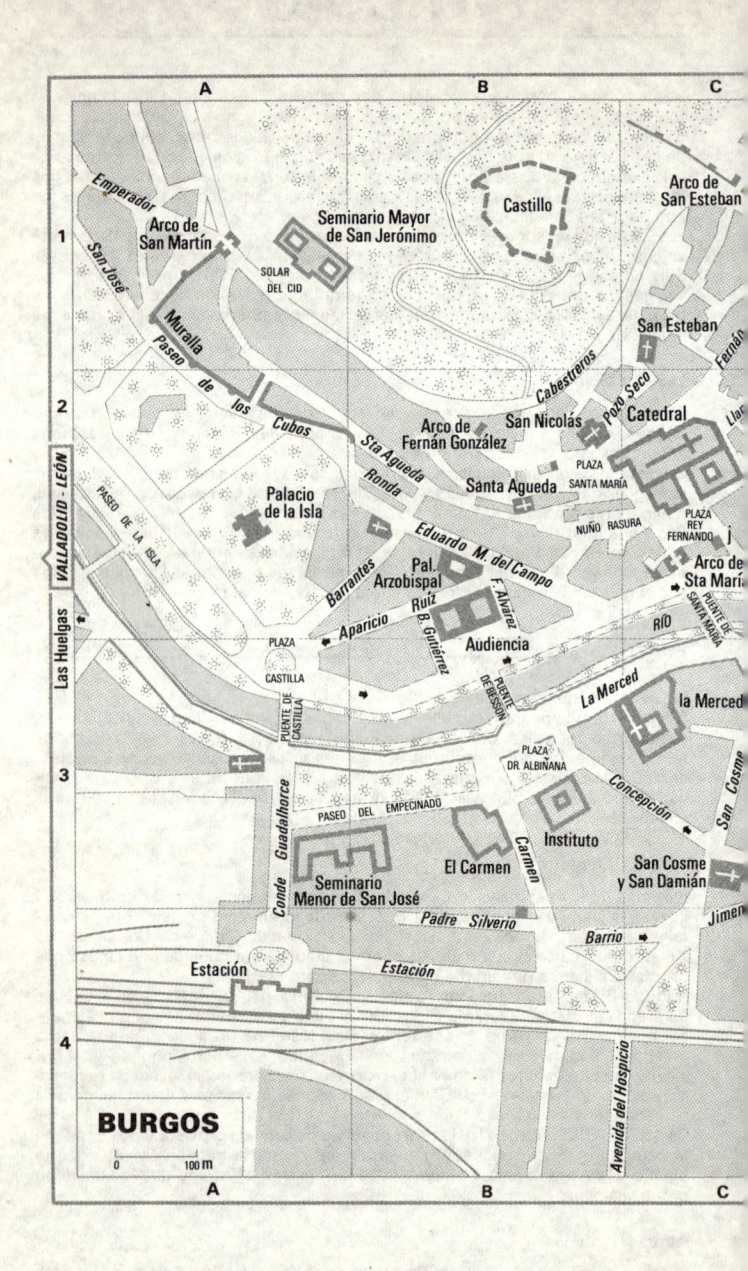

BURGOS / 79

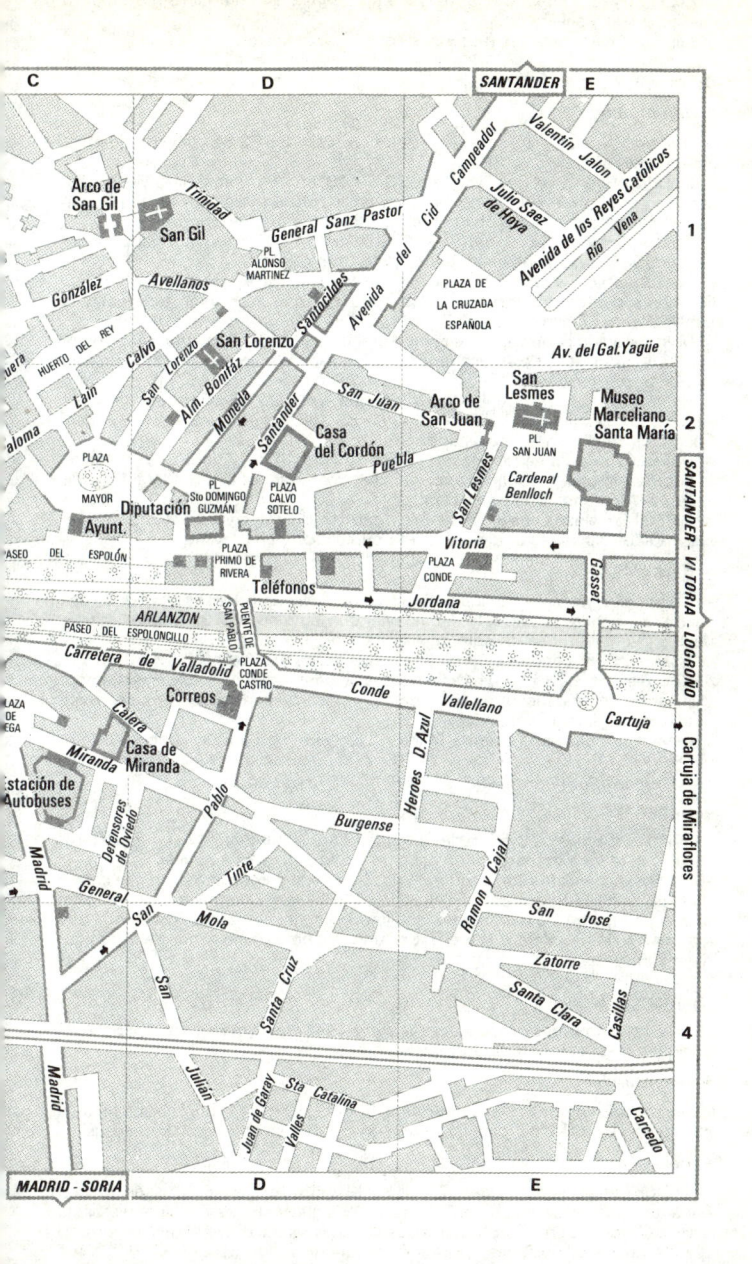

— *Poste :* plaza Conde de Castro. Ouverte de 9 h à 14 h et de 16 h 30 à 18 h (samedi matin seulement).
— *Parking* payant pour les motorisés sous la plaza Mayor.

Où dormir ?

● Bon marché

— *Auberge de jeunesse :* calle General Vigon. Tél. : 22-03-62. Ouverte de juillet à septembre.
— *La Flora :* Huerto del Rey, 18. Tél. : 20-59-40. En plein centre de la vieille ville, sur une petite place. Au 1er étage, charmante pension très bien tenue par une famille accueillante. Belles chambres avec lavabo à prix fort modérés.
— *Hostal Victoria :* San Juan, 3. Tél. : 20-15-42. Très central. Idéal pour les fauchés. L'un des moins chers de la ville et très propre.
— *Hostal Joma :* San Juan, 26. Tél. : 20-33-50. Une autre pension pour fauchés. Chambres petites, confort assez rudimentaire, mais c'est bien tenu par une famille sympa. Très bon marché.
— *Hostal Manjón :* Conde Jordana, 1 (7e étage). Tél. : 20-86-89. Rue située entre la calle Victoria et le río Arlanzon. Chambres avec lavabo très propres. Proprio sympa et prix modérés.
— *Hostal Lar :* Cardenal Benlloch, 1 (2e étage). Tél. : 20-96-55. Petite rue entre l'église San Lesme et la calle Victoria. Un peu plus cher que les précédents. Chambres sans ou avec douche. Bon rapport qualité-prix.
— *Hostal Carrales :* Puente Gasset, 4. Tél. : 20-59-16. Rue entre le río Arlanzon et la calle Victoria. Chambres avec douche, correctes, et prix modérés.
— *Hostal Moderno :* Queipo de Llano, 2. Tél. : 20-72-46 et 20-88-49. Très central. Hôtel classique dans un immeuble moderne. Chambres avec lavabo, correctes mais les sanitaires communs sont douteux. Un peu bruyant.

● Plus chic

— *Hostal Hidalgo :* calle Almirante Bonifaz, 14. C'est un ancien hôtel qui loue des chambres. Sanitaires corrects. Moins cher que le précédent. Bien situé car près de la plaza Mayor. Pas de petit déjeuner sur place.
— *Hotel Norte y Londres :* plaza Alonzo Martinez, 10. Tél. : 26-12-68 ou 26-41-25. Bien situé. Ex-grand hôtel qui a pris un gentil coup de vieux. Hall d'entrée très rétro. Toutes chambres avec bains. A bien augmenté ses prix car a été entièrement refait à neuf.
— *Mesón del Cid :* plaza Santa Maria, 8. En face de l'entrée principale de la cathédrale. Tél. : (947) 20-59-71 et 20-87-15. Dans un immeuble style « burgosien », magnifiquement décoré et plein de charme.

● Campings

— *Fuentes Blancas :* à 3,5 km de Burgos, à Cartuja Miraflores. Tél. : 22-10-16. Ouvert de mars à octobre. Situé dans un grand parc planté de pins.
— *Rio Vena :* à Villafria sur la route d'Irún, à 6 km de Burgos et à 2 km de l'entrée de l'autoroute Burgos-Vitoria. Tél. : 22-41-20. Ouvert de mai à octobre. Bien ombragé. Environ les mêmes prix que le précédent. De Burgos, prendre le bus marqué « Villafria » depuis la rue G. Sanjurjo. Au bord d'une nationale et sanitaires insuffisants.

Où manger ?

La ville ne manque pas de troquets pas chers. Rien d'exceptionnel non plus. Voici quelques restos au bon rapport qualité-prix.

● Bon marché

— *Restaurante Alonso :* Llana de Afuera, 5. Tél. : 20-17-11. Sur la place près du chevet de la cathédrale (plan C2). Excellente cuisine à prix doux. Bon accueil.

● Plus chic

— *Los Chapitales :* Santocildes, 7. Tél. : 20-59-98. Au rez-de-chaussée, un bon bar à tapas. Au sous-sol, d'après beaucoup de gens, un des meilleurs restos de la ville. Ouvert à 21 h. Un côté vieille Castille. Style gothico-machin avec chaises à grands dossiers, boiseries, voûtes et moquette rouge usée. Bref, du chicos désuet, rassurant et agréable. Bons petits plats sans esbroufe et menu abordable. Service impeccable. Excellente soupe de poissons et coquillages.

Où boire un verre ?

Dans les bars du quartier Huerto del Rey, le soir, très fréquentés par les étudiants.

A voir

– *La cathédrale :* vous êtes venu pour elle et vous avez mille fois raison. Ouverte de 10 h à 13 h 30 et de 16 h à 18 h 30 en été (plan C2). Chef-d'œuvre de l'art gothique, elle fut commencée vers 1220, mais demanda bien trois siècles pour le fignolage. Au contraire de celle de Salamanque, l'ancienne cathédrale romane fut entièrement rasée.

Les exégètes noteront les deux périodes différentes de construction : la première influencée par le gothique fleuri français, la deuxième par le gothique nordique (rhénan et flamand). Les architectes surent en tout cas merveilleusement utiliser les accidents du terrain. A l'extérieur, c'est l'envolée de flèches et de clochers, l'orgie de portails et de façades sculptées. Admirez particulièrement la porte du Sarmental (côté plaza del Rey San Fernando), d'une grande finesse. Le tympan représente le Christ dictant l'Évangile à la bande des quatre, studieusement à l'ouvrage sur leur pupitre.

Nous conseillons vivement la visite guidée avec le sacristain car la plupart des choses dignes d'intérêt ne sont pas accessibles en visite libre. Toutes les chapelles sont de véritables petits musées (et il y en a une vingtaine !). Prévoir au moins 1 h de visite. Si l'on pénètre dans la cathédrale par la façade principale, on trouve successivement :

● *La chapelle du Saint-Christ :* elle possède un christ en croix très populaire à Burgos. Bras et tête articulés, vrais cheveux, corps recouvert de peau de buffle pour imiter la vraie peau...

● *La chapelle de la Présentation :* magnifique voûte en étoile et tombeau en albâtre d'un évêque.

● *La chapelle de la Visitation :* sépulcre d'un autre évêque. Remarquablement sculpté : les détails (mitre, coussin, chasuble, etc.) sont d'une extraordinaire finesse.

● *La porte du cloître :* juste en face de la chapelle précédente et à droite pour ceux qui entrent par la porte du Sarmental (côté plaza del Rey San Fernando). Superbe porte gothique, œuvre de Gil de Siloe, en harmonieuse fusion avec son portique de pierre.

● Dans la *nef*, on est fasciné par les stalles du chœur. Chacune d'elles raconte une histoire. Ancien testament, Nouveau, vie des Saints, etc. Entièrement en marqueterie de buis dans du noyer, parmi les plus belles d'Espagne. Au milieu, gisant du fondateur de la cathédrale (bois recouvert de cuivre). La grosse lampe est faite de 50 kg d'argent pur et chaque chandelier d'une vingtaine. Retable du maître-autel de style Renaissance avec Vierge en argent massif. Les grilles en fer et bronze sont du XVIIe s.

A la croisée de transept, en levant les yeux, on est véritablement aspiré vers la merveilleuse coupole sculptée à plus de 50 m de hauteur. Une étoile en dentelle de pierre du XVIe s. où l'on perçoit une certaine influence artistique arabe. En dessous, la pierre tombale du Cid et de Chimène.

En tournant autour du déambulatoire, profusion de grilles magnifiques, piliers sculptés et derrière l'autel hauts-reliefs (un chemin de croix très expressif).

● *Le cloître :* style gothique de la fin du XIIIe s. Nombreux tombeaux. Dans la salle capitulaire, on trouve le fameux coffre du Cid. Banni par Alphonse VI et ayant besoin d'argent, le Cid remplit un coffre de cailloux et obtint d'un prêteur sur gages une très forte somme à condition qu'il lui rende avant un an. Si le coffre n'était pas récupéré après cette date, le trésor qu'il était censé contenir serait revenu au prêteur. Le Cid put rendre l'argent avant que la supercherie ne fût découverte... Admirer le beau plafond mudéjar.

Les chapelles autour du cloître abritent toutes des sculptures et peintures exceptionnelles. Citons la « Flagellation » de Diego de Siloé, une « Vierge à l'Enfant » fascinante de Memling, du XVe s. (noter la richesse du paysage derrière, la beauté du drapé de la robe), bibles enluminées, orfèvrerie religieuse, manuscrits anciens, tapisseries flamandes. Dans un coin, le chariot en argent de la Fête-Dieu, dont le reliquaire pèse 14 kg d'or. A la fin de la visite, le sacristain dévoile les charmes d'une superbe « Marie-Madeleine » attribuée à Léonard de Vinci !

● *La chapelle du Connétable :* admirable, majestueuse, aucune épithète plus forte pour la qualifier à l'image de la grille d'entrée du XVIe s. Style gothique fleuri (ce fut un printemps exceptionnel !). Riche coupole octogonale en étoile, gisants

en marbre du Connétable de Castille et de son épouse, d'une grande finesse d'exécution. La dalle (de 11 tonnes) à côté était destinée à leurs enfants. Retable Renaissance et un « Saint-Jérôme » de Diego de Siloé.
● De ce dernier artiste, le *magnifique escalier* qui mène à la porte de la Coroneria (entre les chapelles San Nicolas et Santa Ana).
● Pour finir en beauté, la *chapelle Santa Ana* nous propose un superbe retable en bois de chêne doré de style gothique flamboyant. Un des plus beaux d'Espagne. Un travail énorme ! La *chapelle Santa Tecla* à côté propose, quant à elle, un autel rococo et un plafond ouvragé polychrome.

– *L'église Saint-Nicolas-de-Bari :* un peu plus haut que la cathédrale. Portail sculpté, superbe retable, gisants, et d'un calme !...

– *Le Musée archéologique :* calle de Miranda. De l'autre côté du fleuve. Ouvert de 10 h à 13 h. Fermé le lundi. Installé dans une jolie demeure Renaissance avec patio. Section préhistoire claire et bien présentée. Découvertes intéressantes de différentes nécropoles (photos des sites à l'appui pour bien situer les contextes). Riche collection de bronzes de la période celte-ibérique. Importante section consacrée à la *villa romaine de Clunia*.

– La balade à pied en ville vous conduira aux vestiges des anciens remparts comme la belle arche Santa Maria, au bord du río Arlanzon. Puis sur la promenade populaire du paseo del Espolón jusqu'à la plaza Primo de Rivera. De là, en remontant la calle Santa Santander, on rencontre la *Casa del Cordón*, un beau palais Renaissance en rénovation totale (en 1985, on n'avait conservé que les murs extérieurs). Cette *casa* eut de prestigieux locataires : Christophe Colomb y fut reçu par les rois Catholiques, François Ier y séjourna après sa captivité, le père de Charles Quint y mourut d'un coup de froid et sa femme en devint folle, etc. En continuant, vers le nord, nouvelles portions de murailles avec l'arche de San Esteban, de style mudéjar du XIIIe s., encadrée de deux grosses tours. Plus loin, arche de San Gil, avec une charmante petite église gothique à côté, du même nom.

– *Le monastère de las Huelgas :* une visite vraiment digne d'intérêt. Tout proche. Pour s'y rendre : bus n° 5 depuis la place Primo de Rivera. Ouvert de 11 h à 14 h et de 16 h à 18 h (dimanche et jours de fête, matin seulement). Fermé le lundi. Visite guidée en espagnol. Entrée payante. Créé au XIIe s. Les sœurs cisterciennes (toutes de familles nobles) qui y vivaient régnaient sur toute la région. Église de style romano-gothique séparée au milieu par une grille. Une chaire tournante permettait au prédicateur de s'adresser au public et aux religieuses. Impressionnante nef centrale avec stalles, tapisseries et un splendide jubé (tribune en forme de galerie). Nombreux sarcophages et porte mudéjar dans le cloître. Noter les vestiges de stucs de style mudéjar au plafond du cloître d'une grande finesse d'exécution. Dans la salle capitulaire, triptyques, tapisseries espagnoles du XVIIe s., toutes vertes, et superbe « Vierge aux flèches ». C'est dans cette salle que Franco forma le premier gouvernement fasciste. Cloître roman adorable avec fines colonnes jumelées et chapiteaux à motifs floraux.

Quitter Burgos

– *Station de bus :* calle de Miranda. Tél. : 20-55-75. Tout près du Musée archéologique. Nombreux bus pour Valladolid, Bilbao, Madrid. Pour Frias, bus à 9 h 30 et 17 h 45. Pour Barcelone à 10 h 45 et 15 h.
– *Station RENFE :* avenida Corde de Guadalhorce. Tél. : 20-35-60.

Aux environs

● Pour ceux qui remontent vers Vitoria ou Bilbao et qui ont le temps, petit crochet par **Frias** (au nord de Briviesca). Vieux bourg accroché à une falaise abrupte. Pont très ancien sur le río Ebro, rues à portiques et ruines de château pittoresques.

● Pour ceux qui se rendent à Ségovie, quelques étapes intéressantes en cours de route :
– **Lerma :** belle église sur le sommet de la colline surplombant un chouette panorama. Vestiges de remparts du XIIe siècle.
– **Sépulveda :** petite ville médiévale située au bord d'un río escarpé. Nombreuses églises romanes. De celle de *Virgen de la Peña*, belle vue sur le canyon. Tout en haut du bourg, intéressante architecture de l'église *San Salvador* avec panorama plongeant sur toute la vallée.

– **Pedraza de la Sierra :** une étape romantique à souhait pour ceux qui aiment musarder sur de toutes petites routes. A une trentaine de kilomètres au sud de Sépulveda. Charmant village 100 % médiéval situé sur un rocher escarpé et entouré de remparts.
Nombreuses demeures seigneuriales avec blasons le long des ruelles étroites. Et l'une des plus croquignolettes plaza Mayor de Castille avec ses anciennes maisons à portique.
Tout au bout du rocher, en aplomb de la falaise, petit château fort. Allez donc y admirer la magnifique porte cloutée.
Possibilité de dormir à la *pension de la señora Ino*.
Pour manger, l'*Hosteria Pintor Zuloaga* dans le village. Pas routard pour deux sous, mais superbe décoration intérieure. Assez chère (fermée le mardi). En revanche, petit resto à prix raisonnable, plaza Mayor.

VALLADOLID

Grise et industrielle, Valladolid n'est pas la plus belle ville de Castille, loin de là. Elle prend même un malin plaisir à construire n'importe quoi et à liquider ses vieux quartiers, plutôt que de tenter de les rénover.
Cela dit, elle représente l'une des étapes importantes de l'axe San Sebastian-Lisbonne. En profiter pour visiter le collège San Gregorio qui abrite le Musée national de sculptures et admirer les merveilleuses façades isabellines et platerresques qui rappellent le passé royal et fastueux de Valladolid. Ferdinand d'Aragon et Isabelle de Castille s'y marièrent, Christophe Colomb y mourut et Napoléon y installa son quartier général, en 1809.

Adresses utiles

– *Office du tourisme :* plaza de Zorilla, 3. Tél. : 35-18-01. Ouvert de 9 h à 14 h et de 16 h à 18 h. Le samedi, matin seulement.
– *Poste :* plaza de Leones de Castilla. Juste derrière la plaza Mayor. Avec ses superbes gueules de lions avaleuses de missives.

Où dormir ?

– *Pas de camping*. Le plus proche se situe à Simancas à 11 km, sur la route de Salamanque. Consolez-vous, on y trouve un superbe château.

• **Près de la plaza Mayor**

– *Hostal Vuelta :* calle del Vel, 2. (1er étage). Tél. : 35-60-66. A deux pas de la plaza Mayor. Dans un immeuble typique de la Castille du Nord avec miradors en bois ouvragé. Accueil par une gentille famille. Belles chambres avec lavabo et prix très modérés. Entretenu de façon remarquable. Une excellente adresse.
– *Hostal Gréco :* au-dessus du précédent. Tél. : 35-61-52. Un peu plus cher.
– *Hostal Paris :* Especeria, 2. Dans le même coin que les autres. Tél. : 35-83-01. Chambres avec lavabo, douche ou salle de bains. Toutes très correctes. Accueil sympa. Prix raisonnables et un bon rapport qualité-prix.
– *Pensión Compostela :* Gamazo, 11. (4e étage). Près de la gare. Petites chambres propres, mais sans lavabo. Bon marché. Idéal pour les fauchés.
– *Nati :* Especeria, 9. Tél. : 35-65-23. (1er étage). Le moins cher du quartier. Chambres sans lavabo, mais propreté tout à fait acceptable.
– *Nueva York :* calle Doctrinos, 8. (1er étage). A 200 m de la place Zorilla et de l'Office du tourisme. Tél. : 35-42-01. Chambres avec lavabo, abordables et assez bien tenues.

• **Dans le quartier de l'Université** (à moins de 10 mn de la plaza Mayor)

– *Fonda Tordesillas :* Solanilla, 13. (2e étage). Tél. : 30-56-79. Vieillot, un peu triste, mais propreté acceptable. Certaines chambres mieux que d'autres. Demander à voir avant. Prix abordables. Au premier étage, la *pension Bautista* conviendra aux fauchés. Moins cher, mais moins bien évidemment.

• **Plus chic**

– *Hôtel Enara :* plaza España, 5. Très central. Tél. : 30-02-11. Tout meublé en style rustique et décoré d'objets anciens. Chambres impeccables. Un petit luxe un peu moins cher qu'un 2 étoiles de chez nous.

Où manger ? Où boire un verre ?

– *El Val* : plaza de la Rinconada 10, (en face de la poste, 1er étage). Ouvert de 13 h à 16 h et de 21 h à 23 h. Fermé le lundi. Resto populaire proposant des plats corrects à très bons prix. Menu bon marché également.
– *Rojo* : plaza de España, 8. Fermé le lundi. Un choix d'une dizaine de « platos combinados » les moins chers de la ville, dans un décor triste comme un jour sans pain.
– *El Bolinche* : Encarnacion, 2. Sert jusqu'à 0 h 30. Ouvert tous les jours. Resto végétarien tenu par des jeunes relax (sur fond de musique rock). Propose une carte assez variée. Prix moyens.

● **Dans le quartier de l'Université et de la cathédrale**

Dans les bars bourrés à craquer, on se bat presque pour atteindre le comptoir (en période scolaire bien sûr, et un peu en juillet). Les étudiants ne vont guère dans les restos.
– *Taberna Carralito* : calle de la Antigua, 6. Dans un immeuble neuf du nouveau quartier, les étudiants ont eu vite fait de remettre de l'ambiance. Quatre rangs de personnes pour déguster les tapas, pendant que la salle à manger est quasiment vide.
– *Crakent* : San Blas, 8. Troquet de nuit punkie. Sono à fond la caisse : Outcast, Understones, etc. Heureuse atmosphère et pénombre de fin du monde angoissée. Consommations bon marché.

A voir

– *Le Musée national de sculpture polychrome* : calle Cadenas San Gregorio. Ouvert de 10 h à 13 h 30 et de 16 h à 19 h (dimanche, le matin seulement). Fermé le lundi et jours fériés. Installé dans le collège San Gregorio, qui date de la fin du XVe s., il présente un magnifique portail dans ce style gothico-Renaissance annonçant le plateresque. Le patio à l'intérieur est de la même veine : extraordinaire foisonnement végétal, véritable dentelle de pierre.
Le musée lui-même étale près de trois siècles de sculpture religieuse dont les plus belles œuvres jamais réalisées en Castille. Plusieurs salles consacrées au grand maître du genre : Berruguete. On y trouve notamment son retable réalisé pour l'église San Benito El Real. Aujourd'hui démonté et réparti dans le musée. Beaucoup d'autres artistes de grand talent, dont on peut aussi admirer les chefs-d'œuvre : Jean de Joigny, Diego de Siloé, etcetc.

– *L'église San Pablo* : à côté du musée précédent. Là aussi, magnifique façade isabelline.

– *La cathédrale* : profondément marquée par le style austère de Juan de Herrera. Elle ne possède cependant pas d'homogénéité architecturale du fait du nombre d'architectes qui y travaillèrent. Ça fait du bien finalement de découvrir de temps à autre une cathédrale pas terrible. L'intérieur présente également peu d'intérêt. D'une grande sobriété, pour ne pas dire sévérité. Retable assez chargé, pour changer.
En revanche, riche *musée de la Cathédrale* (ouvert tous les jours de 10 h à 14 h et de 17 h à 20 h. Jours fériés le matin seulement). Présentation claire et agréable dans une ancienne église. Nombreuses sculptures en bois polychrome et sarcophages. Deux beaux retables, autel en argent massif, orfèvrerie religieuse. Dans la dernière salle, peintures intéressantes, notamment une « Immaculée Conception » (Immaculada) du XVIe s., une « Visitation » et une « Descente de Croix » pour le moins acrobatique. Remarquer, avant la salle où sont exposées les stalles, les deux superbes portes en gothique flamboyant.

– Tout à côté de la cathédrale, *l'église Santa Maria La Antigua*, construite au XIe s., remaniée au XIVe, présente un joli clocher romano-gothique.

– *L'Université*, victime d'un incendie il y a une quarantaine d'années, ne possède plus que sa façade baroque d'origine. A côté, plaza de Santa Cruz, le collège du même nom, occupe un palais du XVe s. Façade présentant quelque intérêt. A l'intérieur, patio à deux étages. Dans l'entrée, une porte datant de la construction de l'édifice, d'une grande finesse d'exécution.

– *La maison de Cervantès* : calle Miguel Iscar. Ouverte de 10 h à 18 h. Jusqu'à 14 h dimanche et jours fériés. Fermée le lundi. La plupart des meubles, tapis et tapisseries connurent l'auteur de « don Quichotte ». On visite ce qu'on pense être son cabinet de travail (vieilles cartes et un de ses manuscrits).

— Les fanas d'archéologie s'intéresseront au petit *musée de la Ville* (calle Fabioneli). Installé dans un ancien palais. Ouvert de 10 h à 14 h et de 16 h à 19 h. Fermé le dimanche après-midi et le lundi. Petite section médiévale.

— Au sud de la plaza Zorilla, agréable *parc Campo Grande* offrant par grande chaleur la fraîcheur de ses grands arbres et bosquets.

SALAMANQUE

Indicatif téléphonique : 923.
Une des plus belles villes espagnoles. On pèse nos mots. Ceux qui, en route pour le Portugal, ne feraient que la traverser rapidement, ne mériteraient que notre mépris ricanant. On dirait une petite Rome ! C'est bien cela : pas d'attentats architecturaux, des bâtiments et églises gothiques, Renaissance, d'une richesse époustouflante... Et puis en période scolaire une animation nocturne trépidante ; les rues entièrement livrées à la jeunesse ! Que vous faut-il de plus ?

Adresses utiles

— *Office du tourisme* : plaza Mayor. Tél. : 21-83-42. Ouvert (sauf samedi et dimanche) de 10 h à 13 h 30 et de 17 h à 19 h.
— *Poste* : España, 25. Ouverte du lun. au sam. de 9 h à 14 h et de 16 h à 18 h.
— *La gare* est assez loin du centre mais il y a un bus tous les quarts d'heure. Se méfier des loueurs de taudis qui viennent racoler à l'arrivée des trains.

Où dormir ?

● *Bon marché*

— *Fonda Marina* : Doctrinos, 4 (3ᵉ étage). Tél. : 21-65-69. Petite rue située entre les calles del Prado et de la Compañía. Accueil charmant. Le patron parle français. Propre, très bien tenu et atmosphère familiale. Grandes chambres très claires. Salle de bains à l'extérieur. Une bonne adresse. Un défaut : la route est à 30 m et c'est assez bruyant et les prix ont pas mal augmenté. Bien pour deux.
— *Hostal Tormes* : calle Mayor, 20. Tél. : 21-96-83. Grandes chambres très correctes avec ou sans douche. A peine plus cher.
— *Fonda Feli* : Libreros, 58. Tél. : 21-60-10. Très bien située, dans le vieux quartier à l'ombre de l'Université. Seul inconvénient : les cloches voisines sonnent tous les quarts d'heure. La chambre 11, qui fait un angle, permet d'avoir une enfilade sur la rue des Libreros et l'Université, d'un côté, et de l'autre sur la cathédrale et ses pinacles hérissés de cigognes. Chambres avec lavabo assez agréables et très bon marché (surtout en été, quand les étudiants sont partis). Bon accueil.
— *Hostal Universidad* : Travesia, 1. Tél. : 21-53-02. Dans le quartier de l'Université, à deux pas de l'entrée principale. Superbes chambres dans un hôtel moderne, mais néanmoins sympa. Une excellente adresse, légèrement plus chère toutefois.
— *Pension Los Angeles* : plaza Mayor, 10 (1ᵉʳ étage). Tél. : 21-81-66. Tout près des quartiers étudiants les plus animés de la ville, une pension discrète, très bien tenue, très bon marché. Patronne sympa et arrangeante au possible. Les chambres sont simples mais confortables et surtout très propres.
— *Pension Anabel* : plaza del Mercado (1ᵉʳ étage). Tél. : 21-48-32. A deux pas de la plaza Mayor. Acceptable sans plus. Si tous les autres sont complets.
— *Hostal Residencia Oriental* : Azafranal, 13. Tél. : 21-21-15. Rue qui donne sur la plaza Santa Eulalia. Quelconque, mais propre.
— *Hostal Carabela* : paseo de Canalejas, 10 (et plaza de España, 5). Tél. : 24-22-61. Immeuble moderne. On y parle anglais et les chambres avec lavabo sont petites mais bien tenues. Chambres sans ou avec salle de bains. Un peu excentré (à dix minutes à peine de plaza Mayor).

● *Plus chic*

— *Hotel Milan* : plaza del Angel, 5. Tél. : 21-75-18 et 21-77-79. A 100 m de plaza Mayor. Très central, moderne et sans charme. Toutes chambres avec salle de bains assez bon marché.

86 / SALAMANQUE

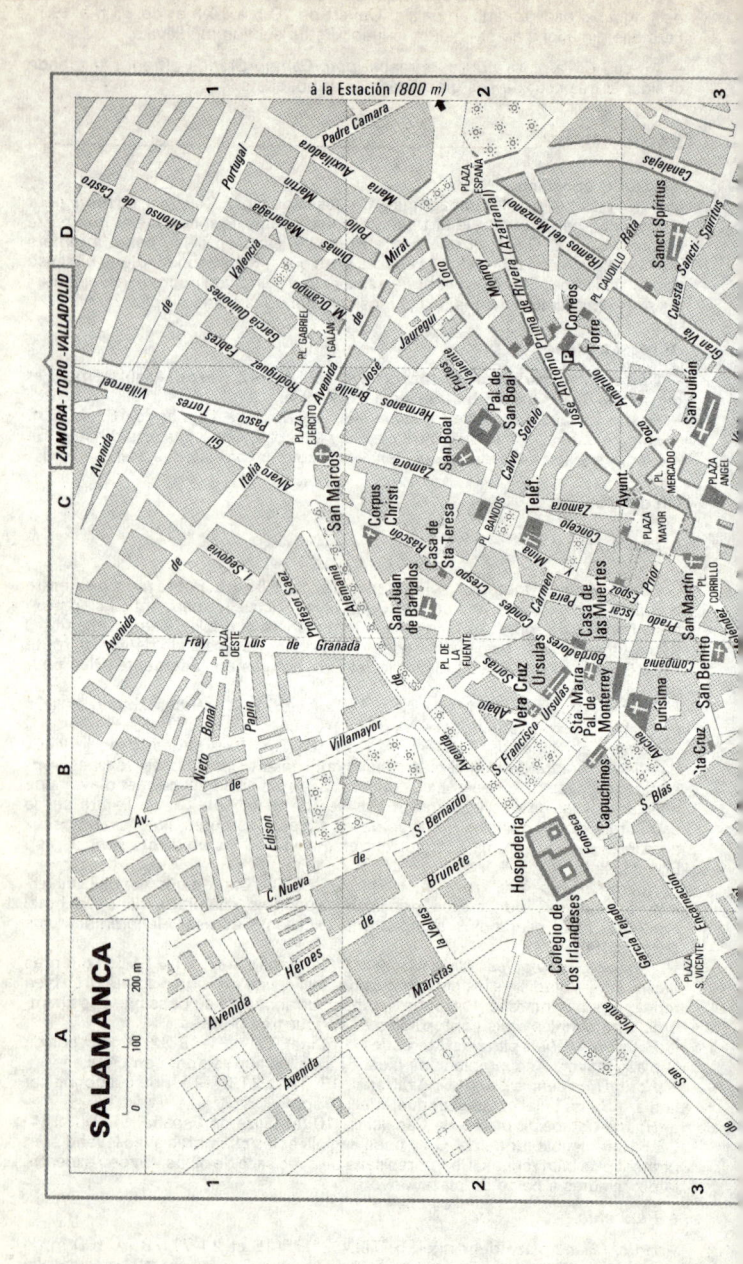

SALAMANQUE / 87

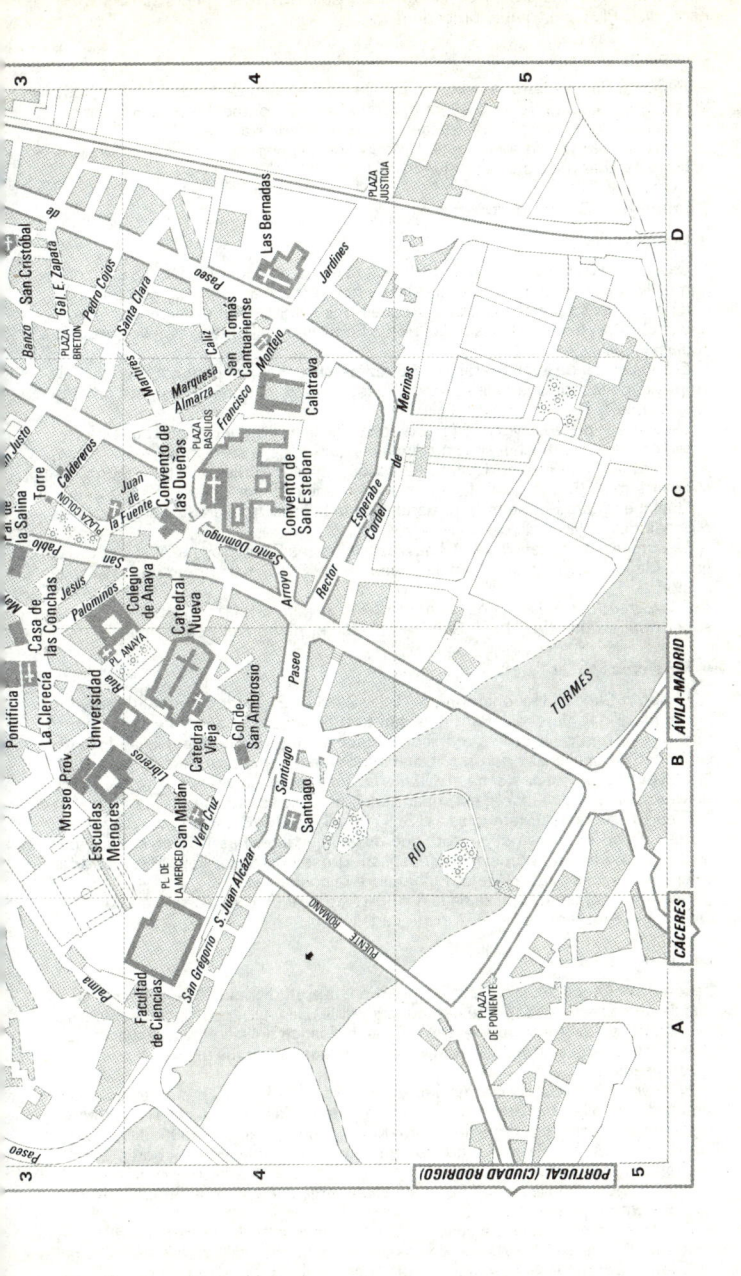

— *Hotel Paris* : Canalejas, 27. Tél. : 25-29-70. Dans la partie moderne de la ville, mais cependant très proche du centre. Le style des hôtels récents sans charme particulier. Plus cher que le précédent.

Campings

— *Regio* : à Santa Marta, à 4 km de la ville, sur la route de Madrid. Tél. : (923) 20-02-50. Camping de 1re catégorie. Immense et moderne. Piscine. Supermarché. Ouvert toute l'année. Bien mais cher. On y parle français.
— *Don Quijote* : à 4 km sur la route d'Aldealingua. Ouvert de juin à septembre. Un peu moins cher mais sale et bruyant.

Où manger ? Où boire un verre ?

● *Bon marché*

— *Calle de la Fe* : dans le quartier de l'Université. Resto végétarien, dans un cadre agréable et calme : pin clair, rotin. Menus bon marché avec pizza végétarienne. Pas de vin mais mosto à la place. Accueil très sympa. Ils préparent également des cocktails à base de fruits frais ; petite fantaisie : le cocktail selon votre signe zodiacal.
— *El Luna* : calle de los Libreros, 4. Au rez-de-chaussée, un petit bar branché où on passe de la musique locale. Aux étages, le resto où l'on mange pour un prix raisonnable.
— *Cervantès* : plaza Mayor, 15 (1er étage). Difficile d'imaginer ce que penserait le grand écrivain des machines à sous envahissantes, de la salle enfumée, de cette jeunesse bruyante et bien vivante. Grosses tables de bois pour une nourriture simplette mais bon marché. La sangria y est une des meilleures d'Espagne.
— Quelques restos et selfs bon marché dans la calle Aguilera et dans les rues proches de la plaza Mayor.
— *La Camelia* : calle del Clavel, 13 ou plazuela de Los Sesmeros, 1. A 150 m de la plaza Mayor. 32 menus ! dont le menu de la Casa, très abordable. Qui dit mieux ?
— *Restaurant-bar Felixe* : Pozo Amarillo, 8. Derrière la plaza Mayor. Un repas super pour un prix très doux. Service efficace et personnel très sympa.

● *Plus chic*

— *El Botón Charro* : Hovohambre, 4. Tél. : 21-64-62. Toute petite rue donnant sur la plaza del Mercado. Fermé le mardi et le dimanche soir. Dans un cadre rustique de bon goût et une ambiance assez intime, une bonne cuisine locale. Goûter en particulier aux *perdiz à la casuela* (perdrix), *loncha de bacalao gratinada* (gratin de morue), au *pastel de mollejas a la pimienta verde* (ris de veau). Le *pastel de manzana con almendras* est, quant à lui, un délicieux dessert.
— *Freudal* : plaza del Poeta Iglesias, 3. Tél. : 21-35-00. C'est le resto du « Gran Hotel ». Déco intérieure style gothique assez élégante. Pas trop chic, juste ce qu'il faut. Au menu : porcelet rôti castillan, grosse perdrix à l'étouffée, dorade « Feudal », agneau au four, etc. Prix encore raisonnables.
— *Restaurant El Candil* : plaza de la Reina, 1. Après le 9, calle Correhuela. Un peu cher, mais excellente cuisine et plats variés.

Où boire un verre ?

Pendant la période scolaire, la ville appartient aux étudiants et à la jeunesse. Les fins de semaine, l'atmosphère est indescriptible. Des milliers de jeunes envahissent bistrots, tavernes, bodegas et discos. Présence policière quasi inexistante. C'est le rêve ! Voilà notre hit-parade, mais nul doute que vous trouverez vos lieux favoris sans nous...
— *El Puerto de Chus* : plaza de San Julian. Notre préféré ! Le seul troquet où « mettre les voiles » et se « faire mener en bateau » est un vrai plaisir. Le décor représente une rue de village (le paseo John Lennon) avec ses boutiques, réverbères, trottoirs, etc. Trop de monde, musique pas terrible, consos bon marché.
— *Gran Café Moderno* : 75, calle de España (Gran Via). Plus fou que le précédent. Chouette décoration là aussi. L'intérieur représente une vraie rue. Superbe. Musique nettement plus funky.
— D'autres troquets animés calle de la Compañia, calle Melendez, calle Pozo, calle Amarillo (au n° 31, l'*Abaco Bar*, assez remuant). Sur calle de la Reina, *Cristal et Cantina Bar* recueille pas mal de suffrages. Et il y a tant d'autres rues...

— *La Covachuela* : plaza de la Verdura, 24. Sous les arcades, en face du marché. Tout petit bistrot très animé au moment de l'apéro. Atmosphère marrante. Patron sympa, un rien cabotin. Il possède une façon bien à lui de récupérer l'argent des consommations. Sur les murs, quelques photos, coupures de presse et caricatures pour rappeler ses dons particuliers.
— *Café Novelty* : plaza Mayor. Ouvert en 1905. L'un des plus anciens de la ville. Un vieux charme. Tables de marbre, grands miroirs, murs jaunes délavés ornés de photos de Salamanque au temps passé.

A voir

Comme dans beaucoup de villes espagnoles, laissez tomber la voiture ! Tout se fait à pied pour découvrir Salamanque. Le grand écrivain Miguel de Unamuno, longtemps recteur de son université, en disait : « C'est une ville ouverte et joyeuse. Le soleil a doré les pierres de ses tours, de ses temples et palais, cette pierre douce et tendre qui en s'oxydant prend une couleur ardente d'or vieux. Lorsque le soleil se couche, c'est une fête pour les yeux... »
Et puis Salamanque, la nuit, c'est magnifique. Très beaux éclairages.

— *La plaza Mayor* : probablement la plus belle place d'Espagne, chef-d'œuvre du style baroque. Construite sur les plans de Churriguera à partir de 1729, avec galeries à arcades. Se faisant face, la mairie avec horloge à campanile et le Pavillon royal.

— *Les cathédrales* : elles sont deux, la « vieille » et la « nouvelle ». Exceptionnellement, on ne détruisit pas l'ancienne cathédrale lors de la construction de la « nouvelle ». Celle-ci, commencée au début du XVIe s., ne fut achevée que deux siècles plus tard. Noter, plaza de Anaya, le superbe bas-relief figurant « l'Entrée à Jérusalem le jour des Rameaux ». Le *portail Ouest* (face à la calle Calderón de la Barca) présente, quant à lui, de remarquables scènes de la Nativité, de l'Épiphanie et de la Crucifixion. L'intérieur de la nouvelle cathédrale impressionne par son volume, son aspect colossal (piliers énormes), mais on y ressent cependant moins d'émotion qu'à celle de Tolède. Grande finesse des sculptures des frises et de la balustrade des tribunes. Belles stalles avec leur pesant d'angelots. Orgues d'un baroque très chargé.
- Accès à l'ancienne cathédrale par la nouvelle. Elle perdit d'ailleurs son transept gauche à cause de la construction de son orgueilleuse rivale. *Tour-lanterne*, appelée également « tour du coq », l'une des plus intéressantes de cette époque et reconnaissable à son toit en écailles. Elle date du XIIe s., parfait exemple de transition du roman au gothique. Sur le mur gauche, belles fresques du XIIIe s. Tombeaux ayant conservé leur décoration polychrome. Le *retable*, composé de plus de cinquante panneaux aux couleurs éclatantes, prétend avec justesse au titre de chef-d'œuvre du lieu. Petit *musée d'Art religieux* dans l'ancienne salle capitulaire.

— *L'Université* : l'une des plus anciennes et des plus célèbres au monde avec la Sorbonne, Oxford et Bologne. Christophe Colomb vint demander conseil à ses astronomes avant sa tentative de découverte des Indes par la route de l'Ouest. Ouverte du lundi au vendredi de 9 h à 13 h et de 16 h 30 à 20 h, samedi de 9 h à 13 h 30. Entrée par le magnifique portail donnant sur le patio des Écoles (*patio de Las Escuelas*), en face de la statue de Fray Luis de León, grand humaniste du XVIe s. Chef-d'œuvre du plateresque avec les médaillons des rois Catholiques et les armoiries de Charles Quint. On reste fasciné par cette dentelle de pierre.
Une tradition espagnole : les étudiants se déplacent pour chercher la petite grenouille qui se cache sur la façade de l'Université. En fait, elle est sur une tête de cadavre sur le pilier de droite.
À l'intérieur, les salles de cours s'ordonnent autour d'un patio. Dans la salle des Actes (*Paraninfo*) décorée de tapisseries de Bruxelles « portrait de Charles IV » par Goya et sous le dais, étendard de l'Université. Dans la chapelle toute tendue de velours rouge, riche autel baroque. La salle où enseignait Fray Luis de León a conservé tout son décor et ameublement du XVIe s., notamment les bancs étroits et rugueux sur lesquels les étudiants suivaient les cours (innovation pour l'époque, car on étudiait généralement par terre). Splendide escalier de pierre sculptée menant au 1er étage. L'une des galeries possède toujours son plafond à stalactites.
Une belle grille de fer forgé du XVIe s. protège des dizaines de milliers de livres précieux.

— *Las Escuelas Menores* : en quittant l'Université, au fond du patio de las Escuelas, à gauche. Ouverte de 9 h 30 à 13 h 30 et de 16 h 30 à 19 h en semaine. Dimanche et fêtes de 10 h 30 à 13 h. Splendide portail sculpté platéresque et cloître adorable à découvrir le plus tôt possible pour l'avoir à vous tout seul dans la belle lumière du matin. Arcades dans le style dit « salmantin », bien entendu, unique en Espagne. Une grande salle abrite une partie du « ciel zodiacal » peint au XVe s. par Fernando Gallego (il figurait auparavant dans la chapelle de l'université, ancienne bibliothèque) et quelques primitifs religieux intéressants.

— *Musée provincial* : la porte à côté des Escuelas Menores. Ouvert de 10 h à 14 h 30 (dimanche et jours fériés de 11 h à 14 h). Fermé le lundi. Dans cet ancien palais, nombreuses œuvres dignes d'intérêt. Beau plafond à stalactites. Vestiges de maisons démolies (frises de façades, écussons, armoiries), pièces d'archéologie. Beaux paysages peints des XVIe et XVIIe s. A noter la superbe « Crucifixion » de J.A. Beschley et, surtout, la « Descente de croix » du Correggio. Gisant d'un chevalier de Malte du XVIe siècle.

— Se balader dans le *quartier à l'ouest de l'Université*. Vieux quartier populaire en pleine rénovation. Au long des ruelles Libreros, Mazas, Vera Cruz jusqu'au pont romain sur le río Tormes. Quelques tranches de vie à saisir au passage.

— *La maison « aux Coquilles »* (casa de las Conchas) : calle de la Compañia. Superbe demeure seigneuriale décorée de plusieurs centaines de coquilles Saint-Jacques. Noter surtout les grilles en fer forgé de style isabellin d'un raffinement extrême qui ornent les fenêtres, ainsi que les armoiries et blasons sculptés. En 1985, le patio était fermé au public. En face, monumentale et élégante façade baroque de l'*église de la Clerecia*. Là aussi, cloître baroque en rénovation.

— *Couvent de las Dueñas* : en face de l'église San Estebán, plaza de Concilio de Trento (au bout de la calle S. Buenaventura). Pour les fous de patios, celui-ci n'est pas à rater. Probablement le plus beau de la ville. Ouvert de 10 h 30 à 13 h et de 16 h à 17 h 30. Gratuit le mercredi. D'une élégance exquise. Galerie supérieure ornée de riches chapiteaux représentant visages grimaçants, corps torturés et animaux fantastiques. En plus, les religieuses vendent à la sortie de bons gâteaux.

— *Couvent et église San Esteban* : là aussi à ne pas manquer ! Ouvert tous les jours de 10 h à 13 h 30 et de 16 h à 19 h. Impossible de résister à son superbe portail platéresque. Cloître des Rois monumental, d'une richesse sculpturale fascinante. Entrée à droite de la façade. Sur les colonnes, prophètes dans des médaillons. Belles voûtes à nervures. Sacristie immense, les architectes n'avaient pas donné dans la modestie. Un somptueux escalier de pierre mène aux galeries du premier étage. Harmonieux mariage du platéresque et du gothique. De la galerie, gagner (en silence) la tribune (*coro*) pour admirer le retable de Churriguera. On raconte qu'il nécessita près de 4 000 pins pour sa réalisation. En revenant vers la plaza Mayor, noter au passage en flanant par la calle Consuelo, la *tour El Clavero*. Rare exemple d'architecture militaire presque gracieuse, avec ses mini-tourelles sculptées.

— *Église de Santi Spiritus* : à l'est de la ville, par la calle S. Julian, l'avenida Gran Via et la cuesta de Sancti Spiritus. Beau portail Renaissance, mais l'intérieur révèle aussi un beau plafond mudéjar, des stalles gothiques, un christ roman et surtout un remarquable retable sculpté polychrome du XVIIe s.

● *Pour ceux qui disposent d'un peu plus de temps*

Autour du palais de Monterey, un ensemble de monuments, d'églises et de couvents encore bien intéressants.

— *Le palais de Monterey* : calle Bordadores. Bel édifice de la Renaissance espagnole.

— *Église et couvent des Augustines* (paroisse de la Purísima) : en face du palais de Monterey. Construction du XVIIe s. avec une nette influence italienne. Au-dessus de l'autel, une admirable « Immaculée Conception » de José de Ribéra.

— *Collège des Irlandais* : calle Fonséca. Comme son nom l'indique, ce beau palais était destiné aux étudiants irlandais au XVIe s. Harmonieux patio de la Renaissance espagnole. Dans la chapelle, un retable peint et sculpté par le grand Maître Berruguete.

— Pour les amateurs de baroque exubérant, la *chapelle de la Vera Cruz* (calle de las Ursulas) tient ses promesses avec son retable churrigueresque.

– Tout à côté, *église et couvent de las Ursulas*. A l'intérieur, gisant de style Renaissance du fondateur de l'église. Dans le couvent, petit musée d'Art religieux. Tout près, calle Bordadores, la « maison des morts » avec une superbe façade plateresque.

SÉGOVIE

Un rendez-vous obligatoire en Castille. Les Romains l'avaient compris en leur temps. Évidemment, très touristique. La ville, accrochée sur un promontoire abrupt, prend le soir des teintes ocre fauve et mordorées fascinantes. Quel plaisir de parcourir ses ruelles pour découvrir les merveilleuses églises romanes qui s'y cachent ! L'Alcazar domine les ríos Eresma et Clamores, s'avance comme une étrave, donnant à la ville une allure de navire échoué. Ségovie, un grand moment de votre voyage...

Adresses utiles

– *Office du tourisme* : plaza Mayor, 10. Tél. : 43-03-28. Ouvert de 9 h à 14 h du lundi au samedi. Fermé le dimanche.
– *Poste* : plaza del Dr. Laguna. Ouverte de 9 h à 14 h et de 17 h à 19 h. Samedi le matin seulement.

Où dormir ?

● Bon marché

– *Auberge de jeunesse* : paseo Conde de Sepulveda. Tél. : 42-00-27. Ouverte toute l'année. Sur la route principale, à mi-chemin entre la gare de chemin de fer et la vieille ville. Douches chaudes.
– *Hotel Victoria* : plaza Mayor, 5. Tél. : 43-57-11. Assez vieillot, meublé à l'emporte-pièce, mais propre et bien tenu. Pas mal de chambres. Chambres avec ou sans salle de bains.
– *Casa de Huéspedes* : plaza Mayor, 5 (2e étage). Tél. : 43-35-27. Seules les deux chambres donnant sur la place sont intéressantes : ensoleillées et spacieuses avec de beaux lits en fer. Confort cependant rudimentaire.
– *Hostal Juan Bravo* : Juan Bravo, 12 (2e étage). Tél. : 43-55-21. Très central, bien tenu et prix très raisonnables. Chambres avec lavabo ou avec douche.
– *Hostal Plaza* : Cronista Lecea, 11. Dans la rue partant de la plaza Mayor. Tél. : 43-12-28. Refait entièrement de neuf. Très belles chambres avec ou sans bains. Un excellent rapport qualité-prix. Un peu plus cher que les précédents.
– *Venta Magullo* : à 2,5 km sur la route de Soria. Tél. : 41-20-85. Petit hôtel sympathique. Terrasse et jardin derrière. Chambres avec douche. Un peu plus cher que les précédents.

● Plus chic

– *Las Sirenas* : Juan Bravo, 30. Tél. : 43-40-11. Central et possédant un certain charme. Pour le prix d'un 2 étoiles de chez nous. Air conditionné. Accueil déplorable.

● Camping

– *Acueducto* : à 2,5 km de la ville, sur la route de la Granja. Ouvert de juin à septembre.

Où manger ?

● Bon marché

– *José Maria* : Cronista Lecea, 11. Tél. : 43-44-84. Près de la plaza Mayor. Un des restos les plus appréciés de la ville pour son excellente cuisine castillane. Grandes salles décorées façon rustico-touriste, mais pas désagréables. Quand c'est plein, un peu d'attente, mais ça vaut le coup. Prix très raisonnables à la carte. Délicieuses viandes dont le célèbre *cordero* (agneau rôti). Notre meilleure adresse sur la ville.
– *La Concepción* : plaza Mayor. Bar à tapas assez branché. Musique classique l'après-midi, funky le soir. Décor de marbre et de cuivre, banquettes de velours. Toujours très animé.

92 / LA CASTILLE

● *Plus chic*

— *Mesón Candido* : plaza del Azoguejo, 5. Tél. : 42-81-83. Au pied de l'aqueduc. Un restaurant réputé de la région et l'un des plus célèbres de Castille. Cuisine typique régionale dans un décor rustique un peu chargé. Dans le bar, une foule de diplômes du patron, de photos (où il serre la pogne de Franco, du roi, etc.). Nombreuses antiquités et souvenirs qui savent créer une certaine atmosphère. Tous les plats classiques : *cordero, cochinillo, perdiz estofada*, poissons, à des prix somme toute encore abordables. Il est conseillé de réserver.

— *Casa del Duque* : calle Cervantès, 2. Un grand nom de la gastronomie espagnole. Spécialité : le *cordero* (cochon de lait rôti), un délice. Plus agréable, côté ambiance, que le précédent. Central. Et légèrement moins cher pour une qualité identique.

A voir

— *L'Alcazar* : l'une des silhouettes les plus familières et les plus séduisantes de Castille, quand elle se détache noble et massive, sur la sierra de Guadarrama. Ouvert tous les jours de 10 h à 18 h (en basse saison de 10 h à 14 h et de 16 h à 18 h). Entrée payante. Construit au XIVe s., en profitant des travaux précédents des émirs arabes. On note tout d'abord le donjon, massif garni de tourelles crénelées. Son aspect presque authentiquement médiéval provient d'ailleurs d'une restauration « à la Viollet-le-Duc » réalisée au XIXe s. à la suite d'un incendie. Nombreuses salles présentant des collections de beaux meubles gothiques, coffres, armes, tapisseries. Superbes plafonds avec réminiscences d'art arabe. Retable finement travaillé. Beaux vitraux dans la chapelle. De la pointe de l'éperon, point de vue intéressant, mais nous conseillons surtout d'affronter les 155 marches très raides du donjon pour profiter d'un panorama exceptionnel sur toute la vallée et les monastères environnants.

Intéressante *salle d'armes* avec moult bombardes et couleuvrines. Très belle arbalète incrustée d'ivoire et d'os. Observer l'ingénieux système de fermeture des coffres. Presse à frapper la monnaie du XVIIIe s.

— *La cathédrale* : style gothique tardif du fait qu'elle succéda à l'ancienne cathédrale, détruite lors de la révolte des *Comuneros* vers 1520. (Cette révolte dirigée par un Ségovien, Juan Bravo, embrasa toute la Castille contre le despotisme de Charles Quint.) Là encore, architecture remarquable et caractéristique. Belle pierre dorée. Un poète a pu dire : « Parfois tours et clochers de Ségovie se profilent sur un fond de nuages couleur d'ardoise. Ils paraissent alors avoir une lumière intérieure, qui continue de briller quand tout s'est éteint alentour... »

A l'intérieur, on remarque aussitôt la luminosité et l'élégance de l'édifice. Superbes stalles gothiques provenant de l'ancienne cathédrale et grilles remarquables.

— Petit *Musée diocésain* présentant quelques œuvres intéressantes. Tapisseries aux couleurs étonnamment fraîches. Carrosse doré surmonté d'un ostensoir en argent. Quelques peintures et triptyques intéressants, livres rares, orfèvrerie religieuse. Cloître également, héritage de l'ancienne cathédrale. Dans la salle capitulaire, magnifiques tapisseries flamandes, comme neuves, d'après des cartons de Rubens. Retour dans la nef pour finalement remarquer la sobriété de la décoration intérieure, à part quelques retables fous de type churrigueresque, notamment dans la *chapelle du Saint-Sacrement*.

— *Les églises romanes* : l'une des meilleures façons de quitter les sentiers battus : aller à la découverte de la douzaine d'églises romanes remarquables qui se cachent dans la ville et aux alentours.

● *San Esteban* : plaza San Esteban (au bout de la calle Vallejo, après la visite de l'Alcazar). Elle présente une belle galerie à chapiteaux romans et une élégante tour de cinq étages. Un peu plus loin, *église de la Trinidad* d'une architecture très sobre.

● *San Martin* : calle Juan Bravo. Notre préférée. Présente une triple galerie extérieure. Chapiteaux là aussi remarquables représentant animaux fantastiques, motifs floraux, scènes de l'Évangile, etc. Noter tout autour de l'église, les belles demeures seigneuriales. Beaucoup possèdent une galerie, au dernier étage et une façade à blason. Une tour massive démontre la puissance d'une des familles.

- *San Juan de los Caballeros* : plaza de Colmenares. Double porche sculpté intéressant. Elle abrite le *musée de peinture Zuloaga*. Profitez de votre présence dans le quartier pour admirer un ensemble de palais assez homogène autour des plazas del Conde de Cheste et San Pablo (palais del Conde de Villares, la casa de Lozoya, « palais des Fêtes », aujourd'hui conservatoire de musique, etc.).

– *La Casa de los Picos* : calle de Cervantes. Une demeure du XVe s. à la décoration assez unique : façade entièrement recouverte de pointes de diamant.

– *L'aqueduc romain* : construit sous l'empereur Trajan (100 ans après J.-C.) et dans un état remarquable. Pas un gramme de ciment, tout est ajusté impeccablement.

– *Église San Millán* : calle Fernandez Labreda. Hors les murs, dans une rue qui part de la plaza del Azoguejo. L'une des plus belles églises romanes de la ville. Chevet admirable, galerie extérieure à chapiteaux et tour mozarabe.

Aux environs

– Orgie d'*églises, couvents* et *monastères*. Nous ne pouvons tous les décrire. Avec l'excellente carte de l'Office de tourisme vous les repérerez tous depuis l'Alcazar. Les plus intéressants sont le *couvent de Santa-Cruz* (superbe portail isabellin), le *monastère d'El Parral* (église de style isabellin, tombeaux plateresques, belle promenade dans la campagne, à partir de là), l'*église de la Vera Cruz* de style roman tardif (fondée au XIIIe s. par les Templiers), *San Lorenzo* (qui révèle de belles influences mudejares)...

– *Le palais de la Granja* : à 11 km de Ségovie. Un mini-Versailles sur la route de Madrid, au pied de la sierra de la Guadarrama. Construit au XVIIIe s. Visite de 10 h à 13 h et de 15 h à 18 h (jours fériés 10 h à 15 h). Fermé le lundi. Jardins à la végétation exubérante, superbement dessinés par des jardiniers-paysagistes français. Fontaines monumentales. Le palais abrite un *musée des Tapisseries* (surtout d'origine flamande).
Pour s'y rendre, nombreux bus depuis Ségovie. De Madrid, c'est une excursion du dimanche et des jours fériés classique. Bus à 8 h 15 par la Cie *La Rápida*, calle Monteleón, 31. Tél. : 445-23-32. Métro : Bilbao. Également par *La Sepulvedana* à 9 h depuis le 11, paseo de la Florida. Tél. : 247-52-61. Métro : Norte.

DE SÉGOVIE A SAN LORENZO DEL ESCORIAL

Joli itinéraire à travers la sierra de Guadarrama par la N 601 en passant par le *col de Navacerrada* à 1 860 m. C'est une station de sports d'hiver très populaire. En été, nombreuses excursions possibles, s'adresser à l'Office du tourisme de Navacerrada. Possibilité de dormir à l'A.J. Francisco Franco (tél. : 852-14-23).

Ceux qui circulent en voiture, peuvent visiter en cours de route la vallée de Los Caídos, 10 km avant San Lorenzo del Escorial. Autre lieu de villégiature recherché : *Cercedilla* (relié à Navacerrada par funiculaire).

SAN LORENZO DEL ESCORIAL

A plus de 1 000 m d'altitude, un imposant monastère doublé d'un des plus beaux musées d'Espagne. Élevé après la victoire de Philippe II sur l'armée du roi de France Henri II en 1557, le jour de la Saint-Laurent. Sa forme rappelait d'ailleurs le gril sur lequel le saint se consuma. La construction du monastère, sous la direction de Juan de Herrera, ne dura qu'une vingtaine d'années. Un record pour l'époque. Cela explique aisément la grande unité de style de l'ouvrage en granit gris, aux lignes sobres, à l'aspect assez austère, et qui définit le style herrérien par la suite.

Fête de la ville évidemment le 10 août, à la Saint-Laurent. Corridas.

Comment s'y rendre ?

● *En train*

– Une vingtaine de trains par jour depuis la station souterraine *Apéadero de Atocha* ou *Chamartin*. 1 h de trajet. De la gare, 20 mn de marche.

● *En bus*

– Par la Cie *Herranz*, calle Isaac Peral, 10. Métro : Moncloa. Tél. : 243-36-45. 6 à 8 bus par jour. 1 h 15 mn de trajet environ.

Où dormir ?

Hôtels assez chers. Peu de pensions. Il vaut mieux effectuer l'excursion dans la journée.

- *Hostal Christina* : Juan de Toledo, 6. Tél. : 890-19-61. Pas loin du monastère. Une des rares pensions pas chères. Très correcte. Réservation quasi obligatoire en haute saison.
- *Camping La Herreria* : à 2,3 km du monastère. Tél. : 890-56-17. Très grand camping à prix moyen, très ombragé. Intéressant pour une nuit.
- *Camping* à 7 km, sur la route de la vallée de Los Caídos. Piscine, tennis, supermarché. Assez cher.
- *Albergue juvenil* : à 1 km de la route principale, c'est fléché à l'entrée de San Lorenzo, avec le nom : « Santa Maria de Buen Aire ». Douches chaudes et accueil sympa. Mais souvent complet.

A voir

- *Le monastère et musée* : ouvert de 10 h à 13 h 30 et de 15 h 30 à 19 h (18 h en basse saison). Fermé tous les lundis, le 10 août, le 8 septembre, les 24, 25 et 31 décembre, le 1er janvier. Gratuit le mercredi. En été, ne pas avoir peur de la longue file d'attente. Ça va assez vite. Compter minimum 3 h de visite en courant ! Arriver tôt. La visite ne compte pas moins que les appartements royaux, les nouveaux musées, l'église, le Panthéon royal, les salles capitulaires, la bibliothèque.

● *Les appartements royaux* : pièces peu meublées mais nombreuses peintures et superbes tapisseries d'après des cartons de Goya. Étonnante fraîcheur des couleurs. Noter celle de « Poséidon sur ses chevaux blancs ». Quelle vigueur, quelle puissance ! Extraordinaire salle des Batailles. Un Jérôme Bosch génial : « les Sept Péchés capitaux ».

● *Les nouveaux musées* (Nuevos Museos) : des œuvres exceptionnelles, notamment « la Création » et « Ecce Homo » de Bosch, « Vierge et l'Enfant » de Quentin Metsys (remarquer le voile translucide qui recouvre Jésus), « la Fuite en Égypte » du Titien, ainsi que bien d'autres toiles d'un grand intérêt, puis le Tintoret, F. Zuccaro « Adoration des bergers », très belle « Cène » du Titien. De Ribera, « Saint Jérôme », superbe « Ésope », remarquable « Joseph gardant les troupeaux de Labán ». Puis Zurbarán, Vélasquez, etc. Intéressant petit musée de la construction du monastère (toutes les techniques utilisées). Assez surprenant !). Œuvres importantes du Greco : le « Martyre de saint Maurice », « Saint Pierre », mais surtout « l'Adoration du nom de Jésus » où le roi Philippe II apparaît agenouillé.

● *Le Panthéon royal* : on y trouve pratiquement tous les rois depuis Charles Quint. Débauche de marbres et d'ors. Le Panthéon des Infants, assez morbide, présente cependant quelques chefs-d'œuvre comme le gisant de Jean d'Autriche dans une toute petite pièce. Sculpture d'une extrême finesse. A noter également le gisant de Maria de Merced de Bourbon.

● *Église* : froide, colossale, typique du style herrerien. Fresques du plafond immenses, retable de 30 m de haut. Groupes sculptés des rois Charles V et Philippe II agenouillés et assistant à la messe.

● *Les salles capitulaires* présentent également de grandes fresques et de belles peintures. Certaines d'entre elles étaient en rénovation.

● *La bibliothèque* ne doit pas être sacrifiée, même après une visite assez fatigante. Bibles et corans enluminés, cartes anciennes, scènes de batailles, manuscrits aux graphismes superbes, etc.

● *Les jardins du monastère*. Ils valent le détour.

LA VALLÉE DE LOS CAIDOS

A une dizaine de kilomètres de San Lorenzo del Escorial, la célèbre « vallée des Morts », testament politique et architectural de Franco. Bref, pas beaucoup d'intérêt sauf pour admirer l'invraisemblable travail qu'a nécessité la construction de la basilique souterraine, véritable cathédrale des temps modernes dans sa démesure. Ouverte tous les jours de 10 h à 19 h 30 sauf le 17 juillet, le

19 novembre et l'après-midi de certains jours fériés. Entrée payante. On se rend en voiture jusqu'au parking au pied de la croix. Quelques bus depuis El Escorial et Madrid (renseignements : 243-81-67).
La basilique a été entièrement creusée dans la roche. Œuvre titanesque : la nef mesure 260 m de long (beaucoup plus que Saint-Pierre de Rome). Imposante grille de fer forgé à l'entrée. A la croisée des transepts, coupole de 42 m de haut avec une fresque en mosaïque représentant tous les morts de l'Espagne montant vers Dieu. Tombes de Franco et de Primo de Rivera. A cet endroit précis, nous sommes à la verticale de la croix monumentale juste au-dessus. Panorama sur toute la vallée.

MADRID

Ville léthargique et haïe des autres cités espagnoles parce qu'elle accaparait le pouvoir pendant la dictature. La Madrid des années 70 a bien changé. Moins belle peut-être que d'autres capitales européennes, moins monumentale que les villes prestigieuses qui l'entourent, Madrid a connu comme Paris un phénomène de transformation de ses vieux quartiers. Pourtant elle possède des atouts qui lui sont propres. Outre son titre de capitale la plus haute d'Europe, Madrid est le théâtre de la vie nocturne la plus enfiévrée, la plus trépidante et de la jeunesse la plus exaltée.
Tous les quartiers historiques de la ville se sont mis à bouger, à ouvrir des lieux de rencontre. Le centre accueille dans ses vieilles tavernes des Madrilènes de tous âges. Le quartier de Chueca, rendez-vous des homosexuels et des jeunes, aligne un chapelet de bars, de cafés et de boîtes. Tandis que Malasaña, plus en marge, reçoit dans ses clubs d'excellents groupes de rock ou de jazz. Le quartier de Lapavies, plus calme, montre maintenant le bout de son nez et devrait attirer sous peu la « Movida ». Et puis, partout, éclosent les bars post-modernes, au design élégamment décadent. Le post-modernisme ! voilà un beau symbole pour décrire cette ville qui déploie une belle énergie à rattraper le temps perdu... et y réussit plutôt bien.
Après avoir rejeté les marques d'un passé plutôt cruel, Madrid accepte de nouveau son patrimoine culturel : les corridas et le football redeviennent à la mode auprès des jeunes. Un nouvel équilibre se trouve. La « Movida » du début des années 80, propriété des intellos et des gens de culture, se dilue doucement dans toute la population, et tout le monde semble en profiter.

La Movida

Mais qu'est-ce donc que cette Movida ? C'est le mouvement. Tout ce qui fait que les idées et les gens bougent. Le terme est aujourd'hui usé jusqu'à la corde, ce qui fait dire aux « branchés » que la movida c'est comme Capri, c'est bien fini. L'expression s'appliquait, il y a quelques années, au profond élan de création qui s'était développé dans le monde des arts, de la décoration, de la peinture, du cinéma (avec notamment Pedro Almodovar) et de la B. D. Aujourd'hui, ce foisonnement touche tous les acteurs de la vie madrilène. Pour certains, la movida n'existe plus, pour d'autres, en fait, elle est partout.

Un peu d'histoire

Le nom de la ville proviendrait du mot arabe « magerit » qui voudrait dire abondance d'eau. La ville a commencé à se développer avec les Arabes lors de sa conquête par Mohammed I, au milieu du IXe siècle. Une large enceinte est alors construite (lieu actuel du palais royal). La ville se développe peu à peu et devient une localité importante avec l'entrée des rois Catholiques dans la ville au XVe siècle. De la cité médiévale, il ne reste que peu de chose. En revanche, les autres époques ont à chaque fois franchement marqué l'architecture de la ville : le XVIe siècle et une partie du XVIIe siècle par la maison d'Autriche, le XVIIe par celle des Bourbons, au XIXe siècle, la période romantique... puis le Madrid contemporain. La ville ne devint capitale qu'au XVIIe siècle.
La massive industrialisation de ces cinquante dernières années a considérablement changé le visage de la ville, ainsi que l'urbanisation démente des deux décades écoulées : communes annexées, immenses banlieues-dortoirs, autoroutes urbaines, etc. La population a quasiment triplé en 25 ans. Sur le plan historique, deux périodes importantes : la révolte du 2 mai 1808 qui donna le

signal de la guerre d'Indépendance, puis 1936 et la guerre civile. Madrid résista à toutes les attaques franquistes et elle fut l'une des dernières villes à se rendre. Aujourd'hui, la jeunesse est durement touchée par le chômage. Plus de 25 % des jeunes de 20 à 25 ans sont sans emploi. Heureusement, ils s'en tirent souvent moins mal qu'en France car les appartements sont grands et il est toujours possible de prolonger le séjour chez papa-maman.

Reste que bien souvent les tensions entre générations poussent les jeunes à passer plus de temps dans les bars qu'autour de la table familiale. Autant d'occasions pour vous de faire plein de rencontres.

Il faut bien compter quatre ou cinq jours pour commencer à comprendre Madrid qui, au-delà de son centre historique évident, sait ménager des surprises à ses visiteurs...

Les fêtes de la San Isidro avec les meilleures courses de taureaux (en mai) et celles de la Paloma sont de grands moments.

Arrivée à l'aéroport
– *Bus* toutes les 15 mn de 5 h à 1 h du matin. Le dimanche, dernier bus à 19 h 15. On le prend aux arrivées internationales, au rez-de-chaussée. Il vous dépose plaza Colón.
– *Office du tourisme,* ouvert de 8 h à 20 h, du lundi au vendredi. Samedi de 8 h à 13 h. Le dimanche jusqu'à 14 h. Tél. : 205-86-56. Documentation et plans de la ville. On y parle français.

Arrivée par le train
Madrid possède trois grandes gares :
– *Atocha Station* : Glorieta Emperador Carlos V.
– *Principe Pio Station* : paseo de la Florida.
– *Charmatin Station* : avenida Pio XII.
– *Informations concernant les trains* (RENFE) : tél. : 733-30-00 et 733-22-00
– *Achat de billets* : Alcalà, 44. De 9 h à 13 h 30 et de 16 h à 19 h. Le samedi, le matin seulement. Par téléphone : 429-82-28.
– *Informations routières* : 441-72-22.
– *Offices du tourisme*
● *Plaza Mayor,* 3. Tél. : 266-48-74. Ouvert de 10 h à 13 h 30 et de 16 h à 19 h (sauf samedi après-midi et dimanche). Il offre un superbe plan de la ville et de belles brochures sur les villes de Castille. Tous les Offices ont des plans de la ville.
● *Torre de Madrid,* plaza de España. Tél. : 241-23-25. Ouvert de 9 h à 21 h. De 9 h 30 à 13 h le samedi. Fermé le dimanche.
● *Duque de Medinaceli,* 2. Tél. : 429-49-51. Ouvert de 9 h à 19 h. De 9 h à 13 h le samedi. Fermé le dimanche.
● *Estación de Charmatin* : dans le hall central. Porte 14. Tél. : 215-99-76. Ouvert de 8 h à 20 h. Jusqu'à 13 h le samedi. Fermé dimanche.
– *Lignes de bus interurbaines* : Canavias, 17. Tél. : 468-42-00. Tous les renseignements pour aller d'une ville à l'autre.
– *Informations téléphoniques* (renseignements) : 003.
– *Ambassade de France* : calle de Salustiano Olósaga, 9. Apartado 50274. Madrid 28001. Tél. : 435-55-60.
– *Consulat de France* : paseo de la Castellana, 79. Edificio U.A.P. Madrid 28046. Tél. : 455-54-50.
– *Ambassade de Belgique* : paseo de la Castellana, 18. Tél. : 401-95-58.
– *Ambassade de Suisse* : call Nuñez de Balboa, 35. Tél. : 431-34-00.
– *Ambassade du Canada* : call Nuñez de Balboa, 35. Tél. : 431-43-00.
– *Poste centrale* : plaza de Cibeles. Dans un immense et pittoresque édifice de style gothico-victorien ! Ouvert du lundi au samedi de 9 h à 21 h. Poste restante : de 9 h à 14 h et de 16 h à 18 h (sauf samedi après-midi et dimanche). Service télégramme ouvert tous les jours et téléphone international de 8 h à 13 h. Tél. : 521-40-04.
– *Téléphone international* : Gran Via, 28. Ouvert du lundi au samedi de 9 h à 22 h, le dimanche de 10 h à 14 h et de 17 h à 21 h. Un autre office, *Virgende los Peligros,* 19. Ouvert de 9 h à 13 h et de 16 h à 21 h. Dimanche de 10 h à 15 h.
– *Police* : 092.
– *Objets perdus* : plaza Legazpi, 7. Tél. : 228-48-06.
– *Consigne* : plaza de Colón (sous-sol) ; à la station de bus sud, Canarias, 17 et dans les gares.

- *Service ambulanciers* : service municipal : 230-71-45.
- *Hôpital* : paseo de la Castellana, 261. Tél. : 734-26-00.
- *Pour savoir tout ce qui se passe en ville* : Guia del Ocio, l'équivalent de notre Pariscope.
- *Air-France* : Grand Via, 53. De 9 h à 17 h. Tél. : 242-49-00.
- *Ibéria* : Vélasquez, 130. Tél. : 585-85-85.
- *Viajes Tive* : José Ortega y Gasset, 71. Tél. : 401-90-11. Métro : Lista. Agence de voyages pour étudiants (avoir sa carte).
- *American Express* : plaza de la Cortes, 2. Tél. : 429-68-75.
- *Photomaton couleur* : dans la rue, au n° 18 de la calle Ruda. Métro : Latina.
- *A Dedo* : calle Mayor, 1, of 21-2°. Tél. : 231-75-19. Sorte d'*Allôstop*.
- *I.G.N.* (Instituto Geografico National) : General Ibañez de Ibero, 3. Tél. : 233-38-00. Fermé samedi et dimanche. Cartes détaillées de 1/20 000 au 1/25 000, indispensables pour la randonnée. Difficiles à trouver ailleurs.

Au contraire de la *gare d'Atocha* (Andalousie, Tolède), la *gare de Chamartin* (Pays basque, France par Irùn) est climatisée et offre de très nombreux sièges pour dormir dans une ambiance d'aérogare.
Il existe un train qui relie les deux gares : il est accessible gratuitement pour ceux qui sont en transit entre les deux gares et possèdent un billet *ad hoc* (exemple : gratuit pour un billet Paris-Séville ou un Burgos-Tolède). Cette navette est plus commode que le métro qui est assez long et qui de plus n'est pas direct.

Transports

- *Métro* : réseau excellent et rapide. Fonctionne de 6 h à 1 h 30 du matin. Une carte (métrotour) est en vente qui vous permet de voyager pendant 3 ou 5 jours pour 575 ou 850 ptas. Très pratique. Renseignements : 435-22-66. Le cheptel de rames se renouvelle peu à peu.
- *Bus* : réseau dense et pratique quand on en a compris le fonctionnement. Renseignements : 401-99-00. Les microbus sont particulièrement rapides. Fonctionnent de 6 h à minuit. Après, un bus fait la liaison toutes les 30 mn entre la plaza de Cibeles et la Puerta del Sol. Un ticket : 50 ptas. 10 tickets : 310 ptas. Informations : 401-99-00.
- *Taxis* : pas de problèmes pour en trouver, ils pullulent. Prix de base bien moins cher qu'à Barcelone mais le compteur monte vite. Bon, ça reste très bon marché.
- *En voiture* : vous êtes tombé sur la tête ou quoi ? Bon, calmons-nous... La voiture peut vous être utile uniquement le soir. Dans la journée, encombrements innommables. Il existe à Madrid un système de stationnement efficace, l'O.R.A., qui dispose de parkings dans différents points de la ville (plusieurs dans le centre). On achète des cartes de couleurs qu'on utilise au fur et à mesure : 30 mn, carte jaune, 1 h carte verte, etc. Pratique.

Où dormir ?

En principe, pas trop de problèmes pour se loger pas cher à Madrid. Avec le système des pensions, beaucoup de choix. En revanche, en période touristique, plus la soirée avance, plus les chances s'amenuisent. Pensez à téléphoner avant ou réservez. Les prix sont en fait assez voisins entre une petite pension (environ 45-55 F par personne) et une pension plus chic (65-75 F par personne). La différence réside dans le standing et la douche (chaude) qui est dans la chambre. Certaines pensions très classes (comme sur Gar Via) ne sont pas chères, mais ne possèdent pas de douche dans la chambre.

● ***Auberges de jeunesse*** *(albergues juvenil)*

A moins que vous ne meniez une vie monacale, c'est un mode de logement peu conseillé. L'auberge, située dans le centre, possède un couvre-feu rigoureux : être obligé d'aller faire dodo au moment où la vie nocturne se réveille, dur !... La seconde auberge possède un couvre-feu souple mais elle est située à « Tataouine-les-bains-de-pieds ».
- Albergue Juvenil *Santa Cruz de Marcenado* : Santa Cruz de Marcenado, 28. Métro : Argüelles. Dans une rue parallèle à la calle de Alberto Aguilera. Tél. : 247-45-32. (Plan : au nord de A1). Dans un petit immeuble complètement rénové. Tout confort, moderne et prix honnêtes. Carte AJ.
- Albergue Juvenil *Richard Schirrmann* : casa de Campo. Tél : 463-56-99. Située à l'ouest du centre, très éloignée. (Plan : à l'ouest de A1). A 1 km de la station de métro Lago (ligne bleue). A la sortie du métro, se diriger à gauche et

98 / MADRID

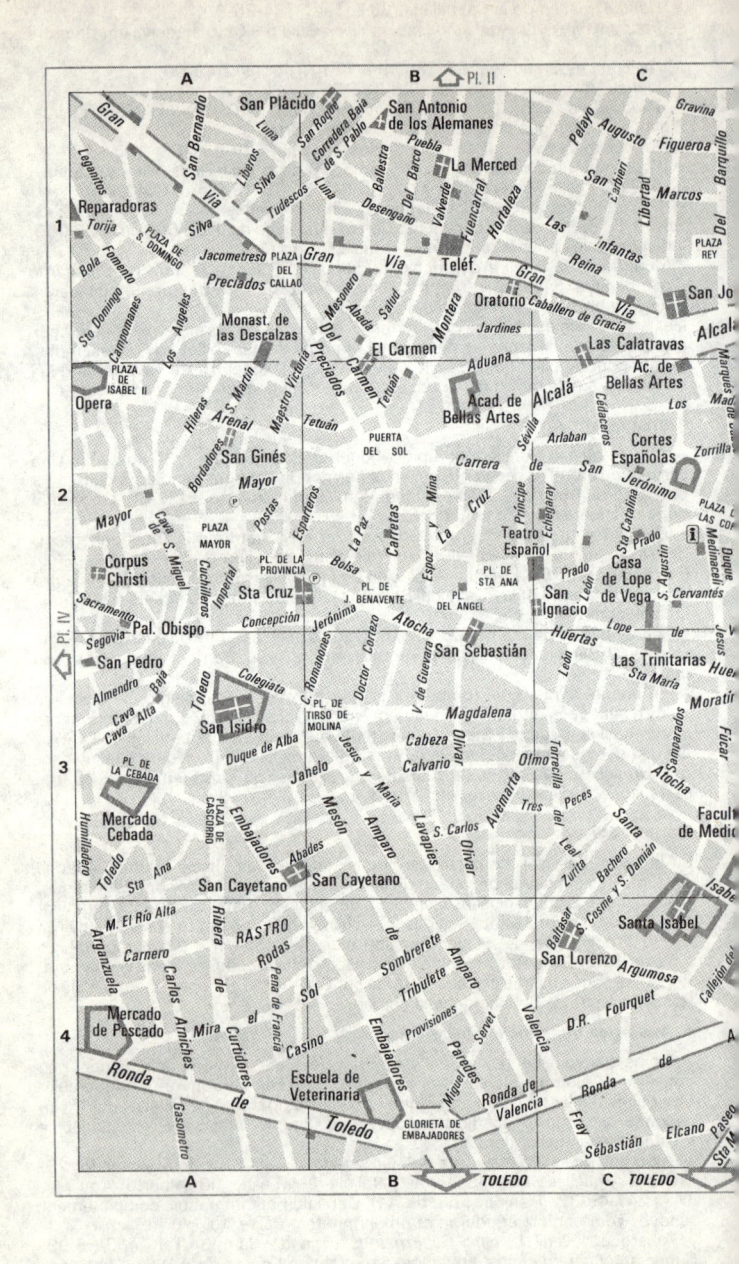

MADRID / 99

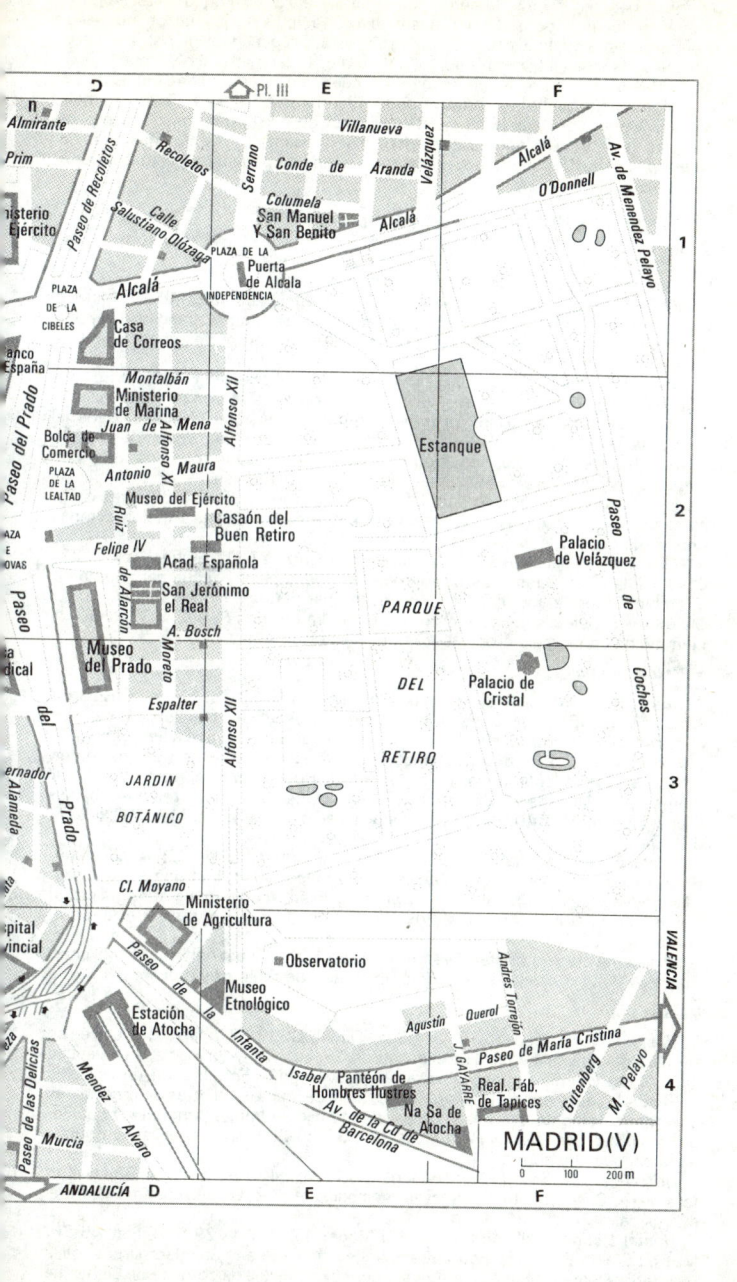

encore à gauche. Prendre le petit chemin parallèle à la voie qui traverse le parc. Traverser le petit pont de béton sur la droite, puis à gauche de nouveau. L'auberge est à quelques centaines de mètres sur la gauche. Une petite expédition. Si vous souhaitez rentrer après l'heure d'arrêt du métro, il n'y a que le taxi. Tél. : 463-56-99. Carte AJ obligatoire. Un peu moins cher pour les moins de 26 ans. Petite construction de briques en U. Chambres de 2 ou 4. Atypique mais propre. Tranquille. Deux bons points : on peut dormir tard le matin et on peut toujours se débrouiller pour rentrer après le soit-disant-couvre-feu. Mais bon, ne vaut-il pas mieux louer une petite chambre dans une pension du centre, pour à peine plus cher ?

ENTRE LA PUERTA DEL SOL ET LE PRADO

● *Pas cher*

Quartier éminemment touristique et animé bien sûr !
- *Hostal R. Rodriguez :* Nuñez de Arce, 9 (3ᵉ étage). Tél. : 522-44-31. Métro : Sol ou Sevilla. (Plan B2). La charmante patronne parle un peu français. Grandes chambres toutes simples avec lavabo, mais claires et propreté impeccable. Les moins chères du quartier.
- *Hostal Escadas :* Echegaray, 5 (1ᵉʳ étage). Tél. : 429-63-81. Métro : Sevilla. (Plan C2). Petites chambres avec lavabo très correctes et bon marché. Maison agréable dans rue populaire, proposant d'autres pensions d'ailleurs. Dans le même genre, *hostal Lido* (Tél. : 429-62-07). La pension *Las Once* (Tél. : 429-62-32), fondée en 1896, sent bon la vieille Espagne avec tous ses objets et meubles anciens. Un peu plus cher, mais avec salle de bains.
- *Hostal Leonés :* Nuñez de Arce, 14 (2ᵉ étage). Tél. : 231-08-89. Près de la plaza de Santa Ana. (Plan B2). Même prix que ci-dessus mais moins sympa. Chambres correctes, sans plus.
- *Casa de huespedes Marcelino :* calle de la Cruz, 27 (1ᵉʳ étage). Tél. : 522-01-37. (Plan B2). Dans le petit renfoncement de la place. Tenue par une dame adorable. Propreté impeccable. Une douche par personne incluse dans le prix. Chambres simples, sans lavabo. Bon marché. La *pension Pelaez* au 3ᵉ étage est bien moins chère mais propreté très douteuse.

● *Prix moyens*

- *Hostal Regional :* calle del Principe, 18. Tél. : 522-33-73. Métro : Sevilla ou Anton Martin. (Plan B2). Dans un immeuble de classe avec belle cage d'escalier et ascenseur. Chambres superbes, claires et spacieuses avec lavabo, prix de la douche compris. Prix très raisonnables. Bon accueil. Une de nos meilleures adresses. Dans la même maison au 3ᵉ étage, *Hostal Carreras*, tout aussi bien, mêmes prix. Douche sur le palier comprise. Quelques chambres avec bains. (Tél. : 522-00-36.) Au 1ᵉʳ étage, *hostal Villar*, un peu moins bien (Tél. : 231-66-00).
- *Hostal Esmeralda :* calle Victoria, 1. Tél. : 521-00-77. (Plan B2). Au 2ᵉ étage. Grandes tentures vertes dans l'entrée qui donnent à l'endroit une atmosphère très nouveau-riche. Chambres très propres avec douche mais sans toilettes. Tenue par des gens agréables. Prix élevés pour 1, corrects pour 2 et très raisonnables pour 3.
Au troisième étage, l'*hostal Veracruz* (tél. : 521-31-15) est nettement plus cher. Toilettes dans la chambre cette fois, mais dessus-de-lit très moche.

● *Plus chic*

- *Hostal Victoria :* Carretas, 7. 2ᵉ étage. Tél. : 522-99-82. (Plan B2). L'entrée se trouve à gauche du magasin de chaussures. Si l'escalier est minable, en revanche l'hostal est vraiment impeccable, arrangé avec goût. En fait c'est un véritable petit hôtel. Tout vient d'être réaménagé. Salle de bains et toilettes dans certaines chambres. Téléphone aussi. Tenu par une famille adorable. Bon rapport qualité-prix. Au 3ᵉ étage, *Hostal Pretoria*, tél. : 231-93-29, moins cher, avec douche dans chaque chambre.
- *Hotel Residencia Santander :* Echegaray, 1. Tél. : 429-95-51. (Plan B3). Hall en faux vieux. Chambres très correctes avec bains et w.-c. Un peu cher mais central et très calme.
- *Hostal Lisboa :* calle Ventura de la Vega, 17. Tél. : 429-98-94 et 46-76. Métro : Sevilla (Plan C2). Petite rue animée donnant dans San Jeronimo et calle del Prado. Demandez une chambre sur cour à cause des discothèques. Bien situé dans le vieux quartier de la Puerta del Sol. D'ailleurs, au rez-de-chaussée, belle

boutique avec azulejos. Superbes chambres avec salle de bains, bien moins chères qu'un 2 étoiles chez nous.
- *Hostal Unión* : calle Infantas, 26 (4ᵉ étage). Tél. : 521-46-00 et 03-07. (Plan C1). Métro : Sevilla, Banco de España ou Chueca. Petite rue de Chueca, quartier particulièrement électrique la nuit (entre les calles Hortaleza et del Barquillo). Accueil très familial. Bien tenu et prix raisonnables finalement. Très belles chambres avec téléphone et petite baignoire. Patron sympa parlant français. Très bien. Au 3ᵉ étage, l'*hostal Lorenzo* : tél. : 521-30-57. Bien aussi.

DANS LE QUARTIER DE LA PLAZA MAYOR ET AUTOUR DE LA CALLE ARENAL

- *Hostal Cruz-Sol* : sur la charmante plaza de Santa Cruz, 6. 3ᵉ étage. Tél. : 232-71-97 (Plan A-B2). Notre meilleure adresse dans le quartier. Chambres agréables et propres avec lavabo. Prix dérisoires pour deux, compte tenu du confort et de la situation. Certaines chambres donnent sur la place. Même si vous rentrez très tard, le proprio viendra vous ouvrir avec le sourire. Petit supplément pour la douche. L'*hostal Santa Cruz*, au 2ᵉ étage, est très bien aussi.
- *Pension Arevalillo* : calle de la Sal, 2 (4ᵉ étage). Tél. : 265-03-33. Métro : Sol. (Plan A2). A 10 m de la plaza Mayor, petites chambres sans confort mais au soleil et bien entretenues. Une bonne petite adresse étant donné du prix pour deux. Douche dans le couloir.
- *Hostal Soledad* : calle San Cristobal, 11 (2ᵉ étage). Tél. : 521-22-10. (Plan A2). Accueil charmant. Chambres modestes dans rue piétonne typique. A 100 m de la plaza Mayor. Prix modérés. Une douche chaude comprise par jour. Idéal pour les petits budgets.
- *Pension La Provincia* : calle Imperial, 1, 3ᵉ étage gauche. Tél. : 266-44-11. Tout près de la plaza Mayor (quitter cette place du côté de l'Office du tourisme). (Plan A2). Chambres simples, doubles ou triples avec lavabo, à partager avec d'autres routards. Bon marché. On peut aussi vous préparer à manger. Une adresse très recommandable.
- *Hostal Montalvo* : calle Zaragoza, 6 (3ᵉ étage). Tél. : 265-59-10. Dans une rue piétonne, à une vingtaine de mètres de la plaza Mayor. (Plan A2). Pour un peu plus cher (mais toujours dans des limites raisonnables), de belles chambres avec salles de bain refaites depuis peu. Bon accueil. Notre meilleur rapport qualité-prix ! Si vous êtes un peu raides, il y a des chambres avec lavabo seulement. Chambres de 3 également. La fille de la famille parle anglais, ça peut aider.
- *Hostal Santa Cruz* : plaza Santa Cruz, 6. 2ᵉ étage. Tél. : 522-24-41. (PLan AB 2.) Une très bonne adresse dont les chambres donnent sur la croquignolette place Santa Cruz, derrière la plaza Mayor. Le proprio parle français. Très bien tenu. Douche dans chaque chambre. Adresse hautement recommandable.
- *Hostal Jeyma* : Arenal, 24. (Plan A2). Tél. : 248-77-93. 3ᵉ étage. Une petite dame tient quelques chambres un peu sombres mais acceptables. Prix très modiques, même pour 1 personne. Douche en supplément. Au 2ᵉ étage, *Hostal Ivor* (voir la rubrique « Plus chic »).
- *Hostal Paz* : calle Flora, 4. (Plan A1-2). Tél. : 247-30-47. Métro : Opéra. 1ᵉʳ étage. Si vous êtes 2 ou 3, c'est une bonne adresse. Dans une petite rue. La proprio est charmante et ses chambres sont impeccables. Avec douche, mais toilettes à l'extérieur. Prix modérés pour deux si vous prenez une chambre sans douche. Autre pension au rez-de-chaussée, la pension *Portugal* : pas glop pas glop !
- *Hostal Miño* : Arenal, 16. 2ᵉ étage. (Plan A-B 2). Tél. : 231-50-79 ou 97-89. Le sympathique propriétaire propose des chambres agréables donnant sur la rue. Pas mal de circulation dans la journée mais calme le soir. Proche de la Puerta del Sol. Douches (refaites) dans chaque chambre. Prix justes. Au même étage, juste en face, *Hostal Alicante*. Tél. : 231-51-78, un peu plus cher et bien moins sympa. Cependant il dispose d'une grande chambre pour quatre personnes avec douche, très intéressant.

● *Plus chic*

- *Hotel La Perla Asturiana* : plaza de Santa Cruz, 3. (Plan A-B 2). Tél. : 266-46-00. Métro : Sol. Hyper central, à deux pas de la plaza Mayor. Hôtel un peu déclassé, mais chambres bien entretenues. Quelques-unes sans lavabo presque au prix d'une pension.
- *Hostal Ivor* : Arenal, 24 (Plan A2). 2ᵉ étage. Tél. : 247-10-54. L'entrée ne paie pas de mine mais les chambres sont claires et agréables. Avec lavabo et douche. Certaines salles de bains ont été récemment refaites à neuf. Prix corrects pour deux mais très élevés pour une personne.

AUTOUR DE LA PLAZA DE CALLAO ET DE LA GRAN VIA

Un peu au nord de la Puerta del Sol. La Gran Via est une large saignée à la Haussmann où se trouve une grande partie de l'activité commerciale de la ville. Quartier plus calme la nuit.
- *Hostal Malagueña* : calle Preciados, 35. Métro : Calla. Au 4e étage. (Plan A-B, 1-2). Tél. : 248-52-23. Grandes chambres avec lavabo. Certaines avec lit en cuivre. Propreté et sanitaires impeccables. Excellent accueil. Prix très modérés. Adresse hautement recommandable. Juste en dessous, l'*hostal Callao*, tél. : 242-00-67. Bien plus cher et moins de charme. Propre. Douche dans chaque chambre.
- *Hostal Los 4 Tiempos* : traversia de Trujillos, 3. (Plan A1). Tél. : 521-30-53. Métro : Callao, Sol ou Opéra. Petite rue qui donne dans la plaza San Martin. Propre, bien tenu. Chambre pour deux personnes bon marché. La propriétaire parle français. La douche n'est pas dans la chambre mais comprise dans le prix. Très bien.
- *Hostal Centro* : calle Palma, 11. Tél. : 447-00-47. Métro : Tribunal. (Plan : au nord de B1). Dans le quartier très animé de « Dos de Mayo », au nord de Gran Via. Le coin des troquets étudiants, marginaux et punks. Toujours accessible à pied du centre. On parvient aux chambres par un dédale de couloirs. Petites chambres tristes mais bon marché pour deux. Seulement pour les fauchés qui veulent séjourner dans le quartier. Douche froide gratuite, mais la chaude est très chère.

● *Prix moyens*

Plusieurs excellentes adresses sur Gran Via (Plan A-B-C, 1). Moins sympa que le vieux quartier de la Plaza Mayor mais chambres plus grandes en général et très sûres.
- *Alcazar Régis* : Gran Via, 61. 5e étage. Tél. : 247-93-17. Décor étonnant. Un ancien grand hôtel transformé en pension sans avoir perdu le luxe d'antan. Parquet ciré comme des chaussures de Milord, lambris, peintures, grand hall très classe autour duquel s'ordonnent des chambres aux larges portes voûtées, décorées de beaux vitraux. Le luxe et l'ambiance familiale en plus. Prix vraiment modiques compte tenu du standing. Chambres pour 2 ou 3 avec lavabo. Mais pour vous laver, vous n'avez que l'embarras du choix. Belle brochette de 4 salles de bains. Excellente adresse pour jouer les riches quand on n'a pas le sou. Au 9e étage, l'*hostal Costa Verde* : tél. : 241-91-41. Là encore, beaux parquets mais moins de richesses apparentes. Pour deux et sans douche, bon plan.

● *Plus chic*

- *Hostal Lamalonga* : Gran Via, 56. 2e étage. Tél. : 247-68-94. Tenu par une famille charmante. Grand appartement arrangé avec pas mal de goût. Bon standing, très sûr. Chambres chères mais avec douche. Très cher pour une personne seule.
- *Hostal Margarita* : Gran Via, 50. Tél. : 247-35-49. 5e étage à droite. Entrée un peu kitsch mais chambres claires et propres, avec douche. Atmosphère familiale. On y parle anglais. Même genre que ci-dessus. Prix encore raisonnable.

● *Campings*

- *Osuna* : avenida de Logroño, Alameda de Osuna. Tél. : 741-05-10. Tout à côté d'une station de métro. Au milieu des pins et acacias (rachitiques). Ouvert toute l'année. Très sale. Le sol est carrément du béton... difficile de planter une sardine. Bruits combinés du chemin de fer et de la route. A part ça, bien...
- *Madrid* : au km 11 de la route Madrid-Burgos. Tél. : 202-28-35. Métro jusqu'à la plaza de Castilla, puis bus 129. Un peu difficile d'accès. Moins cher que le précédent et à peine plus agréable. Ouvert toute l'année. Bar, supermarché avec piscine l'été. Après minuit les voitures ne rentrent plus.
- *Alpha* : à 12 km du centre, sur la N IV Madrid-Cordoue. Bus pour Madrid n° 79 puis 25. Piscine gratuite, restaurant, bar, supermarché. Très poussiéreux mais ombragé. Petits emplacements. Bruyant et peu agréable.

Où manger ?

Pas de problème pour manger pas cher à Madrid. Nombre de restos affichent des menus très bon marché, le dimanche midi et soir. Les Madrilènes vont moins souvent au restaurant que nous. Pour eux c'est surtout à l'occasion d'événements bien particuliers ou de sorties en famille.
En revanche, ils fréquentent avec assiduité les comptoirs à tapas. Les tapas, ce sont en fait des « amuse-gueule » que l'on grignote au bar d'un restaurant avant

de pouvoir s'asseoir. Mais les tapas sont devenus si populaires que c'est désormais un mode de nutrition. On égrène les bars en buvant un « vino tinto » et en dégustant, debout, un tas d'excellents petits hors-d'œuvres jusque tard dans la nuit. Selon l'inspiration du patron on mangera des anchois sur toast, des tranches de chorizo, des lamelles de jambon, des salades composées, une mini-paëlla, sardines, champignons à l'ail, crevettes au citron, calamars... Madrid est la capitale des bars à tapas, préparez donc vos jambes car on y trouve rarement une table. Normal puisqu'on n'y reste pas longtemps. Et puis ça permet d'être plus mobile, de partager les conversations, de faire connaissance, de trinquer dans une bonne humeur générale. Vous serez étonné de découvrir combien les Madrilènes sont de grands noctambules. Et pas seulement les jeunes branchés. A 2 ou 3 h du matin, un dimanche soir, on a même vu un groupe de quinquagénaires à la recherche d'un dernier endroit pour poursuivre la nuit.

DANS LE CENTRE, AUTOUR DE LA PLAZA MAYOR

A partir de la plaza de San Miguel (près de la plaza Mayor) tout le long de la Cava de San Miguel, calle de la Cava Baja, une succession de restos plus ou moins touristiques. Faites votre choix suivant votre inspiration. En tout cas, sacrée animation le soir. Les restos de la calle de Cuchilleros sont très touristiques, bruyants et vraiment pas géniaux. C'est le quartier latin madrilène.
— *Hylogui* : calle Ventura de la Vega, 3 (entre la carrera de San Jeronimo et la calle del Prado). (Plan C2). Tél. : 429-73-57. Métro : Sevilla ou Sol. Proche du Prado. Fermé en août. Genre grande cantine populaire très bon marché. Le dimanche, pour le déjeuner, ambiance indescriptible. C'est la grande foule des familles. Arriver à 13 h ou 15 h 30 pour ne pas avoir à attendre.
— *El Chinchonete* : au coin des calle de Conde et del Cordón (n° 6-8), en contre-bas de la plazuela del Cordón. Métro : Latina. (Plan A2). Fermé en août. Dans le dédale des petites ruelles, entre la plaza Mayor et la calle de Segovia. Petit resto de quartier fréquenté par les employés des ministères alentour. Pas cher. Bonnes tripes à la madrilène.

● *Plus chic*

— *La Chata* : cava Baja, 24. (Plan A3). Tél. : 266-14-58. Belle façade en azulejos d'inspiration florale et scène du XIX° siècle. Resto un peu guindé mais qui prépare un *cordero* (cuisseau d'agneau). Jambon au-dessus du comptoir et photos de toreros partout. Bons tapas. Chaque jour une spécialité. Le lundi : *estofado de carne de toro*.
— *Posada de la villa* : cava Baja, 9. (Plan A3). Au rez-de-chaussée, énorme four circulaire en pierre dans lequel on fait griller l'agneau. Tables généreuses, nappes rouges, sièges en bois. Clientèle la trentaine cravatée, la quarantaine rayonnante. La carte est un peu chère mais les *callos* à la madrilène (tripes) sont bien préparées. Bons *setas à la Parilla* également (champignons). Essayez pour commencer la *sopa de cazvela*, hummm !...
— *Casa Paco* : Puerta Cerrada, 11. (Plan A2-3). Tél. : 266-31-67. Métro : Sol ou La Latina. Dans le centre, pas loin de la plaza Mayor, en bas de la calle Cuchilleros. Belle décoration intérieure avec azulejos. A midi, beaucoup d'hommes d'affaires. Réservation conseillée, sinon pas mal d'attente. Resto réputé pour ses excellentes viandes. Tripes à la madrilène le mercredi. Assez cher, mais pas inabordable.

DANS LE QUARTIER DE LAVAPIÈS

Un chouette quartier qui monte...
— *Casa Portal* : angle calle del Olivar et calle de la Cabeza. Tél. : 239-07-39. (Plan B3). Métro : Anton Martin. Gentil resto de quartier, qui ne paie pas de mine, proposant une délicieuse cuisine asturienne. Jambons et saucissons pendent comme à l'accoutumée. Fermé le dimanche. Goûter prioritairement à la *fabada asturiana*, genre de cassoulet où mijotent tendrement haricots, chorizo, boudin et lard ou à la potée (pommes de terre, haricots blancs, viande et verdura) et puis aussi le *merluza sidra*. Bons poissons dont le *besugo al horno de la casa*. Prix raisonnables. Une de nos adresses préférées. Et puis les serveurs sont vraiment adorables.
— *Taberna de Antonio Sanchez* : Meson de Paredes, 13. (Plan B3). Une bonne vieille taverne comme on les aime, fondée en 1830. Les peintures patinées des

murs, qui représentent de célèbres torreros, ont vu défiler bien du monde au comptoir. Patron et serveurs attentionnés. Bancs de bois, tables rondes de fer et de marbre. Deux têtes de taureaux trônent dans la première salle. Au fond, une pièce plus récente, décorée par des expos temporaires. Mais on allait oublier, vous êtes là pour manger ! : spécialités d'*acelgas en salsa verde*, *lombos de merluza con angulas* et *rabo de toro*... Il y a le choix. Prix raisonnables. Noter le monte-charge antique qui hisse les bouteilles de vin de la cave. Ouvert jusqu'à 2 h du matin. Fermé le dimanche soir. En sortant, remarquez la Farmacia d'en face, elle possède de beaux azulejos.

– *Malacatin* : calle Ruda, 5. Tél. : 265-52-41. Métro : Latina. (Plan A3). Un peu à l'ouest de Lavapiès. Un excellent petit resto de quartier ouvert uniquement le midi, situé juste à côté du Rastro, le marché aux Puces. Mais ne pas y aller le dimanche, c'est fermé. On vous le dit tout net : réservez ! En arrivant tôt, vous verrez les quelques tables vides, mais elles sont toutes déjà réservées. Excellente cuisine. La spécialité, le *cocido* (pot-au-feu aux légumes et à la viande de porc) vous ravira, c'est certain. Le proprio, un homme singulier en vérité, a recouvert les murs de photos de torreros, de peintures et de dessins de corridas. Pas de doute, c'est un amoureux. Menu à prix très raisonnable. Bon si vous n'y allez pas, ce ne sera pas à cause de nous.

DANS LE QUARTIER DE CHUECA (Plan : au nord de C1)

Un coin qu'on adore. A moins de 10 mn à pied de la Puerta del Sol. Autant dire la puerta à côté ! C'est le coin des jeunes (18-22 ans) et des homosexuels. Chouette ambiance, quoi !

– *Ribeira d'O Miño* : calle Santa Brigida, 1. Petite rue entre les calle Fuencarral et calle Hortaleza. Tél. : 521-98-54. Métro : Chueca ou Tribunal. Ouvert tous les jours, sauf le lundi. Fermé en août. Une adresse fameuse, connue des seuls Madrilènes jusqu'à présent. Le dimanche, une foule énorme pour venir déguster les succulents fruits de mer. Grandes salles. Atmosphère animée. Les meilleurs jours : ceux de la marée, bien sûr... les mercredis et vendredis. N'importe comment c'est toujours frais ! Un conseil pour les fauchés : la *mariscada de la casa* (plateau de fruits de mer) est largement suffisante pour deux. L'arroser avec du vino de Ribeiro (vin blanc à peine fermenté de couleur laiteuse). Spécialités de la Galice recommandées, comme les *callos a la Gallega* (tripes), *pulpo à feira* (pieuvre), *empañada lacón con grelos*, la *parillada pescados*, etc. Pour conclure dignement le repas, une délicieuse coutume galicienne, la *queimada con orujo* : dans un caquelon en terre, on fait flamber de l'alcool avec du citron et beaucoup de sucre. Pendant au moins cinq minutes, à l'aide de la louche, on mélange, en faisant retomber sans cesse l'alcool d'une hauteur de 10 cm.

– *Tienda de Vinos* : calle Augusto Figueroa, 35. Tél. : 521-70-12. Métro : Chueca. Le resto idéal après avoir bu un verre au troquet *Angel Sierra* (voir « Où boire un verre ? »). Fermé le dimanche soir. Vieux resto de quartier survivant au milieu des lieux-mode. Le décor n'a pas bougé d'un pouce depuis longtemps. Bonne petite nourriture pas chère dans une atmosphère sympa.

● *Plus chic*

– *Carmencita* : calle Libertad, 16. Tél. : 231-66-12. Métro : Chueca. Fermé le dimanche. Ancienne taverne populaire (depuis 1850), récemment transformée en resto chic sans que le nouveau patron touche au beau décor (parquet en marqueterie, azulejos, murs patinés, vieux comptoir de zinc, etc.). Bonnes viandes, mais poissons assez chers.

– *Casa Gades* : calle Conde de Xiquena, 4. Un restaurant appartenant au danseur Antonio Gades (*le Carmen* de Carlos Saura). Accueil impersonnel mais nourriture correcte et pas trop chère, dans un cadre frais et agréable (carte largement... italienne). Notez la jolie façade à azulejos en face. A côté, le *café Nuevo Oliver*, au coin de Almirante, offre de larges fauteuils moelleux pour digérer. Rendez-vous des intellos branchés du quartier qui viennent refaire le monde dans ce charmant décor genre salon littéraire. Ambiance cosy, intimiste. Un bon endroit pour conclure si c'est votre premier rendez-vous. Ouvert jusqu'à 2 h 30 du matin.

AUTOUR DE LA PUERTA DEL SOL (Plan C1)

– *Casa Ramon* : calle de Ventura de la Vega, 12. Tél. : 429-67-13. Le vieux resto qui officiait autrefois au n° 17 (belle façade d'azulejos) a déménagé un peu plus haut dans la rue mais la cuisine est restée la même. Plat du jour à un prix défiant toute concurrence. *Paëlla à la Valenciana*, *cordero*... laissez faire, vos papilles s'occupent de tout.

— *Casa Mira :* carrera de San Jeronimo, 30. Une belle pâtisserie qui propose de succulentes spécialités de pâtes d'amandes *(Turroa).* Goûtez la *fruta* et la *mazapàn.*
— *Restaurant Lhardy :* carrera de San Jeronimo, 8. Ambiance genre « salon populaire » ou « bar chic ». On vient ici pour prendre une soupe froide (l'été) ou chaude (l'hiver). On se sert soi-même et l'on déguste des petits gâteaux et des amuse-gueule debout, sa tasse de soupe à la main. Puis on passe à la caisse dire ce qu'on a pris. La confiance, quoi ! Voir « Les très chics de Madrid ».

DANS LE QUARTIER « DOS DE MAYO » (Plan : au nord de B1)

Un autre quartier sympa où il fait bon se balader le soir à la découverte des nombreux restos et bistrots pour jeunes. Le coin a pourtant bien perdu sa cote depuis qu'il est envahi par les dealers.
— *Restaurant Boñar :* calle Cruz Verde, 16. Tél. : 231-00-30. Peu connu des touristes. La petite entrée ne laisse pas deviner les grandes salles situées derrière le bar. Atmosphère populaire. Petits tableaux aux murs. Tino vous propose tous les jours une cuisine locale familiale et abondante. Ce n'est pas un hasard si ouvriers et cols blancs du quartier y viennent depuis des lustres. Ouvert le soir jusqu'à 23 h.
— *Restaurante Lara :* corredera Baja de San Pablo, 4. Métro : Callao. Tél. : 232-54-88. Petit resto populaire bien connu dans le quartier. Très correct et bon marché.
— *Pasodoblo :* angle Palma et corredera Alta de San Pablo. (Plan B1). Ouvert jusqu'à 1 h du matin. Chouette petit resto de quartier. Musique classique ou espagnole. On mange dans une des deux petites salles décorées de glaces gravées, plantes séchées, appliques en dentelle, petites gravures, nappes de dentelle... On s'y sent bien. Et puis il ne ferme pas entre 16 et 20 h comme le font en général tous les autres restos. On peut à toute heure déguster un bout d'omelette ou de charcuterie. Il y a aussi un petit menu sympa avec un verre de vin compris.
— *Pâtisserie orientale :* plaza Dos de Mayo. Ouverte tard le soir. Savoureux gâteaux.

● *Plus chic*

— *La Zamorana :* calle Galileo, 21. Tél. : 448-40-99. Métro : Argüelles ou Quevedo. Rue qui donne dans la calle de Alberto Aguilera. Un peu au nord-ouest de la plaza Dos de Mayo. Fermé le dimanche soir et le lundi. Prudent de réserver. Jolis azulejos sur la devanture et cadre agréable à l'intérieur. Resto apprécié par la petite bourgeoisie du quartier, mais atmosphère assez informelle. Bonnes spécialités comme la *bacalao a pil-pil,* les *kokotxas de bacalao* (morue), les *chipirones en su tinta* (seiche dans son encre), etc. Prix pas trop excessifs.
— *Pepe Botella :* calle San Andres, 12 (plaza Dos de Mayo). Tél. : 522-52-78. Métro : Tribunal. Fermé le dimanche. Ouvert de 20 h 30 à 2 h du matin. *Pepe Botella,* le « Père la Bouteille », c'était le surnom vulgaire donné par les Espagnols à Joseph Bonaparte, frère de Napoléon (un grand soiffard !) et nommé roi d'Espagne par lui. Bon petit resto musical qui propose une cuisine mixte, française et espagnole. Ils ont même de la soupe à l'oignon. Côté musique, un groupe de jazz ou de rock soft anime la soirée sans vous empêcher de manger. Après le repas, le resto se transforme en bar animé, la musique joue plus fort. Clientèle jeune, décontractée et chic à la fois. Bonne atmosphère. Faites tout de même gaffe à l'addition.
— *La Gran Tesca :* Santa Engracia, 22. Au coin de Ballesta. Un peu loin pour ceux qui n'ont pas de voiture. Tél. : 448-77-79. Métro : Martinez. Fermé le dimanche. Un peu au nord-est de « Dos de Mayo ». On déguste de solides spécialités madrilènes, sans mystère mais bien servies par une brochette de serveurs en blanc. Inévitables *callos à la madrilena,* un *medallon de solomillo,* le célèbre *cordero* et le non moins fameux *cocido* (pot-au-feu). Prix à point.

UN PEU À L'OUEST...

Une adresse assez exceptionnelle, « point d'orgue » de votre itinéraire gastronomique !
— *Casa Mingo :* paseo de la Florida, 2. Métro : Norte, puis quelques centaines de mètres à pied vers la plaza San Antonio de la Florida. Également bus n° 46 (à l'angle de Alcala et Gran Via). A côté du Pantheon Goya, intéressant à visiter. C'est le dernier grand *chigre* (bar à cidre en *bable,* dialecte des Asturies).

Immense, enserré dans les pierres massives supportant la voie de chemin de fer. A l'intérieur, les milliers de bouteilles alignées au-dessus du comptoir, les cochonnailles accrochées, les grandes barriques et les néons assassins composent une décoration originale. On hésite entre le hall de gare et la taverne chaleureuse. L'été, c'est bourré et on sort les tables dehors. Très bonne nourriture : spécialité de tripes maison à la madrilène (avec chorizo, lard et boudin), jambon cuit *(lacón)* ou fumé, chorizo au cidre, poulet grillé renommé. Laisser absolument une place pour l'un des plus fameux fromages d'Espagne : le *queso de Cabrales* (servi en tranches généreuses), que l'on écrase en le mélangeant à un peu de cidre. Préférer le *sidra natural* que vous pouvez boire à l'asturienne : pencher le verre à 45° et verser le cidre d'un mètre de haut pour le faire mousser un peu et l'oxygéner au passage. Ah oui ! un dernier truc : les dernières gouttes dans le verre ne se boivent pas, on les jette par terre. Ne vous en faites pas, ils ne seront jamais à court de cidre, l'usine de production est à côté et une porte communique avec la casa Mingo. Bon, on vous a tout dit pour passer pour un vrai Asturien !

— *As Burgas* : dans le centre. San Bernardo, 8. (Plan A1). Non loin du coin avec Gran Via. Tél. : 522-60-44. Bon, vous serez peut-être refroidi par la déco atypique et par le pâle éclairage, mais attendez qu'on vous serve une de ces spécialités galiciennes de derrière les fagots : *bacalao à la Asado* (morue grillée), *pulpo à la gallega* (poulpe), *estofado de carne Gallego*... rien que du bon. Ouvert tous les jours jusqu'à minuit.

● **Les très chics de Madrid**

— *Zalacain* : Alvarez de Baena, 4. Tél. : 261-48-40. Ouvert de 13 h à 16 h et de 21 h à minuit. Au rez-de-chaussée d'un petit immeuble, au nord de la ville. On ne vous indique pas la station de métro : si vous pouvez vous le payer... vous pouvez également prendre un taxi. Le resto le plus chic (et le plus cher) de Madrid. Pour certains c'est le meilleur resto d'Espagne. Toute la cuisine internationale, la plus raffinée, est à la carte. Bien sûr (cocorico) la France se tient en bonne place. Service affecté mais de bonne tenue, tout comme les plats de viandes et de poissons, qui fondent dans la bouche. Tout autour, le quartier est fréquenté par quelques prostituées et travestis.

— *Lhardy* : carrera de San Jeronimo, 8. Métro : Sol. (Plan B-C2). Tél. : 521-33-85. Ouvert de 13 h à 15 h et de 21 h à 23 h. Fermé le dimanche et les jours de fêtes le soir. Fondé depuis 1839, ce « pilier » de la cuisine madrilène n'est pas près de s'écrouler. La salle (au premier étage) est de style Isabel II, très bourgeois et intimiste. Une des meilleures tables de la ville où les riches familles et les hommes d'affaires internationaux aiment faire ripaille. Les serveurs sont discrets et d'une grande efficacité. Côté tambouille, rien à redire : *lenguado al champan* (sole au champagne), *lubina* (loup grillé) ou *cocida* (bouillie)... Une belle carte en vérité.

— *Casablanca* : calle Barquillo, 29. Tél. : 521-15-68 et 231-12-47. Métro : Chueca. Ouvert tous les jours de 13 h 30 à 16 h et de 20 h 30 à 0 h 30. Décoré évidemment d'affiches et de photos du film. Atmosphère moderne, avec lumières et couleurs douces. Mezzanines avec tables à différents niveaux. De lourds ventilos brassent l'air. Plantes suspendues. Plats de viandes et de poissons abondants et chers, ça va de soi ! Spécialités de poulet au parmesan, escalope de veau à l'orange, *lubina horneada al aroma de romero*, etc. Réservation obligatoire.

Hacer el « rosario » (autour de la puerta del Sol)

Changeons de casquette à présent. Voici une coutume bien madrilène : le « rosario ». Le rosaire, quoi ! On « égrenne » les troquets comme un chapelet... Comme nous l'avons expliqué dans l'introduction, les Madrilènes aiment autant (sinon plus) déguster debout les tapas que manger assis dans une salle de restaurant. Le jeu consiste à partir en tournée à la recherche des meilleurs *tapas* et meilleurs vins de chaque établissement et à les déguster doucement, en bavardant. Voici une proposition d'itinéraire, mais nul doute qu'après plusieurs jours vous aurez composé le vôtre !

— *La Venencia* : calle Etchegaray, 7. Métro : Sol. Ouvert tous les jours jusqu'à 0 h 30. Une bonne adresse pour l'apéro (ou conclure le « rosario »). Vieux bistrot aux murs patinés, décorés de belles affiches illustrant les fêtes du xérès depuis une quarantaine d'années. Car ici, vous êtes dans le temple du xérès. Grands tonneaux derrière l'antique comptoir de bois. Clientèle de quartier et petite bourgeoisie urbaine fusionnent allégrement et s'accordent à reconnaître la qualité du

xérès fino, qu'on accompagne, comme les Andalous, d'un délicieux jambon fumé. La venencia est la mesure qui sert à servir le xérès.
- Casa del Abuelo : calle de la Victoria, 12. Dans cette rue hyper touristique (avec le passage Matheu), vous ne verrez jamais un Madrilène s'asseoir dans un resto. En revanche, il apprécie les crevettes grillées ou à l'ail, de la Casa del Abuelo et son petit vin maison. Attention ! C'est un vino cabezón, il cogne la tête ! Les prix sont doux et les plats sont peints en vitrine.
- El Generalife : calle de la Victoria, 7. En face. Dans ce petit rad de quartier, on déguste de très fins ris de veau grillés aux herbes (mollejas de ternera).
- Sol y Sombra : au coin de Victoria et Pozo. Les meilleurs champignons frits du quartier. Sol y Sombra (le soleil et l'ombre) fait référence au guichet de vente des billets pour la corrida, juste en face.
- Vista Alegre : calle del Pozo, 2. En face de Sol y Sombra. Vista Alegre, c'est le nom de la deuxième plaza de toros de Madrid (dans le quartier de Caranbanchel). Bistrot basque. Cuistot sympa préparant une délicieuse bacalao au pili-pili (morue avec une sauce onctueuse). Un délice !
- Pour terminer votre rosario, allez donc faire un tour à l'Antigua Pasteleria del Pozo, au n° 8, à côté. Fondée en 1830, c'est l'une des meilleures pâtisseries de Madrid.

Où boire un verre ?

● Dans le centre

- Autour de la plaza Santa Ana : métro : Sol. Lacis de petites rues très animées où affluent un maximum de touristes. Comme il reste cependant une vieille population de quartier, ça fait un cocktail sympa. Au passage, quelques trucs à ne pas rater. Certaines boutiques ont conservé de belles façades avec azulejos. Notamment, calle Nuñez de Arce, la Villa Rosa avec sa devanture reproduisant merveilleusement Séville, Cordoue, Grenade, etc. Au n° 15, la Casa de la Guadalajara possède une entrée à azulejos, un joli escalier (et au premier un resto populaire pas cher).
Au 6, calle de la Victoria, la Farmacia Emilio Santos à la vieille et pittoresque décoration intérieure. En vitrine, que des produits qu'elle fabrique elle-même. Au n° 9, « Plaza de Toros Billetes » : vente des billets un jour ou une semaine auparavant. Les autres guichets en ville vendent 20 % plus cher.
- Los Grabieles : calle Etchegaray, 19. Vieux troquet populaire qui possède l'une des plus belles décorations intérieures en azulejos de Madrid. Dans l'annexe, à côté, magnifique composition de céramique : « La Mort se versant un coup de blanc et dansant le flamenco. »
- Viva Madrid : calle Manuel Fernandez y Gonzalez, 7. Là aussi, un des plus beaux cafés de Madrid. Façade en azulejos représentant la plaza de Cibeles. Belle décoration intérieure faite de panneaux d'azulejos, glaces et bois sculpté. Au fond, une petite salle plus intime avec des bancs de faïence. Un des cafés les plus branchés en ce moment. Les samedis soirs, gentille bousculade autour du comptoir. Clientèle jeune et sympa, un peu intello en goguette. Un de nos endroits préférés. On y fait facilement plein de chouettes rencontres et l'on passe des heures à parler art, musique, politique... et puis quand ça ferme, à 2 h du matin, on continue comme si de rien n'était. A 2 h 30, le patron commence un peu à s'énerver... alors on poursuit dans la rue... ! Viva Madrid !
- En face, dans la calle Principe, 20. le bar branché Dick Tracy, antithèse totale du Viva Madrid, accueille jusqu'à 5 h du matin ceux dont les tympans ne sont pas encore crevés.
- Cerveceria Alemana : plaza Santa Ana, 6. Une brasserie célèbre. Tables de marbre, boiseries sombres, panneaux de bois aux murs, atmosphère de café français. Les jeunes du coin y viennent faire une pose tapas (bons) entre deux autres bars. Encore un endroit qu'on aime bien. Ferme à 1 h et tous les mardis.
- Café Central : plaza del Angel, 10. Belle façade de bois, petits rideaux en vitrine. Grand bar musical où se retrouvent les artistes et les gens à la mode. Déco un peu rétro très chaleureuse. Groupes de jazz (en général) tous les soirs de 22 h à minuit. Entrée payante. Toutes les semaines, changement de groupe. Quand c'est plein, on reste facilement debout à partager un verre et une conversation avec son voisin de comptoir. Un chouette rendez-vous. Prix des conso. raisonnables.
- Sesamo : calle del Principe, 7. En sous-sol, piano-bar dans une cave voûtée décorée de tableaux et de maximes de Groucho Marx, Oscar Wilde, Apollinaire,

etc. Genre cave de Saint-Germain, plein de touristes. Atmosphère détendue. Ne pas venir trop tôt. Fermé à 2 h du matin, à 3 h le week-end.
- *Salon del Prado* : au coin de la calle Echegaray et de la calle del Prado. Un autre café musical mais plus chic et moins remuant que le *café Central*. On y cultive la musique classique tous les jeudis soir en général. Ambiance reposante et concerts de qualité.

● *Dans le quartier de Malasaña*

Le secteur s'organise autour de la plaza dos de Mayo (métro : Tribunal ou Noviciado). Un quartier très vivant, à l'histoire riche en rebondissements. Fief des branchés et des progressistes, il y a encore quelques années, il est un peu boudé en ce moment à cause du trafic de drogue qui hante ses rues. Pourtant, l'animation y est toujours vivace et ce n'est pas quelques dealers de poudre de perlinpinpin qui vous empêcheront de vous promener nuitamment dans les chouettes bars du quartier. Autour des calles de Velarde, de San Andrès, Vincente Ferrer, Palma, vous rencontrerez un incroyable melting-pot culturel. Punks à la douce décadence, jeunes gens modernes, touristes américains, paumés à la recherche d'une dose, cœurs délaissés à la recherche de l'oubli, amoureux de cafés-concerts, de « performances » et autres happenings ; tous vos désirs et vos fantasmes sont là... Déjà, Philippe IV aimait à fréquenter ce quartier. Il pouvait y hanter les gargotes les plus glauques à l'abri des regards indiscrets. Sur la place de Mayo s'élevait autrefois un couvent... Puis le quartier devint le fief des étudiants, qui s'y donnèrent rendez-vous. La place prit alors le nom « Dos de Mayo ». Une statue commémore la révolution des Madrilènes (2 mai 1808) contre les troupes françaises. Le quartier entier devint Malasaña, du nom d'une jeune héroïne qui tomba sous les balles napoléoniennes. Ce passé contestataire aux accents révolutionnaires n'était certes pas fait pour plaire à la dictature franquiste qui, en fermant l'Université voisine de San Bernardo, parvint à chasser les étudiants devenus gênants. Pas étonnant donc que, la fin de l'obscurantisme culturel venu, les artistes, les intellectuels, les faiseurs de courant se retrouvèrent à nouveau ici pour y célébrer le retour de la liberté. Tous les ans en mai, les habitants célèbrent la fête du quartier, preuve que Malasaña, malgré une histoire mouvementée, est toujours debout.

La vie nocturne, grande consommatrice de lieux, amène souvent des changements dans les noms d'établissements ou leur genre de clientèle. Ne nous en voulez pas. Par définition, une chouette adresse branchée est fragile. Mais vous trouverez toujours plus loin ou à côté la même chose ! Au passage, en plus des restos déjà indiqués (rubrique « Où manger ? »), quelques boutiques pittoresques. Au coin de San Andrès et de San Vincente Ferrer, une pharmacie avec de beaux azulejos (pub marrante pour « Diarretil »). À côté, au 20, San Vincente Ferrer, *Antigua Hueveria* présente également d'intéressants azulejos.

- *Eligeme* : calle San Vincente Ferrer, 21. Tél. : 231-31-13. Un des meilleurs endroits pour écouter de petits groupes de jazz, blues ou rock. Une sorte de New-Morning madrilène. Les tables sont disposées dans un genre d'atrium et tout autour. Déco « réalisme moderne ». Murs gris et un peu délabrés. Clientèle d'amoureux de musique, d'étudiants et de gens toujours attirés par les choses nouvelles. Entrée payante pour les concerts. En général, le groupe passe vers 23 h. Notre rendez-vous nocturne préféré.
- *Pentagrama* : angle Palma et corredera Alta de San Pablo. Bourré le week-end. Peint en bleu nuit et décoré d'illustrations et photos de rock. Clientèle jeune et étudiante. Chouette atmosphère. Musique rock à tue-tête.
- *Nueva Visión* : calle Villarde, 5. Rock à fond la caisse. Clientèle mélange indéfinissable de punks, margeos. Petit et hyper bourré le week-end. Chaude ambiance. Dans la rue, même genre : *Via Lactea, El Mago*, etc. Tous ces cafés furent les premiers à donner la tonalité au quartier. Ils sont un peu moins dans le coup aujourd'hui.
- *Manuela* : calle San Vincente Ferrer, 29. Tél. : 231-70-37. Vieux café tout neuf ! Décoré récemment avec un goût délibérément vieillot : antiques pompes à bière et machine à café. Clientèle la trentaine relax et branchée. Certains soirs, vers minuit, parfois des chanteurs. Même genre au *Café Isadora*, calle del Divino Pastor, 14.
- *Café del Foro* : calle San Andrès. Chouette décoration intérieure. Vieilles estampes, cartes et photos de Madrid. La plus grande salle est une place de village avec terrasse décorée de fausses boutiques. Clientèle assez âgée. Professions libérales, étudiants en fin de parcours. Ambiance relax et musique funky.

Un peu plus bas, le café *Olympia* (n° 34) avec billard et jeux d'échecs.
— *Comercial :* plaza de Bilbao. Métro : Bilbao. Salon de thé vieillot. Genre café du commerce. Grande salle sombre tout en marbre et glaces. Rendez-vous des petits vieux du quartier et des étudiants qui restent deux heures devant un café froid. On s'y donne facilement rendez-vous avant de sortir entre amis.

● *Dans Chueca*

Chueca est aussi un coin très vivant, moins margeo, moins excessif. Plus au fait des modes, le quartier suit le mouvement sans jamais tomber dans l'excès. C'est là que se retrouvent beaucoup de jeunes et d'homosexuels. Tous les lieux de rencontre sont concentrés autour des calles Infantas et de San Marcos.
— *Angel Sierra :* angle calle San Gregorio et calle de Gravina. Métro : Chueca. Fresques patinées, carreaux de céramique, belles glaces gravées avec pubs, grosses barriques, centaines de bouteilles poussiéreuses, etc. Dans ce très vieil « abreuvoir », bons vins au comptoir et délicieux petits anchois blancs préparés par la patronne. Foule d'enfer les soirs de fin de semaine.
— *Gran Café de Gijón :* paseo de Recoletos, 21. Métro : Colón ou Chueca. Ouvert tous les jours. Grand café à mi-chemin entre « Sélect » et la « Coupole » à Paris. L'un des plus célèbres de Madrid. Terrasse l'été au milieu du paseo. Clientèle branchée arts et intellos phosphorant dur, serrés sur trois rangs au bar à *tapas* ou sur les banquettes de velours. Petites aquarelles au mur et serveurs à veste blanche et épaulettes. Très fréquenté entre chien et loup.
— Un peu plus haut sur le paseo de Recoletos, 31, noter le café restaurant *El Espejo*, qui possède une déco Art-Nouveau qui date de... 1978. Une belle réussite. Glaces gravées, moulures nouilles, azulejos... Bar à tapas dans la première salle et resto très chic au fond. Manque tout de même la patine de l'âge et la bonhomie du service. L'été, terrasse dans le kiosque du paseo. Le café *Tiede* (à côté) étale également une terrasse l'été.
— *Los Pepinillos :* calle Hortaleza, 59. L'un des plus vieux bars à vin de Madrid. Plancher défoncé et zinc complètement usé. Sangria maison et tapas pimentées. Une relique !
— *Casi-Casi :* calle San Marco, 2. Clientèle punky et new-wave. Décor dépouillé genre « no future », musique hard et orchestres tard le week-end ou le jeudi.
— *Klash :* calle de San Marco, 18. Dans le même genre que le précédent. Musique « destroy » saturée à mort. Clientèle décalée ou recalée, on ne sait plus, qui consomme du « chocolate » par tablettes entières.
— La plupart des boîtes homos sont sur la calle Pelayo et autour. Au fait, admirer au passage l'architecture de béton « Art nouveau » de la Sociedad General de Autores au coin de Pelayo et Fernando VI.

● *Les postmodernes*

— *Cliché Café :* calle del Barquillo, 27. Métro : Chueca. Ouvert tous les jours, entrée payante le week-end. Un disco-bar des plus en vogue. Larges banquettes qui ressemblent fort à des lits et où les couples amoureux s'ébattent largement quand la nuit avance. Chouette déco dans les noirs, gris, stucs et colonnes grecques. On boit un coup et on danse dans les rais des lasers fendant l'épais brouillard de fumée. Musique forte et actuelle. Un endroit très, très moderne.
— *Bar Cock :* calle de la Reina, 16. Ouvert de 19 h à 3 h. Un bar à cocktails qu'apprécient les 25-35 de la pub et les jeunes « arrivés » qui n'ont pas perdu le goût de la nuit. Quelques mannequins aussi. Atmosphère feutrée. Un petit côté club privé avec fauteuils confortables. Musique cool ou rock, ça dépend, mais cocktails détonnants à toute heure. Dans la rue, quelques façades avec balcons vitrés. Belles de nuit calle de Montera.
— Et puis dans la conde de Xiqueña, au coin de l'Almirante, le pub *Nuevo Oliver* pour les amoureux d'atmosphère de salon littéraire. Larges banquettes rouges. Ambiance cosy.
— *Café de Oriente :* plaza de Oriente, 2. Metro : Opéra. En face du Palais Royal. Un café genre salon de thé situé à la place d'un ancien couvent. Agréable terrasse l'été. Atmosphère élégante. Banquettes de velours, tissus d'un classicisme très victorien tendus sur les murs. Le café appartient à un ecclésiastique qui emploie des jeunes en difficulté. Pour aider cette louable entreprise on y prend un chocolat avec croissants et avec plaisir, après la visite du Palais Royal.

● *Dans le quartier de Lavapiés*

Encore un quartier qu'on adore. Il faut savoir qu'à Madrid, les habitants de chaque quartier prétendent être des « vrais » Madrilènes. Ceux de Lavapiés le crient plus fort que les autres. On serait plutôt de leur avis. Le coin a incontestablement conservé son caractère populaire, même s'il se « branche » sournoisement. On peut y faire une agréable balade avant de boire un verre...

Sortir du métro à Tirso Molina quand la nuit tombe et descendre la calle de Mesón de Paredes tranquillement. Elle est bordée de *corralas*, ces habitations populaires typiques du vieux Madrid. Une *corrala*, c'est une cour entourée de galeries à chaque étage avec des montants et balcons en bois. Des mômes courent partout. Les pouvoirs publics ont restauré plusieurs grandes corralas typiques. Au n° 43, en voilà une belle ! Un peu plus bas, ruines d'une vieille église. Scène à la Goya : des gitans ont allumé un feu sous la coupole à voûte étoilée... Au 8, calle del Ave Maria, un *salon de peluquería* (coiffeur) avec devanture en azulejos reproduisant des dessins marrants. Rejoignons maintenant la plaza de Lavapiés !

– *Café Barbiéri* : calle del Ave Maria, 45. Tél. : 227-36-58. Métro : Lavapiés. Grande salle décor 1930 : stucs, glaces gravées, tables de marbre, banquettes de velours. Un vieux charme. Clientèle théâtreux, intellos et branchés récemment implantés dans le quartier. Parfois du jazz et des expos temporaires.

– *Kappa* : calle del Olmo, 26. Tél. : 227-47-21. Métro : Anton Martin. Ouvert de 19 h à 2 h du matin. Joli décor vieillot (tables de marbre, banquettes avec coussins, objets anciens). Atmosphère détendue. Expos de peinture. En face, un petit café moderne avec musique et vidéo. Lavapiés est truffé d'autres lieux du même genre, dans ses petites rues en pente pleines de charme : calle Santa Maria de la Escuadra, calle Torrecilla del Leal, etc.

– Le petit café *Avapiés*, au n° 14 de la rue du même nom, accueille la jeune faune du quartier. Tables de billard et de temps en temps des performances.

● *Dimanche, spécial « Rastro »*

Le Rastro, c'est le marché aux Puces du dimanche. En fin de matinée après avoir flâné, on se retrouve dans des troquets du coin. Voici deux arrêts classiques et obligatoires.

– *La Bobia* : calle San Milan, 3. Métro : Latina. Une immense brasserie des années 30 qui n'a pas bougé d'un pouce. Style art déco dépouillé et cracra. La plus belle panoplie de looks d'enfer de Madrid. Ici, on retrouve forcément ceux qu'on n'a pas pu voir dans la semaine. Trouver une place assise pour observer les dernières tendances de la mode relève de l'exploit.

– *La Campaña de Malaga* : calle de Soria, 3. Métro : Embajadores. Tout en bas du Ribera de Curtidores (Rastro). Taverne populaire proposant de bons petits vins au tonneau : moscatel, quina, lágrima, málaga. Foule compacte d'habitués. La grosse cloche qui tinte indique qu'un client a eu la bonté de laisser un pourboire !

Les bouâtes

Tremplin de la « Movida » au début des années 80, les clubs de Madrid ont une chaude réputation dans toute l'Europe. D'abord par leur nombre (il y en au moins 100), mais aussi par leur diversité et leur ouverture. En semaine, il vous sera possible d'entrer presque partout, même dans les clubs qui affichent le week-end un élitisme bon teint. Le physionomiste de l'entrée est plus là pour vous saluer que pour vous refouler. La sélection se fait en fait par l'argent. Si la plupart des clubs on les appelle « discoteca » ou « sala ») sont gratuits en semaine (ça commence cependant à changer), le week-end, le droit d'entrée est soit modique, soit carrément très élevé. Allez dans les premiers, évitez les seconds. Bon, les adresses qu'on vous indique constituent les classiques de la nuit et les plus « in » du moment, sachant que les classiques durent 2 ans et les « in » environ 6 mois. A Madrid on va en boîte comme on va au bar. On y reste une heure et on file dans une autre... Allez, bonne nuit !

– *El Sol* : calle Jardines, 3. Métro : Sol ou J. Antonio. Ouvert tous les soirs. Voici un « ancêtre » qui vieillit bien. Présent dès le début de la « movida », ce club a enterré plus d'un branché. Une valeur sûre de la nuit. Tapis rouge pour descendre, déco des années 50, assez dépouillée mais presque chaleureuse. Néons roses, coussins noirs, une petite mezzanine pour prendre de la hauteur. L'endroit n'est pas trop grand, ça reste intime et la clientèle est constituée de gens chics et décontractés. Une seule sélection : le prix. Cher comme à Paris. Un endroit qui devrait durer, les proprios y veillent. Y aller tard.

– *Rick's* : calle del Clavel, au coin de la calle del Infantas. Métro : Chueca. Sélection gentille à l'entrée. Entrée gratuite, on ne paie que les conso. Clientèle de

juniors très B.C.-B.G. Le week-end, ça ressemble au métro aux heures de pointe. Et comme c'est trop bourré pour pouvoir danser, reste à poser.
– Dans le même coin, plein d'autres clubs, très gays :
– *Black and White* : au coin de la calle de Gravina et calle de la Libertad, accueille les garçons.
– *Le New Bachelor*, calle de la Reina, 2. Métro : Antonio. Un autre rendez-vous homo du quartier.
– *Voltereta* : Princesa, 5. Tél. : 242-29-91. Au sous-sol d'un centre commercial, à deux pas de la plaza de España. Un conseil, demandez votre chemin. C'est pas si évident à trouver. C'est là que Madrid finit ses nuits. Pas question d'y aller avant... disons 4 heures. Décor en fausse roche, genre caverne. Entrée payante (environ 50 FF). Avant de payer demandez d'aller jeter un œil pour voir « si vos potes sont là ». En effet, certains soirs c'est vide comme ma poche. Pas besoin d'aller craquer vos sous pour rien.
– *O Madrid* : à 8 km du centre, sur la route de la Coruna, côté gauche. Le clou de Madrid. L'endroit où il « faut » être... et d'ailleurs l'endroit où tout le monde va. Une partie découverte. Piscine. Quand la moiteur de Madrid devient insupportable, c'est là que les chicos vont mouiller leurs liquettes. Odeurs de transpi, mais rien que dans du beau linge.

● **Les bouâtes d'Azca** : métro : Nuevos Ministerios. Vraiment un truc bizarre, Azca ! C'est un complexe commercial et immobilier dans le nord de Madrid, bâti vers la fin des années 60. Situé entre la calle Raimundo Fernandez Villaverde et l'avenue del General Perón. Entrée principale (côté Villaverde) entre la Banco Central et l'immeuble Windsor. Monstre de béton, sans charme ni caractère. Hideux, disons le mot. Jamais vraiment fini. Toujours en chantier quelque part. Des boutiques s'ouvrent, alors que d'autres ont déjà fait faillite. L'architecture se dégrade vite. Dans cet Alphaville déjà en pleine décomposition, une rue souterraine, *Orense* (Bajos), aligne trente, quarante boîtes, on ne sait plus ! Serrées les unes contre les autres. Certaines coincées dans des parkings. Surréaliste ! Il fut un temps où Orense était branché. Ce n'est plus le cas. Aujourd'hui la clientèle vient de la banlieue.
Le jour, c'est sinistre, désert, monstrueusement triste. La nuit, une foule énorme envahit Orense. Foule très jeune, plutôt d'origine populaire qui fait respirer le béton. Imaginez un moment Sarcelles, la ZUP des Minguettes, animés comme le quartier Latin un samedi soir. Atmosphère bon enfant et tendue tout à la fois. Entre quelques arbustes pelés et des sacs de ciments éventrés, dans les lumières assassines des néons crus, les jeunes cherchent en groupes compacts la boîte où l'on s'éclatera le mieux, celle qui correspond le plus aux fantasmes du moment. Vaste choix. Du plutôt sympa au B.C.-B.G. de banlieue miteux. Ici, les entrées et consommations sont plutôt moins chères qu'ailleurs. En semaine, l'entrée de la plupart des boîtes est même gratuite. Elles se distinguent les unes des autres plutôt par leur décoration intérieure. La même musique funky ou disco dégénérée s'échappe de partout. Le dimanche matin, des banlieusards viennent break-danser et réaliser des figures à vélo, accompagnés d'un inévitable « ghetto blaster ». Azca : pour les amateurs de poésie urbaine et les étudiants en socio !
Bon, des boîtes émergent :
– *Nubes* : Orense, 10 (Bajos). Tél. : 456-57-35. Vaste boîte décorée sous le signe des nuages, dans les tons ouatés et bleutés (plafond assez génial). Clientèle très jeune.
– *Jig-Jog* : Orense, 22 (Bajos). Tél. : 455-33-49. Tout au fond, déjà vers l'avenida del General Perón. Une des boîtes les plus grandes, une des plus populaires. En face, le *Watiós* est plus intime.
– *Amnesia* : à Orense. Entre les tours, derrière l'Holiday Inn. Rien à voir avec la clientèle du sous-sol d'Orense. Ici, c'est le rendez-vous des gens qui « font » la « movida ». Le décor ? Artistes, grandes baies vitrées, mannequins, coussins, plusieurs bars, bourgeois en cavale, musique funky. Si vous venez à 5 heures et que c'est vide, ne pas s'inquiéter. A 6 heures, il y a de fortes chances pour que ce soit plein. C'est ça Madrid !

● ***Au petit matin***

Dans le vieux Madrid, près de l'église San Gines, on trouve la *Chacolateria*. Après une nuit blanche, c'est là que les noctambules viennent prendre un chocolat épais accompagné de *churros*, longs beignets striés.

Le flamenco

— *Corral de la Morería :* calle de la Morería, 17. Tél. : 265-84-46 et 11-37. Métro : Latina. Assez éloigné du métro. Rue qui donne calle de Bailen, au niveau du *Viaducto*. L'un des meilleurs spectacles de flamenco de Madrid. Ouvert tous les jours. Dîner à partir de 21 h 30. Spectacle à 22 h 30. Ferme à 2 h 30 du matin. Compter environ 200 F (dîner et spectacle compris). En basse saison, assez facile de se contenter d'une boisson (compter 90 F). De mai à septembre, beaucoup moins évident à cause du monde (ou alors arriver tard). Dans l'inévitable décoration faux-rustique, touristes et autochtones fusionnent autour de longues tablées. Atmosphère pas forcément déplaisante. Troupe de flamenco d'excellente qualité. Cependant, c'est quand même mieux en Andalousie !

Les choses à la mode

— *Les cafés littéraires :* café *Aurora*, calle Andrés Borrego, 8. De temps à autre on s'y réunit autour d'un spécialiste pour discuter à bâtons rompus d'un thème, d'une idée...
— *Le billard* est très à la mode. Les cafés les plus dans le coup en ont un dans la salle du fond.
— *Les groupes de rock espagnol* se font de plus en plus présents sur la scène madrilène. Textes très actuels et musique de qualité, dépassant largement la moyenne française question pêche (mis à part Rita Mitsouko et les Garçons Bouchers !).
— *Les zarzuelas :* style de théâtre musical espagnol né à Madrid au XVIIe siècle, la zarzuela reprend du service. Les anciens répertoires sont dépoussiérés et remis à l'affiche. Les Madrilènes redécouvrent ces sortes d'opérettes avec plaisir.
— *Les Jamoneria :* ce sont des fast-food espagnols. On y mange un sandwich au jambon pour un prix dérisoire. Mais le jambon est moyen et le pain vraiment infect.
— *Les danses de salon :* fox-trot, tango, charleston, valse, tcha-tcha-tcha, redeviennent à la mode. Le *Vai-Ven* (le va et vient) organise une fois par semaine une soirée « danses de salon ».

A voir

● *Dans le vieux Madrid*

D'abord, les deux grandes places et leurs alentours immédiats, hauts lieux touristiques :
— *Plaza Mayor :* l'équivalent de la place des Vosges, à Paris. (Plan A2). Une superbe réalisation du début du XVIIe s. Architecture assez dépouillée révélant l'influence d'Herrera. Les habitations situées entre les tours sont antérieures à la construction de la place. On peut y voir la *casa de la Panederia* (boulangerie) et de l'autre côté la *casa de la carneceria* (boucherie). Elles portent toujours leurs noms respectifs. Belles maisons à portiques. C'est sur cette place qu'avaient lieu les exécutions et les corridas. Les rues du quartier portent les noms des petits métiers artisanaux qu'on y trouvait alors : *cuchilleros* (coutelier), *bordodores* (broderie), *botoneros* (fabriquant de boutons), etc. Au centre, la statue de Philippe III qui fit édifier la place. L'été c'est un lieu de rendez-vous populaire. On prend le café au soleil, entre amis. Tous les dimanches matins, marché aux timbres et à la monnaie sous les arcades. Toujours très animé. Ah ! Oui ! Une dernière chose : au no 30, une des plus anciennes boutiques de sombreros de la ville. De la casquette d'hidalgo un peu ringarde aux chapeaux à larges bords...
En empruntant l'étroite calle de Ciudad Rodrigo pour sortir de la plaza Mayor (au nord-ouest de la place), on remarque au no 6 une petite boutique la *pequenita* (la très petite), une épicerie populaire très réputée. Bel étalage des sacs de noix, oignons, herbes, congres séchés *(congrio seco)* qui forment une jolie dentelle. On y trouve de la *mojama*, dos de thon séché, très apprécié. C'est un peu le jambon de la mer.
— *La Puerta del Sol* (plan B2) : de l'ancienne porte médiévale, il ne subsiste rien si ce n'est le nom « del Sol » qui provient du cadran solaire figurant jadis sur l'un des édifices. La place ne possède aucun charme particulier, mais c'est le lieu de promenade favori des Madrilènes et provinciaux venant faire du shopping. A l'époque, c'était un lieu de rencontre où l'on venait parler politique et corridas. La place fut aménagée sous Isabel II. On y trouve actuellement le gouvernement

régional, situé dans une ancienne poste. Elle servit de « Direction générale de Sécurité » sous Franco. Au sous-sol, on torturait sec.
C'est ici que les Madrilènes, jeunes et vieux, se retrouvent le soir du Nouvel An. Une vieille coutume veut qu'on y vienne avec 12 grains de raisins. On doit avaler les 12 grains avec les 12 coups de minuit, pour que l'année soit bonne. Animation assurée. Voici une anecdote qui montre bien que les Madrilènes ont pleinement recouvré leur liberté : des lampadaires en forme de « suppositoire » (cf : les habitants du quartier) avaient été placés en 1987 pour illuminer la place. Les trouvant affreux, les habitants protestèrent. Quelques mois plus tard, ils furent remplacés par des lampadaires classiques.

– *Le couvent des Descalzas Reales :* plaza San Martin (plan A 1). Métro : Sol. A deux pas de la Puerta del Sol. Ouvert de 10 h 30 à 12 h 30 et de 16 h à 17 h 15, le vendredi de 10 h à 12 h et le dimanche de 11 h à 13 h 15. Fermé le lundi et le jeudi. Entrée payante. Gratuit le mercredi. Visite guidée. Qui devinerait l'existence, derrière cette noble mais sobre façade de monastère, d'un magnifique trésor artistique ? Fondé au XVIe s. dans un ancien palais par une fille de Charles Quint, il accueillait surtout des femmes de la noblesse. Les cadeaux, effectués par les familles au fil des siècles, en ont fait aujourd'hui un intéressant musée d'art. La galerie du patio mène tout d'abord à une extraordinaire cage d'escalier peinte de fresques du sol au plafond. Massif escalier à balustre en pierre. Au premier étage, galerie bordée de chapelles richement décorées, véritable anthologie de l'art religieux. Belle salle du chapitre avec stalles sculptées. Étonnante chapelle remplie de reliquaires et de tableaux en relief, en nacre, en corail, etc. Nombreuses œuvres remarquables de Rubens, Zurbarán, Brueghel le Vieux, Titien, tapisseries flamandes d'après les cartons de Rubens...

– *Le couvent de la Encarnación :* plaza de la Encarcación, 1. (Plan A1). Métro : Opéra. Ouvert du mardi au samedi de 10 h 30 à 12 h 45 et de 16 h à 17 h 30. L'après-midi, la première visite guidée débute en fait à 16 h 30. Mais en cas d'affluence, venez à 16 h. Vendredi, le matin seulement et le dimanche de 11 h à 13 h 30. Fermé le lundi et gratuit le mercredi. Visite guidée toutes les 30 mn en espagnol. Durée 30 mn. A deux pas de la plaza Isabel et de la plaza de Oriente. Commandé par la reine Marguerite, femme de Philippe III, en 1611, un passage souterrain relie le couvent au palais royal. Façade de style classique. Beau retable dans l'église. Mais c'est surtout le musée qui mérite une visite : peintures de l'école madrilène ; Ribera, Carreño et Bartolomé Ramán sont notamment représentés. Noter la belle Madone florentine du XVIe siècle dans le chœur du cloître. Clou de la visite, la salle des reliques où plusieurs centaines de petites boîtes de toutes formes, composées d'incroyables matériaux, couvrent les murs. Étonnante originalité des coffrets et des saynettes sculptées. Sur l'autel, Sainte Famille, belle peinture sur bois de Bernardino Luini (école de Leonardo da Vinci).

– *Plaza de la Villa* (plan : ouest de A2) : une charmante place à l'allure provinciale qui présente trois styles différents. Tout d'abord l'hôtel de ville avec une architecture intéressante du XVIe siècle, caractéristique de la maison d'Autriche. Une partie servait autrefois de prison. La tour des Lujanes d'influence mudéjare avec une porte gothique armoriée (François Ier y fut enfermé après sa défaite à Pavie), enfin une maison de style plateresque. Belle fenêtre du XVIe siècle.

– Un peu plus bas, l'*église San Miguel* avec son étroite façade baroque italien. Finalement une des plus jolies de Madrid. Dans le même coin, croquignolettes *plazas del Cordón,* de *San Javier* et *église San Pedro* avec sa tour mudéjare. Noter dans tout ce quartier les belles plaques de rues en azulejos. Juste à côté, calle Segovia, 9, le *café Nuncio,* sympa pour une petite halte. Tout près de là, la *Cava Baja* et *Cava Alta,* la rue des plus vieilles auberges de Madrid, dont beaucoup ont été transformées en restaurants chic. C'est ici que les routards de l'époque trouvaient les endroits les moins chers de la ville pour mettre la viande dans le sac. La dernière auberge, au nº 30, a fermé ses portes récemment. Il en coûtait 10 FF la nuit au voyageur fatigué ! Sous ces rues, des souterrains avaient été creusés par les Maures pour pénétrer dans la ville.

– Et puisque l'on est dans le coin, voici quelques églises de-ci de-là qui peuvent vous servir de repères pour votre balade. Mais autant vous le dire tout de suite, on n'a pas été emballé plus que ça par les églises madrilènes.
Une des plus importantes, *San Francisco El Grande,* en restauration récemment (métro : Latino ou Puerta de Toledo), présente une façade classique et une allure assez austère. Seules choses intéressantes : une vaste coupole et une chapelle décorée par Goya (la première à gauche). La *Capilla del Obispo* (chapelle de l'Évêque) est en restauration depuis des années. Accolée à l'*église San Andrés,* elle propose un beau retable polychrome et un tombeau sculpté intéressant. Sur

la petite place de la Paja (paille), on livrait autrefois la paille pour la ville. La *cathédrale San Isidro*, au sud de la plaza Mayor, présente quant à elle une architecture assez massive et encore moins d'intérêt que *Saint-Sulpice*, à Paris...

Un peu au nord de la plaza Mayor, en empruntant la calle Bardadores, on parvient à l'*église San Ginés*. Cervantes et Lope de Vega (écrivain et poète, auteur de plus de mille huit cents comédies) y furent baptisés entre autres. L'église d'origine mozarabe fut plusieurs fois réformée. A l'intérieur, deux œuvres intéressantes : « les marchands chassés du temple » du Greco et un très beau Christ d'ivoire (XVIIe siècle).

— *Le Palais royal* (plan : à l'ouest de l'Opéra, A2) : métro : Opéra. Ouvert l'été de 9 h 30 à 12 h 45 et de 16 h à 18 h 30. Dimanche et fêtes seulement le matin (jusqu'à 13 h 30). L'hiver de 9 h 30 à 12 h 45 et de 15 h 30 à 17 h 15. Gratuit le mercredi. Deux types de visites guidées : la complète (2 h) ou la partielle (45 mn). Bon, à dire vrai, la partielle suffit. Guide en français l'été. Passé le théâtre Opéra Royal, il apparaît au-delà de la belle plaza de Oriente (autrefois lieu des rassemblements franquistes). Sur la place conçue par Joseph Bonaparte, statue équestre de Felipe IV. Le Palais royal fut construit à partir de 1738, sur les ruines de l'ancien alcazar des rois de Castille du IXe siècle. Une trentaine d'années furent nécessaires pour dresser ce palais de style néo-classique, au charme assez austère. L'ensemble monumental se divise en trois parties : le palais proprement dit, la place d'armes au centre et la nouvelle cathédrale *Santa Maria la Real de la Almudena*. Elle ne fut et ne sera peut-être jamais terminée. Son nom lui vient d'une icône wisigothique qui fut cachée dans la muraille de l'Alcazar lors de l'invasion maure.

Intéressante décoration intérieure. A commencer par le Grand Escalier qui mène aux appartements royaux. Plusieurs salles se distinguent pour leur riche décor comme le salon Gasparini de style rococo hyper chargé, d'inspiration chinoise et l'étonnant cabinet de porcelaines. Au passage, vous aurez admiré « Carlos IV » et « Marie Louise », deux beaux Goya. Salle à manger de gala assez démente, ornée de belles tapisseries, suivie d'un salon d'exposition de pendules anciennes. Chapelle royale, d'aspect très théâtral, avec ses ors, marbres, son plafond à caissons, etc. Puis, succession assez répétitive de salons longeant la place d'Orient. C'est de son balcon central que Franco haranguait la foule de ses supporters vieillissants. Fin de la visite avec la somptueuse salle du Trône. Au plafond superbe fresque de Tiepolo : « la Grandeur de la monarchie espagnole ».

Le palais royal abrite également dans ses jardins le *Musée des carrosses* (certains valent vraiment le coup d'œil). Entrée également paseo Virgen del Puerto. Mêmes horaires que le palais. Pour les amateurs, l'*Armería* qui présente de belles collections d'armes et d'armures (entrée place d'Armes), la *bibliothèque royale*, un petit *Musée de la Pharmacie*, etc.

A l'ouest du Palais royal, deux grands parcs agréables : le *campo del Moro* et celui de la *Casa del Campo* qu'on peut rejoindre par un téléphérique depuis le paseo del Pintor Rosales Ferraz.

— Non loin de là, les amateurs d'archéologie découvriront les premières excavations de la muraille qui ceinturait la ville au temps des Maures. Pas grand-chose à voir, en fait. Une anecdote pour vous consoler : les Madrilènes sont surnommés, *los gatos* (les chats) à cause de l'habileté qu'ils déployaient lors de la reconquête de la ville à escalader cette haute muraille. On parvient ensuite au *viaducto* qui enjambe la calle Segovia. C'est l'endroit de prédilection des Madrilènes candidats au suicide. Malheureusement, le tramway qui passait en dessous gardait accrochés quelques malheureux à ses fils.

— *L'ermitage de San Antonio de la Florida :* sur la plaza du même nom, au bout du paseo de la Florida. Métro : Norte ou bus 46 (départ sur Alcala à l'angle de Gran Via). Ouvert de 10 h à 13 h et de 16 h à 19 h du 1er juillet au 30 septembre ; de 10 h à 14 h et de 16 h à 20 h le reste de l'année. Samedi, dimanche et jours fériés, seulement le matin. Fermé le lundi. Entrée payante mais prix modique. Cette chapelle, construite à la fin du XVIIIe s. et décorée de fresques de Goya, est bizarrement peu connue. C'est pourtant l'un des joyaux de Madrid. Goya y est enterré. Les fresques, représentant des épisodes de la vie de saint Antoine de Padoue, furent peintes en 1798. Ce qui fait leur prodigieux intérêt, c'est leur style résolument profane et leur fraîcheur. Tableau très précis de la société madrilène de l'époque avec ses aristos, grands bourgeois, demi-mondaines, mais aussi pauvres et gens du peuple qui ont l'air plutôt de demander des comptes à saint Antoine. Visages très expressifs où se lit souvent l'inquiétude. Arriver de bonne heure pour profiter seul du silence et de la quiétude de la chapelle...

– *Le Rastro* (plan A4) : métro : Latina. Gigantesque marché aux puces qui se tient tous les dimanches jusqu'à 14 h, sur le Ribera de Cutidores. En fait, le marché fonctionne tous les jours en ce qui concerne les boutiques de vieilleries et d'antiquités. Les stands qui s'étalent généreusement sur les trottoirs ne sont là que le dimanche. Si vous êtes à la recherche d'antiquités, venez donc en semaine, vous y serez plus tranquille et on vous prendra moins pour un touriste. Si vous souhaitez vous mêler à la joyeuse et trépidante animation, c'est le dimanche matin qu'il faut venir. Attention aux pickpockets, ils sont nombreux et efficaces. Une foule énorme : vers midi, on fait dix mètres à l'heure. Fringues, surplus, petit artisanat (de jolies choses), camelots de toutes sortes. En descendant, à gauche, marché des chiots et des oiseaux. Au 29, Ribera de Curtidores, les *Galerias Piquer*, patio entouré d'antiquaires. Pour les yeux seulement car inabordable. La boutique *Iglesia* propose de bien belles cartes postales anciennes, mais il connaît les prix, le bougre ! Toutes les rues adjacentes (calle del Carnera, calle de Carlos Arniches) sont pleines de petites boutiques spécialisées. Dans cette dernière, une autre cour avec des antiquaires. C'est aussi là que se revend le butin des vols des petites frappes du quartier : auto-radios, montres, etc.

Deux haltes obligatoires pour se réhydrater : la *brasserie Bobia* et la *Campaña de Malaga* (voir chapitre « Où boire un verre ? Où sortir ? »).

● **Le Madrid monumental**

Situé en grande partie à l'est de la ville. Des places immenses, des avenues que l'on ne traverse qu'en passage souterrain, un trafic automobile dément, des édifices assez lourds construits pour la plupart fin du XVIIIe-début du XIXe s.

– *La plaza de Cibeles* (plan D1) : la calle de Alcalá mène à une populaire déesse trônant au milieu de la place sur un char tiré par deux lions. Tout autour, on trouve la Banque d'Espagne, la grande poste de style romantico-gothique, le ministère de la Défense, etc. De là, la calle de Alcalá se prolonge jusqu'à la plaza de Independencía avec l'imposante Puerta de Alcalá au centre.

En remontant Alcalá, on parvient au croisement avec Gran Via, une large artère symbolisant parfaitement la grandiloquence et la froideur de l'architecture du début du siècle. C'est une des rues les plus commerçantes de la capitale. Au carrefour de Gran Via et Alcalá, en levant les yeux, des statues d'anges et de chars romains en bronze trônant fièrement sur les toits allègent un peu l'ensemble.

– *Les paseos :* les paseos del Prado, de Recoletos et de la Castellana sont une véritable autoroute en pleine ville avec cependant de grandes terrasses agréables en été. Ils furent, le temps où l'automobile ne régnait pas en despote, les Champs-Élysées des élégantes Madrilènes. Là encore, d'importants édifices : comme le *musée du Prado* (plan D2-3) et les ministères. A noter, juste derrière le Prado, la belle *église San Jerónimo el Real* (édifiée au début du XVIe s., mais considérablement remaniée ; plan D2). Au milieu du paseo del Prado, sur la plaza de las Cortes, le Parlement espagnol (les *Cortes*).

– *La plaza Colón :* on y trouve la Bibliothèque nationale, le centre culturel de la ville, cachée derrière une cascade (expos toujours intéressantes) et le terminus des bus pour l'aéroport. Chaque ville européenne possédait ses hérésies architecturales, on remarque sans peine les deux tours de béton sans grâce faisant de l'ombre à la place.

– *Le parc del Retiro :* métro : Retiro (plan E-F2-3). Bien agréable de s'y promener après une overdose de trafic automobile. Il existait déjà au XVIe s. ainsi que le lac *(l'Estanque)*. On peut y aller par exemple en sortant de la cason del Buen Retiro, pour reprendre des forces après une overdose de peinture. C'est le bol d'air de Madrid. On y trouve de belles promenades bordées d'arbustes, de larges allées ouvertes qui convergent vers le bassin central, où l'on peut se relaxer en louant une barque. Le dimanche matin, tout le monde s'y donne rendez-vous. Kiosque à musique, jongleurs, cartomanciennes animent le parc. Faisant de l'ombre à la pièce d'eau, le monument très baroque dédié à Alphonse XII. Sur la droite, on parvient au palacio de Velasquez (palais des expositions). Édifice de briques habillées d'azulejos. Original. Derrière, le beau palais de cristal, tout en légèreté et transparence, présente de temps en temps des expositions temporaires de qualité. Et puis, ce vaste parc offre encore une rosaleda (roseraie) et un observatoire astronomique... En revenant vers le Prado, nos lecteurs bucoliques découvriront le jardin Botanico (entrée plaza de Murillo).

– *Plaza de España :* métro : Pl. de España. Gran Via, l'autre grande voie du Madrid moderne, vous y mène depuis la plaza de Cibeles. On y trouve le colossal

monument à la mémoire de Cervantès et les deux gratte-ciel les plus élevés de Madrid. Beau panorama sur la ville et cafétéria agréable avec terrasse.
– *La Cité universitaire* : métro : Moncloa. Pour nos lecteurs qui ont du temps ou sont férus d'urbanisme. Sur l'un des champs de bataille les plus sanglants de la guerre civile, on construisit donc cette cité universitaire vaste, aérée et verdoyante. Passé l'arc de triomphe qui en marque l'entrée, l'avenida de la Victoria mène au *palais de la Moncloa*, résidence du Premier ministre.
Si le *Musée de l'Amérique* est toujours en restauration, en revanche le *Musée espagnol d'Art contemporain* (av. Juan de Herrera, 2) mérite une visite (voir « Les musées »).

● **Les musées**

Si Madrid est pauvre en monuments historiques de grande valeur, elle foisonne d'excellents musées, dont le célèbre Prado qui présente des collections uniques au monde et lui vaut une place dans le peloton de tête, mesdames et messieurs bonjour, des capitales artistiques européennes. Dans les musées nationaux, entrée gratuite avec la carte internationale d'étudiant. Parfois, vous ne paierez que moitié prix. Le mercredi, certains sont gratuits pour les membres de la C.E.E. Les Espagnols, eux, rentrent partout gratuitement. Pour être plus sûr renseignez-vous à l'entrée de chaque musée car les réductions ou gratuités sont rarement indiquées.
– *Le Prado :* paseo del Prado (plan D2-3). Métro : Banco ou Atocha. Ouvert de 9 h à 19 h (17 h en hiver) ; dimanche et jours fériés de 9 h à 14 h. Arriver une demi-heure à l'avance pour éviter la queue. Fermé le lundi. Tél. : 468-09-50. Le billet comporte une partie détachable, valable pour la cason del Buen Retiro. Gratuit avec la carte internationale d'étudiant.
L'un des plus beaux musées du monde dans un édifice du XVIIIe s. Il présente les collections que les rois d'Espagne eurent le bon goût de constituer depuis Charles Quint et de se transmettre malgré les aléas de l'histoire (guerres, incendies, pillage des généraux napoléoniens). C'est Ferdinand VII qui créa officiellement le musée en 1819. Il ne représente pas seulement un fabuleux panorama de la peinture espagnole, mais également des autres écoles européennes, notamment celle de Venise.
Il ne s'agit pas ici d'énumérer toutes les œuvres du Prado (le « Guide Bleu » et les différentes publications du musée le font très bien) mais celles avant tout qui nous ont fait pousser des grands cris d'admiration (on a failli se faire jeter !).
Notre itinéraire débute par la petite entrée, au nord du musée. Le musée étant en totale restructuration depuis quelques années, l'ordre des salles n'est pas garanti.
Les salles consacrées à la peinture espagnole jusqu'au Greco nous livrent des œuvres superbes : celles de Fernando Gallego (fin du XVe s.), très influencées par la peinture flamande. Notamment « la Pitié ou la Cinquième Angoisse », « le Calvaire », « le Christ donnant sa bénédiction », etc. Pedro Berruguete symbolise la conjonction entre l'école flamande espagnole et la Renaissance italienne (« l'Adoration des rois » et « Saint Dominique et les Albigeois »). Magnifique retable de l'archevêque don Sancho de Rojas. Des œuvres exceptionnelles de Luis Morales dit le Divin, dont la « Vierge et l'Enfant » (œuvre n° 2656).
Les salles consacrées à Rubens sont d'une richesse prodigieuse. Fortement influencé par l'école vénitienne, il présente ici des œuvres très baroques : « le Rapt de Proserpine », « Orphée et Eurydice », l'étonnante « Voie lactée », le « Jardin d'Amour ». Ce dernier est probablement le plus beau Rubens du musée. « Les Trois Grâces », « Nymphes et Satyres », « Pan et Cérès », etc., complètent l'ensemble...
Velázquez a droit à une salle à lui tout seul pour « les Ménines à la cour de Philippe IV ». Normal, non ! C'est son tableau le plus célèbre. Velázquez excella dans le portrait royal, mais encore plus dans les personnages bizarres de la cour : nains, bouffons, etc. A Madrid, il devint l'ami de Rubens qui lui conseilla de voyager en Italie. Il y retourna plusieurs fois pour acheter des tableaux de Titien pour le roi. De Titien il disait : « Il a tout inventé. » A Rome, il se liera avec Poussin et Bernin. Dans « les Ménines », jeu superbe de l'espace et de la lumière, l'artiste réussit à intégrer le spectateur à son tableau. « Les Fileuses », autre œuvre majeure, avec personnages assez réalistes au premier plan et ceux du fond presque dilués dans la lumière. « La Reddition de Breda », probablement le tableau le plus connu des écoliers, tant il est reproduit dans les livres d'école. Célèbre pour son jeu de lignes (diagonales, courbes, parallèles) : une remarquable construction ! « Les Buveurs » montrent que Velázquez n'a pas son pareil

pour peindre sans complaisance la joie populaire teintée d'hébétude. C'était le tableau favori de Manet. « Le Prince Balthazar Carlos » révèle de façon éclatante la fraîcheur, le naturel, la vivacité du jeune prince.
Autres toiles remarquables, celles de Jan Brueghel « de Velours ». Notamment sa série « les Cinq Sens ». Une orgie de fleurs exprime le plaisir de l'odorat, une débauche d'instruments de musique, celui de l'ouïe. Le plaisir de la vue est révélé par de nombreuses œuvres d'art de l'Antiquité et celles de Rubens (étonnant hommage d'un contemporain !).
De Rembrandt, l' « Artémise » et un « Autoportrait » d'école.
Une nouvelle salle est consacrée à Goya et aux peintures de la Quinta del Sordo, sa résidence. Goya, malade et en proie, sur la fin de sa vie, à des délires mystiques, peignit ces très fortes œuvres, ces « Peintures noires », sur les murs de sa maison. « Le Duel à la Garuche », « Pèlerinage à la fuente de San Isidro », « las Barcas », « Fête de San Isidro », « Deux Vieillards en train de manger ». Ce sont des personnages grotesques, un monde de cauchemar cruel et monstrueux dont on a pu dire qu'il préfigurait celui du XXe s. « Le Pèlerinage » exprime ainsi un pessimisme total. Goya fut, de fait, le précurseur des surréalistes et expressionnistes.
Au premier étage : Murillo, peintre du XVIIe s., fut le porte-parole de la religiosité populaire. L'Église lui fit un grand nombre de commandes. Peinture gentille à la spiritualité aimable. On remarquera la « Sainte Famille au petit oiseau », « la Vision de saint François d'Assise », « l'Adoration des bergers », la série des Vierges avec surtout « l'Immaculée Conception de '' Soult '' » (emportée dans les bagages du maréchal Soult après la guerre d'Espagne et rendue par la France en 1940).
Zurbarán, peintre des scènes religieuses de la première moitié du XVIIe s. Absence de décor qui donne un côté austère aux toiles. Zurbarán restera célèbre pour ses « blancs » lumineux comme dans la « Vision de Saint-Pierre Nolasque » et « l'Apparition de l'apôtre saint Pierre ». Natures mortes aux couleurs parfaites. Une œuvre exceptionnelle : « Sainte Casilde », où l'on remarque la richesse du drapé et des tissus.
Salles avec d'autres œuvres de Goya : les portraits de la famille royale dont l'extraordinaire « Famille de Charles IV ». De facture vraiment peu conventionnelle : personnages, dans la pénombre, peu souriants ; une femme tourne la tête ; un enfant à l'air figé comme une photo d'école. Outre les coups de pinceau enlevés restituant l'éclat des bijoux, des soies et tissus chamarrés, Goya arrive à exprimer les sentiments des personnages et les charge de haine les uns vis-à-vis des autres : tour à tour mesquins, médiocres, petits, fiers. Aucune concession dans la composition, aucune obséquiosité vis-à-vis du pouvoir.
Une foule énorme dans une salle. Pas de doute, ce sont les œuvres majeures du peintre : « les Journées du 2 et 3 mai 1808 ». Avant « le 2 Mai » aucune œuvre n'avait rompu avec autant de violence avec la tradition picturale. Cette exécution se révèle un immense cri pour la liberté. Les tueurs sont dans l'ombre. L'homme qui va mourir baigne dans la lumière, dans une attitude dérisoire et sublime, symbole de la résistance du peuple espagnol...
Les « Maja » attirent du monde aussi. Peintes vers 1798, elles provoquèrent les foudres de l'Inquisition sur Goya. La « Maja nue » fut un événement car avant il n'existait pratiquement pas de nu dans la peinture espagnole.
La « Laitière de Bordeaux » fut probablement sa dernière œuvre. Beaucoup de tendresse : un dernier clin d'œil mélancolique, ultime message de l'artiste. Les impressionnistes surent l'attraper au passage.
Parmi les premières œuvres pleines de fraîcheur de Goya, on peut voir « l'Ombrelle » destinée à orner la salle à manger du Prado, « la Era », « la Boda », « la Nevada », l'admirable « El pelele », etc.
De José de Ribera, nombreuses œuvres majeures. Contemporain de Zurbarán, il montre une adhésion sans faille au style du Caravage et à son « ténébrisme », avec en plus un zeste de baroque. « Archimède » en est le meilleur exemple.
Le Greco est largement représenté, même si à cause du cadre formel l'on ne ressent pas les mêmes émotions qu'à la cathédrale de Tolède. Ce Grec, de son vrai nom, Domenico Théotokopoulos, l'un des artistes les plus originaux de tous les temps, trouva en Espagne son inspiration. Le grand critique Élie Faure dit de lui qu'il délivra l'âme espagnole. Il transita avant par Venise et Rome, dont il rapporta des influences de Titien et de Michel-Ange présentes dans ses premières œuvres, comme « l'Annonciation » et « la Sainte Trinité ». Célèbres portraits, à l'image du « Chevalier à la main sur la poitrine », où, avec une grande économie de moyens, il arrive à nous faire parvenir toute la personnalité du sujet. Et puis

des toiles superbes : « Saint André et saint François », « la Crucifixion », « le Baptême du Christ ». Et puis le choc : « l'Adoration des Bergers », fantastique toile de ses dernières années. La toile tout en hauteur met en valeur la distance séparant le Ciel de la Terre. La lumière irradiée par l'enfant donne aux autres personnages un relief statuaire. Le paroxisme du lyrisme ! Les personnages semblent brûler d'un feu mystique... Paradoxalement le peintre ne connut pas une existence aussi mystique que son œuvre : il vivait à Tolède en concubinage et lisait de la poésie profane. Connaissant la valeur de son art, il vendait ses toiles fort cher.

Les Italiens sont également superbement représentés : Titien, dont le Prado présente une bonne vingtaine de toiles, avec le remarquable « Charles Quint », et puis aussi le Tintoret et Véronèse (« Moïse sauvé des eaux », « les Noces de Cana »).

Pour finir, une des dernières salles n'aligne parfois qu'une ou deux œuvres d'artistes. Mais quelles œuvres ! On n'arrive plus à en décoller. Ainsi Fra Angelico et « l'Annonciation » aux fantastiques effets de perspectives. Merveilleux Botticelli, Antonello da Messina, Mantegna.

De Raphaël, quelques « pièces » : « la Sainte Famille de Roble », « le Cardinal Desconocido » et la « Vierge à la rose ».

De Pieter Brueghel l'Ancien, « le Triomphe de la Mort », un tableau dans la lignée de Bosch, pessimiste, inquiétant, fourmillant de scènes atroces mais où s'exprime un sens du détail et de la couleur.

La peinture allemande présente peu d'œuvres, mais elles sont de qualité : d'Albert Dürer, un autoportrait d'une facture sublime et « Un inconnu » où l'artiste sait rendre avec vigueur et vérité le regard dur et implacable du personnage, un certain Hans Hinof.

Et puis ne manquez pas les œuvres de Bosch, peintre du XVᵉ siècle de qui on ne sait presque rien. Jérôme Bosch choisit la dernière syllabe du nom de sa ville d'origine, S'Hertogenbosch, pour pseudonyme. Véritable génie, précurseur du surréalisme et de la B.D., il a su décrire avec un symbolisme exacerbé les angoisses de l'époque médiévale. L'observation du comportement humain, des fantasmes et des songes se traduit dans des scènes d'un grotesque sans bornes, d'un surréalisme envoûtant. « El jardin de la delicias » exprime dans une éblouissante vigueur picturale la fresque de la vie, de l'innocente rencontre (noter la position de l'homme) aux affres de l'enfer en passant par un monde d'abondance (panneau central), de volupté lyrique, de bonheur calme et absolu. En ces temps de famines répétées, n'était-ce pas là le bonheur total ?

Le tableau « Las tentaciones de San Antonio » est une autre œuvre marquante. L'enfer et ses démons y prennent des formes d'animaux monstrueux excluant toute Rédemption. Notons encore « La adoracion de los magos ». Dans une salle non loin, on peut également admirer un curieux « San Sebastien » du Greco, composé de deux tableaux. Le premier en hauteur, le second en largeur. Celui du haut fut peint par El Greco, tandis que l'autre (les jambes du saint, est l'œuvre d'un autre artiste. En revanche, le paysage en toile de fond est du maître. Curieux assemblage.

— *La Cason del Buen Retiro et Legado Picasso* : entrée par la calle Felipe IV ou la calle Alfonso XII, 28. Situé deux rues derrière le *musée du Prado* dont il est l'annexe. Même horaires et mêmes billets. Tél. : 230.91.14. Le billet qui vous est délivré est valable pour les deux musées mais vous pouvez très bien utiliser la partie du billet concernant le Prado le lendemain ou plus tard. Gratuit pour les étudiants avec la carte internationale. Façade à colonnes. On y trouve la peinture espagnole du XIXᵉ siècle, mais surtout le célèbre « Guernica » de Picasso. Pour accéder à la salle du tableau, on est fouillé. Quelques études sont présentées afin de vous mettre l'eau à la bouche. Puis on découvre la toile proprement dite, protégée par un épais vitrage qui tient le visiteur à distance respectable. Un peu comme si Guernica devait être surprotégé après avoir subi tant de malheurs. Visages torturés, membres sectionnés, tons gris et noirs, tout est fait pour augmenter l'idée de souffrance et de dégoût. Cette toile fut peinte en 1936 en protestation contre le bombardement barbare de Guernica par l'aviation de la légion Condor allemande qui fit plus de 2 000 morts. Au centre de la toile, une fleur semble éclore, lueur d'espoir, signe que la vie renaît malgré tout.

Pendant de nombreuses années exposé au musée d'Art moderne de New York, Picasso avait subordonné le retour du tableau en Espagne à la restauration de la démocratie. Nous, on pense que plutôt qu'à Madrid, sa vraie place aurait dû être... Guernica !

Dans cette même salle, noter la belle voûte peinte. Les autres salles présentent une belle collection de la peinture du XIX⁰ siècle, avec des œuvres de Rafael Tejeo, Medrazo, Vicente López (belle série de portraits d'un grand classicisme). A l'étage, une section est consacrée au romantisme avec l'impressionnant « Donna Joana la Loca » (Jeanne la folle, reine de Castille et mère de Charles Quint) de Lorenzo Valles, des œuvres de Carlos Luis de Ribera. Les néoclassiques sont représentés avec Madrazo qui joue admirablement avec la lumière des visages (« la Condesa de Vilches »). Plus loin, une intéressante série de paysages du Belge Carlos de Haes que vous reconnaîtrez peut-être (picos de Europa, Mallorca...). « Fortuny » est également bien représenté, « En el salon japones » et « Fantasia de Fausta ». L'ensemble est complété par quelques œuvres de Joaquim Sorolla (l'un de nos préférés), « Ninos à la playa », pudique, rafraîchissant, empli d'une lumière authentique.

– *Musée archéologique :* calle Serano, 13. Tél. : 403-65-59. Ouvert de 9 h 15 à 13 h 45, sauf lundi et jours fériés. Métro : Colón et Serrano, (Plan E 1). Un superbe musée là encore et pas du tout ennuyeux. Grandes salles claires, présentation aérée. Plus que jamais les hispanisants sont avantagés car aucune étiquette, aucun descriptif en français ou anglais.
Deux premières salles consacrées à l'art ibère au rez-de-chaussée à droite avec de belles figurines de terre cuite, le trésor de Cáceres (bijoux en or ou filigranés) et deux sculptures assez remarquables : la « Dame de Baza » et la « Dame d'Elche » à la parure mystérieuse.
Dans les salles romaines, mosaïques superbes notamment les « Mois de l'année » et les « Travaux d'Hercule ». Intéressantes épitaphes en latin sur bronze, ainsi qu'une belle tête de cheval retrouvée à Majorque. Reconstitution d'armes de guerre romaines (catapultes, arbalètes).
Dans les salles sur la période chrétienne et wisigothique, mosaïques et beaux bijoux retrouvés dans une nécropole.
L'art musulman est représenté par de jolis coffrets en marqueterie ou ivoire ciselé, d'orfèvrerie, etc. Curieux astrolabe du XI⁰ siècle.
Dans les salles consacrées à l'art roman, belle statuaire religieuse, orfèvrerie ; les suivantes présentent des plafonds « à stalactites », chapiteaux, portes monumentales, coffres, tapisseries, stalles d'églises, etc.
Reconstitution magnifique d'un plafond en bois du XV⁰ siècle (sommet de l'art ibérique). Expo d'iconostases (grilles séparant la nef du chœur).

● Au 1ᵉʳ étage, tapisseries, ameublement Renaissance, statuaire, belles céramiques. Une superbe écritoire du XIX⁰ siècle et une arquebuse sertie de diamants, d'or et d'argent. Chaises à porteurs et collection d'armes. Vaisselle en argent de la période baroque (XVII⁰ siècle) assez étonnante.

● Au sous-sol, salles consacrées à la préhistoire d'une très grande richesse également. Salles grecque, perse (beaux bronzes), égyptienne (momies d'animaux), romaine (casques de la légion), étrusques et celtes.

–*Museo Real Academia de Bellas Artes de San Fernando* (Plan B 2) : Alcalá, 13. Tél. : 232-5-46. Ouvert de 9 h à 19 h. Les dimanche et lundi de 9 h à 14 h. Métro : Sol ou Sevilla. Le musée comporte deux sections. Sous le porche à droite, salles d'expositions temporaires de grand intérêt (ouvertes en général de 10 h à 14 h et de 16 h à 18 h), à gauche un escalier mène au musée de peintures et sculptures. Une des plus belles collections après le Prado. On peut y voir un ensemble d'œuvres couvrant la période du XVI⁰ au XIX⁰ siècle.
La salle 1, bien éclairée, est consacrée aux toiles du XVIII⁰ siècle, dont Fragonard. La salle 2 présente Goya et autres contemporains. Outre un bel autoportrait, on peut admirer le surprenant « Elentierro de la sardina » (l'enterrement de la sardine), tableau joyeux et triste. Dans la salle 3, Zurbarán, Murillo et Ribera. Puis, plus loin, la salle 8 expose des peintres du XVII⁰ siècle : Van Dick, Jans Jansen avec une toile pleine de tendresse représentant l'amour filial. De Rubens, « San Augustin entre Cristo y Virgen ». En poursuivant, dans la chapelle de Academias, un beau Christ du XVII⁰ siècle. La salle 16 est consacrée à la peinture du XX⁰ siècle.
Au 2⁰ étage, outre les collections de porcelaines, on remarquera une série de dessins de Picasso, sur le thème du rapport entre le peintre, le sculpteur et son modèle. A ne pas manquer.

– *Museo Lazaro Galdiano* (plan : nord de E 1) : calle Serrano, 122. Métro : N. de Balboa ou Rubén Diaro. Tél. : 261-60-84. Ouvert tous les jours sauf lundi, de 10 h à 14 h. Fermé en août théoriquement. Appeler pour confirmation. Entrée payante.

Musée d'une incroyable richesse situé dans la maison d'un riche homme d'affaires, de surcroît brillant homme de lettres, qui légua ses trésors en 1947 à l'État. Pour les amateurs de peinture, le complément indispensable du Prado. La diversité et l'importance des œuvres, tant pittoresques que sculpturales, en fait un must à ne pas manquer. Les premières salles présentent une collection d'émaux liturgiques miniatures et des bijoux de grande valeur. On remarquera de beaux coffrets en émail et or du Limousin, des ivoires finement ciselés des XVe et XVIIe siècles, une grande coupe de l'empereur Rudolf II en cristal de roche (un peu abîmée), et puis Leonardo da Vinci, « El Salvador », au regard perdu, aux cheveux lisses.

Montons au 2e étage : large éventail de toiles du XIVe au XIXe siècle, mobilier, pendules, armures, écritoires superbes. Salle 20, le « San Juan » de Bosch. Salle 23, de Zurbarán « Diego de Alcala » et du Greco « San Franciso de Asis » rendant admirablement la lumière qui vient du ciel. Quelques œuvres de Ribera. Plusieurs salles sont aussi consacrées à la peinture espagnole de la première moitié du XVIe siècle. Puis la peinture anglaise : Hoppner, Gainsborough, Reynolds. De Rembrandt, « le portrait de Saskia ». Au 3e étage, la salle 30 est exclusivement consacrée à Goya. On y perçoit toute la diversité de sa peinture. Admirer la saisissante « Scène d'ensorcellement », dont les tons bleus et noirs augmentent la dimension dramatique. Le 4e étage présente des objets d'art religieux (belles broderies du XVIe siècle), ainsi qu'une collection d'armes du XVIe siècle provenant de différents pays européens : arquebuses, dagues italiennes, pistolets sculptés, couteaux gothiques... Moins belliqueuse, la dernière salle expose une série d'éventails du XIXe siècle décorés de scènes de la vie de tous les jours.

– *Museo español de Arte Contemporáneo* (au nord-ouest du centre) : situé dans l'immense cité universitaire. Descendre à la station de métro Moncloa puis passer devant le grand arc de triomphe et descendre la large avenue del Arco de la Victoria. Sur la droite, on aperçoit la grande tour de briques du *museo de America*, toujours en réaménagement. Prendre la première à gauche, l'avenue Juan de Herrera. Le musée se trouve dans le grand building sombre, à droite de la chaussée. Tél. : 449.71.50. Ouvert de 10 h à 18 h. Le dimanche jusqu'à 15 h. Fermé les lundis et jours fériés. Gratuit avec la carte internationale d'étudiant. Au rez-de-chaussée, expo temporaire. Gigantesque musée moderne où la notion d'espace est vraiment respectée. De larges panneaux mobiles permettent de faire varier la taille des salles. Pourtant, l'ensemble fait triste et on regrette l'éclairage aux néons qui diffuse une lumière glauque de mauvaise qualité, mais qui surtout fait un bruit de tous les diables. Bon ! fini ronchonner. Voici ce que propose ce musée : comme son nom l'indique, il s'agit d'art contemporain espagnol. Artistes de renommée internationale et peintres moins connus sont allégrement mêlés dans un melting-pot démocratique. De Solana on verra notamment, le sévère « Vista del Obispo » et la « Procesion de la muerte ». Toiles de Vasquez Díaz, Juan Gris, Blanchard. Quelques Miró et Dalí. Une intéressante série de Julio Pellicer également. De Picasso, trois toiles sur le thème du peintre et de son modèle : « El pintor y la modelo » de 1963. Plusieurs salles présentent des œuvres d'art abstrait, pop-art, réalisme social... De-ci de-là, on verra également d'intéressantes sculptures modernes, dont des œuvres de Henry Moore. Dans l'entrée, vous aurez sans doute remarqué le tableau « Big Spanish Dinner », véritable gloire à la paëlla.

–*Museo Sorolla* (au nord de la ville) : plaza Général Martinez Campos, 37. Métro : Ruben Dario. Tél. : 410-15-84. Ouvert de 10 h à 14 h. Fermé le lundi et en août. L'ancienne demeure, atelier du peintre, est devenue un petit musée peu connu des touristes mais qui mérite d'être découvert. D'abord parce que ça change des immenses palais où on ingurgite la peinture comme des gâteaux au chocolat et puis parce que ce musée est frais et sympathique, comme la peinture de l'artiste. Il faut dire qu'on a un véritable faible pour Sorolla. La demeure est entourée d'un petit parc où trônent de belles statuettes au milieu de parterres, fleuris. Sorolla (1863-1923) exposa beaucoup aux États-Unis sous les hospices de la Hispanic Society de New York qui lui commanda plusieurs toiles. A Paris, il obtint le Grand Prix de l'Exposition Universelle en 1900. Son évolution picturale est intéressante. Au début du siècle, il s'attachera à peindre le réalisme social espagnol. Plus tard, il cherchera à faire partager son amour pour la lumière méditerranéenne et les éléments naturels. La première salle présente une série de toiles montrant les différentes familles typiques espagnoles. On remarque « el gaitero Gallego » où la lumière « perce » la toile. La pièce suivante est dédiée à l'eau et aux ambiances de bord de mer. Extraordinaire rendu de la lumière et de la pureté de l'air qui nous fait presque plisser les yeux : « Pescadoras Valencianas », « Niñas en el

mar » plein de fraîcheur, « Despues del baño » dans les tons roses et blancs. Il semble que la lumière dicte les gestes des personnages.
La troisième salle offre une présentation plus personnelle puisqu'elle est emplie d'objets, de sculptures, de pièces archéologiques ayant appartenu au peintre. Encore la mer et le soleil ... et dans un registre différent la belle « Joaquina la gitana » (placée nettement trop haut). A l'étage, d'autres œuvres intéressantes : « el baño del Gaballo » (1895), où la pureté des tons est exceptionnelle, où le bébé et la mère illuminent toute la toile. Un sentiment de repos et de vive émotion émane des personnages.
- *Musée municipal* : calle Fuencarral, 78 (plan : nord de B 1). Métro : Tribunal. Tél. : 521-66-56 et 522-57-32. Ouvert de 10 h à 14 h et de 17 h à 21 h. Le dimanche de 10 h à 14 h 30. Fermé lundi et jours fériés. Entrée gratuite. Splendide porte d'entrée sculptée de style baroque. Intéressera tous ceux qui veulent en savoir plus sur Madrid, dont c'est le musée historique. Collections de vieilles affiches de corridas, de fêtes et carnavals. Nombreux tableaux représentant Madrid à travers les âges. Caricatures anti-françaises marrantes, datant de l'invasion napoléonienne. Grande maquette de Madrid de 1830, etc.
- *Musée de l'Armée* (museo del Ejército) : calle Méndez Nuñez, 1. (Plan D 2). Métro : Banco de España. Tél. : 231-46-24. Ouvert de 10 h à 14 h. Fermé le lundi. Amis lecteurs, pas d'a priori idéologique, c'est un musée étonnant qui sait réserver des surprises aux curieux. « Diplômes » remis à des officiers supérieurs ou à des régiments exécutés comme des pages de livres enluminés (comme au Moyen Age). Belles épées forgées à Tolède. Dans une vitrine, celle de Cervantès qui combattit les Turcs à la bataille de Lepante, ainsi que son encrier et une édition originale de « Don Quichotte ». Armures de conquistadores. Incroyable salle d'armes avec arbalètes, catapultes, fusils incrustés de nacre et d'argent. Curieux revolver belge à 24 canons et un flingue pouvant se transformer en hache d'abordage ! Dans la salle de la conquête arabe, la magnifique épée de cour et de gala du sultan Boabdil, chef-d'œuvre d'orfèvrerie. Salles consacrées à la guerre civile (évidemment du point de vue des franquistes).
● Au dernier étage, salle rappelant les guerres napoléoniennes. On mesure mieux le traumatisme qu'ont laissé nos armées coloniales dans l'histoire espagnole et l'inconscient populaire.
Pour finir, nos lecteurs de gauche se souviennent de la Dodge de l'amiral Carrero Blanco qui sauta à plus de 20 m de hauteur dans un attentat le 20 décembre 1973. Le champagne coula à flots à Paris à l'époque. On se souvient ! Saluons donc le fair-play qui consiste à populariser auprès du grand public cet exploit technique... Bon, après c'est l'overdose d'uniformes et de couleuvrines.
- *Musée Cerralbo* (plan : au nord de A 1) : Ventura Rodriguez, 17. Tél. : 247-36-46. Métro : Plaza España ou Ventura Rodriguez. Ouvert de 10 h à 14 h et de 16 h à 19 h. Dimanche de 10 h à 14 h. Fermé le lundi, les jours fériés et en août. Comme le *musée Lazaro Galdiano*, il s'agit d'un don (din-don !) du marquis de Cerralbo qui résidait dans cet hôtel particulier. Les amateurs de peinture y verront des toiles du Greco, Zurbarán et Ribera parmi les plus importantes. Des dessins de Goya aussi, et puis Van Dick, le Tintoret et Titien... Visite intéressante.
- *Centro de Arte Reina Sofia* : Santa Isabel, 52. Tél. : 467-50-62. Métro : Atocha. Excellente idée qu'ont eu les autorités de reconvertir cet ancien hôpital général en centre d'exposition consacré aux œuvres et aux mouvements les plus significatifs de l'art du XXe siècle. Inauguré en 1986 par la Reine Sofia, les milieux artistiques de Madrid veulent que ce centre prenne l'importance de Beaubourg à Paris. Ne l'appelle-t-on pas déjà, en plaisantant, le Sofia-bourg ? Pour connaître les expos en cours, voir l'Office du tourisme, ou consulter le « Guia del Ocio ».
- D'autres musées pour tous les goûts, impossible de tous les énumérer : *musées de Géologie, d'histoire de la Pharmacie, minéralogique, de la Monnaie et Timbres, Arts et Traditions populaires, Arts décoratifs, des Pompiers, naval, de la... Police, taurin, romantique, maison de Lope de Véga, etc.* Prendre la brochure de l'Office du tourisme.
- *le Mercado Central del Pescado* à la puerta de Toledo (métro : Toledo) : est en train de devenir un grand centre d'antiquités et d'expo-ventes.

ARANJUEZ

Ancienne résidence d'été des Bourbons au XVIIIe s. et aujourd'hui l'une des promenades du dimanche favorites des Madrilènes. Située à une cinquantaine de kilomètres au sud de la capitale. Accessible par train et bus. Visite intéressante pour les amateurs de palais et beaux jardins. Si l'on ne dispose pas de beaucoup de temps, il vaut mieux ne voir que la *Casita del Labrador*.

Où dormir ?

– *Camping Le Soto Del Castillon*. Dans le centre ville. Peu cher et très ombragé. Accès par la N IV, Madrid-Cadix. Piscine, magasins, bungalows, etc.

A voir

– *Le palais royal* : souvent comparé à tort à Versailles. Visite assez décevante si l'on excepte quelques pièces présentant un certain intérêt. Ouvert de 10 h à 13 h et de 15 h 30 à 18 h 30 (15 h à 18 h en basse saison). Le cabinet de porcelaines surprend par son exubérance décorative, mais n'apporte rien de plus pour ceux qui ont déjà vu celui du palais royal, à Madrid. Beau piano du salon de musique. Quelques tableaux en mosaïques très fines. Intéressant cabinet arabe et l'un des derniers salons présente de belles aquarelles sur papier de riz.

– *La Casita del Labrador* : située à 2 km du palais royal. Possibilité de s'y rendre en voiture par la route ou à travers le jardin du prince. Ouverte de 10 h à 13 h et de 15 h à 17 h 30. Fermée le mardi. Visite guidée de 30 mn. Petite cafétéria. C'est un genre de Trianon richement décoré et meublé. Profusion de statues, marbres, tapisseries, beaux objets, ingénieuses horloges, meubles et panneaux superbes en marqueterie, délicieux paysages de Brambilla, etc. Noter la porte magnifique du salon de toilette de la reine.

Aux environs

● *Chinchón* : vieux village à 20 km d'Aranjuez, au nord-est. Château et église massive. Remarquable plaza entourée d'anciennes maisons à galeries. Dans l'église (ouverte seulement aux heures d'office), un Goya. Chinchón est également la capitale de l'anisette. On y trouve un joli parador.

TOLÈDE

Haut perchée sur son promontoire de granit, cernée par les eaux du Tage, forteresse dorée la journée, embrasée au soleil couchant, Tolède ne fait pas mentir l'image qu'on possède d'elle. Ça sera l'une de vos plus belles promenades médiévales et artistiques. Tolède, le poids des tombeaux, le choc des Greco !

Comment y aller depuis Madrid ?

– *En train* : depuis la station d'Atocha, une dizaine de trains par jour de 7 h 07 à 21 h 07.
– *En bus* : environ 1 h 15 mn de trajet. Deux compagnies assurent le transport : « *Continental Auto* » (Tél. : 227-29-61), 6 bus par jour à partir de 7 h, et « *Galiano* » (Tél. : 227-62-17), 6 bus par jour de 11 h à 22 h. Même adresse pour les deux : Salida de la calle Canarias, 17 (Estación Sur Autobuses).

Adresses utiles

– *Kiosque touristique* : porte de Bisagra. Tél. : 22-08-43. Ouvert du lundi au vendredi de 9 h 30 à 14 h et de 16 h à 18 h. Le samedi de 9 h 30 à 14 h.
– *Poste* : calle de la Plata, 1. Ouverte de 9 h à 14 h et de 16 h à 18 h. Le samedi de 9 h à 14 h.
– *Téléphone* : au n° 18 de la même rue.
– *Train* (RENFE) : Sillería, 7. Renseignements : 22-23-96 ou 22-30-99.
– *Banco Exterior de España* : plaza Zocodover. La seule banque ouverte le samedi matin.
– Grand *parking* payant gardé à proximité de l'Alcazar. D'autres parkings surveillés et gratuits pour les étrangers. Attention, la fourrière est très vigilante à Tolède.

Où dormir ?

– *Fonda Segovia* : calle Recoletos, 4. Tél. : 21-11-24. A 200 m de la plaza Zocodover et à droite en montant de la puerta Bisagra. Petite pension bien

fraîche sous le soleil castillan. Parfaitement tenue. Bon marché. Chambres avec lavabo. Salles de bains sur le palier.
– *Pension La Sevillana :* Chapineria, 6. Pas de téléphone. Petite ruelle donnant dans la plaza de las Cuatro Calles. Très vieille et belle maison. Poutres sculptées et azulejos dans le salon d'entrée. Chambres avec lavabo acceptables, pas chères, mais un peu sombres et tristounettes.
– *Hostal Las Armas :* Armas, 7. Tél. : 22-16-68. Dans la rue montant de la puerta Bisagra, à l'entrée de la plaza Zocodover. En plein dans l'animation nocturne. Bon accueil. Curieuse salle d'attente avec verrière et plantes grasses. Toutes les chambres avec lavabo.
– *Fonda Lumbrera :* Juan Labrador, 9. Très central. Entre Alcazar et cathédrale. Au premier étage. Tél. : 22-15-71. Tenu par une famille sympa. Les mômes mettent de l'animation. Bon marché, bien tenu mais souvent plein.
– *Hostal Residencia Labrador :* Juan Labrador, 16. Tél. : 22-26-20. Plus cher que les précédents, mais reste vraiment abordable. Chambres avec douche ou salle de bains. Bel escalier à balustres. Pas très bien entretenu. Propreté douteuse.
– *Hostal de la Juventud* (A.J.) : castillo de San Servando. A 1 km de la gare. Au-delà du vieux pont d'Alcantara, sur la colline avec un château qui fait face à Tolède. Panorama superbe. L'A.J. est dans le château même. Petits dortoirs bien tenus. Piscine.

● *Plus chic*

– *Los Guerreros :* avenida Reconquista, 8. Tél. : 21-18-07. A environ 500 m de la puerta Bisagra à l'extérieur de la vieille ville. Remarquablement bien tenu. Prix très abordables (moins cher qu'un 2 étoiles chez nous). Chambres avec ou sans salle de bains.
– *Hotel Maravilla :* calle Barrio Rey, 5. Tél. : 22-33-00 et 04. A deux pas de la place principale. Très belles chambres avec salle de bains. L'équivalent d'un 2 étoiles chez nous.
– *Hostal del Cardenal :* paseo de Recaredo, 24. Près de la puerta Bisagra. Tél. : 22-49-00. Un magnifique parador, ancien palais intégré dans les murailles de la ville, avec un jardin d'éden où chantent les fontaines. Chambres doubles luxueuses pour moins de 300 F. Resto dans un cadre magnifique et menu à un prix inattendu.

● *Campings*

– *Circo Romano :* à 500 m de la puerta de Bisagra. C'est fléché. Le plus proche de la ville et bien ombragé. Tél. : 22-04-42. Devenu cher et bien sale. A éviter.
– *El Greco :* à 3 km de Tolède, en direction de Navahermosa-La Puebla de Montalban. Tél. : 21-35-37. Très bien tenu et pas mal d'ombrage. Resto et piscine (payante et chère). Sanitaires impeccables. Mais prévoyez un marteau-piqueur pour planter vos sardines.
– *Toledo :* sur la route de Madrid à 5 km. Tél. : 35-80-13. Tranquille, restaurant et belle piscine payante à la journée. Très correct.

Où manger ?

La plupart des restaurants se valent et proposent des menus à prix raisonnables. Aucun n'est vraiment exceptionnel.
– *Bolivia :* calle Santo Tomé, 27. Près de la maison du Greco. Ouvert tous les jours à midi et le soir en haute saison. Accueil impersonnel, mais nourriture acceptable. Bonne paella valenciana et menu pas cher.
– *La Tarasca :* calle Hombre de Palo, 8. Tout près de la cathédrale. Menu très copieux, excellente cuisine, cadre coquet, air climatisé. A trop augmenté ses prix.
– *Bar-restaurant Paco :* pozo Amargo, 1. Tél. : 22-87-50. Pas très loin de la cathédrale. Cadre fort agréable, salle décorée « Castille ». Très bon rapport qualité-prix.
– *Restaurant Sinaï :* calle Reyes Catolicos (entre la casa del Greco et San Juan de los Reyes). Resto juif sympa. Prix doux. Bon accueil.
– *El Tropezon :* traversía de santa Isabel, 2. Tél. : 22-29-36. Resto minuscule et caché. Pas d'enseigne. Il faut traverser une cour, et franchir une deuxième porte

TOLEDO

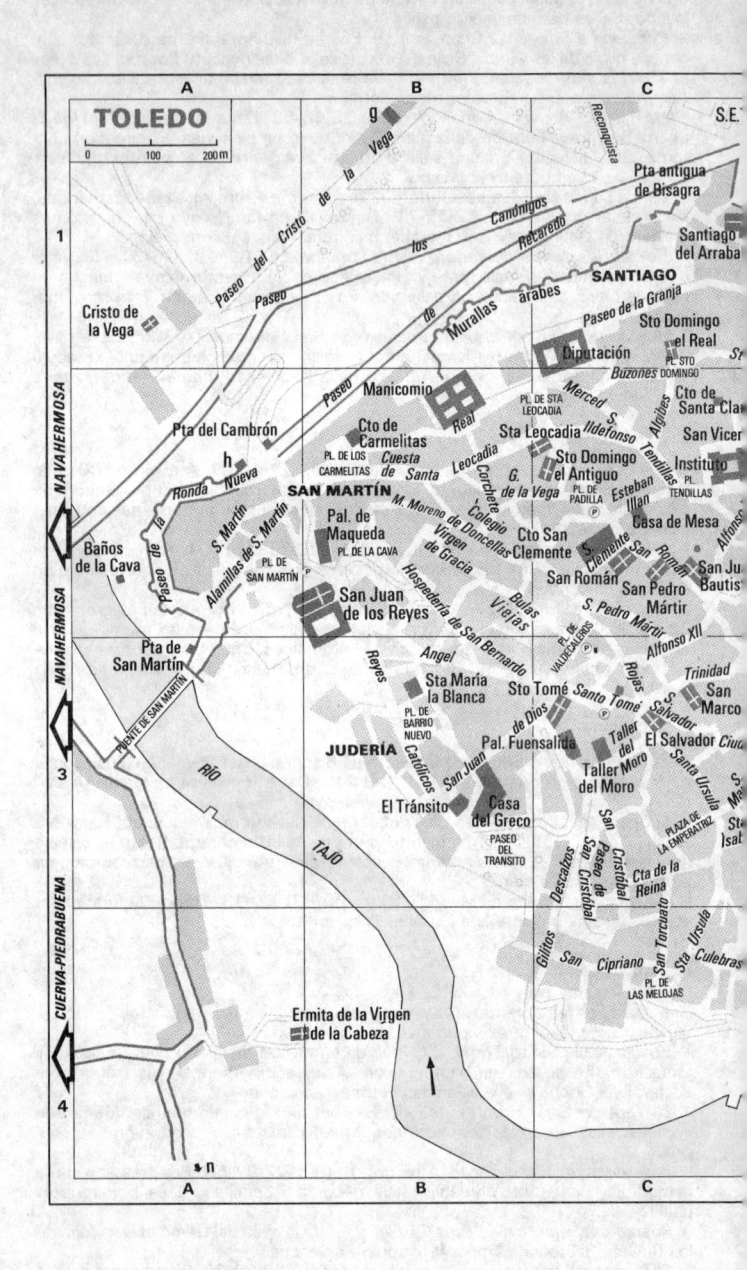

TOLÈDE / 125

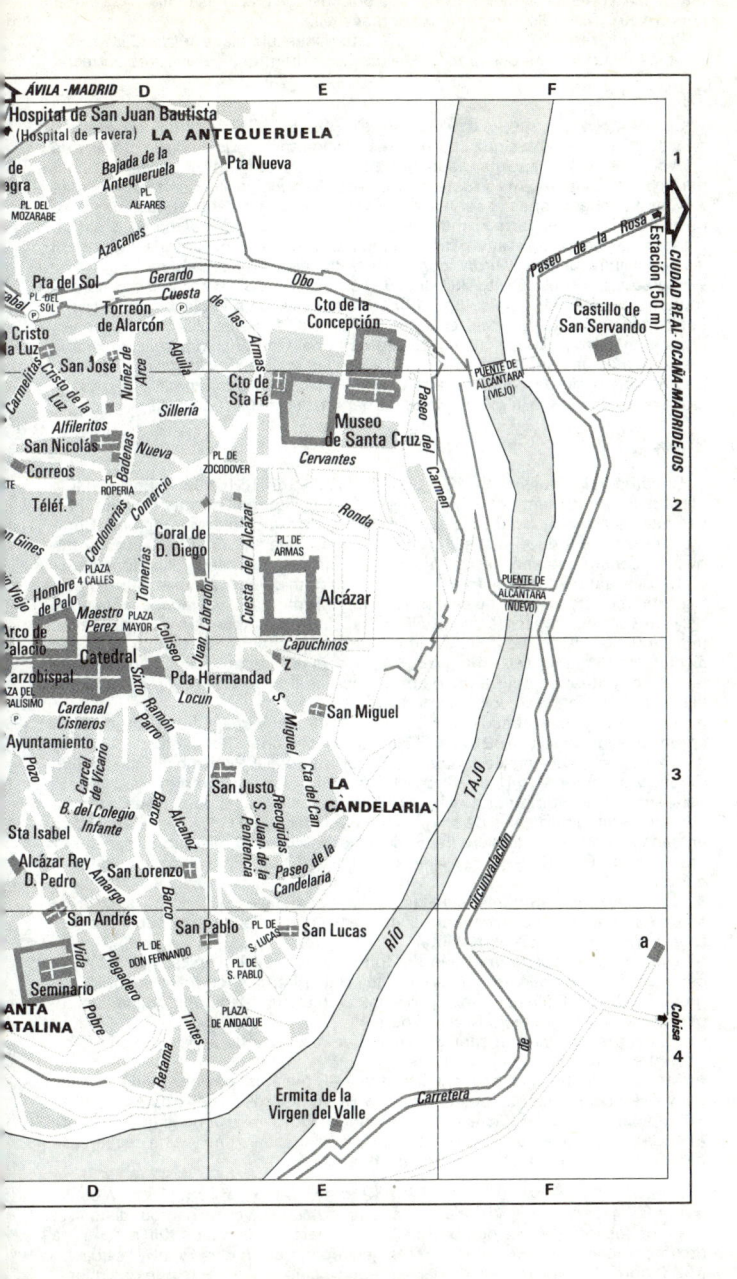

ÁVILA - MADRID

Hospital de San Juan Bautista
(Hospital de Tavera)   **LA ANTEQUERUELA**

Pta Nueva

Bajada de la Antequeruela
PL. DEL MOZARABE
PL. ALFARES

Azacanes

Paseo de la Rosa

Estación (50 m)

CIUDAD REAL - OCAÑA - MADRIDEJOS

Pta del Sol
PL. DEL SOL
Torreón de Alarcón

Gerardo Cuesta

Obo

Cto de la Concepción

Castillo de San Servando

Cristo la Luz
San José
Cristo de la Luz
Carmelitas
Núñez de Arce
Aguila

Cto de Sta Fé

Silleria

PUENTE DE ALCÁNTARA (VIEJO)

Alfileritos
San Nicolás
Badenas
Nueva
PL. DE ROPERIA

Museo de Santa Cruz
Cervantes

Paseo del Carmen

Correos
Comercio

Téléf.
Cordoneros

PL. DE ZOCODOVER

Ronda

San Gines
PLAZA 4 CALLES
Hombre de Palo
Tornerias

Coral de D. Diego
Cuesta del Alcázar

PL. DE ARMAS

Arco de Palacio
Maestro Perez
PLAZA MAYOR
Coliseo

Alcázar

PUENTE DE ALCÁNTARA (NUEVO)

Catedral
Sixto Ramón Parro
Juan Labrador

Capuchinos

arzobispal
PLAZA DEL ALISIMO
Cardenal Cisneros
Locun

Pda Hermandad
S. Miguel

San Miguel

Ayuntamiento
Pozo
Carcel de Vicario
B. del Colegio Infante
Barco
Alcahor

San Justo
Recogidas
S. Juan de la Penitencia

Cta del Can
LA CANDELARIA

TAJO

Sta Isabel
Alcázar Rey D. Pedro
San Lorenzo
Amargo
Barco

Paseo de la Candelaria

Circunvalación

San Andrés
Vida
Plegadero
PL. DE DON FERNANDO

San Pablo
PL. DE S. LUCAS
PL. DE S. PABLO

San Lucas

a

Seminario
Pobre
Tintes

PLAZA DE ANDAQUE

Cabisa

ANTA ATALINA

Retama

Ermita de la Virgen del Valle

Carretera

RÍO

marquée « comedor ». Menu del dia très bon marché mais pas génial. A la carte, c'est mieux. Clientèle d'Espagnols. Bon accueil.
— Près de la place Zocodover, à 10 m, une minuscule place, *plaza Barrio Rey*, dont les quatre restos qui se font concurrence offrent une cuisine très correcte.

● *Plus chic*

— Casa Aurelio : Sinagoga, 6. Très central. Tél. : 84-92-24. Pour la décoration, on a droit au grand classique : les poutres apparentes, jougs de bœuf, colliers de cheval, fourches, chapelets d'aulx et de poivrons, soufflets de forge, etc. Éminemment touristique, mais toute la ville l'est. Atmosphère cependant agréable. Air conditionné, nappes et serviettes en tissu. Menu abordable et quelques bonnes spécialités à la carte comme le *solomillo a la espada toledana* : c'est un morceau de viande très tendre façon chateaubriand, bardé de lardons. Également les spécialités locales : *perdiz, cordonices*. Prix assez raisonnables.
— Hierbabuena : calle Cristo de la luz, 9. Tél. : 22-34-63. Assez loin des hordes touristiques. Près de l'*église Santo Cristo de la Luz*. Un peu chicos, mais tout à fait supportable. Cadre frais et agréable. Service impeccable. Pas trop cher. Fréquenté surtout par la middle-class autochtone. Goûter aux *pochas con almejas* (soupe de palourdes aux haricots blancs), les *mollejas de lechal con ajostiernos* (délicieux ris de veau au safran), les *escalopines de ternera a la cerveza* (escalopes de veau à la bière). Bons sorbets maison aux fruits frais.

A voir

— *La cathédrale* : ouverte de 10 h 30 à 12 h 30 et de 16 h à 18 h. Entrée par la plaza del Ayuntamiento et achat du billet dans le cloître. Il permet la visite de la sacristie, du chœur, de la salle capitulaire et du trésor. Prévoir du temps. Commencée au début du XIIIe s. sur l'emplacement d'une ancienne église wisigothique, sa construction nécessita plus de deux siècles. Le style évolua donc largement, passant du gothique français primitif au gothique espagnol le plus achevé. Superbe tour-clocher (qui ne se visite plus pour le moment). La façade, côté plaza del Generalísimo, présente un portail central intéressant (puerta del Perdon) avec une profusion de statues. Si l'extérieur, malgré les nombreux rajouts au fil des siècles, présente un certain intérêt, c'est l'intérieur qui propose les choses les plus fascinantes. Ce qui frappe d'abord dès que l'on y pénètre, ce n'est pas la hauteur, mais l'énorme volume intérieur.
● *Le trésor* : sous un beau plafond mudéjar, admirer le magnifique ostensoir en argent pesant près de 180 kilos. Bibles enluminées du XIIIe s.
● *La sacristie* : un musée fantastique à lui tout seul ! Rien moins que Ribera, Titien, Velázquez, Van Dyck, Raphaël, Zurbarán, Rubens comme locataires. Et puis surtout de nombreux Greco que l'on apprécie beaucoup mieux dans ce contexte empreint de plus de spiritualité qu'au Prado. Un Goya aussi, exprimant un sens profond de la lumière (faces illuminées, hilares et misérables des gueux entourant le Christ). Sapristi ! Une sacristie que l'on n'arrive pas vraiment à quitter.
● *Le chœur* : la partie inférieure des splendides stalles du XVe s. raconte de façon extrêmement détaillée la conquête de Grenade. Tout autour superbes bas-reliefs en albâtre dus à Berruguete.
● Dans le *déambulatoire* (l'allée qui tourne autour de la capilla mayor), noter cette pièce rapportée baroque (surmontée d'une fresque) complètement incongrue ! C'est la « Transparente », prouesse architecturale (obtenir que la lumière pénètre) due à l'architecte Narajo Touré.
● Dans le *sanctuaire* ou capilla Mayor, grand retable de style gothique flamboyant et beaux tombeaux sculptés.
● Dans la *salle capitulaire*, question bleue à 40 pesetas, devinez quels sont les deux évêques peints par Goya ? Bon, on va vous le dire : ceux datés 1804 et 1823 (même sous les tâches de commande, Goya se distingue !). Étonnante fresque sur le thème du « Jugement dernier » où un rat tire une vilaine pécheresse par les cheveux. Beaux battants de porte sculptés.

— *L'Alcazar* : ouvert de 9 h 30 à 14 h 30 et de 16 h 30 à 19 h (18 h en basse saison). Entrée payante. Visite à faire au second degré avec un humour distancié, sinon on ressort vite très démoralisé. Cette forteresse datant du XIIIe s., détruite de nombreuses fois, eut le Cid comme gouverneur et Charles Quint y résida. En 1936, après le siège de Tolède par les républicains, il n'en resta que des ruines. Sa reconstruction parfaite techniquement manque cependant d'un peu d'âme.

L'Alcazar symbolisa longtemps, pour les régimes fascistes et autres dictatures militaires de par le monde, la résistance de l'Occident chrétien face aux barbares rouges. Dès l'entrée, pas d'ambiguïté sur les amis du régime franquiste : plaques commémoratives offertes par l'armée chilienne en 1975 (deux ans après le putsch sanglant !), les cadets argentins en 1973, Robert Brasillach (écrivain fusillé à la Libération pour collaboration), Stroessner (le plus vieux dictateur du monde), etc. Visite des caves où 600 femmes et enfants se réfugièrent pendant le siège, et des différentes salles exaltant l'héroïsme des défenseurs de l'Alcazar. Aussi une maquette fort bien faite et des photos témoignent de l'âpreté des combats. Dans le patio reconstruit, on a laissé une « arche-témoin » criblée de balles. Visite du bureau, laissé en l'état, du colonel commandant la place. Rien ne nous est caché de son abnégation à la cause, lorsqu'on lui proposa de se rendre contre la vie de son fils, il refusa bien sûr. Bon, quand c'est l'overdose de ce dégoulinant hommage au franquisme, on se tire vite fait vers des cieux moins morbides !...

Tous les sites, musées et monuments qui suivent, se situent dans le même coin.

– *L'église Saint-Thomas* (Santo Tomé) : au carrefour des calles Santo Tomé et San Juan de Dios. Ouverte de 10 h à 13 h 45 et de 15 h 30 à 18 h 45 (17 h 45 en hiver). A côté du palais Fuensalida (qui lui ne se visite plus). Vous trouverez à Santo Tomé, à notre avis, la plus belle œuvre du Greco : « les Funérailles du comte d'Orgaz ». Finesse de l'exécution et des détails. Le Greco réussit à établir un pont entre la terre et le ciel grâce aux personnages intermédiaires. Le corps du défunt se fait l'avocat de l'âme auprès de la Vierge, afin qu'elle intercède à son tour auprès du Christ.

– *La maison et le musée El Greco* : calle Levi, 3. Ouvert de 10 h à 14 h et de 16 h à 19 h. Fermé le lundi et le dimanche après-midi. On pense généralement que l'artiste habitait cette maison. En tout cas, elle évoque de façon assez admirable une maison tolédane typique du XVIe s. avec son patio et sa galerie en étage. Pièces principales joliment reconstituées avec meubles d'époque, ainsi que son atelier. Après avoir traversé au rez-de-chaussée la cuisine (âtre gigantesque qui pouvait contenir les soirs d'hiver toute la famille), on gagne le musée proprement dit, installé dans un ancien petit palais.

Il présente plusieurs œuvres de l'école espagnole (beau « Christ en croix » d'un élève du Greco, visiblement influencé par le maître). Dans la chapelle, le festival Greco commence avec un remarquable « Saint Étienne », suivi d'un étonnant remake du plan de Tolède (celui qui est au Prado) où il a représenté son fils. Dans les dernières salles, les portraits du Christ et des douze apôtres.

– *Le Taller du Moro* : à côté de l'église Saint-Thomas. Ouvert de 10 h à 14 h et de 16 h à 19 h (dimanche 10 h à 14 h). Fermé le lundi. Ancien atelier d'un artiste maure qui travailla à la construction de la cathédrale. Installé dans un ancien palais. Remarquer les toutes petites fenêtres finement ajourées et très lumineuses lorsque le soleil donne dedans.

– *Synagogue du Tránsito* : à côté de la maison du Greco. Ouverte de 10 h à 14 h et de 16 h à 19 h (dimanche 10 h à 14 h). Fermée le lundi. En restauration récemment. L'une des dernières à Tolède qui en compta jusqu'à douze. Admirable décoration intérieure qu'on ne soupçonne nullement de l'extérieur. Plafond en bois de cèdre sculpté et partie supérieure des murs de style mudéjar avec élégantes fenêtres à arcs. Petit musée lapidaire et d'art juif.

– *Synagogue de Sainte-Marie-la-Blanche* : calle de Los Reyes Católicos. En restauration également, récemment. Ouverte de 10 h à 14 h et de 16 h à 19 h. Au XIIe s., la synagogue principale de la ville, puis transformée par la suite en église. Présente l'aspect d'une mosquée avec ses cinq nefs délimitées par des arcs en fer à cheval. Grande luminosité et belle décoration en stuc de la partie supérieure.

– *Église et monastère de Saint-Jean-des-Rois* (San Juan de Los Reyes) : ouvert tous les jours de 10 h à 13 h 45 et de 15 h 30 à 19 h. Ne criez pas à l'overdose, c'est une visite qui vaut la peine. Bel ensemble de style gothique flamboyant avec un zeste de mudéjar et une touche tardive Renaissance. Les chaînes sur la façade symbolisaient les chrétiens prisonniers des Maures avant la fin de la Reconquête. L'église, conçue comme un seul vaisseau sans transept, présente un festival remarquable de dentelle de pierre. Notamment les armoiries royales de chaque côté du chœur et les deux gros piliers l'encadrant qui supportent deux balcons finement sculptés portant les initiales du roi Ferdinand et d'Isabelle la Catholique.

La partie supérieure du cloître présente un superbe plafond à caissons. Les gargouilles ont des formes pittoresques : tantôt animaux familiers (chats, chiens, aigles), tantôt animaux monstrueux, tantôt personnages populaires.

– *Musée de Santa Cruz* : calle de Cervantes. De la place de Zocodover, rejoignez-le par le passage à arcades. Magnifique portail sculpté de style plateresque. D'abord construit comme hôpital et curieusement édifié en forme de croix, avec des volumes énormes (ça ne devait sûrement pas être facile à chauffer dans le rude hiver castillan).
Le musée présente un certain nombre d'œuvres et objets de grand intérêt. A commencer au rez-de-chaussée, sous le plafond sculpté, par de belles tapisseries, collections d'objets cultuels en argent, peintures religieuses, armes originales, manuscrits aux superbes signatures graphiques, etc. Étendard du navire capitaine de la célèbre bataille navale de Lepante (où Cervantes perdit une main), meubles en marqueterie.
● Au premier étage, prolongation du festival de tapisseries et primitifs. Salle consacrée au Greco avec une vingtaine d'œuvres majeures. Registre de l'église où fut enregistré le décès de l'artiste. Dans le retable, vous trouverez « l'Immaculée Conception », peinte quelques mois avant la mort de l'artiste. Œuvre admirable, d'un lyrisme fou et d'une profonde spiritualité. Fin de la visite de ce musée par le patio : galeries à arcades, superbe escalier sculpté, et quelques salles archéologiques de moindre intérêt.

● *Pour ceux qui possèdent un peu plus de temps*

– *L'église San Roman* : calle San Roman (qui donne dans la calle de Alfonso). Ouverte de 10 h à 14 h et de 16 h à 19 h (dimanche de 10 h à 14 h). Fermée le lundi. Le ticket donne droit aussi au *musée de Santa-Cruz*. De style mudéjar. Intéressera les polards pour ses fresques et ses voûtes en fer à cheval. De la présence des Wisigoths dans la région il ne subsiste pas grand-chose. Tout a été rassemblé ici : des bijoux pour l'essentiel.

– *Cristo de la Luz* : ouverte de 10 h à 17 h 45. Église, ancienne mosquée (elle-même édifiée avec les restes d'un temple wisigothique). Les férus d'architecture remarqueront les coupoles de forme et profondeur différentes. Inscription en caractères coufiques sur la façade.

– *L'hôpital de Tavera* : hors les murs, route de Madrid. Juste avant la plaza de toros. Possède un beau patio double à galerie.

ÁVILA

Capitale provinciale la plus haute d'Espagne (1127 m), ville natale de sainte Thérèse d'Ávila. Ávila est aussi célèbre pour ses murailles médiévales et romantiques. Visite intéressante de quelques heures pour sa cathédrale et quelques monastères. En revanche, les joyeux bambocheurs éviteront d'y dormir : vie nocturne nulle (et puis Salamanque n'est pas loin).

Adresses utiles

– *Office du tourisme* : calle de la Alemania (en face de la cathédrale). Tél. : 21-13-87.
– *Poste* : place de la cathédrale.
– *RENFE* (chemin de fer) : 22-01-88.
– *Manifestation* : fête de sainte... Thérèse, of course. Bals, courses de taureaux, etc.

Où dormir ? Où manger ?

En été, réserver par téléphone. Relativement peu d'hôtels.
– *Hostal Residencia Bellas* : Caballeros, 19. Au 3e étage. Tél. : 21-29-10. Petite rue qui part de la plaza de la Victoria. Accueil par une famille charmante. Grandes chambres avec lavabo très agréables et pas chères. Quelques chambres avec douche impeccables. Notre meilleure adresse.
– *El Rastro* : plaza del Rastro. Tél. : 21-12-19. Près d'une des portes de ville (paseo del Rastro). Correct et bon marché. Au rez-de-chaussée, une grande salle de restaurant avec clientèle familiale. Bon menu copieux à prix très raisonnable.
– *Casa de Huéspedes Eustaquio* : calle Vallespin, 14. Tél. : 21-12-59. Rue par-

tant de la plaza de la Victoria. S'il n'y a personne, s'adresser au magasin *Philips*. Chambres acceptables.
– *Jardin* : calle San Segundo, 38. Tél. : 21-10-74. Juste derrière le chevet de la cathédrale, hors les murs. Correct sans plus.
– Possibilité de *camper* librement près de la rivière.

● *Plus chic*

– *Rey Niño* : plaza de José Tomé, 1. Tél. : 21-14-04. Toutes les chambres sont avec bains. Un peu moins cher qu'un 2 étoiles chez nous.
– *Parador Raimundo de Borgoña* : calle Marques Canales de Chozas. Tél. : (918) 21-13-40. Installé dans un ancien palais avec beaux jardins. Compter environ 350 F la nuit. Luxueusement meublé. Le restaurant est bien sûr plus abordable que le logement.

A voir

– *La cathédrale* : construite du XIIe au XIVe s. D'aspect assez austère, vous noterez son chevet fortifié, partie intégrante de la muraille. A l'intérieur, belle stalles de bois et retable intéressant. Derrière le maître-autel, splendide sculpture plateresque. Petit musée d'Art religieux : dans la sacristie, autel en albâtre sculpté, grands meubles à vêtements, collection d'évangiles enluminés, custode en argent, triptyque du XVe s.

– *L'église Saint-Vincent* : en sortant par la porte de ville derrière la cathédrale, c'est à gauche en descendant. Elle fut élevée au XIIe s. à l'emplacement supposé du martyre de saint Vincent. Bel exemple de transition du roman au gothique. Harmonieuse architecture extérieure. Remarquable portail de la façade principale dont les statues fort peu figées semblent même s'animer. Sur le côté, belle corniche. A l'intérieur, sarcophage sculpté de saint Vincent surmonté d'un baldaquin gothique.

– *Église San Pedro* : remonter le long des remparts de la cathédrale jusqu'à la porte de l'Alcazar. Au fond de la grande place, vous admirerez cette délicieuse église romane aux lignes très pures. Au-dessus du porche, très belle rosace.

– *Le monastère de Saint-Thomas* : à une vingtaine de minutes à pied. De San Pedro, prendre la calle Gabriel y Galan, puis le paseo Alfereces Provisionales. Ouvert de 9 h 30 à 13 h 30 et de 16 h à 19 h. Fondé au XVe s. On visite d'abord l'église. Superbe mausolée Renaissance du fils des Rois Catholiques. Dans la nef, à gauche, les deux tombeaux Renaissance des précepteurs du prince. Trois cloîtres. Après celui des Novices, celui du Silence. Un escalier mène à la tribune du chœur (splendides stalles sculptées). Enfin, on termine par le cloître des Rois avec galerie supérieure sculptée. Petit musée d'Art extrême-oriental.

– Ceux qui souhaiteraient consacrer plus de temps à Ávila trouveront beaucoup d'autres églises, couvents et demeures seigneuriales à découvrir. A cet égard, la brochure avec plan de ville de l'Office du tourisme est très utile.
Possibilité d'effectuer un bout de chemin de ronde sur les remparts depuis les jardins du parador. La plus belle vue sur la ville s'obtient sur la route de Salamanque, du belvédère des *Cuatro Postes*. Le *musée de la Ville*, installé dans la casa de los Deanes (belle demeure de granit du XVIe s.), était en rénovation récemment.

Quitter Ávila

● *Pour Madrid*

– Une dizaine de *trains* par jour avec arrêt à l'Escorial.
– 3 ou 4 *bus* par jour par la compagnie *La Sepulvedana*.

● *Pour Ségovie*

– Bus de la compagnie *Auvisa*. Tél. : 22-01-54. Tous les jours à 7 h 30, plus un autre à 17 h 15 les lundis, mercredis et vendredis. Le samedi à 14 h.

LA COSTA BRAVA ET LA CATALOGNE

« Costa Brava », probablement l'un des premiers mots qu'on apprend en espagnol. Chargé de rêves, d'images ensoleillées, synonyme de flots bleus, de calanques, de vacances et de détente.
Bon, finissons-en avec les clichés ! La Costa Brava fut l'une des toutes premières côtes ouvertes au tourisme. Et depuis des dizaines d'années, des légions d'Anglo-Saxons, Français et Scandinaves frileux l'envahissent. Résultat, une urbanisation démente où la rentabilité prima le plus souvent sur le bon goût et l'esthétique. De véritables « usines à touristes » poussèrent comme des champignons et de gentils villages de pêcheurs y perdirent totalement leur identité. Ils passent allégrement en été de 5 000 à 200 000 habitants. Si, en plus, on tient compte des campings bondés, du trafic infernal et de toutes les nuisances liées au tourisme de masse, bien noir tableau, nous direz-vous !
Heureusement, il reste encore quelques sites préservés, notamment Cadaqués. L'arrière-pays, quant à lui, est merveilleux. A quelques kilomètres de la mer, on découvre des villages médiévaux intacts, d'un charme fou. Et puis le musée Dalí à Figueras vaut à lui seul le voyage et Girona se révèle une bien belle ville à découvrir...

Les Catalans

Contrairement aux Basques, les Catalans ont trouvé leur originalité dans l'histoire et non dans une homogénéité ethnique. Les Catalans ont en effet connu de multiples « expériences » : la Catalogne a été envahie par les Phéniciens, les Grecs, les Romains (ce fut d'ailleurs une des régions les plus romanisées de l'Espagne), etc. Très vite, les Catalans se sont montrés grands commerçants et financiers ; ils parcoururent les pays méditerranéens et parfois s'y installèrent.
La centralisation sous le régime de Franco avait fait de la Catalogne un centre d'opposition au franquisme. Auparavant, du moins jusqu'au début du XVIIe s., elle avait ses propres institutions, retrouvées un moment en 1931 avec la création de la Généralité de Catalogne. La mort de Franco et l'avènement d'une monarchie parlementaire allaient conduire à la renaissance de la Généralité. Le statut d'octobre 79 crée un parlement catalan qui élit le président de la Généralité.
Les Catalans nourrissent un sens très fort de la famille, voire de la tribu, et affectionnent les réunions chaleureuses, les fêtes de famille ou les matches de football. Et l'on continue de danser la sardane sur la place de l'église le dimanche, même si la pratique religieuse s'effondre.

DE PORT-BOU A CADAQUÉS

Belle route sinueuse assez étroite, bordée de criques charmantes.
— A *Port-Bou*, plage assez protégée. A Coléra, jolies falaises, deux plages et une eau très claire.
— *El Port de Llança* possède une jolie plage. Dans le village, église baroque du XVIIIe s.
— De Llança, les amateurs de monastères se lanceront à l'assaut de **Sant Pere de Roda**, à environ 15 km. Prendre la route de Figueras, puis celle pour Rosas. A partir de Vilajuiga, c'est fléché. L'imposant monastère fortifié livre un superbe panorama sur la baie et toute la côte jusqu'à Cerbère (ouvert de 10 h à 14 h et de 16 h à 18 h). Construit au XIe s. Son église est encore remarquablement préservée. Beau clocher roman à fenêtres ouvragées, flanqué d'une tour de défense. A *Vilajuiga*, manger au resto *Sant Pere de Roda*. Tél. : (972) 53-01-39. Excellente cuisine familiale.
— *El Port de la Selva*, petit port sympa fort peu bétonné, s'étend langoureusement au fond d'une baie. Petit camping en bord de mer, le *Playa Port de la Vall*. Un autre sur la route de Cadaqués à 1 km. Dans un vallon. Calme et ombragé. Piscine. Plus cher mais agréable.
— Vers Cadaqués, la route s'élève dans la *sierra de Rosas*, d'une grande beauté sauvage. Après le carrefour pour Rosas et Figueras, la descente extrêmement sinueuse livre avec volupté, à chaque virage, les charmes de la baie de Cadaqués, les premières blanches maisons...

CADAQUÉS

Il est habituel de l'affubler du titre de « Saint-Trop de la Costa Brava ». Ce petit port adorable mérite à notre avis mieux que cela. D'abord sa situation exceptionnelle : blotti au creux de la baie, protégé par la montagne, isolé du vilain monde des promoteurs, Cadaqués a su se préserver des errements architecturaux qui ont défiguré le reste de la côte. Ensuite, le port a conservé une nonchalance, un certain naturel. Hors saison, c'est le voyage de noces rêvé. L'absence de plages confortables a probablement éloigné les monomaniaques du bronzage et autres exhibitionnistes du string. En outre, la vie n'y est pas outrageusement chère. Habité par une petite colonie de peintres. Dalí y possède une villa.

– *Office du tourisme :* carrer des Cotxe. Derrière le *Casino*. Tél. : 25-83-15. Ouvert de 11 h à 13 h et de 16 h à 19 h.

Comment y aller ?

– *Train* jusqu'à Figueras.
– *Bus* Figueras-Cadaqués en principe à 12 h 30 et 18 h 30. Retour à 7 h 15 et 15 h 30 du 16 septembre au 15 juin, et 17 h du 16 juin au 16 septembre.

Où dormir ?

– *Pension* (sans nom) : dans la carrer de la Font Vella, n° 2, juste dans le prolongement de la carrer Union. Très propre petite pension tenue par une charmante dame.
– *Hostal El Rancho :* av. Caritat Serinyana. Sur la route de Rosas, à l'entrée du bourg. Tél. : 25-80-05. Chambres chaulées de blanc avec meubles faux-rustique. Atmosphère gentiment touristique. Bon marché.
– *Hostal Ubaldo :* carrer Union, 13. Tél. : (972) 25-81-25. A 3 mn du port. Charmante petite pension bien proprette.
– *Camping :* surplombant la mer à 500 m de Cadaqués, sur la route de Port Lligat. Difficile à trouver. Tél. : 25-81-26. Plage à 150 m. Bonnes installations. Pas d'ombre. Souvent bondé.

● *Plus chic*

– *Hostal Marina :* Riera, 3. Tél. : 25-81-99 et 25-80-56. Hôtel agréable sur le port. Très bien tenu. On y parle français. Resto correct.
– *Hôtel Playa-Sol :* sur le port à gauche. Tél. : 25-81-00. Avec une petite baie abritée. Barques et vagues clapotent devant. Un certain charme, construit dans le style du coin. Piscine, jardin, tennis. Prix d'un 3 étoiles. Bon rapport qualité-prix.

● *Séjours plus longs*

– *Carpe Diem Club :* route de Port Lligat. Tél. : 25-81-31. Un complexe touristique pas mal réussi dans un grand parc planté d'amandiers, oliviers et eucalyptus. A deux pas de la mer et des criques. Agréables bungalows de tous types, dans le style de la région. De la chambre simple avec lavabo au grand bungalow pour 8 personnes (4 chambres) tout équipé. Piscine, courts de tennis, jeux pour les enfants, resto, grill-bar, live music le soir, etc. Prix très modérés ; encore plus intéressant en moyenne et basse saison. Petit hôtel dans le parc pour ceux qui veulent n'y passer que quelques jours. Organisation de stages de plongée avec moniteurs très compétents. Prix compétitifs. Leur écrire pour tous renseignements complémentaires. Ils ont édité des brochures en français. Une excellente adresse pour nos lecteurs famille nombreuse et même les autres.

● *A Port Lligat*

A 1 km de Cadaqués, une petite crique bordée de quelques maisons de pêcheurs.
– *Hotel Port Lligat :* Tél. : 25-81-62. Surplombant la mer, un petit hôtel aux chambres fraîches et agréables. La plupart avec une petite terrasse. Les artistes demanderont celles qui donnent sur la maison de Dalí. Prix d'un 2 étoiles.
– *Calina :* en contrebas de l'hôtel *Port Lligat* (c'est la même proprio). Tél. : 25-81-62. Jolis bungalows disposés autour d'une piscine. Un peu moins cher que l'hôtel.

Où manger ? Où boire ?

— *La Galiota* : carrer de Narcis Monturiol. Au bout de Union. Tél. : 25-81-87. En basse saison ouvert seulement le week-end. Dans un décor très agréable, une bonne nourriture locale à base de poissons. Clientèle un peu chic sans plus et prix raisonnables.
— *Societat Lamistat* : sur le port, au débouché de la rivière. Tables de marbre, chaises de moleskine, dessins et photos jaunies aux murs, billard américain, etc. Rendez-vous des pêcheurs et de la faune internationale.
— *Meliton* : plaza Mayor. Le Sénéquier local. Voir et être vu.

A voir

— Ne rien faire se révèle une excellente activité.
— Pour ceux qui en ont assez de lézarder, nombreuses balades à pied possibles. Port Lligat, à trois gauloises, pour admirer la *villa fortifiée de Dalí,* dont jardin et toit sont couverts de statues et folles compositions.
— Superbe itinéraire de 7 km jusqu'au phare du *cap de Creus,* avec de nombreuses criques sur le parcours. Sous le phare, quelques grottes.
— *Petit musée de peinture* : ouvert de 12 h à 14 h et de 17 h à 21 h (dimanche et fêtes fermé l'après-midi).
— *Festival international de musique* mi-juillet/août.
— *Fête* du village la première semaine de septembre.

FIGUÉRES (Figueras)

Grosse ville commerçante et carrefour de routes. Dominée par un gros château, elle ne présente pas d'intérêt particulier en soi, mais pour les fans de Salvador Dali, c'est un pèlerinage fantastique.

— *Office du tourisme* : plaza del Sol. Tél. : (972) 50-31-55.

Où dormir ?

— *Albergue juvenil* : Anicet pages 2. Tél. : 972/501-213. 46 lits, séparés, garçons-filles. Très propre et pas cher. Sanitaires insuffisants. Ferme à 23 h. Si vous n'avez pas de carte des A.J., c'est un peu plus cher.
— Quelques hôtels et pensions bon marché.
— *Camping Pous* : à 2 km du centre, en direction de la France, à droite. Bien ombragé. Sanitaires corrects. Très bon marché.

Où manger ?

— *Duran* : carrer Lasauca, 5. Tél. : (972) 50-12-50. Dans le centre ville. Ouvert tous les jours. Service jusqu'à 22 h 30. L'un des plus célèbres restaurants de Catalogne, ancienne auberge du XVIIIe s. Très grande salle décorée de céramiques, de superbes vaisseliers catalans, chaises dorées, armoiries style médiévalo-kitsch. Pas routard pour deux sous tout ça, mais pas trop guindé quand même. Service diligent et aimable. Ici, beaucoup de Français franchissent la frontière pour goûter aux délicieuses spécialités catalanes. Côté prix, possibilité de surfer sur la carte, mais certaines spécialités méritent la dépense comme la *zarzuela especial con langosta* et *la cazuelita de langosta y mariscos al porto*.

A voir

— *Le musée Dalí* : dans le centre de la ville. C'est très bien fléché. Ouvert de 11 h 30 à 17 h en hiver ; en été de 9 h à 21 h sans interruption ; horaires sujets à variations. Méfiance. Vente des billets jusqu'à 20 h 15 seulement. Fermé le lundi et le vendredi saint. Les jours fériés en hiver le musée n'ouvre qu'à 11 h 30. Il vaut mieux y aller vers 14 h car auparavant trop de monde. Réduction étudiants. Installé dans l'ancien théâtre de la ville, Dalí put en faire ce qu'il voulait et a subverti totalement cette architecture rétro du siècle passé, où il repose désormais.
Sur trois étages, l'artiste cassa la structure de l'édifice et donna libre cours à ses fantasmes. Noter le sort étrange subi par Mae West et les immenses sculptures composées des matériaux les plus inattendus, toutes plus folles les unes que les autres. Au dernier étage, quelques beaux dessins de Marcel Duchamp et quelques-unes de ses fameuses « boîtes ».

Œuvres vraiment insolites : le robot-gisant dormant dans un cercueil de plexiglas avec un sabre persan incrusté de diamants, le merveilleux plafond du salon noble, la « Vénus aux tiroirs », la tapisserie aux montres molles, le lit avec pieds en dauphins, toute la série des portraits réalisés avec galets et pierres peints en trompe l'œil, les innombrables et géniales variations sur Gala, sa femme (« Leda Atomica », « Dalí soulevant la peau de la Méditerranée pour montrer à Gala la naissance de Vénus », « Dalí de dos peignant Gala de dos, éternisés par six cornées virtuelles », etc.). Et tant d'autres chefs-d'œuvre encore, « la Bataille de Tétouan », « l'Homme invisible », le « Spectre du sex-appeal », etc. En quatorze ans de route, l'un des musées les plus fascinants et délirants que nous ayons jamais visités. D'ailleurs, on voulait rester après l'heure et on s'est fait jeter...

Où manger aux environs ?

● Les lecteurs s'en retournant en France par le Perthus (el Portús) peuvent s'offrir un petit détour jusqu'à la *Vajol*. Prendre à droite avant la *Jonquera*. Charmant village perdu dans la montagne à 3 km de la frontière française. L'*hostal La Vajol* offre une délicieuse cuisine catalane. Salvador Dalí adorait y venir déguster du civet de cerf. Tél. : (972) 54-01-72. Fermé le dimanche.
● A *Fortiá*, petit village à droite sur la route de Figuéres-Rosas, mangez chez *Ca l'Ivom*. Gentille auberge. Pain à l'ancienne.

VERS LE SUD

Musarder dans l'Ampurdan, une superbe campagne, à la rencontre des petits villages médiévaux oubliés par les guerres, aujourd'hui par les touristes. Souvent autant de bonnes haltes gastronomiques.

● *L'Escala* : gentil port de pêche. On y mange les meilleurs anchois de Catalogne. Le *Nieves-Mar* est réputé pour ses fruits de mer. Assez cher. Tél. : (972) 77-03-00. Jolie plage.

● *Empúries* : à 2 km de l'Escala, ruines grecques et romaines pour les fanas d'archéologie. Visite de 9 h à 14 h et de 16 h à 20 h (18 h en basse saison). Petit musée. Les plus belles pièces sont à Barcelone, mais on y trouve une mosaïque intéressante : le « Sacrifice d'Iphigénie ». Derrière le musée, restes d'une villa romaine aujourd'hui en partie restaurée avec ses mosaïques. Belle plage avec pinède pour se reposer de la culture.

ALBONS

Petit village à gauche de la route Figuéres-La Bisbal (C 252). Juste en dessous de l'Escala. Gentil sans plus, ce village intéressera pourtant nos chers lecteurs souffrant... d'arthrose. Ici habite Siset Costa, l'un des personnages les plus vénérés de la région.
Ce brave et très jovial bonhomme fabrique une pommade réputée soulager très efficacement. Secret de fabrication transmis de génération en génération dans la famille. On vient de toute l'Espagne et même de France le voir. On le trouve souvent au *Café du Peuple* (ou café central) sur la petite place avec la cabine téléphonique. S'il n'est pas là ou s'il a tout vendu à une riche famille madrilène le matin même, consolez-vous en mangeant au *Café du Peuple*. Bonne cuisine de la patronne.

BELLCAIRE D'EMPORDÁ

A côté d'Albons. Belle église à l'entrée. Forme originale et toit en pierres plates. Sinon, le village ne présente pas d'intérêt en soi.

Où manger ?

– *Can Bota* : dans la rue principale (carrer del Molli). A midi seulement. Ouvert tous les jours. Bonne cuisine de famille suivant le marché (*estufado*, spaghetti aux coquillages, etc.).

Aux environs

- A **Torroella de Montgri**, imposant château et un sympathique marché sur la place du village bordée d'arcades.
Sur la côte, nous déconseillons le port de l'Estartit, trop urbanisé.

- A **Verges**, fête pittoresque le Jeudi saint. Toutes les rues sont éclairées de torches et les habitants déguisés en squelettes exécutent un ballet fantastique.

ULLASTRET

Joli village. Au centre, un groupe de maisons et une grande bâtisse seigneuriale avec arcades sont assises sur une enceinte fortifiée.
Aux environs, ruines d'une ancienne cité ibère. Ouvert de 10 h 30 à 13 h et de 16 h à 20 h. Fermé le lundi. Toute la campagne alentour a bien du charme.

PERATALLADA

Notre village médiéval préféré. C'est comme si, sans transition, on se retrouvait dix siècles en arrière. Ruelles grossièrement pavées de pierres coupantes et bordées de vieilles maisons de caractère avec porche en plein cintre. Souvent décorées de blasons et reliées par des arches. Ruines imposantes du château et église fortifiée à campanile.
Balade romantique extra. Beaucoup de potiers et de céramistes. Ça fait penser à Saint-Paul-de-Vence. A l'entrée du village, un forgeron frappe encore sur son enclume.

Où manger ?

– *Can Nau :* carrer d'en Bas, 12. Tél. : (972) 63-40-35. Situé vers les tours. Ouvert de 13 h 30 à 15 h 30 et de 20 h 30 à 22 h 30. Fermé le mercredi. Spécialités de lapin al jals sauce aux amandes, saucisse du pays, agneau grillé, morue à la tomate, etc. Prix raisonnables.

PALS

Encore un adorable village fortifié médiéval. Plaisir raffiné que d'errer entre les maisons gothiques aux pierres dorées vers la grosse tour à campanile.

Où manger ?

– *Chez Alfred :* carrer de la Font. Tél. : (972) 30-16-74. Cuisine catalane traditionnelle. Fermé le dimanche. Prix modérés.

LA CÔTE

Nous nous sommes arrachés au charme de la campagne de l'Ampurdan pour rejoindre la côte et l'avons un peu regretté. *L'urbanización* y a frappé fort. Quand on échappe aux concentrations de gratte-ciel sans goût, on tombe sur d'adorables calanques malheureusement de plus en plus annexées par des complexes touristiques de luxe rendant la mer inaccessible ! Il en est ainsi de *Aiguafreda*. Sans voiture dans le coin, c'est la galère.

BEGUR (Bagur)

Village pittoresque accroché en rond autour de sa colline et surplombant la mer.
Point de passage obligé pour les calanques. Un fier château avec cinq grosses tours domine la région. Chouette panorama du « mirador ».

SA TUNA

Depuis Begur, l'une des rares calanques vraiment accessibles. Tout en bas de la route sinueuse, un port croquignolet, au fond d'une crique rocheuse superbe. Quelques barques colorées, d'anciennes maisons de pêcheurs joliment rénovées. Pas un poil de béton.

Où dormir ? Où manger ?

– *Hostal Sa Tuna :* les pieds dans l'eau, hôtel-resto sympa avec terrasse. Tél. : 62-21-98. Menu bon marché et carte à prix raisonnables. Les quelques chambres doivent être particulièrement recherchées, téléphoner avant.

CALELLA DE PALAFRUGELL

Depuis Palafrugell, on atteint cet ancien village de pêcheurs s'étirant superbement le long d'une grande baie. Probablement l'un des sites les plus photogéniques de la Costa Brava. Blanches maisons à arcades directement les pieds dans l'eau et barques multicolores (cependant, nous ne sommes pas sûrs qu'il reste beaucoup de vrais pêcheurs). L'endroit est évidemment hyper touristique, cher et bondé l'été. Peut-être ce qui dans la région rappellerait le plus Saint-Trop'.
Manger à l'*Espasa :* Fra Bernat Boil, 14. Tél. : 30-00-32. A 10 mn à pied du centre de Calella. On peut l'atteindre par la promenade qui longe la mer et qui rejoint Calella à Llangranch. Ce resto qui surplombe la mer est une ancienne maison familiale. On mange sur la terrasse, à l'ombre d'arbres centenaires. Bon accueil et excellente cuisine, grâce au patron passé expert dans l'art de la *zanzuela*, du *suquet* ou même de la *paella*. Fréquenté par des Espagnols. Prix plus que raisonnables.

Aux environs

Llafranc, à côté, est d'aspect un peu plus moderne, mais pas encore trop bétonné.

DE PALAFRUGELL A BLANES

C'est la Costa Brava du tourisme de masse. Nous n'avons évidemment rien contre le droit au soleil des congés payés nordiques et anglo-saxons. Ils peuvent tout à fait apprécier ces concentrations bétonnées répondant aux doux noms de **Sant Antoni de Calonge, Playa de Aro, Lloret de Mar,** etc. Pas nous.
De Blanes à Barcelone, c'est la côte de Maresme, mais elle ne présente pas plus d'intérêt : usines à touristes, trafic infernal, chemin de fer en bord de plage, campings bondés, etc. Il vaut cent fois mieux se consacrer à Gérone et prendre là l'autoroute pour Barcelone.

TOSSA DE MAR

Du nord, la route en corniche qui y mène révèle de beaux points de vue et quelques criques avec plages de sable. Station balnéaire très touristique, mais dans un site exceptionnel. Large baie encadrée de promontoires escarpés avec une jolie vieille ville ceinturée de remparts.
Demander à l'Office du tourisme le dépliant sur les randonnées pédestres pour échapper à la foule et découvrir de beaux points de vue.

Comment y aller ?

– *Train* jusqu'à Gérone ou Blanes, d'où des bus locaux partent pour Tossa.
– *En bus* de Barcelone ou Gérone par la compagnie *Sarfa*, qui couvre toutes les villes de la côte. Renseignements : 20-17-96 à Gérone...

Où dormir ? Où manger ?

– Nombreuses pensions bon marché.
– *Hôtel Maria-Angela :* passeig del Mar, 10. Sur le front de mer. Tél. : 34-03-58. Belles chambres au prix d'un 2 étoiles de chez nous. Resto au cadre très touristique, mais servant une nourriture correcte pas trop chère.

– *Camping Can Marti* : à un 1 km de la plage. Tél. : (972) 34-08-51. Relativement calme et ombragé dans un site attrayant. Tout le confort et piscine.
– *Camping Pola* : à 4 km de Tossa de Mar, sur la route de San Féliu. La paëlla y est divine mais c'est excentré. Il existe cependant un bateau qui fait la navette. Ombragé, dans un site isolé, sur une crique étroite.
– *Restaurant Es Moli* : Carrer Tarull, 3. Tél. : 34-14-14. Cuisine excellente servie dans un joli cadre. Bonne ambiance. Prix modérés, vu la qualité.

GÉRONE

On pourrait être tenté de foncer directement sur Barcelone. Quelle erreur ! Gérone (dont le nom est peu connu, c'est vrai) mérite qu'on s'y arrête. La ville médiévale se révèle être une des plus belles d'Espagne avec son très vieux et pittoresque quartier juif. Gérone est également célèbre pour avoir résisté héroïquement huit mois aux troupes de Napoléon.

Adresses utiles

– *Office du tourisme* : plaza del Vi, 1. Tél. : 20-26-79. Dans la vieille ville.
– *Grande poste* : av. Ramon Folch.

Où dormir ? Où manger ?

– *Residencia Bellmirall* : Bellmirall, 3. Tél. : 20-40-09. A deux pas de la cathédrale. Dans une superbe maison médiévale arrangée avec un goût exquis. Normal, le proprio est un artiste-peintre. La meilleure adresse de la ville. Prix très modérés. Pensez à réserver si vous le pouvez. Seul inconvénient : bruyant dès 7 h du matin.
– *Hotel Peninsular* : carrer Nou, 3. Tél. : (972) 20-38-00. A côté de la plaza Catalunya, dans la ville moderne. Grand hôtel sans charme particulier. Un peu moins cher qu'un 2 étoiles.
– *Cal Ros* : Cort Reial, 9. Tél. : 20-10-11. Dans la ville médiévale, le plus ancien resto de Gérone (en principe fermé en août). Sous les voûtes, à deux pas de la rambla Llibertat. Cadre vieillot et agréable. Spécialité de calamars, *arroz negra*, bonne paella *Cal Ros*.
– *Los Claveles* : Cort Reial, 17. Pas loin du précédent. Menu d'un très bon rapport qualité-prix, avec 3 plats, vin, pain, service et dessert compris. Qui dit mieux ?
– *L'Amfora* : Forsa, 15. Tél. : 20-50-10. A deux pas de la Rambla. C'est un bistrot de quartier avec une salle de resto où l'on mange bien pour pas cher. Patron sympa. Fréquenté par une clientèle d'habitués.
– *Los Jara* : Forsa, 4. Tél. : 21-52-60. Cadre simple mais agréable. Un des menus les moins chers de la ville et très correct. Resto au 1er étage.
– *Centre Isaac El Cec* : c/Força-Sant Llorença del Coll, s/n Ap. Correus 51. Tél. : 21-67-61. Resto installé dans une vieille maison pleine de charme, patio très agréable où on peut déguster un petit vin. Très chicos, mais ça vaut le coup. Le patron s'occupe de la promotion culturelle de l'art catalan.

A voir

– Gérone posséda au Moyen Age l'un des plus importants quartiers juifs d'Espagne.
La carrer de la Força à l'aspect authentiquement médiéval avec ses gros pavés, en constituait l'axe principal. On y trouve au n° 27 le *Musée historique* de la ville. De part et d'autre, s'échappent Sant Llorenc, Cúndaro, Escales de la Pera, de tortueuses et étroites venelles en escaliers qui n'ont pas changé d'un pouce d'aspect en dix siècles. La carrer Argenteria était la rue des joailliers et bijoutiers. Dans la carrer Sant Llorenc, possibilité de visiter un ancien centre cabalistique.

– *La cathédrale* : une des églises de Catalogne à ne pas rater pour son architecture peu ordinaire. Arriver par la carrer de la Força pour l'admirer du bas de l'escalier monumental. Construite au XIVe s., elle ne fut achevée que trois siècles plus tard, ce qui explique la confrontation pacifique de la façade baroque et de la tour romane, dite de *Charlemagne*, héritage de l'église antérieure.
Sur le côté droit, porche gothique tout en lignes très épurées. A l'intérieur, nef d'une largeur exceptionnelle ; c'est, paraît-il, la nef la plus large du monde.

Beaux vitraux. Retable du maître-autel assez fascinant. Cloître roman avec de superbes chapiteaux et sol couvert de dalles sculptées.
- *Trésor de la cathédrale* : ouvert en haute saison de 10 h à 19 h. (Fermé de 13 h 30 à 15 h 30 en basse saison). En hiver, ouvert seulement les samedi et jours fériés de 10 h à 13 h. Il présente des chefs-d'œuvre uniques : le retable de « sainte Marie-Madeleine », une bulle papale sur papyrus du IX" s., « l'Annonciation » de Ramón Solá (XV" s.), une Bible gothique superbe, coffrets arabes, couvertures d'évangéliaires en argent, etc. Enfin, méritant une salle à elle seule, la « tapisserie de la Création », une pièce rare : toute la création du monde racontée en broderie et réalisée au XI" s.

— Tout autour de la cathédrale, un certain nombre d'édifices dignes d'intérêt composent avec elle l'un des plus remarquables ensembles d'Europe. A sa droite, la *Pia Almoina*, un superbe palais du XVI" s. aux fines fenêtres. En bas de l'escalier, la *Casa Pastors*, du XVIII" (le palais de justice). A l'entrée de la carrer Força, le *Portal de Sobreportes*, ancienne porte de la ville fortifiée. En haut des escaliers, une autre place majestueuse (plaza dels Apostols) bordée par le *palais épiscopal* et la *casa de l'Arcadia* du XVI" s. Le palais épiscopal abrite le musée d'Art de la ville. Nombreuses et remarquables sculptures et peintures romanes et gothiques (mêmes horaires que le Musée archéologique).

— Reprenons la balade. Franchi le Portal de Sobreportes, s'élève à gauche, l'*église Sant Feliu* au chevet rond et très élancé. A l'intérieur, bel exemple de transition du roman au gothique. Ne pas y rater les riches sarcophages. La carrer Ferran el Católic, à droite du Portal (après être passé devant l'*église Sant Lluc)*, mène aux bains arabes *(Banys arabs)*, ouverts de 10 h à 13 h et de 16 h 30 à 19 h (sauf dimanche après-midi et lundi). Noter la salle de repos avec son élégant petit bassin entouré de colonnes.

— *Sant Pere de Galligants* : plaza de Santa Lucia. A deux pas des bains arabes. Ancien monastère, bel exemple de roman catalan, aujourd'hui transformé en un intéressant Musée archéologique (ouvert de 10 h à 13 h et de 16 h 30 à 19 h. Fermé le dimanche après-midi et le lundi). Admirer les chapiteaux délicatement sculptés des colonnes du cloître.

— A côté du musée, croquignolette église romane *Sant Nicolau*.

— Revenir vers les bains arabes, pour emprunter la délicieuse « promenade archéologique » *(paseo arqueológico)* qui suit les murailles (construites sur les anciens remparts romains) jusqu'à la *torre Gironella*. Beau panorama.

— Par le Portal de San Cristófol, revenir derrière la cathédrale pour suivre la carrer Belmirall, puis celle de l'Escolápia et atteindre les escaliers de Sant Domenec. Charmant ensemble avec l'église Renaissance au fond et la grande voûte du *palais dels Agullana* à gauche. Tout en haut, sur la plaça Sant Domenec, magnifique façade Renaissance de *Les Aguiles*, l'ancienne université.

— Pour finir, arpenter les carrer dels Ciutadans (voir la Fontana d'or, maison bourgeoise avec arches, typique du XI" s.), de les Ferreries Velles et de Mercaders. Trois rues parallèles très pittoresques parfois coupées d'imposants passages voûtés et d'adorables placettes (Voltes d'En Roses).

— La joyeuse *rambla de Libertat*, avec ses immenses voûtes bien fraîches l'été, concentre toute la vie et l'activité de la ville. Toutes les maisons côté riu Onyar flirtent délicieusement avec la rivière et composent avec leurs encorbellements, l'un des visages les plus caractéristiques de la cité.

BARCELONE

Fini le temps où Barcelone regardait en direction de Paris, Berlin et New York. Aujourd'hui, tous les yeux se tournent vers l'Espagne, et la capitale de la Catalogne draine tous les branchés du monde. Paris ne vit-elle pas à l'heure espagnole ? La « movida » a dépassé les frontières de Barcelone et Madrid pour s'européaniser. La movida ? Par définition, c'est ce qui bouge, c'est un phénomène de mouvement perpétuel. Au départ, il s'agissait du mouvement artistique uniquement. Les créateurs n'avaient jamais autant créé, les designers autant désigné. Puis la movida toucha tout le monde, le petit peuple au même titre que les jeunes branchés. Elle désigne cette ample vague de liberté débordante : bars postmodernes, nuits folles, clubs after-hours, renouveau culinaire, exposi-

tions, jeux Olympiques, ville européenne... Un élan du cœur, comme la croissance d'un enfant qui aurait été bloquée et qui d'un seul coup rattrape son retard avec ardeur et élégance. Qui pensait, il y a 10 ans, que Barcelone illuminerait l'Europe entière ? Elle donne le « la » dans tous les domaines : peinture, architecture, arts décoratifs, haute-couture, musique, cinéma... L'obscurantisme est mort et le poids des cultures a fait place au choc des idées.
Barcelone c'est aussi une cité toute chargée d'histoire, qu'on explore à pied, avec son vieux quartier gothique aux sombres ruelles pavées, d'extraordinaires monuments pleins de finesse, dont la beauté raconte toujours plus avec le temps, de beaux musées sis dans des palais grandioses, et puis les audacieuses réalisations de Gaudi, de-ci de-là, qui nous font lever le nez et nous extasier comme des enfants...

Un peu d'histoire

Barcelone est l'une des plus anciennes villes d'Espagne. Son site exceptionnel en faisait naturellement un port. On y trouva successivement les Phocéens, les Carthaginois, les Romains, les Wisigoths, les Maures et les Francs avec Charlemagne. Aux XIIe et XIIIe siècles, la Catalogne, alliée de l'Aragon, devint une « superpuissance » en Méditerranée et vécut une période très prospère. Barcelone connut alors un développement et une activité maritime considérables. Le royaume d'Aragon et de Catalogne s'étendait jusqu'en Sicile. L'union de l'Aragon et de la Castille et la découverte de l'Amérique provoquèrent le déclin de la ville. A plusieurs moments de son histoire, Barcelone marqua cependant son indépendance et sa personnalité. Aux élections de 1931, notamment, en accordant majoritairement ses votes aux candidats de l'autonomie catalane.
Barcelone ne reconnut pas bien sûr, en 1936, le *pronunciamento* franquiste et devint même à la fin de la Guerre civile le siège du gouvernement républicain. Comme le Pays basque, Barcelone et la Catalogne furent les fers de lance de la résistance au régime franquiste. Celui-ci avait interdit le catalan et de nombreuses fêtes populaires. Il fallut attendre 1977 pour que la Généralitat (gouvernement autonome) soit restaurée, à la grande satisfaction des Catalans. A une époque, la Catalogne ayant eu besoin de forces de travail pour ses usines, beaucoup de gens sont venus d'autres provinces. Cela a évidemment créé des heurts culturels. Cependant, le plus souvent, ces « immigrés de l'intérieur » et leurs enfants s'assimilent assez rapidement. Aujourd'hui, la population protège farouchement sa langue, sa culture, tout en s'ouvrant sur l'extérieur.

Arrivée à Barcelone

– *Par avion* : liaison directe en train avec Barcelone toutes les 30 mn, de 6 h 30 à 23 h. Durée : 15 mn. Dans le grand hall de l'aéroport, prendre à gauche et tout au bout emprunter l'escalator qui vous mène au départ du train. Arrivée à la grande station Sants Estacio. De là, prendre le métro pour le centre.
– *Par train* depuis la France : estació de Francia : av. Marquès de la Argentera. RENFE : 322-41-42.
– Si vous effectuez votre voyage en plein été, essayez d'arriver le matin (quel que soit votre moyen de transport). Dès que vous foulez le sol barcelonais, décrochez un téléphone et réservez une chambre dans l'*hostal* de votre choix et foncez-y. C'est le seul moyen d'éviter une galère de plusieurs heures.

Topographie de la ville

Comme toute ville historique, Barcelone possède un cœur, vibrant, bouillonnant, cohérent, avec son lacis de ruelles imbriquées, son lot d'impasses sombres aux pavés assassins (pour les talons), ses quartiers populaires où l'on se retrouve après le travail et où le flux naturel des odeurs et des palpitations urbaines vous mènera comme une évidence. C'est le barrio Gótico, inclus dans un quartier du barrio Chino, toujours très populaire et vivant avec son marché plein de couleurs et ses façades à azulejos. Plus à l'est, de l'autre côté de la via Laietana, le quartier de Ribera, populaire et historique, et curieusement peu touristique. De l'authentique comme on aime.
Plus au nord, l'Eixample qui signifie l'« agrandissement » (de la ville) décidé au XIXe siècle, avec ses rues tirées au cordeau où l'on trouve la plupart des constructions modernistes. Au-dessus de ce quartier, le secteur de Gracia, ancien village rattaché à Barcelone. Plus calme, mais qui depuis quelque temps voit éclore bars branchés et pubs à la mode. On y donne de plus en plus ses

rendez-vous nocturnes. Au sud de la vieille ville, une petite péninsule, la Barceloneta, le quartier des pêcheurs. Enfin, à l'ouest du port, la colline de Montjuich, grand parc verdoyant, véritable poumon de la ville qui offre, en plus de ses superbes musées (fondation Miró, musée d'Art catalan), une vue admirable de la ville. C'est là que l'on construit actuellement une partie des installations sportives des jeux Olympiques de 1992.

Transports en ville

– *Le métro* : 4 lignes plus 1 ligne de train, numérotées et colorées, qui desservent quasiment l'ensemble des centres d'intérêt. Très pratique, facile à comprendre et propre. Si vous êtes là pour plusieurs jours, prenez la carte T1, carte de 10 tickets qui donne accès aux bus, métro, et même au petit tramway. Points de connexion des lignes importantes : passeig de Gracia, Diagonal et Catalunya. Fonctionne de 5 h à 23 h et le samedi, dimanche et jours fériés jusqu'à 1 h du matin. Renseignements : 336-00-00.
– *Le bus* : nombreuses lignes qui quadrillent efficacement toute la ville. Ils se distinguent par couleurs et numéros. Pas toujours facile de trouver le bon. La ligne rouge est celle qui sillonne le centre. Chaque arrêt de bus possède un panneau indiquant les bus qui s'y arrêtent et les trajets de chacun. On parvient donc à s'y faire avec un peu de bonne volonté. Fonctionne de 5 h 30 (certains 6 h 30) à 21 h 30 (ou 22 h 30). Certaines lignes jusqu'à 4 h 30.
– *Les taxis* : tous jaunes et noirs. Ils pullulent. La nuit, cherchez la lumière verte. Assez bon marché bien que le tarif de départ soit assez élevé. Curieusement, après le prix augmente tout doucement. Très pratique pour passer d'un quartier à l'autre le soir. Radio-taxi : 300-38-11.
– *A pedibus* : le pied ! les vrais routards connaîtront l'ivresse de découvrir la ville en suivant les odeurs, les bruits, les mirages, leur intuition...

Adresses utiles

– Nombreux *offices du tourisme* qui distribuent de bons plans de la ville.
● Dans l'Eixample : Gran Via de les Corts Catalanes, 658. Tél. : 301-74-43. Métro : Catalunya. Ouvert de 9 h à 19 h, du lundi au vendredi et jusqu'à 14 h le samedi.
● Dans les gares : Estació Central Barcelona-Sants. Métro : Sants-Estació. Tél. : 410-25-94. Ouvert de 8 h à 20 h tous les jours. C'est de là qu'arrive le train venant de l'aéroport. Autre office à la Estació Terme-França. Métro : Barceloneta. Tél. : 319-27-91. Ouvert de 8 h à 20 h tous les jours. Efficace.
● A l'aéroport : tél. : 325-58-29. Ouvert de 9 h 30 à 20 h tous les jours. Fermeture à 15 h le dimanche.
● Au port : métro : Drassanes. Tél. : 317-30-41. Ouvert de 8 h à 20 h tous les jours d'été, et de 9 h à 15 h d'octobre à avril.
● Dans le centre historique : Plaça Sant Jaume (sur la place de l'Hôtel-de-Ville). Métro : Jaume I. Tél. : 318-25-25. Ouvert de 9 h à 21 h du lundi au vendredi, jusqu'à 14 h le samedi.
● En arrivant à Barcelone par la route venant de France : les automobilistes arrivant du pays du fromage rencontreront un office du tourisme au coin de l'avinguda Diagonal et la carrer d'Arago. Tél. : 245-76-21. Ouvert au printemps et l'été de 8 h à 20 h. Très pratique pour comprendre un peu la ville avant de vous y engouffrer avec votre « pigeot » et vos marmots.
– *Grande poste* : plaça Antoni Lopez. Près du port, à l'extrémité de la via Laietana. Ouverte de 9 h à 21 h du lundi au samedi. Poste restante du lundi au vendredi. C'est la seule poste ouverte l'après-midi, toutes les autres ferment après 14 h. Pour « casher » des chèques postaux, uniquement jusqu'à 14 h (13 h le samedi).
– *Téléphone* : attention, contrairement à la France, le système du téléphone est séparé de la poste. Pour obtenir le « 22 à Asnières », aller carrer de Fontanella (donne sur la place de Catalunya). Ouvert du lundi au samedi de 9 h à 21 h. Possibilité de P.C.V. Autres offices à la gare de Sants Estació, mais pas de P.C.V. possible.
– *American Express* : passeig de Gracia, 101. Tél. : 217-00-70. Ouvert du lundi au vendredi de 9 h 30 à 18 h et le samedi de 10 h à 12 h.
– *Change* : toutes les banques sont généralement ouvertes de 9 h à 14 h, sauf le week-end. Change possible dans les gares : Sants Estació, ouvert de 8 h 30 à 22 h 30 et le dimanche de 8 h 30 à 14 h et de 16 h 30 à 22 h ; Estació Terme-França, ouvert de 7 h 30 à 23 h tous les jours ; à l'aéroport de 7 h à 23 h tous les

140 / BARCELONE I

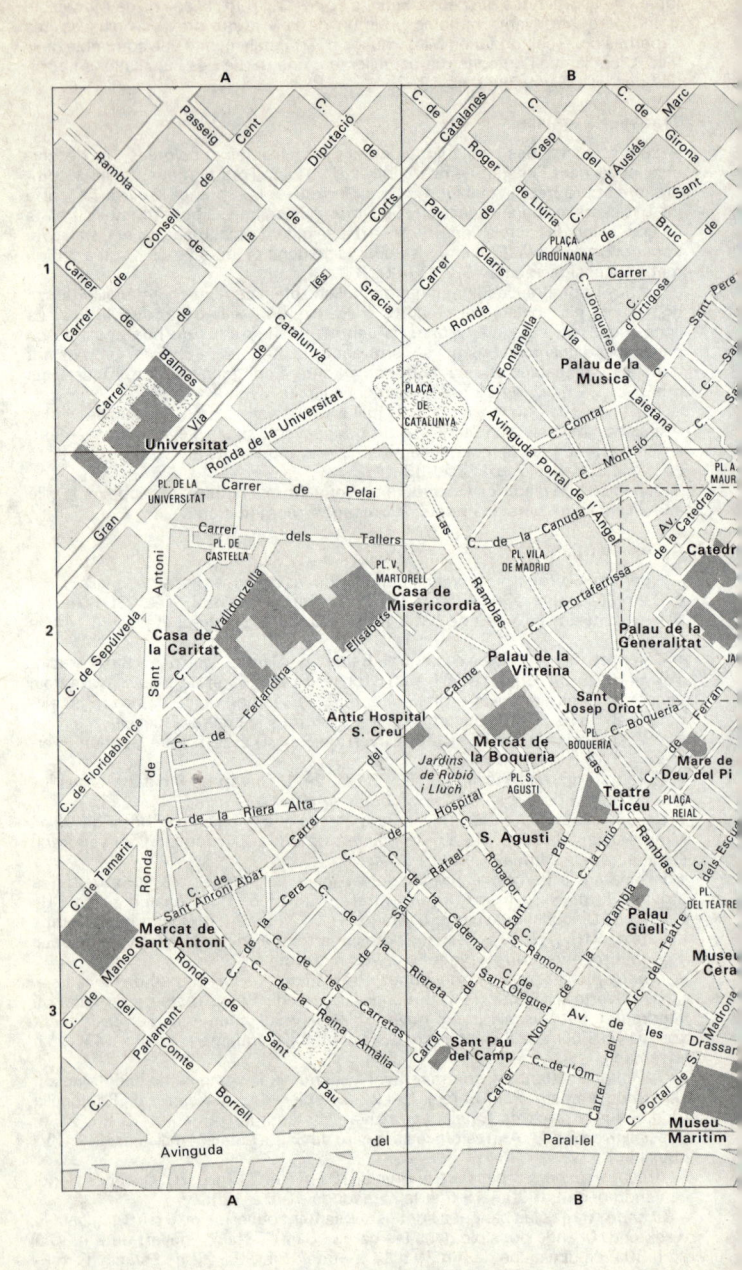

Map of Barcelona with grid coordinates A/B and 1/2/3.

Grid A1: Passeig de Gràcia, Rambla de Catalunya, C. Diputació, C. Consell de Cent, C. de les Corts, Carrer de Balmes, Gran Via de les Corts Catalanes, Ronda de la Universitat, Universitat

Grid B1: C. de Catalanes, C. Roger de Llúria, C. Casp, C. d'Ausiàs Marc, C. Girona, C. Bruc, C. Sant Pere, C. Pau Claris, Ronda Sant Pere, PLAÇA URQUINAONA, C. Fontanella, PLAÇA DE CATALUNYA, Avinguda Portal de l'Àngel, C. Comtal, Via Laietana, Palau de la Música, C. Jonqueres, C. d'Ortigosa

Grid A2: PL. DE LA UNIVERSITAT, Carrer de Pelai, Carrer dels Tallers, PL. DE CASTELLA, PL. V. MARTORELL, Casa de Misericòrdia, Casa de la Caritat, C. Valldonzella, C. Ferlandina, C. Elisabets, Antic Hospital S. Creu, Jardins de Rubió i Lluch, C. de Sepúlveda, C. de Floridablanca, C. de la Riera Alta, Gran Via, Ronda Sant Antoni

Grid B2: C. de la Canuda, PL. VILA DE MADRID, Las Ramblas, C. Portaferrissa, Palau de la Virreina, C. Carme, Palau de la Generalitat, Sant Josep Oriot, C. Boqueria, C. Ferran, Mercat de la Boqueria, PL. BOQUERIA, Mare de Déu del Pi, Teatre Liceu, PLAÇA REIAL, PL. S. AGUSTI, C. Hospital, PL. A. MAUR, Av. de la Catedral, Catedral

Grid A3: C. de Tamarit, Ronda Sant Antoni Abat, C. de la Cera, C. de les Carretas, C. de la Reina Amàlia, C. Sant Pau, Mercat de Sant Antoni, C. de Manso, C. del Parlament, C. Comte Borrell, Ronda de Sant Pau, Avinguda

Grid B3: S. Agustí, C. de Sant Rafael, C. Robador, C. la Unió, C. de la Cadena, C. Sant Ramon, Riereta, C. de Sant Oleguer, Carrer Nou, Sant Pau del Camp, C. de l'Om, Palau Güell, Rambla, PL. DEL TEATRE, Museu Cera, Av. de les Drassanes, Museu Marítim, C. Portal de..., Paral-lel

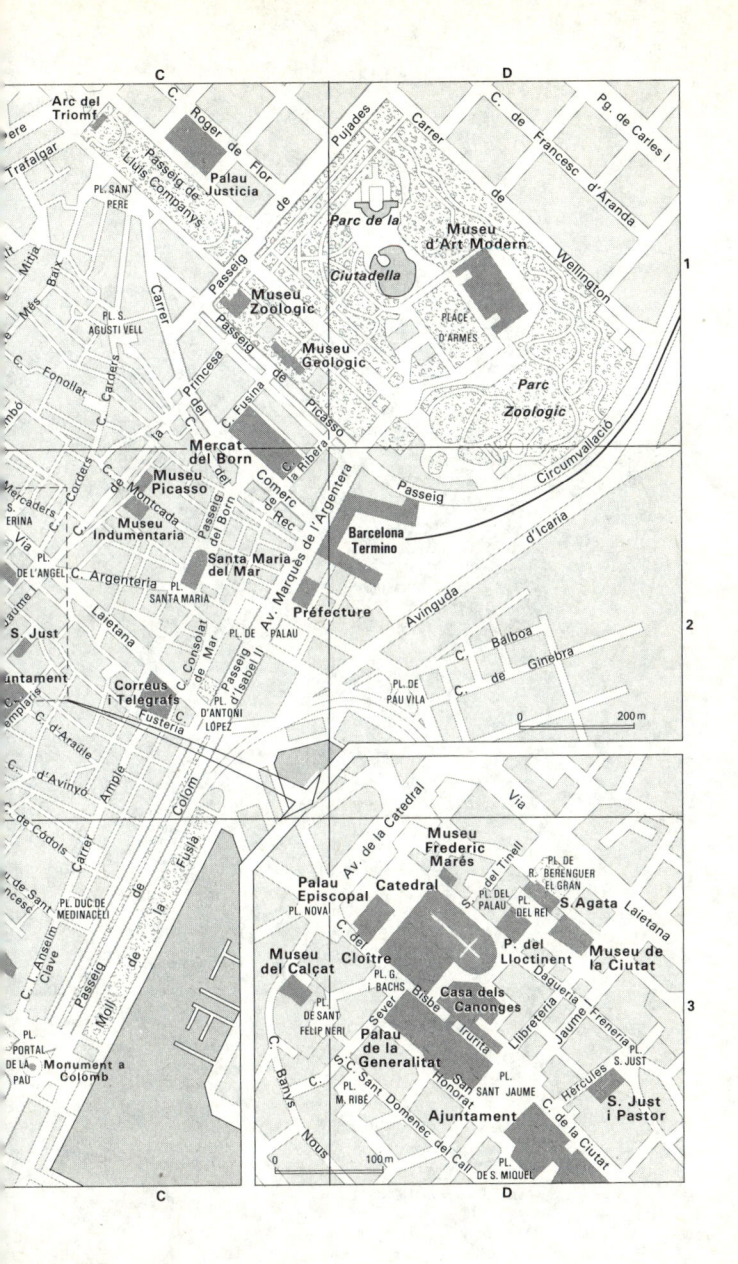

BARCELONE I / 141

(Map of Barcelona - labels as shown)

Grid C1:
- Arc del Triomf
- C. Roger de Flor
- Passeig Lluís Companys
- Palau Justicia
- PL. SANT PERE
- Trafalgar
- Mitja
- Més Baix
- C. Fonollar
- Cardiers
- PL. S. AGUSTI VELL
- Carrer Princesa
- Passeig de Picasso

Grid D1:
- C. Pujades
- Carrer
- Pg. de Carles I
- C. de Francesc d'Aranda
- Parc de la Ciutadella
- Museu d'Art Modern
- Wellington
- PLACE D'ARMES
- Parc Zoològic

Grid C2:
- Mercat del Born
- Museu Picasso
- C. de Montcada
- Passeig del Born
- Museu Indumentaria
- C. la Ribera
- Comerç
- Rec
- Santa Maria del Mar
- PL. SANTA MARIA
- C. Argenteria
- Laietana
- PL. DE L'ANGEL
- S. Just
- Jaume
- Mercaders
- S. ERINA
- Via
- Cordelers
- Consolat de Mar
- PL. DE PALAU
- Av. Marquès de l'Argentera
- Préfecture
- Correus i Telègrafs
- Fusteria
- PL. D'ANTONI LÓPEZ
- Passeig d'Isabel II
- untament (Ajuntament)

Grid D2:
- Passeig Circumval·lació
- d'Icaria
- Barcelona Termino
- Avinguda
- C. Balboa
- C. de Ginebra
- PL. DE PAU VILA
- 0   200 m

Grid C3:
- C. d'Araüle
- C. d'Avinyó
- C. de Còdols
- C. de Sant ncesc
- PL. DUC DE MEDINACELI
- C. Ample
- Carrer Colom
- Passeig
- Moll
- PL. PORTAL DE LA PAU
- Monument a Colomb
- C. Anselm Clavé
- C. Banys Nous
- 0   100 m

Grid D3:
- Via Laietana
- Av. de la Catedral
- Museu Frederic Marès
- Palau Episcopal
- PL. NOVA
- Catedral
- C. del Tinell
- PL. DE R. BERENGUER EL GRAN
- PL. DEL PALAU
- PL. DEL REI
- S. Àgata
- Museu del Calçat
- Cloître
- PL. G. i BACHS
- PL. DE SANT FELIP NERI
- Sevet
- Bisbe
- P. del Lloctinent
- Casa dels Canonges
- Museu de la Ciutat
- Daguería
- Llibretería
- Freneria
- Jaume
- Trufita
- PL. S. JUST
- Palau de la Generalitat
- Sant Domènec del Call
- C. M. RIBÉ
- PL. SANT JAUME
- Honorat
- Hèrcules
- S. Just i Pastor
- Ajuntament
- C. de la Ciutat
- PL. DE S. MIQUEL

142 / **BARCELONE II**

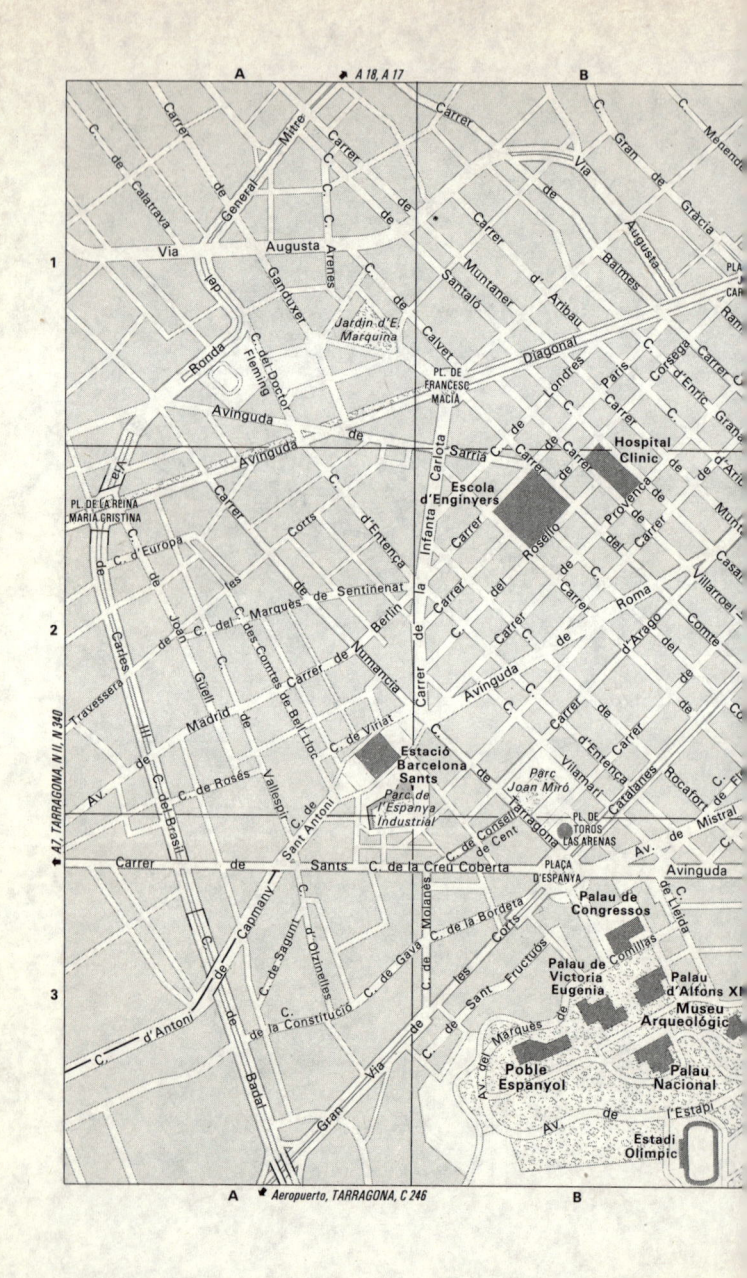

BARCELONE II / 143

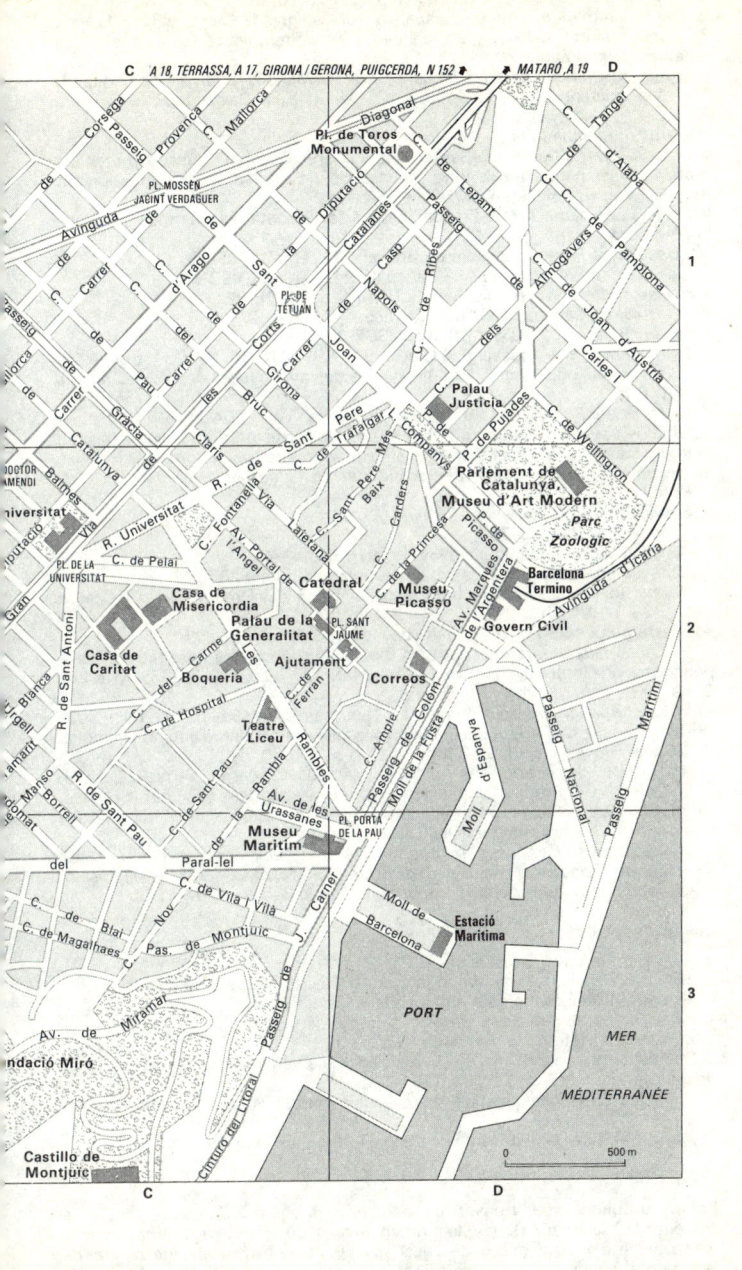

jours. Également dans le métro, les caisses de pensions « la Caixa », ouvertes de 8 h à 20 h. Les caisses pratiquent le change et acceptent les traveller's. On les trouve notamment aux stations Espanya (vers la ligne 1), Diagonal (vers la ligne 3), Verdaguer et Catalunya (vers la ligne 3). Acceptent les cartes de crédit bien entendu. Très pratique.
- *Lignes maritimes* : vers les Baléares (Palma, Mahon, Ibiza). Transmediterránea : via Laietana, 2. Tél. : 319-96-12. Départ pour Palma tous les jours à minuit.
- *Gares et destinations* :
● Estació Central Barcelona-Sants (métro : Sants-Estació) : dessert toutes les grandes lignes nationales (Madrid, Andalousie, Pays basque), et internationales (train « Talgo » quotidien pour Paris et Genève).
● Estació Barcelona Terme-França (métro : Barceloneta) : dessert les plages de la côte nord.
- *Consulat de France* : passeig de Gracia, 11. Tél. : 317-81-50.
- *Consulat de Suisse* : Gran Via Carles III, 94. Tél. : 330-92-11.
- *Consulat de Belgique* : Diputació, 303. Tél. : 318-98-99.
- *Consulat du Canada* : via Augusta, 125. Tél. : 209-06-34.
- *Ibéria* : Rambla Catalunya, 18. Tél. : 302-38-70.
- *Librairie française* : passeig da Gracia, 91. Tél. : 215-14-17. On y trouve des livres de poche, des romans... et des guides de voyage (dont de vieilles éditions du G.D.R.).
- *Librairia Altair* : Balmes, 69. Métro : Provença. Tél. : 254-29-66. Une super librairie de voyage où vous trouverez toutes les cartes dont vous aurez besoin, des livres de voyage, et par thème. Et si vous vous faites voler votre G.D.R., vous en retrouverez ici. Le libraire, très accueillant, parle le français.
- *Police* : 091.
- *Service médical d'urgence* : 230-70-00.
- *Ambulance* : 302-33-33.
- *RENFE* (renseignements chemins de fer) : 322-41-42.
- *Renseignements transports urbains toutes catégories* : 336-00-00.
- *Hopital* (dans l'Eixample) : hopital clinic, plaça del Doctor Ferrer i Cajigal. Tél. : 323-14-14.
- *Objets perdus* : 301-39-23 (sans beaucoup d'illusions...).
- *Bus nationaux et internationaux* : la Cie Julia propose des destinations européennes à prix intéressants. Plaça Universitat, 12. Tél. : 318-38-95. Ouvert de 9 h à 19 h.
- *Vols internationaux pour étudiants* : Tive, carrer de Gravina, 1. Tél. : 302-06-82. Propose des billets d'avion à prix réduits pour les étudiants et les moins de 26 ans. Ouvert de 9 h à 13 h et de 16 h à 17 h 30.
- *Allo-Stop* : deux adresses : *Mit Fahrzentralen* : carrer Provença, 214. Tél. : 253-22-07. Propose des voitures pour l'Allemagne, donc pour la France. *Comparco* : carrer Ribas, 31. Tél. : 246-69-08. Une autre agence qui propose des départs vers la France, l'Italie, l'Angleterre.
- *Musées* : tous les musées municipaux (les principaux) sont gratuits.
- *El Guia del Occio* est un équivalent de notre « Officiel des Spectacles » parisien. Paraît le vendredi. Indispensable pour connaître le Barcelone de nuit.

Les fêtes locales

- 24 juin : fête de la Saint-Jean.
- 15 août : fête de l'Assomption (surtout à Gràcia, ne pas la rater).
- 11 septembre : *Diada*, jour national de la Catalogne.
- 24 septembre : fête de la *Merce*.
- 12 octobre : fête de la Vierge du Pilar.
- Et puis, tous les lundi, mercredi, vendredi et samedi *marché aux puces*, plaça de les Glóries.
- Tous les dimanches matin : *marché aux timbres et aux monnaies*, plaça Reial.
- *Audition de sardane* devant la cathédrale, tous les dimanches à midi.

Où dormir ?

Pas de problème pour trouver une pension pas chère à Barcelone. Il y en a partout. De la chambre la plus rudimentaire, où vous vous entasserez à 4 copains, à la pension bourgeoise et cossue, Barcelone offre un large éventail de logements, toujours à de bons prix. L'été, dès que vous arrivez, réservez. Il n'est pas complètement idiot de passer un coup de fil la veille de l'endroit où vous vous trouvez.

DANS LE CENTRE

● *Les auberges de jeunesse*

Nous ne vous proposons que des auberges situées dans le centre ou à proximité. De ces trois adresses, seule la première n'impose pas de couvre-feu.
- *Albergue Juvenil « Kabul »* : plaça Reial, 17 (Pl. I, B2-3). Tél. : 318-51-90. La mieux située de toutes. Certains dortoirs donnent sur une des plus charmantes places de Barcelone. Demandez-les. 170 lits au total en chambre de 2, 4, 8 ou en grands dortoirs. Douche chaude. Draps payants. Consigne. Pas cher et propre. Un plus : pas de couvre-feu. On rentre quand on veut et on peut dormir tard le matin. C'est aussi un inconvénient pour les couche-tôt. Les fêtards ne sont pas toujours silencieux à 4 h du matin.
- *Hostal de Joves* : passeig Pujades, 29 (Pl. I, C1). Tél. : 300-31-04. Dans une rue longeant au nord le parc de la Ciutadella. Métro : Arc de Triomf. Une chouette auberge située un peu à l'écart du centre dans un petit immeuble moderne. 68 lits dans des chambres de 2 à 6, récemment repeintes. Douches chaudes et propres. Carte d'A.J. préférable. 5 nuits maxi. Possibilité de mettre ses valeurs au bureau. Ah oui, il y a aussi un lavabo dans chaque chambre et une petite cuisine est à votre disposition ! Un point noir : couvre-feu à minuit. Dur ! C'est là que tout commence.
- *BCN Hôtel* : carrer de Pelai, 62 (Pl. I, A2). Tél. : 317-30-90. Métro : Catalunya. A deux pas de la place du même nom. Plus cher que les deux autres et au même prix que les pensions les moins chères. Très propre et accueillant. Possibilité de réserver par téléphone. Couvre-feu à 23 h mais elle ouvre ses portes pendant 5 mn à minuit, 1 h et 2 h du matin. Après, on couche dehors. Chambres de 8 à 15 lits. Quand vous montez, n'oubliez pas de refermer les portes intérieures de l'ascenseur !

● *Bon marché*

- *Casa Huéspedes Mari-Luz* : carrer Palau, 4 (2e étage) (Pl. I, C2). Tél. : 317-34-63. Au cœur du barrio Chino. Si la courette vous paraît un peu sombre, en revanche les chambres sont claires et impeccables. Mari-Luz, en plus d'être très charmante, est très à cheval sur la propreté. Toutes les chambres sont avec lavabo. Notre meilleur rapport qualité-prix. Encore deux petites choses : elle lave votre linge pour une somme modique et elle vous laisse appeler en P.C.V. de chez elle. Décidément, elle a tout compris au tourisme.
- *Casa de huéspedes Fernando* : Arco del Remedio, 4 (Pl. I, B2). Tél. : 301-79-93. Récemment refaite. Pas beaucoup de style mais hygiène à la « M. Propre ». Douche ou baignoire dans le couloir. Certaines chambres donnent sur la ruelle. Un peu moins cher que ci-dessus.
- *Pension Canaletas* : Rambla Canaletas, 133. Tél. : 301-56-60 (3e étage). Une bonne adresse très bon marché. La petite dame parle français. Chambre agréable et simple. Murs clairs et hauts. Très central.
- *Hostal del Pino* : carrer Cardenal Casañas, 9. Tél. : 302-10-13. Petite pension familiale dans un coin calme du barrio Chino. Chambres avec lavabo propres et simples, près des Ramblas. Prix modérés.
- *Hotel Maritima* : Ramblas, 4 (Pl. I, B2).. Tél. : 302-31-52. Dans une ruelle à deux pas du musée de cire. Chambres simples et hautes de 2 à 4 personnes. La salle de bains est assez kitsch, mais propre. Correct pour le prix.
- *Pension Aneto* : carrer Carmen, 38. Métro Liceu (1er et 2e étages) (Pl. I, B2-3). Tout proche des Ramblas. Tél. : 318-40-83. Simple et très bon marché. Chambres avec lavabo. Le prix de la douche est en plus.
- *Pension Arosa* : av. Puerta del Angel, 14. 1er étage. Tél. : 317-36-87. Moins cher pour 3. Rien d'extraordinaire, mais prix très modérés. Douche dans certaines chambres.

● *Un peu plus chic*

Les hôtels sont beaucoup plus chers que les pensions (entre 2 et 3 fois plus) sans être plus classe ou plus propre. La seule différence est la présence d'une petite baignoire dans la chambre et parfois d'un téléphone. Si vous êtes fauché et que vous vous contentez d'un lavabo, allez plutôt dans une pension.
- *Hostal Rey don Jaime I* : carrer Jaume I (Pl. I, D3). Tél. : 315-41-61. Métro : Jaume I. Dans une rue très centrale, en plein barrio Gótico. Accueil charmant, hall

d'entrée agréable, patron parlant anglais. Chambres avec douche et toilettes ou lavabo simple. Excellent rapport qualité-prix.
– *Hotel Jardi* : plaça Josep Oviol, 1. Plaça del Pi. Métro : Liceu (Pl. I, B2). Tél. : 301-59-00. La façade a plus de charme que les chambres. Un peu cher mais les chambres qui donnent sur l'adorable placette sont agréables. Le petit *bar del Pi* au rez-de-chaussée est sympa aussi.
– *Hotel Inglés* : carrer Boqueria, 17. Tél. : 317-37-70. Métro : Liceu (Pl. I, B2). Chambres très correctes avec bains. Un peu cher pour ce que c'est mais l'hôtel est très sûr, compte tenu du quartier qui ne l'est qu'à moitié le soir. Dans cette même rue, plusieurs hôtels de classe moyenne, un peu chers mais très sûrs.
– *Hotel Residencia International* : Ramblas, 78 (Pl. I, B2). Tél. : 302-25-66. Au cœur de la cité et de l'animation. A mi-chemin de la plaça de Catalunya et du port. Hôtel du siècle dernier assez séduisant. Grandes chambres côté Ramblas.

DANS LE QUARTIER DE RIBERA

Quelques pensions guère fantastiques mais pas chères dans un quartier éminemment populaire. Voici une adresse :
– *Pension Lourdes* : carrer Princesa, 14. Tél. : 319-33-72. 1er étage. Petite pension familiale et très bon marché, refaite à neuf. Très bien.

AUTOUR DE LA PLAÇA DE CATALUNYA

● *Assez bon marché*

Dans ce quartier, vous n'aurez aucun problème pour vous loger. Nombreuses pensions de qualité variable, mais pas chères. Demandez à voir la chambre avant de vous décider.
– *Australia Residencial :* Ronda Universitad, 11 (4e étage) (Pl. I, A1). Tél. : 317-41-77. En plein dans le centre névralgique de la ville. Une excellente adresse. Maria parle anglais et sa mise en plis est toujours impec. Attention, il n'y a que 4 chambres. Ici on se sent vraiment en famille. Chambres simples et claires. Douche à l'extérieur, hyper propre. Et puis c'est très sûr : on vous donne 3 clefs, celle du bas, celle de l'appartement et celle de votre chambre.
– *Hostal Residencia Sena* : Ronda Universidad, 29 (Pl. I, A1). Tél. : 318-90-97 (1er étage). Non loin du précédent. Entrée très agréable. L'hôtel est tenu par une famille charmante qui propose des chambres confortables et propres avec lavabo pour un prix juste. Douche dans le couloir. Une bonne adresse également.
– *Pension Noya* : Rambla Canaletas, 133 (1er étage) (Pl. I, A1). Tél. : 301-48-31. Presque au coin de la plaça de Catalunya. Chambres un peu sombres mais correctes. Prix un peu surestimés. Moins cher à trois.

● *Plus chic*

– *Hotel Nouvel* : carrer de Santa Anna, 20. Tél. : 301-82-74. Un bel hôtel construit au début du siècle dans un style art nouveau. Bon accueil. Les chambres sont assez classiques mais très agréables. Assez cher.
– *Hôtel Pelayo* : carrer de Pelai, 9 (1er étage) (Pl. I, A2). Tél. : 302-37-27. Un petit hôtel calme et sympathique pour le prix d'un 2 étoiles chez nous, avec bains et toilettes.

● *DANS LE QUARTIER DE L'EIXAMPLE*

● *Prix moyens*

– *Hôtel Oliva* : passeig de Gracia, 32 (Pl. II, C1). Tél. : 317-50-87. Métro : Diagonal. En étage. Une pension charmante dans un immeuble un peu vieillot (noter la belle cage d'escalier, le superbe ascenseur rétro). Accueil très agréable, la patronne parle français. Chambres avec lavabo ou bains, meublées de façon d i s p a r a t e
mais agréables. Très bon rapport qualité-prix. Une de nos meilleures adresses.

● *Plus chic*

– *Hostal Palacios* : Gran Via de les Corts Catalanes, 629 bis (Pl. I, A1). Tél. : 301-33-92. Tout près de l'Office du tourisme et pas si loin des Ramblas et de la vieille ville. Beaucoup de jeunes de tous les pays. Pension offrant des chambres au style un peu vieillot, mais correctes. Un peu cher pour ce que c'est mais le personnel est charmant. Chambres avec ou sans douche.

DANS LE QUARTIER DE GRÀCIA

Pour connaître un autre aspect de Barcelone, un quartier populaire intéressant et chaleureux, et qui bouge de plus en plus le soir.
– *Hostal Benelux* : Gran de Gràcia, 11. Pl. II, B1) Tél. : 217-45-14 et 218-58-99. Métro : Diagonal. Téléphoner avant. Pension très chouette. Bon accueil. Décoration adorablement ringarde. Fresques naïves sur les murs. Grande terrasse pour prendre le frais et chambres correctes. En sortant, noter le superbe immeuble au nº 15 avec ses balcons extraordinaires.

CAMPINGS

– *Barcino* : Lauréo Miró, 50. Esplugas de Llobregat. C'est le plus proche, à 7 km du centre. Tél. : 372-85-01. Prendre le bus pour Esplugas (E.J. ou C.O. qui se prend plaça d'España). Par le métro, ligne 5. Descendre à Can Vidalet.
– Plusieurs *campings* également sur la route de Casteldefels, à 19 km vers le sud, entre le km 11 et le km 19. Huit campings s'étalent le long de cette zone touristique très fréquentée l'été.

Où manger ?

Barcelone se révèle être aussi une capitale gastronomique. Il s'ouvre au moins un resto par jour. Voici cependant quelques valeurs sûres. Nul doute que votre flair habituel ne vous en fasse découvrir d'autres.
Contrairement à Madrid, la capitale de la Catalogne pratique moins le système de la tournée des bars à tapas (voir Madrid « Où manger ? »). A Barcelone, ville phare des modes, on mange tard, très tard. Pas vraiment besoin de se pointer dans un resto avant 22 h. D'ailleurs on ne sert pas avant 21 h.

DANS LE CENTRE

Le coin des vieilles tavernes et des restos populaires.

● **Pas cher**

– *Portalon* : Banys Nous, à côté du nº 20 (Pl. I, B3) Située entre Ramblas et l'avenue de la Catédral. Notre taverne-resto fétiche à Barcelone. Sous de grandes voûtes jaunies, brunies par le tabac, une population de quartier joyeuse et animée. De grandes barriques vous accueillent à l'entrée. Le marbre des tables est usé et affiches, tableaux, coupures de presse brûlés par le temps et les huiles de cuisine. Quelques gousses d'ail, saucissons, chorizos et un tableau noir avec plats écrits à la craie indiquent qu'on mange ici une nourriture simple et correcte pas chère (biftek, truite, colin, escalope, tripes, etc.). Goûtez l'excellente soupe de poissons *(sopa de pescado)*, à un prix dérisoire. Ici, le temps comme la taverne n'a plus d'âge. A chaque instant on croit que va débouler Don Quichotte avec bottes et épée, prêt à vous mettre en garde. Fermé le dimanche soir et le soir à minuit.
– *Bar Espanya* : carrer de Montcada, 2 (Pl. I, C2). Ruelle entre Princesa et passeig del Born, à 5 mn de la via Laietana. Fermé à 22 h 30, le dimanche et le lundi. Une petite taverne avec comptoir et tables de marbre. Moins typique que Portalon mais sympa tout de même. On y sert une cuisine simple et populaire. La paëlla est excellente. Menu pas cher du tout. Le midi, la télé trône au fond de la salle. Voilà une adresse pour les fauchés. Bonne sangria maison.
– *La Concha* : carrer Escudellers, 40 (Pl. I, B3). Une sorte de grand bar-restaurant où se retrouve le petit peuple. Néons blancs, plafonds hauts, télé en bonne position que regardent en mangeant les travailleurs du coin accoudés au comptoir. On y sert un menu pour trois fois rien (traduit en 5 langues). Bons tapas et sangria enivrante. Dans un coin, un petit rayon épicerie-charcuterie. Ouvert toute la journée. Le vieux Barcelone quoi !

● **Prix modérés**

– *Agut* : carrer de Gignas, 16 (Pl. I, C2). Tél. : 315-17-09. Fermé le dimanche soir, le lundi et en principe de mi-juin à fin juillet. Service jusqu'à 23 h. Situé dans une ruelle de la vieille ville entre Avinyò et Laietana. Un des restos les plus fréquentés de la ville. Melting-pot social bruyant et animé. Vous risquez de devoir attendre un peu pour vous asseoir dans l'une des grandes salles voûtées décorées de tableaux. L'authentique cuisine barcelonaise. Les fruits de mer et les poissons parmi les moins chers de la ville. Excellent vin blanc de la casa. Une de nos meilleures adresses. Goûtez, entre autres, la *esqueixada* (salade typique) et le *confit de pato à la bretona*. Question prix, il suffit de bien lire la carte et on s'en sort très raisonnablement.

– *Casa Leopoldo* : Sant Rafael, 24 (Pl. I, A-B3). Tél. : 241-30-14. Fermé dimanche et lundi. Petite rue du barrio Chino. Des Ramblas, emprunter Hospital ou Sant Pau jusqu'à la carrer Robador. Sant Rafael y donne. Une de nos adresses préférées. Léopoldo et sa famille tiennent ce resto depuis 1929, et toujours avec autant de succès. Grandes salles claires et agréables. Jolie déco d'azulejos, avec scènes paysannes et de corrida. Tableaux sur le vieux Barcelone. Bon petit menu copieux ou à la carte. Les cols blancs commencent à investir les lieux, mais ambiance toujours relax. A la carte, demandez, entre autres, les *albondigas con sepia y gambas* (seiche, crevettes, boulettes de viande et sauce délicieuse), les *tripa i cap i pota* (tripes, fromage de tête et queue de porc), le *rabo de buey* (queue de bœuf). Ne pas oublier d'accompagner le tout de *Pa Torrat ama Tomaquet* (succulent pain maison).

– *Restaurant Egipte* : Jérusalem, 3. Tél. : 317-74-80. Une adresse très cotée le midi où les cravatés font la queue pour se voir servir le petit menu copieux. Plusieurs salles dont certaines en mezzanine, activité débordante, service efficace (genre Chartier). Bonne *pastel del tortillo* et *merluza a la plancha*. Ouvert midi et soir jusqu'à 3 h du matin.

– *Casa Estabán* : carrer Montcada, 22 (Pl. I, C2). Dans la rue du musée Picasso. Fermé le dimanche soir et le lundi, bar et resto. Ouvert depuis 1929. Décoration de tonnelets, azulejos, vieilles bouteilles poussiéreuses. Une foule énorme, bruyante, joyeuse. Ici, on vient surtout pour les tapas de fruits de mer, moules, anchois, calamars (assez chers, il faut préciser) qu'on arrose de cidre ou de vin blanc pétillant (xampanet). Un de nos lieux préférés.

– *Pla de la Garsa* : Assaonadors, 13. Entre Montcada et Commerç. (Pl. I, C2). Tél. : 319-13-79. Ouvert tous les soirs jusqu'à 2 h du matin. Situé au cœur de la vraie vieille ville. Adorable bistrot ayant conservé des éléments anciens dans sa déco, tables de marbre, beaux rideaux de dentelle. On dit que cet endroit fut fondé par les anarchistes catalans, il y a une quinzaine d'années. Superbe escalier en colimaçon en fer forgé. Clientèle branchée de quartier. Uniquement fromages et entrées froides. C'est un « bar formatgeria » ! Une quarantaine de fromages vous sont proposés. Des spécialités catalanes bien sûr mais aussi de bons vieux fromages français. Le patron se targue d'avoir un des seuls endroits de la ville où l'on peut déguster un véritable fromage fermier de France. Atmosphère tout en retenue.

– *Can Lluis* : carrer e la Cera, 49. Tél. : 241-11-87. Métro : Paral-lel. Ouvert le midi et le soir jusqu'à minuit. Petit resto de quartier mais très clean et bien arrangé. Ici les spécialités catalanes sont reines. Goûtez des plats comme l'*escalivada catalana*, la *pomescada Can Lluis*, esqueixada de Bacalla... On s'en tire très honnêtement, compte tenu de la qualité de la cuisine. Notez dans la première salle les affiches de vieux films français. Bon service.

– *Garduña* : Morera, 17. Tél. : 302-43-23. Fermé le dimanche soir. Situé dans le mercado San José (entrée côté Ramblas). Resto typique très animé. Pour l'ambiance, les effluves du marché. Nourriture correcte : *parillada* de poissons, *salmon fresco a la plancha*. Petit menu également. Notez, sur la droite du resto, le charmant vieil étal en fer forgé et le comptoir en marbre.

– *Pitarra Restaurant* : carrer d'Avinyo, 56 (Pl. I, B-C2). Tél. : 301-16-47. Si la déco est un peu trop appliquée, la cuisine reste simple et bien préparée. On y vient depuis 1890, c'est un signe, non ? Lorgner vers les plats du jour, généralement bien réussis.

– *Colleretes* : carrer Quintana, 5. Tél. : 317-30-22. Belles salles aux murs couverts d'azulejos. Cuisine très variée : gaspachos, melon au jambon, belle carte de gibier (civet de sanglier) et de poissons. Ambiance agréable, tout simplement. Sert jusqu'à 23 h.

● *Plus chic*

– *Los Caracoles* : Escudellers, 14 (Pl. I, B3). C'est la rue des restos, parallèle aux Ramblas. Tél. : 302-31-85 et 301-20-41. Parking gratuit au 6 de la rue. Ouvert tous les jours. Le resto le plus connu de la ville. Très touristique évidemment, mais ne manquant pas de charme et de pittoresque. Décoration rustico-catalane avec tonnelets peints, jambons pendant au plafond au milieu des feuillages, portraits et photos des artistes ayant hanté les lieux : près de la porte et de la vieille pendule, Johnny Hallyday et un Henri Salvador très jeune. Vers les salles intérieures au hasard : Salvador Dalí, Miró, Edward G. Robinson, Ingrid Bergman

et, bien sûr, Julio Iglesias ! Paellas à des prix tout à fait abordables. En revanche, éviter la parillada (chère et assez chiche). Réservation conseillée si vous ne voulez pas attendre parfois une heure.
- *S. Parenalla* : carrer Argentaria, 37 (Pl. I, C2). Métro : Jaume I. Tél. : 315-40-10. Au cœur du quartier de Ribera. L'endroit est chic et moderne (banquettes de bois et peintures) mais, pas de frayeurs, la cuisine n'a rien de nouvelle et l'ambiance y est décontractée. On y sert d'excellentes assiettes catalanes dont certaines portent le nom des politiciens qui fréquentent l'endroit. Entre autres suggestions, *el platillo del Guti* ou *el macarrons de l'advocat Solé*... C'est pas si souvent qu'on peut se farcir de grosses légumes.
- *Restaurante Elche* : Vila y Vila, 71 (Pl. II, C3). Tél. : 241-30-89. Dans le quartier Poble Sec. Métro : Paral-lel. Décor chic et moderne, à tendance ringarde. En tout cas pas routard du tout. Prix assez modérés eu égard au cadre. Décoré de jolies gravures au trait. Ouvert tous les jours jusqu'à minuit. Spécialités de cuisine valencienne et de paellas, notamment celles avec *mariscos* et *arroz abanda con mariscos*. Cette dernière, la meilleure, présente la particularité de mettre les crustacés à part et d'être obligatoirement pour deux. Soupe de poisson succulente.

● *Très chic*

- *Agut d'Avignon* : calle de la Trinidad, 3. Une petite impasse qui part de la carrer Avinyo, au niveau du n° 8 (Pl. I, B-C2). Tél. : 302-60-34. Un endroit chic décoré à l'ancienne et divisé en de multiples petites salles à différents niveaux, ce qui donne à l'ensemble un côté chaleureux bien qu'un peu calculé : tableaux, plantes vertes, vieux objets. Le chef propose à la carte des plats typiques comme le canard aux figues, langouste à l'aïoli, lotte *romesco*, *oca amb peres* (oie aux poires). Une bonne adresse pour en mettre plein la vue à votre « first date ». Comptez entre 150 et 200 F tout de même.
- *El Gran Café* : carrer d'Avinyó, 9 (Pl. I, B-C 2). Tél. : 318-79-86. En plein barrio Gótico. Un grand restaurant chic, très conventionnel, d'un style très Belle Époque avec ses boiseries cirées, ses femmes sculptées en lampadaires de bar, ses salons chic, sa superbe cave et ses tables gentiment alignées. Des serveurs à l'allure un peu affectée (on leur conseille les dragées Fuca) vous servent une cuisine catalano-française de bon aloi. Clientèle d'hommes d'affaires et de fines gueules. Un endroit classe pour une addition de luxe.

DANS LE QUARTIER DU PORT ET DE LA BARCELONETA (Pl. II, D2-3)

- *Restaurante Carballeira* : Reina Cristina, 2. Tél. : 310-10-06. Spécialiste des fruits de mer et des poissons. Très touristique. Fermé le dimanche soir. Nappes, serviettes et garçons en blanc. Le grand jeu ! Accueil assez informel, mais décoration marine à souhait : maquettes de bateaux, crustacés empaillés, tortues de mer, hublots, etc. Possibilité de surfer sur la carte mais attention au porte-monnaie.
- Au n° 7 de la même rue, un petit *bar* typique de dégustation où l'on s'empiffre de petits sandwiches (jambon, saucisses de Frankfurt, sic !) au comptoir en s'accompagnant d'un vin champagnisé que l'on boit dans des coupes très basses. Clientèle de quartier, conviviale et populaire qui n'hésite pas à engager la conversation, debout au milieu des papiers gras.
- *El Salmonete* : playa de la Barceloneta. Tél. : 319-50-72. De la quinzaine de restos qui s'alignent sur le front de mer, c'est l'un des mieux. Bonne nourriture pas trop chère. Cadre chaleureux touristico-kitsch. Céramiques colorées. Remonter tous les restos, c'est le dernier à gauche en regardant la mer. Service jusqu'à 23 h. Terrasse agréable sur la plage.
- Les *restos* d'à côté ressemblent un peu à nos grecs du Quartier latin, question racolage. Certains proposent de bons fruits de mer, mais les prix sont également élevés.

Très chic

- *Set Portes* : passeig d'Isabel II, 14 (Pl. I, C2). Tél. : 319-30-33. Grand resto, genre le Procope, à Paris. Ouvert tous les jours jusqu'à 1 h du matin. Décor sobre et classique. Quelques peintures anciennes. Poutres vernies. Atmosphère dégageant une certaine distinction. Clientèle un peu chic. Bonne nourriture à prix très raisonnables cependant. Goûter à la bouillabaisse, à la paella aux poissons, une des spécialités de la maison. Morue au riz le vendredi et riz au bouillon le samedi.

DANS LE QUARTIER DE GRÀCIA (Pl. II, B-C1)

L'occasion pour vous d'aller vous y promener pour digérer. Rien de bien spectaculaire. Une atmosphère, des petits détails sympa, parfois de superbes maisons « art nouveau »... Et puis vous serez tout près des bars branchés puisque c'est là que la « movida » barcelonaise a élu domicile pour quelque temps.
- *Le Bilbao :* Perril, 33. Tél. : 258-96-24. Métro : Diagonal. En sortant du métro, emprunter la Córsega, puis à gauche la carrer Menendez Pelayo. Vous tombez sur Perril (la 2ᵉ rue à droite). Fermé le dimanche. Pendant les mois d'été, téléphoner avant. Le petit resto de quartier comme on les aime. Chaleureux, populeux, plein de vie. Côte à côte, ouvriers, hommes d'affaires et branchés, tous unis pour apprécier la très bonne cuisine à la fois basque et catalane du patron. Prix très raisonnables. Il y a même un menu à 500 ptas. Beaucoup de monde, vous risquez de faire la queue. Bon, en attendant vous pourrez toujours admirer les caricatures que quelques artistes ont laissées pour payer leur repas. Goûter au *pollo ajillo* (poulet à l'ail), à l'*escaixalda de bacallà* (salade de morue avec poivrons et olives), aux *habas catalunya* (haricots au vin blanc, à la menthe et au laurier), aux *chipirongitos salteados*, aux *navjas plancha* (couteaux grillés). Humm ! on vous envie déjà.
- *Taverna Can Punyetes :* carrer de Maria Cubi, 189. Au coin de la carrer d'Amigo (estació de train : Grácia). Ouvert tous les jours jusqu'à 0 h 30. Chouette petite taverne à la décoration sobre qui n'a pas besoin d'en rajouter pour faire vrai. Plein de petits plats pas chers. Clientèle de jeunes branchés qui viennent faire le plein d'authenticité en se mêlant aux gens du quartier avant d'aller faire le tour des bars postmodernes. Très bien pour les petits creux.

● *Plus chic*

- *La Punalada :* passeig de Grácia, 104. Tél. : 218-83-44. Métro : Diagonal. Ouvert tous les jours, toute l'année. Dans le quartier résidentiel. Chic sans ostentation. Décor assez banal, genre années 50, et clientèle conformiste. D'ailleurs c'est le rendez-vous de beaucoup de vieux. Cuisine catalane réputée. Une carte très variée sur laquelle on peut aimablement surfer. Plats de viandes à prix assez raisonnables : *perdiz a la vinagreta* (perdrix), pintade à la catalane. Délicieux poissons, mais plus chers : *salmó fresc amb fonoll* (saumon frais au fenouil), *lenguado a la naranja*, angules d'aguinaga, etc.

● *Très chic*

- *Botafumeiro :* Gran de Grácia, 81. Tél. : 218-42-30 et 217-96-42. Métro : Fontana ou Diagonal. Fermé le dimanche, le lundi soir et en août. Un des meilleurs restos de poissons et crustacés de Barcelone. Très chic et assez cher, mais ambiance pas trop guindée due pour une large part aux grandes salles décorées en bois blanc, dégageant une atmosphère fraîche et agréable. Service impeccable. Menu gastronomique et *gran mariscada especial* à la plancha pour les gloutons. Pour les appétits normaux et les bourses pas trop pleines, nous conseillons la *parillada especial de mariscos y pescados* pour deux. Bon rapport qualité-prix.
- *La Troballa :* riera de St Miguel, 69. Tél. : 217-34-52. Métro : Diagonal. Plusieurs petites salles intimes se succèdent à différents niveaux, ce qui permet de conserver une atmosphère intimiste à ce resto chic et très français. Petite carte qui combine intelligemment la cuisine catalane et la nouvelle cuisine française. Goûtez, entre autres, le riz à l'encre.

SUR LA COLLINE DU TIBIDABO

- *La Venta :* plaça Dr. Andreu. Tél. : 212-64-55. Pour s'y rendre, emprunter le vénérable « Tranvia Blau » jusqu'au terminus. Réservation obligatoire. Fermé le dimanche. Service de 13 h 30 à 15 h 45 et de 21 h à 23 h 30. Pour savourer de la nouvelle cuisine sur une très agréable terrasse, en dominant la ville. Goûter à la soupe de poisson (sopa de peix), aux creps d'espinacs i pinyons (facile à traduire), etc. Si le soleil tape trop fort, le patron prête des chapeaux de paille !

Où sortir ? Où boire un verre ?

Depuis quelques années, il n'est un mystère pour personne que la capitale catalane s'éclate comme une folle. Les débordements des nuits barcelonaises touchent même les rivages de la Seine puisque Paris a eu aussi sa mode espagnole. Les branchés attendent le week-end pour filer à Barcelone, les moins riches se contentent des soirées hispanisantes des clubs de la rive droite.

Au milieu du marasme économique et du chômage qui frappe de plein fouet les 20-25 ans, on admire cette volonté de s'amuser sans trop penser au lendemain, de vivre au jour le jour en profitant au maximum de l'extraordinaire vie sociale de la ville. Après tant d'années d'obscurantisme culturel, on assiste à un éclatement total, une frénésie de musique, de vidéobars, de boîtes, de lieux de rencontres et d'échanges.

Il y en a pour tous les goûts jusqu'au bout de la nuit. Voici quelques adresses qu'on aime bien. Il y en a beaucoup d'autres, peut-être mieux : celles qu'on n'a pas pu voir, celles qui n'avaient pas encore vu le jour quand nous étions à Barcelone. Il en est ainsi de cette ville qui consomme les lieux de façon gloutonne, qui en crée d'autres encore plus vite...

Les endroits étant innombrables et les intérêts divers, nous avons séparé ceux où l'on boit uniquement (hip !) de ceux où l'on boit (re-hip !) et où l'on danse (les bouâtes quoi !), tout en gardant une distinction géographique.

● *Dans le quartier de Ribera... et plus à l'est*

— *Miramelindo* : passeig del Born, 15. (Pl. I, C2). Pas loin de *Zeleste*. Dans un superbe immeuble gothique, sur une place charmante, un café de nuit postmoderne. Ouvert jusqu'à 1 h du matin ; vendredi et samedi jusqu'à 3 h. Grande salle avec mezzanine et chaises moelleuses. Comptoir de bois où l'on sert toutes les variétés de cocktails, sorbets et gâteaux. Musique jazzy, clientèle la trentaine bien dans sa peau. A côté, le *Berimbau*, un autre bar mais bien moins branché, qui distille de la bonne musique brésilienne dans une pénombre reposante.

— *El Born* : passeig del Born, 26 (Pl. I, C2). Tél. : 349-53-33. Ouvert tous les soirs sauf le dimanche. Presque en face du précédent. Un petit bar sympathique et un peu chic qui propose de bons cocktails ainsi qu'un buffet au premier (empruntez l'escalier minuscule). Ce bar était autrefois une ancienne poissonnerie. Le comptoir, fidèle témoin de cette époque, est composé de plusieurs cuvettes en marbre de Carrare dans lesquelles on faisait dessaler la morue. Au fond, un vieux poêle réchauffe les habitués l'hiver. Que ces considérations historiques ne vous fassent pas oublier de goûter le meilleur « champagne » catalan, le *monferrant*. Sachez également que le passeig del Born était autrefois le lieu de tournois des chevaliers. « Born » désignait la limite de la ville.

— *Bar el Nus* : Mirallers, 5. Encore un petit bar de quartier comme on les aime. Pas l'endroit le plus in de la ville, c'est sûr, mais on y retrouve la bonne atmosphère populaire du quartier. Petites expos de peinture ou dessins aux murs et musique jazz ou française. L adorable patron est un fan de Piaf, Gréco (Juliette), Brassens, Aznavour... Notez le vieux comptoir à tiroirs en bois qui servait à l'ancienne épicerie.

● *Dans le quartier des Ramblas et du Barrio Chino*

— *Quatre Gats* : carrer Montsio, 3-5. (Pl. I, B2). Tél. : 302-41-40. Ruelle donnant dans av. del Portal de l'Angel, au nord de la cathédrale. Très vieil établissement de la ville. Picasso y illustrait les menus à la fin du siècle dernier. Café fréquenté surtout par les étudiants de tout poil. Jolie décoration : fresques, tableaux, grandes tables de bois, céramiques. Dans une salle à côté, vers 22 h 30, excellents concerts de jazz (le dimanche à 20 h). Expos de peinture.

— Les soirs d'été, allez prendre un verre à l'une des terrasses de la plaça del Reial. Ambiance assurée. Dans la journée, c'est également un merveilleux endroit pour faire une halte.

— *Portalon* (voir rubrique « Où manger ? »). On y vient pour manger, c'est sûr, mais c'est aussi une chouette taverne pour boire un petit verre.

— Super animation en fin de semaine autour de la plaça de Catalunya, (Pl. I, A-B1) notamment à la terrasse du bar *Zurich*, à l'extrémité nord des Ramblas. Un agréable rendez-vous de début de soirée.

Où danser ? Où écouter de la musique ?

— *Zeleste* : carrer dels Almogávers, 122 (Pl. II, D1). Situé à l'est de la ville, de l'autre côté du parc de la Ciutadella, dans un quartier d'entrepôts et d'usines. Une des boîtes les plus cotées de la ville auprès des 18-22 ans. La musique joue fort de 23 h à 6 h du matin et le week-end ça ne désemplit pas. Gratuit en semaine et p r i x modérés le vendredi et le samedi (conso comprise). Il s'agit d'un gigantesque entrepôt agrémenté d'une coursive. La décoration est sobre et moderne, la clientèle décontractée. Bons groupes de rock ou jazz de temps en temps.

Au-dessus de la coursive, on peut monter sur une terrasse pour prendre le frais. Vue un peu sordide sur les usines des alentours.
– *K.G.B.* : Alegre de Dalt, 55. Tél. : 210-59-06. Métro : Joanic ou Alfonse X. Ouvert de 22 h à 3 h, puis de 5 h à 9 h du matin. Le week-end, pas d'interruption. Non, ce n'est pas une officine soviétique de renseignements, mais le Kiosque Général de Barcelone. Un des bars branchés les plus fameux. Installé dans une ancienne usine. Uniquement de la musique tendance new-wave, punky, post-rock. Décor moderne. Grand bar. Peu de chaises, on reste plutôt debout. Expos, parfois du théâtre. Difficile parfois d'y entrer. Groupe de temps en temps. Un très chouette rendez-vous. Un peu plus haut dans la rue, un petit troquet où la clientèle du K.G.B. s'échauffe en attendant l'ouverture.
– *Studio 54* : av. Paral-lel, 64. Métro : Paral-lel (Pl. I, A-B2). La plus grande boîte de la ville. Ambiance d'enfer, multiplicité des lieux, des jeux de lumière. Clientèle branchée et jeunes gens modernes.
– *La Paloma* : carrer Tigre, 27. Tél. : 301-68-97. Petite rue donnant dans Ronda Sant Antoni. Métro : Universitat. Ouvert uniquement les jeudi, vendredi, samedi et dimanche jusqu'à 3 h. Salle gigantesque au décor rétro-fou, à mi-chemin entre l'ancien *Palace* (celui de Fabrice Émaer) et le *Balajo*. Toutes les danses du Néanderthal : tango, paso, etc. Foule trépidante, cocktail bigarré de générations, de styles, de genres, des vieux beaux émoustillés aux jeunes gens modernes, yeux brillants et gestes suaves.
– *Orféo* : carrer de Sepulveda, 185. Un nouveau club, ouvert du jeudi au dimanche seulement et qui propose des soirées « after hours ». On y vient sur le coup de 8 h du matin pour danser jusqu'à 10-11 h ! Ils sont fous ces Barcelonais. Renseignez-vous. Ce genre de lieu c'est comme le lait, ça tourne vite !

Où voir un spectacle ?

– *El Molino* : Vila y Vila, 99 (Pl. II, C3). Tél. : 241-63-83. Rue perpendiculaire au port et qui débute sur Paral-lel. Le cabaret le plus célèbre de Barcelone. Le doux charme des choses révolues. Dans un décor d'époque délicieusement suranné, un spectacle ringard au possible, à mi-chemin entre le cirque, la cave à chansonniers, les strips époustouflants, à cinq sous de Rochechouart, le tout dans une ambiance bien populo saupoudrée de vulgarité de bon aloi. Spectacle à 23 h. Le samedi à 18 h, 22 h 15 et 1 h du matin. Bien moins cher que le Moulin Rouge.

La tournée des bars branchés

On ne peut parler des nuits de Barcelone sans évoquer ses lieux de rencontres hyper chébran qui ont éclos depuis quelques années, surtout dans le quartier de Grácia, qui monte qui monte... C'est là que s'ouvrent et se referment les bars postmodernes, les pubs « néo-froids » où la musique industriello-funky bat son plein, là où les bels gens se donnent rendez-vous. Voici un petit tour du propriétaire. Attention, peut-être certains de ces bars auront déjà déménagé quand vous lirez ces lignes.
Il faut quand même qu'on vous dise que ces bars de nuit sont surtout réservés à nos lecteurs noctambules, amateurs de matériaux modernes (béton, fer, lumière, néon...), fans de nouveautés, de rencontres faciles, et de superficialité mondaine. Certains soirs c'est très drôle, d'autres on s'y ennuie à mourir ! C'est ça aussi la movida. En tout cas, vous voilà prévenus.
– *Si Si Si* : Diagonal, 442. Métro : Diagonal. Un bar musical moderne mais qui a utilisé des matériaux chauds dans sa déco intérieure ; long bar de bois, musique cool pas assourdissante, canapés au fond... Clientèle autour de la trentaine, ça change des autres endroits. A côté, un bar bien plus rock, tendance « destroy ».
– *Snooker* : carrer Roger de Lluria, 42. Encore un endroit très moderne mais sympathique. Grand bar à l'entrée et canapés rouges années 50 disposés de-ci de-là. Au fond, une grande salle, genre salle des fêtes un peu kitsch, accueille trois tables de billard américain. Très agréable. Clientèle de jeunes branchés. Ouvert jusqu'à 3 h du matin.
– *Universal* : carrer de Maria Cubi, 184. Voici un lieu de passage obligé de tous les gens qui « font » Barcelone. Designers, publicitaires, mannequins, gens de vidéo, etc. Deux étages très différents : au rez-de-chaussée, un bar traverse en diagonal la grande pièce carrée, tandis que des sièges inconfortables disposés tout autour invitent à rester debout. On se parle dans une pénombre que d'autres appelleraient obscurité. De toute façon, peu importe ce qu'on dit, on ne s'entend pas. L'ambiance communicative quoi ! Au premier, ça s'arrange : des tables

carrées sont disséminées dans une grande pièce éclairée moins timidement, mais sans violer l'intimité. Bar agréable, atmosphère très dans le coup.

Où danser branché ?

– *City Night Life* : au coin de la carrer de Bori i Fontesta et carrer de Beethoven. Entrée payante et très chère pour Barcelone. Mais quand on veut être dans le coup, on n'hésite pas. Clientèle jeune et belle. Beaucoup de mannequins et de poseurs, de vrais-faux artistes. Plusieurs bars de béton, le tout agencé avec un manque de simplicité très moderne. On dit que c'est le rendez-vous des gens d'Ibiza. Super ambiance aux petites heures du matin, à l'heure où tombent les masques de glace. Toujours plein le week-end.

- **Très chic**

– *Otto Zutz* : calle Lincoln, 12. Un des bars-discothèques les plus chicos de la ville. La boîte n'ouvre qu'à 2 h du matin. En haut, le bar et les billards permettent de s'échauffer. Piste gigantesque, lumières noires, murs tout gris, musique mi-funk, mi-industrielle, le tout distillé par une sono excellente, toujours prête à vous éclater les tympans. Un des endroits les plus postmodern pour les rencontres du samedi soir. Clientèle ultra-chic.

Achats

– *Les Puces « Els Encants »* : plaça Glories. Métro : Les Glories. Ouvertes les lundi, mercredi, vendredi et samedi toute la journée. De bonnes affaires à réaliser.
– *Marché aux timbres et pièces de monnaie* : plaça Reial, le dimanche matin.
– *Foire aux livres* : au marché Sant Antoni. A l'intersection de Ronda Sant Pau et Tamarit. Le dimanche matin. Noter la structure métallique du bâtiment.
– Les boutiques de vêtements chics prospèrent sur passeig de Grácia, rambla de Catalunya, carrer Muntaner (vers Diagonal) et sur Diagonal. Les jeunes préfèrent acheter côté droit des Ramblas, carrer Portaferrissa, sur Boqueria, etc.
– *Foire aux antiquités* : plaça Nova. Tous les jeudis. En face de la cathédrale.
– *Libre i Serra* : ronda de Sant Pere, 3. En face de Corte Ingles. Superbe boutique datant de 1880, tout en marbre et boiseries, où de respectables dames poudrées et en chapeau viennent consommer les délicieux chocolats.
– *Herboristeria del Rey* : Vidrio 1, plaça Reial. Pour faire sa provision de tilleul menthe et de verveine, là aussi dans un décor tout en bois plus que centenaire.
– *Vinçon* : passeig de Grácia, 96. Absolument tout pour la maison, du moderne au rétro, dans un cadre chic et clean.
– *Maison Figueras* : Ramblas, 83. Pâtisserie de renom possédant l'une des plus pittoresques devantures « modernistes ». Sculptures, mosaïques, cristallerie, mobilier, rien n'a changé.
– *Carrer Carmen* : petit pèlerinage rétro. Boire quelques verres de trop au bar *Muy Buenas* au nº 63 et acheter son Alka-Seltzer à la *pharmacie del Carme* au nº 84.

À voir

De nombreux bouleversements d'horaires ou restaurations sont à prévoir en raison de l'ouverture des jeux Olympiques. Se renseigner avant toute visite de musées ou monuments.

- **Le barrio Gótico** (Pl. I, D3)

Un quartier à parcourir à pied bien sûr, à la découverte de la cathédrale, des précieux monuments médiévaux, mais aussi des vestiges romains, moins évidents, complètement intégrés dans les belles pierres ocre des palais et des demeures seigneuriales. Le barrio Gótico, délimité par l'av. de la Catedral, la plaça Berenguer el Gran, la plaça de Sant Just et le carrer de Sant Honorat, présente une remarquable homogénéité architecturale.
– *La cathédrale* : ouverte de 7 h 30 à 13 h 30 et de 16 h à 19 h 30. (Plan E2). Bâtie au XIIIe siècle à l'emplacement d'une église wisigothique. C'est en fait la troisième cathédrale construite sur ce site. De récentes excavations ont dévoilé l'existence d'une basilique datant probablement de l'époque paléochrétienne. L'invasion arabe ne laissa rien de la construction, mais la cathédrale connut une nouvelle vie au XIe siècle avant d'être élevée au rang de cathédrale-basilique, au XIIIe siècle. La construction dura plus de 150 ans. Les deux tours octogonales datent du XIVe siècle. Et encore la façade n'était-elle pas réalisée. C'est pourquoi

un riche industriel (barcelonais) du XIXe siècle proposa de la faire terminer sur les plans de la période gothique. La dernière touche fut mise en 1913, avec l'installation de la lanterne et de la flèche. Bel éclairage nocturne de la façade. Attention : interdiction de pénétrer dans la cathédrale en short.

L'intérieur est un exemple parfait du gothique catalan, composé de trois nefs voûtées, sombres et élégantes, une abside et un faux transept. C'est sur les bras des transepts que s'appuient les tours octogonales. Admirez les énormes piliers, les arcs saillants, les arcs-boutants d'une évidente simplicité. Tout dans cette grandiose réalisation est d'une pureté conceptuelle rarement égalée. La cathédrale possède pour son pourtour une série de chapelles secondaires, de joyaux architecturaux dont les stalles du chœur, la chaire, les fonts baptismaux, la lanterne centrale et le Christ de Lépante ne sont que des exemples. Passons en revue ces quelques merveilles.

- A gauche en entrant, la *première chapelle latérale* : superbes fonts baptismaux en marbre de Carrare sculptés et torsadés aux arêtes hélicoïdales datant du XVe siècle.
- *Le chœur* : situé au centre de l'édifice est l'un des chefs-d'œuvre qu'abrite la cathédrale. Il fut réalisé à partir de la fin du XIVe siècle à la demande de l'évêque Ramon de Escales. La clôture latérale du chœur est en marbre blanc. Le chœur lui-même est en bois finement ciselé d'une époustouflante richesse. On le doit au père Ca Anglada qui sculpta la chaire ainsi que les 61 stalles du chœur. Dieu, quel boulot ! Les dossiers des sièges furent réalisés par un maître allemand. Noter les riches blasons qui les ornent. Ce sont ceux des chevaliers de la Toison d'Or réunis ici par l'empereur Charles Quint en présence des rois de France, du Portugal, de Hongrie, etc. Rien que du beau linge. L'arrière du chœur est d'une composition un peu lourde. On y voit notamment sainte Eulalie défendant la Foi chrétienne ainsi que saint Severe (début du XVIe siècle).
- *La crypte* : elle se trouve devant le chœur sous la nef centrale. C'est là que sainte Eulalie repose en paix depuis 1939. Cette crypte fut dessinée par Jaime Fabré. Elle constitue un réel chef-d'œuvre d'équilibre architectural. Remarquer tout d'abord l'entrée en forme d'arc. En découvrant la voûte presque plate qui coiffe le tombeau de la sainte, on reste ébahi. On a le sentiment que la lourdeur de l'ensemble a comme écrasé la voûte pourtant soutenue par 12 arcs gracieux. L'énorme clé de voûte centrale représente la Vierge et sainte Eulalie. Une merveille. Sous la clé de voûte, repose le sarcophage en albâtre de la sainte, qui date du début du XIVe siècle. De superbes hauts reliefs ornent les parois du tombeau dressé sur 8 colonnes. Au fond de la crypte, on remarque encore la sculpture primitive de la sainte, scellée dans la paroi.
- *La lanterne centrale* : pour l'admirer, placez-vous à l'entrée de la cathédrale et levez les yeux. Elle couronne la travée de la nef centrale avec une extrême légèreté. Sa forme octogonale lui confère une grande finesse. L'aiguille terminale fut achevée en 1913 alors que les premiers travaux furent engagés en 1422.
- *Les chapelles latérales* : sur la gauche à l'entrée de la cathédrale, superbes fonts baptismaux. Énorme coupe aux arêtes hélicoïdales en marbre de Carrare (XVe siècle). En suivant on découvre une série de retables et d'autels baroques du XVIIe siècle dédiés à différents saints. La septième chapelle possède une belle peinture de la fin du XVe siècle.
- *La porte de Saint-Yves* : admirable réalisation en marbre et pierre, d'influence romane (il faut sortir pour la voir).
- Derrière l'abside, d'autres *chapelles* dignes d'intérêt, de style baroque pour la plupart renfermant de beaux retables des XVe et XVIe siècles. Noter entre autres celui de la visitation dans la chapelle Saint-Michel.
- *La chapelle du Saint-Sacrement* : à droite de l'entrée principale. Cette chapelle renferme le célèbre Christ de Lépante. La tradition orale du XVIe siècle indique que ce crucifix figurait à la proue du navire-amiral de la flotte chrétienne qui mit la pilée à la flotte musulmane dans le golfe de Lépante au XVIe siècle. Beau tabernacle de bronze doré et autel réunissant plusieurs styles différents.
- La cathédrale possède également un *trésor* comprenant des coffrets de reliques, la mître de saint Ollegaire, un superbe ostensoir d'or et d'argent datant du XIVe siècle et de nombreux accessoires religieux... Pour visiter, il est nécessaire de demander une autorisation préalable.

– *Le cloître et le musée* : au niveau droit du transept, on parvient au cloître par la puerta de San Severo, de style roman-lombard. Ce cloître dégage une impressionnant sentiment de sérénité, peut-être grâce à son « fini » architectural. Il fut achevé au milieu du XVe siècle. Deux portes superbes donnant sur l'extérieur sont à signaler : celle de la Pietà (de suite à gauche en venant de la cathédrale), agrémentée d'une sculpture en bois polychrome et celle de Santa Eulalia du plus pur style gothique flamboyant (qui donne sur la carrer del Bisbe). Tout autour du cloître, des arcades agréables accueillent plusieurs chapelles ornées de retables intéressants. Au centre, un adorable petit jardin planté de palmiers et de magnolias. C'est ici que chaque années a lieu la fête du « corpus Christi » pendant laquelle une manifestation originale se déroule, celle dite de « l'œuf qui danse ». On place au sommet d'un jet d'eau une coquille d'œuf qui reste en équilibre. Au bout du cloître, une autre chapelle intéressante : celle de Santa Lucia. C'est la seule partie romane du XIIIe siècle, conservée de la cathédrale. De la rue on peut admirer son beau portail. A l'intérieur, sarcophage sculpté dans la paroi.

Le musée et la salle capitulaire se trouvent à côté. Ouvert de 11 h à 13 h. On peut y admirer une belle série de tableaux, notamment la « Pieta » de Bartolomé Bermejo, datant de la fin du XVe siècle, ainsi qu'une belle Vierge à l'enfant. Et puis aussi le beau retable de saint Bernardin et l'ange gardien de Jaime Huguet (XVe siècle).

● *Autour de la cathédrale* (Pl. I, D3)

Si vous visitez la cathédrale un dimanche matin, n'oubliez pas d'assister aux sardanes qui sont jouées et dansées sur le parvis. Un orchestre vient spécialement et les habitants laissent tomber leurs paniers de courses et le bébé du landeau pour participer à cette joyeuse fête populaire.

Face à la cathédrale, on découvre plusieurs bâtiments civils intéressants. C'est sur la place Neuve que se tenait, au XIIIe siècle, un grand marché où les esclaves étaient vendus. Au débouché de la carrer Bisbe Irurita, deux grosses tours rondes, vestiges de l'ancienne muraille romaine. Toute la défense de la ville reposait sur cette enceinte. De part et d'autre de la muraille, le palais épiscopal (à droite) et la maison de l'archidiacre (à gauche). Le palais épiscopal conserve, de la construction primitive romane, une spacieuse cour intérieure à arcades. La maison de l'archidiacre est une intéressante construction du XIe siècle, plusieurs fois remaniée, et qui mélange allégrement les styles gothique et Renaissance. Très jolie cour intérieure en forme de cloître avec fontaine et palmiers.

Sur la droite, en empruntant la carrer del Bisbe, on parvient à la plaça Sant Felip Neri, adorable petite place dont on apprécie la fraîcheur. Petite fontaine devant l'église dédiée au saint.

— A gauche de la cathédrale, la *Canonja* ou maison Pía Almoina, ancienne maison de charité du XIe siècle qui donnait à manger à cent pauvres par jour. Le mur extérieur s'appuie également sur la muraille romaine. En suivant le carrer Tapineria, l'ancienne rue des Cordonniers (*tapins* : chaussures), on arrive à la plaça Berenguer el Gran. Ensemble pittoresque de constructions gothiques assises sur les murailles romaines. On peut y voir la statue équestre du comte-Roi Ramón Berenguer III. Derrière, un flanc de la chapelle Santa Agueda (chapelle palatine du XIVe siècle). Elle repose en partie sur les vestiges d'une muraille romaine. Sur la gauche s'élève, majestueuse, la tour de guet du roi Martin. A l'intérieur de la chapelle, au-dessus du maître-autel, une œuvre maîtresse de la peinture catalane : le retable de l'adoration des mages et la crucifixion, réalisés par Jaime Huguet.

— *La plaça del Rei* : carrer de Comtes. Une des plus belles places intérieures de Barcelone, dominée par le mirador del Mar, véritable gratte-ciel du XVIe siècle, à cinq étages et à arcades. On y trouve également la *chapelle Santa Agueda* (voir plus haut) et la *maison Padellás*, superbe demeure de style gothique catalan qui abrite le Musée historique. N'oubliez pas non plus le salon du Tinell, avec ses immenses arcs en plein cintre, que l'on rejoint en empruntant un large escalier. Le salon est l'ancienne salle de banquet du Palais royal. Belles fresques romanes.

— *Le Musée historique de la ville et la galerie des fouilles* : situés sur la plaça del Rei. Ouverts de 9 h à 20 h du mardi au samedi. Dimanche de 9 h à 13 h 30 et lundi de 15 h à 20 h. A droite de l'entrée, un escalier descend à la galerie des fouilles. La mise à jour a ingénieusement conservé l'esprit du site en aménageant des allées qui permettent de déambuler au milieu des excavations. On peut y lire plusieurs niveaux d'habitations, de l'antique ville romaine au bas Moyen Age. Notez des thermes romains et l'ensemble de sculptures récupérées de l'ancienne muraille.

A gauche de l'entrée, on accède au musée de la ville. Intéressantes cartes d'Espagne et de Barcelone du XIXe siècle qui nous informent sur l'extension de la ville à cette époque. Documents iconographiques.

— En ressortant vers la cathédrale, on longe le *palais Renaissance* des vice-rois de Catalogne qui renferme les archives de la couronne d'Aragon.
— *Musée Federic Marés* : carrer del Comtes (rue qui longe la cathédrale sur la gauche). Pour y accéder on traverse un joli patio. Le musée comporte deux parties, le musée d'Art religieux et le Musée sentimental :
● *Le musée d'Art religieux* (situé pour la moitié au rez-de-chaussée et au 1er étage), dans le patio, renferme une impressionnante collection de sculptures médiévales : sculptures antiques, ibériques, grecques et puniques. Exceptionnelle série de Christ de différentes époques et belles pièces de bois polychromées du XIIe siècle italien (dans la salle 6, beau Christ du XIIIe siècle). Splendides crucifix des XIVe et XVe siècles. Dans la crypte, dans le patio, expose des travaux de sculptures sur pierre du Xe au XIIe siècle. : pierres tombales, colonnes, chapiteaux... Le premier étage abrite des sculptures et des peintures datant du XVe au XIXe siècle, dédiées à la Vierge et à la Sainte Famille. Beaux reliefs en marbre blanc figurant l'Annonciation, la Visitation des bergers et la Présentation au temple (salle 26).
En montant au deuxième étage, on accède au *Musée sentimental*. Ce musée original regroupe une impressionnante série d'objets usuels de tous les jours utilisés du XVIIe au XIXe siècle à travers le monde. Ne le manquez pas. Ce rassemblement d'objets merveilleux de tous pays et en telle quantité est rare. Les amateurs d'antiquités vont s'en mettre plein les yeux : en vrac, vous verrez des pipes richement sculptées du XIXe siècle, des boîtes à tabac, des balances, des jumelles, des cannes, des bénitiers, des pendules... On reprend notre souffle... éventails, coiffes, ombrelles, parures, objets d'art populaire...
— *Carrer del Bisbe Irurita* : cette rue cristallise tout le charme et le pittoresque du quartier. En chemin, on croise *la maison des Chanoines*, bel édifice Renaissance relié au *palais de la Generalitat* par un pont gothique datant du... XXe siècle (assez réussi, il faut le dire).
— Au 10, carrer Paradis (ruelle donnant sur la plaça Sant Jaume), on trouve le Centre d'excursions de Catalogne. Entrez pour dénicher les quatre grosses colonnes romaines, vestiges de l'ancien temple d'Auguste. Enfin, apparaît la plaça de Sant Jaume, ancien forum romain, encadré par le palais de la Generalitat et l'hôtel de ville.
— *Le palais de la Generalitat* : siège de l'assemblée provinciale de Catalogne. Visite seulement le dimanche de 10 h à 13 h, enfin, théoriquement. Il présente deux façades très différentes. Côté Bisbe Irurita, de style gothique avec de nombreuses gargouilles, côté plaça de Sant Jaume, de style classique gréco-romain d'une grande sobriété. A l'intérieur, admirer le superbe escalier gothique, entièrement sculpté, et sa galerie supérieure ornée d'élégantes et fines arcades. Remarquer également, la façade de la *chapelle Saint-Georges*, d'un très pur gothique flamboyant. Plus haut, on trouve le curieux patio dels Taronters (cour des orangers), l'un des coins les plus tranquilles de Barcelone. Bel exemple de transition du gothique à la Renaissance. On accède ensuite au salon del Consistorio Mayor, aux beaux murs décorés. Plafonds à caissons peints.
— *L'hôtel de ville* : plaça Sant Jaume. Ne se visite plus depuis quelque temps. Allez savoir pourquoi ! Sa vraie façade n'est pas celle plantée sur la place, d'un style néo-classique du XIXe s. assez lourd, mais celle dans la carrer de la Ciùtat, à gauche. Splendide façade en gothique catalan. A l'intérieur, le *Salon des Cent*, grande salle voûtée qui abrita en 1373 le premier gouvernement de la ville. Splendide plafond à caissons peints. Noble simplicité de la décoration. Le *Salon de las Crònicas*, décoré de fresques évoquant les expéditions lointaines menées par les Catalans.
— *L'église Sant Justo y Pastor* : non loin de l'hôtel de ville, carrer Hercules. Ce serait la plus ancienne de la ville. Elle fut longtemps la paroisse des rois. Notez la curieuse façade : la tour de gauche, prévue sur les plans, ne fut jamais édifiée. A l'intérieur, la chapelle Saint-Félix possède un beau retable du XVIe siècle. Une curiosité unique en Espagne, elle possède un droit médiéval (encore utilisé de nos jours) de privilège testimonial. Si une personne a fait verbalement son testament devant deux témoins, il leur suffit de prêter serment devant l'autel de cette chapelle pour que leur témoignage prenne valeur de testament authentifié et légal !

● *Le quartier des Ramblas (Pl. I, B2-3) et le barrio Chino (Pl. I, C2)*

— *Les Ramblas* l'avenue la plus connue de Barcelone. Tout à la fois Saint-Michel et les Grands Boulevards. Incroyablement animé de jour comme de nuit. Ancien lit de rivière, la vie s'y écoule impétueusement. Avec ses arbres touffus de loin, la Rambla marque une verte cassure et rappelle que la ville médiévale s'arrêtait là. Tout à la fois agora, marché, dernier salon où l'on cause, gigantesque cinéma où les gens viennent se voir, les Ramblas cristallisent toutes les contradictions de la ville : bonheur de vivre et tensions, visages rieurs et faces inquiétantes, farniente aux terrasses de café et trafic infernal. Oiseaux et fleurs en rajoutent dans le bruit et la couleur. Cependant, comparé au raz de marée de voitures de la place de Catalunya, la Rambla fait presque figure d'oasis. Sur la plaça Porta de la Pau, le trafic automobile ne trouble plus Christophe Colomb, trônant à 60 m de hauteur et indiquant de façon vigoureuse la route des Indes (possibilité de monter en ascenseur jusqu'en haut de la colonne).

Et puis, de part et d'autre, des quartiers qui vous aspirent immédiatement dans leur atmosphère moite, étouffante l'été...

– D'abord la *vieille ville* précédant le barrio Gótico, réseau inextricable de ruelles poisseuses où les gargotes se battent pour savoir qui produira l'odeur de graillon la plus forte. Les cafés s'efforcent de posséder la clientèle la plus remuante ou le juke-box le plus gueulard. Refuge des margeos, punkies de tout poil, on y parle aussi toutes les langues de la Méditerranée. Axe de ce Tanger bis, la *carrer de Escudellers* (Pl. I, B3) devient folle le soir venu. Point de rencontre de noctambules solitaires, de groupes de jeunes en goguette, de quelques clodos et... de patrouilles de police qui cherchent à « nettoyer » le quartier en vue des J.O. Peut-être aurez-vous la chance de vous y balader à la recherche de nouvelles couleurs, de sons inédits avant que le quartier ne perde son âme. La meilleure heure est, selon nous, entre 20 h et 22 h, lorsque les honnêtes commerçants baissent leur rideau de fer pour laisser la rue aux clients des bars que la morale réprouve. Perdu au milieu de cette ambiance, le célèbre restaurant *Caracoles* (voir « Où manger ? »).

– *La plaça Reial :* l'oasis du quartier. Plantée au milieu de rues grouillantes étroites (et dépravées), cette grande place accueille le soleil toute la journée. Ses bancs deviennent un agréable rendez-vous pour un petit somme après le déjeuner. De sévères palais de style napoléonien s'élèvent sur de belles arcades classiques. Au centre, quelques palmiers un peu déplumés ajoutent une note exotique à l'ensemble. Les réverbères furent dessinés par Gaudi (une de ses premières œuvres). Tout autour, des centaines de chaises en aluminium scintillent au soleil et invitent à s'asseoir. Le dimanche matin, grosse animation grâce au marché aux timbres et à la monnaie qui s'abrite sous les arcades.

– *Le barrio Chino* : c'était le quartier chaud bourré de prostituées felliniennes, de petites gouapes et de marins en goguette. Immortalisé par les romans de Carco et de Mac Orlan. Une anecdote : les toréros pauvres venant aux corridas de Barcelone descendaient toujours au même hôtel dans le barrio Chino : le *Comercio*. Même lorsque le quartier et l'hôtel commencèrent à se dégrader, ils continuèrent à y descendre par superstition. En effet, une petite chapelle y était installée afin qu'ils s'y recueillent avant l'affrontement. C'est ainsi que des toreros devenus célèbres et millionnaires s'obstinaient néanmoins dans les années 60 à vouloir dormir au *Comercio*, tombé au rang d'hôtel de passe sordide. Il a fallu qu'il soit un jour démoli pour que les toréros consentent à descendre au *Ritz*. Aujourd'hui, ce quartier nourrit toujours un peu les fantasmes des voyageurs atterrissant sur la planète Barcelone. Attention, vous risquez de n'y trouver que son souvenir. Normal, les moyens de transports évoluant, les matelots ne sont plus sociologiquement majoritaires dans le coin.

Il reste néanmoins des bouts de rues qui rappellent cette fiévreuse époque : le carrer Sant Ramon continue d'aligner de vieilles boutiques, des bouges crasseux, des bars à prostituées avec tantôt des couleurs criardes et néons assassins, tantôt une pénombre moite, rougeoyante, propre à cacher les névroses les plus sublimes. Noter la *pharmacie pittoresque* à l'angle de Sant Ramon et Sant Pau. Maintenant le quartier évolue, il se rénove et se branche tout doucement : restos chics, cafés-concerts se mettent à pousser. Cependant, se balader la nuit dans le coin des carrer Sant Oleguer Rierata, Aurora, Vistalegre procure encore son pesant d'émotions urbaines. Plus haut, la carrer del Hospital possède de nombreuses pensions pas chères.

– Au bout de la carrer Sant Pau, près de l'Avinguda del Paral-lel, l'*église Sant Pau del Camp* (Pl. I, B3), un peu anachronique au milieu de la rénovation. Son nom provient des champs qui séparaient la ville ancienne de la colline de Mont Juich. Elle date du XIIe siècle. Le presbytère et la salle du chapitre furent édifiés un siècle plus tard. Charmant cloître à l'intérieur, agrémenté d'arcades originales polylobées.

Au 3, Nou de la Rambla, remarquez les lignes singulières du *palais Güell*, seule œuvre de Gaudi en dehors du quartier de l'Eixample. Il abrite aujourd'hui le musée du théâtre.

158 / LA COSTA BRAVA ET LA CATALOGNE

— De jour, traverser l'*ancien hôpital de la Santa Creu* (entrée au 47 carrer del Carme ou par la carrer Hospital). Hâvre de paix très agréable où ne parviennent plus les rumeurs de la ville. Aujourd'hui transformé en jardin où l'on peut à loisir détailler l'architecture des vieux bâtiments du XVe au XVIIe s., devenus pour certains salles de la bibliothèque de Catalogne. Dans la petite salle, très jolies voûtes gothiques. Dans la grande, patio à galerie avec superbes azulejos à l'entrée.

— Ensuite, dans le coin, ne pas manquer l'animation du *mercado de la Boqueria*, appelé aussi San José (entrée au n° 89 des Ramblas). Noter la structure très Art Nouveau de l'entrée tout de fer et de verre. Fermé le dimanche.

— Au n° 83 des Ramblas, l'*Antiga Casa Figuera*, ancienne épicerie à la superbe façade de mosaïques et de sculptures, est aujourd'hui une pâtisserie de renom.

— *El Gran Teatre del Liceu* (théâtre du lycée) : sur les Ramblas, à la hauteur de la carrer Sant Pau, un peu plus bas que la station de métro Liceu. L'une des plus grandes salles d'opéra d'Europe (4 000 places) avec une somptueuse décoration intérieure. Temple de la grande dame catalane de l'opéra, Montserrat Caballe. Visite lundi et vendredi de 11 h 30 à 12 h 15. Tél. pour informations sur les spectacles : 318-92-77. En général à 21 h.

— *Le quartier Saint-Antoine :* pour les marcheurs urbains, autour de la ronda de Sant Antoni, s'étend un quartier populaire assez animé possédant vie et charme propres. Noter la pittoresque architecture du mercat de Sant Antoni (angle Tamarit et ronda de Sant Pau). Marché aux livres le dimanche matin.

— *Les Reales Atarazanas* (musée maritime) : plaça del Portal de la Pau. Tél. : 318-32-45. Ouvert de 10 h à 14 h et de 16 h à 19 h. Fermé le lundi et l'après-midi les dimanches et jours de fête. Au pied de la statue de Colomb, ce sont les anciens chantiers navals de Barcelone qui ont réussi à traverser le temps depuis le XIVe s. sans dommages (et les seuls en Europe). Impressionnante architecture. Ils abritent le *Musée maritime*, l'un des plus intéressants qu'on connaisse et dans un cadre évidemment unique. Abondants souvenirs de la mer, maquettes, documents, cartes marines, etc. Une pièce : le « Libro del Consulado del mar », le plus ancien traité des lois de droit maritime. Reproduction grandeur nature de la galère royale à la bataille de Lepante. En prime avec le ticket d'entrée, vous avez droit dans le port (Dàrsena National) à la visite de la « Santa Maria », réplique de la caravelle qui transporta, en 1492, Christophe Colomb en Amérique.

— *Le Paral-lel :* l'une des plus importantes avenues de la ville. Longé sur la droite à partir du port par un morceau des dernières murailles de la ville du XIVe s. Vers le n° 60, on trouve le *Montmartre barcelonais* avec les boîtes de nuit classiques, strips, shows divers. Même s'il a beaucoup perdu de son lustre, le quartier reste animé et beaucoup de lampions sont encore allumés. On y trouve le *Studio 54*, une des meilleures boîtes à l'heure actuelle.

● **Le quartier de la Ribera** (Pl. I, C2)

C'est tout le quartier à droite de la via Laietana (le dos au port, plan F2). En gros, délimité au nord par le mercat Santa Catalina et à l'est par la plaça Comercial. Vieux quartier populaire, séparé du barrio Gótico par la percée *hausmannienne* de la via Laietana, ce qui l'a miraculeusement préservé du tourisme de masse.

Même lacis de ruelles médiévales, mêmes maisons hyper patinées, mêmes passages mille fois usés et voûtés, avec des détours, des coudes, rebonds. La Ribera, c'est la Barcelone des petits métiers et des artisans dont vous croiserez les chaleureuses boutiques. Le soir, dans le halo des réverbères, le quartier prend des teintes étranges, un aspect expressionniste. Population souriante et sympathique aussi, étalant parfois ses coups de gueule, ses scènes de ménage dans la rue. La vie quoi ! On trouve de tout à la Ribera : des petits restos comme dans le temps, des z'autres branchés, des boîtes d'avant-garde, des galeries d'art, de superbes musées...

C'est aussi dans ce quartier que les Catalans ont résisté le plus longtemps à Philippe V. Agustina d'Arago y naquit. Elle fut la première à faire face aux troupes napoléoniennes.

— *Musée Picasso :* carrer Montcada, 15. Tél. : 319-63-10. Ouvert de 10 h à 19 h. Fermé le dimanche. Gratuit.

Ce musée, consacré aux débuts d'un certain Pablo Ruiz Picasso et à ses deux périodes à Barcelone (1895-1897 et 1901-1904), est installé dans un superbe palais.

« L'art est un mensonge qui nous permet de nous approcher de la vérité », disait Picasso. Ce qui est vrai, c'est qu'il est né le 25 octobre 1881 et que tout petit déjà, il connut un destin extraordinaire : à sa naissance, on le crut mort-né. La sage-femme commençait même à se rhabiller, quand son oncle souffla dans le nez du bébé une bouffée de son infâme cigare, ce qui le fit tousser et pleurer ! Le père de Picasso, professeur de dessin et peintre lui-même, lui avait évidemment appris à dessiner. Une anecdote : durant le séjour de la famille en Galice, peu avant Barcelone, constatant que l'adolescent Picasso peignait déjà mieux que lui, son père lui offrit son chevalet, ses couleurs, ses pinceaux et sa palette... et ne toucha plus jamais à la peinture. A 14 ans, Picasso, génie précoce, entrait aux Beaux-Arts. Deux ans plus tard, il peignait son premier chef-d'œuvre « Science et Charité »...

Les œuvres sont merveilleusement mises en valeur et disposent bien sûr d'un cadre idéal. On y trouve notamment la « corrida », son premier dessin à 9 ans, des croquis, esquisses, sanguines, lavis, carnets de voyage. Où l'on s'aperçoit que Picasso savait rudement bien dessiner. Une surprenante « Première Communion », d'un classicisme à la limite du style pompier, « Science et Charité » d'un grand réalisme, des menus exécutés pour des restaurants, des chefs-d'œuvre de la période bleue, le célèbre portrait de « Jaime Sabartes » déguisé en grand d'Espagne, des eaux-fortes et puis surtout les extraordinaires variations sur les « Menines » de Velazquez. Sans oublier également sa très riche production de céramiques.

– *Musée du Textile et du Vêtement* : carrer Montcada, 12. Tél. : 310-45-16. Ouvert tous les jours de 9 h à 14 h et de 16 h 30 à 19 h. Dimanche et jours fériés, fermé l'après-midi. Fermé également le lundi. Gratuit. Toute la mode du XVIe s. au XXe s. Situé dans un fort beau palais. Les collections sont dignes d'intérêt mais on regrette la tristesse de la présentation et le mauvais éclairage. Au rez-de-chaussée, une belle série de foulards décorés de motifs géographiques, historiques et militaires (d'ailleurs certains ont dû faire la guerre). Le premier étage propose des costumes du XVIIe s. et du XVIIIe s. Belles robes brodées. Ensuite des robes du Directoire. Petite galerie de poupées joliment vêtues dans la galerie de gauche située dans l'entrée où l'on prend des billets.

– Et puis toute la *rue Montcada* propose de merveilleuses demeures seigneuriales, puisqu'elle fut, du XIIIe au XVIIIe s., l'une des plus huppées de la ville. Ainsi, au n° 20, le *palais Dalmases* proposant un splendide escalier d'honneur sculpté de style baroque. Au n° 25, la *maison de Cervelló* avec sa façade gothique (elle abrite la fondation Maeght). Un peu plus loin, les *Comtes de Santa Colona* avec une magnifique cour à galerie ogivale du XVe siècle, etc.
A pied, ensuite, vous ferez de délicieuses découvertes architecturales, noterez mille petits détails amusants, pittoresques. Comme cette carrer de les Mosques d'à peine un mètre de large, la rue la plus étroite de Barcelone. Puis, la carrer de l'Arc dels Tamborets, toute en voûtes et mystérieuse, celle des Ases, meurtrière pour les hauts talons, le séduisant passeig del Born et ses bars de nuit. Sur ce passeig se déroulaient les tournois de chevaliers au Moyen Age. Au n° 17, une superbe demeure du XIVe s.

– *La basilique Santa María del Mar* : plaça de Santa María, récemment fermée pour rénovation. On l'atteint en poursuivant la carrer Montcada. Un des plus beaux exemples du style gothique catalan. Porche magnifique qu'encadrent de gracieuses tours octogonales dont les parties hautes sont ciselées comme de la dentelle. Admirable rosace gothique flamboyant. Elle est bâtie sur une ancienne église paroissiale du Xe siècle. La pureté de l'architecture étonne. Lignes hyper simplifiées, les surfaces planes de la façade donnent de la grandeur à l'édifice, de la sérénité. A l'intérieur, même unité de style, même sentiment d'absolu. Seules quelques colonnes très espacées sont là pour soutenir l'immense voûte. Notez les beaux vitraux du « Jugement Dernier » et ceux du couronnement de la Vierge dans la rosace. En face de la basilique, une fontaine du XVIe s. Une de nos églises préférées, foi de routard.

– *Le palais de la musique* : carrer Sant Pere Més Alt. Ne pas rater ce chef-d'œuvre du « modernismo ». Passé l'av. Catedral, c'est dans une petite rue à droite, en remontant la via Laietana. Bâti en 1908 par Lluis Domenech y Montaner. Résumé fou, démesurément baroque des délires architecturaux du début de ce siècle. Briques, céramiques polychromées, fer forgé tarabiscoté et verres aux douces couleurs... absolument surréaliste.
A l'intérieur, bel escalier décoré avec verre et marbre. Au plafond, belles décorations végétales composées de roses roses et blanches. De chaque côté de la scène, deux piliers : celui de gauche représente Anselmo Clare, grand composi-

teur catalan avec au-dessus une allégorie de son œuvre « las Flors de Maio » (les Fleurs de mai). A droite, on reconnaît l'ami Ludwig et, au-dessus de lui, « la Chevauchée des Walkyries » de Wagner. Autour de la scène, sculptures de muses représentant la musique de différents pays. Pour les spectacles (en général à 21 h), appelez le 317-99-28. Même notre Aznavour national a chanté ici.

● *Le parc de la Ciudadela*

Un des plus grands parcs de la ville, créé à l'occasion de l'Exposition universelle de 1888. (Plan F1). Situé à l'est de Ribera. Métro : Arco de Trionfo et Ciudadela. Ouvert de 8 h à 21 h.
Plusieurs bâtiments d'exposition ont été transformés en musées. On y trouve le musée d'Art moderne, un arc de triomphe, une belle cascade monumentale conçue entre autres par Gaudi (alors jeune étudiant), le musée zoologique et un petit lac pour faire du canotage. Le parc est orné de belles allées plantées de palmiers, de bosquets soigneusement taillés, d'espaces verts et de parterres fleuris, le tout agencé d'une manière très conformiste. L'objet initial de la citadelle était pour Philippe V de punir les Barcelonais de s'être rangés aux côtés de ses ennemis, au début du XVIIIe siècle. Elle fut détruite au milieu du XIXe siècle. Le parc, lui, fut transformé pour l'Exposition universelle de 1888.
– *Le musée d'Art moderne :* place d'Armes. Métro : Ciudadela. Au centre du parc. Installé dans un édifice néoclassique du XVIIIe siècle. Tél. : 319-57-28. Ouvert de 9 h à 19 h 30, le dimanche de 9 h à 14 h et le lundi de 15 h à 19 h 30. Grand musée un peu triste et assez peu fréquenté. Ce musée présente la peinture et, dans une moindre mesure, la sculpture catalane des XIXe et XXe siècles (Llimona, Blay). On y voit d'intéressantes œuvres de Mariano Fortuny, Ramon Marti, R. Casas, Rusiñol... une salle présente de beaux éléments de mobiliers modernistes. Une autre salle est consacrée à Isidro Nonell. La peinture contemporaine est notamment représentée par Miró. Dans le patio central, un ensemble architectural moderne composé de bois et matériaux divers.
– *Musée zoologia :* dans le parc, au coin du passeig de Picasso et du passeig de Pujades. Tél. : 319-69-50. Le musée est situé dans une construction originale d'inspiration médiévale, agrémentée de quelques azulejos sur les créneaux. Il intéressera surtout les spécialistes d'histoire naturelle. En rénovation récemment.

● *La Barceloneta* (Pl. II, D2)

– Au sud du parc, un quartier construit au XVIIIe siècle par le génie militaire, ce qui explique le plan rigoureux des rues et l'uniformité des immeubles. Longtemps habité exclusivement par les marins et les pêcheurs. Depuis quelques dizaines d'années, d'autres gens sont venus s'y installer, mais le quartier n'a pas perdu son caractère populaire. On y trouve toujours les bons vieux petits bistrots et les magasins d'articles pour la pêche.
Après avoir parcouru le passeig National, se diriger vers le *muelle des pescadores* (le marché de poisson en gros). Peut-être pourrez-vous assister aux opérations.
Le carrer Almirante Aixada mène ensuite à la *plage de la Barceloneta* où s'étirent de nombreux restos de fruits de mer, avec des terrasses sur le sable.
Au retour, possibilité de regagner la Porta de la Pau en *golondrina* (bateaux-mouches) ou la colline de Montjuich en téléphérique (de 11 h 30 à 21 h 30).

● *La « Montagne » de Montjuich* (Pl. II, B-C3)

Le nom de cette montagne proviendrait de la communauté juive qui y aurait habité à la fin du XIVe siècle. Plus tard, elle servit de citadelle avant que l'exposition de 1929 ne lui donne son aspect actuel. De nombreux édifices furent construits, ou transformés, en merveilleux musées. On y trouve le *musée d'Art de Catalogne*, le *musée archéologique*, un *village espagnol* reconstitué, la Fondation Miró ainsi qu'un grand *parc d'attractions* et de beaux *jardins* dessinés par un paysagiste français. Pratiquement toutes les essences d'Espagne y sont plantées. On y trouve suffisamment d'activités pour meubler une journée entière ! Et puis la vue sur la ville est vraiment prodigieuse.

– *Comment se rendre à Montjuich*

- Par la route : le long du port, suivre le passeig de Colón, puis la route qui grimpe à travers les jardins Costa i Llobera (plantés de cactus) jusqu'au Mirador del Alcade (point de vue époustouflant). Vous noterez là-haut les pavements artistiques des allées de promenade.

- Un funiculaire part du métro Paral-lel (ligne 3) jusqu'au parc d'attractions. Très pratique pour se rendre à la fondation Miró. Ouvert de 9 h 30 à 21 h 30. Un téléphérique relie ensuite le parc d'attractions au château de Montjuich (aujourd'hui musée militaire). Mêmes horaires.
- Un autre « téléphérique » relie le Miramar (en traversant le port) à la tour Jaime I et à la tour San Sebastián (à la Barceloneta).
- En bus : depuis la plaça d'Espanya, prendre à pied l'Avinguda del Paral-lel, l'arrêt de bus (n°s 61 ou 101) se trouve au coin de la carrer de Lleida (à 5 mn à pied). Ces bus circulent sur toute la montagne, régulièrement.

– A voir à Montjuich

- *Le musée d'Art de Catalogne :* bus 61 et 201 depuis la place d'Espagne ou à pied à travers le parc des Expositions (plan C4). Tél. : 23-19-24. Ouvert de 9 h à 14 h sauf le lundi. Les horaires peuvent avoir changé, récemment le musée subissait des transformations. Entrée payante. Pesons nos mots : le plus beau musée d'art roman du monde et l'un des tout premiers pour le gothique. Installé dans le Palais national. Visite quasi obligatoire.
Nombreuses fresques romanes d'églises en ruine déposées au musée. Présentation claire et intelligente dans un cadre à chaque fois approprié. Chaque peinture accompagnée de la photo de l'église, de son plan et de la localisation dans le pays.
Noter particulièrement le « Pantocrator » (Christ en majesté) provenant de l'église Saint-Clément-de-Taüll. Fantastique statuaire en bois : christs, Vierges polychromes, devants d'autels. Collection de bénitiers en céramique, chemins de croix, etc. De la salle n° 20, escalier pour le musée de Céramique (que beaucoup de gens oublient).
Dans la section gothique, les œuvres merveilleuses de Jaume Huguet, le plus célèbre peintre catalan (XIVe s.), le retable « Els Consellers » de Lluís Dalmau.
Tout est présenté de façon extrêmement didactique. Explication de la réalisation des retables : par thème, les gens, les tendances artistiques (par école, par époque), les éléments sociologiques, etc.
Nombreux chefs-d'œuvre des écoles étrangères. Un tableau d'un réalisme saisissant : « La Décolation de San Cucufate ». Pour finir, quelques toiles majeures du XVIe au XVIIIe siècle, notamment « San Pedro y San Pablo » du Greco, Velázquez, Ribalta, Zurbarán, le « Martyre de San Bartolomé » de Ribera, etc.
De la terrasse du musée, point de vue sur les bâtiments de l'Exposition universelle et les fontaines lumineuses (plus de 50 combinaisons de jets d'eau). Fonctionnent samedi et dimanche de 21 h à 24 h.
- *La Fondation Miró :* passeig Miramar. Bus 61 ou 101. Ils passent devant. Tél. : 329-19-08. Ouverte tous les jours de 11 h à 19 h, le jeudi jusqu'à 21 h 30. Les dimanche et fêtes de 10 h 30 à 14 h 30. Entrée payante.
Dans cette blanche et lumineuse architecture moderne, au milieu de beaux jardins, nombreuses œuvres du peintre. Entre autres, on y voit la série de trois tableaux « l'Espoir du condamné à mort », quelques sculptures intéressantes, une série de dessins d'inspiration enfantine, pleins d'humour, destinés à illustrer l'œuvre d'Alfred Jarry « Ubu roi ». Et puis des costumes de théâtre totalement délirants. Les œuvres réalisées entre 1915 et 1930 sont particulièrement fortes. Au 2e étage, toiles de réaction contre la guerre civile. On y trouve aussi une collection permanente d'art contemporain (Tanguy, Léger, Ernst...), et une intéressante série de dessins préparatoires et cahiers d'études. N'oubliez pas de faire un petit tour sur la terrasse. Composition pleines d'humour comme la « Caresse d'un oiseau » ou « Jeune Fille s'évadant ».
- *Le « Pueblo Español » :* héritage de l'expo internationale de 1929 (plan C4). Ouvert tous les jours de 9 h à 20 h (19 h l'hiver). Entrée assez chère. Vient d'être complètement rénové. Reproduction fidèle des architectures d'Espagne, des plazas mayores castillanes aux ruelles des villages andalous, en passant par les palais, églises, etc. La porte d'entrée est une reproduction de celle des remparts d'Avila. Les maisons, qui s'ordonnent autour d'une agréable place centrale, abritent de nombreux artisans travaillant sous les yeux des visiteurs. Possibilité d'acheter leur production.
Maison du livre et des techniques graphiques. Manifestations folkloriques. Musée des Arts et Traditions populaires. Et puis des restos, une discothèque, un cinéma, un théâtre... hyper touristique l'été.
- Sur la plaça d'Espanya, on peut voir les arènes de Barcelone habillées de briques et d'azulejos. Construites en 1916, on y abat plus de 200 taureaux chaque année.

162 / LA COSTA BRAVA ET LA CATALOGNE

● *L'Eixample (ou l'Ensanche)* (Pl. II, AB-C1)

Quartier créé au XIXe siècle au nord de la vieille ville avec rues et avenues tirées au cordeau. Quatre d'entre elles vertèbrent l'ensemble :
D'abord la Gran Via de les Corts Catalanes : grande saignée parallèle à la mer, la plus longue voie de la ville. Ensuite le passeig de Gràcia : le principal axe vertical. Lieu de promenade favori des bourgeois au début du XXe siècle. Bordé d'immeubles cossus, banques, ambassades, sièges sociaux. Noter ses pittoresques bancs-réverbères de pierre et fer. Parallèle au passeig de Gràcia, la Rambla de Catalunya et ses restos chics, ses terrasses dans l'ombre des allées de tilleuls. Enfin, rompant de façon provocatrice l'ordonnancement régulier de l'Eixample, la Diagonal, comme son nom l'indique, fend le quartier en alignant nombre de bâtiments modernistes, boutiques élégantes, couturiers, boîtes, cafés mode...
Voici, suivant un itinéraire possible à pied, les principaux points d'intérêt de l'Eixample, les plus marquants étant bien sûr les œuvres de Gaudí et de ses confrères.

● *Le modernisme*

Le mouvement moderniste naquit à Barcelone à la fin du XIXe siècle, un peu avant « l'Art Nouveau » en France et le « Modern Style » en Angleterre. Si les œuvres de Guimard à Paris (stations de métro, immeubles du 16e arrondissement) sont importantes, elles n'occupent pas une place comme celles de Gaudí et de ses confrères à Barcelone. Le style de Guimard reste même sage et pondéré comparé à certains délires architecturaux de Gaudí (la cathédrale entre autres).
Gaudí (né en 1852, mort en 1926) étudia l'architecture et la philosophie, ce qui explique cette fusion de la technique et du spirituel. Il dépassa rapidement le rationalisme d'un Viollet-le-Duc, pour se lancer dans une œuvre de visionnaire qui inquiéta quelque peu ses contemporains. Il puisa dans toutes les sources offrant l'occasion d'enrichir son inspiration : architecture du passé, procédés techniques et utilisation des matériaux, exploitation de toutes les possibilités du végétal, pour aboutir à des formes dynamiques et originales, audacieuses pour l'époque et qui font de Gaudí l'un des plus grands architectes de tous les temps. Est-ce un hasard si trois de ses œuvres : le Palau Güell, le parc Güell et la Casa Milá, ont été classées « Biens culturels du patrimoine mondial » ? Aucun autre artiste moderne n'a été retenu dans cette classification...
Si votre temps est compté, faites en priorité, la Casa Milá, la maison Batlló, la Sagrada Familia et le parc Güell.

● *Petit itinéraire sympa...*

— Démarrons plaça de Catalunya. Ronda de Sant Pere, on découvre quelques boutiques en hors-d'œuvre. Au n° 3, la *pâtisserie Llibre i Serra*, au n° 16, la papeterie *Teixidor*, au n° 40 la *pharmacie Viladot*. A deux pas, au 48, carrer Casp, s'élève la *maison Calvert*, de Gaudí (1898). Intéressante pour ses balcons, mais pas la plus délirante.

— Passeig de Gràcia, le festival ! Au n° 35, la *casa Lléo Morera* (1905) de Ll. Domenech i Montaner. Au n° 41, la *maison Amatller* (1900). Fenêtres gothiques et toit en espalier à la flamande. A côté, la *maison Batlló* (1905). L'une des plus originales par son toit très baroque et sa façade polychrome.
Dans le coin, donnant dans Pau Claris, arpenter le passage Permanyer avec ses maisons post-romantiques, ses palmiers, ses petits jardinets.
Au 92, passeig de Gràcia (angle avec Provença), la *casa Milá*, la maison de Gaudí la plus célèbre, édifiée en 1910 (Jack Nicholson y habite dans le film d'Antonioni « Profession Reporter »). Appelée aussi « la Pedreça » et qualifiée par beaucoup d'œuvre abstraite, de folie structurelle. Gaudí a poussé là au maximum la rupture du plan de façade et les possibilités plastiques des volumes. Noter l'extraordinaire travail en fer forgé des balcons. La casa Milá ne se visite pas.

— A droite du carrefour Diagonal et passeig de Gràcia, sur Diagonal, plusieurs édifices dignes d'intérêt. Au n° 373, le *palais Quadras* (1904) qui abrite un musée de la Musique intéressant. Au n° 442, en face, la *maison Comalat* avec une façade postérieure intéressante, au 316 carrer Còrsega. Au n° 416, occupant tout un pâté de maisons, les *Punxes* (1904). Aspect massif de château fort baroque avec ses tourelles surmontées de cônes pointus. Sur le chemin de la *Sagrada Familia*, jeter un œil sur la *maison Macaya* (1901), au n° 108 passeig St Joan.

– *La Sagrada Familia :* métro Sagrada Familia. Ouvert de 8 h à 21 h. De 9 h à 19 h l'hiver. L'œuvre majeure de Gaudí, sa « cathédrale médiévale ». La façade principale est même devenue le symbole de Barcelone. L'édifice fut mis en chantier en 1883 et achevé pour la première tranche en 1926. Pour ceux qu'étonnerait l'audace de l'architecture (compte tenu du conservatisme de la hiérarchie religieuse de l'époque), il faut y voir surtout une riposte de celle-ci à la déchristianisation importante que connaissait la société industrielle naissante et la volonté de l'Église de récupérer l'influence perdue. Une anecdote : l'abondance des dons vers 1893 fut telle que les commanditaires de l'église exigèrent de Gaudí un caractère plus hardi et plus grandiose de l'architecture. Ce qui explique la démesure de la façade de la « Nativité ». Le projet final, outre cette façade, comprenait l'édification de deux autres : « la Passion et la Mort » et « la Gloire du Christ ». Plus quatre tours par façade symbolisant les apôtres, un arc-boutant central comme un pont suspendu et, pour finir, une grande tour dominant l'ensemble représentant le Sauveur. A partir de 1915, les fonds manquant, Gaudí renonça à son salaire et se lança jusqu'à sa mort dans une véritable fuite en avant. Après sa disparition, les travaux cessèrent pratiquement. Ils ne reprirent qu'en 1952. L'Église y voyait à nouveau, en plein national-catholicisme franquiste triomphant, l'occasion de s'affirmer.
Pourtant, au début des années 60, un mouvement contre la prolongation des travaux naquit (avec Le Corbusier et Miró entre autres), arguant de l'absence de plans suffisants et des risques de dénaturer l'œuvre existante, voire de la trahir. Les travaux continuèrent néanmoins ces vingt dernières années et aujourd'hui, la façade de la « Passion et la Mort » avec ses quatre clochers est virtuellement terminée, fermant ainsi l'espace intérieur. La polémique n'est cependant pas finie : beaucoup de gens pensent que cette nouvelle façade n'apparaît effectivement que comme une caricature de mauvais goût de l'ancienne et qu'elle lui a fait perdre son identité ! Il reste encore une façade à réaliser ; la Sagrada Familia sera-t-elle jamais achevée ? Gaudí lui-même avait estimé que, selon les techniques de son temps, il faudrait deux siècles pour finir l'œuvre...
Cela dit, ces querelles d'esthètes n'empêchent pas de l'admirer en l'état, de rester pétrifié, délicieusement choqué par le délire architectural de la façade de la « Nativité » et la profusion de formes géométriques. Sa richesse en symboles, évoquant les rêves les plus sublimes, annonce avant la lettre le surréalisme. Possibilité de monter dans les tours en ascenseur de 10 h à 13 h 45, puis de 15 h à 17 h 30. L'été de 9 h à 13 h 45 et de 15 h à 19 h 45.
Depuis les ouïes des tours, on découvre toute la ville. On passe d'une tour à l'autre par d'étroites passerelles un peu effrayantes et géantes à la fois, surtout quand le vent souffle. Petit *musée de la Cathédrale* dans une « crypte » située dans le chœur. Intéressant. On y trouve les plans et des photos des différentes étapes de la construction. Mêmes horaires que la cathédrale.

– *L'hôpital Sant Pau :* av. st. A.M. Claret, 167. Métro : Hospital Sant Pau. Si vous êtes devenu « accro » au modernisme et qu'il faille augmenter sans cesse vos doses, ne ratez pas cet hosto. Fantaisie de briques, de faiences et tuiles vernissées, œuvre de Lluis Domenech i Montaner (1912). La décoration intérieure n'est pas en reste. Les grands halls et parties communes sont bien sûr accessibles au public.

– *La maison Vicens :* Carolinas, 22. Métro : Lesseps. Situé dans Gràcia. Visite intéressante, car c'est la première œuvre de Gaudí. Il recourut ici à de nombreux éléments décoratifs arabes. Le petit frappa assez fort pour son premier coup !

– *Le parc Güell :* au nord de l'Eixample. Descendre au métro Lesseps, puis bus 24. L'une des étapes obligatoires de votre itinéraire gaudien. Ouvert de 10 h à 21 h de mai à août, jusqu'à 19 h en septembre-octobre, jusqu'à 20 h de mars à avril, jusqu'à 18 h de novembre à février. Entrée gratuite. Porte principale carrer Olot. On trouve à l'origine de ce parc le projet, dans les années 20, d'une ville-jardin commanditée par le financier Güell. L'argent ayant manqué, le projet avorta et le terrain (avec ce qui avait été déjà réalisé) fut converti en parc municipal.
Dès l'entrée, des maisons semblant sortir d'un dessin animé surprennent avec leurs drôles de cheminées en forme de champignons. Ne raconte-t-on pas que Gaudí avait bien dû, de temps à autre, recourir à certaines productions mycologiques plus réputées pour leur capacité à procurer des visions pittoresques et colorées de l'existence que pour leur valeur nutritive !
Plus surprenant encore est le double escalier, bordé de fontaines fantasmagoriques, menant à ce qui devait être initialement le marché de la ville-jardin. Forêt de

colonnes doriques, dont le gigantisme, le mystère pesant, le vide oppressant entre les colonnes créent une atmosphère robbe-grillesque à souhait. Juste au-dessus, une esplanade bordée d'une balustrade-banquette sinueusement folle, décorée exclusivement de céramique, carrelage, vaisselle cassée, matériaux utilisés en combinaisons chromatiques fascinantes.
Pour finir, point d'orgue et illustration des capacités géniales de Gaudí à remodeler le paysage : ses galeries préhistoriques, étranges hallucinations de pierre et de terre.
Au fait, Gaudí mourut dans la rue, écrasé par un tram. Comme beaucoup de génies, comme avait failli finir Godard, comme Pasolini, comme Barthes, comme Gédalge, un petit éditeur qui commit, en 1973, la folie d'éditer un certain « Guide du routard » (qui venait de subir 18 refus de la part d'éditeurs !).
La maison-musée de Gaudí se trouve sur la droite, un peu en hauteur en entrant dans le parc. C'est l'œuvre d'un disciple de Gaudí. Il y résida pendant 20 ans. A l'origine, c'était la maison-témoin du projet immobilier ! Visite seulement les dimanche et jours fériés de 10 h à 14 h et de 16 h à 18 h.

● *Le quartier de Gràcia* (Pl. II, B2)

Pour ceux qui disposent d'un peu de temps, une chouette promenade. Descendre au métro Diagonal pour découvrir cet ancien village absorbé par Barcelone, au moment de la réalisation de l'Eixample. Axe principal : Gran de Gràcia jusqu'au métro Lesseps. Les places villageoises et ruelles bordées de maisons basses n'ont pas perdu de leur charme.
Dans les années 20, Gràcia était anar. Aujourd'hui, le quartier véhicule toujours une image un peu libertaire. Les rues se nomment ici Fraternité, Liberté ou Progrès, et un marché s'appelle même « Revolución » (notre ami Franco ne l'a jamais digéré !). Quatre petites places sympa : Rius i Taulet, del Sol, del Diamant et de la Virreina, à joindre en zigzaguant le nez en l'air, l'humeur vagabonde. Ici vit une vieille population ouvrière auxquels viennent se joindre, depuis quelques années, profs, intellectuels, artistes, écrivains et jeunes. Oh, vous ne découvrirez rien d'extraordinaire : une atmosphère, des bouts de tranches de vie, des gueules, des p'tits bistrots, des bars recyclés. Dans le circuit branché, au long de Gran de Gràcia, attardez-vous sur les façades Belle Époque de certains immeubles bourgeois. Entrez dans leurs halls, admirez les luxueuses cages d'escaliers, les ascenseurs rétros, les rampes en fer forgé, etc. Au n° 77, notez les balcons, les bow-windows avec vitraux, le vieil ascenseur. Superbe édifice au n° 15 avec d'originaux balcons. Et puisqu'on est là, on va aller faire un bon déjeuner au *Bilbao* (voir « Où manger ? »)... Ne pas rater, en outre, la fête du quartier le 15 août ! Grand moment de liesse authentiquement populaire.

● *Le palais et le monastère de Pedralbes* (pour ceux qui ont beaucoup de temps)

– *Le palais* : assez excentré. En métro, descendre à la station Palau Reial. En voiture, prendre l'avinguda Diagonal sur plusieurs kilomètres. Le palais est sur la droite. Construit dans le style italien du XIXe siècle mais datant de 1929. La visite guidée de 10 h à 13 h et de 17 h à 19 h n'est pas d'un intérêt tel qu'il faille délaisser la promenade agréable du parc qui l'entoure, rendez-vous dominical des Barcelonais. A côté, le musée des Carrosses attirera sans doute plus votre attention.

– Un peu plus haut, sur l'avenue, on découvre le *Real monasterio de Pedralbes* : fondé en 1326 par la reine Elisenda de Montcada, il présente une architecture typique du gothique catalan. Sobre tour octogonale et armoiries sur la façade. A l'intérieur, vitraux du XIVe siècle et tombeau en albâtre de la reine. Le cloître présente 3 rangées de fines arcades superposées. Dans la salle du chapitre, beau vitrail du XVe siècle et, dans la chapelle Saint-Michel, superbes peintures murales de Ferrer Bassa (influencé par Giotto et l'école siennoise), représentant des scènes de la vie de la Vierge. Ouvert seulement de 10 h à 13 h. Fermé le lundi.

● *Le Tibidabo*

Culminant à plus de 500 m au-dessus de Barcelone, cette montagne couverte de pins et de cyprès est l'une des réserves d'oxygène des gamins de la ville. Elle protège la ville des vents du nord. Panorama superbe. Par beau temps, possibilité d'apercevoir Majorque et les Pyrénées. D'ailleurs, c'est surtout pour sa vue que vous vous y rendrez. Le parc d'attractions que l'on y trouve ne présente guère d'intérêt. L'église du Sacré-Cœur (un confrère du nôtre) qui coiffe la colline

ne vaut pas non plus le déplacement. Un ascenseur vous emporte encore plus haut, pour une vue plus grandiose. On découvre ainsi toutes les collines avoisinantes et par temps clair le Montserrat ainsi que les Pyrénées. Petite laine conseillée, il y a souvent du vent.
Pour s'y rendre :
– *Par la route* en suivant la délicieuse et sinueuse route qui s'élève doucement. En chemin, on rencontre l'*Observatoire d'astronomie* et le *musée des Sciences physiques*.
– *En métro* jusqu'à la station Tibidabo, puis prendre le « cable-car » en face de la station de métro (noter en passant la belle façade moderniste de l'hôpital Sant Gervasi). Il vous mène à un funiculaire qui vous hisse au sommet du Tibidabo. Pour redescendre, funiculaire toutes les 30 mn à 15 et 45 de chaque heure (fonctionne de 7 h 15 à 21 h 45). Puis de nouveau le cable-car.

● *Les autres musées*

Voici, suivant vos goûts et vos fantasmes, le grand choix qui vous reste. Tous renseignements dans les offices du tourisme :
– Musées de la Science, de la Médecine, de Géologie, d'Histoire naturelle, des Arts décoratifs, du palais de Pedralbes, de la Tauromachie, de la Chaussure, du Football Club Barcelone (gôôôôôôôôô !!!!!), des Catalans illustres, de la Musique, du Théâtre, des Postes, de la Dentelle, de Cire et des... Chars funèbres !

Aux environs

● *Les plages* : il n'y en a pas de valable vers le nord. La meilleure est celle de Castell de Fels (camping *La Ballena Alegre*). Bus de la plaza de España (métro : España). Très longue plage.

MONTSERRAT

Le site de Montserrat constitue un lieu d'excursion privilégié, à une trentaine de kilomètres de Barcelone. Son nom provient de l'aspect « scié » que la montagne prend quand on la regarde d'un certain point de vue. La masse de roche fièrement dressée culmine à 1 235 m au pic de Saint-Jérôme. Elle a un périmètre de 25 km. Cette curieuse montagne se caractérise par de longs monolithes verticaux collés les uns aux autres, conglomérats de galets énormes et érodés, qui prennent des formes animales ou humaines, mais toujours fantastiques. De tout temps, le Montserrat a attisé l'imaginaire, et nombre de masses rocheuses portent les noms des formes qu'elles rappellent (le moine, la sentinelle, la cloche). Wagner s'inspira de ce lieu tourmenté pour son « Parsifal ». La rudesse de la structure géologique est pourtant adoucie par une exubérante végétation qui s'accroche à la roche avec une étonnante vivacité. On y répertorie plus d'un millier de plantes de toutes sortes.
Montserrat, c'est aussi un pèlerinage célèbre vers le monastère, construit aux XIe et XIIIe siècles. Dès le VIIIe siècle, de nombreux ermitages cernaient la montagne. Au cours du XIIe siècle, une Vierge miraculeuse fut trouvée dans une grotte de la montagne. Dès lors, la renommée du monastère s'étendit loin hors des frontières. Au XVIe siècle, on développe l'infrastructure pour permettre à un nombre croissant de pèlerins d'y séjourner. C'est sans compter avec le délicat passage des troupes napoléoniennes qui rasèrent le tout en 1811. Les bâtiments que l'on peut voir datent du XIXe siècle et ne présentent pas d'intérêt. Mais la vie religieuse y a repris avec une grande vivacité après la guerre civile. Le monastère et la basilique reposent sur un plateau, à 700 m d'altitude. Montserrat est également le rendez-vous des alpinistes chevronnés, les monolithes verticaux représentant autant de défis.

Qu'y trouve-t-on ?

Un monastère et une basilique, deux petits musées, un superbe point de vue, de chouettes balades, des chambres dans les quelques maisons des alentours... et une ambiance follement pieuse (ou pieusement folle, au choix) pendant le pèlerinage.

Comment y aller ?

– *En train* depuis la plaça Espanya. La bouche d'entrée pour le train se trouve sur la droite de la place en regardant les deux grandes colonnes de l'entrée de l'expo.

Prendre le train Ferrocarril. Départs tous les jours à 9 h 10, 11 h 10, 13 h 10 et 15 h 10. Retour à 15 h 30, 17 h 30, 19 h 30 et 21 h 30 (à confirmer). Durée : un peu plus d'une heure. Descendre à Aeri de Montserrat. Puis prendre le téléphérique qui mène au monastère.
— *Par la route* : passer par le village de Monistrol, et grimper par la route de montagne (panneau indicateur).
— Des agences de voyages proposent l'excursion.

Adresses utiles

— *Informations touristiques* en arrivant au pied du monastère, sur la droite.
— *Change* à la « caixa », un peu plus haut que l'Office du tourisme.

Où dormir ? Où manger ?

— Pendant les pèlerinages, foule énorme. Renseignez-vous à l'Office du tourisme pour les possibilités d'hébergement.
— *Camping de Sant Miguel :* prendre le chemin situé entre les funiculaires de San Cara et San Joan.
— *Hébergement chez l'habitant* possible.
— Pas grand-chose pour se nourrir : deux *selfs* aussi mauvais l'un que l'autre. Cher mais service à volonté. L'un est sous le monastère, l'autre près du parking des cars à 200 m.

A voir

Autour de la place principale on trouve la basilique, construite au milieu du XVIe siècle. Beau panorama sur la vallée. Passer sous le porche pour parvenir sur le parvis. A l'intérieur, on découvre une élégante nef bordée par deux étages de chapelles. Pour accéder à la Vierge noire qui trône au-dessus de l'autel, il faut sortir de l'église et emprunter la porte de droite. On traverse une série de chapelles avant de gravir un escalier monumental, composé de hauts-reliefs sculptés. Mosaïques intéressantes représentant des saints. L'escalier étroit mène au chœur où siège la Morenata (Vierge noire), sculpture romane en bois polychrome du XIIe siècle, posée sur un socle d'argent. Les pèlerins défilent à pas cadencés pour baiser le globe que tient la sainte patronne de la Catalogne. Son visage semble presque triste à force d'être serein. On parvient ensuite à la crypte.

— Ne loupez pas la prestation de l'*Escolania* : il s'agit d'une école de musique qui forme de jeunes choristes. Ils chantent le Salve Regina à 13 h et 19 h. Messe célébrée en grégorien par des moines, à 11 h tous les jours. A ne pas manquer.

— *Le cloître gothique* (1460) est le seul élément rescapé de l'ancienne abbaye.

— *Le musée* : en revenant sur la place, à droite. Ouvert de 10 h 30 à 14 h et de 15 h à 18 h. Le rez-de-chaussée est consacré à la peinture religieuse espagnole ainsi qu'aux écoles napolitaine et vénitienne... Œuvres de Bartolomeo Manfredi, superbe « Saint Jérôme » du Caravage, un Greco, un Zurbarán... et une peinture de la Vierge de Montserrat, comme il se doit. A l'étage, collection archéologique et une impressionnante momie de jeune fille au visage débandé. Sur cette même place, un autre petit *musée* présente des collections d'art catalan. Mêmes horaires que l'autre.

Balades dans les environs

Le Montserrat propose un grand nombre de balades par des chemins tracés qui mènent aux ermitages disséminés sur les pitons rocheux. Le « Guide Officiel de Montserrat », petit fascicule vendu et fort bien fait, est à conseiller aux promeneurs. Il indique toutes les balades, leur durée et leur point de départ.
— *L'Hermitage de Saint-Jérôme* : durée 1 h 30 aller. Pour l'atteindre, emprunter le funiculaire de San Joan (en face de la place), puis prendre le sentier qui vous mènera au pic de Sant Jeromi. Panorama extraordinaire.
— *L'itinéraire de Santa Cova* est moins fatigant. Les fainéants couperont le fromage en utilisant le funiculaire de Santa Cova qui raccourcit la balade.
— Notons encore l'*itinéraire de Sant Joan* et celui, très facile, de *Sant Miguel* (45 mn).

— L'été, de nombreux alpinistes « s'essayent » sur les parois de Montserrat. Attention, la roche sédimentaire comporte un mélange de matière dure et de matière friable. Plusieurs sauts de l'ange ont été à déplorer.

DE BARCELONE A VALENCE

Côte largement *touristisée*, urbanisée et souvent en cours de bétonnage. En cours de route, cependant, quelques sites et monuments qui valent le détour.

TARRAGONE

Ville agréable proposant, dans sa partie la plus ancienne, une cathédrale intéressante avec un cloître superbe, son vieux quartier juif, maisons médiévales, un musée et une promenade archéologiques, etc.

Où dormir ? Où manger ?

— Pour dormir, nombreux hostales. Les campeurs auraient intérêt à s'arrêter à 3 km de Tarragone au *camping Tarraco*. Correct et en bord de plage. Mais en bord de voie ferrée. Trains fréquents ! Un autre camping, à 2 km du précédent, direction Barcelone, *Las Salinas*. Bord de mer, petite épicerie, sanitaires corrects, bar-resto et prix bien inférieurs à tous les autres campings proches. Inconvénient : la proximité de la voie ferrée et la présence de nombreux habitués : les bonnes places, ombragées, sont rares. Au sud de Tarragone, c'est la zone industrielle, puis au moins 40 km de plages bétonnées, campings concentrationnaires, etc. Le premier camping sympa qu'on ait trouvé se trouve à côté de la centrale nucléaire de Vandellos.
— A Tarragone, manger au resto *El Tiberi* (rua Marti d'Ardenya, 5. Ouvert midi et soir, sauf dimanche et lundi soir). Genre buffet illimité des spécialités catalanes pour un prix très raisonnable. Une super adresse. Demander El Tiberi, plus connu que la rue Marti d'Ardenya.

MONASTÈRE DE POBLET

Situé au nord-ouest de Tarragone, près de Montblanch. Magnifique monastère, restauré avec beaucoup de goût, dans une très belle vallée. Ouvert de 10 h à 12 h 30 et de 15 h à 18 h. Visite guidée d'une heure environ. Beau cloître avec fontaine. Église aux lignes très pures. Superbe retable en albâtre et panthéon des rois. Noter les dimensions impressionnantes du dortoir des novices.

— Pour aller au monastère, en principe, bus depuis Tarragone à 12 h, 15 h 30 et 19 h, tous les jours, sauf dimanche. Le train, lui, s'arrête à 3 km.

— Petit *musée* très intéressant de la restauration du monastère.

— Dormir, à moins d'un kilomètre, à l'A.J. *La Conca de Barberà*, à l'Espluga de Francolí. Tél. : (977) 87-03-56. Merveilleusement située. Piscine en juillet-août.

— A côté, l'*Hostal del Centro* propose des chambres correctes avec bains. Assez cher. Bonne cuisine. Tél. : (77) 87-00-58. Balades super alentour.

PEÑISCOLA

Possède un côté pittoresque avec son promontoire sur la mer, dominé par un château. Belle promenade aménagée le long des remparts. L'été, c'est la foule.

Où dormir ? Où manger ?

— *Hôtel Mare Nostrum* : en front de mer. Tél. : 48-00-73. Très bon marché et très propre. Fermé hors saison.
— *Camping El Tordo y El Olivo* : à 2 km de Benicarló. Tél. : (964) 47-10-15. Arrêt de bus à 200 m du camping pour Peñiscola. C'est le premier camping sur la route

Benicarló-Peñiscola. Piscine. Un emplacement = un arbre, donc assez espacé. Peu cher.
— *Camping Cactus* : sur le bord de mer. Tél. : (964) 47-33-38. Les proprios sont français. Douche chaude gratuite, bar-resto, supermarché. Fermé le 15 septembre. Prendre le bus du centre.
— *Meson San Vicente* : calle San Vicente, en montant vers le château. Très propre et peu cher. Bon accueil. Fait aussi restaurant.
— *Restaurant Teruel* : av. José Antonio, 11. Cette rue est perpendiculaire à la plage, en face du Syndicat d'initiative. Menu à petits prix, personnel très gentil et service rapide. Le soir fréquenté par de jeunes branchés...

LE PAYS VALENCIEN

VALENCE

Troisième ville d'Espagne, Valence s'étend dans une plaine très fertile, la Huerta. Un ingénieux système d'irrigation, hérité des Romains et des Arabes, lui permet de produire les meilleures oranges d'Espagne. Valence, malgré son importance, possède cependant un grand charme et une douceur bien méditerranéenne.

Les quartiers modernes n'étouffent pas, loin de là, une adorable vieille ville prodigue en monuments, superbes églises, riches musées, romantiques promenades. En outre, les Valencien(ne)s se révèlent extrêmement ouverts et joviaux. Ils semblent bien occuper en Espagne une place bien à part et sont fiers de leurs particularismes. Ici, on parle le « valenciano », très proche du catalan. Sur les routes, les pancartes en espagnol barbouillées et les plaques de rues rectifiées démontrent que beaucoup tiennent à affirmer cette différence. Valence, vous l'avez deviné, ça a été le coup de cœur !

Un peu d'histoire

Valence a connu toutes les civilisations et c'est pour cela qu'elle semble si riche. Grecs, Carthaginois, Romains, Wisigoths, Arabes ont tous laissé quelque chose Ici. En 1094, le célèbre Cid Campeador prit la ville aux Arabes et y mourut. Valence résista plusieurs années héroïquement aux troupes napoléoniennes. Personne ne sera donc étonné que pendant la guerre civile, la ville, profondément républicaine, ait été la dernière à rendre les armes.

Adresses utiles

— *Patronato Municipal de Turisme* : pl. del País Valenciano, 1. Tél. : (96) 351-76-90 et 351-04-17. Ouvert du lundi au samedi de 9 h à 13 h 30 et de 16 h 30 à 19 h. Fermé le dimanche. Visite organisée de la ville tous les jours à 10 h à partir du 15 avril. Départ du Patronato.
— *Office du tourisme* à la estación *RENFE* : ouvert du lundi au vendredi. Mêmes horaires. Tél. : 352-28-82. Informations touristiques par téléphone : 352-40-00.
— *Grande poste* : pl. del País Valenciano, 24. Poste restante. Téléphone au n° 27.
— *Consulat de France* : Cirilo Amorós, 3. Tél. : 352-41-25.
— *Consulat de Belgique* : C.V. Ramon y Cajal, 33. Tél. : 325-32-48.
— *Consulat de Suisse* : Cno Hondo del Grao, 78. Tél. : 323-09-81.
— *American Express* : viajes Melia, calle Paz, 41. Tél. : 352-26-42.
— *Change* : Caja de Ahorros, carrer Xativa, 14. Ouvert de 9 h à 20 h du lundi au samedi. Tél. : 351-78-69.

Transports

— *Estación central de Autobuses* : av. Menendez Pidal, 13. Renseignements : 349-72-22. Si vous arrivez par la gare routière, prenez le bus n° 8 pour aller au

centre ville, plaza de Ayuntamiento. Le bus s'arrête à côté de l'Office du tourisme, à 60 m de la RENFE.
- *RENFE* (Termino Norte) : Játiva, 24. Renseignements : 351-36-12.
- *Ibéria* : Paz, 14. Tél. : 351-97-37. Pour se rendre à l'aéroport, bus ou train.
- *Taxis* : bon marché et pratiques. Radio-taxi : 370-32-04.
- *Bateaux pour les Baléares* : Compañía Trasmediterranea, Manuel Soto, 15. Tél. : 367-07-04 ou 323-75-80.

Où dormir ?

● *Bon marché*

- *Albergue Juvenil* : av. del Puerto, 69. Tél. : 369-01-52. Sur la grande avenue menant au port. Loin du centre. Fermée de 10 h à 17 h. De la gare, bus n° 19 et de la cathédrale, bus n° 4. De la station d'autobus, bus n° 2. Ferme à minuit en juillet-août et septembre. Le reste de l'année à 22 h. Pendant les *Fallas*, nécessité d'écrire pour réserver. Cela dit, l'été c'est un peu l'enfer, avec la chaleur, le bruit de la circulation et les gaz d'échappement.
- *Hostal Universo* : calle Vilaragut, 5. (5ᵉ étage). Tél. : 351-94-36. Pas loin de la gare. En face de l'*hôtel Astoria*. Genre pension de famille. Fermée l'hiver. La dame est charmante et parle français. Doubles avec douche et avec bains. Les *matrimoniales* sont très coquettes (l'une possède même une terrasse). Mais ça a bien vieilli.
- *Hostal Alicante* : Ribera, 8. (2ᵉ étage). Tél. : 352-74-99 et 351-22-96. Pas loin de la gare et de la pl. del País Valenciano. Chambres avec lavabo, petites mais propres. Celles avec bains sont d'un bon rapport qualité-prix.
- *Hostal del Rincón* : carrer Carda, 11. Tél. : 331-60-83 et 331-51-11. Tout près de la place du marché, dans la vieille ville. S'il n'y a personne, s'adresser au garage à côté. Un peu tristounet, mais vraiment pas cher, propre et bien entretenu.
- *Pension Ayora* : Perez Pujol, 4. (2ᵉ étage). Tél. : 351-03-91. Très central, à deux pas de la pl. del País Valenciano. Meublé de bric et de broc, avec papier peint délavé, mais propreté acceptable. Cependant, un peu moins bien que l'adresse précédente. Chambres doubles avec lavabo. Pour les petits budgets.
- *Hostal Venecia* : En Llop, 5 (plaza País Valenciano). Tél. : 352-42-67. Très central. Assez impersonnel. Propreté acceptable. Tous les prix. Chambres avec lavabo, douche ou bains.

● *Prix modérés*

- *Granero* : Martinez Cubells, 4. Tél. : 351-25-48. Entre la gare et la pl. del País Valenciano. Dans un bel immeuble. Rue au calme. Plus cher que les précédents, mais prix encore raisonnables. Très propre. La plupart des chambres avec bains ou douche. Une excellente adresse.
- *Residencia Norte* : Ntra Sra de Gracia, 8. Tél. : 351-24-09. Petite rue à gauche de la gare, donnant dans Baron de Carcer. Hôtel moderne sans grand charme, mais toutes les chambres sont avec bains et sont correctes.
- *America Residencia* : calle Saugré, 9. Tél. : 352-24-42. Propre, bains compris dans le prix. Bien situé, dans le centre. Patronne très sympa.

● *Plus chic*

- *Hotel Ingles* : Marquès de Dos Aguas, 6. Tél. : 351-64-26. Très central. L'architecture et le charme des grands hôtels du début du siècle. Un peu plus cher qu'un 2 étoiles de chez nous. Dommage que les murs en papier mâché permettent de suivre les programmes de télé des voisins. L'hôtel *Bristol*, à côté et du même genre, est peut-être aussi bien, voire mieux.

● *Campings*

- *Coll Vert* : c'est le premier camping en direction de El Saler. Tél. : 367-13-40. Beaucoup de caravanes à l'année. Piscine gratuite et grande. Sanitaires corrects. Plage et autoroute à proximité. Beaucoup de moustiques. Voilà, on a tout dit.
- *El Saler* : à 10 km au sud. Près de la plage. Le plus proche de Valence. Tél. : 367-04-11. Ouvert toute l'année. Pour s'y rendre : bus depuis la Glorieta en direction de Perellonet (bus rouge et jaune). Peu de places car très nombreuses caravanes et maisons mobiles espagnoles installées à l'année. L'entretien laisse à désirer.

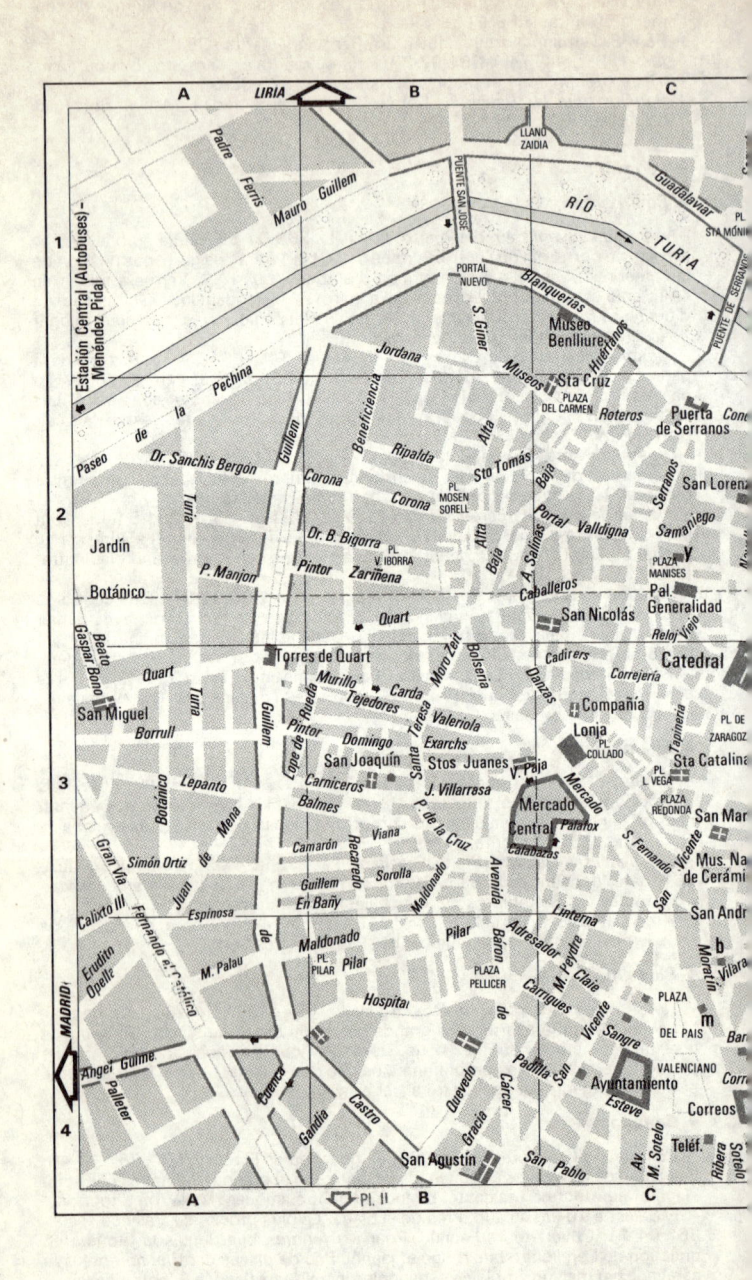

VALENCE

VALENCIA I (NORTE)

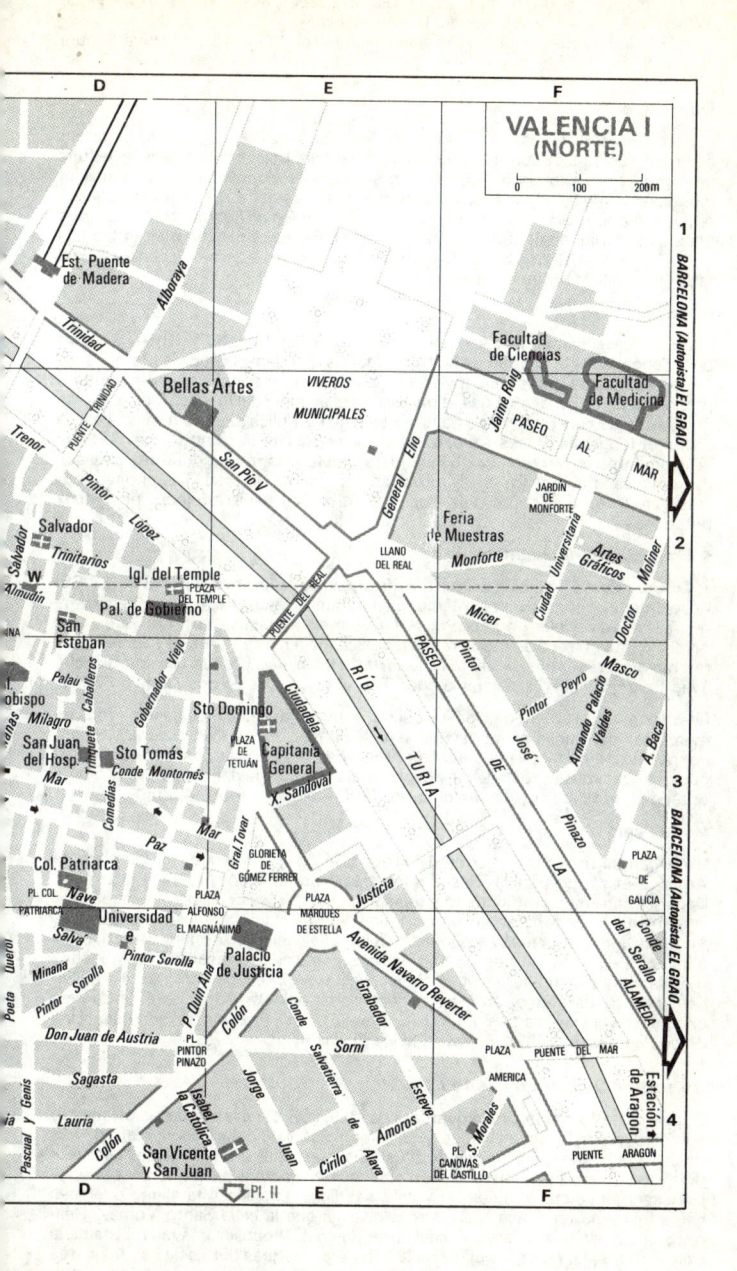

— *El Palmar* : à 15 km au sud. Sur la route Valence-Saler. Tél. : 367-19-37 ou 323-69-40. Ouvert du 15 juin au 15 septembre.
— *Puzol* : à 15 km au nord. Près de la plage. Tél. : 142-15-27. Ouvert toute l'année.

Où manger ?

— *Casa Cesareo* : Guillén de Castro, 15. Tél. : 351-42-14. A gauche en sortant de la gare. Joliment décoré d'azulejos. Atmosphère fraîche et agréable, avec une petite touche d'exotisme. Paellas bien sûr dont la *marinara* avec poissons et crustacés (mais parfois il faut les chercher dans l'assiette...). D'autres spécialités : *cochinillo asado* (cochon de lait rôti), *anguilas en all Pebre*, etc. Et puis des plats plus traditionnels. Prix très raisonnables. Fermé dimanche midi et lundi.
— *El Clot* : plaza Redonda, 1. Excellent accueil. Plats très bien préparés. Prix raisonnables. Une bonne adresse.

● *Au port*

— *La Carmela* : Isabel de Villena, 155. Tél. : 371-00-73 et 371-16-57. Au port de Valence, dans le quartier de Malvarrosa. Bus n° 1 depuis Gran vía Marquès del Turia. A plusieurs, possibilité d'y aller en taxi bien sûr. Pour s'y rendre en voiture, prendre la direction des plages et du port, par l'avenida del Puerto. Aller jusqu'au bout. Arrivé au port, tourner à gauche et suivre les grilles jusqu'à la rue qui part à droite et longe les *Docks Comerciales*. Suivre ensuite le front de mer. Grande salle agréable et terrasse aux beaux jours. Resto très réputé pour ses paëllas : avec *mariscos de fideos*, *paella mixta* (poulet et fruits de mer). Téléphoner pour réserver, sinon une heure d'attente. Attention, ici, paella toujours pour deux personnes.

● *Pour gourmets aventureux*

— *La Gran Paella* (Pas Nivell) : partida de Vera, 32, Alboraya. Tél. : 371-20-65. Résolument pour motorisés. Même chemin que le resto précédent, c'est après que ça se complique un peu. Passé *La Carmela*, continuer la route jusqu'à ce qu'elle quitte le front de mer. Franchir le passage à niveau. C'est là ! Entre cultures maraîchères, voie de chemin de fer et petit canal. Grande maison blanche avec trois gros palmiers dans la cour. Fermé le lundi et service jusqu'à 23 h.

Resto connu seulement des locaux qui ont souvent la bonne idée de venir tous en même temps. Paella à midi seulement (téléphoner pour s'en assurer). Sinon, bonne cuisine de famille copieuse et pas chère dans une atmosphère extra. On peut manger sous les palmiers évidemment. Sélection de délicieux hors-d'œuvre et tapas (petits escargots aux piments, lard et oignons, poulpe, etc.).

● *Plus chic*

— *Gargantua* : Navarro Reverter, 18. Tél. : 334-68-49. Avenue entre la plaza de America et M. de Estella. Réservation très recommandée. Accueil charmant. Décor et cadre d'un raffinement exquis. Plusieurs salles couleur rose disposées agréablement. En fond et en sourdine, une belle sélection de musique classique. Terrasse fleurie pour les beaux jours. « Cuisine valencienne et imaginative », est-il affiché à l'entrée... et c'est vrai ! Délicieux *combinado de salazones* (tranches d'œufs de cabillaud fumé et anchois dans une purée de tomates à l'huile), l'*esgarrat de bacalao* et en hiver le *puchero de San Blas*. Spécialité de soupes onctueuses et viandes très tendres. Goûter au *tizona*. Prix très raisonnables. Une de nos adresses préférées, vous l'aviez deviné !

Où sortir ? Où boire un verre ?

Le barrio del Carmen, ancien quartier chaud de la ville, lacis de ruelles étroites et sombres, prend le soir un visage quasi expressionniste dans la lueur blafarde des réverbères. C'est à notre avis le plus vivant et celui qu'on préfère. La vieille population du quartier et les rades crassous coexistent pacifiquement avec la jeunesse qui colonise le coin et y crée ses lieux. La calle Alta aligne quelques cafés margeos tendance rock ou écolo, ainsi que la calle Santo Tomas. Délicieuse plaza del Arbol, avec le seul arbre du coin. N'oubliez pas les restos de la calle Roteros. Le quartier autour de la Gran Via Masques del Tusia est aussi très animé le soir : cinés et troquets nombreux, ambiance jeune et branchée (au sud-est de la place del Paris Valenciano).

— *La Marxa* : calle de Las Cocinas, 3. Tons froids, gris, noirs sur de vieilles voûtes en ogive, mobilier rudimentaire, expo de tableaux, bar au premier étage, petite piste de danse, etc. Jeunes gens post-modernes et musique funky à fond les baffles...
— *Café Lisboa* : Cavallers, 35. L'un des bistrots branchés en pointe l'année dernière. Grandes salles aux tons pastels et néons meurtriers. Style néo-classique et art déco. Piano-bar sous de fausses colonnes grecques.
— *Café Claca* : San Martin, 3. Tél. : 351-89-75. Tout près de la cathédrale. Le rendo des intellos et acteurs de la ville. Ouvert tous les jours jusqu'à 2 h du matin. Une excellente mine de renseignements culturels. Propose d'excellents cocktails qui répondent aux doux noms de « Side Car », « Chispazo », « Gran Canaria » et... la diabolique « Agua de Valencia », association heureuse et surprenante de jus d'orange, whisky, vodka, Cointreau et champagne (minimum pour deux personnes). Spectacles au sous-sol tous les soirs à minuit, sauf le dimanche.
— *El Micalet* : carrer Guillem de Castro 75. Près de la Puerta de Quart. Tél. : 332-07-86. Vers 19 h, musique valencienne typique. Téléphoner avant pour connaître le programme.
— Sur le front de mer, tout au long de Eugenia Vines et Isabel de Villena, quelques boîtes, discos et restos plus traditionnels (même itinéraire que pour le resto *La Carmela*).

Les fêtes

— Les *Fallas* : c'est le grand, grand événement de Valence. Elles attirent chaque année deux millions de visiteurs et se déroulent toujours la semaine précédant le 19 mars, fête de Saint-Joseph. A l'origine, au XVIIIe s., on trouve la coutume des menuisiers et charpentiers de brûler leurs copeaux et chutes de bois, le jour de la fête de leur saint patron. Puis s'instaura l'habitude de faire des pantins caricaturant les voisins, puis les autorités. Les mannequins gagnèrent en importance chaque année, au point qu'aujourd'hui, ils atteignent plus de 15 m de haut.

Véritables œuvres artistiques, les *ninots* reproduisirent longtemps les sujets (monuments, métiers, costumes folkloriques, etc.) de façon réaliste, puis à partir des années 50 de plus en plus caricaturales, avec souvent une grosse charge politique. Les quartiers rivalisent de moyens et d'imagination pour être les meilleurs. Toute la semaine, des dizaines d'orchestres parcourent la ville. D'autres réjouissances se déroulent en même temps : offrandes de fleurs à la Vierge de la basilique *cabalgata del ninot*, courses de taureaux, etc. Le 19 à minuit, on brûle tous les ninots, sauf le plus beau, dans le fracas des pétards et feux d'artifice.
— *La Feria de Julio* : dans la deuxième semaine de juillet, riche festival culturel : danse, théâtre, festival de musique, bataille de fleurs et les meilleures courses de taureaux de l'année.

A voir

— *La cathédrale* : elle succéda à une mosquée. [(Plan C3) shorts en principe interdits]. Commencée au XIIIe s., achevée au XVe en style gothique, puis profondément remaniée au XVIIIe. Ça lui donne de l'extérieur un air bizarre. Côté calle de Palau, on découvre un porche roman, plaza de Virgen, un portail gothique et plaza de Zaragoza une superbe façade baroque. A côté, la « Micalet », une haute tour gothique dont nous vous recommandons vivement l'ascension (de 10 h 30 à 12 h 30 et de 17 h à 19 h 30) pour découvrir le plan en croix de l'édifice, ses élégants clochetons en tuiles vernissées bleues et la vue sur la vieille ville.

A l'intérieur, à la croisée du transept, élégante tour-lanterne avec fenêtres gothiques. Voir la chapelle du Saint-Graal, ancienne salle capitulaire. Magnifique haut relief Renaissance, d'un gothique fleuri d'une grande richesse, encadrant le calice dans lequel le Christ aurait bu la nuit de la Cène. De là, on accède au *musée de la Cathédrale*. Ouvert de 10 h à 13 h et de 16 h à 19 h (18 h en basse saison). Fermé dimanche et jours fériés. Nombreux primitifs religieux, belle statuaire, riches custodes et ostensoirs, incunables, un curieux traité datant de 1291, signé de 39 sceaux (tous les seigneurs castillans et aragonais de l'époque), deux Goya superbes, etc.

Devant la puerta de Los Apostoles, tous les jeudis, à 12 h précises, se tient le *Tribunal de las Aguas*. Depuis le Moyen Age dans un petit cercle fermé par une barrière, les syndics des huit canaux de la Huerta se réunissent pour discuter des problèmes et litiges nés de la distribution des eaux d'irrigation. Ils portent la blouse noire des paysans de la région et sont élus par leurs collègues pour un mandat de deux ans. En période d'abondance, il y a peu de conflits. Cependant, lorsque la sécheresse sévit, chacun ne peut utiliser l'eau que proportionnellement à la superficie de ses terres. Tout contrevenant à cet usage peut être dénoncé (y compris un juge lui-même) et convoqué au tribunal du jeudi. Les syndics discutent alors de la validité de la plainte, de l'importance de l'infraction et de la sévérité de la sanction. Tout jugement est verbal, rien n'est écrit. Après délibération, le président rend la sentence qui est sans appel. Nous conseillons à nos lecteurs d'être à l'heure, car il arrive souvent qu'il n'y ait pas de litiges et la séance ne dure dans ce cas que quelques minutes.

— Aux abords immédiats de la cathédrale, basilique de la *Virgen de los Desamparados*, qui abrite la statue de la patronne de la ville. Coupole peinte du XVIIIe s.
En suivant la carrer de Palau, le *Palacio de los Almirantes de Aragón* propose un superbe patio avec un gracieux puits. Les amateurs de belles demeures seigneuriales arpenteront d'ailleurs la carrer dels Cavallers (calle de los Caballeros). Les numéros 22, 26, 33 et 43 livrent également de jolis patios.
Carrer Abadia, *église San Nicolas*, l'une des plus anciennes de Valence. Peintures, retable, etc.

— *Le palacio de la Generalidad* : de l'autre côté de la plaza de Virgen (plan C2). Entrée carrer dels Cavallers. Visite les samedis non fériés de 9 h à 14 h. Il possède l'une des plus belles cours gothiques de la ville. *Sala dorada* avec un plafond doré à caissons de la Renaissance. Intéressant *Salón de Cortes*, typique du XVIIe espagnol. En face, s'élève le palais du marquis de la Scala.
Tour de Sarranos, au bout de la calle du même nom. Ancienne porte de ville du XIVe s.

— *La Lonja* : plaza del Mercado (plan C3). Ouverte du mardi au vendredi de 10 h à 14 h et de 16 h à 18 h. Samedi et dimanche de 10 h à 13 h. Ancienne Bourse des marchands de soie, construite au XVe s. dans un style gothique flamboyant superbe ; architecture intérieure d'une rare élégance avec colonnes torsadées éclatant en arches raffinées. On peut admirer le plafond à caissons doré et polychromé du Consulado del Mar. Superbe. En vis-à-vis, l'imposante façade de style baroque italien de l'*église des Santos Juanes* et le marché central, immense monument de fer de la période moderniste. L'ensemble produit une composition tout à fait pittoresque.

— *Musée national de céramique* : Rinconada de Garcia Sanchis. Petite rue qui donne dans la carrer del Poeta Querol. Tél. : 351-63-92. Ouvert de 10 h à 14 h et de 16 h à 18 h. Le dimanche, matin seulement. Fermé le lundi. Gratuit pour les moins de 21 ans. Il occupe l'ancien Palacio du marquis de dos Aguas. Façade géniale, sommet du rococo délirant (l'artiste mourut d'ailleurs fou).
Des Ibères à nos jours, superbes collections de céramiques sous toutes les formes. On admirera surtout la gracieuse céramique populaire de Manises. Au rez-de-chaussée, pavements d'azulejos valenciens du XVIIe s., scènes de la vie champêtre en fresques de céramique, etc. Au 1er étage, remarquer la belle céramique catalane ou religieuse, les tableaux de personnages ou métiers populaires. Au passage, un mobilier complètement kitsch avec pieds en porcelaine ornés d'angelots.
Au 2e étage, superbe cuisine valencienne reconstituée. Si vous n'êtes pas trop fatigué, poussez jusqu'aux dernières salles du fond : intéressante expo de caricatures, dessins humoristiques, gravures et eaux-fortes...

— *Le musée des Beaux-Arts* : sur le quai San Pio V (plan D2). Entre le pont Trinidad et le Puente del Réal. Ouvert tous les jours, sauf le lundi, de 10 h à 14 h et de 16 h à 18 h. Dimanche et jours fériés de 10 h à 14 h. Demi-tarif avec la carte d'étudiant française et gratuit avec la carte internationale d'étudiant. L'un des plus beaux musées d'Espagne installé dans un ancien monastère. Surtout pour les primitifs religieux valenciens et les œuvres de la Renaissance. A ne pas manquer. Patio ombragé pour récupérer par grandes chaleurs.
Au rez-de-chaussée, petite section archéologique et un important département de sculpture. Au hasard : un saisissant « saint Vincent » du XVIe s. en albâtre, les tripes à l'air ; la statue d'un romantisme échevelé de « Vicente Domenech », grand héros valencien qui lança le premier cri de révolte contre l'occupation

française ; le plâtre original du mausolée d'un torero tué au combat (d'un grand réalisme expressionniste), etc.
Au 1er étage, dans le cadre frais et séduisant du monastère complètement rénové (belle pierre sur fond blanc), orgie de retables et triptyques (petits schémas explicatifs des compositions, affûtez votre espagnol). Magnifique « retable de la Puritad » dans une salle au plafond richement sculpté (celui de Fray Bonifaci Ferrer), montrant l'influence italienne dans l'art valencien.
Triptyque de Jérôme Bosch « Los Impropios », un « Christ » du Greco, etc. Beaucoup d'œuvres de Ribalta, père du ténébrisme en Espagne avec Ribera dont on peut admirer le « Martyre de saint Sébastien », plus Murillo, Moralès le Divin et un « autoportrait » de Velázquez. Salle consacrée à des Goya majeurs. Les *impresionistas valencianos* du 2e étage ont bien du mal à passer après tant de chefs-d'œuvre. Si ce n'est pas l'overdose, grimper au dernier étage pour s'ébahir devant quelques dignes exemplaires du style héroïco-mystico-pompier, comme la « Vision del Coloseo », de José Benlliure Gil.

— En sortant du musée, on note l'architecture gothique du *Puente del Real* construit au XVIe s. Belle perspective sur tous les ponts enjambant le río Turia réduit à un filet d'eau et dont le lit devenu démesurément trop large abrite désormais jardins potagers, pelouses, terrains de foot et promenades.

● *Pour ceux qui ont un peu plus de temps*

— *Collège du Patriarche* : carrer de la Nave, 1. Tél. : 351-41-76. Ouvert samedi, dimanche et jours fériés de 11 h à 13 h seulement. Dommage pour les fans de peinture arrivant en semaine, car ce musée, ancien séminaire du XVIe s., propose des œuvres de grande valeur. Cloître d'une architecture raffinée. Vous trouverez ici l'une des plus belles toiles du Greco : « l'Adoration des Bergers », le « Triptyque de la Passion » de Rogier Van der Weyden, et puis Ribalta, Morales le Divin, Jan Gossaert dit Mabuse et de nombreux primitifs valenciens. Dans la chapelle, tapisseries flamandes. Dans l'église attenante, nos lecteurs mystiques assisteront à la messe chantée du vendredi. Vers 10 h 10, l'admirable « Cène » de Ribalta disparaît du maître autel pour laisser la place à un crucifix. En face du collège du Patriarche, la vieille Université.

— *Musée historique municipal* : plaza del País Valenciano, 1. Dans l'Ayuntamiento. Ouvert tous les jours sauf samedi, dimanche et jours fériés de 9 h à 13 h. N'intéressera que les polards d'histoire. Peu de chose, à part quelques objets de valeur historique exceptionnelle : manuscrits rares comme le « Libre del Consolat del Mar » (livre du tribunal maritime de 1409), la « bannière de la Reconquête » qui flotta sur Valence, après le départ des Maures, au XIIIe s., de vieux plans de la ville, etc.

— *Musée des Fallas* : plaza de Monteolivete, 4. Ouvert de 10 h à 14 h et de 16 h à 19 h. Fermé le lundi, au mois d'août et l'après-midi en septembre. Doit en principe déménager depuis longtemps, mais le provisoire semble durer. Ceux qui n'auront pas la chance d'assister aux *Fallas*, le carnaval de Valence, peuvent s'en faire une petite idée ici, malgré la poussière accumulée et le cadre vétuste. Collections de *ninots* (maquettes des scènes satiriques avec personnages géants), caricatures époustouflantes qui sont promenées pendant les *Fallas* et conservées ici depuis des dizaines d'années. D'originales compositions, comme ce char de 1969 : « Peligro de un parte multiple », consacré aux dangers de l'amour trop partagé ou celui de 1961 sur les joies de la famille. Belle collection d'affiches et de projets de chars.

— Nombreuses églises dignes d'intérêt comme *Santo Domingo* (plaza de Tetouán), ancienne chapelle des rois. Cloître et salle capitulaire superbes. *San Martin* (carrer San Vicente), bronze flamand du XVe s. sur la façade, *San Tomás* (plaza San Vicente Ferrer), orgie de baroque, etc.

— *D'autres musées aussi* : de la préhistoire, de paléontologie, de la tauromachie, maritime, d'ethnologie, etc. Renseignements à l'Office du tourisme.

JAVITA (ou Xativa)

Sur la route la plus directe qui relie Valence à Alicante. Même si la ville s'est développée depuis quelques années, elle a su conserver de vieux quartiers.

Javita est le berceau de la famille Borgia connue pour avoir donné des papes guère à cheval sur les principes religieux.

Où dormir ? Où manger ?

– *Hôtel-restaurant Marganollero* : plaza del Mercat. Certaines chambres ont des balcons surplombant le marché. Bonne cuisine familiale traditionnelle.
– *Casa Floro* : plaza del Mercat. A côté du précédent. Ne fait plus hôtel malgré son nom. Réputée pour ses plats valenciens, notamment la paella.

● *Plus chic*

– *Hôtel Vernisa* : Academio Maravall, 1. Tél. : (96) 227-10-11. A côté du cinéma *Saetabis*. Dans le centre ville. Hôtel 2 étoiles dans un immeuble moderne. Chambres avec salle de bains privée.

A voir

– De l'avenida del General Primo de Rivera (artère principale de la ville), prendre la calle del Poeta Chocomel (à la hauteur d'une station d'essence). Là commence le vieux quartier le plus intéressant de la ville avec ses églises plateresques, ses bâtiments anciens longeant d'étroites ruelles.
Dans le patio du musée municipal, gracieuse fontaine arabe du XVe s. Continuer la balade jusqu'à la jolie place du marché, entourée d'arcades.

– *Chapelle San Feliu* : à l'extérieur de la ville, sur la route qui grimpe à la forteresse. Attention aux horaires : de 10 h à 13 h et de 16 h à 20 h (seulement de 10 h à 13 h, les jours fériés). Très jolie église de style roman. L'auvent est soutenu par de superbes colonnes de marbre. A l'intérieur, intéressants tableaux primitifs. Un chapiteau de marbre blanc est utilisé en guise de bénitier.

– *La forteresse* : ouverte de 10 h à 14 h et de 15 h 30 à 18 h. Fermée lundi. Constituée en fait de deux châteaux, la balade vaut surtout pour le splendide panorama sur la plaine de Javita.

BOCAIRENTE

Petit détour valable uniquement si vous n'êtes pas pressé. A 11 km d'**Onteniente**, Bocairente est un petit village accroché à une colline.
Célèbre pour sa plaza de toros creusée dans le roc. Les guides touristiques concurrents, et néanmoins amis, oublient de dire que cette plaza est souvent fermée et invisible de l'extérieur. Un tuyau : faire le tour de la plaza jusqu'à une grille. En grimpant sur ladite grille, on aperçoit la plaza. Cela dit, pas vraiment spectaculaire.

CASTILLO DE GUADALEST

A 22 km de Benidorm. C'est d'ailleurs cette proximité qui cause un problème car cet endroit ravissant est bondé en été. De Benidorm, prendre la direction Callosa de Ensarria. Y aller tôt le matin car les cars (!) de touristes arrivent vers 10 h 30.
Château d'époque arabe dont le site est vraiment saisissant. Construit sur un piton rocheux qui domine toute la vallée, il surplombe les oliviers. Tout autour, des montagnes. L'endroit est tellement escarpé que l'on pénètre dans le château par une arche creusée dans le roc. Un petit cimetière est installé dans une cour du bâtiment.

Où dormir ?

Rien dans le village même. Tant mieux car l'immensité du parking prouve bien que vous aurez du mal à trouver la tranquillité. Allez plutôt à **Benimantell**, à 2 km de Guadalest :
– *Pension El Trestellador* : Tél. : (965) 88-12-21. Au-dessus du village de Benimantell. On adore cette pension perdue au milieu des amandiers. Très propre. En restauration récemment. Une gigantesque terrasse offre un panorama merveilleux sur toute la vallée. Point de départ pour d'agréables balades le long des sentiers de montagne. La patronne, un petit bout de femme adorable et éner-

gique, prépare une cuisine typiquement valencienne : *arroz al horno, pilotes, olleta*... Pas cher. Une excellente adresse.
- *Albergue La Montaña* : dans le centre de Benimantell. Au cas où il n'y aurait plus de place à l'adresse précédente. Beaucoup moins de charme et légèrement plus cher.

LA COSTA BLANCA

BENIDORM

Le symbole de la promotion immobilière à l'époque franquiste. Des immeubles géants, entassés et construits en dépit du bon sens. C'est la capitale du tourisme bas de gamme « qui envahit et n'achète pas ».
Le tourisme espagnol a souffert pendant des années de cette image désastreuse. Toutefois la plage est vraiment superbe (si vous réussissez à trouver une place). Enfin, Benidorm est une catastrophe écologique : la plupart des paysans des alentours ont quitté la terre pour travailler dans les hôtels. Depuis, chaque année, le désert gagne du terrain.

Où dormir ?

Absolument bondé en été. Pratiquement impossible de trouver une chambre car Benidorm est vendu par les agences de voyages du monde entier.
- *Fonda El Tío de la Pipa* : calle Geranios, 9. Casa de huéspedes de quelques chambres, en plein centre. Certaines d'entre elles disposent d'un balcon.
- *Casa El Valencia* : calle Maravall, 15. A côté du précédent. Chambres simples et propres. On peut y manger. Propose un menu du jour avec généralement une spécialité locale.

● *Campings*

- *Camping La Torreta* : au nord de la ville, en direction de la playa de Benidorm. Bus toutes les heures, de la gare du chemin de fer ou de la plaza Triangular (au centre de Benidorm). Jolie piscine et ombragé.
- *Camping Benidorm* : à 300 m au nord du précédent. Peu d'arbres mais des canisses protègent du soleil. Moins grand que les autres donc moins usine à touristes. Quelques bungalows minuscules.
- *Camping Armanello* : à 3 km au nord de la ville sur la route de Valence (et non l'autoroute). Calme car assez éloigné de la route. Bien ombragé par les oliviers.

A voir

Les mégadiscothèques, pour ceux qui aiment ça : *Penelope* (la pauvre !), *Star Garden*, etc. Allez-y avec un appareil photo, c'est terrible, et prenez-y un verre (gratuit avec l'entrée).

Aux environs

- *Calpé* : à 12 km au nord de Benidorm. Aller directement au port, dans un site très agréable, dominé par un rocher de 383 m. Restaurants sympa et abordables. Belle plage très abritée en demi-saison et bord de mer aménagé en promenade piétonne.

ALICANTE

On arrive d'abord sur une rangée de grands immeubles posés en rang d'oignons tout le long de la baie. On pense à une sorte de Côte d'Azur locale avec sa plage en pleine ville, sa longue et large esplanade bordée de palmiers, ses terrasses à

« m'as-tu-vu », ses sens uniques et ses embouteillages l'été. Cette grande ville de 250 000 âmes n'a pas grand charme, et d'ailleurs il n'y a rien à y voir. Cependant on peut y passer une journée sans déplaisir, juste comme ça. L'été, les petits bourges de la côte se retrouvent dans les dizaines de disco de la plage San Juan, à 6 km au nord. Chaude ambiance.

Adresses utiles

– *Office du tourisme* : en sortant de la station de bus, sur la gauche. Au coin de la calle de Portugal et la calle Pintor Lorenzo Casanova.
– *Téléphones et consigne* (de 6 h 45 à 22 h) dans la station de bus.
– *Poste centrale* : plaza Gabriel Miró.
– *Casa de Socorro* : av. de la Constitución, 1.
– *Policia Municipal* : Fernando Madronál, 2.
– *Presse internationale* : derrière la mairie, sur la plaza de la Santissima Faz.

Transports

– La ligne de bus *Iberbus Linebus* dessert depuis Alicante un grand nombre de capitales européennes comme Paris, Bruxelles, Londres, Amsterdam... Infos : 522-93-36 ou 522-95-04.
– *Station principale de bus* : au coin de la calle de Portugal et la calle Pintor Lorenzo Casanova. Pour gagner le quartier des hôtels, prendre l'avenida Maisonnave. C'est à 10 mn à pied.
– *Bus pour la plage San Juan* : Aparisi Guijarro, 14.
– *Bus pour l'aéroport* en moyenne toutes les heures depuis la plaza Chapi.
– *RENFE* : esplanada de España, 1. Bureau également dans la station de bus. Tél. : 522-00-77. 5 trains quotidiens pour Barcelone, 4 pour Malaga, 3 pour Grenade, 2 pour Algésiras. Vers Madrid : 2 directs à 15 h 15 et 23 h 15.

Où dormir ?

– *Albergue de la Juventud* : du centre d'Alicante, prendre la route de Madrid sur 3 km environ. On tombe automatiquement sur l'avenue de Oruhella. L'auberge est sur la gauche. Assez chère. C'est un édifice blanc à trois étages, qui servait autrefois de pénitencier. Tél. : 52-80-934. Bus E, B ou G depuis le centre. Les deux premiers s'arrêtent devant l'A.J., le troisième derrière (demander au chauffeur). Dernier bus à 23 h. Ouvert toute l'année. Couvre-feu vers 23 h l'hiver et vers 1 h du matin l'été. 220 lits en tout, répartis dans plusieurs bâtiments en chambres de 2, 3, 4 ou 8 lits. Choisissez de préférence les bâtiments A, B, C, D ou E qui sont des résidences étudiantes, bien mieux tenues (disponibles seulement l'été). Cafétéria. Possibilité de prendre des repas.

– Les hôtels ci-dessous sont situés les uns à côté des autres, à proximité de la charmante place Gabriel Miró et ses trois beaux banians.
– *Hotel Olimpia* : calle San Francisco, 62. Tél. : 521-40-37. Style pension de famille avec des souvenirs un peu partout et des tableaux accrochés au mur. Rue calme. Très bon marché. Tenu par un petit monsieur charmant.
– *Hostal Garcia* : calle de Castanós, 3. Tél. : 20-58-66. La peinture des murs s'écaille, mais, vu le prix, pas de quoi râler. Lavabo dans les chambres, douche comprise et bon accueil.
– *Pension Castillo* : calle Baron de Finestrat, 1. Tél. : 521-25-52. Une petite pension à la façade bien fatiguée mais pas chère du tout. Souvent complet. On y sert aussi des repas bon marché. Confort rudimentaire.
– *Hostal Montecarlo* : calle San Francisco, 22. Tél. : 520-67-22. On vous l'indique parce qu'il est central et assez bien tenu, mais c'est plus cher et accueil désagréable.

● *Plus chic*

– *Hotel Residencia Bahia* : avenida Juan Bautista Lafora, 7. Tél. : 521-43-62. Sur la grande avenue longeant la plage. Certaines chambres avec balcon disposent d'une jolie vue sur la mer. Prendre un étage élevé car la rue est assez bruyante, ou demander une des chambres donnant sur la rue Gravina. Rapport qualité-prix correct mais l'insonorisation des chambres laisse à désirer.
– *Hostal Serrani* : Serrano, 15. Tél. : 512-49-74. Au 1er étage. A 3 mn à pied de la gare de Madrid. Prendre l'avenida del General Mola (face à la gare) puis la 1re à droite. Un 2 étoiles dans un immeuble récent. Chambres nues, peintes en blanc très propres.

● *Campings*

— *Camping Lucentum* : à Albufereta, à 4 km au nord d'Alicante. Bus D rouge de la plaza de Luceros, puis 5 mn à pied. Pour atteindre cette place en partant de la gare de Madrid, descendre l'avenida del General Mola. Si vous êtes à Albufereta, prenez la route qui commence en face de la plage sous la voie rapide. Le camping est à un petit kilomètre plus loin. Plus calme que le *Bahia* car plus retiré, mais on est un peu loin de la mer. Assez bien ombragé. Douche chaude payante, téléphone, resto.
— *Camping Bahia* : à Albufereta également. Passé la petite plage, c'est sur la droite. Grand camping en escalier qui descend sur la mer. Pas trop mal ombragé. On peut se débrouiller pour planter sa tente loin de la route. Sol dur comme du béton. La plage est toute proche et les sanitaires semblent tenir le coup.

Où manger ?

— *Comidas Rafaela* : sur la plaza Santa Maria, en plein centre. Petit resto repris tout récemment par des jeunes. Menu complet et économique. Bien pour les petits budgets.
— On peut toujours aller faire quelques emplettes au *mercado de Aliquante,* calle del Capitan Segarra. Tous les matins.
— *Call Mayor* et *calle Gravina* les petits restos investissent le trottoir. Certains proposent des menus à des prix honnêtes. Ils se valent tous plus ou moins. De manière générale, c'est assez cher.

● *Plus chic*

— *Quo Vadis* : plaza Santissima Faz, 3. Tél. : 521-66-60. Sur la charmante petite place derrière la mairie. On se met en terrasse ou dans le cadre chaleureux des panneaux de bois qui couvrent la salle du fond. Cuisine honorable, régionale et internationale. Prix en conséquence.

Où boire un verre ? Où sortir le soir ?

— Au tout début de l'esplanada de España, en face du port, le café *Asia* avec sa déco postmoderne, son grand bar en U et ses stores vénitiens, gris comme il se doit, attire les jeunes les soirs de week-end. Musique rock à tue-tête.
— Si la calle San Fernando et les alentours de la plaza de Gabriel Miró sont truffés de night-clubs distillant une musique totalement dégénérée, c'est plutôt le long de la playa de San Juan qu'il faut aller (bus G depuis la plage du Postiguet). On y trouve force discos et bars où les jeunes friqués viennent dragouiller.

A voir

Vraiment pas grand-chose. La promenade sur l'esplanade d'Espagne ne manque cependant pas de charme. Dans la plus vieille partie de la ville on visitera le petit *musée d'Art moderne* situé dans un bel édifice aux arches élégantes. Ouvert de 10 h 30 à 13 h 30 et de 18 h à 21 h. Fermé le lundi. Gratuit. Quelques toiles et sculptures contemporaines habillent joliment les murs fraîchement rénovés. En vrac, Miró, Juan Gris... Au premier quelques œuvres appartenant au mouvement « art optique ». Les fans d'églises jetteront un œil sur la façade baroque de l'*église Santa Maria* située sur la place en sortant. On y trouve aussi le resto *Comidas Rafaela* (voir « Où manger ? »). Non loin, la *mairie* (l'ayuntamiento) présente une façade à colonnes baroques qui ne manque pas de cachet. On poursuivra la balade par la calle Mayor, la rue piétonne la plus vivante de la ville.

● *Aux environs d'Alicante*

Le démon du tourisme de masse a poussé les promoteurs à envahir le peu d'espace resté vierge. De larges pancartes publicitaires indiquent, au milieu de zones encore sauvages, qu'ici 500 appartements sont déjà vendus, là 200 lotissements sont à vendre... et pas encore construits.

ELCHE

Ville moyenne qui n'a pas un charme fou. L'intérêt d'Elche réside en fait dans sa palmeraie, l'une des plus belles d'Europe. Les palmiers furent plantés par les Carthaginois mais ce sont les Arabes, avec leurs techniques d'irrigation très inventives qui les ont développés. Encore aujourd'hui, l'eau si précieuse est mise aux enchères tous les matins. Dommage que la palmeraie soit aujourd'hui si mal entretenue.

Pour le dimanche des Rameaux, Elche fournit en palmes toutes les églises du pays. D'où le surnom de Jérusalem espagnole que l'on donne souvent à la ville. On rappelle aux athées et mécréants, que pendant les Rameaux, on recouvre le sol des églises avec des palmes, en souvenir de l'entrée de Jésus dans Jérusalem.

Où dormir ?

— *Habitaciones Bartolome* : calle Solars, 33. Tél. : 45-43-50. Dans le centre ville. Très propre, intérieur tout blanc, dans un immeuble récent. Douches sur le palier, en supplément.

— *Casa de huéspedes Carmen* : calle Solars, 10. Pension de famille, en étage, tenue par une vieille dame. A côté du précédent. Un peu moins cher, un peu moins bien.

● *Plus chic*

— *Hotel Don Jaime* : Primo de Rivera, 5. Tél. : (965) 45-38-40. Dans un immeuble des années 60, au cœur de la ville. A proximité de la basilique Santa Maria. Chambres avec salle de bains privée. Rien à dire.

— *Hostal Candilejas* : calle Doctor Ferran, 10-1. Tél. : (965) 46-65-12. Assez loin du centre, près de la plaza Crevillente. Pas d'intérêt particulier mais les chambres disposent de salle de bains privée. Moins cher que le précédent mais moins bien.

● *Beaucoup plus chic*

— *Parador Huerto del Cura* : calle Federico Garcia Sanchez, 14. Tél. : (965) 45-80-40. Un superbe 4 étoiles dont les bungalows sont magnifiquement situés au cœur de la palmeraie, juste en face du célèbre jardin du Curé (Huerto del Cura). Parc très bien tenu par une armée de jardiniers. Tennis, bar et piscine superbe.

● *Camping*

— *Camping El Palmeral* : calle Curtidores. Au sud-est de la ville, un des plus beaux d'Espagne, au cœur de la palmeraie. Sanitaires douteux mais jolie piscine gratuite et petit bassin pour les enfants. Peu ombragé. Eau chaude illimitée. Assez cher. De la gare ou du terminal de bus, prendre un bus sur la grande avenue jusqu'à la station Residencia Universitaria.

Où manger ?

— *Meson el Tozal* : calle Marques de Molina, 22. Prendre l'avenida Reina Victoria, au nord du pont Conelejas, puis la 3ᵉ à gauche. Bon, fin, bien servi, bon vin, cadre agréable et très abordable.

A voir

— *Huerto del Cura* (jardin du Curé) : ouvert de 9 h à 19 h. Ne pas confondre avec le *parador Huerto del Cura*, dont le parc est interdit aux non-résidents. Dans ce jardin botanique, au cœur de la palmeraie, on découvre des cactus, bougainvillées, orangers, citronniers et palmiers à plusieurs troncs. Ne manquez pas, à l'entrée, la reproduction de la célèbre « Dame d'Elche », mystérieuse sculpture d'influence phénicienne. Un peu plus loin, le buste de Jaime Iᵉʳ d'Aragon qui semble sortir tout droit d'un album d'Astérix.

En face, un marchand de dattes fantastiques. On peut aussi acheter une spécialité : le gateau de higos, composé uniquement de figues sèches (higos) et d'amandes. Régimes amaigrissants, s'abstenir. Sinon excellent, naturel et moins écœurant que le turón. A proximité, un pépiniériste chez qui l'on peut acheter des plantes tropicales, des mini-palmiers et même des plantes carnivores !

— *Parco Municipal* : jardin public, très étendu et fort bien tenu. Très agréable pour une balade, à l'ombre des palmiers, pendant les heures chaudes de la journée. Office du tourisme.

— *Iglesia Santa Maria* : en plein centre. Superbes coupoles dont les tuiles vernissées bleues comptent parmi les plus belles d'Espagne. Les 14 et 15 août, s'y déroule une curieuse cérémonie en l'honneur de la Vierge. Les acteurs, tous masculins, reconstituent avec une scrupuleuse exactitude une fête du Moyen Age avec costumes d'époque et chants sacrés. Attention, fermée récemment pour restauration.

– *Rio Safari Delfinario* : au sud-est de la ville en allant vers Santapola. Zoo, en pleine palmeraie, que l'on visite à bord de petits canots à moteur. Spectacle de dauphins à 13 h, 17 h, 18 h 30 et 20 h. Valable surtout pour les enfants.

L'ANDALOUSIE

Un peu d'histoire

L'ancienne Bétique, longtemps occupée par les Romains, connaît l'invasion des Vandales, eux-mêmes obligés de plier bagages pour cause d'invasion wisigothique. Les Arabes mettront tout le monde d'accord au début du VIIIe siècle en envahissant par Gibraltar ce qui deviendra bientôt le royaume d'Al-Andalus. A cette date, les cloches cessent de sonner pour faire place à la prière d'Allah. Cordoue construit sa mosquée, Tolède accueille philosophes et hommes de lettres, Grenade prend des allures orientales... La djihad (guerre sainte) vient de toucher l'Espagne. Les villes tombent les unes après les autres, à grands coups de pillage et de bataille sans merci. Les Arabes montent jusqu'à Saragosse. L'Andalousie connaît alors une période d'épanouissement culturel et scientifique intense. Les palais se parent d'un raffinement tout oriental, les émirs et califes développent les arts et s'entourent de tout ce que l'Occident compte de grands hommes. De nouvelles technologies sont appliquées en agriculture. L'Andalousie vit une période prospère et plutôt tolérante (bien que les populations soient souvent converties de force). Les harems se développent, l'esclavage aussi. L'artisanat connaît son heure de gloire : tisserands, ciseleurs d'or, céramistes participent à l'édification du royaume d'Al-Andalus. A la mosquée de Cordoue, maintes fois agrandie, les hommes de différentes cultures se rencontrent. Musulmans mais aussi juifs et chrétiens travaillent ensemble. Jamais l'astronomie, la philosophie et la médecine n'auront fait autant de progrès.
Pourtant, cette tolérance a des limites et bien souvent les villes doivent payer un lourd tribut à l'émirat afin d'espacer les razzias et d'éviter les pillages. Bref, une tolérance calculée, et surtout très encadrée, qui permet cependant, dans les hautes sphères, l'émulation des idées, l'osmose des cultures, la dynamique des échanges. Maïmonide, le médecin philosophe juif, sera une des grandes figures de cette époque.

● *La Reconquête*

Mais les chrétiens du Nord préparent déjà la reconquête. Alfonso VI, roi de Castille, reprend Saragosse au début du XIIe siècle. Un siècle plus tard, c'est Alfonso VIII qui défait les Maures à la bataille des Navas de Tolosa. Dans le sud, on prend peur. Les Arabes commencent à refluer vers Grenade. On fuit Cordoue qui tombera en 1236, suivie de près par Séville et Cadix. Al-Andalus se recroqueville et se résume alors au royaume de Grenade. Petites, certes, mais belle peau de chagrin en vérité, qui ne cesse d'embellir, d'agrandir ses palais et de profiter de la pause dans les combats que lui accorde le roi de Castille. Grenade ne jettera l'éponge qu'en 1492. Les promesses de tolérance faites aux Arabes seront vite oubliées, la répression prendra rapidement le dessus et les catholiques expulseront ceux qu'ils nomment les morisques au début du XVIIe siècle. Pourtant, si les Arabes sont refoulés, leur art demeure, avec l'Alhambra, qui ne sera pas détruit, eu égard sans doute à sa magnificence. Charles Quint souhaite pourtant y laisser sa marque et, pour ce faire, y fait bâtir un palais royal plutôt mastoque. Il manifestera toutefois son mécontentement quand ses architectes édifieront une cathédrale malvenue au cœur de la mosquée de Cordoue. La mosquée de Séville connaîtra semblable modification avec la superposition sur son minaret d'un clocher incongru (la Giralda).

● *La ruée vers l'or*

Au XVIe siècle, Séville est la ville la plus importante d'Andalousie. L'or venu d'Amérique y enrichit les familles nobles et bourgeoises. De somptueux palais sont bâtis par dizaines et le port connaît une activité intense en obtenant le monopole du commerce colonial. C'est l'ère d'une économie florissante, soutenue par une forte croissance démographique.
Mais au XVIIe siècle, l'exil d'une partie de la population et le fléau des épidémies réduiront de beaucoup la population. Puis, inexorablement, les guerres napoléoniennes, les guerres mondiales et le franquisme entraîneront l'Andalousie vers un déclin général encore fortement ressenti.

● *Aujourd'hui*

Actuellement, l'agriculture et l'élevage sont les principales ressources de cette région peu industrialisée, frappée par une forte émigration. Depuis une quinzaine d'années, l'Andalousie a mis le doigt dans l'engrenage rémunérateur, mais ô combien dévastateur, du tourisme. La Costa del Sol a déjà perdu son âme dans ce mauvais calcul (voir Torremolinos ou Benidorm) et d'autres provinces sont en passe de le faire. Si l'économie de l'Andalousie profite actuellement du tourisme, il n'est pas certain en revanche que les Andalous gagnent vraiment à user et abuser de cette manne.

Les Andalous

Terre d'ombre et de lumière, de plateaux arides, de vallées fertiles, l'Andalousie fut aussi le berceau d'une culture également contrastée. Et, de même qu'une harmonie naît de ces paysages variés, une symbiose exceptionnelle naquit de la cohabitation des peuples juif, arabe et chrétien. C'était avant l'Inquisition. L'islam rayonna près de mille ans sur l'Espagne entière, et les arts et les sciences imprimèrent leur prestige aux Madrilènes mêmes. La Reconquista, lentement puis violemment, anéantit cet équilibre prospère, et l'Andalousie déclina à force de persécutions, de massacres et d'exils.
S'il faut évoquer un peu leur histoire avant de parler des Andalous, c'est que ceux-ci ont gardé de cet héritage riche et douloureux une dimension caractéristique. Ce sont d'abord les villes qu'ils habitent, aux monuments extraordinaires, où le style mudéjar brille incroyablement. La Giralda de Séville, la Mezquita de Cordoue et l'Alhambra de Grenade en sont autant de témoignages grandioses. Les habitations portent aussi la marque de l'Afrique du Nord : villes « blanches » aux maisons chaulées, avec en plus cet art du patio doux et fleuri qu'on ne trouve nulle part ailleurs. Ce sont des oasis de fraîcheur et de paix. Les Andalous, peuple pudique, aiment ces jardins secrets. Un amour de la qualité qu'on retrouve dans les productions régionales, telles celles du *jerez* de la province de Cadiz, vin mondialement réputé, et des taureaux et chevaux de la campagne sévillane.
Quand il n'est pas austère et silencieux, l'Andalou fait la fête. Alors éclate son tempérament passionné. Il faut voir les processions de la semaine sainte de Séville pour saisir un peu de cette ferveur festive qui donne à l'événement un ton presque païen. Les ferias sont aussi l'occasion de se réunir et de s'animer. Et, depuis que Franco pourrit dans son cercueil, capitonné de satin rose, un vent de liberté souffle sur l'Espagne. La fête est plus que jamais présente, la jeunesse andalouse brûle de plaisir, gonfle les bodegas. Optimiste, dynamique et ouverte. Un grand renouveau secoue l'Andalousie, porté par le chant flamenco, expression peut-être la plus achevée de ce que l'âme contient de douleur, d'amour et d'espérance. Le cœur de l'Andalou.

Les Gitans et le flamenco

En cette fin des années 80, le flamenco résonne partout. A toutes les sauces, on nous le sert dans les night-clubs, sur la F.M., et jusqu'aux robes vivement colorées et froufroutantes des danseuses flamencos copiées par le prêt-à-porter. Et voici qu'un Gitan nommé El Camaron est consacré star, parce qu'il joue du flamenco et enflamme des foules de jeunes. Que se passe-t-il ? Et d'où vient cette musique ?
Ce n'est pas un hasard si El Camaron est fils et petit-fils de Gitans. Car ce sont les Gitans qui chantent le mieux le flamenco. C'est chez eux presque une seconde nature, un atavisme. Des générations d'apprentissage en ont fait les détenteurs de la sensibilité flamenco. Et pourquoi spécialement les Gitans andalous, nous direz-vous ? Parce qu'ici, en Andalousie, se sont installés les Gitans qui ont

le plus voyagé ; et, durant le périple – qui leur fit, depuis l'Inde, traverser le Proche-Orient, puis l'Afrique du Nord pour les uns, l'Europe pour les autres, et qui les vit toujours chassés et méprisés –, ce peuple farouche a puisé dans tous les chants sacrés qu'il put entendre et chanter à son tour pour soutenir sa peine. Alors, riches de cette connaissance unique, ils arrivent en Andalousie et créent le *Canto Jondo*, c'est-à-dire la forme la plus puissante du flamenco. Un cri, une déchirure. La prière d'un peuple fier et bafoué, toujours indépendant, longtemps martyrisé.
Aujourd'hui, c'est un peu une revanche que de voir le flamenco reconnu et apprécié. Les Gitans n'ont plus à se cacher – ils furent eux aussi victimes de l'Inquisition –, et la beauté des *siguiriyas*, des *saetas* et du *Canto Jondo* sort du cadre des *tablaos*, ces bars où ils ont l'habitude de jouer. Et l'Espagne a fait de cette musique son hymne national.
Les Gitans ont donc fini par s'imposer comme musiciens de génie. Car il y a du génie dans le flamenco, et lorsque le *duende* est là, c'est-à-dire quand le miracle se produit au cours d'un concert, il n'y a pas un auditeur qui ne soit ébranlé, qui ne frémisse de la tête aux pieds ! Pour expliquer d'où lui vient ce pouvoir, le chanteur Antonio Nuñez, un des grands du flamenco, n'a que ces mots : « Ma voix passe par le nez, les poumons, l'estomac, la tête, le gosier... » L'émotion totale.

La gastronomie

Il y a encore une dizaine d'années, on disait la cuisine andalouse riche... et graisseuse. Aujourd'hui, il ne s'agit plus seulement de se nourrir, mais plutôt de déguster de savoureux mets. Aussi la cuisine andalouse est-elle plutôt riche et bonne, que riche et graisseuse. Elle s'est élevée au rang d'art culinaire. Dans les bars à tapas, il vous suffira d'observer le nombre de plats préparés pour vous rendre compte de la diversité de cette cuisine qui, si elle est toujours préparée avec de l'huile d'olive, a perdu sa lourdeur.
– *Le gaspacho* : la spécialité des spécialités. Il s'agit d'une soupe froide de légumes crus (tomates, poivrons, oignons...) dans laquelle on trempe des bouts de pain grillé.
– *Les poissons frits* : surtout dans les villes côtières. On goûtera le thon à la tomate, les seiches aux fèves, les anchois frais et le loup cuit au sel *(lubina al sol)*.
– *Rabo de toro* : queue de taureau en sauce. Très fin et généralement servi presque partout. On en trouve surtout vers Cordoue.
– *Rognons au jerez* : simple et excellent. Le jerez donne un goût subtil aux rognons qu'on a fait griller.
– *La charcuterie* : un régal ! Toujours tendre, très peu grasse. Le meilleur jambon (et le plus cher) est celui de Jabugo. Les petits sandwiches sont très bon marché. Attention au jambon que vous achetez ; en fonction de la qualité, les prix varient fortement.
– *L'omelette Sacromonte* : on la trouve à Grenade surtout. Préparée avec du jambon et des oignons. Excellent.
– *Les pâtisseries* : l'Andalousie se révèle très riche en pâtisseries. Celle qui nous a le plus séduits est le *turron*, à base d'œufs et de fruits et d'une sorte de pâte d'amandes. Plus léger et moins sucré qu'on ne le croit. Des gâteaux au saindoux, des pains d'épices, des tourtes aux œufs durs et bien sûr des beignets de toutes sortes vous seront proposés tout au long de votre séjour.

Les patios

Bien avant les Arabes, ce sont les Romains qui instituèrent l'ordonnancement de l'habitat autour du patio, petite cour centrale non couverte. Cette organisation fut développée par les Arabes. Le patio possède de multiples avantages. Il permet d'avoir le sentiment d'être chez soi tout en étant à l'extérieur, il protège des regards curieux ainsi que du soleil. La chaleur y est moins forte et la lumière moins crue. C'est un lieu de réunion, de rencontre de toute la famille. Une multitude de plantes vertes en habille souvent les murs, tandis qu'une fontaine centrale fait bruisser un filet d'eau rafraîchissant.
Les patios de Cordoue sont sans doute les plus beaux d'Andalousie : petits pavés mal ajustés au sol, beaux panneaux d'azulejos sur la partie basse des murs, grille en fer forgé élégamment travaillé à l'entrée.

MOJÁCAR

Le petit village apparaît dressé sur son piton rocheux à 1 km de la mer. De là-haut, vue exceptionnelle. Pas bête d'avoir construit ce village tout récent à la manière des anciens. Toutes les constructions sont plus ou moins incrustées dans la roche et respectent le style traditionnel de la région. Ce qui démontre qu'on est capable, à l'heure du tourisme sauvage, de faire du neuf qui ne soit pas moche. Dommage que les habitations vieillissent si mal. Les ruelles escarpées, les impasses en surplomb donnent quand même du cachet à l'ensemble. Difficile d'y loger l'été car souvent complet.

La plage est à 1,5 km et ça descend sec ! Voici quelques adresses près de la plage qui, à défaut d'être belle, est toujours bondée. Comme ça, vous pouvez toujours vous dire que vous n'êtes pas seul à avoir mauvais goût.

Où dormir ?

● *Camping*

– Camping El Cantal : au bord de la mer. Assez ombragé et bien tenu. Supermarché à l'intérieur. Toujours bondé.

● *Assez cher*

– Fonda el Africana : le long de la plage. Tél. : (951) 47-80-10. De chouettes chambres donnant pour certaines sur une terrasse intérieure. A côté du supermarché « Pepa ».
– Hostal El Puntazo : le long de la plage. Tél. : (951) 47-82-29. Hôtel 1 étoile, construit récemment et face à la mer. Certaines chambres disposent d'une terrasse donnant sur la mer. Un peu plus cher que le précédent. Chambres avec douche et toilettes. Fait aussi resto.

LIJAR

A 75 km au nord-ouest d'Almeria. Un village qui ne vaut absolument pas le détour mais célèbre pour avoir signé la paix avec la France... en 1983.
C'est le 14 octobre 1883 que les autorités municipales de Lijar, un village de six cents habitants situé à une cinquantaine de kilomètres d'Almeria, avaient déclaré la guerre à la France à la suite du traitement apparemment peu respectueux qui avait été réservé au roi d'Espagne Alphonse XII lors de sa visite à Paris.
Malgré sa longueur, le conflit ne semble pas avoir été particulièrement meurtrier, ce qui a facilité la réconciliation. La plupart des habitants de ce village perdu dans la montagne n'ont certes jamais vu de Français dans leur existence. Mais certains jusqu'auboutistes n'en étaient pas moins opposés à toute capitulation.
« La majorité des habitants, toutefois, considèrent que le temps de la guerre est passé. Ils espèrent surtout que la publicité apportée à leur village par la cérémonie incitera dorénavant les touristes français descendant vers la Costa del Sol et qui ignoraient jusqu'ici l'existence de Lijar, d'y faire désormais un crochet. » (Extrait du « Monde ».)

ALMERIA

Décevante au premier abord, Almeria est une ville portuaire peu touristique. Peu de gens font en fait le détour par ce coin de l'Espagne, tout en bas à droite de la carte. A y regarder de plus près, la ville possède quelques petites rues animées les soirs de week-end et un Alcazaba aux créneaux restaurés qui ne manque pas de charme. Derrière, un vieux quartier de pêcheurs, le « Chanco » aux maisons colorées, constituera un but de promenade pour ceux qui ont du temps à tuer ; cela dit, ceux qui ne viennent pas pour prendre le ferry pour le Maroc se passeront de ce détour. Pas de plage agréable à proximité.

Un brin d'histoire

Les Phéniciens furent certainement les fondateurs d'Almeria. Se succèdent ensuite à la tête de la cité les inévitables Carthaginois, Romains, Wisigoths et Arabes, envahisseurs de tous crins qui ont tour à tour investi le secteur. Les Arabes laisseront son nom à la ville : « Al-Mariyya », le miroir. Elle devient sous leur joug un émirat indépendant, et prend le dessus sur Séville tout au long du XIe siècle, dans le domaine culturel surtout. Puis la ville devient un repaire de pirates avant que les Arabes ne la reprennent pour plus de trois siècles. Enfin, les catholiques arrivent et la ville décline, jusqu'à aujourd'hui où elle compte parmi les plus déshéritées d'Espagne.

Adresses utiles

– *Office du tourisme :* calle Hermanas Machado. Tél. : 23-47-05.
– *Poste centrale :* calle Padre Luque, près du Paseo d'Almeria. Tél. : 23-72-07.
– *Téléphones publics :* calle Gonzales Garbin.
– *Secours :* tél. : 23-07-12.
– *RENFE :* plaza de la Estación. A deux pas de la station de bus. Tél. : 25-11-35.
– *Station de bus :* plaza de Barcelona. Tél. : 22-10-11.

Ferry pour le Maroc

Le ferry qui part d'Almeria dessert Melilla uniquement. Prendre direction Puerto (des pancartes « Ferry Melilla » vous indiquent le chemin à suivre). La vente des billets se fait à l'agence *Transmediterranea,* Parque Nicolas Salmenón, 19, en face du point de départ. En dehors des heures normales de bureau, possibilité d'acheter son billet au guichet *Transmediterranea* sur le port (entrée par les grilles blanches, en face de l'agence). L'été, normalement, un bateau par jour. L'hiver, 3 par semaine en moyenne. 6 h de trajet. Attention, l'été on se bouscule au portillon. On vous conseille de faire la queue le plus tôt possible pour avoir une chance d'embarquer sur le bateau du jour. Sinon, il vous faudra coucher en ville et attendre le lendemain.

Où dormir ?

Tous ces hôtels sont situés en plein centre, les uns à côté des autres.
– *Hostal Andalucia :* calle General Saliquet, 9. Quand on entre dans le hall, on a le sentiment de pénétrer dans une vaste crypte. Impression insolite. Ce n'est donc pas vraiment gai mais c'est propre. Chambres avec ou sans bains. On y mange bien.
– *Casa La Francesa :* calle Narvaez, 18. Tél. : 23-75-54. Si la pension s'appelle La Francesa c'est parce que la petite patronne a passé 17 ans au pays du fromage. Elle parle donc français mais n'a pas perdu son sympathique accent. Petites chambres simples mais très propres et calmes. Douche au bout du couloir comprise dans le prix.
– *Hostal Alcazaba :* calle Antonio Vico, 1. Tél. : 23-44-22. Jolie façade bourgeoise. Chambres très simples mais les moins chères du quartier. La télé est un peu forte dans le vestibule. Grande différence de prix entre les chambres avec et sans douche. Si vous voulez une douche, allez plutôt à l'hôtel *Andalucia,* bien mieux.
– *Casa Universal :* Puerta de Purchena, 12. Tél. : 23-55-57. Très central. Grandes chambres, hautes de plafond, avec ou sans salle de bains privée. Légèrement plus cher que les précédents. Évitez les chambres donnant sur la rue car assez bruyantes.
– *A.J. (Ostello de la Juventud) :* Ciudad Jardin. Absolument à déconseiller car excentré et pas de bus direct. En plus, c'est vraiment la zone le soir. Pour ceux qui persistent, demander *el campo de futból.*

● *Un peu plus chic*

– *Hostal Residencia Nixar :* calle Antonio Vico, 24. Tél. : (951) 23-72-55. A 100 m de la puerta « Purchena ». Très bien tenu, ce petit hôtel. Atmosphère agréable et accueil courtois. C'est central et les chambres sont toutes avec douche ou bains. Vraiment rien à redire.

● *Camping*

– *La Garrofa camping :* à 4 km au sud d'Almeria par la route côtière. Tél. : 23-57-70. De la estación de bus d'Almeria (en face de la gare RENFE), demander le bus pour Aguadulce. Le camping est situé dans une crique, bien ombragé. Il donne directement sur une plage de gravier mais propre. On le reconnaît à ses drapeaux multicolores à l'entrée. Petite épicerie. La partie proche de l'eau est très

186 / L'ANDALOUSIE

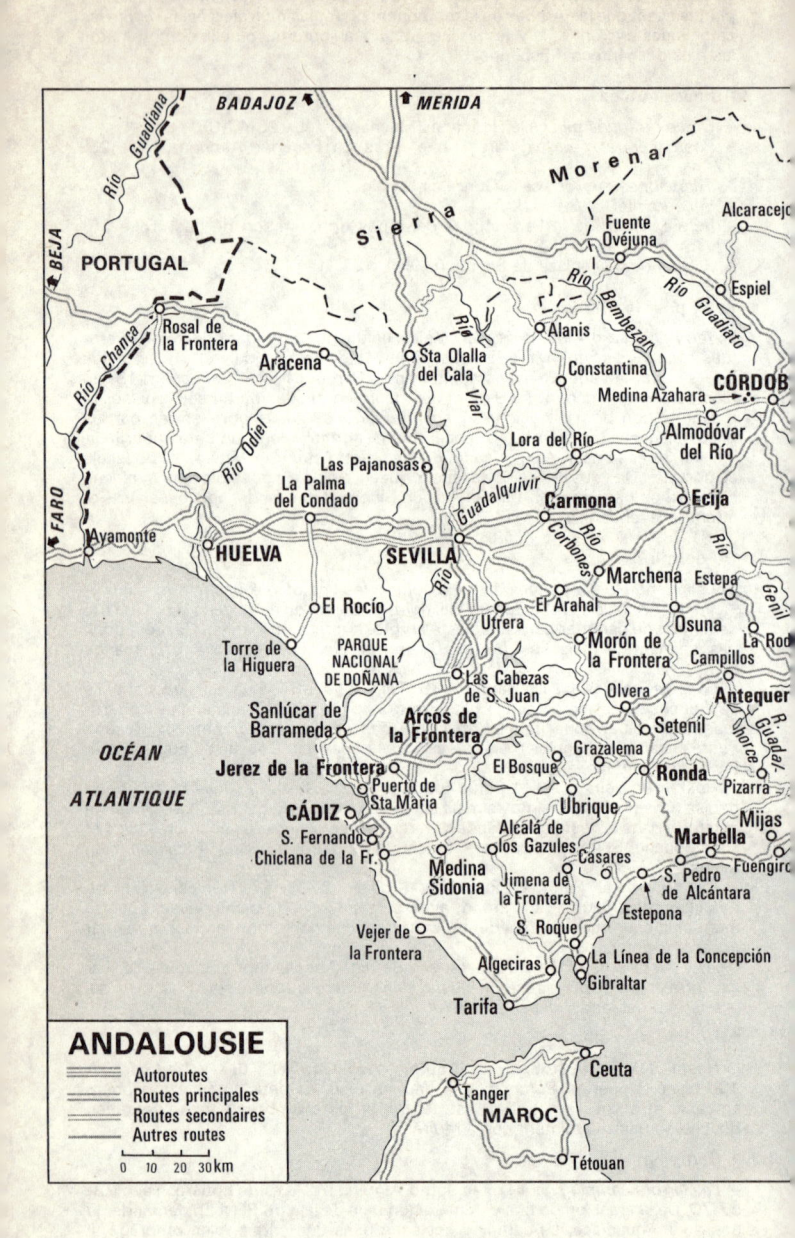

L'ANDALOUSIE / 187

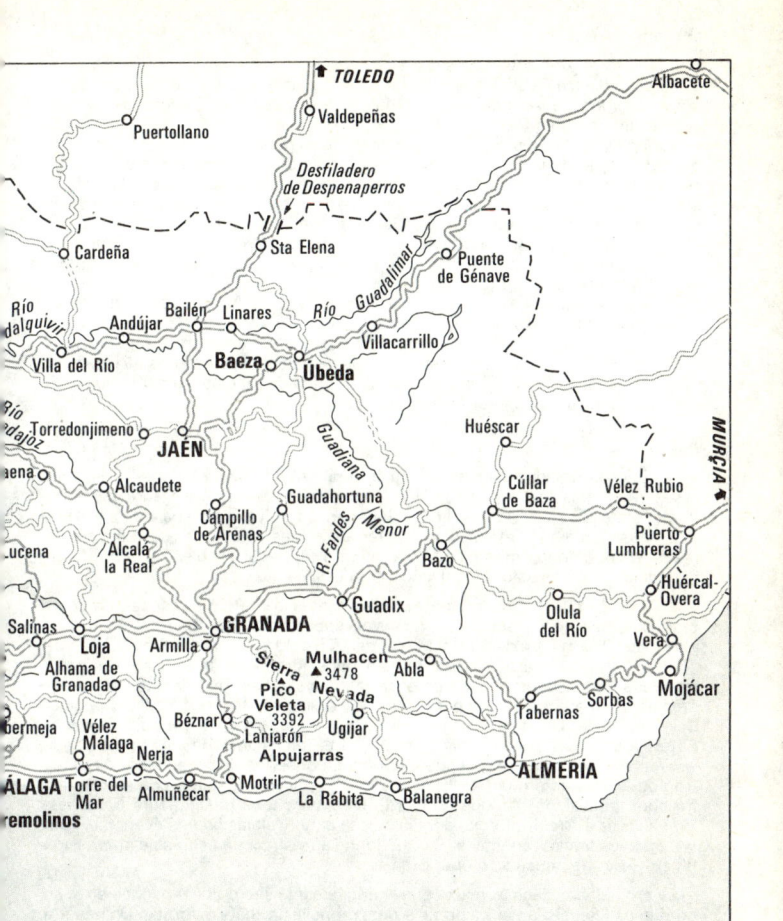

↑ TOLEDO
Valdepeñas
Puertollano
Desfiladero de Despenaperros
Albacete
Cardeña
Sta Elena
Puente de Génave
Río Guadalquivir
Andújar
Bailén
Linares
Río Guadalimar
Villacarrillo
Villa del Río
Baeza
Úbeda
Río Guadajoz
Torredonjimeno
Huéscar
JAÉN
aena
Alcaudete
Guadiana
Cúllar de Baza
Vélez Rubio
MURCIA →
Campillo de Arenas
Guadahortuna
Puerto Lumbreras
Lucena
Alcalá la Real
R. Fardes
Menor
Bazo
Huércal-Overa
Salinas
GRANADA
Guadix
Olula del Río
Loja
Armilla
Vera
Alhama de Granada
Sierra
Mulhacén ▲ 3478
Abla
bermeja
Vélez Málaga
Béznar
Pico Veleta 3392
Nevada
Ugijar
Tabernas
Sorbas
Mojácar
Nerja
Lanjarón
Alpujarras
ÁLAGA Torre del Mar
Almuñécar
Motril
La Rábita
Balanegra
ALMERÍA
remolinos

MER   MÉDITERRANÉE

mal ombragée par de faux palmiers. Patron bourru. Ah oui ! un dernier mot : un viaduc de béton passe au-dessus du camping. Bref, pas vraiment la grande classe.

Où manger ?

Dans le centre, quelques adresses :
- *Tabla la Blanca Paloma :* calle Federico de Castro, 1. Un chouette petit bar à tapas, tout simple mais qui propose de bonnes spécialités. Et pourquoi ne pas commencer par des fèves crues ?
- *Bodega la Botas :* calle Fructuoso Perez, 5. On ne sait pas si c'est l'ambiance de l'endroit, le dynamisme des serveurs étriqués dans leurs petits costumes, aussi rapides que Guy l'Éclair, ou la qualité des assiettes servies sur des tables basses qui nous a séduit. Peut-être est-ce l'ensemble ! A moins que ce ne soient les petits vins doux qui nous aient tourné la tête...
- *Super Pollo :* calle Antonio Vico, 2. Ne riez pas, le poulet grillé est leur spécialité. On l'achète en entier, on le déguste sur place ou on l'emporte. Sympa si vous êtes plusieurs... et fauchés.
- Dans les étroites rues perpendiculaires au Paseo de Almeria, sur la droite en descendant, nombreux restos de fruits de mer. En vous baladant autour de la calle Tenor Iribarne, vous trouverez très certainement une bonne adresse.
- Le samedi soir, les jeunes se retrouvent le long de la calle Arapiles où plusieurs bars font le plein. Tout au bout, au coin du Parque de Nicolas Salmerón, le bar *El Barril* est bourré d'ados qui boivent des bières.

A voir

- Le long du boulevard près des quais, nombreux kiosques dans les lauriers roses et parfois les jets d'eau. Un limón granizado rafraîchit agréablement. Remonter le paseo de Almeria le soir. L'Espagne tardive et nonchalante s'y étale. Les messieurs dignes et corrects aux terrasses des cafés chics sont encore là. Mais plus pour longtemps, l'Espagne bouge vite. Regardez bien... Au n° 56, un bel édifice dont les salons sont décorés d'azulejos.

- *L'Alcazaba :* belle forteresse arabe dominant la ville. Pour y accéder, emprunter la calle Almonzor jusqu'au bout, puis grimper les marches. L'entrée est un peu plus haut. Ouvert l'été de 10 h à 14 h et de 16 h à 20 h. L'hiver de 9 h à 13 h et de 15 h à 19 h. Il n'y a pas à proprement parler grand-chose à voir, mais cette forteresse mauresque dégage un charme indicible. Les murailles crénelées ont été superbement restaurées par l'utilisation d'un pisé identique à celui d'origine. Belle vue sur la ville, depuis les jardins, en suivant le chemin de ronde. Le rempart pittoresque court sur la colline ocre. Points culminants de l'Alcazaba, deux anciennes tours crénelées, desquelles on peut observer de curieuses habitations troglodytiques et le quartier dit de « Chanco », accroché à la roche et dont les maisons rappellent l'Afrique du Nord, avec leurs tons pastel, leurs terrasses. Voir aussi la Torre de la Vela, dont la cloche annonçait les grands événements et rythmait les travaux agricoles. Ce lieu donne au visiteur une agréable impression d'harmonie, de douceur, d'équilibre.

- *La cathédrale :* dans le vieux centre. Érigée sur le site d'une mosquée en style gothique et Renaissance. La partie arrière rappelle un château fortifié. On pénètre par le côté gauche. Belles stalles et singulier retable de marbre à colonnes.

- Si vous avez une heure devant vous, vous pourrez toujours prendre le frais sous les arcades à plafond de bois de la plaza de la Constitucíon.

- Les *plages* aux alentours d'Almeria ne sont ni propres ni sympathiques.

Dans les environs

« Mini-Hollywood » à 30 km au nord d'Almeria sur la N 340 (5 à 10 mn à faire sur une route pierreuse). Ouvert de 9 h à 21 h l'été (normalement). Tout le monde sait que la plupart des westerns dits « spaghetti » ont été tournés en Espagne et particulièrement dans cette région. Pour deux raisons : le paysage rappelle étrangement le Far West. De plus, les figurants espagnols coûtent bien moins cher que les Américains.
Ne vous faites pas d'illusions : le village et les décors sont pourris. Ils furent construits voilà plus de vingt ans. Mais la visite a néanmoins un intérêt historique. En effet, on y a tourné « Il était une fois dans l'ouest » de Sergio Leone, « El

Condor » avec Lee Van Cleef, « les Sept Mercenaires » et quelques scènes de
« Lawrence d'Arabie ». Location de poneys et de chevaux.
Un deuxième « mini-Hollywood » est situé à 5 km du premier. Celui-là s'appelle
Decorado Cinematografico et vaut bien le premier. Même genre d'attractions
mais un peu moins cher. Il servit également de décor naturel à de nombreux longs
métrages. Petits spectacles dans l'après-midi. Marrant pour les gamins.

LAS ALPUJARRAS

Région de petite montagne située entre Almeria et Motril. Très agréable pour
ceux qui veulent fuir la foule côtière.
Après la prise de Grenade par les Rois Catholiques, de nombreux Maures se
réfugièrent dans ces montagnes pour éviter de se convertir au catholicisme.
Pas étonnant que de nombreux villages aient encore l'aspect de ceux que l'on
trouve au Maroc : des maisons cubiques aux toits plats, blotties les unes contre
les autres.
De Grenade, liaisons quotidiennes en bus. 3 par jour.
D'Almeria, remonter la N 340 vers le nord sur 12 km. Puis à **Benahadux**, prendre la N 324, en direction d'**Alhama de Almeria**.
La route commence par traverser une très jolie région connue pour ses vignes et
ses orangers. Puis peu à peu, elle prend de l'altitude et permet de découvrir des
panoramas merveilleux.

● *Yegen :* petit village de montagne avec une vue absolument extraordinaire sur
un cirque de montagnes de la chaîne des Alpujarras.
— Une petite *pension* sans nom, sur la rue principale. Trois chambres seulement
dont deux avec une vue splendide sur le village en contrebas. Très bon marché.
On peut y manger, à condition de prévenir.
— Manger au *Bar Nuovo* (qui a 5 ans) Le Fuente, au centre du village. On y mange
bien pour pas cher. Accueil charmant. Ils ont une dizaine de chambres très simples et propres qui donnent sur le village ou la campagne.

● *Berchules :* autre village de montagne avec un panorama un peu moins spectaculaire. Les maisons cubiques sont recouvertes de lauzes comme dans l'Atlas
marocain. Ne manquez pas les vieilles maisons au bout du village. Cadran solaire
sur le clocher de l'église.
— *Fonda Rafael :* logement chez l'habitant surplombant le canyon. Bon marché.
— *Hostal Carayol :* sur la rue principale. La chambre du fond possède une terrasse
offrant un joli panorama sur la vallée. Bon marché. Bar au rez-de-chaussée.

● *Trevelez :* accroché à la sierra Nevada, à 1 480 m d'altitude, Trevelez est le
plus haut village habité d'Espagne. Un bus par jour depuis Grenade. Départ à
13 h 30. Souvent bondé.
Célèbre dans toute la région pour ses jambons de montagne *(jamón serrano)*.
D'ailleurs, on en trouve chez tous les commerçants. Essayez de les acheter
directement à la fabrique, à une centaine de mètres au-dessus du village.
— *Casa de huéspedes Gonzalez :* sur la place du village. Chambres avec vue sur la
vallée en contrebas. Bonne cuisine familiale. Bar avec des jambons accrochés
au-dessus de la tête des clients.
— *Casa de huéspedes Alvarez :* sur la place du village. Logement un peu moins
cher mais vue bouchée par une construction.

● *Portugos :* village plus important avec des maisons assez modernes. Certaines d'entre elles sont construites au-dessus des ruelles, créant des passages
abrités comme dans les casbahs d'Afrique du Nord.
— *Hostal Mirado de Portugos :* sur la place principale. Certaines chambres ont
une terrasse offrant un joli panorama. Accès gratuit à la piscine du patron, à
300 m en contrebas. Un peu plus cher que la moyenne mais très bien tenu.

● *Capileira :* petit village où aboutit la route qui franchit la Sierra Nevada. Le col
n'est ouvert qu'en été. Le village n'a pas un intérêt fou.
— *Meson Hostal Poqueira :* chambres très propres avec ou sans bains. La plupart
d'entre elles donnent sur la vallée. Tenu par deux frangins qui se ressemblent
étrangement. Bistrot au rez-de-chaussée. Bon marché.
— *Hostal Paco Lopez :* correct mais vue bouchée par un bâtiment. Par contre, le
restaurant est réputé pour ses spécialités locales : *jamón serrano* (jambon de
pays), *platon alpujarrena* (jambon, saucisse et œufs)...

Pour les marcheurs, des sentiers faciles relient Trevelez à Berchules (3 h), Berchules à Yegen (3 h 30) et Yegen à Urgivar (5 h). Se procurer la carte de la région de la Sierra Nevada au 1/150 000, au Vieux Campeur à Paris.

PAR LA CÔTE

Si vous n'empruntez pas la route de las Alpujarras (ce qui serait dommage) vous longerez la côte. Quelques endroits pour faire halte. Belle plage dans le village de Castell de Ferro (on la voit de la route). Quelques bateaux de pêcheurs se reposent sur les galets. Camping à la sortie du village. A 2 km en direction de Motril, en contrebas, belle petite crique aux eaux très pures.
A partir de Salobreña et jusqu'à Malaga la côte devient sauvage, la montagne s'abîme dans les eaux bleues et la route en corniche offre de superbes panoramas. De plus les promoteurs n'ont pas encore sévi dans la région.

SALOBREÑA

Surprenant village de maisons cubiques, construit sur un promontoire près de la mer. Les maisons ne sont pas blanches comme ailleurs mais légèrement bleutées. Tout autour, une vaste plaine où s'étendent à perte de vue, des champs de canne à sucre. Dommage que les immeubles en béton commencent à pousser. Longue plage au bas du village. Infos touristiques en face du camping.

Où dormir ? Où manger ?

Nos adresses sont situées dans la partie basse du village, mais c'est sur les hauteurs que se trouvent les ruelles typiques. De la place de l'église, vue géniale sur la plaine et la mer.

— *Pension San José* : calle Cristo, 96. Maison très ancienne avec un charmant patio à ciel ouvert. Chambres hautes de plafond comme autrefois quand on construisait sans regarder à l'économie. Bon marché. Tenue par une famille charmante. On peut aussi y manger. Notre meilleure adresse.
— *Pension Palamares* : calle Hortensia, 29. Tél. : 61-01-81. Un peu plus chère que la précédente. Bruyant et pas très net. Possibilité de pension complète.
— *Hostal Lopez* : calle Camino de la Playa. Tél. : 61-00-53. Bâtiment moderne dont un bon nombre de chambres disposent d'un petit balcon. On parle français. Pas très loin de la plage. Un peu plus cher.
— *Hostal Mary Tere* : à l'entrée du village. Pratiquement toutes les chambres disposent d'un balcon. Assez cher. Bar bruyant au rez-de-chaussée. Seulement si vous êtes coincé.
— *Bar Pesetas* : tél. 61-01-82. En haut du village près de l'église. Vue magnifique sur la plaine et Salobreña. On peut y boire, y manger des tapas ou y prendre un repas. Pas cher.
— *Pension Maria Carmen* : calle Nueva, 30. Tél. : 61-09-06. Pas loin de la calle Hortensia, dans une rue qui monte vers le château. Très agréable, bon accueil, sanitaires propres. Pas cher. Possibilité d'y prendre petit déjeuner et repas.

● *Campings*

— *Camping El Peñon* : en dehors du village mais tout au bord de la mer. Tél. : 61-02-07. Ombragé. Eau chaude gratuite. Petite épicerie. On y mange aussi très bien pour pas cher. Trois solutions : le bar, la salle à manger ou la terrasse. Assez bondé. En face, plage de gravier abritée par un gros rocher. Les sanitaires sont quand même un peu « limités ». Il faut aussi qu'on vous prévienne que la boîte d'à côté fait un raffut de tous les diables. Pour ne pas choper les boules, apportez donc vos boules Quiès.

Aux environs

— *La vallée tropicale de Almuñecar* : à 15 km à l'ouest de Salobreña, à Otivar, en suivant la vallée du rio Verde, sur la route touristique qui va à Grenade en passant par la Puerto del Suspiro del Moro. Il y pousse avocatiers, bananiers, manguiers, papayers, etc. Les plantations s'étendent de chaque côté de la route sur des centaines d'hectares mais tous ces fruits ne sont mûrs qu'en hiver.

NERJA

Ville très touristique et à juste titre car elle mérite une visite. En effet, deux choses assez spectaculaires : les grottes et son célèbre « Balcon de Europa ».

Où dormir ?

Attention, Nerja est une ville assez chère. Pas de camping ni d'hébergement vraiment bon marché. Arrangez-vous pour la visiter mais dormir ailleurs ! Voici toutefois quelques adresses pour ceux qui y tiennent.
– *Hostal Atembeni* : calle Diputación Provincial, 44. En plein centre. Chambres avec balcon et salle de bains privée. Demander une chambre dans les étages les plus élevés afin d'avoir la vue sur la mer. Un peu bruyant.
– *Hostal Don Peque* : calle Diputación Provincial, 13. Tél. : 52-13-18. En face du précédent. Très central. Balcons et salle de bains privée.
– *Hotel Portofino* : Puerta del Mar, 2. Tél. : 52-01-50. Tenu par une Française. Chambres avec loggia donnant sur la mer. Impeccable.
– *Hostal Miguel* : calle Fernandez, 31. Tél. : 52-15-23. Jolie maison avec bow-windows. La plupart des chambres disposent d'une salle de bains privée.
– *Pension Rosario Torreo Cabra* : Alte Fernandez, 18. Dans la même rue que le précédent. Prix doux. 2 ou 3 chambres seulement. Jardin fleuri. Très propre. Accueil charmant. Très bon marché.

● *Plus chic*

– *Estrella del Mar* : calle Bella Vista, 5. Tél. : 52-04-61. Au nord de la ville, pas loin du *Parador de Turismo*. Construction récente dont les chambres possèdent un balcon et une salle de bains privée. Restaurant au rez-de-chaussée.

● *Près des grottes de Nerja*

– *Balcon de Maro* : dans le village de Maro, à 1 km des grottes. Studios avec cuisine et salle de bains. Jolie vue sur la mer en contrebas.

A voir

– *Les Grottes* (las Cuevas) : à 2 km au nord de la ville. Ouvertes de 9 h 30 à 21 h de mai à mi-septembre (en basse saison : de 10 h à 13 h 30 et de 16 h à 19 h). Bus toutes les 30 mn de Nerja. Location de vélos au 30 calle Granada à Nerja. Gigantesques grottes naturelles célèbres pour leurs impressionnantes concrétions calcaires (un stalactite mesure 65 m !). Éclairage extraordinaire.
– *Balcon de Europa* : vaste esplanade dans le centre de Nerja surplombant deux petites criques. On y a planté une jolie végétation, notamment des palmiers.

● *Dans les environs de Nerja*

– *Frigiliana* : à 8 km ; sur la route de Malaga, prendre tout de suite à droite une jolie petite route sinueuse qui mène au village. Au 50 calle Real, une femme loue des chambres très propres. Pour le petit déjeuner, on descend au 16 calle Real (bistrot typique).

MÁLAGA

Indicatif téléphonique : 952.

Ville assez importante de la côte méditerranéenne, Málaga ne possède pas les charmes de Séville ou Cordoue, loin s'en faut, mais il s'en dégage tout de même une atmosphère agréable et bon enfant. Le centre est assez petit et les quartiers se parcourent à pied. Quant au port, il est l'un des plus importants de la méditerranée et assure les liaisons avec l'Afrique du Nord (Ceuta, Melilla).
Comme il n'y a pas grand-chose à voir à Málaga, on prend le temps de s'asseoir aux terrasses des cafés et de regarder vivre les Andalous, en sirotant un des vins doux de l'arrière-pays, de ceux qui font gentiment tourner la tête.

Un peu d'histoire

Phéniciens, Carthaginois et Romains se sont succédé à la tête de la cité avant que les Maures ne s'installent. Avec eux, le quartier de l'Alcazaba se développe. Puis les Rois catholiques s'emparent de la ville et expulsent « manu militari » les musulmans qui y séjournaient. Le commerce avec les Amériques permet alors à

Málaga de devenir une importante plaque tournante et de prospérer. Cet essor n'est jamais retombé depuis, le port étant idéalement situé aux portes de la Méditerranée et de l'Atlantique. Le développement économique de la ville s'est accru avec le trafic maritime international. Les vingt-cinq dernières années ont dynamisé particulièrement l'activité portuaire de Málaga, pétroliers et cargos en témoignent.

Topographie de la ville

On se repère aisément dans Málaga. Le centre se situe derrière le paseo del Parque, longue promenade bordée d'arbres, où l'on peut prendre un verre en terrasse. Une belle colline domine la ville, sur laquelle trône l'Alcazaba, forteresse construite par les Arabes au IXe siècle.

Arrivée à l'aéroport

— *Bus* toutes les 20 mn, de 6 h 20 à 23 h 50, vers le centre (cathédrale). Même endroit pour le retour. Dernier bus à 22 h 20.
— Pour aller à Torremolinos, il est préférable de prendre le train qui s'arrête près de l'aéroport. Un train toutes les 30 mn à partir de 7 h.
— Petit *kiosque d'information* concernant les hôtels dans l'aéroport.

Adresses utiles

— *Office du tourisme :* calle Marqués de Larios, 5. Tél. : 21-34-45. Près de la plaza Marina, en plein centre. Ouvert théoriquement de 9 h à 14 h l'hiver et également de 16 h à 20 h l'été. Fermé le dimanche. Plan de la ville.
— *Poste principale :* avenida de Andalucia. Tél. : 35-91-07. Ouverte de 9 h à 13 h et de 16 h à 19 h. Fait poste restante.
— *Consulat de France :* calle de Parcent, 8. Tél. : 22-65-90.
— *Consulat de Suisse :* Puerta del Mar, 18. Edificio Vasco Navarro. Tél. : 21-72-66.
— *Consulat de Belgique :* Compositor Lhemberg, 5. Edificio Caja de Ahorros de Antequera. Tél. : 39-20-03.
— *Téléphone international :* calle Molina Larios, près de la cathédrale.
— *RENFE :* calle Cuarteles. Pour la consigne, il faut aller en face, au *bar Acapulco*. Tél. de la station : 31-25-00. Nombreux trains quotidiens pour toute l'Andalousie. On peut aussi acheter ses billets dans le centre, calle Strachan, 2. Tél. : 21-31-22.
— *Bus :* deux compagnies. *Empresa Alsina :* Plaza de Toros Vieja, près de la gare ferroviaire (RENFE). Tél. : 31-04-00. Dessert Ronda, Almeria, Nerja, Sevilla, Grenada et Córdoba. *Empresa Portillo :* calle Córdoba, 7. Tél. : 22-73-00. Près d'Alameda Principal. Dessert Torremolinos (beurk !), Marbella et Algésiras.

Où dormir ?

Bien entendu, préférez le centre. Toutes nos adresses s'y trouvent. A Málaga le logement est bon marché mais les hôtels et pensions sont dénués de charme.
— *Hospedaje Córdoba :* calle Bolsa, 11. (2e étage). Tél. : 21-44-69. A côté de la cathédrale. Propre et central. Chambres avec lavabo et petit balcon. Accueil agréable. Mais les chambres sur rue sont très bruyantes.
— *Hostal Imperial :* calle Martinez, 16. Tél. : 22-88-95. Central et très bien tenu. Petite entrée mignonnette. Chambres simples et sans prétention, en accord avec le prix modique. Récemment repeint. Chambre pour trois très avantageuse. Un seul inconvénient, douche unique située au rez-de-chaussée. Levez-vous tôt.
— *Pension Ramos :* calle Martinez, 8. Tél. : 22-72-68. Familiale et calme. Choisissez plutôt les chambres du haut, plus lumineuses. Avec lavabo. Douche à l'étage. Prix très raisonnables. La *pension Rosa,* à côté, est moins sympa.
— *Hostal Moran :* calle Bolsa, 14. Attention, l'hostal est indiqué au n° 14, mais c'est au n° 16 qu'il faut aller. (Les numéros de la rue ont été modifiés.) Chambres petites, sans lavabo, rudimentaires. Douche chaude comprise dans le prix. Pour une nuit ça peut aller.
— *Hostal Buenos Aires :* même adresse que ci-dessus, au 2e étage. Tél. : 21-89-35. Beaucoup mieux que le Moran, mais c'est le double. Chambres soignées et claires dans un appartement bien tenu. Lavabo dans les chambres mais douche extérieure. La patronne est accueillante. En basse saison, tentez de négocier les prix. Attention, évitez les chambres sans fenêtre... ou cassez le prix en deux.

● *Un peu plus chic*

– *Hostal Chinitas* : Passaje de Chinitas, 2. Une ruelle qui part de la Plaza de la Constitución. Au 2e étage. Tél. : 21-46-83. Ne vous fiez pas à l'aspect délabré de l'entrée : l'appartement de la charmante famille qui vous accueille est bien tenu. Chambres impeccables pour 2 ou 3, avec lavabo. Grande salle de bains dans le couloir. Plein de marmots dans l'appartement, ce qui donne un côté vraiment familial. Un peu cher pour deux mais plus avantageux pour trois.

● *Plus chic*

– *Parador del Gibralfaro* : tél. : (952) 22-19-02. A 3 km au nord de la ville, perché sur une colline. De la terrasse, on surplombe l'Alcazaba en contrebas ainsi que toute la ville. Vue plongeante sur la plaza de toros. Entièrement rénové. Jolie balade à pied en redescendant la colline par la Puerta Oscara, au milieu des oliviers. Belle terrasse pour prendre le soleil. Chambres avec balcon. Le luxe quoi. Compter de 400 à 450 F la nuit.

● *Camping*

– *Balneario del Carmen* : à 3 km au nord du centre, sur la route longeant la mer. Tél. : 29-00-21. Ouvert toute l'année. Bus n° 11 depuis l'avenida del Parque. Au bord d'une plage misérable. Ombragé par des eucalyptus. Ne pas se mettre près de la route à cause du bruit. Ne pas se mettre près de l'entrée non plus à cause du raffut de tous les diables que font chaque matin les camions-poubelles. Mais où va-t-on se mettre, chéri ? Sanitaires passables. Petite épicerie mais on vous conseille d'aller au magasin d'alimentation situé à environ 200 m du camping. Court de tennis. En résumé, vraiment pas le pied.

Où manger ?

– *Tormes* : calle San José, à l'angle de la calle Granada. Dans le quartier piétonnier, en face du musée de Bellas Artes. Attention, fermé le soir. Deux menus, l'un à trois plats, l'autre à quatre plats, selon votre appétit. Bonne cuisine abondante.
– *La Cancella* : calle Denis Belgrano, 3. Tél. : 22-31-25. Donne sur une placette entourée de balcons fleuris. Un chouette petit resto familial avec nappes à carreaux et salles voûtées. C'est la cantine des employés du quartier le midi. Les plats sont simples et reconstituants. Menu bon marché et complet. Bonnes soupes de poisson dont la *sopa especiales de la casa*. Activité débordante. Ouvert midi et soir, jusqu'à 23 h.
– *Cafeteria Gibralfavo* : pasaje Chinitas. Un petit café qui ne paye pas de mine mais qui propose un large éventail de tapas, très frais et pas chers.
– *Cortero de Pépe* : plaza Merced, 2. Un bar à tapas avec une salle en mezzanine. Menu à prix très honnête servi midi et soir. Plats simples et copieux, déco typique mais pas surfaite. Mangez donc au bar, c'est plus marrant. On vous conseille l'*Estofado de Ternera*.

● *Plus chic*

– *La Alegria* : calle Martin Garcia, 10. Tél. : 22-41-43. Passé le mouvement de recul qu'inspire cette froide et impersonnelle décoration qu'on aperçoit par les larges vitres, on s'asseoit à l'une des tables carrées un peu dispersées et l'on commande une bonne soupe de poisson, un « consommé de lotte » par exemple. La carte des poissons est riche. Nous on a opté pour une *Fritura Malaguena*, la spécialité du coin. On n'a pas été déçu. Service attentif et prix justes. Sert le soir jusqu'à 23 h. Fermé le samedi.
– *Rincón de Mata* : Esparteros, 8. Petit bar en longueur au rez-de-chaussée et salle de resto typique à l'étage. Là encore, spécialités de poissons : espadon fumé (*lez espada ahumado*), *mero al hinjo* (mérou au fenouil)... et des viandes (assez cher). Atmosphère agréable et bon service.

● *Sur la plage*

– Au nord de la ville (après le camping), à quelques kilomètres du centre, les plagettes de sable sont bordées de restos où l'on mange des fruits de mer en terrasse. Ils se valent tous.

La tournée des bodegas

Dotés d'un bouquet unique et d'une douceur légendaire, les vins de la région de Málaga vous laisseront un bien agréable souvenir. Pour les tester voici le circuit que nous vous avons concocté... à pied évidemment.
— *Bodega* : calle Mendez Nuñez, 5. Non loin de la Plaza Uncibay. Grande salle avec tonneaux, plafond et bar en bois. Très sympa, plein de jeunes. Goûtez le Vino de Competa et le Vino fino Canasta cream.
— *Antigua Casa de Guardia* : Alameda Principal, au coin de la calle Pastora. Un de nos préférés, c'est sûr. Fondé en 1840 comme l'indique la plaque à l'entrée, ce vieux bar tout en longueur, formé de tables étroites, propose plusieurs dizaines de vins différents, tirés des tonnelets qui couvrent le mur. Les serveurs en tenue blanche sont des connaisseurs. N'hésitez pas à leur demander conseil. La clientèle entre deux âges (et plutôt masculine) déguste debout et dans une ambiance bien sympathique un Parajete (doux), un seco Trasañejo (doré et demi-sec) ou encore un traditionnel Moscatel... A la bonne vôtre !
— *Quitapenas* : calle Chinitas, 2. Un petit bar moins typique mais populaire où l'on s'arrête pour goûter un vin doux et blanc, le Pedro, ou encore le Lacrima. Fermé samedi soir et dimanche. Quelques tapas.
— *Pimpi* : calle Granada, 62. Passez la porte et enfoncez-vous au bout du patio. La musique vous guidera droit vers cette taverne énorme composée de plusieurs salles disposées en enfilade. Poutres, plafond de lierre, tonnelets, tables basses et une sélection importante de bons crus font de ce bar une étape obligée de votre périple. Dégustez la Montilla, un blanc un peu amer.
— *Bar Alaska* : plaza San Pedro de Alcàntara, au bout de la calle Carreteria. Fin de la tournée, un petit troquet sur une placette. On se boit en terrasse un Pedro ou un Moscatel à l'ombre d'un gros arbre joufflu. On peut accompagner son verre de fruits de mer.

● **Et encore...**

— *Bar Cayetano* : calle Azucena, ruelle donnant sur la calle Santa Lucia, dans le centre. C'est là que se retrouvent les juniors (17-22 ans). Tables basses dehors et petite salle en mezzanine où les ados boivent de la bière. Billard américain et musique rock forte.

A voir

Pas grand-chose sur le plan historique ou culturel mais le paseo del Parque appelle à la promenade vespérale.
— *Museo de las Bellas Artes* dans la vieille ville. Ouvert de 10 h à 13 h 30 et 17 h à 20 h. Fermé le lundi toute la journée. Construit autour de deux patios fleuris. Peintures de Murillo, de Morales et quelques œuvres de jeunesse de Picasso dont les « Deux Vieillards ». Picasso, natif de Málaga, la peignit à dix ans. On y voit également des œuvres d'Alonso Cano et de Zurbarán. Le quartier alentour est charmant, avec son lacis de ruelles aux façades typiques, aux patios fleuris... N'hésitez pas à pousser les portes.
— *L'Alcazaba et le musée archéologique* : imposante forteresse aujourd'hui en ruine, bâtie par les Romains au IXe siècle mais restaurée par les Arabes. On accède aux hauteurs de l'Alcazaba à partir de la plaza de la Aduana. Grimpez le chemin piéton qui permet d'accéder au petit musée archéologique situé sur les hauteurs de l'Alcazaba. La promenade est charmante et vous permet de déambuler à travers l'ancienne forteresse remise en état sur ce parcours : bosquets fleuris à l'andalouse, porches, passages en arcades... Le musée se trouve autour d'un large patio de style mauresque. Collection de statues romaines, poteries, etc. Le plus intéressant selon nous réside dans les mosaïques du IIIe siècle et les jolies arcades hispano-musulmanes richement travaillées ainsi que les azulejos colorés. Décidément les Arabes avaient un don pour l'ornementation et l'équilibre des formes. Belle terrasse avec vue sur la ville.
— *Castillo de Gibralfaro* : de l'Alcazaba, une sente escarpée monte jusqu'au Castillo de Gibralfaro, perché au sommet de la colline. Pour les masos de la grimpette. On peut aussi y accéder en voiture en gravissant la route au départ de la calle la Victoria. Le château est complètement en ruine mais il y en a qui aiment. Les autres pourront toujours se consoler en lorgnant le port et la ville, qui bien sûr sont plus beaux de là-haut.
— *La cathédrale* : construction mastoque et inachevée, cette cathédrale de style Renaissance n'est pas un chef-d'œuvre, c'est certain. Entrée payante par le

jardin à gauche où des fouilles ont été entreprises. Un des seuls attraits du monument réside dans l'intimité de ses voûtes finement sculptées. Le pupitre de marbre aussi vaut le coup d'œil, ainsi que quelques-unes des toiles visibles dans les chapelles des bas-côtés. Enfin, par le jardinet, on peut accéder au Sagrario, sanctuaire possédant un superbe retable sculpté de style plateresque (XVIe siècle). En sortant du côté de la calle Santa Maria, on note une intéressante porte de style isabélin.
— *Museo diocesano d'Arte Sacro* : ouvert de 10 h à 13 h et de 16 h à 19 h. Fermé le samedi après-midi et le dimanche. Sur la petite place en face de la cathédrale. Façade baroque. Ce petit musée comporte quelques tableaux de l'école de Murillo et de l'école sévillane. Beaucoup de copies ou de tableaux mineurs. Aucune œuvre majeure. Pas de véritable intérêt donc, même si les fans de Picasso seront tentés d'aller voir une toile du maître, réalisée à l'âge de quinze ans, échouée là par quelque opération du Saint-Esprit probablement. Il s'agit d'une étude sur la lumière artificielle. Les autres passeront leur chemin.

Les plages

Pas génial. On les trouve au nord de la ville sur une vingtaine de kilomètres.

Dans les environs

● *Garganta del Chorro* : à 62 km de Malaga. Intérêt assez limité à l'exception de l'endroit où la gorge est particulièrement resserrée. Serait plus intéressant si on pouvait descendre la gorge en bateau.
En chemin, à 40 km de Malaga, on aperçoit *Alora*, dominé par une citadelle (pas la peine de vouloir la visiter, l'intérieur est occupé par un cimetière !).
Après Garganta del Chorro, vous pouvez rejoindre Ronda via El Burgo. Piste pierreuse sur 14 km, assez pénible mais praticable par toutes les voitures (sans caravane et en prenant son temps !). A ne pas faire le soir car on peut se perdre. Nécessité d'avoir une bonne carte. Paysages de hauts plateaux désertiques assez extraordinaires. Plusieurs villages abandonnés.

Quitter Málaga

— *En bus* : nombreuses liaisons en direction d'Alicante (4 fois par jour), Valence (4 fois par jour), Barcelone (3 fois par jour) et Madrid (2 ou 3 fois par jour). Changements de bus en cours de route.
— Nombreux *trains* pour toute l'Andalousie.

TORREMOLINOS

Une vraie catastrophe. Le symbole de la promotion immobilière sauvage, dans la lignée de Benidorm. La plage est belle mais difficile de voir le sable : des dizaines de cars y déversent tout l'été des mimiles venus de tous les pays, armés de casquettes Ricard et de polos à trous. Étranger, passe ton chemin !

Adresses utiles

— *Office du tourisme* : Nogalera, 517. Tél. : 38-15-78. Ouvert de 8 h à 15 h tous les jours. Le samedi de 9 h à 14 h. Fermé le dimanche. Plan disponible mais personnel incompétent.
— *Station RENFE* : à quelques pas de l'Office du tourisme. Liaisons très nombreuses et régulières avec Málaga.

Où dormir ?

Les hôtels bon marché ne sont pas évidents à trouver. En voici quelques-uns toutefois, situés dans l'ancienne partie de la ville, aujourd'hui noyée par les immeubles.
— *Albergo de la Juventud* : avenida Carlota Alexandre, 127. Tél. : (952) 38-08-82. Maison blanche traditionnelle avec une véranda et un vaste enclos fermé. A 5 mn à pied de la mer. Un peu à l'ouest du centre, en bordure d'une route à quatre voies. L'endroit le moins cher de la ville évidemment. Chambres pour 4 avec douche. Bien entretenu. Ouvert uniquement de juin à fin août.
— *Santa Gema Habitaciones* : calle Bajondillo, 3. Pas de téléphone. Ouvert uniquement en été. Tenu par une vieille dame. A proximité de la plage de Bajondillo,

au nord de la ville. Très bon marché. Dans le quartier le moins nul de la ville. On reconnaît la maison à ses volets verts.
— *Hostal Beatriz* : calle Peligro, 4. Tél. : 38-51-10. A côté du précédent, à 20 m de la plage de Bajondillo. Prix d'un hôtel 1 étoile. Chambres avec balcon sur la mer et salle de bains. Accueil familial. Huit chambres en tout.
— *Hostal Guadalupe* : calle Peligro, 2. Tél. : 38-19-37. Tout à côté du précédent, même prix. Certaines chambres ont un balcon. En face, un hôtel néo-nul bouche l'horizon. Fait aussi resto, menu bon marché. Les gens du coin y vont.

● *Camping*

— *Camping Torremolinos* : au nord de la ville, sur la route de Málaga. Tél. : 38-26-02. Entièrement clos de mur. A 3 mn à pied de la plage. Quelques arbres maigrichons. Épicerie et cafétéria. Prévoyez des sardines solides ou un marteau piqueur pour les planter. Pas de piscine. Douche froide l'été. Ouvert toute l'année.

Où manger ?

— *Restaurant Europa* : via Imperial, 34, Montbémar. Tél. : 38-80-22. Un peu en dehors de la ville. Excellente cuisine à un prix dérisoire vu la qualité.
— *Le resto de l'hôtel Guadalupe* dans l'ancien quartier de la ville.
— *Les restos et tavernes du centre,* coincés entre les complexes commerciaux et les galeries sont tous des attrape-cou... ristes.

A voir

A vrai dire, pas grand-chose.
— *El Bajoncillo* : au nord de la ville, au bord de la mer. C'est l'ancien village avec quelques vieilles maisons, assez rares faut-il encore préciser. Visite sans intérêt.

— *Aquapark* : à l'entrée nord de la ville. Un tas de piscines, toboggan aquatique géant...

— *Tivoli World* : au sud de Torremolinos. Parc d'attractions, au pied de la montagne. On y a reconstitué un village andalou, une pagode, des manèges. Le royaume des enfants et des merguez.

MIJAS

La route la plus agréable pour monter à ce village consiste à prendre la direction de « Tivoli World » à la sortie sud de Torremolinos. En effet, cette petite route de montagne vous éloignera de la foule du bord de mer. De plus, elle traverse des paysages merveilleux avec, en contrebas, la mer.
Mijas est un charmant village, tout blanc, perché dans la montagne. Les rues sont étroites ce qui ne facilite pas la circulation en été. Joli panorama sur la mer, à quelques kilomètres. Dans le village, deux petites églises mudéjares, qui reflètent bien l'Andalousie rurale.

Où dormir ?

— *Ostello de la Juventud* : Tél. : (952) 47-41-77. Attention, elle ne se trouve pas à Mijas même. Il faut redescendre sur la route côtière en direction de Marbella. L'A.J. est située à 7 km au sud de Fuengirola, dans un lotissement de villas neuves, appelé « Urbanizacíon El Chaparral ». Si vous êtes en bus, l'A.J. est à 500 m (c'est fléché) de l'arrêt El Chaparral, situé juste au km 203 de la route côtière N 340. Joli bâtiment blanc très agréablement situé et entouré d'arbres. 156 lits. Il est possible d'y camper avec son matériel ou celui de l'A.J. Supermercado à 1 km vers Marbella. Piscine. Petite plage à 500 m.

MARBELLA

Indicatif téléphonique : 952.

Les gens qui sont persuadés que le tourisme en Espagne est trop populaire n'ont jamais fréquenté Marbella. Vous risquez plus d'y croiser un Rothschild ou un émir saoudien que votre concierge. A croire d'ailleurs que les riches ont meilleur goût que les pauvres car Marbella est bien plus beau que Benidorm.

MARBELLA / 197

La ville est très civilisée, avec ses beaux immeubles en bord de mer et ses jolies voitures de marques anglaises qui sillonnent les ruelles du vieux Marbella. Ce vieux quartier aux blanches maisons et aux balcons fleuris se trouve à deux pas du quartier nouveau, en se dirigeant vers l'intérieur, sur les hauteurs. Au cœur de ces maisons andalouses, la place des Orangers, une oasis de fraîcheur avec des orangers bien sûr, une claire fontaine et des terrasses de café où l'on prend le soleil. Vous avez de la chance, c'est dans ce secteur que se trouvent les hôtels bon marché.

Adresses utiles

– *Office du tourisme* : avenida Miguel Cano, 1. Tél. : 77-46-93. Ouvert de 9 h 30 à 13 h et de 17 h à 19 h 30. Le samedi de 10 h à 13 h. Efficace, bon accueil. Plan et guide sommaire de la ville gratuits.
– *Poste* : calle Alonso de Bazàn, 1. Ouverte de 9 h à 14 h. Tél. : 77-28-98.
– *Police* : calle Portada, 3. Tél. : 77-47-41.
– *Parking* : difficile de se garer ici. Si vous ne faites qu'une halte à Marbella et que vos bagages sont dans la voiture, garez impérativement votre voiture dans un parking privé. Il y en a un au début de l'avenida de la Punta del Mar.
– *American Express* : avenida Avias Maldonado, 2. Tél. : 82-14-94.
– *Station de bus* : avenida Ricardo Soriano, 21. Tél. : 77-21-92. Compaña Portillo. Nombreux départs pour Puerto Banús (toutes les 30 mn), 5 par jour pour Ronda, 2 pour Séville, 2 pour Grenade et 2 pour Madrid en moyenne.
– Toutes les *banques* se trouvent sur l'avenido Ricardo Soriano. Heures d'ouverture : de 9 h à 14 h et le samedi jusqu'à 12 h.

Où dormir ?

– *Albergue Juvenil « Africa »* : calle Trapiche, 2. Tél. : (952) 77-14-91. En haut de la ville, légèrement au-dessus du mercado. Grande A.J. située dans un ancien monastère dédié à San Francisco. Une haute tour ressemblant à un minaret surplombe le monastère. Large lobby rappelant celui d'un hôtel. Les chambres de 5 ou 6 sont spacieuses et bien entretenues, la douche est chaude et gratuite. De votre chambre vous aurez une belle vue sur le parc qui entoure l'A.J., et la sympathique piscine dans laquelle vous pourriez plonger d'une tête. (Éviter de plonger depuis votre chambre !) On est à 2 km de la plage la plus proche. L'office est ouvert de 9 h à 14 h et de 17 h à 21 h. Couvre-feu à 23 h.

● *Bon marché*

Tous les hôtels bon marché sont concentrés dans la vieille ville, absolument charmante :
– *Casa de Huéspedes La Argentina* : calle Ancha, 21. Maison récente, toute blanche avec des balcons. Très correct. Chambres avec lavabo. Douches comprises.
– *Pension Luisa* : calle San Francisco, 6. Tél. : 77-08-40. Tenue par une vieille dame maniaque de la propreté. Douches chaudes en supplément et pas évidentes à obtenir. Chambres bon marché mais petites.
– *Pension Aduar* : calle Aduar, 7. Tél. : 77-35-78. Prix modiques avec douche comprise. Bonne adresse. Petit patio très agréable surplombant le marché.
– *Meson del Pilar* : calle Peral. Un petit bijou. Souvent plein, donc conseillé de réserver. Dans une charmante ruelle du vieux Marbella. Emprunter la ruelle en face du n° 7 calle Peral. Descendre les marches, la pension est après le coude. Le bar au rez-de-chaussée vient d'être refait à neuf. Terrasse ensoleillée, chambres lumineuses et très propres. Plus cher que les précédents, mais excellente adresse tout de même. Tenu par une famille d'Anglais qui préfère le soleil au *smog* londonien. Entièrement rénové. Adorable petit jardin suspendu avec du lierre partout. Le prix d'un 2 étoiles. Souvent complet.
– Calle Aduar plusieurs autres petites pensions pas chères.

● *Plus chic*

– *Hostal El Castillo* : plaza San Barnabé, 2. Tél. : 77-17-39. Un hostal situé dans une vieille bâtisse superbe donnant sur une petite place du vieux Marbella. Très confortable et très calme. Certaines chambres donnent sur l'adorable place. Large patio lumineux à l'intérieur. Une excellente adresse.
– *Residencia Paco* : calle Peral, 16. Tél. : 77-12-00 et 82-22-65. Pas loin de la précédente. Patrons charmants, endroit très propre, prix corrects. Chambres aérées, claires et spacieuses, dotées de tout le confort.

• Campings

— *Camping Marbella* : à 2 km à l'est de la ville, au bord de la plage. Tél. : 77-83-91. Camping de 2ᵉ catégorie. Arrêt de bus juste en face. Bar et supermarché. Pas très ombragé. Patrons accueillants. Location de bungalows pour 2 à 6 personnes.
— *Camping La Buganvilla* : à 3 km à l'est de Marbella, sur la route côtière. Tél. : 83-19-73. Non loin du précédent. Mieux équipé et ombragé par des pins mais la route le sépare de la plage. Piscine, tennis et supermarché. La traversée de la route pour accéder à la mer est une épopée en raison de la circulation infernale. Tout confort : piscine, tennis, resto, épicerie. Bon accueil.
— *Camping de l'A.J.* : voir plus haut. Plus central mais loin de la plage.

Où manger ?

— *La Casa Vieja* : calle Aduar, 18. Tél. : 77-03-17. Un de ces petits restos qui restent à l'écart du flux touristique, faisant de toute manière le plein avec les gens du coin qui y viennent déjeuner régulièrement. Cuisine traditionnelle et populaire servie au menu, le midi et le soir, pour un prix modique. Fermé le samedi soir et le dimanche. Dans cette rue, beaux balcons fleuris.
— *Los Tres Pepes* : calle Huerta Chica. Pas loin de Meson del Pilar. Les meilleurs tapas de Marbella, et les moins chers. Ceux qu'on a préférés sont les assortiments aux fruits de mer. Un régal de fraîcheur. Accueil très sympa, fermé le lundi.
— *Sol y Sombra* : calle Tetuán, 5-7. Tél. : 77-00-50. A l'entrée de la vieille ville. Déco pas très typique, contrairement à la cuisine. On conseille à ceux qui ont faim de commencer par la *plato de la Casa*, soupe reconstituante qui vous remplira déjà pas mal. Les viandes sont généreusement servies. Bon service. Plus cher que le précédent.

• Plus chic

— *El Balcon de la Virgen* : calle Remedios, 2. Tél. : 77-60-92. Fermé le mardi. Toujours dans la ville ancienne. Très chic et très touristique. Toutefois, le décor est superbe. La salle semble construite à l'intérieur d'un vieux rempart médiéval. Bonne cuisine espagnole. Si on fait attention on s'en tire pour pas trop cher. Un peu trop touristique.

Où boire un verre ?

A Marbella, un bar à chaque coin de rue. Toutes les nationalités s'y retrouvent.
— *English Pub* : calle San Francisco. Chouette endroit pour rencontrer des gens. Au sous-sol, un autre bar très bien.
— *El Mercado* : ne l'oubliez pas. Pas loin de l'A.J. Les fauchés y mangeront de bons fruits juteux.

A voir

— Pour ceux qui auraient loupé la *plaza de los Naranjas* (place des Orangers), il faut à tout prix s'y arrêter pour prendre un verre. Bel exemple d'architecture andalouse. Beaucoup de touristes l'été, bien sûr. Au cours de votre balade dans la vieille ville, vous passerez par de jolies placettes où les enfants jouent, où les fontaines coulent timidement, où les pots de fleurs colorées accrochés aux murs se dorent au soleil, où, derrière des balcons fleuris, de vieilles Andalouses veillent et surveillent. Ici on est étonné par la propreté des ruelles ; c'est que la municipalité est riche, elle a pu les restaurer sans lésiner sur les factures et avec goût. Charmant, même s'il y a un peu trop de touristes en saison.

— *La plage* : jolie, sablonneuse et... bondée.

Dans les environs

— *Mosquée* à 2 km au sud de Marbella. Certains Espagnols considèrent que cinq siècles après la victoire des Rois Catholiques sur les Maures, l'Andalousie est en train de subir « la reconquête arabe ». Tout particulièrement à Marbella où les capitaux du Golfe arrivent en masse. C'est à Marbella qu'ils viennent s'éclater. La ligne de conduite fixée par le Coran semble incompatible avec une certaine opulence. Là, les émirs goûtent la liberté avec démesure parfois. Derrière cette mosquée toute neuve, vous apercevrez la résidence du roi Fahd, construite sur une colline artificielle (pour ne pas se retrouver de plain-pied avec ses voisins !). C'est en fait une copie de la Maison-Blanche... en plus grand.

- *Puerto Banús* : port de plaisance à quelques kilomètres au sud de Marbella. L'endroit le plus rupin d'Espagne. La Rolls est la voiture la plus utilisée. Les yachts, éclatant de blanc comme la tenue des matelots, sont garés dans la rade. Les bateaux sortent assez peu (en pleine mer, personne n'est là pour admirer les luxueux joujoux !). Pour vous dire la vérité, nous, on a trouvé l'endroit assez moche, et surtout sans âme. Tout au plus est-il divertissant de voir les riches s'ennuyer... ou faire semblant de s'amuser (ça revient au même). Certains ensembles architecturaux sont franchement arabisants : coupoles, marbres, notamment à l'entrée du port, sur la droite. Le soir, vie trépidante de la « jet set » qui sort en boîte et boit des drinks. Il faut bien s'occuper.

- *Ojen* : à 9 km de Marbella, sur la route de Coin. Adorable village tout blanc, perché dans la montagne. On y accède en traversant la Sierra Blanca. Évitez de pénétrer dans les ruelles en voiture. Elles sont si étroites que vous risqueriez d'être bloqué. Et puis c'est une balade à faire à pied au hasard de votre humeur. Vous passerez peut-être devant l'église de la Encarnación, du XVIIe siècle, avec sa toiture mudéjare. Pour vous requinquer, *la Bodega de Ojen*, un bar sur la place du village avec les barriques contre le mur. Excellentes *tapas*, notamment au jambon de pays.
A Ojen, une seule pension : *l'hostal El Solar*, la dernière maison en bas du village. Assez récent et chambres très propres. Vue superbe sur la vallée. Bon marché.

RONDA

Une de nos villes coup de cœur. On n'arrive pas bien à dire pourquoi mais c'est comme ça. Il y a ici un ensemble d'éléments qui font de cette cité un lieu préservé, une ville andalouse comme aux premiers jours. Dressée sur un promontoire, face à une chaîne de montagne, Ronda mérite absolument le détour. C'est l'une des plus anciennes villes d'Espagne. Et même si de ses heures de gloire il ne reste que quelques demeures, on ressent ici plus qu'ailleurs la marque de l'histoire. Ce nid d'aigle, fièrement élevé sur une falaise tombant en à-pic dans le Guadalevin, est coupé en deux par un impressionnant ravin que l'on traverse par un pont à trois arches.
Loin de la chaleur étouffante de la côte, Ronda invite à découvrir la vie d'une cité andalouse que le tourisme n'a pas mise à sac. Ici, on n'a pas vraiment le sentiment de déranger l'habitant. Et c'est tant mieux. Si vous voulez vraiment « sentir » la ville, restez-y au moins une nuit. En effet, généralement les touristes passent à Ronda mais n'y couchent pas. La calle Espinel, la rue la plus animée, se trouve dans le quartier récent. De l'autre côté du pont sont les anciennes demeures. La période idéale pour visiter Ronda est pendant la foire annuelle, la troisième semaine de mai, où la foule en liesse assiste à de belles corridas.

Un peu d'histoire

Le perchoir qu'est Ronda fut convoité et conquis par de nombreuses armées. Tout d'abord les Romains, qui en firent un centre commercial important ; puis les Arabes, qui lui donnèrent le statut d'émirat ; survint Ferdinand le Catholique, qui les en délogea après vingt jours de combats épiques et chevaleresques ; enfin les troupes napoléoniennes passèrent aussi par Ronda, c'était en 1808. La cathédrale témoigne encore de cette succession d'occupants de cultures diverses. C'est à Ronda également que Pedro Romero fixa les règles de la corrida. Plus de 5 000 bêtes à cornes sont tombées sous sa furie tauromachique, et cet art lui doit beaucoup. La corrida est si présente à Ronda que les soubassements de la jolie Plaza de Toros ont été transformés en musée.
Autre célébrité de la cité : Carmen ! C'est ici que se joua sa très réelle tragédie, bien avant que Bizet ne composât son opéra qui se déroule... à Séville ; Francisco Rosi, fidèle aux faits, vint à Ronda pour le tournage des extérieurs de « sa » Carmen. Enfin vous apprendrez qu'Orson Welles a fait inhumer ses cendres dans le secteur, et qu'Hemingway s'inspira d'un incident qui survint ici même, à Ronda, pour écrire de son roman « Pour qui sonne le glas ». Une ville chargée d'histoire.

Pour s'y rendre en voiture

De San Pedro de Alcántara, situé à une dizaine de kilomètres à l'ouest de Marbella, on emprunte la C 339, une route large, sinueuse et bien entretenue qui s'élève au travers de superbes paysages où une végétation largement composée de pins s'accroche à la roche rouge de la Serriana de Ronda. Puis on découvre une zone de plateaux désertiques et rocailleux où subsistent d'anciennes bergeries.

Adresses utiles

— *Office du tourisme* : plaza de España, 1. Tél. : 87-12-72. Ouvert de 10 h à 14 h et de 16 h à 19 h. Le samedi jusqu'à 14 h. Fermé le dimanche. Bon accueil.
— *Poste* : calle Virgen de la Paz, 20. Ouverte jusqu'à 14 h.
— *RENFE* : avenida Andalucia. Achat de billets et renseignements : calle Infantes, 20. Liaisons pour Madrid, Algesiras, Malaga, Grenade, Cordoue, Séville.
— *Gare routière* : avenida Concepción Garcia Redondo, 2. Bus pour Séville, Malaga, Jerez et Cadiz. Tél. : 87-32-40.
— *Hôpital* : avenida Malaga. Tél. : 87-15-40.
— *Piscine* : carretera Malaga. Ouverte de 10 h à 19 h. Seulement l'été.
— Pour les amateurs de coins perdus, la grande *librairie* située dans la rue piétonne possède toutes les cartes de la région au 1/50 000.

Où dormir ?

Nombreuses pensions bon marché mais simples.
— *Pension La Española* : à 20 m de l'Office du tourisme, dans la ruelle sur la gauche (plan B2). Calle José Aparicio, 3. Tél. : 87-10-52. Chambres simples et propres avec lavabo. Très calme. Il y a même une chambre avec une petite terrasse dominant la vallée où, en fin d'après-midi, on peut écrire ses cartes en prenant le soleil. Demandez-la. Bon marché. Patronne accueillante.
— *Hostal Ronda Sol* : calle Cristo, 11. Tél. : 87-44-97. Une très chouette adresse tenue par une patronne charmante. Chambres confortables (comparées à d'autres) et propres. Attention, certaines chambres ont une fenêtre donnant sur le patio. A éviter. Demandez plutôt celles qui donnent sur la petite rue. Prix modérés pour deux et très avantageux pour trois.
— *Hôtel Maite* : calle Maria Cabrera, 18. Ambiance pension de famille. Douches à l'étage. Bien se faire préciser les prix à la réception. (Chambre individuelle ou chambre à 2 lits.) Déco intérieure assez kitsch. Chambres modestes mais donnant sur une rue calme. Bon marché mais la douche chaude est assez chère.
— *Hostal Purisma* : calle Sevilla, 10. Tél. : 87-10-50. Seulement si tous les autres sont complets. Pour les vrais fauchés. Très rudimentaire en vérité : 2 lits, 4 murs, un lavabo, une image pieuse. Pas cher du tout évidemment.

● *Prix modérés*

— *Hostal Biarritz* : calle Cristo, 7. Tél. : 87-29-10. Intérieur tout blanc un peu tristounet mais les chambres sont bien tenues. Douches comprises. Prix honnêtes pour le service. Chambres de 2 ou 3.
— *Hôtel Ronda* : calle Cristo, 11. Tél. : 87-44-97. Mieux que le précédent : plus clair, plus mignon et moins cher.

● *Plus chic*

— *Hostal El Tajo* : calle Cruz Verde, 7. Tél. : 87-62-36. Un 2 étoiles en plein centre, près de la rue piétonne. Intérieur tout blanc. Chambres avec douche, récentes, entièrement équipées. Bon rapport qualité-prix. Parking. Fait aussi resto. Menu très correct.

● *Beaucoup plus chic*

— *Hotel Reina Victoria* : Jerez 25. Tél. : 87-12-40. Le plus bel hôtel de la ville construit au début du siècle. Atmosphère discrète à l'anglaise. Dans le centre. Des terrasses, panorama superbe sur le cirque de montagnes qui enserrent la ville. Piscine entourée de jardins. Chambres avec balcons donnant sur la vallée. Le poète autrichien Rainer Maria Rilke y séjourna.

Où manger ?

— *Las Cañas* : calle Molino, 2 (à l'angle de la calle Lorenzo Borrego). Pas de la grande cuisine mais de quoi se remplir la panse même quand on est fauché.

RONDA / 201

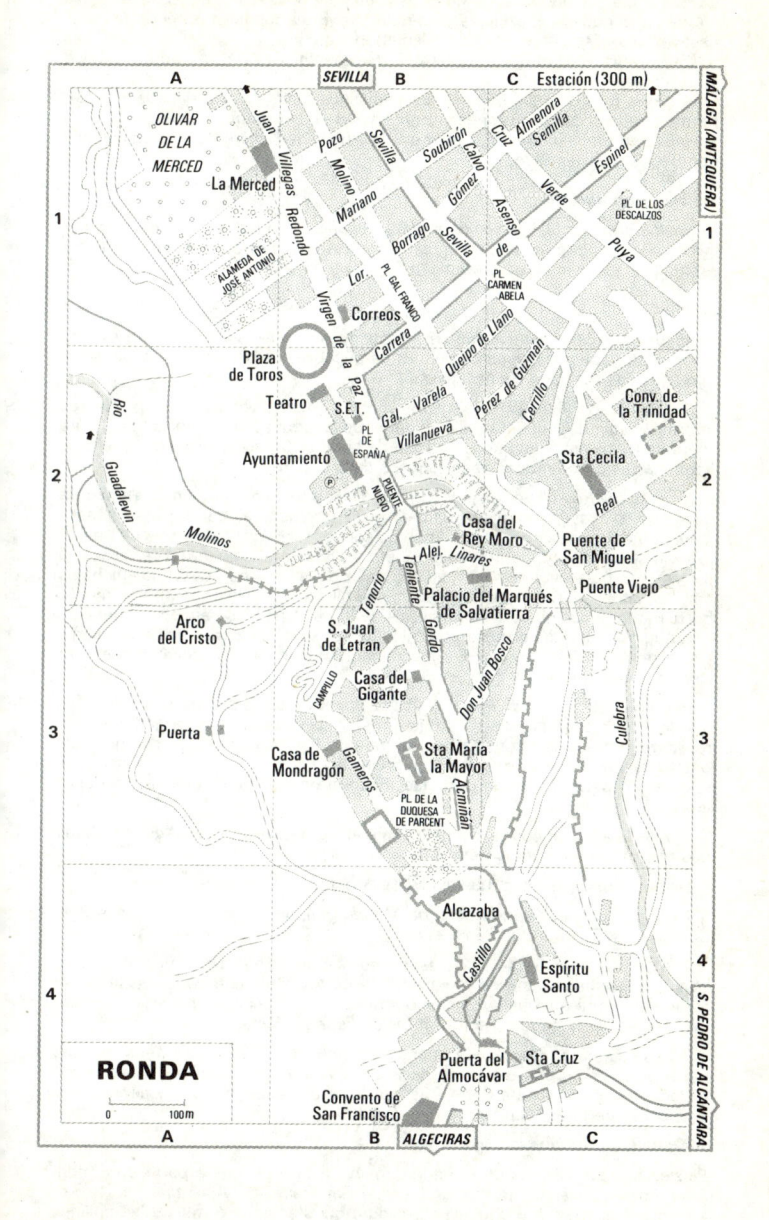

Tripes et soupes de poisson pas chères. Donne sur une petite place sympa. Menu très abordable.
– *El Patio* : calle Espinel, 100. (Plan : au nord de C1). Tél. : 87-10-15. En haut d'une longue rue piétonne. On entre dans un petit bar avant d'accéder au fond à un joli patio couvert d'azulejos et de plantes. Bons tapas et *sopa de la casa*. Essayez aussi les côtes de cabri. Menu bon marché.
– *L'Alhambra* : calle Pedro Romero, 9. Excellente paëlla à prix doux ; service impeccable.
– *Gestoria Harillo* : calle Espinel, 36. Pâtisserie (uniquement) dans la rue piétonne, connue pour ses oranges confites. Plein d'autres gâteaux aussi.
– *Heladerio Rico* : un peu plus haut que la pâtisserie *Harillo*. Bonnes glaces que l'on déguste en terrasse.

Où boire un verre ?

– *Restaurante Don Miguel* : sur la plaza España. (Plan B2). A gauche du pont. Allez boire un coup sur la bien agréable terrasse qui se trouve en contrebas du resto. Vue sur le ravin et le pont à la fois.

A voir

Engagez-vous dans le vieux quartier à partir du Puente Nuevo. Un circuit à travers les rues aux pavés mal ajustés permet de découvrir de belles vues sur la vallée ainsi que des maisons pleines de charme.

– *Puente Nuevo*. (Plan B2) : pont qui enjambe à 100 m de hauteur, une gorge très impressionnante, coupant la ville en deux. De la terrasse du Campillo, une petite route descend en lacets jusqu'au fond de la faille. On aperçoit même quelques habitations troglodytiques abandonnées dans la paroi.

– *La casa del Rey Moro*. (Plan B-C2) : après le pont, prendre immédiatement à gauche la rue pavée. En descendant sur la gauche apparaît cette grosse bâtisse mauresque occupée par une boutique de souvenirs. Élégants balcons de bois et jolies frises d'azulejos autour des fenêtres. Jardins andalous, en terrasses, à proximité. Un escalier de 400 marches, taillé dans le rocher, descend aux bains maures, situés au fond des gorges. Un peu plus loin, sur la droite, noter la belle porte Renaissance du palais du marquis de Salvatierra. Plus bas, on aboutit à un portique qui mène à un balcon d'où la vue est superbe, surtout aux premières lueurs dorées du petit matin. En descendant, on parvient, en traversant le pont romain, à un autre vieux quartier de la ville.

– *Plaza de la Duquesa de Parcent*. (Plan B3) : notre place préférée dans le vieux quartier, ombragée et aérée à la fois. C'est là que se dresse la cathédrale, intéressante surtout pour son clocher qui fut autrefois un minaret. Les catholiques ont eu l'intelligence de ne pas le détruire. Par contre, ils se sont permis de rajouter un petit clocheton gothique, histoire de dire qu'ils étaient bien chez eux.

– Adossée à la cathédrale, une jolie *maison à galerie* (au Moyen Age, on n'était pas très regardant sur les permis de construire).

– Dans les rues voisines, quelques beaux patios à découvrir.

– Non loin, on peut voir la *casa de Mondragón*, ancienne résidence des Rois Catholiques. Beau portail Renaissance.

– *L'Alcazaba*. (Plan B-C4) : forteresse arabe à la sortie ouest de la ville. Il ne reste plus que quelques pans de murailles. Mérite toutefois une petite visite car la forteresse renferme quelques rues parmi les plus anciennes de la ville. Derrière l'Alcazaba, sur la gauche, *église gothique Esperito Santo*.

– *Museo Taurino*. (Plan B1-2) : dans l'enceinte des arènes de Ronda. Sur les murs, trois cents ans d'histoire de la corrida, dont, notamment, des photos d'Hemingway en visite à Ronda. La troisième semaine de mai s'y tiennent les plus belles corridas, pendant la foire annuelle.

● ***Dans les environs*** (en voiture)

Plusieurs petits villages de montagne peuvent être rejoints à partir de Ronda, notamment *Cartajima*. Redescendre vers San Pedro de Alcántara sur 11 km environ et prendre à droite la petite route qui s'enfonce à travers les collines rocailleuses. Pour les amoureux de la tranquillité, voici un endroit où personne ne

va jamais. Sur la place principale du village, l'unique bar, *la Posa*, qui fait aussi resto (ils ont même des chambres à louer).
On peut poursuivre ensuite jusqu'à *Juzcar*, quelques kilomètres plus loin, puis vers *Faraján*, un autre village où il n'y a rien à faire si ce n'est saluer les rares passants. Ceux qui ne souffriront pas trop de la chaleur pourront demander Antonio au bar *Christobal* : ce petit personnage jovial et avenant a fait creuser une sorte de « piscine » dans son champ (une large cuve de ciment en fait), à quelques minutes du village, dans la vallée. Le bassin est alimenté par l'eau d'une source claire et jamais tarie. Original de se baigner en pleine montagne dans cette piscine populaire et ouverte à tous. Pour s'y rendre, prendre à gauche à l'entrée du village et descendre sur 3 km puis emprunter un chemin sur la droite sur 800 m. Antonio vous laissera même planter votre tente dans son champ. Voiture indispensable. Rien à faire ni à voir, on est seul avec la nature... et la piscine.

— *De Ronda vers Castellar de la Frontera* : ce petit circuit emprunte depuis Ronda la C 341 jusqu'à Jimena de la Frontera puis la C 3331 qui poursuit vers Castellar de la Frontera. Pour les amoureux de villages où l'on flâne au gré de son humeur :
● *Benadalid* est un petit village de montagne à quelque 25 km de Ronda. Ses rues blanches et son cimetière planté d'imposantes tours amputées lui confèrent un charme singulier.
● *Gaucin* : encore un charmant village comme on aime. Belles rues escarpées et animées. Levez les yeux et admirez les remarquables façades des maisons. En grimpant en haut du village, on découvre les ruines d'un château musulman.
● *Jimena de la Frontera* : village plus important, placé au milieu d'une région de pâturages où sont élevés les taureaux de combat et de beaux chevaux.
● *Castellar de la Frontera*, en allant plus au sud, est ceint d'une muraille de l'époque musulmane. Le vieux centre est aujourd'hui laissé à l'abandon. Aux alentours, forêt de chênes-lièges, noyers et frênes.

CASARES

Gros village de montagne accroché à son piton rocheux et dominé par les ruines d'un château arabe. Plus touristique qu'Ojen. Panorama impressionnant sur la mer avec, au loin, le rocher de Gibraltar. Par beau temps, on aperçoit même les côtes africaines. Un des villages blancs les plus authentiques.

Où dormir ?

— *Pension* : tout à côté de la plaza de España. On y accède par un gros escalier de pierre. Chambres minuscules. La patronne fait aussi la cuisine et c'est excellent (pas de carte, on partage le repas familial !). En contrebas, la ruelle est superbe.
— *Hostal Plaza* : sur la plaza de España en face de la jolie fontaine. A côté du précédent. Un peu bruyant le soir. Chambres avec balcon. Un peu plus cher que l'autre.

Où manger ?

— *Casa Benilda Comidas* : tout petit resto près de la plaza de España. On mange la cuisine de la famille dans de petites salles à manger.
— *La Chuleta* : dans la rue qui grimpe au château. Adorable petite maison biseautée. Assez touristique et plats un peu chers. Bar avec la photo d'Hemingway qui connaissait les bons coins.

GIBRALTAR

Gibraltar n'a pas vraiment de charme. Ceux qui fondaient de romantiques espoirs d'y trouver le célèbre marin seront déçus. La ville est assez mal foutue. Le seul intérêt réside dans ce mélange bizarre de trois cultures si différentes : anglaise, espagnole et marocaine. D'ailleurs, ici les commerçants parlent souvent les trois langues.
Gibraltar est occupée par les Anglais, depuis 1704. A l'entrée de la Méditerranée, ses canons peuvent bloquer totalement le détroit. Cette importance stratégique considérable s'est confirmée pendant la Seconde Guerre mondiale puisque les Alliés y concentrèrent leur flotte pour débarquer en Afrique du Nord.

En 1966, Franco ferma la frontière, croyant pouvoir chasser ainsi les Anglais. C'était mal les connaître. Les tensions sont à présent atténuées. La frontière est désormais ouverte. Le soir, les Espagnols employés sur le rocher regagnent leur pays et Gibraltar redevient plus anglaise que jamais. Nourriture catastrophique dans les restos, pubs bruyants et bobbies aux coins des rues.

Comment y aller ?

Depuis 1984, aucun problème pour se rendre à Gibraltar en venant d'Espagne. Carte d'identité nécessaire. Frontière ouverte jour et nuit.
— *Bus* permanents qui font la rotation depuis Algéciras, à prendre à la station Empresa Comes derrière l'hôtel Octavio. Départs toutes les 30 mn. Durée : 40 mn environ. Puis il vous faudra marcher jusqu'à la frontière. On traverse ensuite la piste d'atterrissage de l'aéroport (il paraît qu'il ne pouvait pas se mettre ailleurs), en continuant toujours tout droit on arrive sur Main Street, la rue principale.
— *En voiture*, prendre la route vers Málaga depuis Algériras puis la 340 sur environ 20 km et suivre les indications.

Topographie de la ville

Gibraltar s'étale au pied d'une paroi rocheuse doucement pentue. La rue principale s'appelle bien sûr Main Street, longue de 2 ou 3 km et traversant toute la ville. De minuscules ruelles existent, perpendiculaires à Main Street qui est la ligne de référence pour s'y retrouver. Une route grimpe sur le rocher, qui permet de saisir de superbes vues de la côte. Sur l'autre versant, le rocher tombe à pic dans l'eau. Pas d'accès possible.

Adresses utiles

— *Tourist Office* : plaza John Mackintosh, près de Main Street. Tél. : 76-40-0. Un autre bureau sur Cathedral Square. Ouvert du lundi au vendredi de 8 h 45 à 17 h 30, le samedi de 9 h à 13 h. Demander un plan gratuit.
— *Change* : 137 Main Street.
— *Post Office* : 102 Main Street. Ouvert de 8 h 30 à 12 h et de 15 h à 17 h 30.
— *Téléphone* : au sous-sol du City Hall.
— *Police* : tél. : 72-25-0.
— *Hôpital* : St Bernard's Hospital. Tél. : 79-70-0.

Où dormir ?

La plupart des hôtels sont indiqués sur le plan de l'Office du tourisme. Les hôtels sont chers à Gibraltar. Un conseil : dès que vous arrivez, téléphonez pour réserver une chambre dans un des endroits les moins chers. Mieux, essayez de ne pas y dormir !

● Bon marché

— *Toc H Hostel* : Lime Wall Road. Tél. : 73-43-1. Très difficile à trouver mais c'est le seul hôtel bon marché de Gibraltar. Bondé en été. Confort très limité : on a l'impression de dormir dans des cabanes de jardin ! Derrière un mur, quelques maisonnettes. Original pour le moins.
Descendre Main Street en direction de la mer. Juste avant d'arriver à l'arche de pierre (ne pas la franchir), tourner sur la droite sur Referendum Gate. Au bout de la rue, la Hambros Bank. L'entrée de l'hôtel (!), à peine visible, est juste en face de la Hambros Bank. Valable, à condition d'être vraiment fauché. Et il faut arriver dans la matinée. Pas d'eau chaude. Un bric-à-brac indescriptible.
— *Queen's Hostel* : Boyd Street. Tél. : 74-00-0. Un hôtel des années 50 dont la façade a assez mal vieilli. Ascenseur. La plupart des chambres ont une salle de bains et un balcon donnant sur la mer. Bar avec piano à queue et billard. Environ 4 fois plus cher que le *Toc H*.
— *Miss Serruya* : 92 Irish Town. Tél. : 73-22-0. Curieux établissement ! Deux lits seulement dans des chambres minuscules séparées par des cloisons de contre-plaqué. Pas hyper clean mais fera bien l'affaire des fauchés qui se retrouvent sur le caillou. Tenu par une vieille dame un peu bizarre. Prix correct vu l'endroit ; on peut difficilement demander plus.

● *Plus chic*
— *Bristol Hotel :* 10 Cathedral Square. En plein centre. Tél. : 76-80-0. On adore cet endroit vieillot, très British Colony. Les vieilles douairières de l'Empire s'y retrouvent à l'heure du tea. Colonnes dans le salon. Piscine et ascenseur. 20 % seulement des chambres n'ont pas de salle de bains privée. Par contre, TV couleurs, radio et téléphone dans les chambres pour le prix d'un 3 étoiles.
— *Montarik Hotel :* Main Street. Dans un passage situé en face du 83 Main Street. Tél. : 77-06-5. Un hôtel des années 60, un 2 étoiles, sans charme. Uniquement si le précédent est plein. Ascenseur. Bar au rez-de-chaussée. Très cher pour ce que c'est.

Pubs

Eh oui ! On est en Angleterre.
— *Bull and Bush Bar :* Parliament Lane. Très british, rétro avec son ventilateur. Vieillot, puant. Et pourtant, notre pub préféré. Portraits de la reine, télé sur le bar...
— *The Star Bar :* 10 Parliament Lane, 24. Au niveau du 50 Main Street. Atmosphère chaleureuse. Billard et fauteuils.
— Plusieurs autres *pubs* sur Irish Town Street, parallèle à Main Street.

Où manger ?

Cher et nul : ainsi se résume le commentaire du gastronome égaré pour son malheur sur le famous Caillou of Gibraltar.
— *Supermarket Delicatessen :* piazza John Mackintosh. Ceux qui trouvent que l'hôtellerie est hors de prix se referont une santé financière en achetant leurs provisions dans ce supermarché.
— *Hong Kong Chinese Restaurant :* 13 Market Lane, ruelle qui coupe Main Street au niveau du 134. Le seul resto chinois que l'on connaisse dont la façade ne soit pas rouge. Cuisine excellente et relativement bon marché.
— Plusieurs petits *snacks* et *fast food* sur Main Street. C'est encore le meilleur moyen de ne pas se ruiner.

A voir

A vrai dire, pas grand-chose. Gibraltar est intéressant surtout pour son atmosphère : l'Angleterre sous les Tropiques.
Dans les rues, les maisons sont construites selon trois styles bien différents : espagnol, arabe ou britannique.

— *La cathédrale :* près du Bristol Hotel, construite dans le style mauresque.

— *Le rocher :* vous êtes venu pour ça ! On y grimpe par un téléphérique, le « Top of the Rock », qu'on prend à l'extrémité de Main Street. Deux arrêts : le premier à mi-chemin à Apes'Den. C'est là que se trouve une colonie de singes de Barbarie.
Amenés par les Arabes au IXe siècle, ce sont les seuls singes vivant à l'état sauvage en Europe. La légende dit « Quand les singes partiront, les Anglais s'en iront aussi. » Voilà pourquoi Churchill ordonna que leur nombre soit toujours supérieur à 35. Ils sont, encore aujourd'hui, nourris par l'armée. Bizarrement, on ne sait pas ce qui arrive quand ils meurent. On n'a jamais retrouvé de cadavres de singes.
Par les chemins alentour on peut accéder à pied à un ancien *château mauresque* du XIVe siècle. Sans intérêt. On peut aussi visiter les *Michael's Cave*, grottes aujourd'hui transformées en auditorium. Là encore, peu d'intérêt sauf lors des concerts. Le deuxième arrêt du téléphérique mène à la partie supérieure du rocher. Vue superbe. De là, on se rend compte de l'importance stratégique du site.

— *Les plages :* 3 plages, situées derrière le rocher, proches les unes des autres. Bondées et pas très propres. Pour ceux qui insistent, prendre le bus n° 1 depuis Line Wall Road.

ALGÉSIRAS (ou ALGECIRAS)

Absolument sans intérêt mais pourtant très fréquenté à cause des nombreuses liaisons maritimes assurées vers le Maroc. En face, l'imposant rocher de Gibral-

tar. Un conseil, si votre bateau embarque le soir, arrivez le jour du départ pour éviter de dormir là. Le quai d'embarquement est proche du centre ville. Facile à trouver.
À toutes fins utiles, on précise que les petits dealers qui proposent du H (appelé ici « chocolate ») fourguent généralement du henné... d'ailleurs d'assez bonne qualité.

Liaisons avec le Maroc

Nombreux bateaux tous les jours en été. Deux destinations : Ceuta ou Tanger. La liaison par hydroglisseur se fait à partir de Tarifa. Plus rapide que le bateau mais moins sympa et plus bruyant.
— *Vers Ceuta :* 6 à 8 liaisons par jour avec des pointes de 12 rotations l'été. Le dimanche, l'été, environ 5 départs. 1 h 30 de trajet environ.
— *Vers Tanger :* 2 bateaux par jour : 12 h 30 et 20 h, toute l'année. Départ supplémentaire parfois à 9 h du matin. Durée : 2 h 30.
— *Réservations :* si vous êtes à pied, aucun problème pour embarquer sans réservation en été. Par contre, en voiture, l'attente est généralement de 24 h. Dans ce cas, le mieux est de réserver en France dans une agence *Mélia :* 14, rue Gaillon, 75002 Paris. Tél. : 47-42-70-59. M. : Opéra.
— Le long du quai, pratiquement toutes les agences et boutiques vendent des billets. Prix identiques partout.

Adresses utiles

— *Office de tourisme :* un bel office tout neuf, calle Juan de la Cierva. Tél. : 60-09-11. Ouvert l'été de 9 h à 14 et de 17 h à 19 h. Le samedi de 9 h à 14 h. L'hiver de 16 h à 18 h.
— *Change :* banques sur le port. Évitez absolument de changer dans les agences de voyages sauf pour dépannage.
— *Poste :* calle José Antonio, 4, près de la plaza Alta.
— *Téléphone international :* sur le port, dans la station maritime. Un autre au bar *Tropical,* en face du port.
— *RENFE :* Carretera de Cadiz, à 5 mn du port. Tél. : 65-11-55. Départs tous les jours pour Ronda, Granada, Córdoba, Sevilla et encore plein de villes en « a ».
— *Bus : Compañia Portillo :* avenida Virgen del Carmen, 15. Tél. : 65-10-55. Sur la gauche, quand on regarde l'entrée du ferry. Dessert quotidiennement toute la Costa del Sol, Malaga (11), Granada (2) et Almaria (1). *Compaña Comes :* San Bernardo, 1. Tél. : 65-34-56. Vers Cádiz, Jerez et Sevilla entre autres. Deux autres compagnies sur les mêmes circuits.
— *Journaux français :* avenida da Marina, près de l'hôtel *Al Mar.*
— *Police municipale :* tél. : 66-01-55.
— *Consigne :* dans la gare maritime.

Où dormir ?

Les hôtels sélectionnés sont tous dans le même quartier, en face du port. Quand on regarde l'entrée du ferry, prendre la première rue à droite, qui longe les rails. Puis la deuxième à droite. Les hôtels indiqués suivent un itinéraire qui vous évite les retours en arrière. Le niveau de l'hôtellerie est ici assez bas. Pas de charme et propreté parfois limite.

● Bon marché

— *Hostal Vizcaino :* calle Santacana, 9. Tél. : 65-57-56. Hôtel bien tenu avec des chambres simples et doubles. Balcons. Douches comprises. Triste mais pas cher.
— *Hostal Residencia Perez :* calle Santacana, 16. Tél. : 65-63-01. Même genre que le précédent. Quelques chambres simples avec lavabo. Douches en supplément.
— *Hostal Gonsalez :* calle Santacana, 7. Tél. : 65-28-43. Patronne accueillante. Construction récente. Légèrement plus cher que les autres mais le mérite bien. Évitez toutefois la chambre du rez-de-chaussée donnant sur la rue : vu la proximité des poubelles du quartier, les cafards ont pris possession des lieux.
— *Hostal Sur :* calle Santacana, 1. Tél. : 65-65-02. Un peu bruyant le matin à cause du marché mais beau balcon qui surplombe l'animation de la place. Assez abordable. Douche chaude au rez-de-chaussée en supplément. Chambres acceptables, très impersonnelles.

– *Hostal Rio :* calle Rio, 2. Tél. : 65-31-55. De la place précédente, prendre encore la première à gauche. Architecture pas jolie mais l'ensemble est très propre. Un peu plus cher que les précédents. Douche et toilettes dans chaque chambre.
– *Hostal Iberia :* calle Rio, 4. A côté du précédent. Tél. : 65-29-03. Correct et très bon marché. Douche en supplément à l'étage. Dans la même rue, d'autres pensions aux prestations équivalentes.

● **Plus chic**

– *Hôtel Anglo Hispano :* avenida Villanueva, 7. Tél. : (956) 60-01-00. A 5 mn à pied de l'embarquement pour le ferry. Un hôtel rétro comme on les aime. On entre tout d'abord dans un hall gigantesque, entouré de galeries. Chambres avec salle de bains privée. Prix d'un 2 étoiles en France. Très bonne tenue générale.

● **Beaucoup plus chic**

– *Hôtel Reina Cristina :* Paseo de la Conferencia. Tél. : (956) 60-26-22. Fleuron de la célèbre chaîne britannique *Trust House Forte,* qui possède les plus beaux palaces au monde. De style mauresque et au milieu d'un parc somptueux, il a su conserver tout son charme à la fois rétro et désuet. Très belle piscine entourée de palmiers. Chambres avec salle de bains et air conditionné. Charmant patio intérieur rappelant les maisons d'Afrique du Nord. Piano bar. En 1906, Clemenceau et les signataires de la conférence d'Algésiras y logèrent. Par cet acte, douze puissances européennes et les États-Unis se partagèrent le gâteau constitué par le Maroc. Mais les jeux étaient déjà faits et le Maroc sur le point d'être entièrement occupé par l'Espagne et la France.

● **Campings**

– Camping Costasol : à la sortie nord d'Algésiras, le long de la route principale, vers Málaga. Très bruyant. Tél. : 66-02-19. Flippant. Minipiscine. Bambous pour protéger du soleil.
– *Camping Bahia :* playa Rinconcillo, vers le nord, à quelques kilomètres du centre. Tél. : 66-19-58.

Où manger ?

– *Casa Alfonso :* calle Juan de la Sierra, en face de l'Office du tourisme, sur le port. Ambiance très populaire. Grande véranda. Bar où les employés du port ont l'habitude de se retrouver. Plats copieux et abordables. Goûter à la *tortilla alla riojana* ou aux *sardines a la plancha* (grillées). Menu fixe, bon marché. Le sol est assez crado. Ça peut en rebuter certains. Bien pour les indigents.
– *Casa Maria :* calle Castelar, 38. Près du port et des hôtels bon marché. La rue donne sur le mercado. Menu très intéressant comprenant le vin et le dessert. Peintures sur les murs. Rien à dire.
– *Restaurante Montes :* calle San Juan, 16. Tél. : 65-42-07. Très bien tenu et produits frais. Bon menu de 3 plats pour un prix très raisonnable. L'idéal pour remplir votre ventre en attendant de remplir votre sac en plastique sur le bateau pour Tanger. La cafétéria située au 36, calle Castellar sert également des tapas. C'est la même maison.
– *Meson las Columnas :* calle Rio, 7. Le nom du resto n'est pas indiqué. Fiez-vous au numéro. On mange dans un bien agréable patio avec arcades, fontaine et plantes. Menu complet pour une somme modique. Fermé le dimanche.

A voir

– Tous les restos (sauf le premier) sont dans le *vieux quartier d'Algésiras,* qui possède, non pas du charme, mais une atmosphère populaire. On peut s'y trimbaler une heure sans déplaisir, histoire de garder un meilleur souvenir que celui, navrant, du port.

– Pour profiter de la plage, allez donc vous tanner la couenne au soleil de la *playa de Getares,* à 4 ou 5 km au sud d'Algésiras.

– Et puis, si vous avez quelques heures à perdre, faites donc un petit tour en Angleterre !

TARIFA

A la pointe extrême sud de l'Espagne et à 22 km d'Algésiras. Belle route qui sinue à travers les collines, offrant de beaux panoramas. Tarifa est une petite ville entourée de murailles, dont l'atmosphère rappelle nettement l'Afrique du Nord. Les maisons sont blanches comme celles d'une casbah. Le mercado, dans le centre, est lui aussi fortement inspiré du style mauresque. Grande plage de sable fin, à 1 km à l'ouest de la ville.

Tarifa est surtout réputée auprès des véliplanchistes. De longues plages superbes et désertiques où souffle un vent fort et régulier dans l'après-midi, qui permet aux pros de « jiber » comme des bêtes. D'ailleurs, plusieurs centres de planche ont élu domicile le long de la côte. Locations de planches également. Curieusement, l'invasion touristique s'est arrêtée à Algésiras et Tarifa connaît, même en été, un calme bien agréable pour qui veut prendre du repos. Et puis, bien sûr, Tarifa est le point de départ de l'hydroglisseur pour Tanger. Départ l'été seulement, à 9 h 30, tous les jours sauf dimanche. Durée : 30 mn. Pas d'Office du tourisme.

Où dormir ? Où manger ?

– *Hôtel Villanueva* : avenida de Andalucia, 11. A l'entrée de la ville. Pas vraiment bon marché mais toutes les chambres viennent d'être refaites. Certaines ont une très belle vue sur la casbah.
– *Casa Concha* : calle San Rosendo, 4. Tél. : 78-49-31. Dans une petite rue de la vieille ville, non loin de l'église San Mateo. Quelques chambres à louer à prix corrects. Bien situé. Épicerie à côté.
– *Hôtel Tarik* : calle San Sebastian, 32. Tél. : 68-52-40. Proche du centre, dans une rue calme, un petit hôtel tout neuf avec de belles chambres propres qui donnent sur la rue. Bar où l'on prend le petit déj. Douche et toilettes dans chaque chambre. Bien tenu mais un peu cher.
– Autour de l'église, *bars* proposant des tapas.
– *Meson el Cortigo* : calle General Copaos, 8. Petit menu complet et correct.

● *Plus chic, dans les environs*

– *Hôtel Dos Mares* : Tél. (956) 68-41-17. A 6 km au nord-ouest de Tarifa, sur la route de Vejer de la Frontera. Complètement isolé, le long d'une plage gigantesque. Architecture typiquement andalouse avec ses deux clochetons. Une douzaine de petits bungalows, avec chacun une terrasse donnant sur la mer. Prix d'un 2 étoiles en France. Conseillé de réserver.

● *Campings*

Nombreux terrains de camping au bord de la longue plage. Choisissez de préférence ceux qui sont un peu en retrait de la route. En voici quelques-uns.
– *Camping Tarifa* : à 4 km au nord-ouest de la ville. Bien ombragé et pas cher. Récent et calme.
– *Camping Rio Jara* : à 5 km au nord-ouest de Tarifa, sur la route de Vejer de la Frontera. Le long d'une des plus belles plages d'Espagne (5 km de sable !). Moyennement ombragé mais belle situation.
– *Camping Torre de la Peña* : à 9 km au nord-ouest de Tarifa, sur la route de Vejer de la Frontera. Deux campings I et II. Bien mieux situés que le précédent. Le n° II s'étage sur une colline descendant directement sur la mer. Très ombragé. Joli cadre entouré de montagnes. Plus près de la route que le précédent.

Pour les véliplanchistes

Tarifa et sa belle plage attirent tout le gotha de la planche à voile. Un vent régulier de force 5 souffle sur la région, surtout l'après-midi. Bon, il y a aussi des périodes sans vent mais ça on n'y peut rien. Un conseil : planchez plutôt entre Tarifa et le club F2. Au-delà du club, il y a des cailloux à fleur d'eau. Devant le club Hurricane, belles vagues, mais, là aussi, attention aux cailloux.
– *Le club Mistral* loue des planches à l'heure ou à la journée. A 10 km de Tarifa.
– *Le surf-shop*, sur la route, fait de même.

A voir

– Belle vue sur les côtes marocaines en haut du *Castillo Guzman el Bueno,* situé dans le centre.
– Balade agréable dans les ruelles blanches de la vieille ville.

VEJER DE LA FRONTERA

A 50 km au nord-ouest de Tarifa. Un petit village andalou superbe, perché sur une colline, à une dizaine de kilomètres de la mer. Avec ses maisons blanches, ses ruelles tortueuses, son labyrinthe de marches escarpées et son atmosphère chaleureuse, Vejer est le parfait exemple du village andalou tel qu'on se l'imagine. Amoureux d'images d'Épinal, étape obligatoire. Retiré dans les terres, Vejer ne connaît heureusement pas les hordes de touristes.
Les Romains avaient su tirer parti de la position stratégique du site et y fondèrent la ville. Par la suite, les Arabes lui donnèrent une configuration qui n'a guère changé depuis.

Où dormir ? Où manger ?

– *Pension sans nom :* callejon de Amaro, 8. Tenue par Isabel Lopez. Il faut passer sous un portique chaulé, dans une ruelle minuscule du centre. Comme ce n'est pas évident à trouver, demandez plutôt aux passants. Peu de chambres, mais calme et impeccable. Adorable patio fleuri. La dame est charmante.
– *Señora Luisa :* calle san Filmo, 12. Tél. : 45-02-46. Une petite dame loue des chambres correctes pour un prix modéré. Dans une ruelle calme, proche du centre.
– *Mercado* tous les jours dans le centre, derrière la plazuela General Franco.
– *Bar Chirino :* sur la plazuela General Franco. Oui, vous avez bien lu ! Peut-être le dernier endroit d'Espagne où l'on ait oublié de débaptiser la place. Bar populaire où se retrouvent les vieux du village. Tables en formica où l'on vous sert quelques vins. Photos de corridas sur les murs. Remarquez celle où l'on voit un type se fait encorner par un taureau sauvage égaré dans les rues du village. Les habitants ont dû se payer une bonne tranche de rigolade ce jour-là.
– *Bar* avec musique le soir, près de l'église et des remparts.

A voir

– Tout d'abord perdez-vous au gré de votre intuition dans le labyrinthe des ruelles escarpées, suivez la lumière et les odeurs, poussez les portes pour découvrir les patios, et montez doucement vers l'*église Divino Salvador,* mariage des styles mudéjar et gothique. De belles arches subsistent. Autour, on note les vestiges d'une forteresse mauresque.

– Puis redescendez vers la *plaza España,* lieu de repos et de rencontre pour les vieux du village. Belle fontaine et bancs avec carreaux de faïence. Sur la place, petits cafés sympa, notamment au n° 27, à côté d'une tour.

– Après avoir vidé un verre, on peut aller se promener sous les palmiers de la *corredera* qui borde le village et offre un panorama imposant sur les collines environnantes.

– Tous les jeudis matin, *petit marché* à l'entrée du village, dans la partie moderne.

CADIX (Cádiz)

Indicatif téléphonique : 956.

Une ville très étendue et assez décevante au premier abord. Cadix est avant tout un grand port qui assure le commerce avec l'Afrique. Pour atteindre la partie ancienne de la ville, il vous faudra traverser les quartiers modernes. La vieille ville fut construite sur un gros rocher entouré par la mer, si bien qu'aujourd'hui encore on y a l'agréable impression d'être cerné par la Grande Bleue. Seule une large bande de terre sablonneuse relie cette ancienne ville fortifiée au continent. C'est évidemment dans ce site chargé d'histoire que la vie est la plus animée et que les ruelles délivrent le plus de charme. Pas grand-chose à voir cependant. Vous n'y ferez donc qu'une courte halte.

Un peu d'histoire

Occupée par les Phéniciens depuis le IXe siècle av. J.-C., la cité passe successivement aux mains de nombreux conquérants : Carthaginois, Romains, Maures, Normands, puis Alphonse X au XIIIe siècle. Bien plus tard, les Anglais s'intéresseront à ce port qui ouvre les voies de l'Amérique et s'en empareront. Cadix fut également occupée par les troupes françaises jusqu'en 1823.

Adresses utiles

— *Office du tourisme* : calle Calderon de la Barca, 1. Au coin de la plaza Mina. (Plan C1-2). Tél. : (956) 21-13-13. Ouvert de 9 h à 14 h toute l'année et de 16 h à 18 h les après-midi d'hiver et de 17 h à 19 h l'été.
— *Poste* : plaza de la Flores. Tél. : 21-39-45. Fait poste restante de 9 h à 15 h. Ouverte jusqu'à 19 h.
— *RENFE* : avenida del Puerto. Tél. : 25-43-01.
— *Gare routière* : plusieurs compagnies : *compaña Comes,* plaza de la Hispanidad, 1. Tél. : 22-42-71. *Los Amarillos* : avenida Ramón de Carranza, 31. Tél. : 28-58-52. Liaisons pour Séville (8), Jerez, Algésiras, Málaga (3) et Grenade (1).
— *Pour l'aéroport de Jerez* : renseignements au 22-42-71. Bus de la plaza de la Hispanidad, 1, à 7 h 30 et 19 h 30.
— *Police* : avenida Andalucia, 28. Tél. : 28-61-11.
— *Secours* : calle Benjumeda, 11. Tél. : 21-10-53.

Où dormir ?

Toutes les adresses sont situées dans la vieille ville bien sûr, non loin les unes des autres, autour de la plaza San Juan de Dios. (Plan D3). Prix à peu près équivalents.
— *Hospedaje Colón* : calle Marques de Cádiz, 6. Tél. : 28-53-51. Chambres propres pour 2 ou 3. La chambre au 2e étage possède même une toute petite terrasse. Bon rapport qualité-prix. La plus sympa de la rue. Boulangerie en face.
— *Hostal Marques* : calle Marques de Cádiz, 1. Tél. : 28-58-54. Petit patio. Propre. Chambres correctes avec lavabo. Douche chaude payante.
— *Hostal Vasquez* : au n° 5 de la même rue. Grand patio. Un peu mieux que le précédent. Tél. : 28-66-51.
— A l'*hôtel España*, proprios peu aimables.
A côté, dans la calle Flamenco :
— *Pension Fantoni* : calle Flamenco, 5. Tél. : 28-27-04. A 100 m du port. Tenue par une vieille dame. Petites chambres plus chères que les précédentes.
— *Pension Comercio* : calle Flamenco, 6. Tél. : 28-30-53. Même genre et même prix que la pension Fantoni.
— Sur la plaza San Juan de Dios, 3, *Hostal El Sardinero* : tél. : 28-53-01. Très central aussi et un peu mieux que les autres. Lavabo dans la chambre. Douche en supplément. Patrons accueillants. Un de nos meilleurs rapports qualité-prix.
— *Huéspedes La Aurora* : calle Sopranis, 8. (Plan E3). Tél. : 25-33-52. Assez bon marché mais triste comme tout. Seulement si les autres sont pleines.

● **Prix moyens**

— *Hôtel Residencia Imares* : calle San Francisco, 9. (Plan D2). Tél. : 21-22-57. Très grande entrée, beau patio. Apparence un peu chic mais, en fait, les chambres sont simples, mais très bien tenues. Certaines avec lavabo, douche ou bains. La moins chère pour 2 est à un prix à peine plus élevé que les autres pensions. A conseiller si vous n'êtes pas à quelques pesetas près.

● ***Plus chic***

— *Hôtel Francia y Paris* : plaza Calvo Sotelo, 2. Tél. : 22-23-48. Au cœur du vieux quartier. Certaines chambres donnent sur une mignonne place entourée d'orangers. Demandez-les. On peut presque cueillir les fruits depuis la fenêtre. Hôtel un peu déclassé mais où subsiste le charme intime des choses révolues. Chambre avec salle de bains et w.-c. Très classique. Petit déjeuner compris. Prix très honnêtes.

Où manger ?

— *Pasaje Andaluz* : plaza San Juan de Dios, 9. (Plan D3). Tables dehors qui permettent de manger sur la place la plus animée et la plus agréable de la ville. Menu pas cher et complet.
— *La Caleta* : plaza San Juan de Dios, 2. (Plan D3). Pas loin du précédent. A l'intérieur, un gigantesque bar en forme de navire... Plutôt pour prendre un verre. Menu beaucoup plus cher.
— *Bodegon « La Perla del Populo »*. (Plan D3) : au coin de Fabio Pufino et calle Pozo, dans une ruelle à gauche de la cathédrale. Bonne charcuterie. Situé dans un de nos quartiers préférés.
— *Plaza Las Flores* : tout près de la cathédrale, sur une placette où se tient un petit marché aux fleurs. Une petite boutique vend du poisson frit. Sympa.
— *Pâtisserie* : dans la calle Compaña, au coin de la calle Arboli, dans le vieux quartier proche de la cathédrale, une pâtisserie vend des « turrón de Cádiz », la spécialité de la ville, composée de pâte d'amandes, fruits et jaune d'œuf. Délicieux et beaucoup moins sucré qu'on ne le croit. Ramenez-en aux copains. Ce n'est pas cher et ça fait plaisir.

Où boire un verre ?

— *Bar Velardes Plaza* : plaza San Juan de Dios, à l'angle de la calle Sopranis. Une grande salle, avec des barriques au mur. Très animé en fin d'après-midi.
— *Bar Terraza* : devant la cathédrale. Encore des barriques au mur. Tapas vraiment excellentes. Atmosphère très espagnole.
— *La Cruz Blanca* : à côté de l'Office du tourisme, calle del Puerto, à 20 m de la plaza Mina, par ailleurs très agréable. Vins et tapas. Bonne animation.

A voir

Si vous n'avez pas beaucoup de temps, vous vous contenterez d'une balade dans les vieux quartiers de la ville.
— *La cathédrale* (Plan D3) : pas un chef-d'œuvre. De face elle apparaît comme une grosse construction mastoque, de style néo-classique. La meilleure vue qu'on peut en avoir est en fait depuis l'arrière, où son grand dôme doré (un peu délabré) lui donne de l'allure. A l'intérieur on notera les stalles du chœur, une Immaculée Conception de Murillo, et une jolie custode. De grands filets ont été tendus au-dessus de la tête des prêcheurs car des chutes de pierres ont été à déplorer. Encore une opération du Saint-Esprit !

— Entre la cathédrale et la plaza San Juan de Dios s'étend un vieux quartier sympathique et populaire aux maisons fleuries, aux patios décorés... En empruntant la calle San Martin, on note une belle façade baroque avec balcon.

— *Museo de Bellas Artes* : plaza de Mina (Plan C2). Tél. : 21-22-81. Ouvert de 10 h à 14 h et de 17 h 30 à 20 h (horaires variables l'après-midi). Le samedi de 10 h à 14 h. Fermé le dimanche. Ce petit musée très moderne, tout neuf et bien éclairé présente au rez-de-chaussée des pièces d'archéologie et des statues issues des époques phénicienne et carthaginoise. Cadix s'appelait alors Gadir. A l'étage, salles consacrées à la peinture espagnole contemporaine (quelques toiles du paysagiste Carlos de Haes). On y voit également des œuvres de Murillo, Zurbarán et Rubens. Une dernière salle expose des scènes de marionnettes.

— *Museo Historico Municipal* : calle Santa Inès, 9. Tél. : 22-17-88. Ouvert de 9 h à 13 h et de 17 h à 20 h. Samedi et dimanche, le matin seulement. Fermé le lundi. Maquette superbe de la ville, réalisée au XVIIIe siècle. Tableaux et documents divers concernant la cité. Surtout pour les spécialistes d'histoire espagnole.

JEREZ DE LA FRONTERA

Ville assez importante, ni belle ni laide. Célèbre avant tout pour son vignoble, cette cité moderne est plutôt mal fichue. On s'y perd facilement, surtout en voiture. Les quartiers ont poussé un peu anarchiquement et les sens interdits pullulent. Si vous devez y séjourner, munissez-vous d'un plan et marchez. On vient surtout à Jerez pour visiter les bodegas et goûter ses vins trop méconnus en France.

CÁDIZ

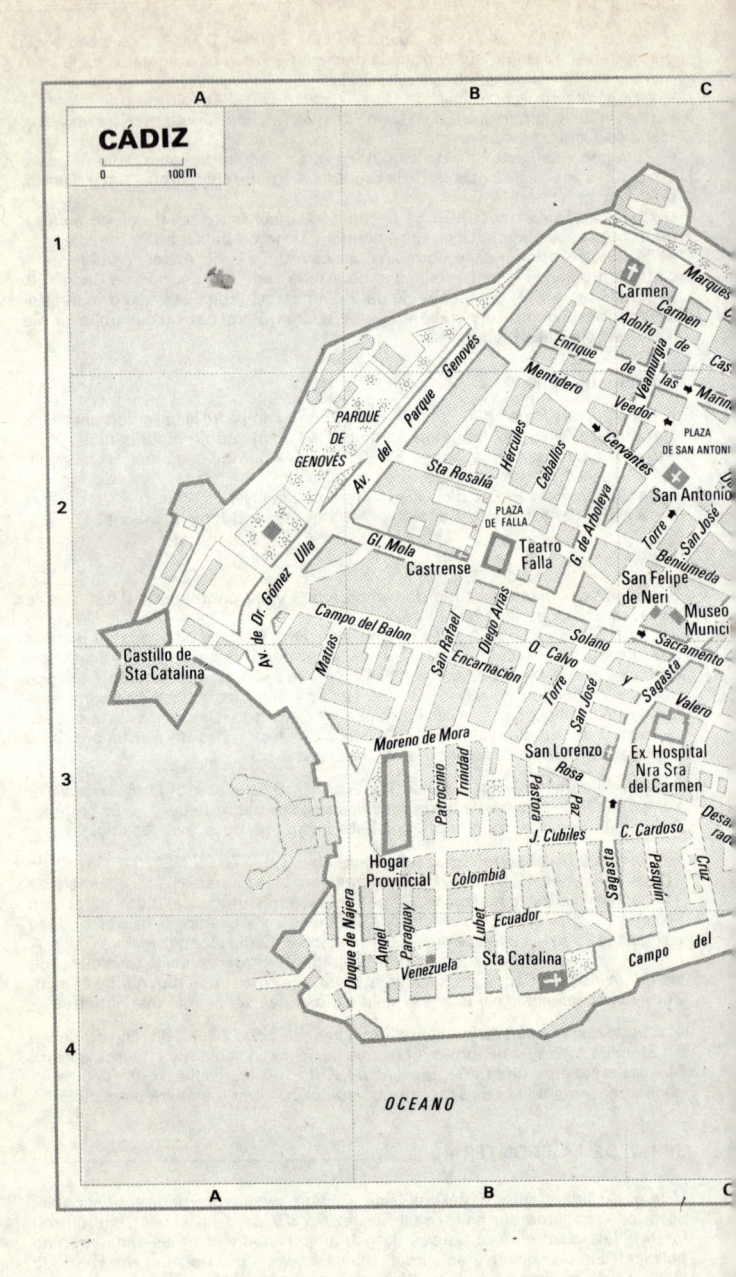

0 — 100 m

PARQUE DE GENOVÉS

Parque Genovés
Av. del Parque Genovés
Sta Rosalía
Hércules
Ceballos
Mentidero
Enrique
Adolfo
Carmen
Carmen
Marqués
Veanturaga
Veedor
Cervantes
Cas
Marin
PLAZA DE SAN ANTONI
San Antonio
Torre
San José
Beniumeda
PLAZA DE FALLA
Teatro Falla
G. de Arboleya
San Felipe de Neri
Museo Munici
Gl. Mola
Castrense
Av. de Dr. Gómez Ulla
Campo del Balón
Matías
San Rafael
Diego Arias
Encarnación
O. Calvo
Solano
Sacramento
Sagasta
y
Torre
San José
Valero
Castillo de Sta Catalina
Moreno de Mora
Parrocinio
Trinidad
Pastora
San Lorenzo
Rosa
Paz
Ex. Hospital Nra Sra del Carmen
J. Cubiles
C. Cardoso
Pasquín
Desa
rad
Cruz
Hogar Provincial
Duque de Nájera
Angel
Paraguay
Colombia
Lubet
Ecuador
Venezuela
Sta Catalina
Sagasta
Campo del

OCEANO

CADIX / 213

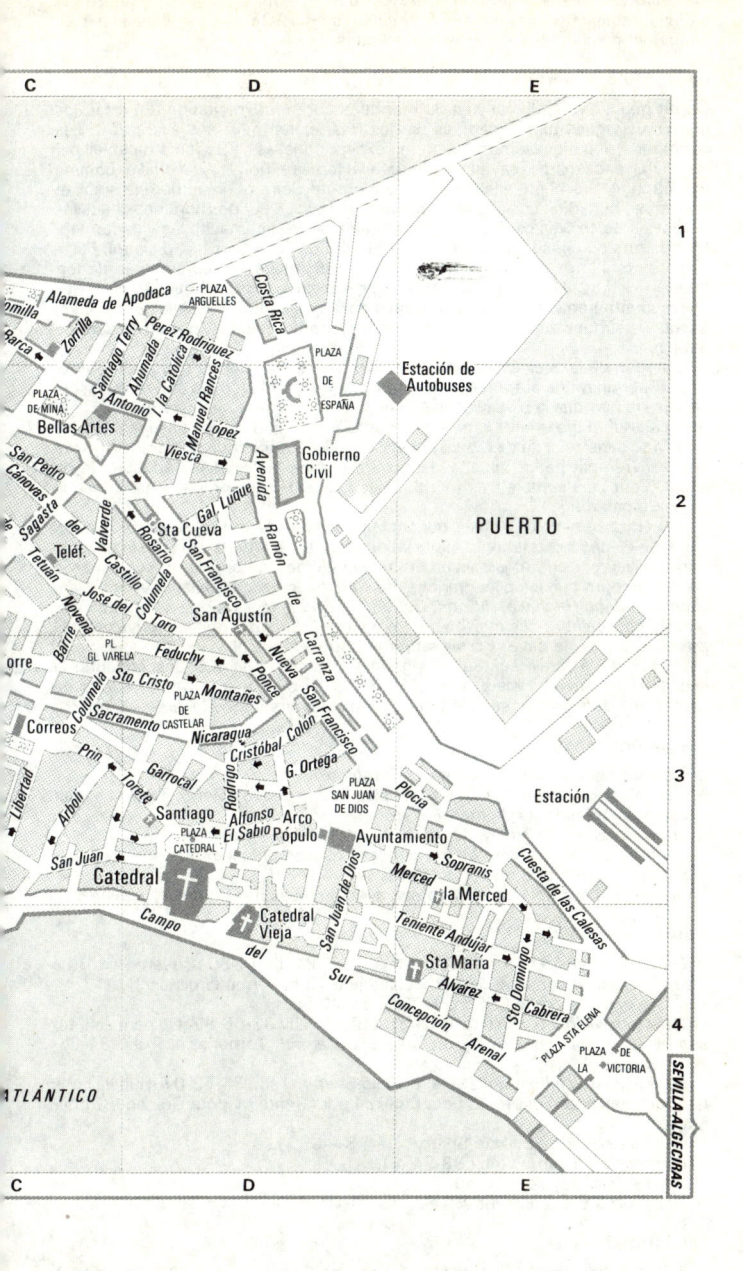

Map of Cádiz (grid C–E, 1–4):

- Alameda de Apodaca
- PLAZA ARGUELLES
- Costa Rica
- Zorrilla
- Santiago Terry
- Perez Rodriguez
- S Antonio I. a Catolica
- Ahumada
- Manuel Rances
- López
- PLAZA DE MINA
- Bellas Artes
- Viesca
- PLAZA DE ESPAÑA
- Estación de Autobuses
- San Pedro
- Cánovas
- Sagasta
- Valverde
- Sta Cueva
- Gal. Luque
- Avenida
- Gobierno Civil
- Teléf.
- Tetuan
- Castillo
- Rosario
- San Francisco
- Ramón de
- Novena
- José del Toro
- Columela
- San Agustín
- PUERTO
- Barrie
- PL. GL VARELA
- Feduchy
- Carranza
- orre
- Columela
- Sto. Cristo
- PLAZA DE CASTELAR
- Montañes
- Nueva
- Ponce
- San Francisco
- Correos
- Sacramento
- Nicaragua
- Cristóbal Colón
- Prin
- Libertad
- Torete
- Garrocal
- G. Ortega
- Arboli
- Santiago
- Rodrigo
- Alfonso El Sabio
- Arco
- Pópulo
- PLAZA SAN JUAN DE DIOS
- Plocia
- Estación
- San Juan
- PLAZA CATEDRAL
- Ayuntamiento
- Sopranis
- Cuesta de las Calesas
- Catedral
- San Juan de Dios
- Merced
- la Merced
- Campo del Sur
- Catedral Vieja
- Teniente Andujar
- Sta María
- Sto Domingo
- Álvarez
- Cabrera
- Concepción
- Arenal
- PLAZA STA ELENA
- PLAZA DE LA VICTORIA
- ATLÁNTICO
- SEVILLA-ALGECIRAS

Plusieurs villes de la région ont leur nom qui se termine par « la frontera » car c'était effectivement la ligne de démarcation entre les territoires occupés par les Arabes et ceux contrôlés par les catholiques.

Le vignoble de Jerez

On dit que c'est le plus ancien du monde encore en exploitation. En effet, les premières vignes furent plantées par les Phéniciens, mille ans avant J.-C. Les conditions climatiques sont, il est vrai, exceptionnelles : 295 jours de soleil par an ! La terre, de marne crayeuse, émergée au tertiaire, boit la pluie d'hiver comme une éponge, mais l'été elle durcit en une croûte claire qui réverbère le soleil et conserve l'humidité. Les grappes sont encore foulées par des hommes chaussés de bottes de cuir qui piétinent les montagnes de raisin. Ensuite les vins fermentent en fûts de chêne américain pour atteindre de 11,5° à 13,5° d'alcool. Particularité étonnante : le vin est volontairement exposé à l'air après un an de fermentation. Les tonneaux, aux trois quarts pleins, sont débouchés dans les caves, contrairement à tous les principes de la vinification. En fait la flore (levure) forme à la surface du vin une couche épaisse, protectrice. Le vin s'oxyde sans se piquer.
En fonction de la qualité de cette flore, le vin sera *fino* (fin) ou *oloroso* (odoriférant). Pour finir, une autre technique originale est employée : la *solera*. Ainsi est appelée la barrique la plus proche du sol (les fûts forment des pyramides). C'est de ce fût qu'on tire le jerez à mettre en bouteille. Le vin du tonneau supérieur sera transvidé dans celui du dessous, et ainsi de suite. La barrique du sommet restée vide sera remplie par du vin nouveau *(crianza)*. Ainsi le vin vieux « éduque » le vin jeune. Tout cela semble très moral. Par ce savant mélange de générations, le jerez n'a pas d'âge !
Ce sont bizarrement les Anglais qui ont fait le succès du jerez. Ils absorbent à eux seuls 43 % des exportations, exportations qui représentent 85 % de la production. D'ailleurs, ils n'ont jamais pu prononcer ce mot et l'ont déformé en sherry. Encore aujourd'hui, les plus grandes maisons de jerez s'appellent *Williams and Humbert, John Harvey and Sons, Osborne*... Des familles d'origine britannique. Mais la plus célèbre des maisons reste encore *Domecq* (origine béarnaise !) qui possède 70 ha de cave. Certains fûts entreposés ont plus de 300 ans. Seize membres de la famille gèrent le vignoble *Domecq*. Sur 403 descendants, la sélection est sévère ! Mais le jerez fait vivre les trois quarts des habitants de Jerez. Une dernière chose : les Français ont toujours snobé le jerez... à tort.

Les différents vins

Les blancs secs sont la spécialité de la région :
– *L'amontillado* : titre entre 8 et 16° et plus de 21° quand il vieillit. Très bien pour accompagner les fruits de mer. Bel arôme.
– *Le manzanilla* : vin ambré, léger et fin, se déguste en apéritif.
– *Le fino* : sec et parfumé. Moins alcoolisé que les précédents.
– *L'oloroso* : très titré. Bien pour l'apéro.
En rouge le *moscatel* bien sûr, obtenu avec du muscat, et le *pedro jimenez*.

Adresses utiles

– *Office du tourisme* : Alameda Cristina, 7. Tél. : 33-11-50. Ouvert de 11 h à 15 h du lundi au vendredi. Le samedi jusqu'à 13 h. Fermé le dimanche.
– *Poste centrale* : calle Cerrón, 1. Tél. : 34-22-95.
– *Gare ferroviaire* : pas loin de la gare routière. Tél. : 33-66-82. On peut acheter ses billets aussi dans le centre. *Despacho Central*, Torneria, 4. Tél. : 34-96-12.
– *Gare routière* : à l'est de la ville. Edificio Sherry. Tél. : 34-52-07. Huit liaisons quotidiennes pour Séville, 13 pour Cadix, 4 pour Ronda, 1 pour Grenade, 1 pour Málaga.
– *Casa de socorro* : Edificio Sherry : tél. : 34-13-31.
– *Pharmacie de garde* : tél. : 33-74-40.
– *Ambulance* : tél. : 34-15-49.
– *Aéroport* à 9 km du centre. Tél. : 33-74-40.

Où dormir ?

– Évitez la *Residencial Juvenil* (A.J.) : avenida Carrero Blanco, 26. Grand bâtiment moderne trop loin du centre.

ON N'EN APPREND PEUT-ETRE PAS TOUS LES JOURS. MAIS SUREMENT TOUS LES MOIS.

**L'ETUDIANT MAGAZINE
25 F CHEZ VOTRE
MARCHAND DE JOURNAUX**

— *Hostal San Miguel* : plaza San Miguel. Tél. : 34-85-62. Bâtiment de style espagnol avec patio. Un 2 étoiles pour le prix d'une seule. Demandez une chambre donnant sur la surprenante façade de l'église San Miguel. Tenu par une vieille dame très propre. Chambres avec lavabo ou douche.
— *Hostal Las Palomas* : calle Higuera, 17. Tél. : 34-37-73. Propre et avec lavabo. Douche dans le couloir. Calme et assez central. Patio avec azulejos et plantes vertes. Le patron adore les oiseaux.

● *Plus chic*

— *Hôtel El Coloso* : calle Pedro Alonso, 13. Tél. : 34-90-08. Un hôtel classique mais agréable. Chambres avec baignoire et w.-c. Excellent service. Prix d'un petit 2 étoiles.
— *Hostal Residencia Mica* : calle Higuera, 7. Tél. : 34-07-00. 30 chambres doubles et 8 simples, toutes avec salle de bains et téléphone. 2 étoiles. Plus cher et un peu moins bien que le précédent.

Où manger ?

Les restos sont assez chers ici. On vous conseille de vous rabattre sur les bars à tapas. Voici 2 adresses tout de même.
— *El Colmado* : calle Alvar Nuñez, 1. Tél. : 33-76-74. Un resto au premier étage d'un bar. Salle un peu triste mais bonne cuisine. Le menu n'est pas cher et copieux. Pour les petites faims, contentez-vous d'une soupe de pois chiches (*gargonzos*) ou d'une soupe à l'oignon (*sopa de cebollas*). Bon *cordero* également.
— *Restaurant Gaitan* : Gaitan, 3. Tél. : 34-58-59. Un resto qui sert des plats typiques. Un peu touristique mais pas désagréable. Plus cher que le premier.

A voir

— *Les bodegas* : le principal attrait de la ville. Plusieurs bodegas proposent des visites guidées, dont une est gratuite. Pas de visite le week-end.
● *Bodega Gonzalez Byass* : calle Manuel Ma. Gonzalez. Tél. : 34-00-00. Gratuit mais nécessité de réserver la veille. Visite de 10 h 30 à 13 h 30.
● *Bodega Sandeman* : calle Pizarro. Tél. : 33-11-00. Visite de 10 h 30 à 13 h 30. On peut y aller directement, mais l'été arriver un peu en avance. Prix modique. Dégustation à la fin de la soirée.
● *Bodega Williams Humbert* : calle Nuño de Cañas. Tél. : 33-13-00. Visite de 10 h 30 à 13 h 30. Un poil plus cher que la précédente.

— *Real Escuela Andaluza del Arte Ecuestre* : au nord de la ville, sur l'avenida Duque de Abrantes. Tél. : 31-11-11. Une école d'équitation style Vienne ou Saumur. La classe ! Jerez est en effet le fief du cheval andalou. Chaque année, fin avril, se tient la « Feria del Caballo », une gigantesque manifestation avec attelages superbes, courses et défilés... Pour ceux qui ne viendraient pas à cette période, on conseille tout de même d'aller assister aux entraînements ouverts au public. Tous les jours de 11 h à 13 h 30, sauf le week-end. Le jeudi à 12 h un véritable « show » est présenté. Très intéressant. Entrée environ 20 F. Le jeudi, c'est le double.

— *Museo de Relojes* (musée de l'horloge) : calle Cervantes. Tél. : 33-21-00. Ouvert du lundi au vendredi de 10 h à 13 h. Payant. Un beau musée regroupant plus de 300 horloges européennes de très belle facture. On peut également voir une série de cannes de marche.

— *Église San Miguel* : étonnante façade classique, très chargée, dans le style isabellin. On peut ne pas aimer. La porte de gauche de l'église est joliment ouvragée. A l'intérieur, lourdes colonnes et voûte gothique. Retable avec scènes sculptées. Chargé et élégant à la fois.

— *La gare de chemin de fer* (estación de ferrocarril) : à notre avis, le plus beau bâtiment de la ville et pourtant les guides n'en parlent jamais. Imaginez une superbe construction dans le style Belle Époque et décorée d'azulejos.

— *Le flamenco* : les habitants de Jerez sont très attachés à cet art qui trouve ses racines au fin fond de l'Andalousie. Difficile d'éviter les endroits par trop touristiques. Essayez toujours le bar *Carmino del Rosio*, calle Velázquez. Flamenco tous les soirs. *Los Cernicolos* : Sanchez Vizcaino, 25. Tous les soirs. Ici dansent les spécialistes.

Fêtes

– *La semaine sainte de Jerez* est assez peu connue, mais elle y gagne en authenticité.
– *La Feria del Caballo* : fin avril. Vous y verrez parader les plus beaux spécimens de chevaux andalous. On trouve assez facilement des places aux arènes.
– *Fêtes de San Anton* : le dernier dimanche de janvier. Bénédiction des chevaux.

Dans les environs

– *La Cartuja* : une belle chartreuse située à 5 km de Jerez, sur la route de Cadix, sur la droite. Splendide gothique flamboyant du XVe siècle. Façade richement ornée. C'est ici que s'est fait le croisement des chevaux napolitain, andalou et allemand au XVIe siècle. Cette nouvelle race, toujours représentée, s'appelle la « Cartujana ».

ARCOS DE LA FRONTERA

Indicatif téléphonique : 956.
A 33 km à l'est de Jerez de la Frontera. Superbe village andalou perché sur un promontoire rocheux, surplombant le rio Guadalete.

Où dormir ? Où manger ?

– *Huéspedes Galvin* : dans une ruelle donnant sur la calle Corredera, en face del Banco de Caja Ahorros Ronda. Simple mais correct. Certaines chambres surplombent la falaise de 30 m.
– *Fonda Cueva* : calle Hosta, 20. Petit patio, propre. Plus cher que la précédente.

● **Plus chic**

– *Parador Casa del Corregidor* : plaza del Cabildos. Tél. : 70-04-60. Un 3 étoiles superbe, fleuron de la célèbre chaîne. Certaines chambres ont un balcon surplombant la falaise. Panorama imposant sur la vallée del río Guadalete. Entièrement rénové.
– *Hôtel-restaurante El Convento* : Maldorado, 2. Tél. : 70-23-33. Tenu par un jeune couple très sympa. Récent. Décoration sobre et de bon goût. Confortable. Les desserts confectionnés par les sœurs du couvent voisin sont super.

A voir

– *Plaza de España* : place tout en haut de la colline offrant une vue magnifique sur la plaine en contrebas. Sur la place, le parador, et l'*église Santa Maria de la Asunción*, de style gothique flamboyant.
– *El mercado* : à 5 mn à pied de la plaza de España. Installé dans une église qui n'a jamais été achevée. Intéressant. On peut y acheter ses provisions, d'autant plus qu'il y a assez peu de restaurants en ville.
– *La ciudad vieja* : promenez-vous à pied, dans les petites ruelles autour de la plaza de España. Vous découvrirez des maisons médiévales avec des patios mystérieux, des arches superbes...

SÉVILLE

Indicatif téléphonique : 954.

Le cœur de l'Andalousie, la 4e ville d'Espagne et la plus importante de la province. Du départ de Christophe Colomb en 1492 à l'exposition universelle prévue pour 1992, Séville a fait sa place dans l'histoire. Elle compte de nombreux joyaux architecturaux comme la Giralda ou l'Alcazar. Ses habitants sont chaleureux et rieurs, noctambules aussi. Pas de doute, la Movida est descendue jusqu'ici. Le quartier de Santa Cruz, avec ses ruelles pavées et ses patios généreusement fleuris, connaît une effervescence surréaliste les soirs de week-end. On passe de bars à tapas en bars à vins, on fait connaissance, on partage la bonne humeur d'une Espagne qui n'en finit pas de fêter sa liberté.

Cité phare de l'histoire espagnole où les cultures chrétienne et musulmane ont vécu une « émulante » cohabitation, la ville étale fièrement ses monuments le long du Guadalquivir. Bien sûr il faudra les visiter, mais il faut aussi se laisser aller dans les quartiers populaires, pousser les portes des patios, aller à la rencontre des habitants qui se révèlent étonnamment cordiaux. Séville, un choc architectural bien sûr, un coup de cœur avant tout.

Attention ! Revers de la médaille d'une ville touristique : beaucoup de vols à la tire. Plusieurs de nos lecteurs s'étant fait arracher leur sac, on vous conseille d'être vigilant. Séville est surnommée la « Chicago espagnole » ! Sans tomber dans la parano, faites attention à vos appareils photo, bijoux et sacs dans les voitures qui sont cambriolées même dans les parkings gardés. Dernière trouvaille des petits voleurs : ils suivent votre voiture à moto, brise une vitre en roulant et prennent le sac à main de madame. On n'arrête décidément pas le progrès.

Un peu d'histoire

Inlassablement convoitée, la cité fut tour à tour aux mains des Phéniciens, des Grecs, des Carthaginois, des Romains avant que les Maures ne s'installent au VIIIe siècle et ne fassent de la ville un des joyaux architecturaux européens tout au long du XIIe siècle. L'implantation chrétienne, puis la découverte des Amériques lui donnent un nouvel essor puisque nombre de familles sévillanes s'enrichissent, notamment grâce aux mines d'or sud-américaines. Elles affichent leur opulence en faisant bâtir de superbes églises, des bâtiments impressionnants et des palais somptueux, au grand plaisir des voyageurs d'aujourd'hui : pureté de l'art mauresque, du style mudéjar, du mélange de gothique et de musulman, fraîcheur de l'azulejo, mariage harmonieux de la pierre et du végétal (les jardins), maîtrise de la lumière et de la chaleur (les patios), le charme de Séville est comme les bons vins, il se bonifie avec le temps.
Après cette glorieuse époque vint le déclin, dû, entre autres fléaux, à l'épidémie de peste qui emporta une grande partie de la population. 1936 fut une autre date notable, qui vit l'armée attaquer les quartiers populaires pour prendre possession de la ville. Mais aujourd'hui Séville relève la tête, et de quelle manière ! Le flamenco ne s'y est jamais aussi bien porté – il est copié jusqu'à Paris –, la mode andalouse embrase l'Europe et Séville se prépare pour son exposition universelle de 1992.

Topographie de la ville et transports

Pas aisé de circuler en voiture. D'ailleurs, c'est inutile. Les quartiers les plus intéressants se font impérativement à pied. Garez votre véhicule dans un parking gardé et marchez. Quand vous êtes fatigué, prenez un taxi. Pas chers et nombreux.
– *Le barrio Santa Cruz* (Plan C-D6) est le centre névralgique et historique de la ville. Quartier qui s'étend derrière la cathédrale, composé de ruelles, balcons richement fleuris, façades ouvragées, patios endormis...
– *Call Sierpes* (Plan C4-5) : une longue rue piétonne bordée de petits commerces animés, de bazars, de terrasses... de vie quoi ! Toutes les rues environnantes sont à explorer l'œil curieux et le nez en l'air.
– *Les rives du Guadalquivir*, but de promenade dominicale, se trouvent à une quinzaine de minutes de marche du centre et délimitent la vieille ville.

Adresses utiles

– *Office du tourisme* : avenida de la Constitución, 21 B. (Plan C6). Tél. : (955) 22-14-04. A 50 m de la cathédrale. Ouvert de 9 h 30 à 19 h 30 tous les jours. L'été, ouvert le dimanche de 9 h 30 à 13 h 30. Demandez le plan de toute la ville plutôt que le petit qu'ils distribuent généralement. Souvent en rupture de stock, mais super compétents et accueillants. Ils ont même eu la riche idée de placarder sur la vitrine un plan de la ville avec les positions des principaux hostales. Sympa, non ?
– *Poste* : avenida de la Constitución, 20. Achat de timbres uniquement de 9 h à 14 h. Poste restante : de 9 h à 20 h ; et le samedi de 9 h à 13 h. Fermée le dimanche.
– *Téléphone international* : plaza Nueva, 3. Ouvert de 9 h à 13 h et de 17 h à 21 h. Fermé le dimanche.

– *American Express* : *Viajes Alhambra*, calle Coronel Segui, 3. Tél. : 21-29-23. Ouvert de 9 h à 13 h et de 16 h à 20 h, le samedi de 9 h à 13 h. Fermé le dimanche.
– *Crédit Lyonnais* : avenida de la Constitución, 19. Tél. : 22-13-87.
– *Société Générale* : à l'angle de l'avenida de la Constitución et de la rue Santo Tomas, à 20 m du *Crédit Lyonnais*.
– *Piscine municipale « Sevilla »* : Ciudad Jardin, 81. Grande piscine mais assez excentrée, au nord de la ville.
– *Ambassade de France* : plaza de Santa Cruz, 1. Tél. : 22-28-97.
– *Ambassade de Belgique* : José Ibarra y Gomez Rull, 4 et 5. Tél. : 51-43-55.
– *Crédit Lyonnais* : avenida de la Constitución, 19. Tél. : 22-13-87.
– *Garage Citroën* : Poligono industrial, carretera Amarilla, parcela 172. Tél. : 51-45-11.
– *Garage Renault* : Syrsa Concesionario, autopista de San Pablo. Tél. : 36-01-00.
– *Garage Peugeot* : Luis Montolo, 170 B. Tél. : 57-06-60. Sur l'autopista de San Pablo, la route à 4 voies qui vient de Madrid, presque en face de l'hypermarché *El Continente*.
– *Ceramica Santa Ana* : calle Rodrigo Caro, 13. Tél. : 21-26-15. De l'autre côté du fleuve, le plus beau magasin de céramiques de la ville. Façade entièrement recouverte de céramiques. A l'intérieur, un choix énorme, du très bon marché à l'inabordable. A voir de toute façon.
– *Objets perdus* : Almansa, 21. Tél. : 21-26-28.
– *Casa de Socorro* : calle Jesús del Gran Poder, 34. Tél. : 27-47-60.
– *Police* : plaza de la Gadivia. Tél. : 22-88-40.
– *Journaux français* : on en trouve dans les kiosques du centre sans problème, notamment dans la calle Sierpes, la longue rue piétonne du centre.

Transports

– Deux gares de chemin de fer :
● *Estación de Cordoba* : plaza de Armas, 56. Tél. : 22-18-28. Dessert toutes les grandes villes. Pour Madrid, 5 trains par jour (plus l'été), pour Córdoba, au moins 10 départs, autant pour Málaga.
● *Estación de Cádiz* : calle San Bernardo, 13. Tél. : 41-43-60. Trains pour Huelva, Cadix, Barcelone. Plusieurs départs pour Madrid itou.
– *Gare routière* : nombreuses compagnies qui desservent toutes les destinations. Toutes partent du même point : calle José Maria Osborne, 11. Tél. : 41-71-11. On y trouve les compagnies *Alsina Graells, Transportes Comes,* etc. Plusieurs départs quotidiens pour les grandes villes d'Andalousie ainsi que Madrid et Barcelone. Consigne.
– *Bus pour l'aéroport* : environ 1 bus par heure à côté du bar *Iberia*, calle Almirante Lobo.
– Très difficile de se garer en été et parcmètres à profusion. Parking souterrain gardé : calle Genil (près de la plaza de Toros). Ouvert de 7 h à 23 h. Entrée interdite après 13 h 30 les samedi et dimanche.

Où dormir ?

Le logement à Séville n'est pas problématique si l'on s'y prend tôt le matin. Mais si vous attendez l'après-midi, ça peut devenir une véritable galère. Vous avez de la chance, bon nombre de pensions à prix acceptables se trouvent dans les vieux quartiers ou non loin.

DANS LE BARRIO DE SANTA CRUZ (Plan C-D6)

Plus qu'ailleurs, venir de bonne heure. Central et prix modérés. Le quartier le plus charmant de la ville.
– *Hostal Residencia Monreal* : calle Rodrigo Caro, 8. Tél. : 21-41-66. De la cathédrale, prendre la calle Mateos Gego (du côté où se trouve la Giralda), puis la première à droite. Façade superbe, à proximité des plus beaux monuments de Séville. On peut y manger bien et pas cher. Les meilleures chambres sont les n°s 18 et 19 qui possèdent un balcon très agréable. La chambre 2 est bien aussi, elle se trouve sur le toit mais l'été c'est un four. On peut y manger bien et pas cher. Un seul inconvénient : une salle de bains pour 2 étages. Un peu cher.
– *Casa de Huéspedes Fabiola* : calle Fabiola, 16. Dans une impasse étroite. Tél. : 21-83-46. Encore un petit patio verdoyant. Chambres simples avec

220 / SÉVILLE

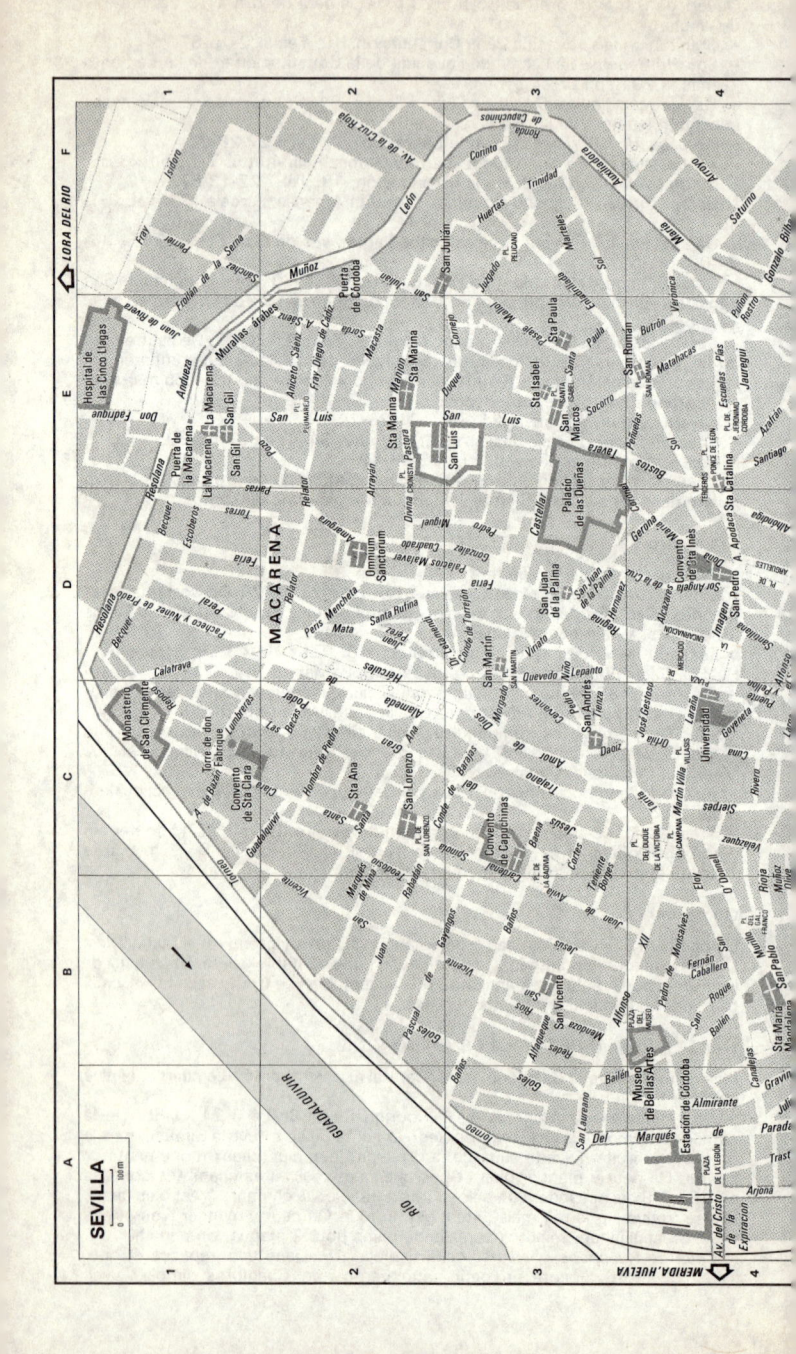

SÉVILLE / 221

lavabo. Douche comprise. Tenu par une famille gentille. Prix corrects. Il y a même une petite terrasse pour prendre le soleil.
- *Hostal Córdoba* : calle Farnesio, 12. Tél. : 22-74-98. En face du 10, calle Fabiola. A côté d'une belle bâtisse aux balcons de fer ouvragé et ornée d'azulejos. Très propre mais atmosphère aseptisée. Tout vient d'être refait. Un peu plus cher que ci-dessus. La pension *Buen Dormir*, juste à côté, est vraiment délabrée.
- *Pension Archeros* : Archeros, 23. Tél. : 41-84-65. Dans une rue parallèle à la calle Cespedes (Plan D6). Chambres spacieuses avec lavabo. Salle de bains à l'étage, très propre. Bon accueil. Prix doux.

● *Un peu plus chic*

- *Hostal Marco de la Giralda* : calle Abades, 30. Tél. : 22-83-24. Une chouette pension refaite à neuf, vraiment nickel. Chambres avec douche ou lavabo. Un peu cher, dommage. Petit patio. La dame est vraiment à cheval (hue dia !) sur la propreté.
- *Hostal Goya* : calle Mateos Gago, 31. Tél. : 22-11-70. On peut choisir une chambre avec lavabo, douche ou bains. L'accueil est courtois et le tarif un peu salé.

AUTOUR DE LA PLAZA CURTIDORES (Plan D-E6)

Quartier à 5 mn du précédent, beaucoup plus populaire. Pas de charme du tout. Pensions pas fantastiques, c'est le moins qu'on puisse dire. Mais si vous n'avez rien trouvé ailleurs, il y reste peut-être encore une petite place ; justement parce que le coin n'a rien de super.
- *Casa de huéspedes Mateo* : calle Archeros, 7. Tél. : 41-40-57. Une des moins chères de la rue. Bon, le confort est vraiment rudimentaire mais le patio n'est pas désagréable. Pour les fauchés.
- *Hostal Bienvenido* : calle Archeros, 14. Tél. : 41-36-55. Là aussi ce n'est pas cher. Pas la grâce des châteaux en Espagne, bien sûr, mais propre et correct.
- *Casa Diego* : plaza de Curtidores, 7. Tél. : 41-58-83. Très propre et moins cher que les autres. Style très standardisé, clair et avenant toutefois.

PRÈS DE LA GARE PRINCIPALE (ESTACIÓN DE CORDOBA) (Plan A-B 4-5)

Évidemment les pensions les plus accessibles pour ceux qui arrivent en train. Quartier pas terrible et un peu excentré. Pensions généralement sans charme. Bon, sortir de la gare par la gauche puis prendre la grande avenue à gauche. Enfin, la première rue à droite (calle Pedro del Toro). Beaucoup de pensions dans ce quartier. Voici les moins chères, dans l'ordre de l'itinéraire.
- *Camas Romero* : calle Gravina, 21. Tél. : 21-13-53. Simple mais très propre. Chambres avec lavabo. Évitez les chambres donnant sur le patio très sombre. Pas cher du tout.
- *Hostal Limones* : calle Pedro del Toro, 10. Simple mais la plupart des chambres ont une douche, pour à peine plus cher qu'ailleurs.
- Dans la calle Pedro del Toro, plusieurs pensions du même type. La *pension Arizona* (au n° 14) est assez bon marché mais la douche est très chère. Au n° 7, *Hostal Pacós* : tél. : 21-71-83. Patio bien arrangé. Chambres avec lavabo et douche inclus. Très correct pour le quartier. Même proprio que l'*Hostal Gravina*, calle Gravina, 46.

UN PEU A L'OUEST DU CENTRE

- *Hospedajes Burgos* : el Bustos Tavera, 12. (Plan E3-4). A deux pas de l'*église Santa Catalina*. Tél. : 21-48-11. Très propre, simple et bon marché. Dans un quartier populaire, très sympa, où l'on a des chances de rencontrer de vraies Sévillanes, des Gitans « purs et durs ». Près du terminal, des autobus qui partent dans toutes les directions dans Séville. Dans un coin qu'on aime bien.

● *Plus chic*

Voici quelques hôtels qu'on conseille fortement à ceux qui ne sont pas à 15 ou 20 F près. Pour à peine plus cher que les autres on passe à un standing nettement supérieur. N'hésitez pas. Les trois premiers sont très centraux et le dernier est proche de la gare.
- *Hotel Simon* : calle Garcia de Vinuesa, 19. (Plan B-C6). Tél. : 22.66.60. A 3 mn à pied de la cathédrale. Vu le charme de cet hôtel, le prix est, tout compte fait,

très abordable. Patio majestueux avec colonnes de marbre et fontaine. Dans les couloirs, des peintures du XVII˚ et du XVIII˚ s. Certaines chambres sont décorées d'azulejos anciens. Prix d'un hôtel 1 étoile pour une chambre sans salle de bains et d'un 2 étoiles pour une chambre avec salle de bains. Pas de chauffage en hiver.
– *Hostal La Castellana* : calle Gamazo, 17. (Plan B5). Tél. : 22-08-95. Dans une charmante rue bourgeoise. Petit hôtel familial très bien tenu avec lavabo et douche à l'étage. Central. Accueil courtois. Un de nos meilleurs rapports qualité-prix. Une bonne adresse vraiment.
– *Hotel La Rabida* : calle Castelar, 24. (Plan B5). Tél. : 22-09-60. Au nord de la plaza de toros et à 3 mn à pied de la cathédrale. Un 2 étoiles avec un grand patio, majestueux mais austère, dans le style des années 30. Chambres assez vieillottes mais confortables, avec téléphone et salle de bains privée. Ascenseur. Plus cher que les précédents. Au fond, resto avec azulejos. Demandez à être dans la partie ancienne de l'hôtel.
– *Hostal Londres* : calle San Pedro Martir, 1. (Plan B4). Tél. : 21-28-96. Beaucoup de tenue pour ce grand hôtel. On y pénètre par un vaste hall couvert d'azulejos. Personnel accueillant, chambres avec douche et toilettes. Bref, le service d'un 2 étoiles pour le prix d'une.

● *Très très chic*

– *Hostal Doña Maria* : Don Remondo, 19. (Plan C6). Tél. : 22-49-90. La grande classe en plein centre. Imaginez-vous que la piscine aménagée sur le toit offre une vue directe sur la Giralda. Chaque chambre est personnalisée. Le luxe et le service pour 500 F en basse saison. En haute saison on n'ose pas vous dire.

● *Campings*

– *Camping Sevilla* : Tél. : 51-43-79. A 6 km à l'ouest de la ville, sur la route de Cadix. Du centre ville, bus Carmona du Prado San Sebastien (derrière la plaza de España). Piscine payante et chère. Bungalows. Entre l'autoroute et la piste d'atterrissage de l'aéroport. Douches froides ou chaudes gratuites. Bien entretenu.
– *Camping Club de Campo* : à Dos Hermanas, à 12 km du centre. Tél. : 72-02-50. Bien, avec une grande piscine, un bar et un resto, bon et pas trop cher. Près de la voie ferrée, donc bruyant. Accès facile par le bus à la gare routière (près de la gare de Cádiz) : prendre le bus de Dos Hermanas, et demander au chauffeur de s'arrêter au camping. Le bus est aussi recommandé pour les personnes motorisées : il arrive en plein centre, part fréquemment pour Séville, et de plus le parking est difficile et cher dans le centre.
– *Camping Villsom* : Tél. : 72-08-28. A 12 km au sud de la ville, à Dos Hermanas, sur la route de Cadix. Pas très bien organisé. Sanitaires réduits. Chacun se met où il veut, empiétant sur l'autre. Ouvert toute la nuit. Le terrain est en terre battue rouge style Roland-Garros. Ne dormez pas par terre, sinon, c'est la cure de poussière. Pas très loin, un autre terrain de camping, *El Club de Campo*.

Où manger ?

Incroyable diversité de la cuisine sévillane. Ici on a depuis plusieurs années compris que la cuisine huileuse des années franquistes devait être mise au rancard. Les bars à tapas vous permettent de vous faire une idée de cette richesse et de savourer la délicieuse ambiance animée de ces lieux de rendez-vous.

● *Pas cher*

– *El Puerto* : calle Betis, 59. Tél. : 27-17-25. (Plan A6-7). Sur la rive sud du fleuve, en face de la Torre del Oro. Le seul restaurant abordable au bord du Guadalquivir. Grande terrasse surplombant l'eau. Menu de la casa pas cher. Beaucoup de poissons et fruits de mer. Fermé le lundi. Pour digérer, vous pourrez toujours faire une balade à pédalo sur le fleuve (se reporter à la rubrique « A voir »). Le soir, la rue est pleine de jeunes qui se retrouvent dans les bars.
– *Cerveceria Giralda* : calle Mateos Gagos, 3. (Plan C6). Tout à côté de la cathédrale, côté nord. Petite salle de resto et excellentes *tapas* (voir « Où boire un verre ? »). En saison, ils ne font pas resto. Belle salle voûtée avec ventilateur et stucs mauresques. Très joli bar en bois verni. Pas mal de jeunes assez branchés. L'idéal pour les rencontres.
– *Los Gallegos* : Carpio, 1. (Plan C4). Tél. : 21-40-11. Pas cher et copieux. Un truc pour manger encore moins cher. Aller au bar à côté du resto. Ils servent la

même chose. Le resto se trouve à l'angle de la calle Campaña. Déco nulle et néons assassins mais une excellente adresse pour les chômeurs en fin de droits qui apprécient la cuisine populaire.
– *Café-bar Guadalquivir* : calle Garcia de Vinuesa, 21. (Plan B-C6). Petite rue que l'on trouve en marchant sur le trottoir qui fait face à la cathédrale. Excellent resto vraiment pas cher. A conseiller surtout la friture de poissons et la salade. Plusieurs petits menus simples et pas chers. Churros et chocolat le matin. Bien vérifier l'addition et la comparer avec les prix affichés.
– *La Abundancia, Buffet Libre* : Marqués de Paradas, 16 (esquina plaza de Armas). (Plan A4). Tél. : 22-12-05. Juste en face de la gare de chemin de fer. Bon accueil, on se sert à volonté au buffet (crudités, poissons, viandes, légumes, fruits, etc.). Bon, l'ambiance n'est pas super. A conseiller surtout pour les voyageurs arrivant par le train et ne pouvant pas attendre pour aller ailleurs. Si tel n'est pas votre cas, préférez les bars à tapas du centre.

● *Bars à tapas et restos*

Pas de doute, le meilleur moyen de rencontrer les Sévillan(e)s est de fréquenter les bars à tapas et de passer de l'un à l'autre jusqu'à plus soif... et plus faim. Beaucoup de restos font aussi bars à tapas. Voici quelques-unes de nos préférences, mais il y a plein d'autres adresses excellentes. Flâner dans les ruelles étroites à leur découverte est un véritable plaisir.
– *Bodega Gongora* : calle Albareda, 5. (Plan B-C5). Dans le quartier de Santa Cruz. Un bar à tapas populaire spécialisé dans les fruits de mer et le poisson. Assiettes copieuses et bon marché. Les serveurs sont adorables. Pour accompagner votre repas, goûtez donc les crus de la région provenant de la production du patron. Un moscatel ou un pata de fero (jambe de fer) qui donne de la force...
– *Bodega Santa Cruz* : calle Rodrigo Caro, 1. (Plan C-D6). A deux pas de l'hostal *Monreal*, au cœur du quartier Santa Cruz. Un excellent bar à tapas. Et on pèse nos mots. Animation folle le week-end. Pas moyen d'accéder au bar. D'ailleurs beaucoup renoncent et boivent un verre dehors, adossés aux voitures. Pour les courageux qui y seront parvenus, goûtez les *tortillitas de bacalao*, le *roquefort-puinga* (sandwiches au roquefort chaud)... On prépare tout ça devant vous et, à dire vrai, ça ne chôme pas aux heures de pointe.

● *Plus chic*

– *El Meson* : calle Dos de Mayo, 26. (Plan B6). Tél. : 21-64-92. A 100 m de la plaza de toros. Un restaurant typiquement espagnol, assez touristique toutefois. Connu pour servir de la viande de taureau de combat *(estufado de toro)*. Excellent *gazpacho*. Menu de la casa. Dans la salle du fond, photos de toreros et acteurs célèbres qui sont venus ici : de Candice Bergen à James Mason. Fermé lundi. Pas donné mais le menu est à un prix correct.
– *Hosteria del Laurel* : plaza de los Venerables, 5. (Plan D6). Tél. : 22-02-95. Un resto assez chic au beau milieu de Santa Cruz, avec terrasse donnant sur une petite place sans voitures. Les jeunes gens chic qui sont partis en vacances avec leur belle-mère iront dans la salle du fond s'asseoir aux belles tables bourgeoises avec nappes blanches, les autres prendront le soleil aux tables basses installées dehors. Au menu ou sous forme de tapas on vous servira des tripes à l'andalouse, de l'agneau rôti *(cordero asado)* et bien sûr le *gaspacho*. Tapas bon marché.
– *Enrique Becerra* : calle Gamazo, 2. (Plan B5). Tél. : 21-30-49. Dans le quartier face à la cathédrale. Des tapas hyper frais, très bien préparés. C'est en fait un resto plus qu'un bar à tapas. Ici on sert les tapas comme à l'antan, c'est-à-dire en apéritif et non comme mode de nutrition pur et simple ; cela permet de patienter en attendant qu'une table se libère. La salle, séparée par une cloison, a chic allure. Cuisine espagnole typique, assez chère.
– *Casa Robles* : calle Alvarez Quintero, 60. (Plan C5). Cette rue propose plusieurs bodegas sympa. La Casa Robles est chère, autant vous le dire. Mais on y va surtout pour l'excellent jambon et les bons fromages.

Où boire un verre ?

Bien entendu tous les bars à tapas que nous vous indiquons sont aussi des bars tout court. L'ambiance y est toujours fortement animée. Mais voici quelques bistrots et troquets où traîner ses guêtres pour ceux qui seraient à court. Tous se situent à proximité ou dans le quartier Santa Cruz.

— *Hijos de Morales* : calle Garcia de Vinuesa, 11. A côté de la cathédrale, en allant vers le fleuve. Le bistrot à vin le plus vieillot et le plus sympa de la ville. Pas un coup de peinture depuis 50 ans. Dans l'une des salles, on boit non pas à côté des barriques mais des cuves à vin.
— *Cerveceria Giralda* : bar à tapas hors saison et l'été bar uniquement (voir « Où manger ? »).
— *Casa de Cordoba* : calle Fernandez y Gonzalez. Pas loin de la cathédrale. Beaucoup de jeunes dans une grande salle. On peut y manger.
— *La Alicantana* : plaza Salvador, à l'ouest de la cathédrale. On boit dehors, sur l'une des plus jolies places de Séville. En face, une drôle d'église toute peinturlurée. Très agréable en fin de journée, à l'heure de l'apéritif. Ferme à 23 h. Un peu cher.
— *Bar Queipiniña* : calle Rodrigo Caro, en face de l'*hostal Residencia Monreal*. Beaucoup de monde et de rencontres faciles.
— *Bar Europa* : au coin de la calle Siete Revueltas et la calle Alcaiceria de la Loza. Dans le quartier des rues piétonnes du centre. Chouette comptoir en bois sculpté, murs jaunis et parois couvertes d'azulejos et de stucs. L'atmosphère du vieux Séville.
— *Bar Carlochi* : calle Boteros, 26. Un petit bar moderne, richement décoré de mille objets (au moins). Piliers en bustes féminins taillés dans le bois, chaises en osier, statuettes, toiles aux murs. Un monde franchement rococo noyé dans la musique U.S. et espagnole. Clientèle de branchés sympa.
— *Bar sans nom* : au coin de la calle Antillano Campos et la calle Payes del Corro, de l'autre côté du fleuve, à peu près au niveau de la plaza de Toros. La grande salle reçoit le week-end la jeunesse du quartier. Décoration soignée : petits objets liés à la corrida, glaces, portraits, azulejos... Quand l'ambiance s'y prête, un jeune homme prend sa guitare et les filles dansent la sevillana. Vous pouvez même vous y essayer.
— *Alfaro bar* : sur la charmante plaza Alfaro, dans la partie du barrio de Santa Cruz bordant les jardins de Murillo (superbes jardins andalous). Sur cette belle placette, à l'écart de l'agitation du quartier, un bar chicos avec fauteuils en osier en terrasse, colonnettes et peintures à l'intérieur. Reposant, atmosphère cool.
— *El Rinconcillo* : calle Cerrona, 42. En face de l'église Santa Catalina. Beaux azulejos avec jambons, fromages... Ne vous trompez pas, et n'allez pas manger les azulejos.
— Tous les bars du quartier Santa Cruz sont bourrés le week-end. C'est bien simple, il y a tant de monde dans ces bars que, de l'un à l'autre, la foule des amateurs emplit la rue. On pose un verre sur le rebord d'une fenêtre, on s'asseoit par terre ou on reste debout. Ambiance dingue. Pour faire des rencontres c'est le pied. Tout est prétexte à communiquer, échanger des idées et des verres, draguer gentiment ou se faire draguer très aimablement. On vous le dit tout net, les nuits de Séville sont les plus chaudes de l'Andalousie. D'ailleurs il nous semble bien, après réflexion, qu'un tube de l'été 87 posait en termes clairs la question du pourquoi de l'extraordinaire mobilité du « cul des Andalouses » et y répondait non moins clairement : c'est l'amour !

Où manger de bons gâteaux ?

— *Confeteria La Campaña* : calle Sierpes, 1. (Plan C4). Au bout de la plus animée des rues piétonnes, au coin de la calle Campaña. Pâtisserie qui propose des spécialités. Frise d'angelots et d'azulejos derrière le comptoir.

Et le petit dej. alors ?

— *Des churros et un grand chocolat épais* : voilà comment les Andalous prennent leur petit déjeuner. On en trouve partout mais on vous donne une bonne adresse : calle Arfe, 22 AC. (Plan B6). Les churros sont faits devant vous et on les emporte. Il s'agit d'une sorte de beignet frit dans l'huile, un peu gras et lourd, il faut le reconnaître, mais les Espagnols en raffolent. L'équivalent pour eux de nos croissants.

Où danser ?

Séville n'a pas perdu ses traditions. Le flamenco y est bien présent. Plus vivante encore est la « sevillana », ce dérivé populaire et domestiqué du flamenco. On la danse le soir dans les boîtes du quartier de Salado, accompagnés par de petits

groupes locaux parfois excellents. Là, on s'aperçoit que la sevillana – et à plus forte raison le flamenco – ne s'improvise pas. Les couples virevoltent avec grâce (ou lourdeur). Outre la technique, la sevillana demande un talent inné pour être bien dansée. Allez donc faire un tour, un vendredi ou un samedi soir.
– *Caseta* : calle Febo, 36. Au coin de la calle Salado. Non loin, *Candela*, au n° 11 de la calle Salado. A côté, les *3 Farolas* au n° 8 est également populaire et sympa.

Où voir et écouter du flamenco ?

Expression pure et puissante de ce que l'âme andalouse possède de noble et tragique, voici le flamenco, art bouleversant en vérité, qui sort du ventre et prend au ventre, quelque chose d'indiciblement fort comme jailli du tréfonds de l'être, de la souffrance, du bonheur et de la mort. Il y a plusieurs flamencos, plus ou moins graves, plus ou moins profonds ; le meilleur s'appelle Canto Jondo, et rares seront les touristes qui auront eu le privilège de le connaître. Les spectacles qu'on leur propose s'apparentent davantage au pastiche. Pourrait-il en être autrement quand le flamenco est avant tout spontané ? Mais, si les amateurs, souvent passionnés, ne sauraient se contenter de ces pâles représentations folkloriques, les profanes que nous sommes pour la plupart trouveront enivrants, sensationnels les rythmes des guitares, des claquements de mains, et tous ces jupons qui virevoltent, et ces voix qui détonnent. Les *tablaos flamenco* sont quand même plus ou moins « vrais » ; en voici un qu'on a trouvé méritant, bien qu'assez cher.
– *Los Gallos* : plaza de Santa Cruz. Une des grandes qualités de ce tablao est son côté intime. On s'y sent bien et on voit des artistes de près, ce qui est important pour comprendre et ressentir le chant et la danse. Groupes de musiciens de qualité, qui donnent toute leur énergie.

La semaine sainte

Pendant la semaine sainte, qui s'étale du dimanche des Rameaux à Pâques, Séville est envahie par les touristes, eux-mêmes noyés dans la foule espagnole. L'ambiance de pénitence et de dévotion se mêle à une atmosphère de spectacle. On ne sait plus très bien si l'on est venu pour se repentir, ou si seul le plaisir de voir défiler les « pasos » surchargés et d'admirer les costumes insolites nous a attirés là. La semaine sainte de Séville est-elle une fête de la piété ou permet-elle seulement aux Sévillans d'honorer leur foi en la fête ? Les mécréants y verront une parade digne d'un carnaval, occasion rêvée de jouer les reporters, tandis que ceux pénétrés de sentiments religieux, mystiques et bigotesques, seront d'abord sensibles à ce qui semble être une communion fervente et qui l'est peut-être bien, nous ne portons ici aucun jugement.
Voici comment se passent les choses : chacune des paroisses que compte la ville s'organise en confrérie, héritière de l'ancienne « hermandad ». Ces confréries convergent en processions vers la place San Francisco, transformée pour l'occasion en grand-scène, comme s'il s'agissait d'un vaste théâtre religieux. Les pénitents encagoulés suivent une imposante croix de bois, les plus jeunes ouvrant la marche ; derrière, lentement, avance le « paso », large plate-forme richement décorée, souvent de manière baroque, que supportent des dizaines d'hommes. Impressionnant d'accompagner ce cortège, impressionnant vraiment ! Sur le « paso » se dresse une statue du Christ en croix ou de la Vierge en larmes ; à leur passage, des chanteurs flamencos scandent des « saetas », incantations poignantes et quasi déchirantes, c'est à vous mettre sur les genoux ! Enfin, tout le monde se retrouve sur la place San Francisco, où la fête continue.

La Feria

Pendant la *Feria* défilent les belles Andalouses à cheval avec leurs cavaliers ainsi que des attelages de chevaux tout pomponnés, un peu frimeurs. Dans les *casetas*, ces loges en bois louées par des familles, on danse des *sevillanas* et des *seguidillas* au son des guitares, des tambourins et des castagnettes dont toute la ville retentit. Les badauds n'hésitent pas à se masser devant les entrées des casetas pour mieux voir ces festivités. Mais la feria, c'est bien sûr les grandes courses de taureaux...
– Pour les petites corridas, acheter ses places directement aux arènes. Pour les grands rendez-vous, réservations calle Tetuán à « La Teatral ».

A voir

● Dans le vieux quartier Santa Cruz

– *La cathédrale* : ouverte de 10 h à 13 h et de 16 h à 18 h. Le dimanche de 10 h 30 à 13 h. Ça ce sont les horaires officiels, mais la cathédrale est aussi ouverte pendant les offices. Interdit d'y pénétrer en short. Comme beaucoup d'autres édifices catholiques de la région, celui-ci fut bâti sur l'emplacement d'une mosquée, en l'occurrence celle des Almohades, édifiée au XIIe siècle ; de cette époque ne subsistent que la Giralda et quelques murs. La reconquête de Séville achevée par les Rois catholiques, la grande mosquée fut aussitôt transformée en église, la troisième du monde par sa taille, et la plus large de toutes les cathédrales gothiques.

Entrez par l'arrière du monument. Des gitanes vous « racketteront » en échange d'un œillet qu'elles essaieront de vous coller de force à la boutonnière. Soyez ferme. Elles sont parfois accompagnées de malicieux pickpockets qui profitent de la diversion.

Maintenant qu'on est à l'intérieur, on se sent un peu perdu. Dieu que c'est grand ! On ne va pas vous faire une liste détaillée des choses à voir, un guide entier n'y suffirait pas, mais voici simplement quelques éléments à ne pas rater.

– Tout d'abord la *capilla Real*, de style Renaissance (XVIe siècle). Solennelle et assez chargée. Au centre, le *tombeau de Ferdinand III le Saint*, patron de la ville. On y voit aussi celui d'*Alphonse X le Sage*, roi de Castille et de León, qui voulut réunir les trois cultures, juive, chrétienne et islamique pour la paix du monde et le bonheur des hommes. Jamais royaume ne fut si près de l'harmonie. La science y gagna les premières tables astronomiques. Période faste s'il en fut que celle du règne d'Alphonse ! Recueillez-vous deux minutes sur sa sépulture et méditez sur ce que notre monde aurait de merveilleux si le rêve de ce sage y était partout réalisé. Amen.

– Dans la *capille Mayor* : le maître-autel est sans doute l'œuvre la plus marquante de la cathédrale. 220 m² de figurines sculptées ! C'est le plus grand retable du monde. Richesse époustouflante. Réalisé dans un style gothique fleuri des plus travaillés. 45 scènes de la vie du Christ et de la Vierge y sont représentées. Au centre, tableau de la Nativité.

– Dans le *chœur*, on notera les stalles gothiques.

– La *sacristie de Los Calices* renferme plusieurs œuvres de Goya et Murillo. A ne pas manquer.

– Dans la *Grande Sacristie*, ostensoir en argent de plus de 300 kg.

– Dans le *bras droit du transept*, on peut voir le monument funéraire de Christophe Colomb rapporté de La Havane à la fin du siècle dernier. Son tombeau est porté par quatre chevaliers vêtus des costumes représentant les quatre grands royaumes d'Espagne. Celui de gauche porte une rame, symbolisant la découverte de l'Amérique. Il a dû beaucoup ramer pour y arriver ! Un autre tient une croix : victoire du christianisme. Christophe Colomb est peut-être le seul défunt à posséder deux tombeaux. Un à Séville et un autre à Saint-Domingue, 1re terre américaine découverte par lui. Il transita de Saint-Domingue à Cuba avant d'être ramené ici. Mais à Saint-Domingue, on dit que ce n'est pas le bon qui a été embarqué, et que, par conséquent, il y est toujours. Bref, ce cher Christophe, en vrai routard, n'a pas fini de voyager.

– *La Giralda* : mêmes horaires que la cathédrale. C'est la grande tour superbement sculptée qui domine la cathédrale. C'était autrefois le minaret de la Grande Mosquée. Les catholiques ont eu le bon goût de ne pas l'abattre. Voici un bel exemple de la cohabitation qui existait aux XIIe et XIIIe siècles entre chrétiens et musulmans. L'observateur sera frappé par l'élégance et la légèreté que les arabesques et les aérations confèrent à cette tour, malgré sa large section carrée. Un clocher baroque la surmonte. Il fut ajouté par les catholiques, afin de rappeler qu'il s'agissait de la maison de Dieu et non de celle d'Allah. On voit bien la parenté qui existe entre ce monument et la Koutoubia de Marrakech, ou la tour Hassan de Rabbat ; les trois constructions datent de la fin du XIIe, à l'époque almohade.

Le nom *Giralda* est une altération de Giraldilla, nom de l'allégorie du Triomphe de la Foi qu'on a placée au sommet de la tour. Cette pièce tourne au moindre souffle de vent : la tour fut donc rebaptisée Giralda, qui signifie girouette en espagnol. Nous vous conseillons la montée par la large rampe, qui offre un superbe panorama sur Séville dont les environs se diluent dans l'intense lumière. Vue intéressante également sur les fines arches de la cathédrale qui semblent se multiplier à l'infini. De là-haut, on saisit mieux la configuration de ce vaste édifice.

– *El patio de los Naranjos* (la cour des Orangers) : accolé à la cathédrale, on remarque encore dans ce joli jardin les canaux d'irrigation creusés par les Arabes. Au-dessus de la porte d'entrée, admirez cette splendide scène des « Marchands chassés du Temple ». Sur les lourdes portes d'entrée, on remarque encore des inscriptions coufiques. Au centre, fontaine qui date de la cathédrale wisigothique.

– *L'Alcazar :* ouvert de 9 h à 12 h 45 et de 15 h à 17 h 45 (jusqu'à 17 h 30 en hiver). Samedi, dimanche et fêtes, jusqu'à 13 h 15. (Plan C 6-7). Gratuit avec carte d'étudiant. Ancienne forteresse arabe transformée en palais d'habitation. Isabelle la Catholique et Charles Quint y vécurent. Curieusement, ce chef-d'œuvre ne fut pas construit par les Arabes mais par les conquérants chrétiens qui copièrent le style de leurs prédécesseurs en employant des artistes musulmans. Ainsi ce fut Pierre III le Cruel qui fit bâtir l'Alcazar. De sorte que, par une curieuse pirouette, les vaincus imposèrent leur art aux vainqueurs.
Extraordinaire exemple de l'architecture arabo-andalouse. Commencez la visite par *el Cuarto del Almirante* (la salle des Amiraux) où de superbes tapisseries du XVII° et du XVIII° siècle rappellent qu'on y prépare les célèbres voyages qui permirent la découverte du Nouveau Monde. Plus loin, le *patio de las Doncellas* possédant les plus beaux azulejos du palais et des panneaux de stuc finement ouvragés dans la pure tradition d'Afrique du Nord.
Plafonds à caissons polychromes. Dans certains patios, les frises en stuc sont en fait des versets du Coran qui s'intègrent merveilleusement à l'art décoratif. En poursuivant, on rejoint la *cour des pucelles* dont la galerie date de Charles Quint. On note d'ailleurs que l'harmonie est rompue par rapport au rez-de-chaussée qui est de style mudéjar typique. Notez la porte de cèdre décorée de versets du Coran et de louanges aux rois. Le *salon de Charles Quint* possède un superbe plafond à caissons de style Renaissance. Un des joyaux de l'Alcazar est sans nul doute le *salon des Ambassadeurs :* arabesques de stuc polychromes, linteaux finement ciselés, extraordinaire coupole en forme de « demi-orange » décorée de stalactites. A l'époque où Watt n'avait pas encore éclairé le monde de ses lumières, les architectes usaient d'ingénieux artifices pour dompter les sources lumineuses. Ainsi vous remarquerez dans les niches du plafond de minuscules miroirs d'acier. La lumière qui entre par les arches est d'abord réfléchie par le marbre clair du sol, puis va frapper ces petits miroirs, qui diffusent à leur tour la pièce. Si l'on n'était pas attentif, toutes ces beautés reléguaient presque à l'arrière-plan la richesse infinie des azulejos. Il n'y a pas un motif qui soit le même.
Puis vient *la cour des poupées*. Son nom proviendrait des petits visages que l'on devine à l'intersection des arches et qui ressemblent (vaguement) à ceux de poupées. Ce salon était réservé aux femmes.
En regagnant la cour principale (par laquelle on entre), on voit au premier étage des chambres qui accueillent encore les officiels invités par la ville.
Par une autre cour on accède à la *chapelle de Charles Quint*, dont les murs sont couverts de grands panneaux d'azulejos dans les tons vert-bleu, datant du début du XVI° siècle. La salle suivante présente de belles tapisseries qui ont un peu perdu leurs couleurs. Il s'agit de reproductions de tapisseries flamandes montrant Charles Quint en lutte avec les Turcs. Les reporters-photographes n'existant pas, Charles le malin s'était fait accompagner d'un artiste. Notez la tapisserie décrivant la conquête de Tunis au XVI°, où l'on voit la carte reproduite à l'envers, avec l'Espagne sur la droite.

– *Les jardins de l'Alcazar :* seuls les Arabes ont su allier avec autant de génie la végétation et l'eau. Dommage que ces jardins soient entretenus avec si peu de soin. Les allées sont recouvertes de briques plates. Certaines d'entre elles sont percées de trous d'où s'échappent des filets d'eau. Le roi, qui était un grand plaisantin, organisait souvent de vastes fêtes dans ces jardins. Il aimait à y réunir les femmes. Alors il faisait ouvrir largement les vannes et les filets d'eau venaient se loger sous les robes des femmes. Amusant, non ?
Balade très agréable aux heures les plus chaudes de la journée, tout empreinte de tranquillité et de fraîcheur. On déambule au gré de son inspiration au milieu des allées, des fontaines, des orangers et des palmiers.

– Derrière la cathédrale, la charmante *plaza de la Virgen de los Reyes*. Remarquez le palais archiépiscopal doté d'une belle porte baroque.

— *La casa Lonja* : ouverte seulement de 10 h à 13 h, sauf les jours fériés. (Plan C6). Située sur la plaza del Triunfo, à droite de l'Alcazar. Tél. : 21-12-34. Édifice abritant les « archives des Indes ». On sait en effet que les grands navigateurs découvrirent les Amériques alors qu'ils voulaient atteindre les Indes. Comme quoi la navigation s'est depuis quelque peu améliorée. A l'intérieur, des milliers de documents et d'archives que l'on ne peut consulter que sur autorisation spéciale. Par contre, ceux qui connaissent l'Amérique centrale et du Sud, jetteront un coup d'œil intéressé sur les plans de Mexico, Cuzco, Lima, dessinés à cette époque. Quelques autographes de célèbres navigateurs : Magellan, Pizarro, Amerigo Vespucci...

— *Le barrio de Santa Cruz* : charmant quartier coincé entre l'Alcazar et la cathédrale. (Plan C-D 6). Commencez par le *patio de las Banderas* et perdez-vous au hasard de ces ruelles tortueuses et charmantes. Certaines maisons blanchies à la chaux ont leurs fenêtres protégées par des grilles en fer forgé. Quelques petites places secrètes rafraîchies par des fontaines. Terminez par la calle Abades. Balade merveilleuse la nuit à partir de 23 h 30. Dans l'après-midi, tout est calme. Profitez-en pour pousser les portes et admirer les patios. Dans la calle Guzman el Bueno notamment, aux n°s 4, 27 et 33, de superbes exemples de cet art qui marie belle lumière et végétation au cœur des demeures.

— *Casa de Pilatos*. (Plan E5). Ouverte de 9 h à 18 h 30. Tél. : 22-52-98. Vérifier les horaires. Superbe palais construit du XVe au XVIe siècle. Étonnant mélange de styles mudéjar, gothique et Renaissance. Ce serait la reproduction du palais de Ponce Pilate à Jérusalem... Le palais abrite aussi de très beaux jardins, très tranquilles. A l'intérieur, plusieurs salles ont été transformées en musée. Le patio central possède de belles arcades.

— *Le museo de las Bellas Artes* : plaza del Museo, à 5 mn à pied de la Estación de Cordoba (Plan B4). Ouvert de 10 h à 14 h et de 16 h à 19 h, samedi et dimanche, de 10 h à 14 h, fermé lundi et fêtes. Les horaires ont pu changer. Tél. : 22-07-90. Gratuit avec la carte internationale d'étudiant. Installé dans un ancien couvent, il renferme des peintures du Greco, Velázquez et Murillo. Ce dernier commença sa carrière en peignant des croûtes pour les vendre à la foire de Séville ! Comme quoi il ne faut jamais désespérer. On y verra également des œuvres d'artistes tels Alonso Cano, Pietro Torrigiani...

— *Le parc de Maria Luisa et la plaza España* : grands jardins aménagés en 1929 pour l'Exposition hispano-américaine et dessinés par le Français Forestier. Il ne faut pas manquer, le long du paseo de las Delicias, ces extraordinaires pavillons de l'Exposition. Cachées derrière les palmiers, on peut encore voir les somptueuses demeures de grandes familles sévillanes.
La plaza de España, grandiose, aérée, forme un demi-cercle dans lequel s'élèvent les installations de l'Exposition. Gracieux, élégants, les pavillons ont été construits avec des matériaux nobles : brique, azulejos, pierre, tout fut conçu pour durer. Pari tenu puisque, aujourd'hui, les parcs, les bassins et les arcades des pavillons accueillent tous les week-ends des milliers de Sévillans qui viennent s'y promener. Vous pourrez voir 58 bancs d'azulejos représentant les différentes provinces espagnoles, d'élégants ponts enjambant les bassins, etc. Une chouette balade en vérité. N'oubliez pas de saluer les trois charmantes Sévillanes de pierre qui se prélassent autour d'un arbre.
Le musée archéologique (ouvert de 10 h à 14 h sauf dimanche et lundi) : se trouve dans des bâtiments construits pour l'Exposition. Nombreuses œuvres de l'époque romaine et beaucoup d'objets en or d'inspiration orientale. Intéressera surtout les spécialistes.

— *La Torre del Oro* : le long du fleuve. (Plan B7). Ouverte de 10 h à 14 h tous les jours et le dimanche jusqu'à 13 h. Fermée le lundi. C'est non point, comme le nom inclinerait à le croire, un hôtel des Monnaies ou une chambre forte pour le Trésor, mais un môle d'ancrage d'une énorme chaîne que l'on tendait en travers du rio pour en barrer l'amont aux éventuelles incursions des navires chrétiens. Son nom vient des azulejos dorés qui le couvraient autrefois. Petit musée à l'intérieur. Intérêt limité.

— A partir de la Torre del Oro, une longue promenade s'étire le long du Guadalquivir, sur le *paseo de Cristóbal Colón*. Agréable en fin d'après-midi.

— *La plaza del Salvador* : hyper animée le week-end. Beaucoup de monde aux terrasses des cafés, devant la façade baroque de l'église. Non loin de là, la calle

Sierpes, longue rue piétonne, centre commercial le plus animé de la ville, très vivant en fin d'après-midi. Belle façade d'azulejos au n° 39, et au n° 45 chouette pâtisserie.

— Tout le quartier situé en face de la cathédrale, de l'autre côté de l'avenida Constitución, se révèle moins touristique, plus populaire que Santa Cruz. S'il n'a pas le charme des maisons blanches et des placettes endormies, on y trouve une atmosphère peut-être plus vraie. Baladez-vous autour des rues *Garcia de Vinuesa, Gamazo, Arfe...*

— *Le quartier de la Triana* ne présente aucun intérêt architectural. En revanche, le soir, c'est là que les habitants se retrouvent pour danser la sevillana dans des bars-boîtes où se produisent les groupes locaux. Vous pourrez même avoir la chance d'assister à d'excellentes prestations.

— *Location de pédalos :* face au 67, calle Bettis, en face de la Torre del Oro. (Plan B7). Superbe promenade sur le Guadalquivir, en fin d'après-midi. Le fleuve est lent car Séville ne se trouve qu'à 10 m au-dessus du niveau de la mer. Enfin, c'est l'endroit du fleuve le plus joli avec la Torre del Oro, la plaza de toros...

— Les amateurs de morue salée en trouveront dans de nombreuses boutiques. Ils la vendent aussi emballée sous cellophane. Un chouette cadeau pour les amis.

Aux environs

— *Italica :* à 13 km par la route de Merida. Ville fondée par Scipion l'Africain en l'an 206, pour ses blessés. C'est aussi la patrie de Trajan et Hadrien. A voir : les bas-reliefs du théâtre et le superbe amphithéâtre.

Quitter Séville

Nombreux départs dans toutes les directions, tous les jours.
- *Empresa Unión de Benisa.* Tél. : 41-46-60.
- *Vers Barcelone :* 11 h 30, 15 h et 22 h 30.
- *Vers Madrid :* 10 h, 15 h, 22 h 30.
- *Vers Alicante-Benidorm :* 9 h.
- *Vers Valence :* 9 h, 11 h 30, 15 h, 22 h 30.
- *Empresa Suárès Olivera.* Tél. : 41-36-59.
- *Vers Algésiras :* 7 h 15, 10 h 30 et 13 h 15.
- *Empresa Alsina Graells.* Tél. : 41-88-11.
- *Vers Almeria :* 9 h et 11 h.
- *Vers Grenade :* 7 h, 9 h 30, 15 h 30, 17 h.
- *Vers Córdoba-Jaén :* 7 h 30, 14 h 50, 17 h 30 (les jours ouvrables).
- *Vers Málaga :* 8 h, 9 h, 11 h et 17 h 30.
- *Empresa los Amarillos.* Tél. : 41-52-01 ou 41-56-11.
- *Vers Arcos de la Frontera :* 8 h et 16 h 30.
- *Vers la Costa del Sol :* 7 h 30 et 16 h.
- *Vers Ronda :* 6 h 45, 7 h 30, 15 h et 16 h.
- *Empresa Comes.* Tél. : 41-68-58.
- *Vers Jerez de la Frontera :* 7 h, 12 h, 15 h, 16 h, 17 h, 17 h 30 et 19 h.
- *Vers Cadix :* 7 h, 10 h 45, 12 h, 13 h 30, 16 h, 19 h et 20 h 45.

ARACENA

A 89 km au nord-ouest de Séville. Emprunter la N630 sur 35 km puis la N433 sur 54 km. La deuxième portion de route traverse d'agréables paysages verdoyants et des champs d'oliviers. Sur les derniers kilomètres, la chaussée est assez mauvaise.
Aracena est un joli petit village dominé par les ruines d'un château, mais dont il ne se dégage pas un charme fou. Les rues comme les habitants semblent un peu endormis. Le village doit sa renommée à ses grottes, que visitent moult touristes. On n'y reste pas.
L'accès aux grottes est clairement indiqué à l'entrée du village. Ouvert de 11 h à 19 h de juin à septembre et de 10 h à 18 h l'hiver. Entrée payante. Les 1 500 m de galeries naturelles sont superbes, il est vrai ; on emprunte d'étroits boyaux pour se retrouver dans de vastes poches où stalactites et stalagmites paraissent féeriques. Pour qui n'a jamais vu ce genre de curiosité, c'est impressionnant ;

pour les autres ce sera une répétition. On peut regretter que les visites se fassent en groupe uniquement et que les commentaires ne soient donnés qu'en espagnol. Durée : 1 h. La voix monocorde et lénifiante du guide, le flash aveuglant du photographe qui vous attend au détour d'une grotte, tout cela ôte au site beaucoup de son romantisme, et finalement les visiteurs ont raisonnablement l'impression d'être pris pour un « troupeau de beaufs » tout à fait cabuesque.

Où dormir ? Où manger ?

– *Camping* à 5 km à l'est de la ville, sur la droite quand on vient de Séville. Bien situé, sur une petite colline. Moderne et propre.
– *Hostal Sierpes :* calle Mesones, 19. Tél. : 11-01-47. En plein centre, dans la rue qui monte après la place. Prix très honnêtes et bon confort. La patronne vous accueille avec le sourire. Chambres spacieuses, avec douche ou lavabo.
– *Casa Manolo :* calle Barbero, 6. Tél. : 11-00-14. Un peu moins cher que ci-dessus. Hostal familial. Peu de chambres. Certaines ont une fenêtre donnant sur le couloir. A éviter. La n° 1 est grande et donne sur la petite rue.
– *Restaurant Sierra :* calle Mesones, 9. Menu abordable le midi. Petit resto moderne, très clean, un peu chic. Spécialités du coin. Portions chiches.
– Les fauchés se contenteront de quelques tapas au bar *Los Angeles* dans la calle San Pedro, la rue qui monte au-dessus des grottes.

Quitter Aracena

– *Bus* pour Séville 2 fois par jour (matin et après-midi). Avenida Andalucia, 7.

CARMONA

A 38 km à l'est de Séville. 10 bus quotidiens assurent la liaison. Superbe petite ville médiévale perchée sur un promontoire qui domine toute la plaine environnante. Ses ruelles tortueuses, ses patios cachés rappellent le charme des casbahs arabes.

Où dormir ? Où manger ?

– *Camas Comidas F. Comercio :* en rentrant par la puerta de Sevilla, juste sur la gauche le long des remparts. Maison typiquement andalouse avec un patio très clair. Grosses tommettes rustiques sur le sol. Chambres avec ou sans salle de bains. Excellente cuisine familiale. Les repas sont servis même si on n'y dort pas.
– *Casa Carmela :* juste en face de la Giralda (le clocher de l'église San Pedro), dans la ville basse. Moins bien que le précédent mais un peu moins cher. Évitez les chambres sur la rue, trop bruyantes. Mais celles de derrière ne sont pas calmes non plus...

● ***Vraiment plus chic***

– *Parador Nacional :* tél. : (954) 14-10-10. Un 4 étoiles, l'un des plus beaux hôtels de la célèbre chaîne. Installé dans l'ancienne forteresse arabe et transformé ensuite en résidence par Pierre le Cruel, le parador surplombe toute la plaine sur des kilomètres. Magnifique patio typiquement andalou avec une jolie fontaine. Piscine. Réserver impérativement.

CORDOUE (CÓRDOBA)

Indicatif téléphonique : 957.
Cordoue, ville de tolérance, de fusion des cultures, d'harmonie réussie entre des peuples différents : musulmans, juifs et catholiques y vécurent longtemps dans un accord presque parfait. C'est en ayant toujours présente à l'esprit cette sagesse qui régnait alors qu'il faut visiter la ville. Bien sûr les hordes de touristes ne facilitent pas cette entreprise, mais pourtant c'est ainsi que l'on parvient à comprendre l'infinie richesse du vieux quartier juif, la « Juderia », qui se blottit autour de la Grande Mosquée, la « Mezquita », joyau architectural d'une incomparable pureté. La Juderia, c'est un peu comme un village à part entière posé au milieu d'une grande ville. Rien n'est plus séduisant que de se perdre dans ses ruelles étroites et biscornues, de jouer avec la lumière réfléchie par les façades si

blanches, de se laisser mener par la découverte des patios toujours plus fleuris. Tout le quartier historique se parcourt à pied, les centres d'intérêt n'étant jamais très éloignés les uns des autres. Sorti du cœur de la ville, on pourra également se balader sur les bords du Guadalquivir, mais le charme de la cité est bien dans son centre. D'ailleurs vous avez encore de la chance, c'est là que se trouvent les charmants petits hôtels et les chouettes petits bars.

Un peu d'histoire

On se demande pourquoi les Carthaginois, puis les Romains, fondèrent une ville en un lieu si vulnérable sur le plan militaire. Peut-être furent-ils enchantés par la beauté et la fertilité des terres environnantes ? Quand les Maures s'emparèrent de la cité, sans doute furent-ils séduits à leur tour puisqu'ils en firent la capitale d'un vaste empire musulman. Les émirs tentèrent d'étendre leur territoire vers le nord, et furent arrêtés par Charles Martel, en 732 bien sûr. A l'époque, Cordoue rivalise par son faste avec Constantinople et compte plus de 300 mosquées. Pendant près de trois siècles une grande harmonie règnera entre les cultures musulmane, juive et catholique. Le raffinement oriental laisse son empreinte sur chaque maison. Les califes et les émirs, amoureux d'art et de savoir, évitent les ségrégations religieuses. Les artistes et penseurs de l'Europe entière affluent à Cordoue, la tolérance n'étant pas si fréquente à cette époque. Philosophes, historiens, scientifiques de différentes obédiences partagent leur savoir. Ciseleurs d'or, tisserands, céramistes et musiciens sont reçus et choyés par des souverains qui apprécient les belles choses.

Pourtant, cette tolérance que l'histoire retient ne va pas sans une grande sévérité des lois qui régissent la ville et qui retiennent moins l'attention aujourd'hui : les habitants sont soumis à une taxe s'ils veulent conserver leur autonomie civile et pratiquer leur religion. L'esclavagisme est autorisé. Il faut aussi offrir une part de sa récolte aux émirs ou les couvrir de dons pour qu'ils ne se fâchent pas. C'est que ces derniers sont irascibles... et rusés : sachant diviser pour mieux régner, ils avaient l'art de semer la discorde entre les différentes communautés. Tolérance donc, mais sous bonne garde.

La ville atteint son apogée tout au long du Xe siècle. Cordoue est alors la cité-phare de l'Europe. Mais des querelles intestines qui opposent différents émirs surviennent, et marquent le début d'une certaine décadence. En 1212, l'écrasement des troupes almohades par celles des rois de Castille, d'Aragon et de Navarre porte un coup fatal à l'islam. Les musulmans repassent alors le détroit de Gibraltar, tentent timidement de revenir mais sont refoulés. Les siècles qui suivent n'auront pas le prestige des califats. Les catholiques font subir aux musulmans plus d'humiliations que les musulmans ne leur en avaient imposées. Cordoue délaisse son agriculture, abandonnant les ingénieux systèmes d'irrigation mis au point par les Maures.

Aujourd'hui, c'est pourtant l'agriculture qui reprend le dessus et les vastes étendues cultivées qui ondulent tout autour de la ville se parent de chaudes couleurs.

Adresses utiles

— *Office municipal du tourisme* : plaza Juda Levi, à 2 mn à l'ouest de la mosquée. Ouvert de 9 h à 14 h toute l'année sauf le dimanche. Tél. : 29-07-40. Bureau d'information à l'entrée de l'Alcazar. Ouvert de 16 h à 19 h et de 17 h à 20 h l'été, tous les jours. Un tableau d'ouverture des édifices et musées est affiché à l'extérieur de l'office.
— *Poste* : calle Cruz Conde, 21. Ouverte du lundi au vendredi de 9 h à 14 h et de 16 h à 18 h, le samedi de 9 h à 14 h. Fermée le dimanche.
— *Téléphone international* : plaza de las Tendillas, 7. Ouvert du lundi au vendredi de 9 h à 13 h et de 17 h à 21 h. (Parfois ça change).
— *RENFE* : avenida de America, au nord de la ville. Tous les jours, 16 trains pour Séville, 15 pour Madrid, 10 pour Algésiras, autant pour Málaga et Grenade. Fréquences variables entre l'été et l'hiver.
— *Gare routière* : 5 points de départ en fonction des compagnies et des destinations. Pour Grenade et Málaga, avenida Medina Azahara ; pour Madrid, Valence et Barcelone, avenida de la Victoria ; pour les petits villages typiques de la Sierra de Córdoba, sur l'avenida de la Victoria (plus haut que sur l'avenue), ou sur l'avenida de America en face de l'hôtel *Gran Capitan* ; pour Jaen, Séville et les petits villages, sur l'avenida de Cervantes.

- *Agence Iberia :* Rondo de la Tejares, 3. Tél. : 47-26-95. Ouverte du lundi au vendredi de 9 h à 13 h et de 16 h à 19 h, le samedi de 9 h à 13 h. Fermée le dimanche.
- *Police :* 091.
- *Hôpital :* Casa Socorro, Avenida República Argentina. Tél. : 23-46-46. Jour et nuit.
- *Piscine :* « El Fontanar », parque Cruz Conde, à environ 4 km. Prendre le bus n° 2 en face de l'hôtel *Media,* sur le paseo de la Victoria, en direction de l'hôpital. Descendre puis prendre le chemin de terre sur la droite (environ 200 m). Ouverte l'été. Bourrée le dimanche.
- *Parking :* le centre de Cordoue se fait à pied. Parking public au bas de la Mezquita, payant (somme très modique) et surveillé dans la journée. Un conseil : ne rien laisser dans sa voiture et ne pas la fermer à clé : il n'y a pas de voleurs de voitures, seulement des petits casseurs. Risque de se faire briser une vitre. Un parking souterrain, surveillé et très cher, se trouve à côté de l'hôtel Maimonides.
- *Musées* gratuits pour les Espagnols, payants pour tous les autres, même les étudiants.
- *Renault :* calle Dos de Octubre, 16. Tél. : 47-91-25.

Où dormir ?

On vous conseille vraiment les hôtels du vieux quartier, pleins de charme, avec leurs belles grilles en fer forgé qui gardent les merveilleux patios fleuris, toujours très soignés. Les hôtels proches de la gare sont fonctionnels et sans âme. Un peu moins cher. Si vous arrivez par le train, faites donc l'effort de téléphoner aux hôtels du centre pour voir si c'est complet, vous ne le regretterez pas.

PRÈS DE LA MOSQUÉE

Ces hôtels, très bien situés, sont indiqués selon un itinéraire et non en fonction de nos préférences.
- *Hostal El León :* calle Cespedes, 6. (Plan II, B3). Tél. : 47-30-21. Dans une petite ruelle, à 3 m au nord de la mosquée. Patio complètement kitsch et peintures un peu braillardes. Patron sympa, mais une seule douche par étage. On y parle français. Chambres triples également. Prix très corrects.
- *Hostal Seneca :* calle Conde y Luque, 7. (Plan II, B3). Tél. : 47-32-34. Continuez la rue précédente vers le nord. Un de nos endroits préférés. Beaucoup de charme. Patio avec des pots de fleurs partout. Très bien tenu. Douche et petit déj. compris. Souvent complet. L'hôtelière est française et pourra vous conseiller. Petit déjeuner moyen.
- *Fonda La Milagrosa :* calle Rey Heredia, 12. (Plan II, B-C3). Tél. : 47-33-17. Certains détails de décoration sont un peu ringards. Prix plus élevés mais très bien tenu. Propreté impeccable. Douche en sus ; certaines chambres en ont une. Beau patio à arcades.
- *Fonda Rey Heredia :* calle Rey Heredia, 26. Tél. : 47-41-82. Joli patio décoré d'assiettes accrochées au mur. On y est tranquille, c'est pas cher et l'accueil est vraiment sympathique. Chambres avec lavabo seulement. Sommaire mais correct.
- *Pensión Martinez Rucker :* calle Martinez Rucker, 14. (Plan I, B 3-4). A 50 m à l'est de la mosquée. Tél. : 47-25-62. Petit patio charmant avec faïences. Excellent accueil et chambres simples mais presque coquettes. Douche comprise. Bon rapport qualité-prix.
- *Fonda Rafael Maestre :* calle Romero Barros, 16. Tél. : 47-53-95. A proximité de la plaza del Potro. Accueil très chaleureux. Demandez une chambre sur le joli patio. Excellent rapport qualité-prix. Vraiment rien à redire. Parking fermé à clé pour garer sa voiture.

PRÈS DE LA GARE (Plan A 1-2)

En sortant de la gare, prendre sur la droite puis la première rue à gauche. Le quartier n'est pas très sympathique. Seulement si vous êtes coincé.
- *Hostal Malaga :* avenida Cervantes, 20. Tél. : 47-29-56. En étage. Simple mais bien tenu. Attention, certaines chambres n'ont pas de fenêtre. Et évitez les chambres donnant sur l'avenue, car assez bruyantes. Pas cher du tout mais vraiment pas de charme.

234 / CORDOUE

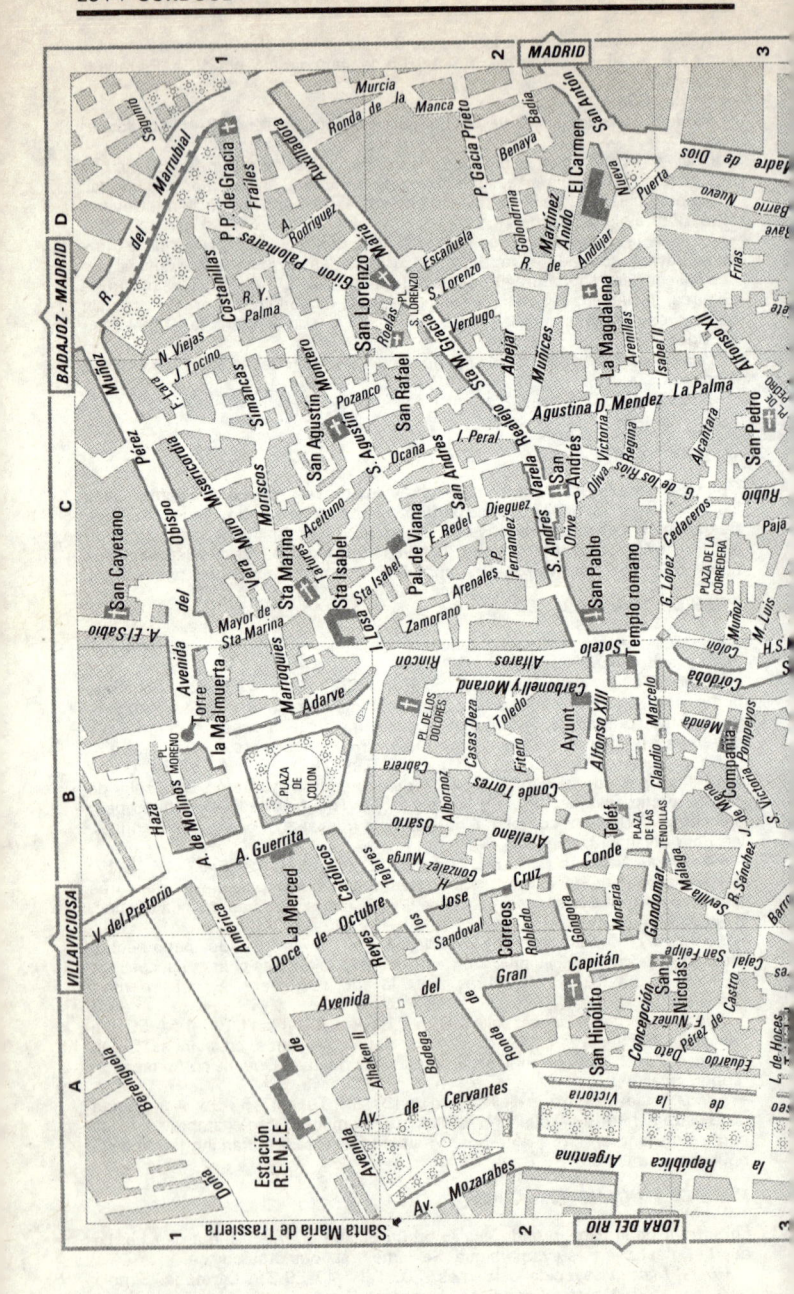

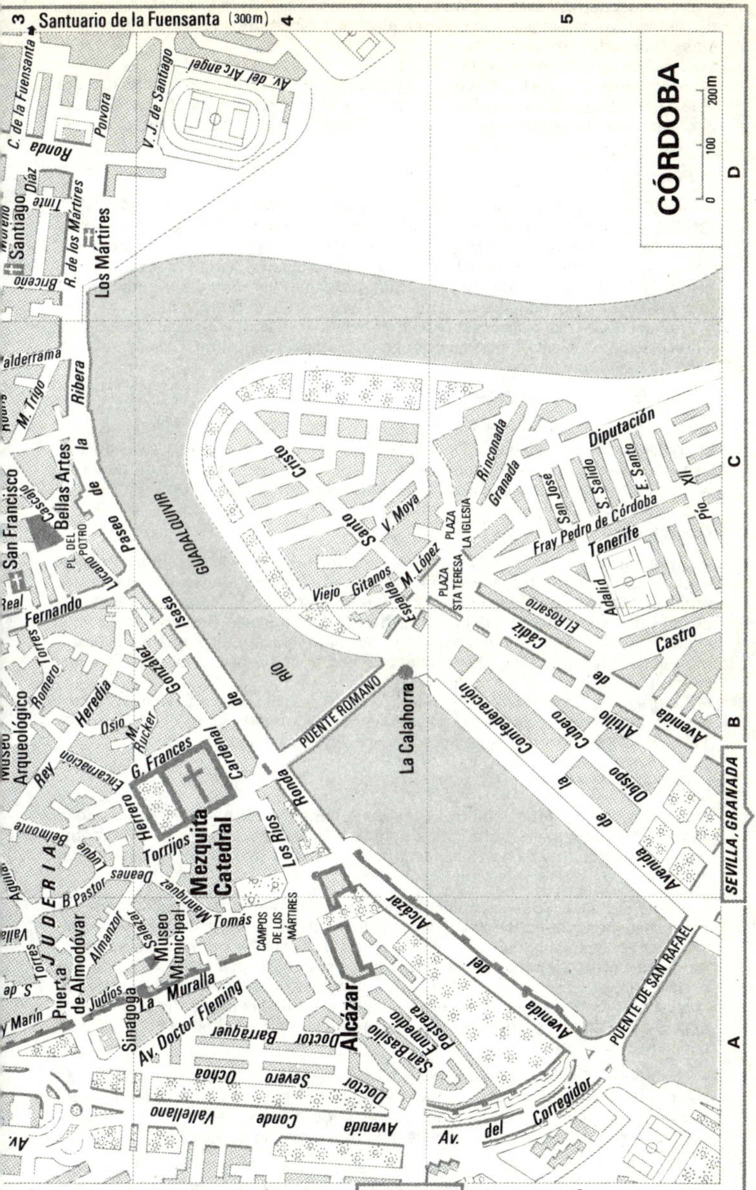
CÓRDOBA
0 100 200m
Santuario de la Fuensanta (300m)
SEVILLA, GRANADA
LORA DEL RÍO
GUADALQUIVIR
Río
PUENTE ROMANO
PUENTE DE SAN RAFAEL
La Calahorra
Mezquita Catedral
Alcázar
JUDERÍA
Sinagoga
Museo Municipal
Museo Arqueológico
Bellas Artes
San Francisco
Santiago
Los Mártires
Puerta de Almodóvar
La Muralla
CAMPOS DE LOS MÁRTIRES
PL. DEL POTRO
PLAZA STA TERESA
PLAZA LA IGLESIA
Paseo de la Ribera
Av. del Corregidor
Avenida del Alcázar
Avenida de la Confederación
Av. Doctor Fleming
Ronda de Isasa
Cardenal González
Fray Pedro de Córdoba
Diputación
Tenerife
Castro
Cádiz
El Rosario
Obispo Cubero
Avenida de Cádiz
Pío XII
Ronda de los Mártires
Av. del Arc angel
V. J. de Santiago
Pólvora
Conde Vallellano
Doctor Barraquer
Severo Ochoa
Avenida Conde
San Basilio
Postrera
Enmedio
Torrijos
Herrero
G. Frances
Encarnación
Rey Heredia
Romero Torres
Fernando
Lucano
Cristo
V. Moya
Viejo Gitanos
Espalda
M. López
Rinconada
Granada
San José
S. Salido
E. Santo
Adalid
Judíos
Maimónides
Tomás
Deanes
Luque
Belmonte
B. Pastor
Almanzor
Salazar
Osio
M. Rucker
M. Trigo
Valderrama
Cáscalo
Los Ríos
Ronda
A
B
C
D
3
4
5

– *Casa Huéspedes Córdoba* : avenida Cervantes, 22. Tél. : 47-72-04. A côté du précédent. Un peu moins bien, un peu plus cher. Chambres assez grandes mais ça sent un peu le renfermé.
Ensuite prendre la première rue à gauche :
– *Hostal Alhaken* : calle Alhaken, 10 (3ᵉ étage). Tél. : 47-15-93. Rue beaucoup plus calme. Douches en supplément. Un peu sombre mais propre. Le patron a un penchant pour la peinture verte. Faut faire avec. Plus cher que les autres et pas fantastique.

● *Plus chic*

– *Hotel Residencia El Triunfo* : calle Cardenal Gonzalez, 79. (Plan I, B4). Tél. : (957) 47-63-76. Petite auberge coincée entre la grande mosquée et le Guadalquivir. Demandez les chambres sur le patio, plus tranquilles que celles donnant sur le fleuve, où passe le grand boulevard assez bruyant. Chambres avec salle de bains. Tellement bien situé qu'il est prudent de réserver. Prix d'un 2 étoiles. Ne pas y manger tous les jours car c'est toujours le même menu.
– *Hostal Luis de Gongora* : Horro de la Trinidad, 7. (Plan I, A3). Tél. : 29-53-99. Hôtel classique, à la lisière du quartier de la Juderia. Très calme. Chambres avec salle de bains, téléphone et w.-c. Accueillant et honnête.

● *Encore un peu plus chic*

– *Hôtel Marisa* : Cardenal Herrera, 6. (Plan I, B3-4). Tél. : 47-31-42. On ne peut imaginer meilleure situation. Face à la Mezquita. Hôtel très bien tenu et bon service. Chambres quelconques mais confortables, avec douche ou bains et w.-c. Petit déjeuner compris. Un bon 2 étoiles pour le prix... d'un 2 étoiles.

Campings

– *Camping municipal* : avenida Brillante. A 2 km au nord de la ville. Bus 2 ou 3 de la plaza las Tendillas (appelée aussi plaza José Antonio). En voiture, prendre à droite au niveau de la plaza puis emprunter le viaducto El Nogal qui passe au-dessus de la voie ferrée. Puis suivre à gauche, l'avenida Brillante. A gauche ensuite. Bien indiqué. Entièrement clos de mur. Douches chaudes en quantité restreinte. Piscine à côté, chère (plus que le prix d'une personne dans le camping).
– *Camping La Campiña* : à 30 km de Cordoue, sur la route de Séville (à 20 km, tourner à gauche ; le camping est indiqué ; c'est après le village La Guijarosa). Tél. : 31-33-48. Agréable. Oliviers, piscine, bar-resto. Peu de place.

Où manger ?

Beaucoup d'endroits attrape-touristes dans le centre. Regardez-y à deux fois. Les restos à l'extérieur sont moins sympa. Quelques adresses tout de même dans le vieux quartier. Toutes assez proches les unes des autres (le quartier est petit).

– *Casa Pépé de la Juderia* : à l'angle de la calle Romero et de la calle Deanes, à 3 mn de la mosquée-cathédrale (Plan II, B3). Notre bar préféré. On y sert d'excellents tapas. Les vieux du coin s'y retrouvent au comptoir ou dans les salles du fond. Au centre, un petit patio avec quelques plantes et puis dans le couloir des photos de corridas. On aime bien cette déco faite de petits n'importe quoi. Un chouette endroit pour se faire des amis, même si l'ambiance est un peu tombée depuis que Pépé (le patron) est allé s'asseoir à la droite du Père. Les notables y venaient s'encanailler.

– *Bar Meson Rafaé* : calle Deanes ; au nord-ouest de la mosquée. (Plan II, B3). Les touristes se mélangent sans problème avec les habitués du quartier. Demandez *el plato del día* (le plat du jour). Ouvert à toute heure de la journée. La nourriture est basique, elle vous remplira le ventre sans vider votre porte-monnaie.

– *Don Manuel* : Cardenal Gonzalez, 19. (Plan II, C4). Tél. : 47-83-36. Un petit resto familial vraiment sympathique avec une grande cuisine ouverte sur le bar. Tous les soirs d'été on y joue du flamenco (pas dans la cuisine). Ici pas de chichis, plats simples et copieux. Deux menus pas chers. Un vrai resto populaire qui ne cède en rien aux lois du tourisme.

– *La Fraga* : calle Thomas Conde. (Plan II, A4). Au fond du passage Calleja del Arco. On prend son repas dans un petit patio, à l'ombre. Petite salle intérieure également. Deux menus simples et à prix corrects. Pas de la grande cuisine mais des plats acceptables.

● *Un peu plus chic*

− *La Monteria* : calle Cardenal Gonzalez, 75 (Plan II, C4) (près de la Mezquita Catedral). Tél. : 47-63-76. Climatisé, on y mange très bien pour pas très cher, vu la qualité. Dommage que la salle soit un peu trop éclairée.

● *Carrément plus chic*

− *El Churrasco* : calle Romero, 16. (Plan II, B3). Tél. : 20-04-39. Un chouette resto à la décoration soignée. Le petit patio au fond est véritablement adorable et frais, entouré de jolies arcades de briques. Service impeccable et clientèle d'habitués en cravate qui viennent dévorer les bons morceaux de viande, grillés derrière le bar. Spécialités de poissons également. Et puis quelques tapas qu'on peut déguster au bar bien sûr. Goûtez au *Rope en salsa de piñones*. Les moins riches prendront le menu. Sinon compter environ 100 F.
− *El Caballo Rojo* : calle Cardenal Herrero, 28. (Plan II, B3). Tél. : 47-53-75. Une des meilleures tables de Cordoue. Si la salle fait un peu nouveau chic, la table est inventive et traditionnelle à la fois, le service attentionné et la carte variée. Tous les notables s'y retrouvent dans une atmosphère un peu coincée qui sied à tout endroit chic. On commencera éventuellement avec des fèves ou des artichauts. Le gaspacho, s'il fait chaud, vous fera le plus grand bien. Vraiment délicieux. On poursuivra avec la spécialité régionale, le *rabo de toro* (queue de taureau) ou encore une *cazuela de pescado al Pedro Jiménez* (assiette de poissons), bien préparée. Plus traditionnellement est la *Pierna de Cordero al Horno* (agneau au four). On arrosera le tout avec un petit vin andalou. Compter un petit 140 F avec les desserts.

Où boire un verre ? Où grignoter ?

− *Casa Pépé de la Juderia* : voir « Où manger ? ». Une vieille taverne andalouse. Notre endroit favori.
− *Café-bar El Tablon* : calle Cardenal Gonzalez, 69. (Plan II, C4). A l'angle sud-est de la mosquée. On boit un verre dans un charmant petit patio. Barriques au mur et vieilles photos de toreros. Repas « économique » le soir, très correct. Fermé le dimanche.
− *Café-bar Coronas* : calle Blanco Belmonte, à 150 m au nord de la mosquée. Petit bistrot avec quelques tables sur une petite place. L'endroit idéal pour se délasser tout en profitant du soleil.
− *Bodega Guzman* : calle Judicos, 9. En plein quartier juif. Un joli petit patio rempli d'azulejos. Excellent moutilla (spécialité vinicole de la région) au tonneau. Pas cher.
− *Bar Juda Levi* : plaza Juda Levi, face à l'Office du tourisme, à 5 mn de la mosquée-cathédrale. Terrasse ombragée. On peut y prendre un verre, une glace ou des tapas. La « tortillas patatas » est hyper copieuse, bonne et pas chère. Beaucoup de jeunes.
− *La Placeta* : plaza de Jeronimo Paez (museo arqueológico). Ambiance de quartier, pas de touristes. Ce bar minuscule donne sur une place agréable et bien ombragée avec fontaine et orangers.
− Et puis il y a aussi de nombreuses tavernes appartenant à la « Sociedad de Plateros ». Ces tavernes, gérées par la corporation des orfèvres, proposent de bons petits vins, choisis par les gens de la « Sociedad ». Un des plus sympa se trouve calle Barros. Grand patio couvert entouré d'arcades antiques. On y vient en famille. Les enfants courent dans tous les sens pendant que les parents trinquent.

Où écouter et voir du flamenco ?

− *La Buleria* : calle Pedro Lopez, 3. A l'extérieur du vieux quartier. Tél. : 48-38-39. Spectacles de chants et de danses flamencos tous les soirs sauf le lundi. Un peu touristique mais les professionnels qui se produisent sont bons. Consommation d'environ 30 F pour assister au spectacle (vers 22 h). Bien moins cher qu'à Séville ou Grenade.

238 / CORDOUE

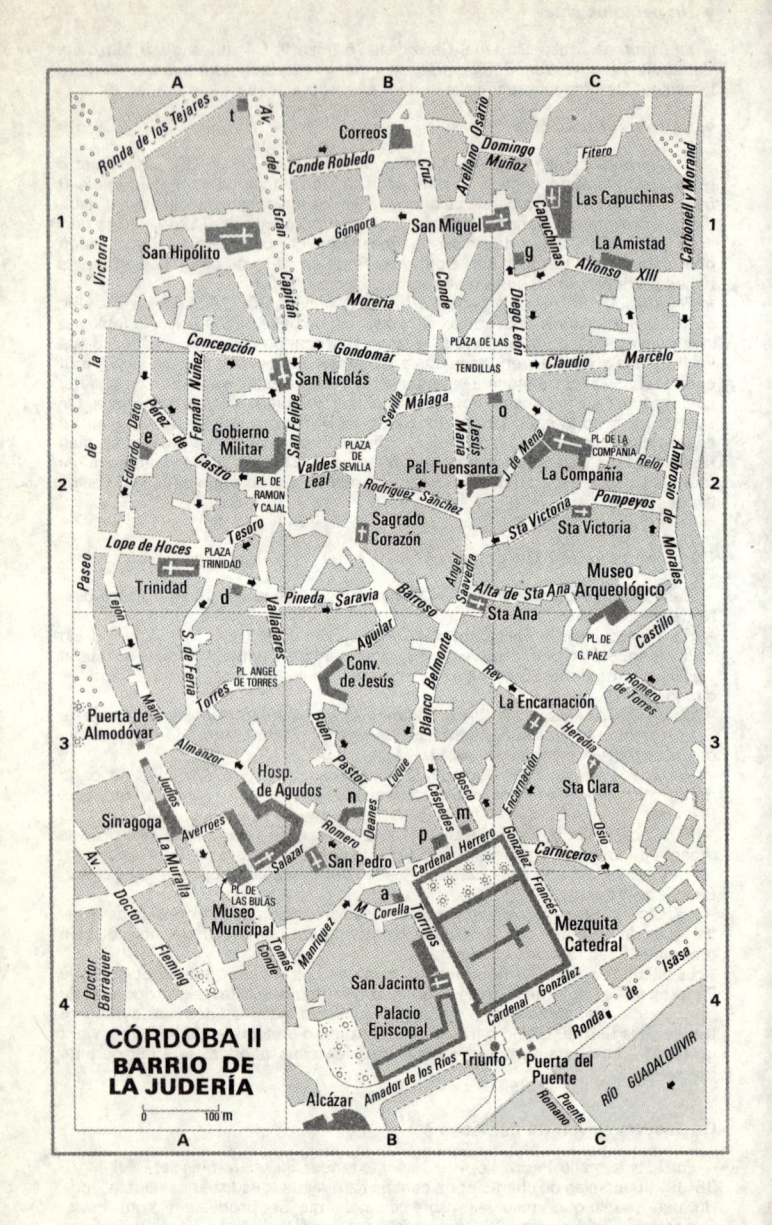

CÓRDOBA II
BARRIO DE LA JUDERÍA

0 — 100 m

Où danser ?

– *Varsovia* : calle Romero, 6. Un bar qui fait disco. Ouvert seulement le soir. Tous les jeunes s'y retrouvent. Bonne musique et consommations assez abordables. Idéal pour les rencontres.

Fêtes et manifestations

– *Fête des croix* : du 1er au 5 mai. On célèbre le printemps.
– *Fête des patios* : en mai. La ville est en folie tous les soirs. Les patios se mettent sur leur 31, s'habillant de mille fleurs. Un jury passe dans chacun d'entre eux pour les admirer et les classer.
– *Feria* : fin mai. Toujours beaucoup d'animation pour la Feria. La ville bat son plein et l'ambiance est chaude. Billets aux arènes ou au Ronda de los Tejares.

A voir

– *La Torre de la Calahorra* : située de l'autre côté du pont romain (Plan I, B4). Visite de 10 h à 14 h 30 et de 17 h 30 à 20 h 30 l'été. Le dimanche de 10 h à 14 h. De 10 h à 18 h l'hiver. Fermée le lundi. On vous conseille vivement de visiter ce lieu avant de pénétrer dans la Mezquita. Dans cette grosse tour mauresque un musée a été installé qui présente la culture musulmane à l'époque de sa suprématie. Grâce à des méthodes de communication modernes et performantes, on s'imprègne en douceur de la philosophie d'alors, on se sent ramené des siècles en arrière. On doit l'élaboration de ce musée à Roger Garaudy (converti à l'islam), qui a aussi écrit les textes que vous entendrez. Après cela, la visite de la Mezquita prend une dimension plus forte.

A l'entrée on vous fournit un casque à infrarouges doté d'un sélecteur de langues (français, anglais, allemand, espagnol). En pénétrant dans les différentes salles, on peut ainsi entendre le commentaire approprié. Les textes, d'une grande beauté et d'une profonde réflexion, ainsi que les superbes maquettes, vous plongent réellement dans le monde musulman de la Cordoue moyenâgeuse, et vous saisissez au mieux quelles étaient les préoccupations des penseurs et des savants qui firent le prestige de la civilisation de Cordoue.

– La première salle est consacrée à la présentation des courants de pensées qui marquèrent les XIIe et XIIIe siècles espagnols, et plus particulièrement à Maimonides et Alphonse X.
– La deuxième salle reprend le discours des penseurs expliquant en quoi toutes les religions se rejoignent dans le but unique et commun de voir les hommes s'aimer.
– La salle 3 expose les grandes inventions qui révolutionneront le cours de l'histoire.
– Les salles suivantes complètent et affinent cette prise de conscience de ce que fut le monde arabe.
– La plus grande réussite de ce musée est certainement cette maquette de l'Alhambra de Grenade, avec ses jeux de lumière et le texte poétique, merveilleux et optimiste, qui l'accompagne. Écoutez Roger Garaudy parler de « ces bassins silencieux, ces fontaines bourdonnantes, cette lumière qui rebondit sur la surface des paisibles bassins et fait danser mille arabesques scintillantes sur les murs dorés ».
– La maquette de la Mezquita de Cordoue, où Alphonse X voulait être enterré, est également une réussite. On la voit dans son état initial du XIIIe siècle, avec ses 900 colonnes, « son envoi d'arcs-en-ciel balisant l'infini, ses pierres se transformant en lumière… ».
– Pour terminer, ceux qui auront été sensibles aux textes de Garaudy ne manqueront pas la séance Multivision, « Comment l'homme devient humain », qui pose, en 800 diapos et 1 h de temps, des questions d'ordre philosophique de première importance. Séances à 10 h 15, 11 h 30, 12 h 45 et l'après-midi à 17 h 25 et 18 h 40.

– *La Mezquita* (la mosquée-cathédrale) : ouverte en principe de 10 h 30 à 13 h 30 et de 16 h à 19 h. Vérifier. L'hiver de 15 h 30 à 17 h 30. Entrée payante. Gratuit pendant les offices. Le dimanche matin, entrée libre de 10 h 30 à 13 h 30. Messe à 12 h. C'est le nombre croissant de musulmans à Cordoue qui poussa Abd al-Rahman Ier à racheter la basilique Saint-Vincent pour construire en 784 ce qui allait devenir la plus grande mosquée du monde islamique de l'époque. Son successeur, Abd al-Rahman II, agrandit la mosquée, devenue déjà trop petite, de huit nefs transversales. Puis de nouveau, au X⁰ siècle, on ajouta 12 nefs. Ainsi fut bâtie la *Mezquita*, l'un des plus purs exemples d'art religieux. C'est l'édifice le plus intéressant de Cordoue, et sans doute en Andalousie. (Plan II, B-C4). Il s'agit de l'une des plus belles forêts de colonnes de toute l'histoire de l'architecture.

Avant la reconquête catholique, la mosquée comportait plus de 900 colonnes. 856 subsistent aujourd'hui. Véritable trait de génie du constructeur, la surélévation de la voûte par une hauteur d'arcades doublant la première lui fut certainement inspirée par le dessin des aqueducs antiques, qui sont l'une des gloires de la péninsule. Les chapiteaux des colonnes sont tous différents. Le *mihrab*, l'endroit le plus sacré de l'édifice, puisque s'y trouvait le Coran, est entièrement décoré de panneaux de marbre ouvragé. Les fidèles, comme à La Mecque, devaient en faire le tour sept fois à genoux. On aperçoit encore le frottement sur le marbre, à la hauteur des coudes.

L'élégance et la finesse des arches superposées est étonnante. On atteint ici le sommet du « baroque » arabe : moulures, mosaïques dorées, arabesques et inscriptions coufiques se mêlent dans une étroite harmonie. L'impression de surcharge que l'on ressent d'abord s'estompe bien vite pour laisser place à un sentiment de sérénité propre à la prière. La façade est décorée de motifs végétaux en forme d'arabesques. Les colonnes de marbre montrent d'incroyables couleurs. Les plafonds à caissons sont également surprenants de perfection artistique. La coupole du mihrab, exécutée dans un unique bloc de marbre, est d'une richesse époustouflante. Il faut errer au milieu des colonnes, laisser jouer son regard avec les perspectives et les alignements, s'étonner de la multitude des sources lumineuses et s'abandonner à cette sensation d'infini qui habite encore l'édifice malgré l'implantation, en son centre, d'une cathédrale.

Après la reconquête de Cordoue, Charles Quint donna son accord pour détruire la partie centrale de la mosquée afin d'ériger cette cathédrale. Quand il vint ensuite à Cordoue, il regretta amèrement cette décision : « Si j'avais su, dit-il aux chanoines, ce que vous vouliez faire, vous ne l'auriez pas fait car ce que vous faites là peut se trouver partout et ce que vous aviez auparavant n'existe nulle part ! »

Cette cathédrale du XVI⁰ siècle, de style Renaissance, aurait pu, après tout, dégager un charme propre si elle avait été construite ailleurs. En effet, l'œil aurait pu s'arrêter sur cet étrange transept, très chargé, dont les multiples nervures redondantes contrastent fort avec la sérénité de l'architecture arabe. Dans le chœur, belles stalles sculptées et intéressant retable de marbre rouge. Deux chaires méritent également le détour. Tout autour, quelques chapelles présentent des retables de bonne facture. Si cette cathédrale jure au milieu de la Mezquita, on se console en pensant que sa construction a peut-être évité la destruction de la mosquée dans sa totalité, sacrilège que nous pleurerions encore.

Accolée à la mosquée, la cour des Orangers aujourd'hui mal entretenue. On remarque toutefois les fins canaux d'irrigation entre les arbres, creusés par les Arabes. Il faut monter à l'ancien minaret : la vue sur la mosquée et sur l'ensemble de la ville est un must.

— *L'Alcazar* : ouvert de 9 h 30 à 13 h 30 et de 17 h à 20 h. L'hiver de 16 h à 19 h. (Plan I, A4). Jardins illuminés de 22 h à 1 h du matin de mai à septembre. Cette forteresse datant du XIV⁰ siècle et dominant le Guadalquivir est aujourd'hui en piteux état. Ancien palais des Rois catholiques, il fut le siège de l'Inquisition pendant plus de 300 ans. On y verra un petit musée présentant quelques pièces d'archéologie et des fragments de mosaïques de l'époque romaine. Le plus intéressant est sans doute la vue sur le Guadalquivir, que l'on surplombe depuis les remparts. Belle vue sur le pont romain, long de 240 m, dont la construction est attribuée à l'empereur Auguste. C'est grâce à ce pont que la ville put se développer. Il était défendu par l'imposante tour carrée et crénelée que l'on observe sur l'autre rive, construite par les Maures, et appelée tour de la Calahorra. Cette tour abrite aujourd'hui le superbe musée de la ville qu'il ne faut louper sous aucun prétexte (voir plus haut). En redescendant, on parvient aux jardins de l'Alcazar dont la décrépitude ne laisse que difficilement imaginer l'élégance passée, le charme des ruisseaux, le romantisme des allées et le judicieux équilibre des rythmes qui composaient un ensemble harmonieux, propre à l'architecture arabe.

– *La Judería* : ancien ghetto juif, ce quartier, le plus ancien de la ville, entoure la mosquée (plan A-B3). La communauté juive de Cordoue était alors la plus importante du monde ibérique et contribua beaucoup à la prospérité de la ville.
Il faut se perdre dans ses venelles biscornues, longeant des demeures opulentes, des couvents, des églises. Là, Cordoue respire déjà l'Orient. On peut toujours visiter la synagogue (calle Judios, 20) : plus rien ne subsiste à l'intérieur à l'exception de stucs comprenant des inscriptions hébraïques.
Non loin de la cathédrale, la calle de las Flores, une charmante ruelle ornée de pots débordants de fleurs et de plantes, aboutit à une croquignolette place. Demandez, tout le monde sait où elle se trouve.

– *Museo de las Bellas Artes et Museo de Julio Romero de Torres* : tous deux situés de part et d'autre d'un d'un joli patio, sur la place del Potro (plan I, C3). Le premier est ouvert de 10 h à 13 h 30 et de 18 h à 20 h (de 17 h à 19 h l'hiver). Le dimanche, ouvert le matin seulement. Le second est ouvert de 10 h à 13 h 30 l'été, et l'hiver de 16 h à 18 h. Tous deux sont fermés le lundi.

• *Le musée des Beaux-Arts* présente des toiles du XVIIe au XXe siècle espagnol. On notera surtout, à l'étage, deux tableaux de Zurbarán et trois Goya. A part cela, pas grand-chose.

• *Le musée Julio Romero de Torres* fut notre découverte. Ce peintre de Cordoue a toujours habité là. Il peignit, au début de ce siècle, principalement des sujets féminins. Il les habille de vêtements moulants et les aime charnues, avec si possible un regard lubrique. Voilà bien des femmes fières de l'être, épousant et même dépassant leur condition, notamment dans « Nocturno ». Dans « Conte Hondo », le sang se mêle à l'amour, mais l'amour semble continuer, malgré tout. Ces visages expriment le meilleur... ou le pire.

• En face du musée, une ancienne « posada » du XVe siècle, entourée de jolis balconnets de bois, aux murs chaulés. La « posada » accueillait les voyageurs. Une sorte d'auberge. Les chevaux s'abritaient au rez-de-chaussée et les chambres étaient au premier. Cervantès la mentionne dans son « Don Quichotte ». Aujourd'hui c'est un centre culturel qui présente des expos permanentes et temporaires.

– *El Palacio de Viana* : au bout de la calle Enrique Redel. (Plan C2). Attention, ouvert seulement de 9 h à 14 h l'été. L'hiver de 10 h à 13 h et de 16 h à 18 h. Fermé le mercredi. Splendide, surtout pour les amateurs de patios. La visite est en deux parties : on peut tout d'abord se balader à travers les 13 superbes patios qui entourent la demeure avant de participer à la visite guidée du palais (tickets séparés ou pour l'ensemble). Patios à arcades, d'autres avec des bassins, jardins, parterres fleuris, cours avec orangers et belles glycines... il y en a pour tous les goûts.

Le palais proprement dit date du XIVe siècle mais fut plusieurs fois transformé, notamment au XVIIe siècle. La plupart des pièces visitées ont une décoration des XVIIe et XVIIIe siècles. Outre l'intérêt que présente l'aménagement intérieur du palais, on verra aussi de nombreuses toiles, une collection de céramiques de l'aristocratie espagnole, une galerie de cuirs superbement travaillés (du XVe au XIXe siècle), des tapisseries réalisées à partir de dessins de Goya, de jolies vitrines de porcelaines du XVIIIe, et de beaux plafonds de bois richement sculptés. La « chambre française » abrite un tableau de Franco qui y séjourna. Sans doute a-t-on oublié de le mettre au feu ! La visite est globalement intéressante bien que les guides ne parlent qu'espagnol. Une brochure en anglais est distribuée à l'entrée, ça aide.

– *Museo municipal taurino* : plazuela de Maimonides, à 150 m à l'ouest de la mosquée (Plan II, A4). Ouvert de 9 h 30 à 13 h 30 et de 17 h à 20 h (16 h à 19 h l'hiver). Fermé dimanche après-midi et lundi. Dans cette maison du XVIe siècle égayée par un joli patio, on a placé un tas d'objets, affiches, peintures, habits de lumière, documents liés à la tauromachie. Il y a même la copie du mausolée de Manolete, célèbre torero qui fut « corneado » en 1947.

— *Museo arqueológico* : plaza Paez. (Plan II, C2-3). Ouvert de 10 h à 14 h et de 18 h à 20 h (l'hiver de 17 h à 19 h). Le dimanche, seulement le matin. Fermé lundi. Abrité dans une demeure Renaissance et comprenant deux patios très agréables, surtout romains et tout particulièrement de superbes mosaïques, statues, sarcophages...

— *Plaza de la Corredera*. (Plan C3). Grande place style « plaza Mayor », entourée d'immeubles sur galeries marchandes avec bodegas, vieux style. Marché important sur la place le matin. Le vrai « vieux Cordoue ».

— *Les quais du Guadalquivir :* multitude d'îles sur lesquelles, au milieu des lauriers-roses, on peut voir de vieux moulins arabes ; les vaches passent d'une île à l'autre, tout cela en pleine ville. Étonnant.

Dans les environs

La visite de la *Medina az Zahara*, située à 9 km à l'ouest de Cordoue ne vaut pas tripette. Cette gigantesque résidence arabe surplombant la plaine a beaucoup souffert. Seul le site mériterait éventuellement le détour.

JAÉN

Située à 107 km de Cordoue et 93 de Grenade, Jaén, capitale de la province du même nom, est loin d'avoir le charme de ses voisines. Sur la colline, une forteresse mauresque reconstruite au XIIIe siècle permet de découvrir de beaux panoramas sur la région. La vieille ville mérite également une balade. Quelques églises intéressantes et des rues charmantes. On jettera aussi un œil à la cathédrale ! Façade à l'allure de retable baroque, belles stalles à l'intérieur. Bon, vu la chaleur qu'il fait ici en été et l'intérêt limité de la ville, on n'y reste pas forcément pour dormir.

— *Bureau du tourisme :* plaza de San Francisco, 2. Tél. : 26-21-11.

LES SIERRAS DE CAZORLA ET SEGURA

Bien à l'est de Jaén s'élèvent la sierra de Cazorla, avec son superbe parc naturel, et celle de Segura. Au milieu de paysages bucoliques et rupestres, on parcourt de beaux villages d'où partent de chouettes balades peu connues.

— *Cazorla*, planté au pied d'une montagne fière, est un village typique. Ses vieilles ruelles serrées se perdant en labyrinthe ont un certain cachet, et c'est un bon point de départ pour la sierra.

— *Quesada*, un peu plus au sud, est un village qui ravira également les amateurs d'authenticité. Nombreux champs d'oliviers aux alentours. On ira visiter le *musée Zabaleta*, peintre originaire de Quesada, qui réalisa beaucoup de portraits de paysans de la région.

— *Segura de la Sierra*, tout au nord de la sierra, est un autre point de chute bien agréable et très typique. Belles maisons seigneuriales dans le village.

DE CORDOUE A GRENADE

La traversée de ces plaines vallonnées et fertiles, plantées de vastes champs d'oliviers, fait du parcours une balade agréable au point qu'on en oublie les camions qui lambinent et derrière lesquels vous risquerez fort de rester coincé.

GRENADE

Une de nos villes préférées d'Andalousie. Un site grandiose : la ville est entourée par l'imposante barrière montagneuse de la Sierra Nevada. Au premier plan se détache l'Alhambra, chef-d'œuvre de l'architecture arabe. C'est là que se réfugièrent les derniers musulmans, alors que les Rois catholiques gagnaient sans cesse du terrain. Grenade n'a pas le charme de Cordoue. Il faut aller chercher sa beauté sur la colline, là où se trouve l'Alhambra.

Grenade est avant tout une grande ville qui bouge, avec des avenues encombrées, des rues piétonnes étroites, des quartiers vivants, tel celui de l'Albaicin, avec ses vieilles maisons blanches et son lacis de ruelles tortueuses. Et puis, si vous avez le temps, allez passer la journée dans la Sierra Navada, dont les sommets enneigés donnent à l'Alhambra une magnifique toile de fond. Enfin sachez que Grenade (située à 680 m d'altitude) ne connaît pas la chaleur étouffante de Séville ou Cordoue, et ce n'est pas le moindre de ses charmes.

Topographie de la ville

La ville est étendue mais on s'y retrouve facilement. La place Isabel la Católica constitue le carrefour quasi obligé des automobilistes. La Gran Via de Colón est également une des artères principales. Si vous êtes en voiture, garez-vous dans le secteur. Tout le quartier des rues piétonnes autour de la cathédrale se trouve à 5 mn à pied. On trouve en son centre la place Bibarrambla et à deux pas la place de la Trinidad. Beaucoup d'hôtels dans cette zone. Pas de bus depuis la gare jusqu'au centre. Il faut aller à pied.

L'Alhambra est situé sur une colline au nord du centre ville. On y accède à pied en 25 mn environ, mais ça grimpe. Des bus relient le centre à l'Alhambra et de grands parkings sont à la disposition des automobilistes. Le vieux quartier arabe de l'Albaicin est situé également au nord du centre mais sur une colline à l'ouest de celle de l'Alhambra. De là, on a une vue superbe sur le palais et la ville à la fois. C'est dans ce quartier très populaire que se retrouvent beaucoup de jeunes le soir. Le dernier quartier, celui de Sacromonte, habité par les Gitans, se trouve derrière l'Albaicin, sur la même colline. Un peu craignos.

Un peu d'histoire

Le 2 janvier 1492 à 15 h, Muley Boabdil remit les clés de la porte de l'Alhambra aux Rois catholiques, après 777 ans de domination musulmane. L'épopée arabe d'Al-Andalus s'achevait. Voici comment on en était arrivé là.

Le véritable essor de la cité commence le jour où les musulmans se virent contraints de rallier Grenade suite à la reconquête de Cordoue par les chrétiens, en 1236. Les Nasrides dominent alors l'émirat de Grenade qui restera sous leur contrôle de la moitié du XIIIe siècle à la fin du XVe siècle. Pendant près de 250 ans, cet émirat indépendant conservera son pouvoir, sa culture, sa force, alors que les Castillans et leurs armées sont à sa porte. Les richesses du sol, la production agricole et l'organisation exemplaire de la cité font que celle-ci parvient à résister tant bien que mal. Mais les offensives catholiques se font de plus en plus dures, surtout à partir de 1482 : pillages, attaques soudaines, combats répétés, les assaillants sont décidés à s'emparer du royaume de Grenade. Des dissensions au sein des familles de l'émirat accélèrent le processus. Ronda puis Málaga tombent. Quelques années plus tard, coupée de toute ressource, Grenade cède à son tour.

Malgré la promesse d'Isabelle la Catholique de respecter la liberté de culte et de préserver les mosquées, peu à peu les musulmans sont victimes de persécutions et de violences. C'est maintenant aux musulmans de se convertir. Les mosquées sont saccagées, les palais idem, sauf l'Alhambra, dont la splendeur transcende les religions. De la tolérance promise on passe à la vengeance sauvage. Le petit peuple arabe et juif se fait encore plus petit. Charles Quint impose la dispersion des morisques, nom des musulmans « repentis », dans les campagnes. Puis on interdit la langue arabe et, puisqu'on y est, Philippe II décide en 1609 de tous les chasser et on les somme de repasser le détroit de Gibraltar comme ils peuvent.

Adresse utiles

– *Office du Tourisme :* SET : corral del Carbón. Dans l'ancienne auberge qui servit d'entrepôt aux marchands de soie arabes. Ouvert de 10 h à 13 h et de 16 h à 19 h. Le samedi, le matin seulement. Fermé le dimanche.
– *Consulat de Belgique :* calle Recogidas, 66. Tél. : 25-16-31.
– Pas de consulat de France.
– *Change :* les grandes banques se trouvent autour de la plaza Isabel la Católica (*Banco Central, Banco Bilboa, Banco Santander*...). Ouvertes généralement de 9 h à 12 h 30.

– *Poste* (caja postal) : calle de los Reyes Católicos. Ouverte de 9 h à 13 h. Change chèques postaux, eurochèques, mais pas les travellers.
– *American Express* (Agencia Bonal) : calle Maria Luisa de Dios, 1. Ouvert de 9 h à 13 h 30 et de 17 h à 20 h. Tél. : 27-63-12.
– *Téléphone international* : calle de los Reyes Católicos, 55. Ouvert de 10 h à 13 h et de 17 h à 22 h. Code téléphonique : 958.
– *Hospital Clinico* : av. Doctor Olóriz. Tél. : 27-02-00.
– *Urgences* : Tél. : 27-64-00.
– *Garage Renault-Peugeot-Talbot* : carretera de Jaén, 83. A l'ouest de la ville, non loin du camping Sierra Nevada.
– *Location d'autos* : *Gudelva*, Pedro Antonio de Alarcon, 18. Tél. : 25-10-35.
– *Bureaux Iberia* : plaza Isabel la Católica. Tél. : 22-75-92.

Transports

– *Location de vélos* : calle Manuel de Falla, 5 (garage Manolo), à l'ouest de la ville.
– *Gare de chemin de fer* : avenida Andaluces, à l'ouest de la ville. Bureau de la RENFE : calle de los Reyes Católicos, 63. Tél. : 22-34-97. Ouverte du lundi au vendredi de 8 h à 14 h 30 et de 16 h 30 à 19 h 30. Fermé le dimanche.
– *Compagnies de bus* :
● Vers les grandes villes d'Andalousie : *Compañia Alsina Graells*, Camino de Ronda, 97. Tél. : 25-13-58. Dessert Málaga, Córboda, Jaén, Sevilla, Almeria, Cadix, Huelva... Horaires à l'Office du tourisme.
● Vers Alicante, Valence et Barcelone : compañia *Bacoma*, avenida Andaluces, 12, face à la gare RENFE. Tél. : 23-18-83.
● Vers les petits villages autour de Grenade (courtes distances) : *Estación Sur de Autobuses*, Paseo del Violón, face au palais des congrès.

Où dormir ?

Les hostales et pensions de Grenade n'ont certes pas le charme de celles de Cordoue ou Séville. Plutôt un peu moins propres aussi. Beaucoup sont dans le centre ou assez proches. En revanche, on trouve beaucoup d'hôtels « moyens » au bon rapport qualité-prix. Pas de pension dans le vieux quartier de l'Albaicin.
– Tout d'abord on déconseille l'*Albergue de la Juventud* (A.J.), camino de Ronda, 171. Tél. : 27-26-38. En sortant de la gare, prendre à gauche et demander *el Estadio de la Juventud*. C'est loin du centre et guère moins cher qu'un *hostal*. Au moins 20 mn de marche et assez compliqué. Souvent plein en été et portes fermées à 23 h 30. La galère !

● **Près de la cathédrale et de la plaza Trinidad, prix modérés**

Dans le quartier le plus agréable de Grenade et le plus central.
– *Hostal Zurita* : plaza de la Trinidad, 7. (Plan A3). Tél. : 27-50-20. Jolie maison toute blanche longeant la place. Petit patio intérieur. Certaines chambres disposent d'un balcon. Un peu plus cher que les autres, mais plus soigné. Bon rapport qualité-prix. Douche en plus. Grande salle de bains très propre. Bistrot au rez-de-chaussée pour prendre le petit déjeuner et un verre à toute heure de la journée.
– *Huéspedes Reina* : Laurel de las Tablas, 13. Tél. : 28-03-95. Dans une rue parallèle à l'adresse précédente, débouchant sur la plaza de la Trinidad aussi. Moins cher que le *Zurita*, chambres d'hôte briquées avec acharnement par une dame et ses deux filles qui doivent avoir des origines suisses.
– *Huéspedes Muñoz* : calle Mesones, 53. (Plan A3-4). Tél. : 26-38-19. Ne vous fiez pas trop à l'aspect délabré de l'entrée. C'est au 2e étage. Les chambres sont très simples, mais avec lavabo. Douche comprise. Dans le quartier, vous ne trouverez pas facilement moins cher. Et le patron est très affable.
– *Huéspedes Andalucia* : campo Verde, 5. Tél. : 26-19-09. Petite ruelle donnant sur la calle Mesones. (Plan A3-4). Peintures assez ringardes. Pas terrible, juste pour dépanner.
– *Hostal Zacatin* : dans l'Alcaicera, joli souk arabe (aujourd'hui récupéré par les boutiques à touristes), à côté de la cathédrale. (Plan A-B3-4). Tél. : 22-11-55. Chambres simples mais correctes. Très central. Attention ! Certaines chambres ont des fenêtres qui donnent sur un couloir. A éviter.

GRENADE/OÙ DORMIR ? / 245

● *Vers l'Alhambra*

Bizarrement, la calle Cuesta de Gomerez (Plan B-C4) est bourrée de pensions bon marché. Très agréable pour se balader dans les jardins de l'Alhambra, un peu plus haut. Malheureusement, ces hôtels sont vite complets en été et la rue est assez bruyante dans la journée.
– *Hostal Residencia Britz :* Cuesta de Gomerez, 1. Tél. : 22-36-52. Évitez les chambres donnant sur la calle Reyes Católicos, trop passante. Chambres avec ou sans bains privés. Douches. Correct mais le plus cher de la rue.
– *Hostal Residencia Gomerez :* Cuesta de Gomerez, 10. (2e étage). Tél. : 22-44-37. Tenue par une jeune femme très à cheval sur la propreté. Chambres simples, doubles ou triples. Douches froides gratuites, sinon payantes. Bon accueil. Évitez la chambre au fond du couloir, trop bruyante.
– *Hostal Navarro-Ramos :* Cuesta de Gomerez, 21. Tél. : 22-18-76. Même genre que le précédent, même prix. Les chambres s'articulent autour d'un petit patio. Elles sont claires et gentiment meublées.

● *Près de la gare, toujours prix modérés* (Plan A-B 2)

En sortant de la gare, prendre sur la droite. Continuer pendant 10 mn et on débouche sur la calle San Juan de Dios. Les pensions sélectionnées sont dans des petites rues donnant sur la calle San Juan de Dios.
– *Hostal R. San Joaquim :* Mano de Hierro, 14. Tél. : 28-28-79. Vieille maison comprenant trois patios intérieurs, avec colonnes de marbre et plantes. Le patron est petit et souriant. Esthète un brin, il a fait placer de beaux azulejos dans le patio central. Chambres simples avec ou sans douche. On peut aussi y manger pour pas cher de la bonne cuisine familiale.
– *Pension Villa Rosa :* calle Arriola, 10. Tél. : 20-28-23. Juste en face de la basilica San Juan de Dios. Porte d'entrée magnifique digne d'un château fort. Joli patio bourré de plantes vertes. Chambres par contre très simples mais très bon marché, avec lavabo. Douche en sus. Patronne agréable.
– *Huéspedes Saliente :* calle Cardenal Mendoza, 11. Tél. : 20-48-27. Construction moderne avec balcons. Patronne avenante. Impeccable. Douches en supplément. Un peu plus cher que les précédents. On y parle français.
– D'autres *pensions* dans la même rue, comme l'*Hostal Las Cumbres* (tél. : 27-23-52), très familial et bon marché.

● *Non loin du centre, prix moyens*

– *Hôtel R. los Tilos :* plaza Bibarrambla, 4 (Plan A3). Tél. : 26-67-12. Réception au premier étage. Un 2 étoiles qui les mérite. Derrière la cathédrale, très calme. Toutes les chambres avec salle de bains et toilettes. Accueil charmant. Vraiment bien si vous avez un peu plus de sous.
– *Hostal Residencia Atlantida :* Gran Via de Colón, 57. (Plan B3). Tél. : 28-04-23. Réception au 2e étage. Très propre et moderne mais bruyant à cause de la grande avenue. Choisir impérativement les chambres ne donnant pas dessus, malgré la belle vue.
– *Hôtel Atenas :* Gran Via de Colón, 38. (Plan B3). Tél. : 27-87-50 ou 54. Premier étage. Entrée sur le côté, par la calle Azacayos. Grand hôtel populaire, assez impersonnel mais bien tenu. Certaines chambres avec toilettes. Prendre de préférence celles donnant sur la petite rue. Prix justes.

● *Un peu plus chic*

– *Hôtel Macia :* plaza Nueva, 4. (Plan B3). Tél. : 22-75-36. Un hôtel moderne mais bien tenu qui donne sur la plaza Nueva, point de départ pour la montée vers l'Alhambra, et à 5 mn de la cathédrale. Téléphone, bains et w.-c. Prix d'un 2 étoiles, il les vaut, même s'il manque de caractère.

● *Vraiment plus chic* (Plan C-D 4)

– Hostal America : Real de la Alhambra, 53. Tél. : (958) 22-74-71. Une situation exceptionnelle puisqu'il est situé à l'intérieur des remparts de l'Alhambra. Un véritable hôtel de charme. Moult américains. Normal avec un nom pareil ! Dès que les touristes sont partis, on peut se promener tranquillement dans la forteresse arabe et ses jardins. Très peu de chambres. Petit déjeuner et dîner obligatoires compris dans le prix de la chambre. Finalement pas si cher vu la qualité du service. Douche privée. Réserver 1 à 2 mois à l'avance en été, car 14 chambres seulement. Prix d'un 3 étoiles.

246 / GRENADE

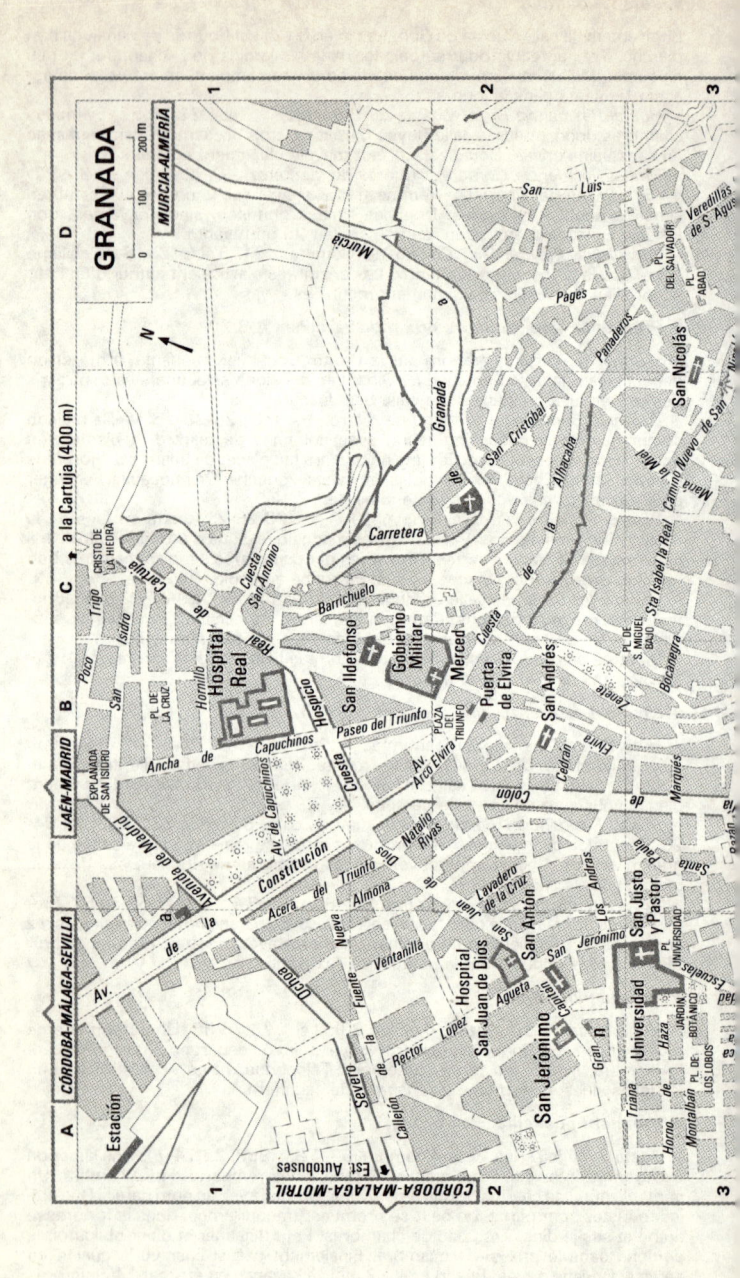

GRENADE / 247

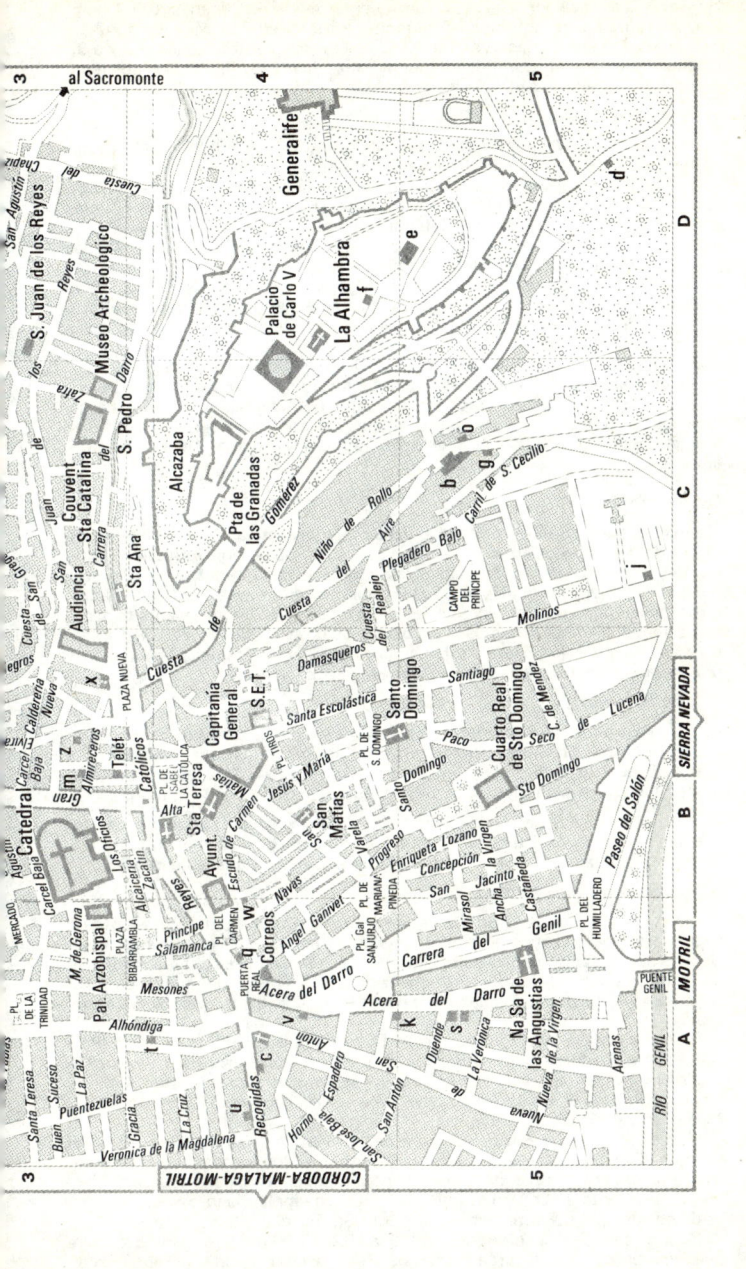

— *Parador Nacional San Francisco* : Real de la Alhambra. Tél. : (958) 22-14-93. Un 4 étoiles de la célèbre chaîne, magnifiquement installé à l'intérieur de l'Alhambra. Ancien couvent du Moyen Age restauré, au milieu de jardins somptueux. Une adresse de rêve. Réserver 1 à 2 mois à l'avance car très couru et il y a 35 chambres seulement. Bar. Réservation à Paris : *Marsans*, 7, rue Arsène-Houssaye, 75008. Tél. : 43-59-72-36.

● *Campings*

— *Camping Sierra Nevada* : carretera de Jaén, 79. Tél. : (958) 20-00-61. Notre préféré car le plus proche de Grenade (2 km). Bus n° 3 devant la cathédrale. En voiture : à l'ouest de la ville, sur la route de Jaén et Madrid. Assez vieillot mais correct. Arriver tôt car souvent complet en été. Deux piscines dont une pour les enfants. Assez bien ombragé. Cafétéria, restaurant. Quelques appartements avec salle de bains privée. Aire de jeux pour les bambins. Très agréable. Accueil souriant. Un peu cher pour les bungalows.

— *Camping Los Alamos* : carretera de Malaga, à 6 km de la ville. Sur la même route que le précédent, plus éloigné mais plus agréable. Très ombragé et loin de la route. Pas très bien tenu. Grande piscine. La maison du patron est une vieille bâtisse traditionnelle.

— *Camping Maria Eugenia* : carretera de Malaga, à 4 km de Grenade. Tél. : 20-06-06. Installations rudimentaires et assez bruyant (la route passe à proximité). Piscine. Assez petit et arbres plutôt rabougris. Fortes odeurs de ferme, ce qui implique dix mouches environ par campeur. Par contre, jolie vue sur la sierra Nevada. Bus Santa Fe, face à la gare, toutes les 15 mn. On n'a pas été emballés.

Où manger ?

Étonnante, cette cuisine de Grenade. Fine et consistante à la fois. Avant tout il faudra goûter les excellentes fèves au jambon, les *habas*. On y retrouve la force du jambon de Trevélez, préparé dans la Sierra, et le fondant des fèves. Ce mets typique est servi dans la plupart des restaurants. Testez aussi l'omelette *Sacromonte* avec petits pois et oignons, et *le poulet à l'ajillo*. De succulents piments farcis sont également servis dans les bars à tapas, ainsi que l'*higado de Ternera* (foie de veau). On terminera sur les exquis beignets de Grenade. Beaucoup de bonnes adresses populaires et pas chères. A vos babines !

● *Pour les fauchés*

— *El Capillo* : plaza del Pescaderillo. (Plan A3). Un des restos les moins chers de la ville. Donne sur une petite place charmante. On n'y vient ni pour le cadre ni pour la qualité de la gamelle, mais uniquement pour se remplir la panse. Plein de monde l'été, arriver tôt. Fermé le samedi soir et le dimanche.

— Juste en face de *El Capillo*, de l'autre côté de la place donc, l'affable José tient une minuscule *épicerie*. Il a du bon jambon, du fromage de qualité et du pain frais. Idéal pour un sandwich à emporter avant de se balader dans le quartier.

● *Pas cher, dans le centre*

— *Leones* : calle Pan, 3. (Plan B3). A 3 mn de la cathédrale, de l'autre côté de Gran Vía de Colón. Un bon endroit où viennent se restaurer les employés du coin. Nappes sur les tables et accueil sympa. Menus pas chers. Les petits appétits se contenteront d'une *verdura* (assortiment de légumes) ou d'une friture de poissons variés. On peut manger la même chose en face au bar à tapas. Service plus rapide.

— *El Nueva Bodega* : au coin de la calle Elvira et de la calle Cetti-Meriem. (Plan B3). Un autre resto de quartier, non loin du premier. Même genre de clientèle. On a particulièrement apprécié leur soupe, consistante et copieuse, avec haricots blancs, saucisse et pommes de terre. Une vraie soupe quoi ! Prix modiques. Menus économiques également.

— *Nuevo Restaurante* : au début de la calle Navas, en partant de la plaza del Carmen. (Plan B4). Excellent rapport qualité-prix. *Platos combinados* servis uniquement au comptoir. Grand choix. On peut manger aussi dans la salle de restaurant attenante, pour à peine plus cher. Service rapide. Rendez-vous des routards de tous pays. Fermé le mercredi soir. Sert jusqu'à 23 h.

— *Zeluan* : calle San Juan de Dios, 49. (Plan B2). A 10 mn de la gare. Brasserie avec une petite salle décorée d'azulejos. Petit menu fort correct. Tapas excellentes. Goûtez les poivrons rouges. Bons sandwiches à la viande.

— On peut aussi acheter ses provisions au *mercado* de la calle Calderia Nueva, une ruelle charmante au nord de la cathédrale. Légumes, fruits, charcuterie...

● *Prix moyens*

— *Gargantua :* calle Silleria, 7, tout près de la plaza Nueva. (Plan B3). Menu de la casa. Fermé le mardi. Ouvert seulement le soir. Ambiance rustique.
— *Casa Carmelo :* calle Colche, 3. Cadre intime. Près de la plaza Nueva. Petit resto très sympa. Bonne cuisine locale. Le patron parle un peu français. Clientèle espagnole. Prix modestes. Goûtez les *Habas* (fèves au jambon).
— *Los Manueles :* calle Zaragosa, 10. (Plan A4). Tél. : 22-34-15. Un de nos restos préférés. Un peu plus cher que les précédents. La déco vous met de suite dans une ambiance espagnole : azulejos colorés, rangée de jambons accrochés au plafond, serveurs en blanc... On y sert d'excellentes *tortillas sacromonte* et des *habas* succulents. On peut essayer aussi les *gambas al pil-pil*. Sert jusqu'à minuit. Attention quand même, l'addition grimpe vite.
— *Casa Andaluz :* calle Elvira, 10. (Plan B3). Très bien tenu. Service à partir de 20 h, ce qui est rare en Espagne. Très bon rapport qualité-prix. Cadre presque chic. Fermé le mardi.

Dans le quartier d'Albaicin

— *El Ladrillo :* placeta de Fatima. (Plan D2) ; prendre calle Pages et la placeta Fatima est à 150 m avant la carretera Grenada-Murcia). Assez éloigné du centre mais on n'a rien sans rien. Bus 12 de la puerta Real ou de la plaza Nueva. On ne sert que des fritures de poissons et de fruits de mer : calamars, gambas, fritures... Copieux et excellent. De plus, on mange sur une charmante petite place. Mais l'accueil laisse à désirer.

● *Très chic*

— *Primer Puente :* carrera del Darro. (Plan C3). Un vieux bar transformé en resto très chic, au bord du río Darro. Après la plaza Nueva, continuez à monter, c'est au niveau du premier pont. Petit salon intime avec chandelles et décor raffiné : tables basses, sièges en cuir... Plusieurs petites salles de ce style, sans aucune faute de goût. Parfait pour un repas en amoureux. Spécialités du pays. Excellent jambon et *rabo de toro*. Comptez avec le vin 130 F minimum.

Où boire un verre ? Où rencontrer des gens ?

— *Castañeda :* placeta Silleria, 6 (à ne pas confondre avec la calle Silleria). (Plan B3). Demandez de toute façon Castañeda, tout le monde connaît. Tandis que la placeta Silleria, personne... La saleté et l'odeur de vin ne doivent pas vous rebuter : c'est sans aucun doute le bar le plus sympa de la ville. Un immense bar dans une salle gigantesque. Consommations très abordables. Rencontres et contacts faciles entre deux verres. Fermé le mardi. Arrêt obligatoire. Goûtez le *Vermut*.
— *Le Gran Café Granada de la puerto Real* et son énorme bar en fer à cheval qu'on aimait bien, où la jeunesse se mêlait à la vieille bourgeoisie locale, a fermé ses portes. Peut-être les rouvrira-t-il bientôt ? Ouvrez l'œil !
— *El Fogon :* calle de Navas, 27. (Plan B4). Bon bar à tapas typique. Délicieux *alchachofas rellenas* (artichauts farcis), *pimientos rellenos* (poivrons farcis) et *rabo de toro*. Vraiment, on a été surpris par la qualité des mets compte tenu des prix. Les gens du coin aiment bien y venir déguster un petit quelque chose au bar en buvant un coup.

Où goûter ?

— *Lopez Mezquita Pasteleria :* calle de las Reyes Católicos, 39-41. (Plan A-B3-4). Cette jolie pâtisserie propose un grand choix de feuilletés au saumon, au fromage, à la viande, au chorizo. Vraiment une bonne adresse.
— On ne vous apprendra rien si l'on vous dit qu'à Grenade, comme partout en Espagne, vers 17 h-18 h, tout le monde succombe au *chocolate con churros*, un peu comme nous et nos croissants. Dans le centre, autour de la cathédrale, plein de petits cafés en servent d'excellents. Un de nos préférés, *Café Salamanca*, au n° 2 de la rue du même nom. Plus moderne, le *café Alhambra* (calle Mesones, à côté du n° 27) prépare les churros devant vous.
— *Glaces :* Helados Jijonenca, carrera de Genil, 97 près de la calle Mirasol. Goûtez à l'excellente glace au nougat *(turrón)* et bien sûr au sirop d'orgeat *(horchéta de chufa)*.

— Tout le quartier autour de la plaza Bibarrambla possède de chouettes terrasses pour prendre le soleil.

Où sortir le soir ?

— *La calle Pedro Antonio de Alharcón* est le rendez-vous nocturne des jeunes de Grenade. Nombreux bars, ambiance ado.
— *Le Queen's Disco* : calle Arabial, 62. "La" boîte de la ville. Pour ceux qui aiment les boîtes. De temps en temps on peut y voir les Espagnols danser la sevillana.

Où voir du flamenco ?

Grenade n'est pas la meilleure ville d'Espagne pour voir et écouter du flamenco. Entre les grottes de Gitans hyper touristiques du quartier de Sacromonte, où l'on est quasiment racketté, et les prestations « spéciales agence de voyages pour troisième âge », vous aurez peu de chances d'assister à un spectacle un tant soit peu authentique. Si vous ne pouvez vraiment pas résister, allez à la *Reina Mora*, tél. : 27-82-28. Prendre la carretera de Murcia, c'est sur la petite place du mirador de San Cristobal, en bordure du quartier d'Albaicin. Inconvénients : on se retrouve avec plein d'autres touristes et c'est assez cher. Avantages : la salle est petite, on est donc toujours bien placé et on voit les visages des danseurs(seuses) ; les artistes sont de bon niveau et paraissent aimer ce qu'ils font. Spectacle à 21 h et 23 h. Évitez le *Neptuno* dont les spectacles sont surfaits.

A voir

— *L'Alhambra* : ouvert de 9 h 30 à 19 h 45 l'été et de 9 h 30 à 17 h 15 l'hiver. Les horaires varient parfois de 30 mn ou de 1 heure en fonction des saisons et de l'âge du capitaine. Il est prudent de vérifier, surtout si vous souhaitez visiter en début ou en fin de journée, ce que nous vous conseillons fortement vu l'affluence. Il y a d'ailleurs quelque chose de bien triste à « consommer » l'Alhambra dans de telles conditions. A certaines heures on a vraiment le sentiment de pénétrer dans un supermarché de culture : on achète et on s'en va ! Pour éviter cela, pas compliqué : le matin tôt, le soir tard... et surtout hors saison ! Illuminations et visite de nuit possibles. Renseignements : 22-75-27. Entrée gratuite le dimanche à partir de 15 h. Astrice : pour éviter en été 2 à 3 h de queue, pour prendre les billets en bas de l'Alhambra, aller sur la route qui monte jusqu'au Parador Nacional (situé à l'intérieur de l'Alhambra) : il y a juste en face un autre guichet où, sans attente ou presque, on peut acheter aussi les 4 coupons de la visite. Il suffit de la faire dans un ordre différent, ce qui n'a aucune importance.
Ceux qui sont à pied auront intérêt à prendre le bus n° 2 de la plaza Isabel la Católica, car ça grimpe !
Bâtie sur un promontoire surplombant Grenade, cette énorme forteresse draine chaque année des centaines de milliers de visiteurs. L'Alhambra, « la rouge » en arabe, doit son nom à la coloration que prend sa pierre quand le soleil la caresse doucement. Plus qu'un simple palais, l'Alhambra est une véritable cité, ceinte de hauts murs. On y trouve des palais, des bains, une mosquée, une forteresse (l'Alcazaba) et surtout, liant merveilleusement toutes les richesses de ce territoire magique, d'harmonieux jardins.
L'Alhambra est non seulement superbe, mais il bénéficie d'un intérêt historique considérable puisque c'est le seul palais arabe construit au Moyen Age qui soit encore intact. Au lieu de le saccager, les catholiques l'ont restauré.
A l'origine, les populations arabes vivaient sur la colline voisine, l'Albaicin (une sorte de médina). Le premier roi de la dynastie nasride décida d'émigrer sur celle-ci et fit construire un palais qui ne cessa de s'agrandir jusqu'au XIVe siècle. Toutes les constructions principales datent donc du Moyen Age, mise à part la Casa Real, édifiée par Charles Quint qui n'avait pas son pareil pour briser l'harmonieuse composition d'un site.
Le billet d'entrée se compose de 5 coupons correspondant aux 5 parties de l'Alhambra : l'Alcazar, le Generalife, « Pas torres y los baños arabes », l'Alcazaba et le palais de Charles Quint. Prenez votre temps car vous pouvez revenir le lendemain si vous n'avez pas pu tout visiter. Pour se mettre en appétit on débutera par l'Alcazaba.

● *L'Alcazaba* : c'est la partie la plus ancienne, la moins intéressante aussi, bien qu'elle offre un panorama exceptionnel sur la ville, depuis la torre de la Vela. L'Alcazaba, dressée sur la colline, était la forteresse de la cité. Depuis la tour de veille on prévenait de tous les dangers et on rythmait l'irrigation de la vallée. Dans la partie centrale de l'Alcazaba on trouve les ruines des anciennes casernes.

● *L'Alcázar* : à la fois forteresse et résidence des émirs. Il faut savoir que le palais a été remanié plusieurs fois et entretenu par les générations successives, si bien qu'il est difficile de dater avec précision telle ou telle pièce, telle ou telle arabesque. Mais l'important est que l'unité architecturale ait été conservée. On traverse tout d'abord le *Mexuar* (Salle du Conseil), orné de belles arabesques et d'azulejos à la riche harmonie. Notez les *niches* au-dessus des piliers. Après la cour du Mexuar, entièrement dallée de marbre, on entre dans la *Curto dorado* (chambre dorée) au plafond ouvragé et doré. Puis le célèbre *patio de los Arrayanes*, où le parfait équilibre entre la lumière, l'eau et l'espace donne au visiteur une impression de pureté remarquable. Le soleil réfléchi par l'eau du bassin ondoie en arabesques lumineuses sur les murs du patio, animant celles ciselées dans le plâtre. C'est dans ce genre de réalisation que l'on perçoit à quel point les Arabes maîtrisaient le jeu des volumes et de l'espace. Les larges arcades aérées confèrent à l'ensemble un aspect paisible, comme voluptueux. Poursuivant la visite, nous voici dans la *sala de la Barca*, au plafond de cèdre finement travaillé, puis dans le *salon de Embajadores*, destiné aux réceptions des rois arabes et des émissaires étrangers. Là encore on retrouve toutes les splendeurs de l'art nasride : arabesques, stalactites, balcons ajourés, azulejos fantastiques. On dit que le sultan Boabdil aurait remis ici, dans ce salon, les clés de la ville aux Rois catholiques. Revenant dans le patio de los Arrayanes, on accède ensuite au *patio de los Leones* (cour des Lions), un de nos préférés. Pour donner plus d'élégance à l'ensemble, les architectes ont doublé, voire triplé les colonnes, élançant ainsi au maximum les arcades dont on notera l'incroyable finesse. On se demande comment un tel luxe de détails et fioritures parvient à ne jamais alourdir l'ensemble. Les arabesques qui paraissent tout d'abord identiques sont à y bien regarder toutes originales. A cette ornementation se mêlent quelques versets du Coran. D'étroits canaux alimentent en eau une belle vasque soutenue par 12 lions de facture naïve. Cette cour dut être un véritable havre de paix pour la promenade des émirs. On la quitte pour entrer dans la *sala de los Mocárabes* (salle des stalactites) qui possède une coupole à la richesse débordante. Elle fut refaite au XVIIe siècle. Toujours autour de la cour des Lions, la *sala de las dos Hermanas* (salle des deux sœurs), salle officielle des épouses du roi. Là encore, arabesques et azulejos.

On traverse d'autres salles du même genre avant de se diriger vers les *Jardines del Portal*, très élégamment organisés, et qui communiquent avec les bains. Le patio date de Charles Quint mais la fontaine est arabe. Les bains sont composés de trois salles : une chambre chaude et une chambre froide, où l'on se lavait, et une salle de repos où l'on se parfumait en conversant avec les amis. Notez les ajourements dans la voûte. On regagne ensuite par de charmantes allées les jardins du Portal. Le jardinier doit être un sacré farceur car il a taillé des étoiles de David dans le buis.

● *Le palais de Charles Quint* : construit au XVIe s., son architecture massive et austère contraste quelque peu (plan C-D4). Les bâtiments entourent une vaste cour circulaire à deux étages de galeries. De là, on peut accéder à la chapelle octogonale : à l'intérieur, deux caryatides avec, bizarrement, des satyres et des statues de nymphes. Même les rois ne respectent plus rien !
On y trouve le *musée des Beaux-Arts* et le *musée d'Art hispano-musulman*. Billets différents de ceux de l'Alhambra. Assez cher.

● *Le musée des Beaux-Arts* : il renferme une très belle collection de peintures et sculptures du XVIe siècle notamment, réalisées par des artistes grenadins. Dans la première salle on notera un très beau Christ déposé. A droite, trois toiles de Juan S. Cotan dont on dit qu'il a inspiré Zurbarán. Il se dégage de ces toiles une certaine naïveté, soutenue par une lumière douce et sereine, des couleurs bienveillantes. Salle 5, nombreuses sculptures d'Alonso Cano, peintre et sculpteur du XVIIe siècle. Œuvres empreintes de réalisme simple et expressif. De la salle 6 on retiendra un Christ pathétique de José de Mora. Salle 8, œuvres de Pedro A. Bocanegra, très touchantes, dans la lignée d'Alonso Cano. Salle 9, scènes sculptées de Jésus portant la croix et de la Nativité. Les dernières salles présentent du mobilier ainsi que des tableaux du XIXe siècle.

● *Le Generalife* : c'était la résidence d'été des émirs (plan D4). Les bâtiments ont une architecture assez simple. Par contre, jardins magnifiques. Fidèles à leurs habitudes, les Arabes ont réuni dans la plus parfaite harmonie l'eau et les végétaux. Les pavillons sont disséminés au milieu des bassins et des jets d'eau. Tout au bout, un kiosque avec une vue admirable sur Grenade et l'Alhambra en contrebas. Plus haut, des jardins suspendus qui rappellent ceux qui ont fait la réputation de Babylone.

– *L'Albaicín* : notre quartier préféré à Grenade. Pour y aller, bus n° 12. Pas toujours très cool le soir (on ne veut pas tomber dans la parano, mais il y a souvent des agressions ; des lecteurs nous ont également signalé des vols par agressions dans la journée à l'heure de la sieste, quand les ruelles sont désertées). Quartier arabe, c'est l'endroit qui a sauvegardé son aspect de médina comme il y a encore plusieurs centaines d'années. En effet, au milieu du XIII° s., le quartier se gonfla de l'exode des musulmans fuyant Cordoue reconquise par les Rois catholiques. Au hasard de ses ruelles étroites, il a conservé le charme de ses patios fleuris et de ses demeures anciennes.

Voici un itinéraire à effectuer à pied (environ 2 h) qui permet de replonger dans une atmosphère révolue. Le mieux est de partir vers 16 h quand la chaleur est moins violente. Une promenade qui sera peut-être votre meilleur souvenir de Grenade :

De la plaza Santa Ana, longer la rivière. A la hauteur de la calle Banuelo (la quatrième rue à gauche), visiter les bains maures, à l'architecture très rustique (fermé les vendredis après-midi, samedis après-midi et lundis). Il subsiste encore deux ou trois salles voûtées.

Grimper la calle Banuelo pour entrer dans un dédale de ruelles qui permet d'aboutir, avec un peu de chance, à la plaza San Nicolas. C'est d'ici qu'on a, sans doute, la vue la plus belle sur tout l'Alhambra et la Sierra Nevada. Merveilleux couchers de soleil.

Puis redescendez vers la plaza San Miguel Bajo, notre endroit préféré de l'Albaicín. Sur cette charmante place, ombragée par quelques acacias, on peut prendre un verre sur une des tables dehors, du *bar Lara*. On peut aussi manger au restaurant *El Yunque*, tout à côté (fermé le mardi). A vrai dire, on préfère le restaurant *El Ladrillo* (Voir « Où manger ? ») qui se cache, un peu plus haut, sur la placeta de Fatima. Sur la plaza Larga, le café *Casa Pasteles* sert de bonnes pâtisseries et glaces.

– *Sacromonte* : quartier des Gitans au-dessus de l'Albaicín. Pour s'y rendre, bus n° 12. Nombreuses boîtes de flamenco dans les grottes creusées dans la colline crayeuse. Face à l'invasion touristique, les spectacles ont perdu leur authenticité depuis longtemps.

– Sur la gauche du Rio Darro, au pied de l'Albaicin, s'étend un vieux quartier populaire, peut-être moins typique que les autres mais les amateurs de vieilles rues et pierres sans âge apprécieront sûrement.

– *La cathédrale* : dans le centre ville. (Plan B3). L'entrée se situe au début de la Gran Vía de Colón, par une porte en fer forgé. Visite de 10 h 30 à 13 h et de 15 h 30 à 18 h. Sur le côté gauche, entrée de la Capilla Real (Chapelle royale). Mêmes horaires. Dans le secteur de « charmantes » Gitanes très persuasives vous épingleront un œillet à la boutonnière. Pas toujours facile de s'en débarrasser ! (De la Gitane, pas de l'œillet !).

● *La cathédrale* : commencée au XVI° siècle en style gothique et achevée en style Renaissance. Intérieur très épuré. Jetez un coup d'œil au maître-autel haut de 45 m : statues d'apôtres sur les colonnes, peintures d'Alonso Cano dans les galeries. Belles chaires également. Au bas du bras gauche de la nef, dans la salle capitulaire, collections d'orfèvrerie religieuse, quelques tapisseries flamandes et sculptures. Intéressera surtout les spécialistes.

● *La Capilla Real* : on y accède par le côté gauche, à l'extérieur de la cathédrale. La chapelle royale, de style gothique, est protégée par une superbe grille en fer forgé de style isabelin. La chapelle fut édifiée pour recevoir les dépouilles des Rois catholiques (Isabelle de Castille et Ferdinand d'Aragon). A côté de ces étonnants cénotaphes en marbre de Carrare, les dépouilles de Jeanne la Folle et de Philippe le Beau ont été placées. Dans la crypte sous les cénotaphes, les sarcophages des rois. Paraît que les troupes napoléoniennes auraient tout saccagé là-dedans, et qu'ils seraient vides.

Noter le beau retable du maître-autel relatant la prise de Grenade et la conversion massive des Maures. Dans le transept de gauche, triptyque de la Passion, superbe. Sur le côté droit, la sacristie et son petit musée. A ne pas manquer. On y trouve une collection d'œuvres flamandes, collection privée de la reine Isabelle. Remarquable Botticelli (le Christ au jardin des oliviers) et triptyque de la Descente de la Croix. Derrière les grilles, deux statues du roi et de la reine.

- En face de la Capilla Real, belle entrée. C'est celle de *la medersa*, ancienne université arabe.
- *La place Bibarrambla*, juste à côté, est très bien pour prendre un verre.

– Tout à côté de la cathédrale, allez jeter un coup d'œil à l'*Alcaicera*, superbe souk arabe où l'on vendait au Moyen Age, les tissus de soie. Même si l'architecture est encore très belle, les boutiques à souvenirs ont totalement investi le quartier.
Traverser ensuite la calle de los Reyes Católicos, pour visiter le *corral del Carbón*. Ancien caravansérail construit au XIVe s., on y hébergeait les voyageurs. Architecture primitive, très bien restaurée. On y a installé quelques jolies boutiques d'antiquaires. En restauration l'année dernière.

– Les amateurs d'églises iront faire un tour à l'*église San Juan de Dios*, bel exemple de baroque grenadin (colonnes richement travaillées, chœur doré...). Un peu plus loin, le *monastère de San Jerónimo* (calle Lopez Argüeta). L'église comporte un beau retable Renaissance avec de nombreux personnages sculptés.

– *La Cartuja* (la chartreuse) : située sur une colline au nord-ouest du centre. Bus n° 8. Ouverte de 10 h à 13 h et de 15 h 30 à 18 h. Les amateurs de baroque ne devront en aucun cas manquer cette visite. Après la paix et la sérénité qui se dégagent des édifices de l'Alhambra on ne pourra que sourire devant l'exubérance excessive de « l'hyperbaroquisme » du presbytère, du sagrario et de la sacristie.
Une fois passé la sobre entrée de la chartreuse, on accède à un patio planté d'orangers dont les salles qui l'encadrent renferment d'étonnantes œuvres (souvent en mauvais état) de Sanchez Cotán. Ce moine peintre entra dans l'ordre des chartreux et intégra la chartreuse de Grenade au début du XVIIe siècle. Les nombreuses toiles exposées ici ont été peintes pour la décoration même de ces salles. On constate un ténébrisme exacerbé dans plusieurs de ces œuvres. Celle du réfectoire sur la vie et le martyre de saint Bruno est d'une dureté troublante. La simplicité apparente de ces œuvres les rend d'autant plus violentes. Les frères durent en avoir l'estomac tout retourné. Les salles suivantes présentent des toiles du même registre.
Dans le presbytère, appréciez la belle porte incrustée. Dans la nef, tableaux de Bocanegra et Sanchez Cotán. Sous un baldaquin trône une « Ascension ». Le presbytère dévoile déjà le délire baroque, avec ses angelots qui se multiplient et ses stucs tarabiscotés.
Derrière cette « Ascension », ne loupez pas le *Sagrario*, petite chapelle du XVIIIe d'un style baroque exubérant (utilisation de plusieurs marbres colorés, surabondance de dorures, reliefs démentiels...), où le regard ne trouve aucun repos.
A côté, sur la gauche, la sacristie, de style churrigueresque. Là, on atteint franchement le délire. Dire que c'est chargé est un euphémisme. Devant tant d'extravagance et d'agitation, les adjectifs nous manquent. On se demande vraiment comment les moines pouvaient y trouver un cadre propice à la prière. Pour vos réponses, Guy Darbois à S.V.P.

LA SIERRA NEVADA

Contrairement à ce que croient tous les touristes, il n'y a pratiquement pas de villages dans la Sierra. Il s'agit donc d'une chouette balade dans les montagnes, mais on n'y reste guère plus d'une nuit.
Un bus, un seul, part tous les matins à 9 h en face de la Fuente de las Batallas. On achète les billets soit auprès du conducteur, soit 30 mn avant le départ auprès d'une personne attablée au bar *Solynieve*, à côté de l'hôtel *Monte Carlo*. Le bus redescend à 17 h de l'*Albergue Universitario*, à 17 h 10 sur la place de Solynieve. Ne pas hésiter à acheter aussi le billet pour le pic de Velata car c'est long de le faire à pied en été (3 h aller). On passe par les villages de Lancha de Cenes puis de Cenes de la Vega avant de grimper vers la station de ski de « Prado Llano » à 2 100 m d'altitude. Plusieurs hôtels et restos. Quelques kilomètres plus haut on atteint l'*Albergue Universitario* (voir « Où dormir ? »). Ensuite on peut grimper au pic de Velata qui culmine à 3 392 m. C'est la route la plus haute d'Europe. De là, il est possible d'effectuer une randonnée d'environ 7 km qui vous mènera au mont Mulhacen à 3 481 m d'altitude, le plus haut de la péninsule. Beaucoup de monde l'été, et c'est un euphémisme.

La balade est agréable car elle permet de s'échapper de la fournaise de Grenade. Par contre, les stations de montagne, notamment *Solynieve*, sont modernes et sans aucun charme.

Où dormir ?

– *Albergue Universitario :* près du pic de Veleta. Tél. : (958) 48-01-22. Construction moderne. Vue superbe sur la plaine de Grenade. Demi-pension obligatoire.
– *Parador Sierra Nevada :* grand bâtiment récent, à côté du précédent. Assez cher mais certaines chambres avec douches sont meilleur marché. Prix d'un 2 étoiles. Terrasse avec un somptueux panorama.

DE GRENADE A GUADIX

Bonne route assez montagneuse qui traverse de beaux paysages très changeants.

PURULLENA

A 58 km à l'est de Grenade, sur la route d'Almeria. Petit village sans grand charme. Entouré de surprenants monticules calcaires criblés de cavernes creusées par l'homme. Malheureusement, la route principale est envahie par les boutiques de souvenirs. On peut négocier assez facilement les jolis pots peints.

Où dormir ?

– *Hostal El Caminero :* en entrant dans le village, en venant de Grenade, sur la gauche. Tél. : 69-01-54. Immeuble à deux étages assez récent. Absolument dénué de charme. Seulement si vous êtes trop crevé. Mais on vous conseille quand même de pousser jusqu'à Guadix. Pas cher mais très bruyant vu le nombre de « gros-culs » qui passent sur cette route.
– *Camas Nati :* 50 m plus loin que le premier, sur la droite. Une dame loue des chambres dans sa petite maison pas très bien tenue. Pas cher, c'est l'unique bon point.

GUADIX

A 6 km de Purullena, une ville plus importante et bien plus sympathique. Entouré là encore de pointes de calcaire, ce gros bourg possède un charme certain. On a pris plaisir à se balader dans les rues du centre où il règne une animation débonnaire, même si le cadre n'est pas d'un pittoresque exceptionnel. La cathédrale est le seul monument vraiment notable. Le quartier troglodytique (Las Cuevas) est assez intéressant et beaucoup moins touristique que celui de Purullena.
Les grottes sont généralement habitées par les Gitans. A l'intérieur, la température est constamment de 20° C, été comme hiver. Pour avoir une vue d'ensemble sur le quartier troglodytique, grimper jusqu'à la *Alcazaba*. Cette forteresse fut construite par les Arabes au IXe siècle, sur une colline artificielle. Pour y accéder, il faut traverser un collège religieux. Entrée payante. De la terrasse de l'Alcazaba, on aperçoit des centaines de grottes avec leurs cheminées d'aération.

Où dormir ?

– *Hostal El Retiro :* sur la route principale, à 800 m du centre (à la sortie de la ville en allant vers Grenade, pancarte de l'hôtel à peine visible). Évitez les chambres sur rue. Sans charme mais propre. Café au rez-de-chaussée. Prix moyen. A 200 m, le resto *El Patio* loue aussi des chambres. Même genre.

● **Plus chic**

– *Hotel Restaurante Comercio :* calle Mira de Amezcna. En plein centre ville. Un hôtel, très bien tenu, sentant bon la province. Chambres avec douche ou salle de bains. Les fauchés se contenteront de chambres sans bains pour à peine plus cher que les hôtels précédents. On peut y prendre son repas pour un prix raisonnable. Le patron parle un peu français.

A voir

— Au cours de votre petite balade, vous pourrez aller jeter un coup d'œil à la *cathédrale* où se côtoient styles gothique et Renaissance. A l'intérieur, stalles copieusement travaillées. Belles chaires également. Face à la cathédrale, en passant sous un porche on accède à la *jolie place* entourée d'arcades. Plus haut dans le village, le *quartier troglodytique* assez typique bien que manquant d'unité.

DE GUADIX A MURCIA

Le paysage se fait aride, avec de-ci, de-là des plaines cultivées. Beaucoup de camions sur la route. Peu de villages vraiment intéressants.

MURCIA

Cette cité moderne, grandie un peu trop vite, semble déjà regretter d'avoir détruit son vieux centre pittoresque. De celui-ci il ne reste que deux misérables rues faisant pitié.
Le seul intérêt de la visite réside dans le spectacle des fêtes de la ville, qui ont lieu en mars et sont l'objet de chouettes cérémonies. La semaine sainte y revêt également une tonalité particulière, très populaire.
Les amateurs d'églises en route vers Alicante pourront éventuellement s'arrêter pour la cathédrale, de styles gothique (du XIe) et baroque (XVIIIe). Façade intéressante. Sur le côté droit (calle de Apostoles), jolie porte gothique. De la tour, vue superbe sur la région. A l'intérieur, beau retable et stalles ouvragées.
Le musée du Costume folklorique offre aussi un certain intérêt. Situé dans l'ancien couvent San Estebán, présente de beaux costumes de travail et d'apparat des XVIIe et XVIIIe siècles.

Où dormir ? Où manger ?

— *Hostal Galicia* : calle Merced, 4. 2e étage. Tél. 23-98-29. Le proprio loue des chambres très propres dans un appartement situé à quelques minutes de son adresse personnelle. Bien tenu mais cher.
— Sur la calle Traperia, rue piétonne la plus animée du centre, plusieurs petits *bars à tapas* corrects et terrasses où les jeunes se retrouvent.

LES BALÉARES

Comment aller aux Baléares ?

● *Par bateau*

De Barcelone, les liaisons sont assurées par la compagnie *Trasmediterranea*. Obligation de réserver en été, si vous passez en voiture.
— A Paris : 31, av. de l'Opéra, 75001. Tél. : 42-61-56-56.
— A Nice : 6, bd Victor-Hugo, 06000. Tél. : 93-87-98-58.
— A Bruxelles : bd Aldolphe-Max-Laon, 63. Tél. : 219-34-85.
— A Genève : 17, rue de Chantepoulet, 1201. Tél. : 31-71-74.
— A Barcelone : 2, via Layetena. Tél. : 319-82-12.
— *Vers Palma* : de Barcelone, 1 à 2 liaisons tous les jours, 8 h de traversée.
— *Vers Ibiza* : de Barcelone, liaisons tous les jours sauf mardi et vendredi. De Palma, 2 liaisons par semaine (mercredi et dimanche).
— *Vers Mahon* : de Barcelone, liaisons tous les jours sauf lundi et mercredi. De Palma, une liaison le dimanche.
— De juin à septembre, deux services hebdomadaires à partir de Sète. Il existe aussi des tarifs forfaitaires Paris-Paris. Renseignements : *Mélia*, 14, rue Gaillon, 75002 Paris. Tél. : 47-42-60-01. Répondeur : 42-66-33-33.

256 / LES BALÉARES

● *Par avion*

Les vols sont assurés par *Air France, Ibéria* et *Aviaco* (filiale d'Ibéria).
— *De Barcelone*
- vers Palma : 6 à 10 liaisons par jour ;
- vers Ibiza : 4 à 5 liaisons par jour ;
- vers Mahon : 3 à 4 liaisons par jour.
— *De Palma*
- vers Ibiza : 4 à 6 liaisons par jour ;
- vers Mahon : 4 liaisons par jour.
— *De Paris*
- vers Palma : 1 à 2 liaisons par jour ;
- vers Ibiza : 5 liaisons par semaine ;
- vers Mahon : vols réguliers à partir de Bordeaux, Lyon, Marseille, Nice ou Toulouse.
— Charters très intéressants au départ des grandes villes françaises. Les voyagistes les moins chers sur les Baléares sont *FRAM* et *Air Système*. *Air Havas* propose des vols secs très intéressants sur Palma, défiant toute concurrence hors saison. Tél. : 42-96-97-34. Et dans les agences *Havas Voyages*.
Jumbo pratique également des tarifs attractifs sur vols secs (départ et retour en semaine).
De toute façon il est bien plus intéressant de prendre l'avion que le bateau.

MAJORQUE (MALLORCA)

L'île la plus vaste (76 km du nord au sud et 99 km de l'ouest à l'est). Bien entendu la plus fréquentée en été, donc la plus abîmée. Rien n'est plus vrai. Le mur de béton qui borde la mer de part et d'autre de Palma s'étend sur plusieurs kilomètres... Et pourtant, Majorque possède les plus belles calanques des Baléares, les coins les plus secrets et de merveilleuses petites auberges. C'est notre boulot de vous les faire découvrir.

Les Majorquins

Leur langue est très proche du catalan, mais ils se réclament d'une personnalité propre. Leur histoire diffère d'ailleurs beaucoup de celle de la Catalogne ; en effet, étant restés longtemps au contact de l'islam, tout comme à Valence, ils ont gardé une vocation de commerçants et d'arboriculteurs.
On retrouve aussi chez eux le sens de la fête avec les célèbres *fallas* de mars. Les Majorquins sont très accueillants, peu formalistes, mais peut-être un peu chauvins...

Visite de l'île

Les a priori ne font pas la partie belle à Majorque. Et pourtant, il existe une côte absolument merveilleuse, l'une des plus belles que nous connaissions : elle s'étend de *Puerto de Andraitx* jusqu'à *Puerto de Soller*.

PALMA DE MAJORQUE

En face d'une vaste baie, une ville de plus de 300 000 habitants, à la vie intense. Tout compte fait, pas grand-chose à voir, pas de plages agréables à proximité. Pas étonnant que les routards n'y restent pas.

Adresses utiles

— *Oficina de turismo :* avenida Rey Jaime III. Tél. : 71-22-16. Ouvert du lundi au vendredi de 9 h à 13 h 30 et de 16 h 30 à 19 h 30 ; le samedi de 9 h à 13 h. Fermé le dimanche.
— *Poste :* carrer de la Constituciò, 6. A 3 mn à pied de la cathédrale. Du lundi au samedi de 9 h à 14 h 30.

- *Téléphone* : carrer de la Constituciò, 2. Du lundi au samedi de 9 h à 13 h et de 17 h à 21 h. Dimanche et fêtes, de 10 h à 15 h.
- *American Express* : *Viajes Iberia*, paseo del Borne, 14. Tél. : 72-67-43. Ouvert du lundi au vendredi de 9 h à 13 h 30 et de 16 h à 19 h ; le samedi, de 9 h à 13 h.
- *Consulat de France* : Caro, 1. Tél. : 23-03-01.
- *Consulat de Belgique* : paseo del Born, 15. Tél. : 72-47-86.
- *Consulat de Suisse* : paseo Mallorca, 24. Tél. : 71-25-20.

● **Transports inter-îles**

- *Ibéria* : passeo del Born, 10. Tél. : 46-34-00.
- *Bus pour l'aéroport* : de la plaza de España. Toutes les 30 mn de 6 h 30 à 22 h 30. Avoir la somme exacte à payer.
- *Ferries Trasmediterranea* : Muelle Viejo, 5. Tél. : 72-67-40. Ouvert du lundi au vendredi de 8 h à 13 h ; le samedi, de 8 h à 12 h.

● **Transports intérieurs**

- *Terminal de bus* : carrer Archiduque Luis Salvador, 24. Près de la plaza de España.
- *Gare ferroviaire (Ferrocarril)* : plaza de España. Deux lignes de train : l'une pour Sóller (5 départs par jour), l'autre pour Inca (à 34 km au nord-est de Palma), 5 départs quotidiens, 4 les dimanche et fêtes.
- *Location d'autos et de mobylettes* : plusieurs agences sur le paseo Maritimo notamment au n° 13 ou 27.

Où dormir ?

Hébergement difficile en été. Si tout est complet, le personnel de l'Office du tourisme pourra éventuellement vous aider. A l'aéroport, le bureau *Ultramar Express*, en face de la porte « Arrivée » effectue les réservations d'hôtel. Mais dans des hôtels 1 étoile minimum.

● **Très bon marché**

- Tout d'abord nous déconseillons absolument l'*auberge de jeunesse*. Située à El Arenal (10 km de la ville !) et généralement bondée de groupes scolaires.
- *Hostal Gual* : carrer Marina, 4. Tél. : 71-20-39. A 2 mn à l'est du palacio Almudaine et tout près de la mer. Les chambres donnent sur une charmante église.
- *Pension Pons* : carrer General Barcelo, 8. Tél. : 72-26-58. Entre la cathédrale et l'église Santa-Cruz. Petite casa de huéspedes fort bien tenue donnant sur un gentil patio. Supplément pour la douche chaude. A côté, la *pension Palma* si l'autre est complète.

● **Plus chic**

- *Hostal Menorquina* : plaza Santa Catalina Tomás, 14. Tél. : 72-21-06. Très central. Un hôtel à l'architecture exceptionnelle : style nouille des années 1910, complètement rococo. Ascenseur. Les chambres ont, pour la plupart, un petit balcon donnant sur une place très animée. Restaurant au rez-de-chaussée.
- *Hostal Bujosa* : carrer Aceite, 4. Tél. : 72-60-40 et 71-54-28. Près de la plaza Mayor, un des quartiers les plus agréables de Palma, le soir. L'hôtel donne sur une rue piétonne. Dans chaque chambre, douche et lavabo privés.
- *Hostal Archiduque* : Arxiduc Lluis Salvador, 22. Tél. : 75-16-45. Escalier monumental et chambres ayant 5 m de hauteur sous plafond, donnant sur une galerie intérieure. Pas loin de l'arrêt des bus. Les photos dédicacées des toreros à la réception rappellent que c'est aussi l'hôtel le plus proche des arènes.

Où manger ?

- *Fonda España* : plaza Mayor, 7. On mange dehors, sur la place la plus animée et la plus agréable de la ville. Plats abordables. Ils prétendent parler français mais les clients ont quand même intérêt à se débrouiller en espagnol.
- *Casa Julio* : carrer Prevision, 4. A proximité de la plaza Cort. Grande salle moderne, meublée en faux rustique. Le menu est fort correct. Quelques spécialités locales. Fermé le dimanche.
- *Bar Jamon* : carrer del Mar, 12. A 3 mn à pied, à l'ouest de la cathédrale. A la frontière du quartier chaud de la ville. Plats sans génie (*tapas, gazpacho*, omelette espagnole...) mais abordables. Menu correct. Assez populaire.

MAJORQUE

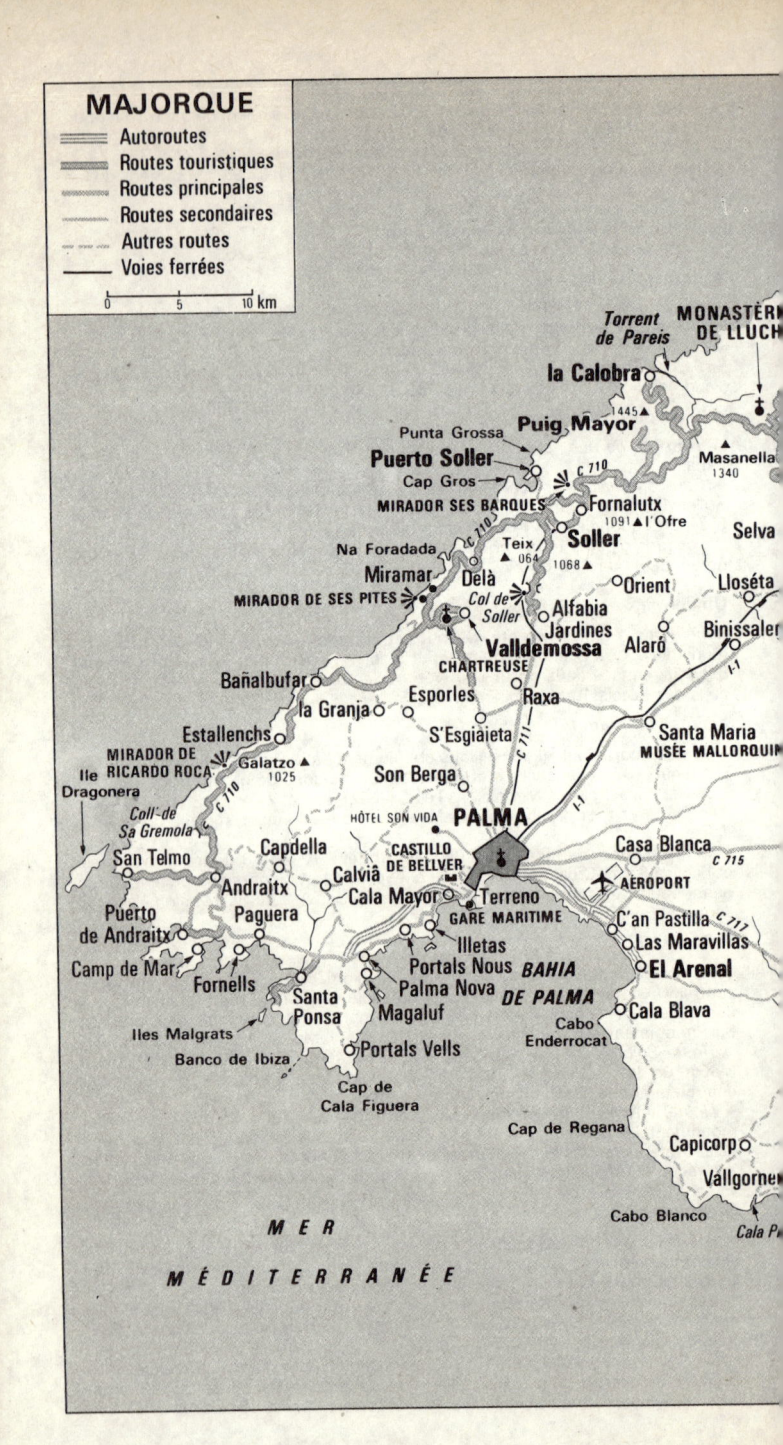

- ═══ Autoroutes
- ▓▓▓ Routes touristiques
- ▒▒▒ Routes principales
- ─── Routes secondaires
- ---- Autres routes
- ──── Voies ferrées

0 — 5 — 10 km

Torrent de Pareis
MONASTÈRE DE LLUCH
la Calobra
Punta Grossa
Puig Mayor 1445 ▲
Puerto Soller
Cap Gros
MIRADOR SES BARQUES
Fornalutx
Masanella 1340 ▲
C 710
1091 ▲ l'Ofre
Soller
Na Foradada
Teix 064 ▲
Selva
Miramar
Delà
1068 ▲
MIRADOR DE SES PITES
Col de Soller
Orient
Lloseta
Alfabia
Jardines
Valldemossa
Alaró
Binissalem
CHARTREUSE
I-1
Bañalbufar
Esporles
la Granja
Raxa
S'Esgiaieta
Santa Maria
Estallenchs
MUSÉE MALLORQUIN
MIRADOR DE
Galatzo ▲
Son Berga
RICARDO ROCA
1025
C 710
C 711
Ile Dragonera
HÔTEL SON VIDA
Coll de Sa Gremola
Capdella
PALMA
Casa Blanca
San Telmo
CASTILLO DE BELLVER
C 715
Andraitx
Calvià
I-1
Paguera
Cala Mayor
Terreno
✈ AÉROPORT
Puerto de Andraitx
GARE MARITIME
C'an Pastilla
C 711
Camp de Mar
Illetas
Las Maravillas
Fornells
Portals Nous
BAHIA
El Arenal
Palma Nova
DE PALMA
Santa Ponsa
Magaluf
Cala Blava
Iles Malgrats
Portals Vells
Cabo Enderrocat
Banco de Ibiza
Cap de Cala Figuera
Cap de Regana
Capicorp
Vallgornera
Cabo Blanco
Cala P...

MER MÉDITERRANÉE

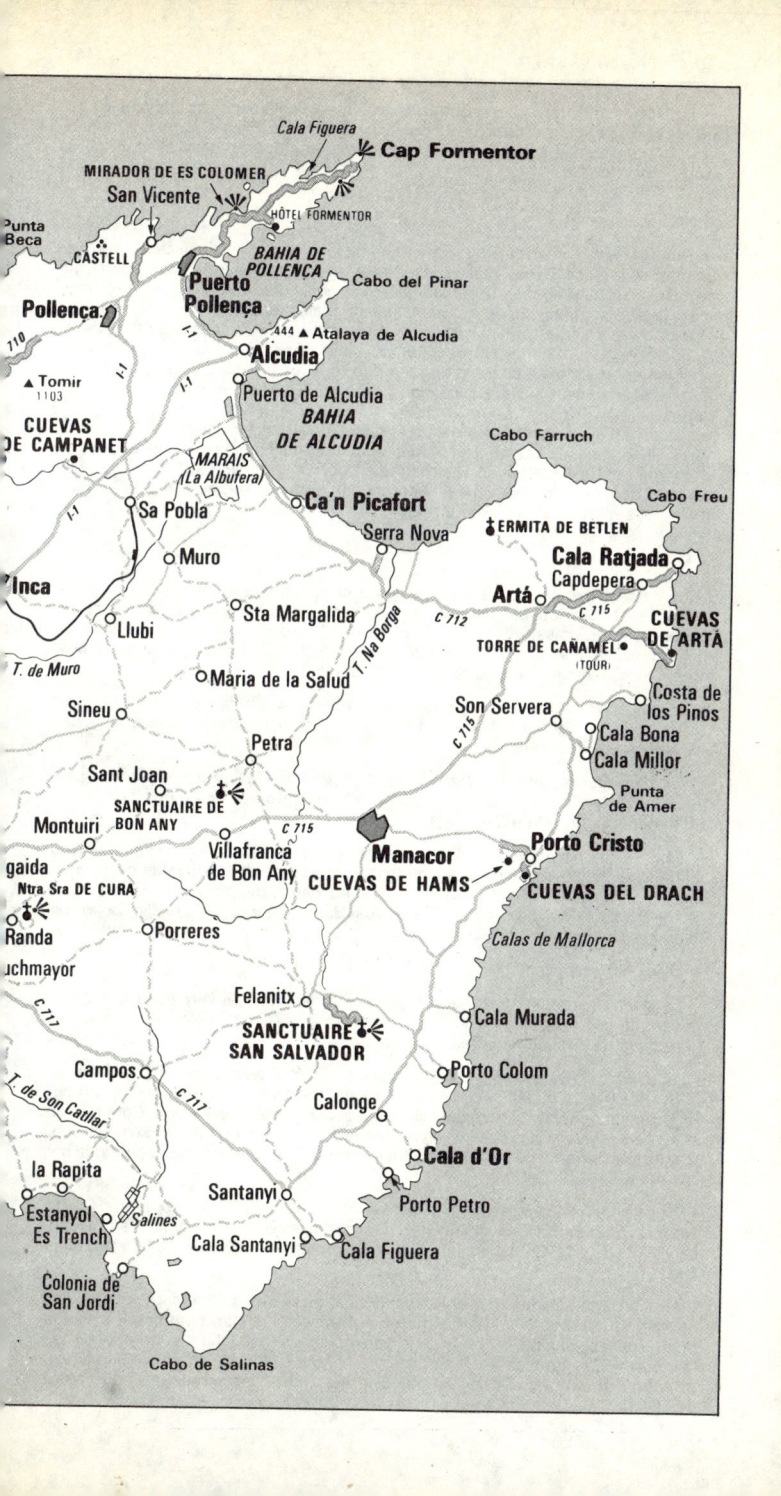

Cala Figuera
Cap Formentor
MIRADOR DE ES COLOMER
San Vicente
HÔTEL FORMENTOR
Punta Beca
CASTELL
BAHIA DE POLLENÇA
Pollença
Puerto Pollença
Cabo del Pinar
710
444 ▲ Atalaya de Alcudia
○ **Alcudia**
▲ Tomir
1103
Puerto de Alcudia
CUEVAS DE CAMPANET
BAHIA DE ALCUDIA
Cabo Farruch
MARAIS (La Albufera)
Cabo Freu
○ Sa Pobla
ERMITA DE BETLEN
○ Muro
Cala Ratjada
Serra Nova
○ **Ca'n Picafort**
Capdepera
○ **Inca**
Artá ○
CUEVAS DE ARTÁ
○ Llubi
○ Sta Margalida
C 712
T. de Muro
TORRE DE CAÑAMEL
(TOUR)
○ Sineu
C 715
○ Maria de la Salud
Costa de los Pinos
Son Servera ○
Cala Bona
Petra
○ Cala Millor
Sant Joan
Punta de Amer
SANCTUAIRE DE BON ANY
Montuiri
C 715
○
Manacor
Porto Cristo
gaida
Villafranca de Bon Any
Ntra Sra DE CURA
CUEVAS DE HAMS
CUEVAS DEL DRACH
○ **Randa**
○ Porreres
uchmayor
Calas de Mallorca
C 711
○ Felanitx
○ Cala Murada
SANCTUAIRE SAN SALVADOR
Campos ○
○ Porto Colom
T. de Son Catllar
C 711
○ Calonge
la Rapita ○
○ **Cala d'Or**
Santanyi ○
Porto Petro
○ Salines
○ Estanyol
Es Trench
Cala Santanyi ○ ○ Cala Figuera
Colonia de San Jordi
Cabo de Salinas

— *Celler S.A. Premsa* : plaza obbo B. Palou, 8, sur la place où aboutissent la calle de los Holmes et la calle Cardinal Pou. Tél. : 72-35-29. Fermé samedi et dimanche. Immense salle avec tonneaux gigantesques, décorée de vieilles affiches. Bon rapport qualité-prix.

Où boire un verre ?

— *Bodega Bellver* : carrer Serina, à l'angle de la carrer de las Capucinas. A 50 m au nord de la plaza Santa Catalina. Un bistrot vieillot, poussiéreux mais au charme fou. Des barriques au mur. C'est bien entendu en fin d'après-midi que l'ambiance y est la plus sympa à condition que le patron n'allume pas la télé ! Beaucoup de jeunes du quartier. Excellent moscatel. *Bocadillos* pour couper une petite faim.
— *Bar Rosch* : plaza Pio XII. En haut du paseo Born. Un bar à la décoration absolument nulle mais cela n'empêche que tous les jeunes s'y retrouvent, discutent et draguent jusque tard dans la nuit. Grande terrasse donnant sur la rue.
— *Texas Jack's* : carrer San Felio, 14. Dans le quartier « chaud » de Palma. Si vous ne connaissez pas les États-Unis, vous pourrez vous faire une idée précise d'un vrai bar américain avec ses marins en bordée, les filles ayant leurs fesses comme boutique, les beuveries. Bien sûr, ne conviendra pas à tout le monde mais vous n'êtes pas obligé d'entrer !

A voir

— *La cathédrale* : près de quatre siècles pour construire cet édifice sans grâce folle, c'est beaucoup. Les flèches sont peu élevées ce qui donne à l'ensemble un aspect lourd et massif. Côté sud, le portail du Mirador est une œuvre maîtresse de l'art gothique espagnol. A l'intérieur, la chapelle royale possède un baldaquin en fer forgé, œuvre du célèbre architecte catalan Antonio Gaudi.

— *Le palais de l'Almudaina* : à côté de la cathédrale. Vieille forteresse d'origine arabe, transformée en palais par Jaime II. A l'intérieur, *musée* renfermant des tapisseries et des meubles.

— *La plaza Mayor* : entre la cathédrale et la gare. Certainement la place la plus agréable de la ville. Interdite aux voitures, elle est entourée de grands cafés et de restaurants (voir « Où manger ? »).

— *La calle Apuntadores* : la rue « chaude » de la ville... bizarrement en face de la cathédrale. Étroite ruelle où se succèdent restaurants et bistrots infâmes. La nuit, c'est évidemment l'endroit le plus animé de Palma avec les marins ivres à la recherche de quelques aventures fugitives. Bien entendu, déconseillé de dormir dans les hôtels à proximité.

● Dans les environs

— *Le pueblo español* : à l'ouest de la ville. (Plan A3). Ouvert de 9 h à 24 h. Reconstitution de quelques édifices et monuments les plus célèbres d'Espagne. Boutiques de souvenirs, cafés et restaurants.

— *Le castillo de Bellver* : à 3 km à l'ouest de Palma. Ouvert de 9 h à 13 h 30 et de 15 h à la tombée du jour. Fermé le dimanche. Bâtiment circulaire massif particulièrement imposant, entouré de trois tours et surmonté d'un donjon. Construit au XIVe s. pour servir de résidence au roi Jaime II, il fut ensuite transformé en prison. Arago, l'astronome de Napoléon, y fut enfermé. De la terrasse, joli panorama sur la baie. Musée.

— Nous déconseillons les plages à proximité de la Palma. Elles sont bondées en été mais il est parfois possible d'y apercevoir un grain de sable coincé entre deux dalles de béton ! On a beaucoup mieux à vous faire découvrir... un peu plus loin.

— Une idée de balade : prenez le train d'Inca, plaza de España (départ toutes les heures) et s'arrêter à un patelin nommé *Benisalem*. De là, emprunter à pied la petite route à gauche, au bout de la gare, dans le sens Inca. On grimpe sur les hauteurs, puis, après avoir passé dans un *no man's land*, on arrive sur un plateau et enfin au sommet. De là, vue géniale sur toutes les montagnes du centre de l'île.

PORTAL NOUS

Station balnéaire assez fréquentée à 9 km à l'ouest de Palma. Des villas luxueuses entourent une jolie petite calanque sablonneuse, abritée par des pins.
A la sortie ouest de Portal Nous, un *marineland* avec spectacle de dauphins. Ouvert de 9 h 20 à 18 h 45.

Où dormir ?

● *Chic*

– *Hostal Aguamarina* : tél. : 67-50-75. Un immeuble très laid mais magnifiquement situé tout au bord de la calanque. Les 80 chambres disposent chacune d'un balcon et d'une salle de bains. Au pied de l'hôtel, un petit chemin longe la mer.

● *Beaucoup plus chic*

– *Hôtel Bendinat* : Urbanización Bendinat. Tél. : 67-52-54. Un 3 étoiles, joyau de l'hôtellerie locale. Situé dans un cul-de-sac et donnant directement sur la mer, il est éloigné du bruit et des embouteillages. Il dispose de sa propre crique privée.
Les bungalows sont disséminés dans un jardin très bien entretenu. Toutes les chambres disposent d'une salle de bains et d'une terrasse. Certaines sont meublées « à l'ancienne ». Tennis, mini-golf et billard. Une adresse exceptionnelle où il est impératif de réserver. En été, demi-pension obligatoire.

PUERTO DE ANDRAITX

A la pointe ouest de l'île. Station balnéaire assez touristique mais bon enfant. Large baie aux eaux calmes. Au port, quelques bateaux de pêcheurs et quelques voiliers.
Possibilité de balade jusqu'au *Cabo de Sa Mola* par une petite route goudronnée (7 km aller-retour). Du cap, vue splendide sur d'énormes falaises tombant dans la mer.
Une autre balade (10 km aller-retour) au départ de Puerto de Andraitx consiste à prendre la route qui part à l'est en direction de *Camp de Mar*. Magnifique panorama côtier. Du port, un bateau assure 4 liaisons quotidiennes jusqu'à *San Telmo* et une liaison en début d'après-midi pour l'*île de la Dragonera*.

Où dormir ?

– *Hostal Bellavista* : sur le port. Tél. : 67-16-25. Un 2 étoiles bien situé car au bord de l'eau. La plupart des chambres disposent d'un balcon donnant sur la mer. Avec ou sans bains privés.
– *Hostal Moderno* : carretera Camp de Mar, 5. Tél. : 67-16-50. A l'entrée du village quand on vient de Palma. A 10 mn à pied de la mer. Restaurant avec terrasse. Un peu plus cher que le précédent.

SAN TELMO

Au fond d'un cul-de-sac, à 7 km de Andraitx. La petite route qui y conduit serpente dans la campagne au milieu des oliviers et des pins. Une balade très agréable.
De Puerto de Andraitx, liaison en bateau (voir plus haut).
San Telmo s'étend en face de l'*île de la Dragonera* (excursions en bateau). Assez animé en été mais l'endroit reste encore très fréquentable.

Où dormir ?

– *Punta Blanca* : à l'extrémité nord de la ville. Hôtel minuscule isolé dans une adorable petite crique. 4 petits appartements avec chambre, salon, kitchenette équipée et salle de bains. Balcons donnant directement sur la mer. Prix d'un 1 étoile ! Restaurant à l'étage. Excellente adresse.
– *La Dragonera* : sur la plage de San Telmo. Hôtel et restaurant très corrects. Abordable. Demi-pension souvent exigée en été.

Où manger ?

— *Vista Mar* : face au port. Terrasse ombragée surplombant la mer. Menu del día. Petite île en face.

ESTALLENCS

Tout d'abord, il faut répéter que la route côtière entre Andraitx et Sóller est certainement la plus belle des Baléares. Elle se faufile au milieu des oliviers et des cultures en terrasse, surplombant parfois la mer du haut des falaises. Un périple absolument merveilleux, intact, qui vous fera oublier les sites bétonnés des environs de Palma. Estallencs est un adorable petit village accroché à un flanc de colline.
Merveilleuses randonnées à pied dans les environs. L'une des plus belles consiste à emprunter la petite route qui descend à *Puerto Estellencs,* tout au bord de l'eau. Balade superbe d'environ 2 km jusqu'à cette petite crique isolée.

Où dormir ? Où manger ?

— *Hostal Maristel* : Eusebio Pascual, 5. Tél. : 61-02-82. A l'entrée ouest du village. Un 2 étoiles dont les chambres avec balcon donnent sur les collines environnantes et la mer en contrebas. Restaurant avec terrasse panoramique. Deux piscines et un tennis. Une navette remonte les clients de la plage (ça grimpe !).
— *Restaurant Montmar* : dans le village. Petite auberge de campagne proposant quelques plats de cuisine locale.

BAÑALBUFAR

Un des plus beaux villages de la côte. Les collines avoisinantes sont entièrement recouvertes de cultures en terrasse. Les ruelles étroites offrent de l'ombre aux promeneurs depuis des siècles. Plage à 3 km du bourg.

Où dormir ?

— *Hostal Restaurante Baronia* : Major, 15. Tél. : 61-01-21. Cet hôtel 1 étoile se compose en fait de plusieurs vieilles maisons accolées. Le vieux plancher et la décoration intérieure donnent au tout une atmosphère un peu surannée. Piscine avec grand et petit bains. La terrasse du restaurant, en surplomb sur la campagne, offre un panorama absolument splendide. Une pension de famille comme on les aime.

● *Plus chic*

— *Mar y Vent* : Primo de Rivera, 51. Tél. : 61-00-25. Un 3 étoiles qui en mérite 4 ! Magnifique bâtisse ancienne, restaurée avec goût. Chambres avec salle de bains, décorées de meubles anciens. Tennis, piscine. Un nid pour les amoureux.

SA GRANJA

Gigantesque ferme coincée dans une étroite vallée. Un site enchanteur. L'eau du torrent fut d'abord canalisée par les Arabes comme ils savaient si bien le faire. Au Moyen Age, les moines en firent une véritable usine avec moulin et divers ateliers. Entrée payante (assez chère).
Aujourd'hui, propriété privée, un *Musée artisanal* expose les objets utilisés autrefois pour la ferronnerie, le tissage, le pressage de l'huile d'olive. Bien entendu, tout ceci est fort touristique mais il faut l'avouer, c'est fort bien fait. Et ce n'est pas parce que Le Mont-Saint-Michel est très visité que c'est laid !
De plus, le cadre est magnifique : l'imposante bâtisse possède un joli patio avec une fontaine. Compris dans le tarif de visite, vous pourrez goûter du pâté de figues, des pets de nonnes (excellents beignets)... et toute une série de vins locaux (à volonté !).
Avant de reprendre la route, il est donc prudent d'effectuer une promenade digestive dans les jolis jardins : cascades, ruisseaux, arbres centenaires.

VALLDEMOSA

Petit village célèbre pour sa chartreuse où vécurent, en 1838, George Sand et son amoureux du moment, Chopin. D'ailleurs vous ne pourrez l'ignorer longtemps car partout des portraits et des ouvrages rappellent leur séjour. Les locaux portent aux nues ces deux personnages qui, après tout, sont à l'origine de leur chiffre d'affaires. Il suffit de relire quelques pages de « Un hiver à Majorque » pour constater que les amours et les cigares de notre célèbre Berrichonne furent bien mal appréciés à l'époque. Les temps ont bien changé et un sou est un sou !

Où dormir ?

Bizarrement, un seul hôtel dans cet endroit si touristique.
- *Ca'n Mario* : Vetam, 8. Tél. : 61-21-22. Dans le village. Petite pension de famille (8 chambres seulement), impeccablement tenue. Vieux meubles, assiettes de collection et atmosphère d'une autre époque. 1 seule étoile. Des chambres, jolie vue sur les toits du village et la campagne environnante. Bref, un tas d'éléments qui en font un endroit très couru. Pas étonnant qu'ils imposent la demi-pension !

A voir

- *La chartreuse :* la visite s'effectue de 9 h 30 à 13 h 30 et de 15 h à 18 h. Fermée le dimanche. Entrée payante. On est vite agacé par les contrôles successifs des billets. Les marchands du temple ont envahi les cellules monacales. La coupole de la chapelle fut peinte par le beau-frère de Goya. Intéressante pharmacie du XVII" s. avec une multitude de vieux pots. Ensuite on visite les chambres (séparées !) On est dans une chartreuse, pas dans un hôtel borgne) de George Sand et de Chopin. On aperçoit le piano du compositeur et quelques autres babioles oubliées en partant. Petit musée de bondieuseries.

- *Palais du roi Sancho :* à côté de la chartreuse. Même billet d'entrée. Un fouillis d'objets hétéroclites d'un peu toutes les époques ayant appartenu aux rois majorquins.

- *Dans les environs :* port de Valldemosa.
La route qui descend de *Valldemosa* jusqu'à la mer est une vraie merveille. Elle s'enlace autour des collines, longe des précipices jusqu'à une petite crique. Pas d'hôtel mais un restaurant.

SON MARROIG

A la fin du siècle dernier, les romantiques aimaient avant tout contempler la mer, perchés en haut d'une falaise. Pas étonnant que l'archiduc Luis Salvador d'Autriche soit tombé amoureux de ce site superbe. Il aménagea avec soin cette énorme maison : verreries anciennes, faïences, peintures et mobilier au goût de l'époque. Dommage que la gardienne soit si peu avenante (fermé de 14 h 30 à 16 h 30 et le dimanche après-midi). Jolie vue sur la mer en surplomb.

DEYA

Adorable petit village de montagne dont les maisons sont blotties autour de l'église. Assez fréquenté en été, comme quoi les touristes n'ont pas toujours mauvais goût. La crique de Deya que vous atteindrez par une route sinueuse est magnifique.

Où dormir ?

- *Hostal Miramar :* C'an Oliver. Tél. : 63-90-84. Cet hôtel 1 étoile est sans conteste l'une de nos adresses préférées de Majorque. Adossé à la montagne et à 300 m au-dessus du village, on y apprécie la tranquillité de la campagne. En contrebas, joli panorama sur Deya. 9 chambres seulement, assez simples. En été, demi-pension obligatoire, mais relativement abordable. Possibilité de balades à pied aux alentours.

LLUCH ALCARI

— *Hôtel Costa d'Or* : tél. : 63-90-25. Vous êtes vraiment gâté ! Encore une adresse exceptionnelle. A 8 km à l'ouest de Sóller, cet hôtel complètement isolé dans les pins et les palmiers est en fait un ensemble de petites maisons du cru, aménagées avec goût. Pratiquement toutes les chambres disposent d'une salle de bains et surplombent la mer. Piscine, tennis. Cuisine réputée. Pour le prix d'un 2 étoiles.

SÓLLER

A 34 km de Palma. Cinq liaisons en train par jour. Un tunnel autoroutier en construction actuellement reliera Sóller à Palma en 20 mn. Ville espagnole traditionnelle. Enrichie par ses orangeraies, Sóller est au milieu d'un cirque de montagnes absolument superbes. Solliar, en arabe, signifie la vallée d'or... Tout s'anime, le soir, autour de la plaza de la Constitución. Là, en dégustant une *horchata*, ne manquez pas la façade de l'église, chef-d'œuvre kitsch difficile à égaler.

Où dormir ?

— *Casa de Huéspedes Trias Vives* : Réal, 3. Une des adresses les moins chères de la ville.
— *Hotel Nadal* : Romaguera, 27. Tél. : 63-11-80. Un 2 étoiles très central. Un peu vieillot mais correct.

Randonnée pédestre

Une balade très agréable de 3 ou 4 km consiste à aller jusqu'au village de *Biniaraitx*. Le bourg typique de la Majorque d'autrefois. Une grande rue bordée de vieilles maisons impeccablement conservées. La vie quotidienne s'y déroule sur un autre rythme : en douceur. Tout en haut du village, un lavoir datant du Moyen Age.
En haut du village, prendre à gauche en direction de *Fornalutx*. La petite route se faufile entre les champs et les orangers. Arrivée au carrefour avec une plus grande route, tourner à gauche pour rejoindre Sóller.

PUERTO DE SÓLLER

Un vieux tramway tout brinquebalant assure la liaison entre Sóller et Puerto de Sóller, éloigné de 3 km. La ville s'étale le long d'une baie gigantesque. Les plages sont tellement abritées qu'elles ont la tranquillité d'un lac. Tout cela fait que Puerto de Sóller fut l'une des toutes premières stations balnéaires des Baléares, dès l'après-guerre. En été, bien sûr, beaucoup de monde mais surtout des familles. Bref, une atmosphère assez bon enfant.

Où dormir ?

— *Hotel Marina* : paseo de la Playa Den Repic. Tél. : 63-14-61. Face à la plage. Avec des bow-windows, la façade a un petit côté rétro des années 50. Hôtel rénové. Piscine. Très abordable et bien tenu.
— *Hotel Miramar* : Marina, 12. Tél. : 63-13-50. Hôtel 1 étoile au bout de la jetée, en allant vers le port militaire. Les chambres donnent pour la plupart sur la mer. Grande terrasse. Un peu vieillot.
— *Hotel Rosabel* : playa Den Repic. Tél. : 63-14-26. De grands balcons donnent directement sur l'eau. Architecture des années 50. Douches privées dans les chambres. Au rez-de-chaussée, le restaurant *El Patio* est ouvert très tard. Les serveurs se débrouillent bien en français.
— *Hostal Rosabel* : paseo La Playa. Tél. : 63-14-22 et 63-14-26. Terrasse et resto. Bon rapport qualité-prix-accueil.

• *Plus chic*

— *Hostal Es Port* : tél. : 63-16-50. Un 3 étoiles qui affiche les prix d'un 2 étoiles. Profitez-en d'autant plus qu'il est assez exceptionnel. Ancienne ferme fortifiée du XVIe siècle à quelques minutes à pied du centre ville. On a conservé la chapelle et ses jolies fresques. Dans le bar, on aperçoit encore l'énorme moulin utilisé pour presser les olives. Salon avec des portraits de famille et des meubles anciens. Chambres avec salle de bains. Grande piscine avec plongeoir.

Où manger ?

– *El Patio* : snack-bar de l'hôtel *Rosabel*. Bien.
– *Restaurante Balear* : calle Santa Catalina, sur le port. Simple. Cuisine familiale. Copieux et très abordable. Excellent poisson. Ouvert toute l'année.
– *Sa Sinia* : playa d'en Repic. Tél. : 63-38-46. Dans un cadre de verdure et au calme. Ouvert toute l'année, le week-end seulement en hiver. Délicieuse cuisine. Assez réputé. Vous pouvez aussi vous contenter d'y prendre un verre.

Randonnée pédestre

Aller au bout de la baie en direction de la base navale, puis prendre la route sur la droite qui mène à l'*Atalaya Club*. En continuant la route, on tombe sur un chemin pierreux. En 15 mn à pied, on atteint la *Torre Picada* qui surplombe la falaise.

SA CALOBRA

Une route tortueuse descend jusqu'à l'une des calanques les plus belles de Majorque. Minuscule plage de galets aux eaux limpides coincées entre deux gigantesques falaises. Les marcheurs pourront remonter le lit à sec du torrent de Pareis. Paysage superbe et calme grandiose.

Où dormir ? Où manger ?

– Un seul hôtel-restaurant : *La Calobra*. Tél. : 51-70-16. Une cinquantaine de chambres avec un balcon donnant directement sur une petite plage.

MONASTÈRE DE LLUCH

Énorme bâtisse isolée dans la montagne. A la fois touristique et décevant car, tout compte fait, sans intérêt. Routard, passe ton chemin.

CALA SAN VICENTE

Au nord-est de l'île dans un cul-de-sac. Le site comprend en fait deux criques agréables et sablonneuses. Assez construit et fréquenté en été mais encore correct. Balade à pied le long de la route goudronnée qui longe la falaise, côté est du village. Pas d'ombre.

Où dormir ?

– *Hôtel Niu* : Cala Clara Tél. : 53-01-00. Petite pension 1 étoile, moderne, toute blanche, donnant directement sur la plage. Bar et restaurant. Entourée de tamaris. En été, demi-pension obligatoire.

● *Plus chic*

– *Los Pinos* : Botana. Tél. : 53-12-10. Un adorable 2 étoiles perdu dans la pinède, comme son nom l'indique. L'hôtel, construit à 50 m de la plage sur une colline, offre une jolie vue sur la crique. Grande terrasse. Demi-pension obligatoire.

PUERTO DE ALCUDIA

Station balnéaire assez importante dont les hôtels s'étalent le long d'une vaste baie. Pas un charme fou mais de jolies plages et balades pittoresques dans la presqu'île.
Ne manquez pas la route côtière qui grimpe à l'*Ermita de la Victoria* (12 km aller-retour de Puerto Alcudia). Longe la falaise. Superbe vue avec, au loin, les montagnes de *Cabo Formentor*.

Adresses utiles

– *Office du tourisme* : sur le port d'Alcudia, au début de la route qui part vers Alcudia. Carte gratuite.
– *Location de bicyclettes* : en face de l'Office du tourisme, derrière la boucherie Vich.

Où dormir ?

– *Auberge de jeunesse* : à 5 km de la ville. Très agréable.
– *Hostal Alcanada* : à Alcanada. Sur la presqu'île à 2 km de Puerto de Alcudia. Tél. : 54-54-02. Grand immeuble moderne, entouré d'une pinède et face à la mer. Chambres avec ou sans salle de bains. Raisonnable.
– *Hostal Vista Alegre* : vía Vice almirante Moreno, 22. Tél. : 54-73-47. Face au port d'Alcudia. Immeuble moderne et laid, mais les balcons des chambres donnent sur la mer. Restaurant. Un peu plus cher que le précédent.
– *Hostal Ca'n Toni* : vía Vice almirante Moreno. Tél. : 54-50-08. A côté du précédent, face à la mer. Même genre, même prix. Restaurant au rez-de-chausée.
– *Camping sauvage* : en contrebas de l'A.J., dans une pinède. Petite crique juste en face avec un resto.

● **Plus chic**

– *Hotel Presidente* : carretera Aucanada. Tél. : 54-53-05. A l'extérieur de Puerto de Alcudia, sur la route d'*Aucanada*. Grand immeuble moderne face à une crique aux eaux limpides. Toutes les chambres disposent d'un w.-c. et d'une salle de bains. Piscines (petit et grand bains).

CALA RATJADA

Station balnéaire importante. Joli port de pêche encore actif. Très « urbanisé » mais n'a pas l'aspect du mur de béton de la région de Palma. Animé en été. Grande plage de sable.
Balade à pied jusqu'au phare de *Capdepera* (3 km aller-retour). Petite route goudronnée qui serpente dans une pinède. Tout au bout le phare, face à un panorama splendide sur d'impressionnantes falaises.

Adresses utiles

– *Office du tourisme* : plaza de los Pinos. Ils peuvent vous aider à trouver une chambre.
– *Location de vélos, motos et autos* : carretera de Cala Guya.

Où dormir ?

– *Hostal Siroco* : calle Hernán Cortes, 4. Tél. : 56-33-83. Très central et à proximité du port. Petit immeuble assez récent avec balcons. Cafétéria au rez-de-chaussée. 1 étoile.
– *Hostal Marina* : calle Leonor Servera, 60. Tél. : 56-34-91. Au bout de la ville, sur la route du phare de Capdepera. Maison simple avec resto au rez-de-chaussée. 1 étoile.

● **Plus chic**

– *Hotel Cala Gat* : carretera del Faro. Tél. : 56-31-66. Isolé dans belle pinède sur la route du phare de Capdepera. Grand bâtiment tout en longueur avec un vaste balcon pour chacune des chambres. En contrebas, une minuscule crique.

Dans les environs : las cuevas de Arta et Arta

Grottes ouvertes de 9 h à 19 h. La visite est obligatoirement accompagnée d'un guide. A 11 km au sud de Cala Ratjada. Le site est grandiose. L'entrée, un arc gigantesque, surplombe la mer du haut de la falaise.
Arta possède une belle église fortifiée à laquelle on accède grâce à une longue montée d'escaliers bordée d'arbres. Belle vue.

CALA FIGUERA

L'une des plus belles calanques de toutes les Baléares. Les habitations de pêcheurs sont alignées le long de l'étroite crique. Au niveau de la mer, les maisons disposent d'un abri pour les petites embarcations. Beaucoup d'artistes y séjournent et bien sûr, de nombreux touristes. Après tout, eux aussi peuvent avoir du goût.

Où dormir ?

— *Hostal Ventura* : Alfueras. Tél. : 65-37-06. Dans le centre. Un gros bâtiment entouré de pins maritimes. Piscine. Chambres avec balcon et douche. Bar et salon. Un 2 étoiles mais dont les prix sont proches d'un hôtel 1 étoile.
— *Hostal Villa Sirena* : Alfueras. Tél. : 65-31-41. Un hôtel 1 étoile mais dont les prix sont plus élevés que le précédent. Faut dire que, situé à l'embouchure de la calanque, sa situation est exceptionnelle. Grande bâtisse construite sur pilotis et surplombant la mer. Chambres avec balcon.

CALA LLOMBARTS

A 5,5 km au sud de *Santany,* petite station balnéaire assez isolée et relativement peu fréquentée par les touristes. Adorable calanque sablonneuse encastrée entre deux promontoires rocheux. Dans le village, un seul hôtel, ce qui est après tout un gage de tranquillité.
— *Hôtel Cala Llombarts* : hôtel 1 étoile, dans le centre du village. Immeuble moderne, avec de grands balcons. Des chambres, jolie vue sur la campagne. D'un côté de l'hôtel, le supermarché, de l'autre, le bistrot. Le bonheur !

IBIZA

L'île la plus branchée. Immortalisée par « More », le célèbre film de Barbet Schroeder, Ibiza fut pendant longtemps La Mecque des hippies en transit pour Matala ou Katmandou.
Symbole de la liberté, Ibiza est aujourd'hui le grand lieu de l'homosexualité à tel point que les boîtes hétéro sont rares.
Mais que les gens « sains », comme dit ma concierge, se rassurent : Ibiza possède une des plus grandes concentrations de (très) jolies filles. Peut-être sont-elles attirées par la mode « ablib » dont la seule règle consiste à « s'habiller comme on veut mais avec goût et originalité ». Une mode qui s'inspire des derniers courants de New York et de Paris, sans oublier de vagues réminiscences hippies.

Visite de l'île

Pas vraiment grande (43 km sur 20), bon nombre de plages sont très abîmées par le béton. D'ailleurs, nous n'étudierons pas des villes comme San Antonio Abad ou Cala Llonga que nous conseillons d'éviter. La folie immobilière de Majorque a depuis longtemps gangréné Ibiza. D'ailleurs, certains touristes en repartent déçus.
Pour vous, chers lecteurs, voici le secret : il existe encore des criques pratiquement intactes situées au nord de l'île, entre *Cala San Vicente* et *Playa Es Canar*. Là, se trouvent quelques pensions très abordables en bord de mer, le nudisme sans concession... Le bonheur.

IBIZA (la ville)

Adresses utiles

— *Office du tourisme* : paseo Vara de Rey, 13. Tél. : 30-19-00. Ouvert du lundi au vendredi de 8 h à 14 h 30 et de 17 h à 19 h. Antenne à l'aéroport. Demander la carte de l'île et un plan de la ville (gratuits). Les campings y sont indiqués.

— *Ibéria* : avenida Ignacio Wallis (près du paseo Vara de Rey).Tél. : 30-09-54 et 30-13-68.
— *Vice-consulat de France* : agence consulaire de France, paseo Vara de Rey, 18 (1er étage à gauche). Tél. : 31-43-11.
— *Terminal de bus* : avenida Isidoro Macabich. A proximité, un bus fait la navette pour l'aéroport (au n° 28).
— *Ferries : Trasmediterranea*, avenida Barrolomé Vincente Ramon, 12. Tél. : 30-16-50.
— *Location de voitures et de scooters* : casa *Valentin*, avenida Ramon, 22. Tél. : 31-08-22. Bien moins cher qu'à l'aéroport. Aussi, mini-mokes décapotables.
— *Poste* : avenida España, près du paseo Vara de Rey. Ouverte du lundi au vendredi de 9 h à 14 h et le samedi de 9 h à 13 h. *Correos* : avenida de Madrid. Tél. : 30-02-17. Pour le courrier et les envois de colis.
— *Téléphone international* : playa Figueretas. Ouvert de 10 h 15 à 13 h 30 et de 17 h 15 à 21 h. Également av. Bartolomé Vincente Ramon. De 10 h à 13 h et de 17 h à 20 h.
Pour les vrais routards, il existe une consigne à la gare maritime.

Où dormir ?

Difficile de se loger en été. Si vous êtes bloqué, allez voir l'Office du tourisme, qui pourra peut-être vous dépanner.

● **Assez bon marché**

— *Hostal Marina* : Olozaga, 7. Tél. : 31-01-72. Bâtiment assez ancien, longeant le port. Des chambres, vue sur les bateaux et la mer. Merveilleusement situé, donc très convoité. Bon restaurant au rez-de-chaussée.
— *Hostal Comercio* : Ologoza, 11. A côté du précédent. Même genre mais seulement 5 chambres.
— *Hostal España* : av. Bartolomé Vincente Ramon, 1. Tél. : 31-13-17. Entrée mal indiquée. Bâtiment vieillot avec de hauts plafonds et une atmosphère d'une autre époque. Chambres avec lavabo, certaines avec un balcon donnant sur le port (la n° 104 a une vue superbe).
— *Sol y Brisa* : av. Bartolomé Vincente Ramon, 15. Tél. : 31-08-18. A 2 mn du port. La casa de huéspedes traditionnelle avec des chambres à la fois blanches et nettes.
— *Las Nieves* : Juan de Austria, 18. Rue parallèle à la précédente. Tél. : 31-58-22. Immeuble récent et sans charme. Propre, sans plus.
— *Juanito* : Juan de Austria, 17. En face du précédent. Même genre, même prix.
— *Casa de Huéspedes Lidia* : calle Medico Vicente Riera, 10. Dans un minuscule passage donnant sur la calle Aragón. Légèrement excentrée donc pas trop connue. Petit immeuble tout blanc donnant sur une rue piétonne. Assez bien tenu.

● ***Plus chic***

— *Hôtel Maritimo* : Ramón Muntaner, 48. Tél. : 30-27-12. On aime bien cet hôtel moderne de 5 étages car il donne directement sur une plage privée et il est situé à 10 mn à pied du centre ville. Toutes les chambres disposent d'une salle de bains et du téléphone. Prix d'un 2 étoiles. Accueil désagréable, c'est dommage.
— *Hostal el Puerto* : calle Carlos III, 22. Tél. : 31-38-27. Dans le centre. Piscine. Fréquenté par les jeunes. Chaque chambre a sa salle de bains. Ils louent aussi des appartements.

● ***Vraiment plus chic***

— *El Corsario* : Poniente, 5. Tél. : 30-12-48. L'hôtel le plus célèbre d'Ibiza depuis qu'on y a tourné « More ». Faut dire que Barbet Schroeder a su choisir : situé tout en haut de la vieille ville, c'est l'une des plus anciennes maisons d'Ibiza. Intérieur magnifiquement restauré avec des petits patios, des escaliers qui accèdent on ne sait où. Des chambres, vue magnifique sur toute la ville et le port. Un 2 étoiles qui affiche les prix d'un 3 étoiles (ça les vaut d'ailleurs). Restaurant (cher !) avec terrasse ouverte.
— *Hôtel Nautico Ebeso* : calle Ramon Muntaner, 44. Tél. : 30-23-00. Hôtel moderne de 4 étages donnant sur la plage de Figueretas. A 10 mn à pied du centre ville. Téléphone et salle de bains dans les chambres. Bar, jardin, solarium et jolie piscine.

IBIZA / 269

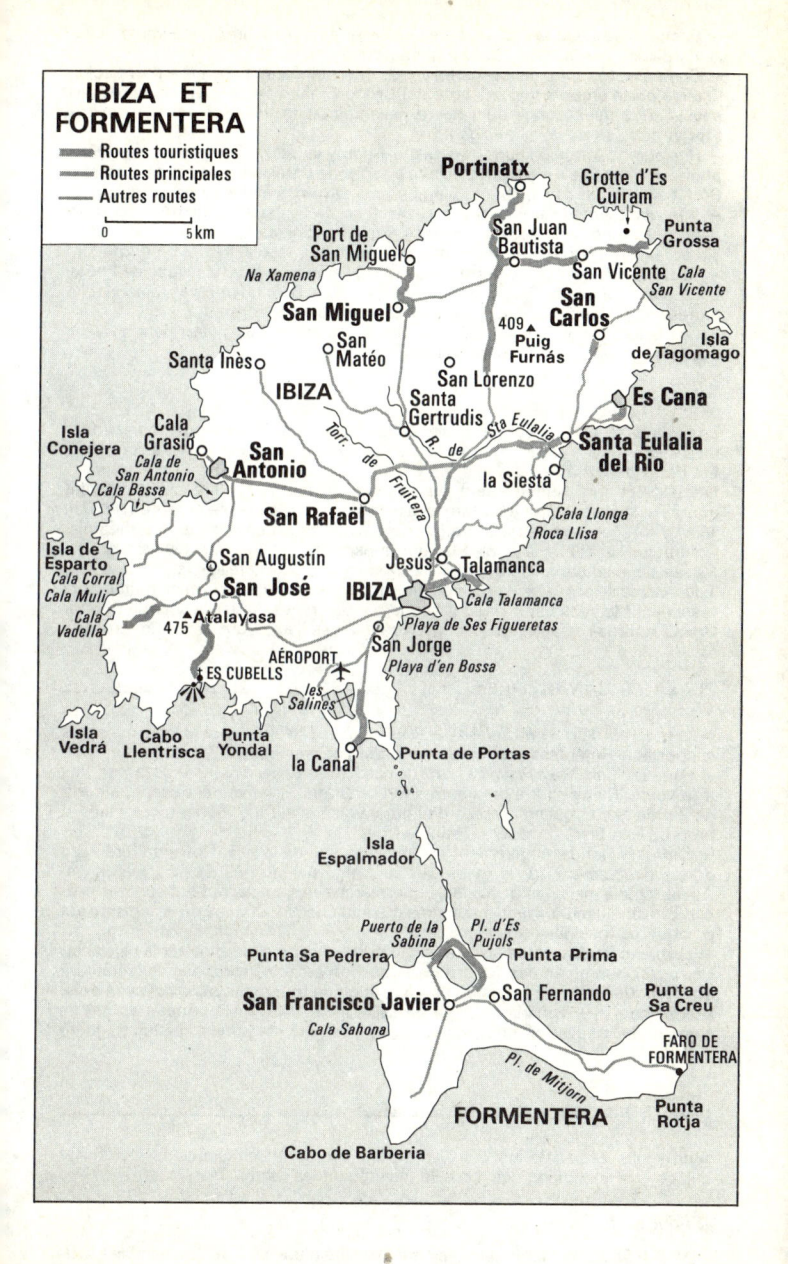

IBIZA ET FORMENTERA

- Routes touristiques
- Routes principales
- Autres routes

0 — 5 km

Portinatx
Grotte d'Es Cuiram
Port de San Miguel
San Juan Bautista
Punta Grossa
Na Xamena
San Vicente
Cala San Vicente
San Miguel
San Matéo
409 ▲ Puig Furnás
San Carlos
Isla de Tagomago
Santa Inès
San Lorenzo
IBIZA
Santa Gertrudis
Sta Eulalia
Es Cana
R. de
Isla Conejera
Cala Grasio
Cala de San Antonio
Cala Bassa
San Antonio
Torr. de Frutera
la Siesta
Santa Eulalia del Rio
San Rafaël
Cala Llonga
Roca Llisa
Isla de Esparto
Cala Corral
Cala Muli
San Augustín
San José
Jesús
Talamanca
Cala Vadella
IBIZA
Cala Talamanca
475 ▲ Atalayasa
Playa de Ses Figueretas
AÉROPORT
San Jorge
ES CUBELLS
Playa d'en Bossa
les Salines
Isla Vedrá
Cabo Llentrisca
Punta Yondal
la Canal
Punta de Portas

Isla Espalmador
Puerto de la Sabina
Pl. d'Es Pujols
Punta Sa Pedrera
Punta Prima
San Francisco Javier
San Fernando
Punta de Sa Creu
Cala Sahona
FARO DE FORMENTERA
Pl. de Mitjorn
FORMENTERA
Punta Rotja
Cabo de Barberia

Où manger ?

- *Restaurante Victoria* : calle Rimbau, sur le port. Un des rares restaurants populaires d'Ibiza. Profitez-en. Cuisine honnête.
- *Can Micalitos* (pas de pancarte) : calle Manuel Sora. Tout près du marché. Grande porte en bois verte, à côté del Banco Credito Balear. Attention, ouvert seulement à midi. Connu pour ses excellentes tapas, notamment de poissons frits et de foies de volaille *(higaditos)*.
- *Restaurant Antonio* : carrer del Bisbe Abab y la Sierra, 21 (pas loin des téléphones). Dans une rue perpendiculaire à carrer de Cataluna et carrer del Castella. Bon menu del día, avec pain et vin compris. Ouvert à midi et à partir de 20 h.
- *Bar-restaurant Bahia* : sur le quai, en face de la estación maritima. Tables dehors. Cuisine sans aucune prétention mais parmi les plus abordables, vu la situation. Un des rares restos proposant un menu del día.
- *Resto sans nom* : porte située sous la cinquième arcade au-dessous de l'*hôtel d'Espagne*, bd Ramon Tur. Ouvert le soir dès 21 h. Pour un prix très raisonnable, entrée, plat, légumes, dessert et vin. Copieux, bon et propre.
- *Le mercado* : pour les fauchés. De plus, c'est un véritable plaisir pour les yeux avec ses grosses colonnes et ses étals.

A voir

En fait, pas de monument particulier. Quand on arrive de l'aéroport, on est déçu en pénétrant dans cette ville aux immeubles modernes. Autre inconvénient, Ibiza est bondée en été.
Les lève-tôt sont sérieusement avantagés. Eux, tout particulièrement, peuvent apprécier le charme d'une balade dans les ruelles tortueuses de la haute ville *(Dalt Villa)*. Protégée par une enceinte fortifiée, la colline est coiffée par la cathédrale. Construite au XIIIe s. à la place d'une mosquée, son intérieur est très sobre. Musée de la cathédrale à proximité exposant des objets religieux.
Tout en bas, le port aux venelles étroites bourrées de bars gays et de restaurants branchés. Mais rassurez-vous, la mode n'a pas réussi à tuer le charme d'Ibiza. Ursula Andress et Julio Iglesias, habitués de ces lieux, vous le confirmeront.

PLAYA ES CANAR (ou Es Cana)

A 4 km au nord de *Santa Eulalia del Río*. Station balnéaire assez animée mais très supportable. Intéressant pour les routards, car 3 campings :
- *Camping Cala Nova Playa* : à la sortie nord de Es Canar et à 50 m de la mer. Pas trop vaste. Restaurant à proximité. Bien ombragé. Relativement calme, à partir de 2 h du matin, quand la disco de l'hôtel voisin s'est tue. Refait récemment et propre. Très bien, en résumé, sauf le bruit.
- *Camping Florida* : légèrement excentré, au sud de la ville. Notre préféré car il donne directement sur la mer. Très ombragé par de grands pins maritimes. Assez simple mais pas trop cher. Supermarché. Assez dégradé et pas très propre. Bruyant jusqu'à 4 h du matin près du petit chemin. Criques où le nudisme est pratiqué par quelques-uns.
- *Camping Es Canar* : le plus vaste et le mieux équipé, mais bien sûr le plus cher. Deux piscines agréables (dont l'une pour les enfants) avec bar et restaurant attenant. Cuisine pour les campeurs. Location de tout petits bungalows en bois, assez chère. Supermarché. Plage de sable, à 200 m, mais bondée en été (le camping se trouve, en effet, dans la zone des grands hôtels). Le lundi, grand barbecue.

CALA BOIX

A proximité de San Carlos, une petite crique avec une petite pension. Dommage que ce soit un parking qui accueille maintenant les randonneurs.

Où dormir ?

- *Hostal Cala Boix* : bâtiment tout neuf, entouré d'une pinède. 11 chambres avec douche. Terrasse ombragée. Assez isolé. En contrebas, une petite calanque. Relativement bon marché.

POU DES LLEO

A quelques kilomètres au nord de Cala Boix. Une nouvelle route, qui a remplacé hélas le chemin de terre, longe la côte.

Où dormir ? Où manger ?

– *Pension Pou des Lleo* : assez moderne. Chambres avec salle de bains et terrasse. Restaurant, à 3 mn à pied de la mer. Plutôt bon marché.
– *Restaurant El Salvado* : seul restaurant tout au bord de l'eau. Bonne cuisine locale notamment paella et poissons grillés.

PLAYA ES FIGUERRAL

Ceux qui refusent l'isolement seront satisfaits. Sans que l'endroit soit bondé, plusieurs hôtels bordent cette plage. Du monde mais avec mesure.

Où dormir ? Où manger ?

– *Fonda Las Golondrinas* : à l'entrée du village. Certainement l'hôtel le moins cher du coin. Pas de salle de bains mais lavabo dans les chambres. Vue sur la mer de la grande terrasse ombragée par une lourde treille. Restaurant. Une excellente adresse.
– *Hostal Es Alocs* : un hôtel 1 étoile magnifiquement situé car il est construit directement sur la plage de sable. Chambres avec salle de bains. On mange dehors abrité par des oliviers. Restaurant. Un peu plus cher que le précédent mais encore assez abordable.

AGUAS BLANCAS

Peut-être notre crique préférée à Ibiza. Minuscule et isolée. Près de la mer, un petit bistrot avec musique. Nudisme. Le bonheur.

Où dormir ? Où manger ?

– *Pension Sa Plana* : adorable maison à 100 m de cette crique. Panorama sur la mer. Salle à manger typique. Grande terrasse ombragée avec un bar. Petit resto. Assez bon marché.

CALA PORTINATX

A 28 km d'Ibiza. L'endroit le plus septentrional de l'île. Station balnéaire assez fréquentée mais encore supportable. Jolies plages. Le village en lui-même est moderne et ne présente guère d'intérêt particulier. Bus pour *Ibiza* et *Santa Eulalia*, toutes les 2 heures.

Où dormir ?

● *Très bon marché*

– *Camping Payes* : pas très ombragé mais des abris en bambou au-dessus des tentes. Fort bien situé à proximité de très belles criques. Supermarché (en fait, une épicerie !), mini-golf, location de vespas et de voitures. Restaurant.

● *Plus chic*

– *Club Portinatx* : tél. : 33-30-83. Un club de vacances donnant sur une jolie crique privée. Des bungalows minuscules mais à l'architecture très correcte. Douche privée. Demi-pension obligatoire. Tennis, grande piscine et planche à voile. Plein de jeunes Anglais.
– *Pension Ca's Mallorqui* : tél. : 33-30-67. Un hôtel magnifiquement situé, les pieds dans une crique superbe, protégée par une île. Tenu par un couple de Français tombés amoureux du coin. Toutes les chambres disposent d'une salle de bains privée et d'une terrasse surplombant la crique. Évitez le resto, pas terrible.

– *Hotel Cigüena Playa* : tél. : 33-30-44. Un hôtel moderne, genre cube de béton, mais un des moins chers dans sa catégorie. Grande piscine avec vue sur la plage en contrebas. Pension ou demi-pension obligatoire en été. Grosse clientèle d'agences de voyages anglaises.

SAN MIGUEL

Petit village construit au sommet d'une colline. Superbe église fortifiée pour se protéger des pilleurs et des corsaires. On y accède par une cour à arcades où, généralement, le jeudi à 18 h (à vérifier) ont lieu des danses folkloriques.
Tout à côté de l'église, un bistrot bien agréable pour se reposer de la canicule.

CALA BASSA

A quelques kilomètres au sud-ouest de *San Antonio Abad*. Camping assez rudimentaire, peu ombragé et éloigné de la plage. Jolie crique mais surpeuplée.

CALA D'HORR

A la pointe sud-est d'Ibiza. Grande plage de sable assez isolée.

Où dormir ? Où manger ?

Un seul hôtel :
– *Habitaciones El Carmen* : tél. : 34-18-23. Construction dont les gros piliers rappellent l'architecture traditionnelle de l'île. Chambres avec de grandes terrasses donnant directement sur la mer et sur un rocher superbe. Restaurant.

ES CUBELLS

Au sud-est de l'île. Les architectes ont tellement abîmé les Baléares qu'il est réconfortant d'admirer des *urbanizaciones* récentes et correctes. Il suffit que les propriétaires aient un peu de bon goût et beaucoup d'argent. C'est le cas des *lotissements d'Es Cubells* dominant une côte sauvage et déserte.

FORMENTERA

La plus petite île de l'archipel des Baléares, la plus sauvage et la plus pauvre, mais aussi la plus traditionnelle... Longue de 18 km, elle a une population d'un peu plus de 5 000 habitants. Très peu urbanisée, elle est le dernier refuge des peintres et de leurs amis (Erro, Gassiot-Talabot...). Formentera est incontestablement l'île la moins polluée et celle où l'on trouve encore des plages quasi désertes et des pensions isolées en bord de mer. C'est bien sûr notre île préférée.
On remarque d'ailleurs que le tourisme n'a pas encore déséquilibré l'économie locale : certains champs sont toujours cultivés, ce qui est rarement le cas à Ibiza. C'est aussi le seul endroit des Baléares où les vieilles paysannes portent encore le costume noir traditionnel. Dépêchez-vous d'y aller car le prix des terrains est devenu un des plus élevés d'Espagne, en 3 ou 4 ans. Les paysans s'improvisent maçons, mais jusqu'ici le s'agit plus de retaper de vieilles maisons avec four à pain et cuisine crépie, que de construire des immeubles... Pourvu que ça dure.

Comment y aller ?

La seule possibilité consiste à prendre un bateau du port d'Ibiza. Neuf liaisons par jour, dans chaque sens (de 9 h à 20 h). Compter environ 1 h de traversée.

LA SABINA

Port d'arrivée des bateaux venant d'Ibiza. Sans aucun intérêt. Location de vélos, motos ou vespas, tout près de l'embarcadère.

Où dormir ?

Uniquement si vous êtes bloqué car il existe des endroits bien plus agréables à Formentera.
– *Hostal-Bar La Sabina* : tél. : 32-02-79. Pension la mieux située car les chambres donnent directement sur l'eau. Simple.
– *Bellavista* : un peu plus cher que le précédent. Vue sur les bateaux ancrés au port.

PLAYA DE LEVANTE

La plage la plus proche du port de La Sabina. Assez agréable mais les hôtels sont souvent entièrement réservés par les agences de voyages.

Où dormir ? Où manger ?

– *Hostal Calma* : du genre cube tout blanc avec des fenêtres grandes comme des meurtrières. Assez simple mais le moins cher.
– *Hostal La Roqueta* : tout au bord de la plage. Terrasse individuelle. Bon restaurant.

SAN FRANCISCO JAVIER

A 3 km du port de La Sabina. Seule agglomération un peu sérieuse de l'île. En fait, un gros bourg d'à peine 1 000 habitants.
Superbe église fortifiée. De l'intérieur, on n'aperçoit pour toute ouverture que deux minuscules lucarnes. A droite de l'entrée principale, un escalier permet d'accéder à une mezzanine. En effet, autrefois, lors des offices, les femmes ne se mélangeaient pas aux hommes. Non mais !
Sur la place de l'église, deux bars dont les terrasses sont toujours bondées à l'heure de l'apéritif.

PLAYA ES PUJOLS

A 2 km à l'est de *San Fernando*. L'endroit le plus fréquenté... et le plus bétonné. La plage est belle mais bondée en été. On peut y passer, mieux vaut ne pas y séjourner.

Où dormir ?

– *Hostal Pinatar* : dans le centre ville. Bâtiment assez récent avec des arcades au rez-de-chaussée. Chambres du premier étage avec terrasse et salle de bains privée. Gril. Prix d'un 1 étoile.
– *Hostal Voramar* : dans la ville, San Fernando, mais assez proche de la plage. Tél. : 32-01-21. Moins bien que le précédent mais un peu moins cher.

PLAYA ES CALÓ

A une douzaine de kilomètres du port de La Sabina, en allant tout au bout de l'île. Sans conteste, notre endroit préféré. En effet, le village est minuscule. Pas de lotissements ni de grands hôtels mais plusieurs pensions abordables. Sur place, épicerie et location de vespas.

Où dormir ?

● **Très bon marché**

– *Ca Mestre* (pas de nom indiqué) : derrière une boutique de souvenirs à côté de l'*hostal Rafalet*. Le moins cher mais chambres minuscules avec lavabo. Pas de vue sur la mer bien qu'elle ne se trouve qu'à 20 m !

• Assez bon marché

– *Hostal Rafalet* : tout blanc et propre. Magnifiquement situé avec sa terrasse de café donnant directement sur un port naturel, un des plus petits que l'on connaisse. Chambres avec salles de bains. A 10 m de la mer. Restaurant.
– *Fonda Miramar* : un peu plus éloigné de la mer et au bord de la route. Tenu par une vieille dame très gentille qui tricote de beaux pulls. Douches communes.
– *Hostal Pascual* : 5 ou 6 chambres seulement. Une seule salle de bains. Vue sur la mer. Restaurant avec grande terrasse ombragée.

• Plus chic

– *Hostal Entrepinos* : à 400 m de la mer. Tél. : 32-00-23. 40 chambres avec salles de bains privées ou douches. Petites terrasses individuelles. Piscine abritée. 1 étoile.

PLAYA MITJORN

A proximité de la playa Es Caló mais sur la côte Ouest. Très longue plage de sable, donc bien plus fréquentée en été. Très peu d'hôtels.

Où dormir ? Où manger ?

– *Costa Azul* : Tél. : 32-00-24. 13 chambres seulement, souvent prises. La terrasse du restaurant, assez bon d'ailleurs, donne sur la plage. Nudisme toléré. Relativement abordable mais l'annexe, à 50 m, est moins chère.

PLAYA EL ARENAL

Dans le prolongement de la playa de Mitjorn. Longue plage de sable superbe. Mer peu profonde et très bleue.

Où dormir ? Où manger ?

– *Hostal Maysi* : immeuble moderne de deux étages. Architecture sans charme mais chambres avec terrasse individuelle donnant sur la mer et salle de bains privée. Restaurant. Prix d'un hôtel 1 étoile.
– *Hostal Santi* : même genre que le précédent mais les chambres sont, en été, pratiquement toutes réservées par des agences.

PHARE DE LA MOLA

A la pointe extrême sud de l'île. Du port de La Sabina, un bus par jour. Le phare est privé et donc ne se visite pas. Un bistrot, une boutique de souvenirs et un monument élevé en l'honneur de Jules Verne. En effet, c'est d'ici qu'il imagina le départ du « Voyage à travers le monde solaire ». Rien d'autre à voir. Par contre, le site, avec ses falaises abruptes, est fabuleux.

CALA SAHONA

Petite crique isolée au sud-ouest de l'île. De San Francisco Javier prendre la route, plein sud, du cabo Berberia, puis tourner à droite.

Où dormir ?

– *Hostal Cala Sahona* : Tél. : 32-00-30. Un bâtiment moderne, tout blanc de quatre étages (69 chambres). Ses chambres disposent de salle de bains et terrasse donnant sur la mer. Jolie piscine. En été, bourré d'Anglais (et d'Anglaises). En face, une crique de sable, superbe avec une petite guinguette pour étancher sa soif.

MINORQUE

La deuxième île des Baléares par ses dimensions (50 km de long sur 34 km dans sa plus grande largeur). Et pourtant l'une des moins fréquentées. Tant mieux car certains endroits sont encore absolument intacts. Aucun hôtel n'a été construit durant ces dix dernières années. L'île est la seule des Baléares à ne pas être dépendante du tourisme, grâce à de nombreuses industries, dont principalement celle de la chaussure. Les touristes sont pour la plupart de vieux Britanniques à la retraite qui ont acheté une maison dans une *urbanisación*.
Autre chance, les sites les plus jolis sont situés à proximité de Mahón, la capitale. En fait, ils se trouvent sur la côte sud de Mahón jusqu'à Cala en Porter, au sud-ouest.

Comment y aller ?

— *Bateau de Barcelone* : 5 liaisons par semaine, en été, assurées par la compagnie *Trasmediterranea*.
— *Bateau de Valence et Palma de Majorque* : 1 liaison par semaine.
— *Avion de Barcelone* : 2 à 3 vols par jour.
— *Avion de Palma de Majorque* : 2 à 3 vols par jour.

MAHÓN (ou Máo)

Adresses utiles

— *Office du tourisme* : plaza de la Parroquía, en face de l'Ayuntamiento. Ouvert de 9 h à 13 h et de 17 h à 19 h, sauf dimanche.
— *Consulat de France* : calle Deya.
— *Poste* : calle Bueno Aire. Ouverte du lundi au vendredi de 9 h à 19 h.
— *Terminal de bus* : en fait deux terminaux, situés l'un à côté de l'autre. L'un sur la plaza Explanada, l'autre calle José Maria Quadrado.
— *Location de vélos, mobylettes et scooters* :
- *Gelabert* : avenida J.A. Clavé, 12, à côté de la plaza Explanada. Ouvert de 9 h 30 à 13 h et de 16 h 30 à 19 h. Fermé samedi après-midi et dimanche.
- *Alquiler Autos-Motos* : en face du débarcadère du ferry (estación maritima). Fermé samedi après-midi et dimanche.

Où dormir ?

Pas très facile de se loger en été car tout compte fait, les pensions et hôtels sont peu nombreux. Si vous êtes en panne, allez dans les pensions de *Villacarlos* (voir plus loin) ou faites du camping sauvage sur la plage de *Cala Mezquida*.

● *Très bon marché*

— *Pension sans nom* : calle Deya, 25. Tél. : 36-18-11. En plein centre, à la fois vieillot et charmant. Atmosphère qui rappelle un peu certains *Bed and Breakfast* anglais. D'ailleurs les fenêtres sont à guillotine.
— *Pension sans nom* : carrer del Rosari, 27. Entre l'Arco San Roque et l'Ayuntamiento. Pension de famille simple et bon enfant.
— *Hostal Orsi* : carrer Infanta, 19. Tél : 36-47-51. Proche du marché. Assez peu de chambres mais restauré.

● *Assez bon marché*

— *Rocamar* : Fonduco, 32. Tél. : 36-56-01. Un hôtel 1 étoile admirablement situé au bord de l'eau. Des chambres, vue superbe sur la crique et les îles. Pour y aller, prendre la route qui longe le quai du port et continuer en direction de la mer. Autre avantage de cet hôtel, la rue étant sans issue, très peu de voitures y passent. Restaurant au rez-de-chaussée.
— *Jume* : carrer Concepcíon, 6. Tél. : 36-32-66. Près du marché. Un grand bâtiment entièrement ravalé, tout blanc et très bien tenu. Moins cher que le précédent mais moins bien situé.
— *La Isla* : calle Catalina, 4. Tél. : 36-64-92. Confortable et propre pour cet hôtel 1 étoile. On mange bien et pas cher au resto de l'hôtel.

MINORQUE
- Routes touristiques
- Routes principales
- Autres routes

0   5 km

● *Plus chic*

– Voir plus loin le chapitre sur « Villacarlos ».

Où camper dans Minorque ?

– Au *Camping Son Bou Playa* : Apdo. 30 Alaior. Tél. : (971) 37-16-42. A 7 km du village d'Alaior, sur la route de San Jaime. Pour les personnes non motorisées une ligne de bus (TMSA) relie Mahón à San Jaime tous les jours. Départ à proximité de l'Office du tourisme de Mahón. Le camping est à 3 km du terminus. Piscine, supermarché, bar-restaurant, eau chaude, location de tentes, voitures, vélos et motos. Jeux pour enfants. « Installations sportives ».

Où manger ?

Pour la petite histoire, n'oubliez pas que la mayonnaise fut inventée à Mahón (qu'on appelle ici Mahonesa).
Pas de tavernes typiques ni d'endroits exceptionnels. Voici seulement quelques idées.
– *Café del Mercado* : à l'intérieur du mercado. Attention, ouvert seulement à midi. En fait, on sert essentiellement des tapas (excellentes !) dans une ambiance très populaire. Allez jeter un coup d'œil à la fenêtre : vue superbe sur le port.
– *Su Placeta* : plaza Bastio, près de l'arco San Roque. Cuisine sans intérêt particulier mais on mange sur une charmante place, sous les parasols.
– *Restaurant* sans nom : carrer del Rosario, 27. Au rez-de-chaussée d'une pension de famille. Un menu sans prétention, une cuisine sans invention, mais correcte et saine. Ils le savent puisqu'ils rappellent sur la carte qu'il existe un livre de réclamations !

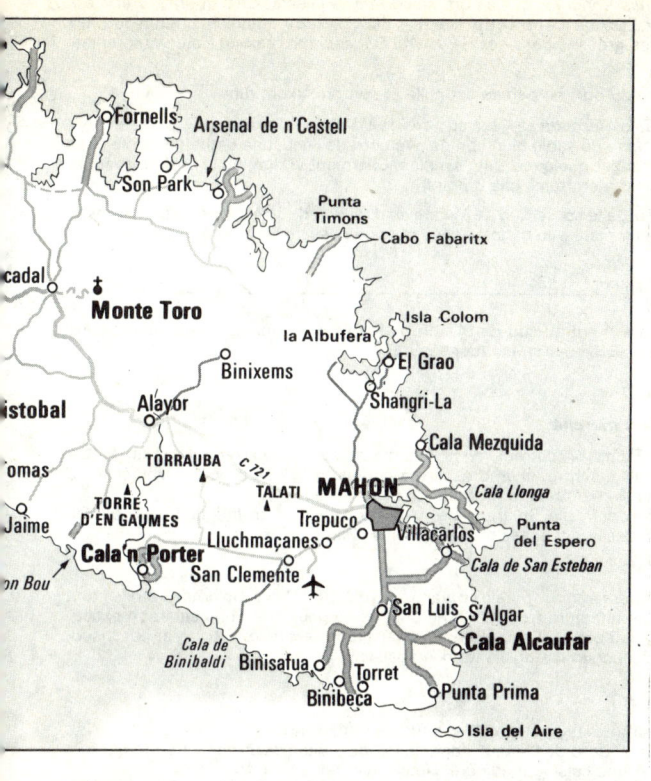

— *American Bar* : plaza Reial. Dans le centre, une cafétéria donnant sur une rue piétonne. Grande terrasse avec parasols. Idéal pour prendre un petit déjeuner.
— *El Greco* : calle Doctor Orfila. Tenu par un Français. Paëlla super et pas chère.
— *Le Ido Si* : sur le port. Sympa et pas cher.
— Voir plus loin à « Villacarlos ».

● **Plus chic**

— *Pilar restaurant* : carrer Forn, 61. A proximité de la plaza de Explanada. Une minuscule plaque de cuivre indique l'entrée de ce restaurant établi dans une maison particulière. Tenu par deux jeunes femmes charmantes, c'est l'une des tables les plus appréciées de la ville. Conseillé de réserver surtout si vous souhaitez manger dans le jardin intérieur. Excellentes spécialités locales.

A voir

Une ville espagnole sans attrait vraiment particulier. En fait, seul son site surplombant un superbe estuaire vaut le coup d'œil. Quelques empreintes de la colonisation britannique sont encore visibles comme les fenêtres à guillotine. Sinon, deux ou trois choses à voir, histoire de faire un paragraphe.
— *Le Mercado* : il s'agit en fait d'un ancien cloître. Les cellules ont été transformées en boutiques. Dieu n'y trouve pas son compte mais la rentabilité en est nettement améliorée. On s'attend presque à voir Jésus chassant les marchands du Temple. En attendant, les colonnades ajoutent de la classe à ce joli marché. Ne manquez pas les boucheries devant lesquelles sont accrochées les photos des bœufs primés. On peut déguster quelques tapas au *Café del Mercado* (voir « Où manger ? »). Attention, le marché ferme à 13 h.

— *Distillerias Xoriguer* : sur le port, en sortant de la estacıón maritima, prendre à droite sur 200 m. Dans cette fabrique de gin, autre souvenir britannique, on aperçoit les grosses bassines de cuivre. Dégustation gratuite pour vous remettre.

— La visite du port en bateau est nulle et son prix exorbitant.

— *Plage Cala Mezquita* : à 4 km au nord de Mahón. Y aller à bicyclette ou en taxi. Superbe plage de sable bien abritée. Au bord de l'eau, une petite échoppe pour boire et manger quelques plats simples. Charmant village, un kilomètre avant la plage (bar et resto mais pas d'hôtel).

— *Disco Lui* : à la sortie Sud de Mahón en direction de *Villacarlos*. Creusé dans le rocher, deux pistes de danse reliées par une passerelle et entourées d'eau.

VILLACARLOS

Petite ville à 4 km au sud de Mahón. A la fois plus typique avec ses maisons blanches mais bien sûr plus touristique.

Où dormir ?

● **Très bon marché**

— *Fonda El Castell* : carrer Gran, à l'intersection avec la carrer del Castell de San Felip. En plein centre, chambres assez petites mais très propres. Une salle de bains pour 4 chambres. Petit resto au rez-de-chaussée.
— *Hostal Toni* : calle Stuart, à 30 m du précédent. Lits fatigués et le bar du rez-de-chaussée est assez bruyant. Moins cher.

● **Plus chic**

— *Hôtel Agamemnon* : paraje Fontanillas. Tél. : 36-21-50. Un hôtel 3 étoiles tout blanc à l'architecture trop moderne pour notre goût. Mais une situation exceptionnelle, au bord de l'eau et surplombant tout l'estuaire. Piscine et bar-discothèque. Beaucoup d'Anglais (et d'Anglaises).

Où manger ?

Les restaurants les plus agréables sont situés dans le cadre enchanteur de la *Cala Font*, tout au bord de l'eau. Il s'agit en fait de véritables usines à bouffe qui font payer cher une cuisine médiocre. Deux exceptions toutefois :
— *Club Nautico* : assez peu connu des touristes car il est situé au-dessus de la Cala Font. L'endroit étant peu visible, il n'est fréquenté que par les habitués. On mange dehors sur une terrasse surplombant le port. Notre meilleure adresse.
— *Pizzeria* : l'un des restaurants situés sur la Cala Font. Tables au bord de l'eau. A la fois bondé et touristique mais on peut s'en tirer à un prix raisonnable.

CALA SAN ESTEBAN

A 3 km au sud de Villacarlos. On peut y aller à pied en longeant les champs protégés par des petits murets de pierre. A notre avis, l'une des plus belles calanques de Minorque : les maisons de pêcheurs bordent l'eau. Les bateaux sont mis à quai grâce à de petites rampes. Pour trouver cette merveille, les panneaux indicateurs sont rares. Sur place, aucun hôtel.

CALA D'ALCAUFAR

Encore une jolie calanque avec des maisons de pêcheurs traditionnelles. Tout au bout une jolie plage de sable bordée par un seul hôtel : le *Xuroy*.

Où dormir ?

— *Xuroy hotel* : cala d'Alcaufar. Tél. : 36-18-20. Un hôtel 2 étoiles complètement investi par les Anglais. La terrasse du restaurant, ombragée par des pins, donne directement sur la plage. En été, prudent de réserver. Village de pêcheurs tout à côté. Superbe.

Où manger ?

– *Snack bar Piccolo Mundo* : à la sortie du village, en allant vers la falaise. Tables dehors protégées par une pinède. Calamars, sardines et omelettes espagnoles.
Des bateaux proposent des balades à l'*île del Aire*, à 2 km en mer.

CALA DE BINIBECA

Calanque minuscule bordée par une *urbanizacion* la mieux réussie de Minorque. Construite il y a une vingtaine d'années, on a reproduit un village de pêcheurs absolument typique (certains disent : trop bien pour être honnête). En tout cas avec ses petites maisons enchevêtrées, toutes blanches, l'effet est saisissant.

CALA EN PORTER

Village assez touristique en été, bâti autour d'une calanque sablonneuse.

Où dormir ?

– *Hôtel Acantillat* : hôtel 1 étoile construit sur une falaise surplomblant la calanque. Les chambres dominent la mer à 30 m en contrebas. Restaurant réputé. Conseillé de réserver en été.
– *Castillo Sancho Panza* : à l'entrée de la ville. Comme son nom l'indique, cet hôtel 1 étoile ressemble à un château avec donjons et créneaux. Ringard à souhait, digne du facteur Cheval. Piscine. Restaurant connu pour ses T-bone steaks. Supermarché en face.

Bouâte

– *Cova d'en Xorai* : la discothèque la plus célèbre de Minorque. Elle est installée dans plusieurs grottes en enfilade, surplombant la mer d'une quarantaine de mètres. Assez étonnant même si l'humidité donne une vague odeur de moisi aux banquettes. Bistrot dans la journée. De toute façon, entrée payante.

CIUDADELLA

Ancienne capitale, c'est aujourd'hui la deuxième ville de l'île. Les Anglais avaient choisi Mahón pour s'établir car son port est plus abrité. Aujourd'hui c'est un endroit plutôt assoupi. Pas grand-chose à voir à l'exception de la jolie plaza de España bordée d'arcades et son port animé le soir.

Adresse utile

– *Rentas scooter* : calle Barcelona.

Où dormir ?

– *Pension Ibiza* : calle Ibiza, 4. Tél. : 34-39-05. A proximité d'une belle place plantée de pins et de palmiers. Simple et bon marché.
– *Casa Juana* : calle Ibiza, 8. A côté de la précédente. Un peu plus chère et ouverte seulement de 11 h à 14 h 30 et de 20 h à 21 h.
– *Fonda España* : carrer Calvo Sotelo. Tél. : 38-02-88. L'enseigne est à peine visible. Rustique et vieillotte comme peut l'être une maison de campagne. Choisissez de préférence une chambre donnant sur le petit jardin intérieur. Bon marché.

● *Plus chic*

– *Hostal Residencia Ciudadella* : calle San Eloy, 10. Tél. : 38-34-62. Un hôtel 2 étoiles sans charme particulier mais en plein centre.

Où manger ?

– Plusieurs restos sur le port avec les tables près de l'eau. *Su Figuera* est, avec ses pizzas, l'un des moins chers.

MONTE TORO

A proximité de *Mercadal,* le point culminant de l'île permet d'avoir une vue absolument superbe. Tout en haut, une église et un couvent. Bar-restaurant assez abordable, offrant de sa terrasse, un panorama évidemment superbe.

FORNELLS

Petite ville assez touristique bâtie au bord de la rade la plus vaste de Minorque.

Où dormir ?

− *La Palma :* plaza del Generalisimo. Très bien situé face au port. Les chambres, avec lavabo, donnent sur la campagne. Bar. Assez bon marché.

● *Plus chic*

− *S'Algaret :* plaza del Generalisimo, 7. Tél. : 37-51-74. A côté du précédent. Plus cher mais chambres bien plus confortables.

ES GRAU

Petit village au nord de Mahón, au bord d'une lagune. Pas d'hôtel donc peu de touristes. Paradis des enfants car la rade est peu profonde.
Troquet juste au bord de l'eau avec quelques tables dehors sous les tamaris.

Un calendrier est toujours utile, surtout en voyage

1989

	JANVIER		FÉVRIER		MARS		AVRIL
D	1 8 15 22 29	D	5 12 19 26	D	5 12 19 26	D	2 9 16 23 30
L	2 9 16 23 30	L	6 13 20 27	L	6 13 20 27	L	3 10 17 24
M	3 10 17 24 31	M	7 14 21 28	M	7 14 21 28	M	4 11 18 25
M	4 11 18 25	M	1 8 15 22	M	1 8 15 22 29	M	5 12 19 26
J	5 12 19 26	J	2 9 16 23	J	2 9 16 23 30	J	6 13 20 27
V	6 13 20 27	V	3 10 17 24	V	3 10 17 24 31	V	7 14 21 28
S	7 14 21 28	S	4 11 18 25	S	4 11 18 25	S	1 8 15 22 29

	MAI		JUIN		JUILLET		AOÛT
D	7 14 21 28	D	4 11 18 25	D	2 9 16 23 30	D	6 13 20 27
L	1 8 15 22 29	L	5 12 19 26	L	3 10 17 24 31	L	7 14 21 28
M	2 9 16 23 30	M	6 13 20 27	M	4 11 18 25	M	1 8 15 22 29
M	3 10 17 24 31	M	7 14 21 28	M	5 12 19 26	M	2 9 16 23 30
J	4 11 18 25	J	1 8 15 22 29	J	6 13 20 27	J	3 10 17 24 31
V	5 12 19 26	V	2 9 16 23 30	V	7 14 21 28	V	4 11 18 25
S	6 13 20 27	S	3 10 17 24	S	1 8 15 22 29	S	5 12 19 26

	SEPTEMBRE		OCTOBRE		NOVEMBRE		DÉCEMBRE
D	3 10 17 24	D	1 8 15 22 29	D	5 12 19 26	D	3 10 17 24 31
L	4 11 18 25	L	2 9 16 23 30	L	6 13 20 27	L	4 11 18 25
M	5 12 19 26	M	3 10 17 24 31	M	7 14 21 28	M	5 12 19 26
M	6 13 20 27	M	4 11 18 25	M	1 8 15 22 29	M	6 13 20 27
J	7 14 21 28	J	5 12 19 26	J	2 9 16 23 30	J	7 14 21 28
V	1 8 15 22 29	V	6 13 20 27	V	3 10 17 24	V	1 8 15 22 29
S	2 9 16 23 30	S	7 14 21 28	S	4 11 18 25	S	2 9 16 23 30

1990

	JANVIER		FÉVRIER		MARS		AVRIL
D	7 14 21 28	D	4 11 18 25	D	4 11 18 25	D	1 8 15 22 29
L	1 8 15 22 29	L	5 12 19 26	L	5 12 19 26	L	2 9 16 23 30
M	2 9 16 23 30	M	6 13 20 27	M	6 13 20 27	M	3 10 17 24
M	3 10 17 24 31	M	7 14 21 28	M	7 14 21 28	M	4 11 18 25
J	4 11 18 25	J	1 8 15 22	J	1 8 15 22 29	J	5 12 19 26
V	5 12 19 26	V	2 9 16 23	V	2 9 16 23 30	V	6 13 20 27
S	6 13 20 27	S	3 10 17 24	S	3 10 17 24 31	S	7 14 21 28

	MAI		JUIN		JUILLET		AOÛT
D	6 13 20 27	D	3 10 17 24	D	1 8 15 22 29	D	5 12 19 26
L	7 14 21 28	L	4 11 18 25	L	2 9 16 23 30	L	6 13 20 27
M	1 8 15 22 29	M	5 12 19 26	M	3 10 17 24 31	M	7 14 21 28
M	2 9 16 23 30	M	6 13 20 27	M	4 11 18 25	M	1 8 15 22 29
J	3 10 17 24 31	J	7 14 21 28	J	5 12 19 26	J	2 9 16 23 30
V	4 11 18 25	V	1 8 15 22 29	V	6 13 20 27	V	3 10 17 24 31
S	5 12 19 26	S	2 9 16 23 30	S	7 14 21 28	S	4 11 18 25

	SEPTEMBRE		OCTOBRE		NOVEMBRE		DÉCEMBRE
D	2 9 16 23 30	D	7 14 21 28	D	4 11 18 25	D	2 9 16 23 30
L	3 10 17 24	L	1 8 15 22 29	L	5 12 19 26	L	3 10 17 24 31
M	4 11 18 25	M	2 9 16 23 30	M	6 13 20 27	M	4 11 18 25
M	5 12 19 26	M	3 10 17 24 31	M	7 14 21 28	M	5 12 19 26
J	6 13 20 27	J	4 11 18 25	J	1 8 15 22 29	J	6 13 20 27
V	7 14 21 28	V	5 12 19 26	V	2 9 16 23 30	V	7 14 21 28
S	1 8 15 22 29	S	6 13 20 27	S	3 10 17 24	S	1 8 15 22 29

OU QUE VOUS ALLIEZ...

PRENEZ LA ROUTE DU ROCK AVEC

ROCK & FOLK

Mensuel 20 F

ACTUALITÉS DU VOYAGE
DU TOURISME ET DES VACANCES

JEPAR

POUR VOYAGER
**36.15
JEPAR**

- **O**U **P**ARTIR,
- **A**VEC **Q**UI
- **C**OMMENT **V**OYAGER,
- **O**U **T**ROUVER DE LA **D**OCUMENTATION,
- **D**ES **P**ETITES **A**NNONCES,
- **D**ES **P**RIX...

Vous aimez jouer : N'oubliez pas 36.15 JOKER

MÉGAPUB.

INDEX GÉNÉRAL

AGUAS BLANCAS	271
ALBONS	133
ALGÉSIRAS (Algeciras)	205
ALICANTE	177
ALMANDOZ	42
ALMERIA	184
ALPUJARRAS (Las)	189
ALTAMIRA (Grottes d')	52
ANDALOUSIE (L')	181
ARACENA	230
ARANJUEZ	121
ARCOS DE LA FRONTERA	217
AROSA (Ile d')	66
ARTA (Grottes)	266
ARTAJONA	48
ÁVILA	128
BALÉARES (Les)	255
BAÑALBUFAR	262
BARCELONE	137
BAYONA	70
BEGUR (Basur)	134
BELLCAIRE D'EMPORDÁ	133
BENIDORM	177
BERCHULES	189
BERMEO	40
BIDASSOA	41
BILBAO	41
BOCAIRENTE	176
BURGOS	77
BURGUETE	42
CADAQUÉS	131
CADIX (Cádiz)	209
CAIDOS (Vallée de Los)	94
CALA BASSA	272
CALA BOIX	270
CALA D'ALCAUFAR	278
CALA DE BINIBECA	279
CALA D'HORR	272
CALA EN PORTER	279
CALA FIGUERA	267
CALA LLOMBARTS	267
CALA PORTINATX	271
CALA RATJADA	266
CALA SAHONA	274
CALA SAN ESTEBAN	278
CALA SAN VICENTE	265
CALELLA DE PALAFRUGELL	135
CAMBADOS	66
CANTABRIQUE (La côte)	50
CAPILEIRA	189
CARMONA	231
CARNOTA	65
CASARES	203
CASTILLE (La)	77
CASTILLO DE GUADALEST	176
CATALOGNE (La)	130
CIRCUIT DES VALLÉES (Le)	41
CIUDADELLA	279
COMILLAS	53
CORDOUE (Córdoba)	231
CORUÑA (La)	73
COSGAYA	55
COSTA BLANCA (La)	177
COSTA BRAVA (La)	130
COVADONGA (Sanctuaire de)	56
CUEVAS DE ARTA (Las)	266
DEYA	263
ELCHE	179
EMPÚRIES	133
ESCALA	133
ES CUBELLS	272
ES GRAU	280
ESPINAMA	55
ESTALLENCS	262
ESTELLA	49
EUNATE	48
FIGUERES (Figueras)	132
FINISTERRE (cap)	65
FORMENTERA	272
FORNELLS	280
FUENTE DÉ	55
FUENTERRABIA	40
GALICE (La)	61
GARGANTA DEL CHORRO	195
GÉRONE	136
GIBRALTAR	203
GIJÓN (La)	59
GRENADE	242
GUADALEST (Castillo del)	176
GUADIX	254
GUERNICA	41
GUETARIA	40
HARO	75
IBIZA	267
IRÚN	40
ISABA	43
IZALZU	42
JAÉN	242
JAVIER (Château de)	47
JAVITA (Xavita)	175
JEREZ DE LA FRONTERA	211
LEIQUEITO	40
LEÓN	60
LESACA	41
LEYRE (Monastère de)	47
LIJAR	184
LLUCH (Monastère de)	265
LLUCH ALCARI	264
LOGROÑO	74
LUARCA	59
LUGO	72
MADRID	95
MAHÓN	275
MAJORQUE (Mallorca)	256
MALAGA	191
MARBELLA	196
MIJAS	196
MINORQUE	275
MOJÁCAR	184
MOLA (Phare de la)	274

INDEX / 285

MONTE TORO	280
MOTRICO	40
MONTSERRAT	165
MURCIA	255
MUROS	65
NAJERA	76
NAVARTE	42
NERJA	191
NOYA	65
O'GROVE	66
OJEN	199
OLITE	48
ORENSE	71
OVIEDO	56
OYARZUN	41
PALMA DE MAJORQUE	256
PALS	134
PAMPELUNE	43
PAYS BASQUE	37
PAYS VALENCIEN	168
PEÑISCOLA	167
PERATALLADA	134
PINDO (EP)	65
PICOS DE EUROPA (Los)	53
PLAYA DE LEVANTE	273
PLAYA EL ARENAL	274
PLAYA ES CALÓ	273
PLAYA ES CANAR (Es Cana)	270
PLAYA ES FIGUERRAL	271
PLAYA ES PUJOLS	273
PLAYA MITJORN	274
POBLET (Monastère de)	167
PONTEVEDRA	67
PORTAL NOUS	261
PORTUGOS	189
POSADA DE VALDEON	53
POTES	54
POU DES LLEO	271
PUENTE LA REINA	48
PUERTO BAÑUS	199
PUERTO DE ALCUDIA	265
PUERTO DE ANDRAITX	261
PUERTO DE SÓLLER	264
PURULLENA	254
RIA DE AROSA (La)	65
RIBADAVIA	71
RIOJA (La)	74
RONCAL (Vallée du)	42
RONCEVAUX	42
RONDA	199
SABINA (La)	273
SA CALOBRA	265
SA GRANJA	262
SAINT-JACQUES-DE-COMPOSTELLE	61
SALAMANQUE	85
SALAZAR (Vallée du)	42
SALOBREÑA	190
SAN FRANCISCO JAVIER	273
SANGÜESA	47
SAN LORENZO DEL ESCORIAL	93
SAN MIGUEL	272
SAN MILLÁN DE LA COGOLLA (Monastère de)	76
SAN SEBASTIÁN	38
SANTANDER	51
SAN TELMO	261
SANTILLANA DEL MAR	51
SANTO DOMINGO DE LA CALZADA	75
SAN VICENTE DE LA BARQUERA	53
SA TUNA	135
SÉGOVIE	91
SÉVILLE	217
SIERRA NEVADA	253
SIERRAS DE CAZORLA ET DE SEGURA	242
SÓLLER	264
SON MARROIG	263
TAFFALA	48
TARIFA	208
TARRAGONE	167
TOLÈDE	122
TORREMOLINOS	195
TORROELLA DE MONTGRI	134
TOSSA DE MAR	135
TREVELEZ	189
UJUÉ	48
ULLASTRET	134
VALENCE	168
VALLADOLID	83
VALLDEMOSA	263
VALLÉE DE LA BIDASSOA	41
VEJER DE LA FRONTERA	209
VERGES	134
VIGO	69
VILLACARLOS	278
VITORIA - GASTEIZ	49
VIVEIRO	73
YEGEN	189
ZUMAYA	40

IMPORTANT : les Routards ont enfin leur banque de données sur Minitel : 3616 (code ROUTARD).

Le MANUEL du ROUTARD

ET S'IL ÉTAIT VRAIMENT INDISPENSABLE ?

Vous saurez tout sur :

Les formalités administratives, les bourses de voyage, les cartes, les compagnies d'assistance, tous les moyens astucieux de voyager, étudiés avec précision et expérience (charters et législation aérienne, le stop, la voiture, le camping-car, la moto, le train).

Le minimum d'objets et de vêtements à emporter, les vaccins, les conseils médicaux rédigés par des médecins spécialistes. Ce qu'il faut savoir sur les travellers's cheques, les cartes de crédit, le marché noir, la photo, les douanes... Où se faire expédier le courrier pour le recevoir...

PARIS

NOTRE RECORD ABSOLU DE VENTES !

Les promoteurs n'ont pas tout détruit !

Après des mois de recherche et d'enquête, ce guide démontre qu'il reste des coins merveilleux échappés aux bulldozers, des restos incroyables pratiquant des prix d'avant-guerre, de bons vieux bistrots où l'on se fait plein d'amis avant même de lever le coude, des balades curieuses, des architectures insolites. Paris respire encore...

WEEK-ENDS AUTOUR DE PARIS

Aujourd'hui, on prend la route du week-end comme un Aspro : l'envie de partir taraude la tête avec l'insistance d'une migraine. Mais partir où ? Châteaux-hôtels à moins de 150 F, petites auberges en bord de rivière, villages croquignolets blottis au fond d'un vallon. Tout ceci existe à quelques kilomètres de Paris.

Avec ou sans voiture, vous trouverez quelques endroits préservés du temps. Ces lieux qu'on ne confie qu'à ses meilleurs amis. Plus besoin de manger un camembert pour se donner l'illusion d'être en week-end en Normandie. Ce guide sent bon la France.

Seuls les oiseaux paient moins cher.

Jumbo Charter

Agences Jumbo :

Aix-en-Pce	42.26.04.11	
Besançon	81.81.30.31	
Brest	98.80.30.59	
Caen	31.85.56.75	
Dijon	80.30.27.88	
Evreux	32.31.05.55	
Grenoble	76.54.64.09	
Le Havre	35.21.31.33	
Lille	20.57.58.62	
Lyon	78.37.15.89	
Martigues	42.80.08.19	
Montpellier	67.60.60.22	
Nantes	40.48.64.18	
Nice	93.82.11.75	
Orléans	38.54.09.62	
Paris 7e	47.05.01.95	
Paris 6e	46.34.19.79	
Paris 14e	45.42.03.87	
Pau	59.27.11.12	
Perpignan	68.34.82.16	
Rennes	99.79.58.68	
Rodez	65.42.63.47	
Rouen	35.98.59.00	
Saint Etienne	77.32.39.81	
Strasbourg	88.32.00.17	
Toulouse	61.62.15.01	
Toulon	94.41.40.14	
Tours	47.66.52.58	

+ 3615 Jumbo
et toutes agences agréées

jumbo CHARTER

« LES ROUTARDS PARLENT AUX ROUTARDS »

Faites-nous part de vos expériences, de vos découvertes, de vos tuyaux pour que d'autres routards ne tombent pas dans les mêmes erreurs. Indiquez-nous les renseignements périmés. Aidez-nous à remettre l'ouvrage à jour. Faites profiter les autres de vos adresses nouvelles, combines géniales... On envoie un exemplaire gratuit de la prochaine édition à ceux dont on retient les suggestions. Quelques remarques cependant :
– N'oubliez pas de préciser sur votre lettre l'ouvrage que vous désirez recevoir. On n'est pas Mme Soleil !
– Pensez à noter les pages du guide concernées par vos corrections ou remarques.
– Quand vous indiquez des hôtels ou des restaurants, pensez à signaler leur adresse précise et, pour les grandes villes, les moyens de transport pour y aller.
– Notre adresse :

LE GUIDE DU ROUTARD
5, rue de l'Arrivée
92190 Meudon

ÉPATANT : LA « LETTRE DU ROUTARD »

Bon nombre de renseignements sont trop fragiles ou éphémères pour être mentionnés dans nos guides, dont la périodicité est annuelle.

Quels sont nos meilleures techniques, nos propres tuyaux, ceux que nous utilisons pour rédiger les GUIDES DU ROUTARD ? Comment découvrir des tarifs imbattables ? Quels sont les pays où il faut voyager cette année ? Quels sont les renseignements que seuls connaissent les journalistes et les professionnels du voyage ?

Quelles sont les agences offrant à nos adhérents des réductions spéciales sur des vols, des séjours ou des locations ? Enfin, quels sont nos projets, nos nouvelles parutions et qui sont ceux qui font les GUIDES DU ROUTARD ?

Tout ceci compose désormais « LA LETTRE DU ROUTARD » qui paraîtra tous les 3 mois. Cotisation : 90 F par an payable à l'ordre de CLAD CONSEIL : 5, rue de l'Arrivée, 92190 Meudon.
(Bulletin d'inscription à l'intérieur de ce guide).

Imprimé en France par Hérissey n° 46577
Dépôt légal n° 1902-3-1989
Collection n° 13 - Édition n° 01

24/1390/4
I.S.B.N. 2.01.014686.7
ISSN 0768-2034